Konstruktion und Realisierung des nordrhein-westfälischen Lokalfunkmodells

Schriftenreihe Medienforschung
der Landesanstalt für Rundfunk
Nordrhein-Westfalen
Band 7

Hans-Bredow-Institut

Konstruktion und Realisierung des nordrhein-westfälischen Lokalfunkmodells

Eine rechts- und sozialwissenschaftliche Untersuchung der Konstituierung lokalen Hörfunks

Hermann-Dieter Schröder/Torsten Sill

LfR

Springer Fachmedien Wiesbaden GmbH 1993

Die Autoren:
Hermann-Dieter Schröder, 1957, Soziologe, Wissenschaftlicher Referent beim Hans-Bredow-Institut, Hamburg.
Torsten Sill, 1961, Rechtsreferendar, Wissenschaftlicher Mitarbeiter beim Hans-Bredow-Institut, Hamburg.

ISBN 978-3-663-10519-0 ISBN 978-3-663-10518-3 (eBook)
DOI 10.1007/978-3-663-10518-3

Ursprünglich erschienen bei Leske + Budrich, Opladen 1993

Satz: Harald Baerenreiter Text-in-form, Hagen

Vorwort des Herausgebers

Die Landesanstalt für Rundfunk Nordrhein-Westfalen (LfR) ist die für Nordrhein-Westfalen zuständige Landesmedienanstalt. Ihr obliegen u.a. die Beratung, die Lizenzierung und die Kontrolle von privaten Rundfunkveranstaltern.

Zu den Aufgaben der LfR gehört aber auch die wissenschaftliche Begleitforschung. Die Forschungstätigkeiten erstrecken sich auf die Bereiche des lokalen und des landesweiten Rundfunks sowie auf den Jugendschutz.

Seit 1990 hat die LfR eine Reihe kommunikationswissenschaftlicher Projekte an unabhängige Einrichtungen der Kommunikationsforschung vergeben. Die Ergebnisse werden in der Schriftenreihe Medienforschung veröffentlicht.

Thema der nun vorgelegten Publikation ist die Konstituierungsphase des lokalen Hörfunks. Das für das Lokalradio bestimmende organisatorische Prinzip ist das sogenannte „Zwei-Säulen-Modell“. Dieses innovative rundfunkrechtliche Konzept soll die Balance zwischen den publizistischen Aufgaben einerseits und den ökonomischen Belangen andererseits sichern. Die Studie analysiert – mit Hilfe eines interdisziplinär angelegten Untersuchungsansatzes – die rechtliche Konstruktion und ihre praktische Umsetzung.

Klaus Schütz
Direktor der LfR

Helmut Hellwig MdL
Vorsitzender der
Rundfunkkommission der LfR

Inhalt

Vorwort

Charakteristisches Merkmal der nordrhein-westfälischen Lokalfunk-Konzeption ist das sogenannte Zwei-Säulen-Modell. Neben die materiellen Programmanforderungen tritt damit ein besonderer Versuch der Struktursteuerung durch organisatorische und verfahrensmäßige Vorkehrungen auf lokaler Ebene, die die Programmvielfalt sichern sollen. Der vorliegende Bericht ist der Abschlußbericht eines Forschungsprojekts über die Wirkungen dieser organisatorischen und verfahrensmäßigen Vielfaltssicherungen in der Konstituierungsphase lokaler Hörfunkprogramme in Nordrhein-Westfalen. Das Projekt wurde Ende 1989 von der Landesanstalt für Rundfunk Nordrhein-Westfalen in Auftrag gegeben. Das Hans-Bredow-Institut für Rundfunk und Fernsehen hat das Projekt selbständig durchgeführt und im Dezember 1991 abgeschlossen.

Das Projekt wurde unter der Verantwortung des Institutsdirektors, Professor Hoffmann-Riem, von Hermann-Dieter Schröder konzipiert und geleitet; realisiert haben es die beiden Autoren dieses Berichts gemeinschaftlich. Wir haben versucht, dabei sozialwissenschaftliche und rechtswissenschaftliche Fragestellungen und Betrachtungsweisen interdisziplinär zu verknüpfen. Auch die annähernd 50 Interviews mit Beteiligten am lokalen Rundfunk in Nordrhein-Westfalen haben wir fast ausnahmslos gemeinsam geführt. Bei der Auswertung und der Formulierung des Abschlußberichts sind wir jedoch entsprechend den disziplinären Orientierungen weitgehend arbeitsteilig vorgegangen. Für die Teile mit rechtlichem Schwerpunkt – § 2, die Teile I. und II. der §§ 3 bis 6 und 9 sowie die Teile I. der §§ 7 und 8 – lag die Federführung bei Torsten Sill, für die übrigen Teile bei Hermann-Dieter Schröder.

Die Durchführung der Untersuchung und die Vorlage dieses Berichts wären nicht möglich gewesen ohne die dankenswerte Gesprächsbereitschaft unserer Interviewpartnerinnen und -partner in Nordrhein-Westfalen. Neben den Anstrengungen und Belastungen der Aufbauphase haben sie sich die Zeit genommen, uns über die Entscheidungsabläufe bei der Vorbereitung und dem Aufbau des lokalen Rundfunks zu berichten, manchmal stundenlang und meist in bemerkenswerter Offenheit. Daß es aber in Einzelfällen auch Unzugänglichkeiten und häufiger auch Wünsche nach Vertraulichkeit gegeben hat, die teils die Auskunftsbereitschaft gehemmt haben, teils auch nur die Verfasser dieses Berichts an der Nennung ihrer Quellen hindern, sei hier ausdrücklich erwähnt.

Überaus hilfreich war die dankenswerte Unterstützung durch die Landesanstalt für Rundfunk, die uns wiederholt den Zugang zu wichtigen Materialien und Unterlagen eröffnet hat. Für die Mitarbeit an der Untersuchung danken wir Guido Strupler, der sich als studentische Hilfskraft über die gesamte Laufzeit für das Projekt engagiert hat, sowie Nicole Kaufhold, die für einige Monate als Praktikantin beteiligt war.

Zu nennen sind last not least die Kolleginnen und Kollegen am Hans-Bredow-Institut; besonders Prof. Wolfgang Hoffmann-Riem. Sie haben das Projekt mit dezentem Rat, mit viel Geduld und mit einem großen Vertrauensvorschuß in die Bearbeiter begleitet. Dafür und für die zeitweilige Entlastung von laufenden Institutsaufgaben haben wir ihnen sehr zu danken.

Hermann-Dieter Schröder
Torsten Sill

„Zeitungen, soweit sie privatwirtschaftlich betrieben werden, stehen auf zwei Säulen, auf einer wirtschaftlichen und einer publizistischen Säule. So wahr es ist, daß publizistische Freiheit nur blüht, wo ein breites wirtschaftliches Fundament gegeben ist, so wahr ist auch, daß publizistische Freiheit leicht in bedenkliche Abhängigkeit von gewichtigen wirtschaftlichen Interessen geraten kann."

Alfred Neven DuMont

§ 1 Einleitung

I. Problemstellung und Zielsetzung

Auch der privatwirtschaftlich finanzierte Rundfunk ist wegen seiner großen gesellschaftlichen und politischen Bedeutung mit normativen Anforderungen an seine rechtliche und faktische Ausgestaltung konfrontiert. Das Bundesverfassungsgericht hat diese Anforderungen konkretisiert; es verlangt nach „einer positiven Ordnung, welche sicherstellt, daß die Vielfalt der bestehenden Meinungen im Rundfunk in möglichster Breite und Vollständigkeit Ausdruck findet, und daß auf diese Weise umfassende Information geboten wird. Um dies zu erreichen, sind materielle, organisatorische und Verfahrensregelungen erforderlich."[1]

Das Rundfunkgesetz für das Land Nordrhein-Westfalen (LRG NW) trifft für den lokalen Rundfunk eine ganze Reihe solcher Vorkehrungen. Der lokale Rundfunk wird mit § 24 Abs. 1 LRG NW auf das Gemeinwohl verpflichtet. Wie in anderen Landesrundfunkgesetzen ist mit der Landesanstalt für Rundfunk (LfR) eine externe, plural zusammengesetzte Lizenzierungs- und Aufsichtsinstanz geschaffen worden. Mit dem Zwei-Säulen-Modell wurden darüber noch weit hinausgehende organisatorische und verfahrensmäßige Regelungen für die Binnenstruktur der lokalen Rundfunkstationen getroffen, die zugleich der Gewährleistung der Programmvielfalt im lokalen

1 BVerfGE 57, 295, 320.

Rundfunk und dem Schutz der Presse auf dem lokalen Werbemarkt dienen sollen:[2]

- Die Veranstaltergemeinschaft als Trägerin der Programmhoheit muß als Idealverein konstituiert und nach Maßgabe detaillierter Entsendungs- und Kooptationsregelungen pluralistisch zusammengesetzt sein; sie hat auf Verlangen bis zu 15 Prozent der Sendezeit für Programmbeiträge lokaler „Gruppen" als „Offenen Kanal" zur Verfügung zu stellen sowie zur Gewährleistung innerer Rundfunkfreiheit mit den redaktionell Beschäftigten ein Redakteurstatut aufzustellen.
- Die privatwirtschaftlich organisierte Betriebsgesellschaft ist verantwortlich für die Bereitstellung der technischen Einrichtungen und der finanziellen Mittel sowie für die Akquisition von Werbung; an ihr sind die Verleger der örtlichen Tageszeitungen vorrangig zu beteiligen, einen Anspruch auf Beteiligung haben außerdem die Kommunen.
- Die Veranstaltergemeinschaft und eine von den lokalen Verlegern getragene Betriebsgesellschaft haben beide eine monopolartige Stellung; sie stehen weitgehend unter Einigungszwang.

Diese Konstruktion ist, verglichen mit den Regelungen in anderen Bundesländern, höchst innovativ. Sie zeichnet sich vor allem durch eine für privatrechtlich organisierten Rundfunk außergewöhnlich hohe Regelungsdichte aus, und zwar hinsichtlich der programmatischen (materiellen) Anforderungen, der organisatorischen und verfahrensmäßigen Vorkehrungen und der Vorprägung von Personalentscheidungen.[3] Der Konflikt zwischen publizistischen und kommerziellen Interessen, der für privatwirtschaftlich organisierte Medien offenbar charakteristisch ist,[4] wird durch das Zwei-Säulen-Modell als ein Außenverhältnis gestaltet, so daß sich für die materielle wie für die verfahrensmäßige Regulierung mehr Anknüpfungspunkte und vermutlich mehr Durchsetzungschancen ergeben, als wenn es sich um einen einheitlichen Binnenbereich des Veranstalters handelte.[5]

In der Literatur werden verschiedentlich Zweifel laut, ob die Konstruktion des Zwei-Säulen-Modells praktikabel sei und ob sie in ihrer faktischen – mutmaßlich an Praktikabilitätsgesichtspunkten orientierten – Ausgestal-

---

2 Vgl. die Darstellungen bei Prodoehl, Organisationsprobleme, MP 1987, S. 229 ff.; Stock, Neues Privatrundfunkrecht, S. 37 ff. sowie unten § 2 I.

3 Zu den drei Steuerungsdimensionen Entscheidungsprogramme, Personal und Organisation/Verfahren vgl. grundlegend Luhmann, Reform des öffentlichen Dienstes, sowie ders., Organisation und Entscheidung.

4 Vgl. dazu statt anderer Neven DuMont, Zwei Säulen; Lange, Kommerzielle Ziele; Engwall, Newspapers as Organisations; Hoffmann-Riem, Innere Rundfunkfreiheit.

5 Als Beispiel für die Scheu des Gesetzgebers, in diesen Binnenbereich einzugreifen, sei auf das Schicksal des Presserechtsrahmengesetzes verwiesen.

tung vor Ort noch der anspruchsvollen Zielsetzung gerecht werden könne.[6] Für die konkrete Umsetzung des Modells in den einzelnen Verbreitungsgebieten eröffnet das Gesetz in jedem Fall erhebliche Gestaltungsspielräume, wie vorab jeder rechtswissenschaftlichen Analyse bereits die vielfältige Ratgeber-Literatur deutlich macht.[7]

Es ist das Ziel der vorliegenden Untersuchung, die regulativen Wirkungsmechanismen vor allem der organisatorischen und verfahrensmäßigen Bestimmungen über den lokalen Rundfunk in Nordrhein-Westfalen zu analysieren. Dabei steht die Frage im Mittelpunkt, wie die Vorgaben des Landesrundfunkgesetzes bei der Konstituierung lokaler Hörfunkprogramme umgesetzt und konkretisiert wurden.

Das nordrhein-westfälische Landesrundfunkgesetz wurde im Dezember 1986 beschlossen und im Dezember 1987 grundlegend novelliert. Die vorliegende Untersuchung wurde konzipiert im Frühjahr 1989, als die Landesanstalt für Rundfunk auf der Grundlage von Wirtschaftlichkeitsgutachten die Verbreitungsgebiete für den lokalen Rundfunk festgelegt und die Frequenzen ausgeschrieben hatte. Im Frühjahr 1990, noch bevor die ersten lokalen Hörfunksender ihren Betrieb aufnahmen, wurden die Arbeiten an dem Projekt begonnen. Zum Zeitpunkt der Vorlage dieses Berichts, zum Jahresende 1991, sind 33 Lokalsender in Betrieb; die meisten erst seit kurzer Zeit. Die Lizenzierungsverfahren für den lokalen Hörfunk sind aber noch immer nicht abgeschlossen. Erst im Juni 1991 wurden für die letzten der insgesamt 46 Verbreitungsgebiete die vollständigen Unterlagen für die Zulassungsanträge eingereicht, und über drei Anträge ist bislang nicht entschieden.[8]

Unter diesen Umständen kann und soll die vorliegende Studie keine abschließenden Aussagen treffen. Das Feld, das sie untersucht, ist in Bewegung; die Aufbauphase des lokalen Rundfunks in Nordrhein-Westfalen ist noch nicht beendet, und auch bei der Umsetzung des Zwei-Säulen-Modells kann es noch beachtliche Akzentsetzungen und Verschiebungen geben. Die hier begleitend untersuchte Aufbauphase ist für die langfristige Bedeutung des Zwei-Säulen-Modells nicht repräsentativ, weil mit dem lokalen Rund-

---

6 Vgl. die prinzipiellen Vorbehalte hinsichtlich der Vereinbarkeit kommerzieller Ziele und binnenpluralistischer Organisation bereits bei Lange, Kommerzielle Ziele, S. 69 ff., sowie konkret zum Zwei-Säulen-Modell die skeptischen Bemerkungen von Stock, Neues Privatrundfunkrecht, S. 39, der das Modell als „ebenso kühn wie gebrechlich" charakterisiert. Vgl. im einzelnen die Diskussion unten in § 2.

7 Vgl. insbesondere Rath-Glawatz I und II; SGK, Lokaler Rundfunk; Pohl/Rödding/Hauschild, Lokaler Privatfunk in Kreisen und Städten; KPV, Lokalfunk im Vorlauf; Förderverein Rhein-Sieg, Praxishandbuch Lokalfunk; Hesels/Hirsch, Lokalfunk heute.

8 Noch offen sind die Entscheidungen über die Lizenzen für die Verbreitungsgebiete der Stadt Essen, des Erftkreises und des Kreises Euskirchen, vgl. VLR-Info Nr. 6 vom Dezember 1991, S. 2.

funk neue Formen der Zusammenarbeit, neue Märkte für lokale Rundfunkwerbung und ein neuer Arbeitsmarkt für Journalistinnen und Journalisten im lokalen Rundfunk geschaffen wurden – all dies bringt für die Beteiligten Unsicherheiten mit sich, die auch das Verhalten prägen. Gleichwohl ist es wichtig, diese Konstituierungsphase eingehend zu dokumentieren und zu analysieren, denn hier wurden wichtige Weichenstellungen vorgenommen – und es ist bereits in der Diskussion, aufgrund der ersten Erfahrungen durch eine Novellierung des nordrhein-westfälischen Landesrundfunkgesetzes erneut die Spielregeln zu verändern.[9]

II. Anlage der Untersuchung

Die Umsetzung des Landesrundfunkgesetzes in organisatorische Strukturen, programmrelevante Regelungen und personelle Leistungsfähigkeit auf lokaler Ebene ist ein mehrstufiger Prozeß. Den Ausgangspunkt bilden die gesetzlichen Regelungen, die den am lokalen Rundfunk Beteiligten Handlungsspielräume vorgeben; teilweise, vor allem in Organisations- und Verfahrensfragen, mit sehr engen Vorgaben, zum anderen Teil, insbesondere hinsichtlich der inhaltlichen Konzeption des lokalen Rundfunkprogramms, mit großen Gestaltungsspielräumen. Zusätzlich zu den vom Gesetzgeber eindeutig definierten Freiräumen für die Beteiligten gibt es Interpretationsspielräume, die sich aus unbestimmten Rechtsbegriffen und einer Reihe regelungstechnischer Eigenheiten und auch Ungenauigkeiten des LRG NW ergeben.

Innerhalb des Möglichkeitsraums, den das Gesetz den lokalen Akteuren beläßt oder auch erst eröffnet, haben nun medienpolitische Interessenvertreter auf Landesebene, namentlich die kommunalpolitischen Vereinigungen von SPD und CDU, die Zeitungsverleger, der Verband Lokaler Rundfunk, die Gewerkschaften und die kommunalen Spitzenverbände Handreichungen und Musterentwürfe ausgearbeitet, in denen die gesetzlichen Regelungen interpretiert und beispielhaft in konkrete – typischerweise interessengebundene – Regelungsvorschläge umgesetzt werden. Solche Musterentwürfe sind vorgelegt worden für die Satzung der Veranstaltergemeinschaft, die Gesellschaftsverträge der Betriebsgesellschaft sowie den Vertrag zwischen Veranstaltergemeinschaft und Betriebsgesellschaft, die Zulassungsvoraussetzung sind, außerdem für das Redakteurstatut, das die Veranstaltergemeinschaft nach der Zulassung mit den redaktionell Beschäftigten zwingend vereinbaren muß. Zusätzlich hat, auch auf Landesebene, die Landesanstalt für Rundfunk am Prozeß der Implementierung der gesetzlichen Vorschriften

9 Vgl. VLR-Info Nr. 3 vom Juli 1991, S. 6; Kabel & Satellit Nr. 54 vom 09.12.1991, S. 25.

über den lokalen Rundfunk mitgewirkt durch die Beratung der Beteiligten, durch Fristsetzungen, durch die Vorgabe von Interpretationen des Gesetzes und durch Satzungen insbesondere über die Festlegung der Verbreitungsgebiete und die Nutzung und Förderung des Offenen Kanals im lokalen Hörfunk.

Vor dem Hintergrund dieser Vorgaben haben die vom Gesetz dazu berufenen gesellschaftlich relevanten Institutionen, Verbände und Verlage in den 46 Verbreitungsgebieten die organisatorischen Strukturen geschaffen, in denen sich der lokale Rundfunk nach dem Zwei-Säulen-Modell vor Ort entwickeln soll. Sie haben Fördervereine ins Leben gerufen, Vereine als Veranstaltergemeinschaften gegründet, Satzungen beschlossen und verändert, Vorstände gewählt, Mitglieder aus vorgegebenen gesellschaftlichen Bereichen kooptiert und Programmschemata entworfen. Sie haben Betriebsgesellschaften gegründet, Verträge über die Kooperation zwischen Veranstaltergemeinschaft und Betriebsgesellschaft und über die Verbreitung eines Rahmenprogramms geschlossen, Wirtschafts- und Stellenpläne verabschiedet, Redaktionspersonal eingestellt und Redaktionsstatute vereinbart – oder auch nicht. Alle diese Schritte bei der Implementation des Landesrundfunkgesetzes hat der Gesetzgeber mit Bedacht vorstrukturiert, aber keineswegs streng determiniert. Sie sind in verschiedenen Verbreitungsgebieten, je nach der parteipolitischen, der verlegerischen und auch der personellen Konstellation vor Ort, ganz unterschiedlich abgelaufen und haben auch zu unterschiedlichen Ergebnissen geführt.

Auf dieser Grundlage haben nunmehr die meisten Redaktionen ihre Arbeit aufgenommen. Mit dem von der Veranstaltergemeinschaft eingestellten Personal und dem von der Betriebsgesellschaft zugestandenen Etat füllen sie in den Zeiten, die nicht mit dem Rahmenprogramm oder dem Bürgerfunk belegt sind, unter Beachtung vorgegebener Musiklaufpläne das Programmschema mit informierenden, bildenden, beratenden oder unterhaltenden Sendungen. Sie sollen als Medium und Faktor des Prozesses freier Meinungsbildung fungieren und insofern eine öffentliche Aufgabe wahrnehmen. Die Programme sollen auch die Vielfalt der Meinungen in möglichster Breite und Vielfalt zum Ausdruck bringen und den publizistischen Wettbewerb fördern. Diesen Zielen, die sich in den lokalen Programmen selbst verwirklichen sollen, dient das gesamte komplexe Regelungsgefüge des Zwei-Säulen-Modells.

Die Anlage der nachstehenden Untersuchung folgt soweit wie möglich dieser Systematik der Regulierung des lokalen Rundfunks in Nordrhein-Westfalen. Zunächst wird in § 2 das modelltheoretische Konzept des Zwei-Säulen-Modells eingehend analysiert. Darauf aufbauend wird der hier angedeutete Prozeß der Implementation des Gesetzes für die sieben zentralen Regelungsbereiche des LRG NW im einzelnen untersucht: die Zusammensetzung und Binnenstruktur der Veranstaltergemeinschaft (§ 3) und der Betriebsgesellschaft (§ 4), die vertraglich geregelte Kooperation zwischen beiden (§ 5), die Redaktion (§ 6), das lokale Programm (§ 7), der Offene Kanal im lokalen Rundfunk (§ 8) und das Rahmenprogramm (§ 9).

III. Methodisches Vorgehen

Für jeden dieser Regelungsbereiche werden zunächst die normativen Vorgaben des Gesetzes und die daraus erwachsenden Handlungsspielräume und Gestaltungsoptionen herausgearbeitet. Darauf aufbauend werden in einer breit angelegten Dokumentenanalyse vorhandene Musterentwürfe, Stellungnahmen der Landesanstalt für Rundfunk sowie aus möglichst vielen Verbreitungsgebieten die tatsächlich getroffenen formalen Regelungen (Satzungen, Verträge, Redaktionsstatute, Programmschemata) ausgewertet. Schließlich wird anhand von Fallstudien in drei ausgewählten Verbreitungsgebieten versucht, nicht allein das in Regelungen fixierte Ergebnis, sondern auch den Prozeß der Implementation des Gesetzes aus der lokalen Perspektive zu dokumentieren und zu analysieren.

Die Arbeit versucht dabei, die sozialwissenschaftliche und die rechtswissenschaftliche Betrachtungsweise interdisziplinär zu verknüpfen. Die forschungsleitende Perspektive ergibt sich aus der Frage nach Funktionen und Folgen der Regelungen, die das Zwei-Säulen-Modell ausmachen.

1. Analyse der normativen Vorgaben des Landesrundfunkgesetzes

In diesen Kontext ordnet sich die rechtswissenschaftliche Diskussion ein: Das Recht wird nicht dogmatisch, sondern funktional im Hinblick auf die erkennbaren Regelungsziele und ihre Implementierung betrachtet und wo immer möglich mit der Frage verknüpft, inwieweit es Hinweise darauf gibt, daß diese Regelungsziele erreicht werden.

Abweichend von der üblichen juristischen Vorgehensweise wird deshalb auch in den vorwiegend rechtswissenschaftlich orientierten Abschnitten der nachfolgenden Untersuchung darauf verzichtet, eine Auslegung als die letztlich richtige vorzuschlagen und so die Freiräume, die das Landesrundfunkgesetz läßt, durch Interpretation zu schließen. Die Darstellung unterschiedlicher Interpretationen des Gesetzes und unterschiedlicher Gestaltungsoptionen auf der Grundlage des Gesetzes soll vielmehr gerade deutlich machen, wie die Implementation von unterschiedlichen Interessenstandpunkten vorstrukturiert wird.

2. *Dokumentenanalysen von Musterentwürfen, Stellungnahmen der Landesanstalt für Rundfunk und vor Ort getroffenen Regelungen*

Im zweiten Schritt wird in einer Querschnittsuntersuchung die formale Ausgestaltung des Lokalfunks analysiert. Hier soll aufgezeigt werden, wie die Handlungsspielräume und Gestaltungsoptionen, die das Gesetz den Beteiligten vor Ort belassen oder auch erst eröffnet hat, genutzt worden sind. Ausgehend von vorliegenden Musterentwürfen und Stellungnahmen der LfR werden die von Veranstaltergemeinschaften und Betriebsgesellschaften vor Ort getroffenen Festlegungen untersucht. Gegenstand der Auswertung waren hier vor allem jene Regelungen, die das LRG NW ausdrücklich vorsieht: Satzungen, Vereinbarungen zwischen Veranstaltergemeinschaften und Betriebsgesellschaften, Vereinbarungen über ein Rahmenprogramm, Programmschemata und Redakteurstatute. Die Materialien wurden so ausgewertet, wie sie die Landesanstalt für Rundfunk für die Durchführung dieser Untersuchung zugänglich gemacht hat.

Aufgrund der insgesamt unerwartet langsamen und unterschiedlichen Entwicklung des lokalen Rundfunks in Nordrhein-Westfalen einerseits und der begrenzten Projektlaufzeit andererseits mußte dabei in Kauf genommen werden, daß sich ein einheitlicher Materialstand für alle Verbreitungsgebiete nicht herstellen ließ. Die Analyse muß sich teilweise auf Dokumente stützen, die in einzelnen Verbreitungsgebieten bereits zur Grundlage der Lizenz geworden waren, in anderen bis zur Lizenzierung noch geändert wurden und in wieder anderen noch völlig fehlten. Es wurde deshalb wie folgt verfahren:

- Gründungssatzungen und Gründungsprotokolle sowie aktualisierte Fassungen von Satzungen und Mitgliederlisten wurden ausgewertet, soweit sie bis Juli 1990 von der Landesanstalt für Rundfunk für die Untersuchung zugänglich gemacht werden konnten;
- Kooperationsverträge zwischen Veranstaltergemeinschaften und Betriebsgesellschaften wurden nur berücksichtigt von jenen 22 Verbreitungsgebieten, die bis zum 1. Februar 1991 eine Zulassung durch die Rundfunkkommission erlangt hatten, sowie von Köln und Coesfeld, die im Zuge der Fallstudien eingehender untersucht wurden; ausgewertet wurde jeweils die für die Lizenzierung maßgebliche Fassung;
- Programmschemata wurden ebenfalls nur von den genannten 24 Verbreitungsgebieten einbezogen, und zwar jeweils der Anfang Februar bei der Landesanstalt für Rundfunk vorliegende jüngste Stand;[10]

10 Bei den Verbreitungsgebieten Wesel, Köln und Coesfeld, die in den Fallstudien untersucht wurden, konnte der Stand von Juni 1991 zugrundegelegt werden.

- Redaktionsstatute wurden vollständig ausgewertet, soweit sie den Autoren bis zum Abschluß des Projekts bekannt wurden; dies gilt allerdings nur für die beiden Statute im Kreis Wesel und im Märkischen Kreis.

3. Fallstudien

Die mit der Dokumentenanalyse vorgenommenen Querschnittsuntersuchungen lassen, gerade angesichts der Materiallage, systematisch einige Lücken. So können die Dokumentenanalysen keine Aussagen liefern über die Verbreitungsgebiete, in denen – womöglich aufgrund systematischer Ursachen – die entsprechenden Dokumente noch nicht vorlagen. Vor allem aber kann die Dokumentenanalyse kaum oder gar keine Aussagen liefern über den Prozeß der Umsetzung der gesetzlichen Vorgaben in die lokal getroffenen Entscheidungen und über die Erfahrungen und möglichen Probleme, die sich in der Praxis daraus ergeben. In drei Fallstudien wird deshalb versucht, die konkreten Handlungs- und Entscheidungsabläufe detailliert zu rekonstruieren und auf dieser Basis das Zustandekommen der jeweiligen Ausgestaltung des lokalen Rundfunks zu analysieren.

a. Auswahl der Verbreitungsgebiete

Für die Auswahl der Verbreitungsgebiete war es zunächst geplant, aufgrund der Dokumentenanalyse Typisierungen vorzunehmen und auf dieser Grundlage drei exemplarische Verbreitungsgebiete auszuwählen. Eine solche durchgängige Typisierung der Verbreitungsgebiete hat sich jedoch aufgrund der Dokumentenanalyse als nicht angemessen erwiesen. Daraufhin wurden für die Auswahl der drei Verbreitungsgebiete folgende Kriterien zugrundegelegt:

- Es sollten ein ausgeprägt ländliches, ein gemischtes und ein ausgeprägt städtisches Verbreitungsgebiet berücksichtigt werden;
- es sollte je ein Verbreitungsgebiet mit guten, mittleren und ungünstigen Wirtschaftlichkeitsprognosen berücksichtigt werden;
- es sollte ein Verbreitungsgebiet berücksichtigt sein, für das die Landesanstalt für Rundfunk aus wirtschaftlichen Gründen eine Kooperation empfohlen hatte;
- es sollte je ein Verbreitungsgebiet mit bereits in Betrieb befindlichem Lokalsender, eines mit kurz bevorstehender Lizenzierung und eines mit noch ungewisser Zukunft berücksichtigt werden;
- es sollten verschiedene Regionen des Landes Nordrhein-Westfalen berücksichtigt werden;

- es sollten in den untersuchten Verbreitungsgebieten jeweils andere Verlage bzw. Verlagsgruppen beteiligt sein und dabei ein Verbreitungsgebiet mit Beteiligung der WAZ-Gruppe berücksichtigt werden;
- es sollte schließlich vermieden werden, daß es zur „Überforschung“ kommt und die Kooperationsbereitschaft wichtiger Interviewpartner aufgrund gleichzeitiger Beanspruchung durch verschiedene Forschungsteams beeinträchtigt wird.[11]

Aufgrund dieser Kriterien wurden im August 1990 die Verbreitungsgebiete Wesel, Köln und Coesfeld für die Fallstudien ausgewählt und mit der Landesanstalt für Rundfunk abgestimmt.

Mit dem Kreis Wesel ist ein Flächenkreis am Rande des Ruhrgebiets berücksichtigt, der eine uneinheitliche Struktur aufweist. Er ist entstanden in der Gebietsreform 1975 und umfaßt 13 Städte und Gemeinden mit zusammen ca. 450.000 Einwohnern, darunter die linksrheinische Großstadt Moers mit 105.000, die rechtsrheinische Kreisstadt Wesel mit 64.000 und die rechtsrheinische Stadt Dinslaken, die bis 1975 ebenfalls Sitz einer Kreisverwaltung war, mit 67.000 Einwohnern. Nach den Wirtschaftlichkeitsberechnungen der Landesanstalt für Rundfunk war hier ein lokales Programm von täglich mindestens acht Stunden realisierbar. Den Tageszeitungsmarkt teilen sich die WAZ-Gruppe aus Essen mit der NRZ und die Rheinisch-Bergische Verlagsanstalt aus Düsseldorf mit der Rheinischen Post. Gemeinsam mit anderen Verbreitungsgebieten, an denen die Zeitungsgruppe WAZ beteiligt ist, ist der Lokalsender für den Kreis Wesel frühzeitig lizenziert worden. Er ist bereits im Mai 1990 in Betrieb gegangen.

Die rheinische Metropole Köln ist mit annähernd einer Million Einwohnern das größte und lukrativste Verbreitungsgebiet für lokalen Rundfunk im gesamten Land Nordrhein-Westfalen. Bei der Festlegung der Verbreitungsgebiete hatte die Landesanstalt für Rundfunk dennoch eine Kooperation mit dem Lokalsender in Leverkusen empfohlen – offenkundig im Interesse der Wirtschaftlichkeit eines eigenständigen Lokalfunks in Leverkusen. In Köln konkurrieren mit dem Kölner Stadt-Anzeiger aus dem Verlag DuMont Schauberg sowie der Kölnischen Rundschau aus dem Heinen-Verlag zwei lokale Abonnementszeitungen; der Verlag DuMont Schauberg ist außerdem mit der Boulevardzeitung Express in Köln und im Kölner Umland vertreten. Im Sommer 1990 war eine Einigung über den Kooperationsvertrag zwischen Veranstaltergemeinschaft und Betriebsgesellschaft erzielt worden,

11 Seitens der Landesanstalt für Rundfunk war im Frühjahr 1990 für die parallel laufenden Forschungsvorhaben eine Konzentration auf die Verbreitungsgebiete Duisburg, Hamm, Siegen-Wittgenstein und Bielefeld vorgeschlagen worden. Diese Verbreitungsgebiete galt es daher bei der Auswahl für dieses Projekt zu meiden.

und es wurde mit einer baldigen Lizenzierung gerechnet. Im Mai 1991 hat der Sender seinen Betrieb aufgenommen.

Der ausgesprochen ländliche Kreis Coesfeld im Münsterland ist von der Bevölkerungszahl her einer der kleinsten Kreise Nordrhein-Westfalens; auch er ist 1975 im Zuge der Gebietsreform entstanden. Insgesamt hat der Kreis etwa 180.000 Einwohner, davon etwa 40.000 in der Stadt Dülmen, 33.000 in der Kreisstadt Coesfeld und 20.000 in der Stadt Lüdinghausen, die bis 1975 ebenfalls Kreisstadt war. Die Pressestruktur im Kreis Coesfeld ist dadurch gekennzeichnet, daß hier mehrere kleine Lokalzeitungen erscheinen, die aber kaum miteinander im Wettbewerb stehen, sondern vorwiegend lokale Monopolstellungen innehaben.[12] Die in Dülmen und in Coesfeld erscheinenden Zeitungen Dülmener Zeitung und Allgemeine Zeitung sind mit den im Osten des Kreisgebietes vertretenen Blättern Westfälische Nachrichten und – aus dem gleichen Verlag – Lüdinghauser Zeitung über den Zeno-Zeitungsverbund verbunden. Nach den Wirtschaftlichkeitsberechnungen der Landesanstalt für Rundfunk steht der Kreis Coesfeld hinsichtlich seines Werbepotentials fast am Ende aller Verbreitungsgebiete.[13] Im Vorfeld der Festlegung der Verbreitungsgebiete war umstritten, ob hier ein wirtschaftlich tragfähiger lokaler Rundfunk entstehen könnte;[14] die LfR hat vor diesem Hintergrund eine Kooperation aller fünf Lokalsender im Münsterland empfohlen. Auch im Sommer 1990 war die Gründung einer Betriebsgesellschaft noch nicht erfolgt; es war deshalb ungewiß, ob es überhaupt zur Schaffung eines lokalen Senders kommen oder sich pessimistische Prognosen bewahrheiten würden: „Im Norden des Landes, im Kreis Coesfeld, ist das Lokalradio ein totgeborenes Kind, weil ihm die örtlichen Zeitungsverleger keine wirtschaftlichen Chancen geben."[15] Inzwischen ist auch für dieses Sendegebiet die Zulassung beschlossen; der Sendebeginn ist für das Frühjahr 1992 vorgesehen.

Eine chronologische Übersicht über die Entwicklung des lokalen Rundfunks in diesen drei Verbreitungsgebieten findet sich im Anhang.

b. Erhebungsmethoden

Das zentrale methodische Instrument der Fallstudien sind Interviews mit Schlüsselpersonen, die mit dem in der Gemeindefeldforschung entwickelten Instrument des narrativen Interviews[16] durchgeführt und fast ausnahmslos

12 Vgl. schon Lange/Pätzold, Medienatlas NRW, Tabellenband, S. 149.

13 LfR, Daten zu den Verbreitungsgebieten, S. 27 ff.

14 Zur Festlegung des Verbreitungsgebiets vgl. unten § 7 III. 3. a.

15 Schulte-Döinghaus, Unschöne Praxis, Wirtschaftswoche 8/16.02.1990.

16 Grundlegend dazu Schütze, Hervorlockung und Analyse von Erzählungen; ders., Technik des narrativen Interviews.

auf Tonband aufgezeichnet und transkribiert wurden. Mit dieser Methode wurde versucht, retrospektiv die subjektiv wahrgenommenen Optionen und handlungsleitenden Orientierungen der Beteiligten zu ermitteln.[17] Insgesamt wurden 49 zumeist ein- bis zweistündige Interviews geführt, davon je 13 zu den Fallstudien über die Verbreitungsgebiete Wesel und Köln, 17 zur Fallstudie im Verbreitungsgebiet Coesfeld sowie 6 weitere mit Beteiligten auf Landesebene oder Vertretern anderer Verbreitungsgebiete.

Die Auswahl der Interviewpartner erfolgte in einem mehrstufigen Verfahren nach dem Schneeballsystem. Zunächst wurden Vorstandsmitglieder der Veranstaltergemeinschaften, Vertreter von Kommunen und Fördervereinen sowie Repräsentanten der Verlage oder Betriebsgesellschaften angesprochen. Auf der Grundlage der ersten Interviews konnten sodann weitere Personen angesprochen werden, die beispielsweise als Vorsitzende von Ausschüssen der Veranstaltergemeinschaft im Entscheidungsablauf eine zentrale Rolle gespielt hatten oder von denen aus anderen Gründen anzunehmen war, daß sie das Geschehen aus einer besonderen Perspektive darstellen können.[18]

Die Bereitschaft der Beteiligten zur Mitwirkung an der Untersuchung war im allgemeinen sehr groß, nur in wenigen Fällen ist aus terminlichen oder aus anderen Gründen ein Interview nicht zustandegekommen. Die Interviews wurden überwiegend in der Zeit von September bis Dezember 1990 geführt; bis Ende Juni 1991 wurden parallel zur Auswertung der Interviews in einzelnen Interviews noch aktuelle Informationen über die weitere Entwicklung in den drei Verbreitungsgebieten eingeholt.

Ergänzend zu den Interviews wurden alle zum lokalen Rundfunk im jeweiligen Verbreitungsgebiet verfügbaren Unterlagen herangezogen: einerseits allgemein zugängliche Materialien wie etwa Presseberichte, zum anderen Unterlagen und Dokumente aus dem Entscheidungsprozeß, beispielsweise Protokolle von Kreistagssitzungen oder Mitgliederversammlungen der Veranstaltergemeinschaften, soweit einzelne Beteiligte Einsicht in diese Unterlagen gewährt haben.

---

17 Dies ist in sehr unterschiedlichem Maße gelungen. Es hat eine Reihe von Interviewpartnern gegeben, die sich auf eine Rolle als Erzähler nicht eingelassen haben. Besonders in diesen Fällen ist zusätzlich ein Interviewleitfaden herangezogen worden.

18 Dieses Kriterium war insbesondere maßgebend für die Entscheidung, in jedem Verbreitungsgebiet mindestens ein Interview mit einer Frau zu führen, die Mitglied der Veranstaltergemeinschaft ist oder war. Von den zunächst als Interviewpartner gewonnenen Männern waren Frauen als besonders wichtige Beteiligte nicht genannt worden.

§ 2 Modelltheoretisches Konzept und Konstruktionsgrundsätze des nordrhein-westfälischen Lokalfunkmodells

Im folgenden Abschnitt soll erläutert werden, welche gesetzgeberischen Ziele der nordrhein-westfälische Gesetzgeber mit seinem Lokalfunkmodell verfolgt (unten I.) und mit welchen gesetzeskonstruktiven Mitteln diese Zielvorgaben nach seiner Vorstellung realisiert werden sollen (unten II.). Die einzelnen Elemente des entwickelten Modells werden sodann mit der in der Literatur aufgefundenen Kritik an ihrer Funktionsfähigkeit konfrontiert (unten III.). Ziel dieser Betrachtung ist es, die Voraussetzung für eine systematische Beobachtung der realen Wirkungen des Gesetzes zu schaffen.

I. Zielsetzung des Rundfunkgesetzgebers

Der Rundfunkgesetzgeber ist in der Formulierung einer landesspezifischen Zielsetzung und damit bei der Auswahl eines gesetzlichen Rundfunkmodells zur Umsetzung dieser Vorstellungen nicht frei, sondern den aus der Rundfunkfreiheit des Art. 5 Abs. 1 Satz 2 GG folgenden verfassungsrechtlichen Bindungen und Zielvorgaben unterworfen. Das Bundesverfassungsgericht hat die für die Ausgestaltung eines privatrechtlichen Lokalfunkmodells geltenden verfassungsrechtlich determinierten Zielvorgaben in seiner jüngsten Entscheidung zum Rundfunkrecht wie folgt zusammengefaßt:

„Grundsätzlich gilt für den lokalen Rundfunk verfassungsrechtlich nichts anderes als für den landesweiten Rundfunk: Er muß rechtlich so ausgestaltet werden, daß er imstande ist, dem verfassungsrechtlichen Ziel freier individueller und öffentlicher Meinungsbildung zu dienen. Dieses Ziel verlangt auch im lokalen Bereich gleichgewichtige Vielfalt der Meinungen im Gesamtangebot des Sendegebiets. Dafür hat der Gesetzgeber Sorge zu tragen (vgl. BVerfGE 74, 297, 327). Bei der Regelung muß er jedoch den Besonderheiten des lokalen Bereichs Rechnung tragen. Zu diesen gehört namentlich die häufig anzutreffende Monopolstellung der örtlichen Zeitungsverlage. Diese erfordert besondere Vorkehrungen gegen die Entstehung vorherrschender multimedialer Meinungsmacht (vgl. BVerfGE 73, 118, 177)".[1]

Wie der Gesetzgeber diese Aufgabe im einzelnen erfüllt, wird vom Bundesverfassungsgericht im Anschluß an diese Passage noch einmal ausdrücklich der politischen Entscheidung überlassen und zugleich eine weitgehende Gestaltungsfreiheit bei der gesetzlichen Ausformung der insoweit zu treffenden Grundentscheidungen des Gesetzgebers festgestellt. Der nordrhein-westfälische Gesetzgeber hat von dieser verfassungsrechtlichen Gestaltungsoption umfangreichen Gebrauch gemacht und sein Lokalfunkmodell einer eigenen anspruchsvollen und mehrdimensionalen ordnungspolitischen Zielsetzung verpflichtet, die die lokale Kommunikation in Rundfunk und Presse in übergreifender Weise zum Gegenstand hat. In seiner Einbringungsrede vor dem nordrhein-westfälischen Landtag hat Ministerpräsident Rau die vom Gesetzgeber mit dem Lokalfunkmodell im LRG NW verfolgten landesgesetzlichen Ziele folgendermaßen beschrieben:

„Wir wollen Pluralität in den lokalen Rundfunkprogrammen sichern, wir wollen den publizistischen Wettbewerb zwischen Presse und Rundfunk stärken, wir wollen eine Konzentration von Meinungsmacht in Lokalpresse und Lokalrundfunk verhindern, wir wollen eine größtmögliche örtliche Medienvielfalt gewährleisten, und wir wollen zugleich Presseschutz auf den lokalen Werbemärkten sichern."[2]

Der hier formulierte Anspruch läßt eine dreifache gesetzgeberische Zielsetzung erkennen, die im folgenden in ihrem Bezug zu den verfassungsrechtlichen Vorgaben skizziert werden soll.[3]

1. Sicherung intramediärer Vielfalt im lokalen Rundfunk durch Binnenpluralismus

Das erste Ziel des nordrhein-westfälischen Gesetzgebers bezieht sich auf die Sicherung der Meinungsvielfalt innerhalb des neuzuschaffenden Mediums lokaler Rundfunk, also auf die Sicherung intramediärer Vielfalt. Er orientiert sich hierbei an der vom Bundesverfassungsgericht aus der Rundfunkfreiheit des Art. 5 GG abgeleiteten verfassungsrechtlichen Vorgabe, nach der lokaler Rundfunk wie privater Rundfunk insgesamt rechtlich so auszugestalten sei, daß er dem Ziel freier und öffentlicher Meinungsbildung zu dienen imstande ist.[4] Es müsse daher wirksam sichergestellt sein, daß im lokalen Rundfunk die bestehende Meinungsvielfalt des jeweiligen engeren

---

1 BVerfGE 83, 238, 324.
2 LT-Plenarprotokoll 10/34, S. 2611.
3 Von einer dreifachen Zielsetzung geht auch das Bundesverfassungsgericht aus, BVerfGE 83, 238, 325, 326.
4 LT/DS 10/1440, S. 53, 57; vgl. BVerfGE 83, 238, 324; BVerfGE 74, 297, 327.

räumlichen Bereichs in möglichster Breite und Vielfalt zum Ausdruck gelange.[5]

Der nordrhein-westfälische Landesgesetzgeber geht davon aus, daß die insoweit erforderliche Meinungsvielfalt im lokalen Bereich aus wirtschaftlichen und frequenztechnischen Gründen nicht durch eine Vielzahl inhaltlich konkurrierender Rundfunkprogramme hergestellt werden könne.[6] Es müsse daher ein gesetzliches Lokalfunkmodell geschaffen werden, das die erwünschte Vielfalt durch jeden Veranstalter bzw. in dem Programm eines jeden Veranstalters selbst herstellt. Ziel müsse insoweit die Ausgestaltung eines binnenpluralen Rundfunkmodells sein.[7]

Mit dem Begriff des Binnenpluralismus bezieht sich der Gesetzgeber auf ein Konzept, daß sowohl unmittelbar programmbezogene als auch organisatorische Elemente umfaßt.[8] Zunächst wird mit diesem Begriff ein Programmkonzept verbunden, innerhalb dessen durch die Vorgabe von Inhaltsmaßstäben jeder Veranstalter von Rundfunkprogrammen verpflichtet werden soll, ein ausgewogenes und vielfältiges Programm herzustellen und zu verbreiten. Daneben läßt sich das binnenplurale Modell auch als Organisationskonzept auffassen, bei dem durch eine Einbeziehung der maßgeblichen gesellschaftlichen Kräfte in die interne oder externe Organisation eines Rundfunkveranstalters oder der Veranstaltung von Rundfunk insgesamt dazu beigetragen werden soll, daß das Programm des Veranstalters den pluralistischen Anforderungen in tatsächlicher Hinsicht entspricht.

Der nordrhein-westfälische Gesetzgeber hat sich hierbei vorgenommen, ein in besonders qualifizierter Weise das Konzept des Binnenpluralismus umsetzendes Rundfunkmodell zu realisieren. Ziel ist die Erreichung einer möglichst großen Meinungsvielfalt im Programm des lokalen Rundfunks durch die Schaffung von organisatorischen und programmlichen Vielfaltsanforderungen, die denen des öffentlich-rechtlichen Rundfunks im wesentlichen ähneln.[9]

---

5 BVerfGE 83, 238, 324; BVerfGE 74, 297, 327.

6 LT/DS 1440, S. 53; vgl. zur Mangellage bei den Übertragungskapazitäten LT/DS 10/1226 sowie zur Einschätzung der wirtschaftlichen Ertragssituation im lokalen Bereich Rau, LT-Plenarprot. 10/34, S. 2609.

7 LT/DS 1440, S. 53. Vgl. allgemein zum Konzept des Binnenpluralismus nur BVerfGE 57, 295, 325 ff.; 73, 118, 171 ff.; 74, 297, 330 ff.; Hoffmann-Riem, Alternativkommentar zu Art. 5 Abs. 1 und 2 GG, Rdnr. 174 ff.; Degenhart, Bonner Kommentar zu Art. 5 Abs. 1 und 2, Rdnr. 542 ff.; Schuster, Meinungsvielfalt in der dualen Rundfunkordnung, S. 141 ff.; Piette, Meinungsvielfalt im privaten Rundfunk, S. 25 ff.; Stock, Zur Theorie des Koordinationsrundfunks, S. 13 ff.

8 BVerfGE 74, 297, 330 ff.

9 So auch BVerfGE 83, 238, 325.

2. *Verhinderung multimedialer Meinungsmacht der örtlichen Zeitungsverlage*

In einer zweiten Zielvorgabe verpflichtet sich der Gesetzgeber zur Förderung der intermediären Vielfalt durch die Verhinderung multimedialer Meinungsmacht infolge einer Verflechtung von Presse und lokalem Rundfunk.[10]

Ausgangspunkt dieser Zielformulierung ist der Befund, daß im Verbreitungsbereich zahlreicher lokaler Zeitungen keine Konkurrenzprodukte bestehen („Einzeitungskreise") oder zumindest einzelne Presseunternehmen eine marktbeherrschende Stellung einnehmen.[11] Der Gesetzgeber folgert in Übereinstimmung mit Feststellungen des Bundesverfassungsgerichts, daß diese bereits innerhalb des Pressesektors aus Vielfaltsgründen bedenkliche Monopolstellung der lokalen Verleger und die daraus folgende Gefahr einer vorherrschenden Meinungsmacht durch eine Kombination der Einflüsse in Presse *und* Rundfunk nicht noch verstärkt werden dürfe.[12] Ziel müsse es daher sein, derartige „publizistische Doppelmonopole" in Presse und Rundfunk zu verhindern und zugleich positiv zu gewährleisten, daß durch die Zulassung lokaler Rundfunkprogramme die intramediäre Vielfalt durch einen publizistischen Wettbewerb zwischen den Medien gefördert und nicht aufgehoben werde.[13]

3. *Ökonomischer Presseschutz durch Rundfunkbeteiligung*

Die Zulassung werbefinanzierten Lokalfunks dürfe letztlich zugleich die wirtschaftliche Grundlage der Lokalpresse nicht gefährden.[14] Dieser Ausgestaltungsauftrag basiert auf der Annahme, daß dann, wenn werbefinanzierter Lokalfunk an pressefremde Organisationen überantwortet werde, die lokale Presse durch den Verlust von Werbeeinnahmen und die Abwanderung von Lesern zum Hörfunk in ihrer wirtschaftlichen Existenzgrundlage angegriffen und somit der Gefahr des Untergangs ausgesetzt werde.[15] Diese Gefahr

---

10 LT/DS 10/1440, S. 57; vgl. BVerfGE 83, 238, 325, 326.

11 LT/DS 10/1440, S. 57. Vgl. zur Verflechtung von Presse und Rundfunk in tatsächlicher Hinsicht nur: Röper, Stand der Verflechtung von privatem Rundfunk und Presse, MP 1989, S. 533 ff. sowie den Bericht der Bundesregierung über die Lage der Medien in der Bundesrepublik Deutschland 1985, BT/DS 10/5663, S. 50 ff.; zu den verfassungsrechtlichen Konsequenzen der Verflechtung nur Kübler, Medienverflechtung; ders., Landesbericht, S. 15 ff.; Lerche, Presse und privater Rundfunk; Degenhart, Verfassungsfragen, ZUM 1987, S. 695 ff.

12 LT/DS 10/1440, S. 57.

13 LT/DS 10/1440, S. 57; vgl. BVerfGE 83, 238, 326.

14 LT/DS 10/1440, S. 53, 57; vgl. BVerfGE 83, 238, 326.

15 LT/DS 1440, S. 57; vgl. zum Einfluß der Werbefinanzierung des Hörfunks auf die wirtschaftlichen Grundlagen der Presse oder einzelner Presseunternehmen: 5. Hauptgutachten der Monopolkommission, 1982/1983, Tz. 579 sowie Sondergutachten 11, 1981, Tz. 34;

bestehe insbesondere für wirtschaftlich schwächere Zweit- und Drittzeitungen, die ihre Marktposition nicht durch Monopolstellungen im Printbereich absichern könnten und deren Sterben eine weitere Verschlechterung der ohnehin schlechten intramediären Wettbewerbssituation im Printbereich im Sinne zunehmender Konzentration bedeuten würde.[16]

Aus dieser Gefährdungssituation für den Bestand einer freien und vielfältigen Presse schließt der Gesetzgeber, daß in dem zu konzipierenden Lokalfunkmodell sichergestellt sein müsse, daß den wirtschaftlichen Belangen der im jeweiligen Verbreitungsgebiet erscheinenden Lokalzeitungen angemessen Rechnung getragen werde.[17] Dies könne allerdings schon aus verfassungsrechtlichen Gründen nicht durch einen privilegierten Zugang der lokalen Zeitungsverleger zum lokalen Rundfunk erreicht werden.[18]

4. Zielkonflikt und Lösungsansatz des Gesetzgebers im „Zwei-Säulen-Modell"

Die soeben dargestellten drei zentralen gesetzgeberischen Zielvorstellungen und Leitlinien des nordrhein-westfälischen Lokalfunkmodells lassen einen Zielkonflikt erkennen, der vordergründig als unauflösbar erscheinen muß. Während der Schutz der Lokalpresse vor möglichen Verlusten auf dem Werbemarkt eine möglichst weitreichende Beteiligung der Verleger am Lokalfunk nahelegt, scheint die zugleich intendierte Förderung des intermediären Wettbewerbs eine derartige Beteiligung gerade auszuschließen oder zumindest zu begrenzen. Erreicht werden soll nach den Vorstellungen des Gesetzgebers damit sowohl der „Schutz der Presse" als auch der „Schutz *vor* der Presse".[19]

Das nordrhein-westfälische Ordnungsmodell beschreitet einen Weg, der diese gegenläufig wirkenden Ziele miteinander zu verbinden und die vermuteten Interessengegensätze in ein gemeinsames Konzept zu integrieren versucht. Grundlage dieses Lokalfunkmodells oder „sein ordnungspoliti-

---

Bopp, Ordnungsziele des Landesmedienrechts, AfP 3/1989, S. 641 ff.; Piette, Meinungsvielfalt im lokalen Rundfunk, S. 77 ff., Lerche; Presse und privater Rundfunk; Proedoehl, Organisationsprobleme, MP 1987, S. 231; Kübler, Medienverflechtung, S. 92 ff. Die realen Auswirkungen auf den verfassungsrechtlich allein relevanten Bestand und die Funktionsfähigkeit des Instituts der „Freien Presse" lassen sich nach BVerfGE 73, 118, 180 ff. nach dem gegenwärtigen Stand der Entwicklung nicht abschließend beurteilen.

16 Vgl. nur BVerfGE 73, 118, 180 ff. unter Hinweis auf das 5. Hauptgutachten der Monopolkommission, 1982/1983, Tz. 581.

17 LT/DS 10/1040, S. 57.

18 Ebd.

19 Hoffmann-Riem, Stellungnahme zum Regierungsentwurf, Zuschrift 10/710, S. 11.

sches Konstruktionsgeheimnis"[20] ist die Entkoppelung von ökonomischem und publizistischem Wettbewerb durch die Trennung zweier rechtlich und organisatorisch selbständiger Säulen eines gemeinsamen lokalen Senders, nämlich die Trennung von Veranstaltergemeinschaft und Betriebsgesellschaft in der Form des „Zwei-Säulen-Modells".

In der modelltheoretischen Grundannahme des Gesetzgebers wird hierbei eine *wirtschaftliche* Medienverflechtung und die Konzentration werbewirtschaftlicher Macht im lokalen Bereich dadurch kompensiert und rundfunkrechtlich verträglich gestaltet, daß die *publizistische* Medienverflechtung und die damit verbundene Konzentration von Meinungsmacht in Presse und Rundfunk zugleich wirksam verhindert wird.[21] Angesichts der Sicherung der publizistischen Pluralität durch die binnenpluralen Strukturen der Veranstaltergemeinschaft als allein programmverantwortliche Säule sollen die wirtschaftlichen Phänomene einer Verflechtung und Konzentration hinnehmbar und erträglich gestaltet werden. Unter dieser Voraussetzung nimmt der Gesetzgeber sogar eine positive Förderung dieser Konzentration durch das Gesetz in Kauf. Damit unternimmt das nordrhein-westfälische Lokalfunkmodell ein einmaliges ordnungspolitisches Experiment: eine Konzentrationsbekämpfung durch Medienverflechtung.

II. Steuerungskonzept und Konstruktionsgrundsätze des nordrhein-westfälischen Lokalfunkmodells

In einem zweiten Schritt soll nun untersucht werden, mit welchen konkreten Instrumentarien der nordrhein-westfälische Gesetzgeber den soeben skizzierten Lösungsansatz in seinem Lokalfunkmodell konstruktiv umzusetzen beabsichtigt. Hierzu wird zunächst der Frage nachgegangen, auf welchem Weg das LRG NW das Verhalten der Normadressaten zu steuern, d.h. im Interesse der Steuerungsintentionen des Gesetzgebers zu beeinflussen versucht[22] und in welchem Verhältnis sein Steuerungskonzept zu bereits bestehenden, insbesondere rundfunkrechtlichen Konzepten steht.

Hieran schließt sich eine Analyse der vom Gesetzgeber zur Erreichung seiner Zielvorgaben und zur Umsetzung seines Steuerungskonzepts entwikkelten konkreten Instrumentarien an. Hierbei wird versucht, die Vielzahl ineinandergreifender Detailregelungen zu Konstruktionsgrundsätzen zusammenzufassen, die in ihrer Gesamtheit das vom Gesetzgeber mit seinem

20 So Stock, Neues Privatrundfunkrecht, S. 67.

21 Prodoehl, Organisationsprobleme, MP 1987, S. 234, 235.

22 Vgl. zum Begriff der Steuerung durch Recht nur Hoffmann-Riem, Reform des Verwaltungsrechts, S. 404 ff., insbesondere FN 12; Mayntz, Politische Steuerung, S. 91 ff.

Regelwerk intendierte Wirkungsmodell des Gesetzes systematisiert zu beschreiben versuchen.

1. Steuerungskonzept: strukturbezogene Steuerung mit imperativen Elementen

Im Vordergrund des nuancenreichen Steuerungskonzepts des nordrhein-westfälischen Lokalfunkgesetzgebers stehen organisatorische und verfahrensmäßige Regelungen. Diese auch als Elemente einer „strukturbezogenen" staatlichen Steuerung"[23] aufzufassenden gesetzlichen Vorgaben sind im Kern der Idee verpflichtet, durch die Schaffung eines gesetzlichen Rahmens die vom Gesetz beteiligten Akteure und Akteursgruppen zu einem internen Interessenabgleich zu zwingen, um so auf unmittelbare regulatorische Eingriffe des Staates weitgehend verzichten zu können. Mit dieser Entscheidung scheint der Gesetzgeber auf die zunehmende verwaltungs- und politikwissenschaftliche Diskussion um die veränderten Anforderungen an eine funktionsfähige staatliche Steuerung Bezug zu nehmen, die auch im Rundfunkrecht zur Forderung nach neuen Steuerungskonzepten geführt hat. Auf die Grundlinien dieser Diskussion wird daher im folgenden zunächst kurz eingegangen, um im Anschluß hieran aus dem Blickwinkel der steuerungstheoretischen Debatte die Besonderheiten des nordrhein-westfälischen Modells im Vergleich zu bisher bestehenden Steuerungstypen im Rundfunkrecht erläutern zu können.

a. Ausgangspunkt: Krise der regulativen Politik und das Konzept der Struktursteuerung

Herkömmliches Instrument der staatlichen Einflußnahme auf den Bürger ist die Konstituierung rechtlicher Ge- und Verbote. Diese sogenannte imperative bzw. verhaltensbezogene Steuerung („command and control regulation") bezeichnet den Versuch, durch die Vorgabe rechtlicher Normapparate das Verhalten der Steuerungsobjekte unmittelbar zu lenken, indem etwa Verstöße negativ sanktioniert oder auch positive Anreize geschaffen werden.[24] Die Funktionsfähigkeit dieses Steuerungskonzepts ist in der wissenschaftlichen Erörterung vielfach bezweifelt worden und hat zur These einer „Krise der regulativen Politik" geführt.[25] Im Zentrum dieser Argumentation

---

23 Siehe zu diesem Begriff sogleich unter a.

24 Vgl. zum Begriff nur Hoffmann-Riem, Erosionen, S. 16, 17; ders., Möglichkeiten und Effektivität der Rundfunkaufsicht, S. 248 ff.; Lange, Staatliche Steuerung durch offene Zielvorgabe, VerwArch. 1/1991, S. 1 ff.

25 Vgl. zu der in der Bundesrepublik geführten Diskussion nur: Mayntz, Regulative Politik in der Krise, S. 55 ff.; dies., Politische Steuerung, S. 89 ff.; Willke, Entzauberung des Staates, S. 49 ff.; Hoffmann-Riem, Konfliktmittler im Verwaltungsverfahren, S. 7 ff.; ders., Zur

steht die Annahme, daß die Adressaten staatlichen Handelns häufig über eine ausreichende zumeist ökonomisch vermittelte Machtstellung verfügen, um den Erlaß oder die Durchsetzung staatlicher Ver- und Gebote zu verhindern oder zumindest zu erschweren. Dies führe zu Defiziten in der Normsetzung, der Normbefolgung und vor allem zu defizitären Entwicklungen auf der Ebene des Normvollzuges. Zu befürchten seien darüber hinaus dysfunktionale Nebenwirkungen imperativer Instrumente, die die ursprüngliche Steuerungsintention und die Erreichung der formulierten Ziele zusätzlich gefährden könnten. Recht als Steuerungsmedium könne nur dann greifen, wenn es auf die spezifischen Funktionsmodi, Organisationsstrukturen, Wertorientierungen und sonstigen Rationalitätskriterien des betreffenden gesellschaftlichen Bereichs abgestimmt sei, was bei einer imperativen Steuerung aufgrund der auf einfachen Wirkungsketten basierenden und auf unmittelbaren Gehorsam der Normadressaten zielenden Machtmittel nicht immer der Fall sein könne.[26]

Die begrenzte Tauglichkeit imperativer Steuerungselemente zur Erreichung komplexer Zielvorgaben ist auch im Kontext des privaten Rundfunkrechts formuliert und für unterschiedliche Regelungsbereiche belegt worden.[27] Der Mißerfolg der Steuerung durch Verhaltensbindungen ist hierbei in besonders nachvollziehbarer Weise für die Steuerung von programmbezogener Vielfalt durch Programmnormen (Programmauftrag und Programmgrundsätze) und die zur Durchsetzung dieser Normen bereitgestellten rechtlichen Aufsichtsinstrumente aufgezeigt worden.[28] Bereits die Normsetzung bereite angesichts der Wertungsoffenheit einer pluralen Programmbetätigung erhebliche Probleme, so daß sich leicht operationalisierbare und somit durchsetzbare rechtliche Imperative nicht entwickeln ließen und

---

notwendigen Konvergenz von Effektivitäts-und Implementationsforschung, S. 126 ff.; Voigt, Grenzen rechtlicher Steuerung, S. 14 ff.; Ritter, Staatliche Steuerung, S. 321; Wolf, Zur Antiquiertheit des Rechts in der Risikogesellschaft, Leviathan 1987, S. 357 ff.

26 Vgl. zu den zentralen Kritikebenen etwa die Zusammenfassungen von Lange, Staatliche Steuerung durch offene Zielvorgabe; VerwArch. 1991, S. 1 ff.; Teubner, Verrechtlichung, S. 313 ff.; Mayntz, Regulative Politik in der Krise, S. 55 ff.; dies. Politische Steuerung, S. 95 ff.

27 So für die imperativen Steuerungsinstrumente im Bereich der Vielfaltssicherung, der Werbung und der Konzentrationsbekämpfung Hoffmann-Riem, Möglichkeiten und Effektivität der Rundfunkaufsicht, S. 248 ff., 252 ff., 255 ff., 264 ff.; Hellstein/Reese, Handlungsspielräume und Organisationsstruktur, S. 180 ff.; 192 ff.; 194 ff.; 197 ff.; Ziethen, Rechtliche Spielräume, S. 67 ff.; 116 ff., 139 ff.

28 Hoffmann-Riem, Möglichkeiten und Effektivität der Rundfunkaufsicht, S. 248 ff., 264 ff.; Hoffmann-Riem/Ziethen, Hamburgische Anstalt für neue Medien, S. 257 ff.; Hesse, Rundfunkrecht, S. 182 ff.; vgl. zu entsprechenden Beobachtungen in den USA LeDuc, Der Angriff auf die amerikanische Fairneß-Doktrin, RuF 1988, S. 56 ff.; Hoffmann-Riem, Kommerzielles Fernsehen, S. 277 ff.

somit vorrangig auf programmatisch-appellative Normprogramme zurückgegriffen werden müsse.[29] Die Normbefolgung der Akteure sei entsprechend gering und mit den Mitteln des Aufsichtsrechts nur begrenzt erzwingbar. Durch eine intensive Programmkontrolle drohten daneben auch dysfunktionale Wirkungen, die im wesentlichen aus einer antizipativen Selbstanpassung der Veranstalter resultieren würden.[30] Darüber hinaus könnte die Berufung auf drohende Aufsichtsmaßnahmen dazu genutzt werden, ein etwa aus Gründen der Massenattraktivität und/oder Kostenersparnis ohnehin inhaltlich begrenztes Programm gegenüber Dritten, insbesondere den Aufsichtsträgern, zu legitimieren.[31]

Die Beobachtung des weitreichenden Steuerungsversagens imperativer Konzepte im und außerhalb des Rundfunkrechts hat zugleich zur Suche nach neuen Formen und Instrumenten rechtlicher Steuerung geführt, von denen im Zusammenhang mit dem hier zu diskutierenden nordrhein-westfälischen Lokalfunkmodell insbesondere das Konzept einer strukturbezogenen Steuerung selbstregulierender Prozesse hervorgehoben werden muß. Unter einer strukturbezogenen Steuerung wird ein Regulierungsmodell verstanden, in dem vom Staat strukturelle Rahmendaten gesetzt werden, die das Verhalten der Akteure nur mittelbar zu prägen beabsichtigen.[32] Innerhalb des so gesetzten Rahmens verbleibt den Steuerungsadressaten Raum für die Verfolgung eigener Ziele und Interessen, deren Richtung durch die verbindlichen gesetzlichen Vorgaben im Sinne einer Selbstregulierung auf die Realisierung der vom Gesetzgeber intendierten Ziele gelenkt und damit im Interesse des Gesetzgebers funktionalisiert werden sollen. Die Struktursteuerung läßt sich insofern als „regulierte Selbstregulierung“ beschreiben.[33] Zentrale Elemente der strukturbezogenen Steuerung sind vor allem gesetzliche Vorgaben einer ökonomischen Grundstruktur und die Konstituierung organisatorischer und prozeduraler Regelungen.[34]

Die Forderungen nach einer Abkehr von imperativer Steuerung und der Zuwendung zu einer aktiven Steuerung selbstregulatorischer Prozesse stehen dabei nicht im Kontext schlichter Deregulierung und Freigabe für

29 Hoffmann-Riem, Möglichkeiten und Effektivität der Rundfunkaufsicht, S. 249; Ziethen, Rechtliche Spielräume, S. 67 ff.

30 Hoffmann-Riem, Möglichkeiten und Effektivität der Rundfunkaufsicht, S. 250; ders., Erosionen, S. 29 ff.

31 Hoffmann-Riem, Möglichkeiten und Effektivität der Rundfunkaufsicht, S. 250.

32 Teubner, Verrechtlichung, S. 334 ff.; Mayntz, Regulative Politik in der Krise, S. 55 ff. Speziell zur Struktursteuerung im Rundfunkrecht Hoffmann-Riem, Erosionen, S. 18 ff.; ders. Möglichkeiten und Effektivität der Rundfunkaufsicht, S. 245 ff.; Schuppert, Markt, Staat, Dritter Sektor, S. 74 ff.

33 Vgl. zu diesem Begriff Hoffmann-Riem, Möglichkeiten und Effektivität der Rundfunkaufsicht, S. 261.

34 Hoffmann-Riem, Erosionen, S. 17; Teubner, Verrechtlichung, S. 334 ff.

Steuerungsversuche nach dem Marktmodell. Betont wird hier im Gegenteil die Notwendigkeit einer Beibehaltung des Konzeptes staatlicher Verantwortung.[35] Die strukturbezogene Steuerung wird insoweit lediglich als staatliche Regulierung in neuen Bahnen aufgefaßt, der gegenüber den bisherigen strikten Steuerungsversuchen größere Implementationschancen eingeräumt werden. Zentraler Vorteil der Struktursteuerung sei die verstärkte Möglichkeit einer Einbeziehung der Interessen der Akteure oder Akteursgruppen, die zu einem internen, auf privater Ebene vollzogenen Interessenausgleich und damit zu einer höheren Akzeptanz des staatlichen Steuerungsbemühens führen soll. Eine Struktursteuerung könne im Gegensatz zu Ge- und Verboten so auf die Interessenstrukturen der Normadressaten ausgerichtet werden, daß diese sich aus Nutzenerwägungen „freiwillig" auf die Berücksichtigung der gesetzgeberischen Intentionen einließen.[36]

In diesem Kontext dürften imperative Steuerungselemente jedoch nicht zur Gänze aufgegeben werden, sondern müßten eine strukurell veränderte, aber dennoch wichtige Funktion erfüllen.[37] Strukturbezogene Steuerungskonzepte ließen einen reduzierten und zurückgenommenen Einsatz imperativer Instrumente zu, der diese von der Gefahr einer regulatorischen Überforderung befreie und ihnen eine neue, auf die strukturbezogene Steuerung bezogene und in ihrer Funktion ergänzende Bedeutung verleihe. In künftigen Regelungsmodellen und Lösungsansätzen sollten daher beide Steuerungskonzepte miteinander kombiniert werden, um die Verfolgung der staatlichen Intentionen durch den Einsatz rechtlicher Instrumentarien zu optimieren.[38]

Anders als in anderen Systembereichen rechtlicher Steuerung ist im Rundfunkrecht die vermehrte Einbeziehung strukturbezogener Steuerungselemente keine bloße Option des Gesetzgebers, sondern eine zumindest für die gesetzliche Sicherung von Vielfalt aus dem staatlichen Gewährleistungsauftrag des Art. 5 Abs.1 Satz 2 GG folgendes verfassungsrechtliches Gebot. Dies ergibt sich aus dem vom Bundesverfassungsgericht hierzu festgestellten Erfordernis der Schaffung einer „positive Ordnung", die sicherstellen soll, daß die Vielfalt der bestehenden Meinungen im Rundfunk in möglichster Breite und Vollständigkeit Ausdruck findet und auf diese Weise umfassende Information geboten wird.[39] Diese positive Ordnung erfordert in

35 Hoffmann-Riem, Erosionen, S. 17; ders., Reform des Verwaltungsrechts, S. 418; Mayntz, Politische Steuerung, S. 99; Offe, Die Staatstheorie auf der Suche nach ihrem Gegenstand, S. 317, 318; Teubner, Verrechtlichung, S. 335.

36 Hoffmann-Riem, Reform des Verwaltungsrecht, S. 418 unter Hinweis auf Frank, Kollektive und individuelle Steuerung der Umwelt?, KritJ 1989, S. 36 ff.

37 Vgl. Hoffmann-Riem, Reform des Verwaltungsrechts, S. 416 ff.; ders. Erosionen, S. 22, 23.

38 Ebd.

39 BVerfGE 83, 238, 296; 74, 297, 324; 73, 118, 153; 57, 295, 319, 324.

der Konkretisierung dieser Anforderungen durch das Gericht neben gesetzlichen materiellen Vorschriften auch und gerade den Einsatz organisatorischer und prozeduraler Regelungen.[40]

Die bisher entwickelten Elemente der Struktursteuerung im Bereich der im Zusammenhang mit dem nordrhein-westfälischen Lokalfunkmodell allein interessierenden Steuerung binnenpluraler privater Rundfunkveranstalter, also etwa die Integration pluraler Organisationsstrukturen in die Binnenstruktur dieser Veranstalter oder die gesetzlichen Vorkehrungen zur Sicherung redaktioneller Autonomie, sind, wie auch die imperativen Instrumente des Rundfunkrechts, in ihrer realen Steuerungskraft wiederholt kritisiert worden.[41] Anders als dort ist diese Kritik jedoch mehr an den konkreten Ausprägungen der rechtlichen Instrumente als an der grundsätzlichen Eignung und Überlegenheit der Struktursteuerung im Systembereich des Privatrundfunkrechts orientiert.[42]

b. Kombinationsansatz des LRG NW

Das nordrhein-westfälische Steuerungskonzept kombiniert, wie alle bisher bestehenden Rundfunkmodelle, Elemente imperativer mit Elementen strukturbezogener Steuerung. Die Besonderheit des Modells liegt dabei in der neuartigen und besonders ausgeprägten strukturbezogenen Steuerung, die auch den im LRG NW berücksichtigten imperativen Elementen eine besondere Aufgabe zuweist.

Im Bereich verhaltensbezogener Regulierung setzt der Gesetzgeber zunächst auf die herkömmlichen Instrumente, also im wesentlichen auf die Einführung eines Verbotes mit Erlaubnisvorbehalt bei der Veranstaltung von Lokalfunk (Lizenzpflicht), der Normierung anspruchsvoller, dem Konzept des programmlichen Binnenpluralismus verpflichteten materiellen Programmanforderungen und den damit verbundenen gesetzlichen Kontroll- und Eingriffsmöglichkeiten einer zur Erfüllung dieser Aufgaben gegründeten externen staatsfreien Landesanstalt für Rundfunk als Lizenzierungs- und Aufsichtsgremium.[43]

Steuerungstheoretisch innovativ ist das LRG NW jedoch im Bereich der Struktursteuerung, für die eine Vielzahl dem Rundfunkrecht bisher unbekannter organisatorischer und verfahrensmäßiger Vorschriften entwickelt wurde. Im Zentrum dieser schon angesichts des Regelungsumfangs und der

---

40 Ebd.

41 Hoffmann-Riem, Möglichkeiten und Effektivität der Rundfunkaufsicht, S. 245 ff.; Hoffmann-Riem/Ziethen, Hamburgische Anstalt für neue Medien, S. 261 ff., 264 ff., 268 ff.

42 Ebd.

43 Zu Charakter und Funktion der Landesmedienanstalten vgl. nur Wagner, Die Landesmedienanstalten; Hoffmann-Riem, Personalrecht der Rundfunkaufsicht.

Regelungsdichte auffälligen gesetzlichen Vorschriften steht die zweisäulige Konstruktion des lokalen Rundfunks und deren innere Organisations- und Verfahrensregelungen. Von besonderer Bedeutung erscheint ferner die ausgeprägte Absicherung relativer redaktioneller Autonomie durch die Pflicht zur Konstituierung eines Redakteurstatuts sowie die Einräumung weitreichender Mitbestimmungsrechte für den Chefredakteur bzw. die Chefredakteurin.

Der Gesetzgeber operiert damit mit einer strukturbezogenen Steuerung, die die in den bisherigen binnenpluralen Ordnungsmodellen privaten Rundfunks entwickelten Vorgaben bedeutend übersteigt. Dies belegt zunächst ein Vergleich der durch die zweisäulige Konstruktion des lokalen Senders eingeräumten Einwirkungsmöglichkeiten der in der Veranstaltergemeinschaft enthaltenen Vertreter gesellschaftlich relevanter Gruppen etwa mit den Kompetenzen von Programmbeiräten[44] oder den vielfaltssichernden Wirkungen, die von der Ausgestaltung plural zusammengesetzter Anbietergemeinschaften ausgehen sollen.[45] In den genannten strukturbezogenen Steuerungsinstrumenten herkömmlicher Art bleibt weitgehend ungeregelt, welche gesellschaftlichen Kräfte in die Organisation eines Veranstalters eingebunden werden sollen[46] oder welche Kompetenzen und Einwirkungsmöglich-

---

44 Vgl. die Regelungen über Programmbeiräte in Baden-Würtemberg (§ 22 Abs. 2 Nr. 2 LMG BW), in Niedersachsen (§ 5 Abs. 4 Satz 1 und 2 LRG Nds.), im Rundfunkstaatsvertrag (Art. 8 Abs. 6 Rundfunkstaatsvertrag) sowie für den landesweiten Rundfunk in Nordrhein-Westfalen (§ 6 Abs. 1 Satz 2 LRG NW) sowie zu den Einzelheiten Ziethen, Rechtliche Spielräume, S. 100 ff. Die gesetzlichen Regelungen der Landesmedien- bzw. Landesrundfunkgesetze der fünf neuen Länder bleiben hier wie im folgenden aus dem Vergleich ausgeklammert.

45 In der Beteiligung mehrerer unterschiedlich ausgerichteter Kräfte an einem Veranstalter wird ein Indiz dafür gesehen, daß ein Programm zu Vielfalt und Ausgewogenheit tendiert, vgl. BVerfGE 74, 279, 330. Die meisten Landesmedien- bzw. - Rundfunkgesetze enthalten zumindest eine vorrangige Zulassung derartiger Anbietergemeinschaften: § 5 Abs. 4 Satz 2 LRG Nds; § 22 Abs. 2 Nr. 1 LMG BW; § 6 Abs. 1 Satz 1, § 7 Abs. 2 Satz 3 LRG NW (für den landesweiten Rundfunk); § 7 Abs. 1 Satz 1 LRG RP; § 11 Abs. 2 Satz 2 Nr. 2 LRG SH; §§ 21 Satz 2, 32 LMG Hmb.; § 11 Abs. 1 Satz 2 Nr. 2 BremLMG; § 40 a LRG Saar sowie Art. 8 Abs. 6 Satz 2, Abs. 4 Satz 1 des Rundfunkstaatsvertrags.

46 Für die Zusammensetzung der *Programmbeiräte* finden sich die weitreichendsten Regelungen in den Landesgesetzen von Baden-Würtemberg und Niedersachsen, die allerdings lediglich feststellen, daß ein Beirat aus „Vertretern der im Verbreitungsgebiet wesentlichen Meinungsrichtungen" zu bestehen habe (§ 22 Abs. 2 Nr. 2 LMG BW; § 5 Abs. 4 Satz 1 LRG Nds). Die übrigen Gesetze verzichten vollständig auf Konkretisierungen der Zusammensetzung der Programmbeiräte. Die weitreichendsten Regelungen über die Zusammensetzung von Anbietergemeinschaften verlangen oder fördern die Berücksichtigung der „wesentlichen gesellschaftlichen Kräfte und Gruppen" (§ 22 Abs. 2 Nr. 1 LMG BW; § 7 Abs. 1 Satz 3 LRG RP) oder die Einbeziehung mehrerer „unterschiedlich ausgerichteter Kräfte" (§ 11 Abs. 1 Satz 2 Nr. 2, §§ 25 Abs. 1 Nr. 1 BremLMG; §§ 21 Satz 2, 35 Abs. 1 Satz 1 Nr. 1 LMG Hmb; § 7 Abs. 2 Satz 2 LRG NW für den landesweiten Rundfunk). Die übrigen Gesetze sehen lediglich vor, daß sich verschiedene Personen oder Unternehmen zusammenschließen müssen. Vgl. hierzu auch die Regelungen über die Beteiligung kultureller

keiten diesen Kräften als Mitglieder von Anbietergemeinschaften oder Programmbeiräten auf die Programmgestaltung oder die unternehmerischen Entscheidungen des Veranstalters eingeräumt werden müssen.[47] Darüber hinaus werden beide Instrumente zumeist als bloße Vorrangregelung innerhalb des Zulassungsverfahrens normiert und die Einbeziehung pluraler Elemente damit letztlich der Entscheidung der Veranstalter überlassen.[48] Diese inhaltlichen Begrenzungen der Ausgestaltung organisatorischer und verfahrensmäßiger Vielfaltssicherungen in den bisherigen Rundfunkgesetzen werden vom nordrhein-westfälischen Lokalfunkmodell bei weitem überschritten, indem es etwa die zu beteiligenden gesellschaftlich-relevanten Gruppen detailliert aufführt und sie zu einer selbständigen Organisation zusammenfaßt, deren programmbezogene und sonstige Kompetenzen den bisherigen Modellen unbekannt sind.[49]

Auch im Bereich der Absicherung redaktioneller Autonomie etabliert der Gesetzgeber über die rein fakultativen Regelungen bestehender Privatrundfunkordnungen hinausgehende Strukturvorgaben.[50] Das LRG NW erhebt als

---

gemeinnütziger Kräfte in Anbietergemeinschaften in § 40 a Abs. 4 LRG Saar; § 6 Abs. 1 Satz 4 LRG NW; § 18 Abs. 2 LMG Hmb; § 7 Abs. 4 Satz 1 BremLMG sowie Art. 8 Abs. 4 Satz 1 RFStV. Zum Ganzen Ziethen, Rechtliche Spielräume, S. 88 ff.; 100 ff.

47 Absicherungen des Programmeinflusses eines *Programmbeirates* finden sich nur im Rundfunkstaatsvertrag und im LRG NW für den landesweiten Rundfunk, in denen festgestellt wird, daß der Beirat einen „wirksamen Einfluß auf das Programm" haben müsse (§ 6 Abs. 1 Satz 2 LRG NW; Art. 8 Abs. 6 Satz 1 Rundfunkstaatsvertrag). In den anderen Gesetzen ist selbst diese unbestimmte Kompetenzbeschreibung nicht enthalten. Nähere Festlegungen des Programmeinflusses einzelner Mitglieder von *Anbietergemeinschaften* sind lediglich in § 5 Abs. 4 Satz 2 LRG Nds; § 7 Abs. 1 LRG RP; § 35 Abs. 1 Nr. 2 LMG Hmb; § 25 Abs. 1 Nr. 2 BremLMG; § 40 a LRG Saar sowie in Art. 8 Abs. 6 des Rundfunkstaatsvertrages enthalten. Die weitreichendsten Absicherungen sind hierbei in den Regelungen über örtliche Programme in Bremen und Hamburg normiert, in denen ein „angemessener Einfluß auf die Programmgestaltung" gefordert wird, § 25 Abs. 1 Nr. 2 BremLMG; § 35 Abs. 1 Nr. 2 LMG Hmb.

48 Eine Ausnahme bilden die Ländergesetze, die nur Anbietergemeinschaften für zulassungsfähig erklären, vgl. § 6 Abs. 1 Satz 1 LRG NW für den landesweiten Rundfunk sowie § 32 Abs. 1 LMG Hmb sowie § 23 Abs. 2 BremLMG für örtliche Programme.

49 Vgl. hierzu ausführlich unter 2. a. aa. sowie 2. b. aa.

50 Ein Vergleich mit den bisher verabschiedeten Landesrundfunk- bzw. Landesmediengesetzen der Länder zeigt die Exklusivität der Regelung. Die überwiegende Zahl der Privatfunkgesetze enthält keine Aussagen über die Absicherung redaktioneller Autonomie. Die Gesetze in Schleswig-Holstein (§ 11 Abs. 2 Nr. 4 des LRG SH), Bremen (§ 11 Abs. 1 Satz 2 Nr. 6 sowie § 25 Abs. 1 Satz 1 Nr. 2 BremLMG), Nordrhein-Westfalen (für den landesweiten Rundfunk i.S. des § 7 Abs. 2 Satz 3 2. Halbsatz LRG NW) sowie Hamburg (§ 18 Abs. 5 LMG Hmb) beschränken sich auf bloße Vorrangbestimmungen. Vgl. zu den Inhalten ausführlich Ziethen, Rechtliche Spielräume, S. 98 ff.; speziell zur Hamburger Regelung Hoffmann-Riem/Ziethen, Hamburger Anstalt für neue Medien, S. 268; Hoffmann-Riem, Medienrecht, S. 495 ff. Lediglich der Entwurf des Berliner Privatrundfunkgesetzes in der Fas-

erstes Mediengesetz der Bundesrepublik die Aufstellung eines Redakteurstatuts zur Rechtmäßigkeitsvoraussetzung einer Veranstaltung von Rundfunk und fordert zugleich, daß das Statut im Einvernehmen zwischen Veranstaltergemeinschaft und redaktionellen Beschäftigten aufzustellen ist. Damit versucht das Rundfunkmodell in bisher einzigartiger Weise, Elemente „innerer Rundfunkfreiheit" in sein Konzept einzubinden und damit die professionelle Orientierung der redaktionellen Beschäftigten für seine Zielvorstellungen nutzbar zu machen.[51]

In diesem besonderen organisatorischen und verfahrensmäßigen Rahmen nimmt die imperative Steuerung insgesamt eine untergeordnete Funktion ein. Ausgangspunkt des Steuerungsmodells ist stets die Selbststeuerung durch Vermittlungs- und Ausgleichsprozesse auf der Akteursebene. Innerhalb der so geschaffenen gesetzlichen Rahmenordung erhalten die imperativen Elemente des Modells zugleich aber eine im Vergleich zu einer vorrangig imperativen Steuerung veränderte Funktion und Aufgabe. Ver- und Gebote geben hier zunächst quasi von außen die Zielrichtung der Selbststeuerung vor. Im Vordergrund steht jedoch die gesetzlich geschaffene Möglichkeit, durch gezielte Eingriffe oder Androhungen der Landesanstalt für Rundfunk von Eingriffen in das System der Selbstregulierung ausgleichend, quasi „nachregulierend" einwirken zu können. Die zur Verfügung stehenden gesetzlichen Machtmittel werden hier anders als bei einem nicht vorrangig strukturbezogenen Wirkungsmodell erst dann relevant, wenn die Ebene der Struktursteuerung zu versagen droht und Fehlentwicklungen zu besorgen sind. Ihre Funktion läßt sich insoweit als Krisenintervention beschreiben.

Die zweisäulige Konstruktion des Lokalfunkmodells mit ihrer Einbeziehung unterschiedlicher Interessen erlaubt darüber hinaus einen Einsatz imperativer Elemente in der Form einer Unterstützung der einen oder anderen Seite und ist damit nicht auf unmittelbare Interventionen angewiesen. Die Steuerungsinstrumente treffen hier nicht isoliert auf einen der Steuerung im Grundsatz ablehnend und abwehrend gegenüberstehenden Adressaten, sondern können stets über einen weiteren Akteur „vermittelt" durchgesetzt werden. Dieser Akteur und seine auf diese Weise für die Verfolgung der gesetzlichen Aufgaben funktionalisierten Interessen sollen hierbei die Steuerungsmaßnahmen gegenüber dem eigentlichen Steuerungsadressaten abstützen und letztlich deren Befolgung gewährleisten. Mit einer derart „reflektierten" Einflußnahme verbindet sich die Hoffnung einer erhöhten

---

sung, in der es am 22.03.1990 in das Abgeordnetenhaus eingebracht wurde, enthielt in § 7 gesetzliche Bestimmungen, die zahlreiche typische Bestimmungen aus Redakteurstatuten in den Gesetzesrang heben sollten, vgl. epd Kirche und Rundfunk Nr. 30/31 vom 21.04.1990.

51 Vgl. hierzu ausführlich unter § 2 II. a. bb. sowie § 6.

Akzeptanz der Akteure, die die Einwirkungen nicht als Einflußnahme außenstehender Dritter, sondern als bloße Förderung ohnehin entgegenstehender Interessenkonstellationen und somit als unvermeidbar wahrnehmen sollen. Imperative Steuerungselemente und vor allem die Landesanstalt für Rundfunk rücken damit in die Nähe einer Schiedsrichter- bzw. Moderatorfunktion bei der Bearbeitung bestehender und institutionalisierter Interessenkonflikte auf der Akteursebene. Dies erhöht, zumindest im modelltheoretischen Steuerungskonzept des Gesetzgebers, die Implementationschancen dieser ansonsten in ihrer Funktionsfähigkeit kritisierten Normprogramme.[52]

2. *Konstruktionsgrundsätze und ihre Anwendungsfelder im modelltheoretischen Konzept*

Nach der Beschreibung des steuerungstheoretischen Ansatzes des LRG NW wird nun untersucht, mit welchen konstruktiven Elementen im LRG NW versucht wird, die formulierten Ziele zu erreichen und sein steuerungstheoretisches Konzept konkret umzusetzen. Hierzu werden nachfolgend insgesamt fünf Konstruktionsgrundsätze herausgearbeitet, die in ihrem Zusammenwirken ein theoretisches Wirkungsmodell der vom Gesetzgeber intendierten Steuerungswirkungen ergeben sollen.

a. Grundsatz der Funktionentrennung

Der zentrale Konstruktionsgrundsatz des Lokalfunkmodells läßt sich als *Grundsatz der Funktionentrennung* bezeichnen. Er beschreibt die gesetzestechnische Trennung inhaltlich differenzierbarer Funktionsbereiche im Gefüge einer lokalen Rundfunkstation in organisatorisch und/ oder rechtlich verselbständigte Funktionsträger. Den jeweiligen Trägern werden zugleich funktional abgrenzbare Aufgabenbereiche zugewiesen, die den entstandenen Teilorganisationen eigenständig und im Grundsatz frei von Beeinflussung anderer Bereiche nach dem Prinzip der Arbeitsteilung obliegen. Aus der Selbständigkeit der Funktionen ergibt sich zugleich das Gebot der trennscharfen Abgrenzung, d.h. die gesetzgeberische Aufgabe, die entstandenen Systembereiche so zu gestalten, daß dysfunktionale Überschneidungen und wechselseitige nachteilige Beeinträchtigungen ausgeschlossen sind.[53]

Der Grundsatz der Trennung der Funktionen dient nach der Intention des Gesetzgebers der Schaffung und Erhaltung von Unabhängigkeitssphären in Zusammenhängen, die strukturell wechselseitige dysfunktionale Beeinflussungen erwarten lassen. Zugleich schafft dieser Konstruktionsgrundsatz des nordrhein-westfälischen Lokalfunkmodells die Voraussetzung für die nach-

---

52 Zur veränderten Funktion der Landesanstalt für Rundfunk vgl. noch 2. c. cc.

53 Vgl. zum Begriff der Trennschärfe im LRG NW: Stock, Neues Privatrundfunkrecht, S. 41.

folgend dargestellten und ihre Funktion ergänzenden Wirkungsgrundsätze, die sämtlich auf der wirksamen Trennung einzelner Funktionen aufbauen und in ihrer Wirkung nur von diesem Konstruktionselement abhängig zu begreifen sind.

Der Gesetzgeber greift in seinem Ordnungsmodell auf zwei unterschiedlichen Ebenen auf den Grundsatz der Funktionentrennung zurück. Beide Anwendungsfelder sollen im folgenden dargestellt und in ihrem besonderen Standort im modelltheoretischen Konzept des LRG NW erläutert werden.

aa. Trennung von publizistischer und wirtschaftlich-technischer Funktion

Das erste Anwendungsbeispiel des vorstehend beschriebenen Konstruktionsgrundsatzes findet sich in der Trennung der wirtschaftlich-technischen von der publizistischen Funktion der Rundfunkveranstaltung in die rechtlich und organisatorisch verselbständigten Organisationen Veranstaltergemeinschaft und Betriebsgesellschaft.[54] Beide Funktionsträger erfüllen die ihnen zugewiesene Aufgabe im modelltheoretischen Konzept des LRG NW eigenständig und in autonomen Entscheidungsprozessen, die im Grundsatz intern und ohne Einwirkung der jeweils anderen Organisation getroffen werden.[55] Die Veranstaltergemeinschaft ist Veranstalterin des Programms und für dessen Gestaltung allein und uneingeschränkt verantwortlich, während die Betriebsgesellschaft auf die Erfüllung der wirtschaftlich-technischen Funktion innerhalb des Senders verwiesen wird. Beiden Organisationen ist die Verfolgung der jeweils anderen Aufgabe rechtlich untersagt.[56]

Die Trennung dieser Funktionsbereiche ist als wichtigste Umsetzung des konstruktiven Grundgedankens des Rundfunkgesetzgebers, der Entkoppelung des ökonomischen und publizistischen Wettbewerbs, aufzufassen. Durch die Trennung soll auf der einen Seite gewährleistet werden, daß die Veranstaltergemeinschaft ihrer dem Konzept des Binnenpluralismus in organisatorischer und programmlicher Hinsicht verpflichteten Aufgabe nachkommen kann, ohne von vornherein wirtschaftliche und vor allem werbeökonomische Rationalitäten in ihr Handeln einbeziehen zu müssen. Auf der anderen Seite soll durch die Abtrennung der publizistischen Aufgaben von

54 Vgl. BVerfGE 83, 238, 326. Das BVerfG verwendet den Begriff der Funktionenteilung.

55 Soweit das LRG NW hier Verbindungselemente und Kooperationserfordernisse konzipiert und somit wechselseitige Einflußnahmen zuläßt, werden diese als Durchbrechung des Prinzips der Funktionentrennung in Anwendung des insoweit gegenläufigen Konstruktionsgrundsatzes der Kooperation und Balance aufgefaßt, vgl. dazu unten c.

56 Der Ausschluß der Betriebsgesellschaft von der Programmfunktion ist in § 25 Abs. 1 Satz 5 LRG NW enthalten, während die Unzulässigkeit der Führung eines wirtschaftlichen Geschäftsbetriebes der Veranstaltergemeinschaft aus § 25 Abs. 1 Satz 2 LRG NW folgt, der ihr die Rechtsform eines nicht-wirtschaftlichen Vereins i.S. des § 21 BGB vorschreibt, vgl. Reidt, Rundfunkwerbung, S. 63, 64.

der Betriebsgesellschaft erreicht werden, daß diese Gesellschaft ihre privaten wirtschaftlichen Interessen frei von weitreichenderen gesetzlichen Vorgaben, etwa hinsichtlich der Zusammensetzung und Organisation, verfolgen kann. Nur infolge des Ausschlusses der Betriebsgesellschaft von der Programmfunktion konnten die lokalen Verleger trotz ihrer publizistischen Stellung mit einer Quote von bis zu 75 Prozent am lokalen Rundfunk beteiligt werden und die rundfunkrechtliche Ausgestaltung auf eine kommunale Beteiligungsoption von 25 Prozent begrenzt bleiben.[57] Durch die Funktionentrennung soll damit die nachfolgend dargestellte gleichzeitige Optimierung der wirtschaftlichen und publizistischen Funktion ermöglicht und zugleich die Voraussetzung geschaffen werden, daß sich beide Funktionen durch einen internen Ausgleichsprozeß selbst in eine Balance bringen.

bb. Trennung der Programmgestaltung der Redaktion von der Programmverantwortung und Kontrolle der Veranstaltergemeinschaft sowie der Programmfinanzierung der Betriebsgesellschaft

Der Grundsatz der Funktionentrennung findet sich auch im Verhältnis der Redaktion bzw. der Chefredaktion zur Veranstaltergemeinschaft einerseits und zur Betriebsgesellschaft andererseits. Während der Betriebsgesellschaft schlicht jeglicher Einfluß auf die publizistische Tätigkeit und damit auch auf die Redaktion des lokalen Senders verwehrt wird[58], ist die vom Lokalfunkmodell intendierte Trennung der Funktionsbereiche der Veranstaltergemeinschaft und der nach der Anlage des LRG NW bei ihr beschäftigten Redaktion[59] sehr viel schwerer zu bestimmen.

Die vom Gesetzgeber im LRG NW getroffenen Regelungen enthalten eine nur skizzenhafte Aufgabenbestimmung der Redaktion, die jedoch die Richtung der Interpretation vorgibt. So beschreibt § 13 Satz 1 LRG NW, der über § 23 Abs. 2 LRG NW im Lokalfunk entsprechende Anwendung findet, die Aufgabe der Redaktion zunächst als „Mitwirkung" an der Erfüllung der programmrechtlichen Vorgaben der §§ 11, 12 LRG NW. In Satz 2 des § 13 LRG NW wird die spezifische Funktion der redaktionellen Beschäftigten sodann im Spannungsfeld einer „Gesamtverantwortung" des Veranstalters und einer nicht näher konkretisierten „eigenen journalistischen Verantwortung" der redaktionellen Beschäftigten bestimmt, die allerdings Weisungs-

57 In BVerfGE 83, 238, 332 wird festgestellt, daß die verfassungsrechtlichen Vorgaben an die Zusammensetzung der Betriebsgesellschaft aufgrund ihres fehlenden Programmeinflusses geringer sind als die für die Veranstaltergemeinschaft geltenden. Zur Grenze einer Beteiligung der Lokalpresse am lokalen Rundfunk vgl. nur BVerfGE 73, 118, 177.

58 § 25 Abs.1 Satz 5 sowie § 28 Abs. 2 Satz 2 LRG NW.

59 § 25 Abs. 3 LRG NW.

rechte der Vorgesetzten und vertragliche Vereinbarungen unberührt lassen soll.

In § 25 Abs. 3 LRG NW wird darüber hinaus ein im Einvernehmen mit der Redaktion aufzustellendes „Redakteurstatut" zur Zulassungsvoraussetzung im lokalen Rundfunk erhoben. Diese Regelung korrespondiert mit der für den landesweiten Rundfunk geltenden Vorrangklausel des § 7 Abs. 2 Satz 3 2. Halbsatz LRG NW, nach der bei der Auswahl unter mehreren Bewerbern als eines der Kriterien der zu erwartenden Meinungsvielfalt im Programm berücksichtigt werden soll, in welchem Umfang der Bewerber „seinen redaktionellen Beschäftigten im Rahmen der *inneren Rundfunkfreiheit* Einfluß auf die Programmgestaltung und die Programmverantwortung einräumt". Diese im Kontext des sechsten Abschnitts des LRG NW nicht anwendbare Klausel findet in der gesetzlichen Forderung eines „Redakteurstatuts" für den lokalen Rundfunk eine inhaltliche Entsprechung und Weiterung, so daß mit der Verwendung des Terminus Redakteurstatut zugleich auf den in § 7 Abs. 2 Satz 3 2. Halbsatz LRG NW genannten Gesetzesbegriff der „inneren Rundfunkfreiheit"[60] Bezug genommen wird.[61]

Damit rückt zugleich das jüngste Rundfunkurteil des Bundesverfassungsgerichts auch für die Bestimmung des Verhältnisses zwischen Redaktion und Veranstalter im lokalen Rundfunk in den Blickpunkt, in dem anhand der Vorrangregelung des § 7 Abs. 2 Satz 2 2. Halbsatz LRG NW eine Auslegung des Begriffes der „inneren Rundfunkfreiheit" vorgenommen wurde.[62]

Zunächst stellt das Gericht in dieser Entscheidung klar, daß die Beteiligung der redaktionell Beschäftigten auch im gesetzgeberischen Konzept des nordrhein-westfälischen Gesetzgebers „weder im Dienst partizipatorischer oder demokratisierender Strategien" stehe, noch „einer gesellschaftlichen Gruppe gesteigerten Einfluß auf das Rundfunkprogramm" verschafft werden solle.[63] Die Sicherung der inneren Meinungsvielfalt werde insoweit

---

60 Vgl. zum Begriff der inneren Rundfunkfreiheit und zur Diskussion um diesen Begriff nur Hoffmann-Riem, Redakteurstatute im Rundfunk; ders., Rundfunkfreiheit durch Rundfunkorganisation; Ipsen, Mitbestimmung im Rundfunk; Bethge, Verfassungsprobleme, UFITA 1973, S. 143 ff.; Stock, Neues Privatrundfunkrecht, S. 20 ff.; Degenhart, Bonner Kommentar zu Art. 5 Abs. 1 und 2, Rdnr. 387 ff, 687 ff.

61 Auf den inneren Zusammenhang der Vorrangklausel für den landesweiten Rundfunk und dem Erfordernis eines Redakteurstatuts im lokalen Bereich weisen auch Stock, Neues Privatrundfunkrecht, S. 24, 49 sowie Schmitt-Glaeser in seiner Stellungnahme zum Regierungsentwurf, Zuschrift 10/694, S. 1, 11 hin.

62 BVerfGE 83, 238, 318 ff.

63 BVerfGE 83, 238, 320. Mit einer entsprechenden Argumentation, nach der durch eine Redakteursbeteiligung die Gefahr einer der Idee des Binnenpluralismus entgegenstehenden einseitigen Programmbeeinflussung geschaffen und eine verfassungsrechtlich nicht legitimierte Überrepräsentanz der Arbeitnehmerseite bewirkt werde, hatten die Antragsteller und

auch nicht „im Interesse der Selbstverwirklichung der Redakteure im Beruf" oder „zur Durchsetzung ihrer subjektiven Auffassungen" vom Gesetzgeber eingeräumt.[64]

Das Gericht betont demgegenüber, daß im Mittelpunkt der gesetzlichen Regelungen die *Vermittlungsfunktion* der Redakteure stehe.[65] Gestärkt werden solle innerhalb des arbeitsteiligen Unternehmens Rundfunk diejenige Berufsgruppe, die den Auftrag des Rundfunks, Medium und Faktor der Meinungsbildung zu sein, unmittelbar erfülle. Es ginge insofern nicht um externen Einfluß der Redakteure, sondern um interne Mitsprache bei der Wahrnehmung der von Art. 5 Abs. 1 Satz 2 GG geschützten Funktion. Unter Zugrundelegung dieses Verständnisses gefährde eine Redakteursbeteiligung auch nicht die Verpflichtung zur Binnenpluralität im Programm, sondern begünstige die intendierte Vielfalt durch die Absicherung der Redaktion in ihrer professionellen Autonomie. Damit finde sie zugleich ihre Grenze, da Beteiligungsformen, die nicht mehr auf das Vielfaltsgebot rückgebunden werden können und damit nicht der objektiven Rundfunkfreiheit, sondern der subjektiven Redakteursfreiheit dienen, von der gesetzgeberischen Intention nicht mehr umfaßt sein können.

Die so beschriebene Aufgabe der redaktionellen Beschäftigten bezeichnet zugleich die Aufgabentrennung der programmverantwortlichen Veranstaltergemeinschaft und der programmgestaltenden Redaktion. Die Veranstaltergemeinschaft hat hiernach zwar die alleinige Verantwortung für das Programm zu tragen, gestaltet es aber in publizistischer Hinsicht nicht selbst. Insoweit gilt nach dem Willen des Gesetzgebers eine „relative Autonomie" der Redaktion.

Dies bedeutet zunächst, daß das LRG NW nicht von einer anteilig-proportionalen publizistischen Betätigung der einzelnen Mitglieder der Veranstaltergemeinschaft im Sinne eines gebündelten Zu-Wort-Kommens der

---

mit ihnen einige Autoren und Sachverständige vor dem Hauptausschuß (allerdings noch zu einer etwas anderen gesetzlichen Regelung) die Verfassungsmäßigkeit von Sicherungen der inneren Rundfunkfreiheit bestritten. Vgl. Ricker, Antrag und Antragsbegründung vom 19.02.1988; S. 42 ff.; ders., Stellungnahme zum Regierungsentwurf, Zuschrift 10/687, S. 8 ff.; Schmitt-Glaeser, Stellungnahme zum Regierungsentwurf, Zuschrift 10/694, S. 1, 11; Grawert, Stellungnahme zum Regierungsentwurf, Zuschrift 10/698, S. 13; Ory, Redaktionelle Mitbestimmung, AfP 4/1988, S. 336 ff.; Kull, Innere Rundfunkfreiheit, AfP 4/1988, S. 652 ff. sowie BVerfGE 83, 238, 279 ff. Vgl. gegen diese Argumentation bereits: Bethge, Redaktionelle Mitbestimmung, AfP 2/1989, S. 525 ff.; Stock, Neues Privatrundfunkrecht, S. 25 ff., ders., Stellungnahme zum Regierungsentwurf, Zuschrift 10/640, S. 17 ff.; Hoffmann-Riem, Stellungnahme zum Regierungsentwurf, Zuschrift 10/710, S. 6 ff.

64 BVerfGE 83, 238, 321.

65 Vgl. hierzu und zum folgenden BVerfGE 83, 238, 321, 322.

beteiligten Gruppen oder der Verlautbarung bloßer Gruppeninteressen ausgeht, sondern die Funktion der Veranstaltergemeinschaft in Analogie zur Funktion der Rundfunkräte im öffentlich-rechtlichen Rundfunk zu bestimmen versucht.[66] In der Modelltheorie ist die *Autonomie* der Redaktion insofern als Schutz vor überschießenden Eingriffen und programminhaltlichen Lenkungsversuchen der Veranstaltergemeinschaft oder einzelner ihrer Mitglieder konzipiert.

Auf der anderen Seite ist der Bereich der Eigenverantwortung der Redaktion nur als *relative Autonomie* geschützt, da die Programmverantwortung und Kontrolle nach den Ausführungen des Bundesverfassungsgerichts nur bei der Veranstaltergemeinschaft als plural zusammengesetztem Gremium liegen kann und nach dem Willen des nordrhein-westfälischen Gesetzgebers auch liegen soll.[67] Diese Programmverantwortung der Veranstaltergemeinschaft stellt insofern eine Obergrenze redaktioneller Autonomie dar, die durch die Einräumung interner Mitwirkungsrechte in keinem Fall beeinträchtigt werden darf.

b. Grundsatz der Funktionenoptimierung

Das nordrhein-westfälische Lokalfunkmodell orientiert sich desweiteren an einem gesetzeskonstruktiven Ansatz, der sich als *Grundsatz der Funktionenoptimierung* kennzeichnen läßt. In Ausführung dieses Grundsatzes versucht das Gesetz durch seine Regelungstechnik zu gewährleisten, daß die von ihm geschaffenen unterschiedlichen Systembereiche und Grundfunktionen des Modells den gesetzlichen Rahmen vorfinden, der die Erfüllung der jeweiligen Aufgabe in optimierender Weise unterstützt.

Der Grundsatz der Funktionenoptimierung bildet die notwendige Ergänzung zum vorstehend erläuterten Trennungsgrundsatz und baut auf diesem auf. So ermöglicht erst die rechtliche Trennung der wirtschaftlichen von der publizistischen Funktion eine dem jeweiligen Systembereich angemessene und differenzierende rechtliche Behandlung. Zugleich findet der Optimierungsgrundsatz in diesem Prinzip seine Grenze, da eine Verfolgung von Singularinteressen im Modell dort zu enden hat, wo der Bereich einer anderen, abgetrennten Funktion nachteilig tangiert zu werden droht.[68]

Als optimierend im Sinne des Grundsatzes gelten solche Regelungen, die die infolge der unterschiedlichen Aufgabenzuweisungen und Interessenla-

---

66 BVerfGE 83, 238, 331; Stock, Neues Privatrundfunkrecht, S. 45, 49 ff.; Hoffmann-Riem, Stellungnahme zum Regierungsentwurf, Zuschrift 10/710, S. 6, 10.

67 Ebd.

68 Die entstehenden Kollisionsfälle werden nach der hier entwickelten Modellkonstruktion auf der Grundlage des nachfolgend beschriebenen Grundsatzes der Funktionenbalance gelöst; vgl. unten unter c.

gen der jeweiligen Funktionsbereiche divergierenden Handlungsparameter und Handlungsprämissen berücksichtigen und in ihrer rechtlichen Gestaltung an diese angepaßt sind. Dies kann, abhängig vom Sachbezug, sowohl zur Bereitstellung imperativer Steuerungselemente oder zur Setzung eines gesetzlichen Rahmens, aber auch zum Verzicht auf einen regulierenden Einfluß und damit zum ungehinderten und ungelenkten Wirken anderer Mechanismen, vor allem des Marktes, führen.

Auch der Grundsatz der Funktionenoptimierung dient im Konzept des Gesetzgebers der Verfolgbarkeit an sich gegenläufiger Interessen innerhalb des Gesamtgefüges der lokalen Rundfunkstation. Jeder Systembereich soll in die Lage versetzt werden, seine (frei gewählten oder gesetzlich determinierten) Ziele zunächst ungehindert und frei von der Berücksichtigung systemfremder Regelungsvorgaben zu verfolgen. Erst dann, wenn Zielkonflikte trotz der getrennten Aufgabenbereiche zu Kollisionen führen, ist ein Ausgleich unvermeidbar und somit die Grenze der Optimierung erreicht. Bis zu diesem Punkt aber erkennt der Gesetzgeber die grundsätzlich unterschiedlichen Handlungsrationalitäten ohne Einschränkung an und sucht sie strukturell zu unterstützen.

aa. Optimierung der publizistischen Funktion

Zunächst werden die zentralen Anwendungsfelder des nordrhein-westfälischen Lokalfunkmodells zur Optimierung der publizistischen Funktion erläutert.

(1.) Veranstaltergemeinschaft als binnenpluraler Träger der Programmfunktion

Die rechtliche Ausgestaltung der Veranstaltergemeinschaft als „erste Säule" des nordrhein-westfälischen Lokalfunkmodells markiert den Versuch des Gesetzgebers, durch materielle und vor allem ausgeprägte organisatorische und verfahrensmäßige Regelungen der Binnenstruktur der Veranstaltergemeinschaft zu gewährleisten, daß die im Sendegebiet bestehende Meinungsvielfalt im Programm gleichgewichtig zum Ausdruck kommt.[69] Hierbei ist das besondere Ziel des Gesetzgebers, den zu beteiligenden gesellschaftlichen Kräften oder Personengruppen einen effektiven Einfluß auf die Entscheidungen der Veranstaltergemeinschaft einzuräumen.[70] Die rechtliche Ausgestaltung der Veranstaltergemeinschaft ist insofern das zentrale Ele-

---

69 BVerfGE 83, 238, 326.

70 Stock, Neues Privatrundfunkrecht, S. 42, 44; Hirsch, Zwei-Säulen-Modell, RuF 1990, S. 174; Reidt, Rundfunkwerbung, S. 63; Wienholtz, Rundfunkurteile, S. 17; Prodoehl, Organisationsprobleme, MP 1987, S. 232. Vgl. zum verfassungsrechtlichen Erfordernis eines effektiven Einflusses binnenpluraler Organe auf private Rundfunkverstalter nur BVerfGE 57, 295, 325.

ment des speziellen binnenpluralen Organisationskonzepts des Gesetzgebers.

Aufgabe der Veranstaltergemeinschaft ist es, ein den materiellen Vielfaltsanforderungen des LRG NW entsprechendes Programm herzustellen und zu verantworten.[71] Die Veranstaltergemeinschaft entscheidet etwa über Grundsatzfragen der Programmplanung, stellt das Programmschema auf, überwacht die Erfüllung der Programmgrundsätze und bestimmt die Dauer des Programms.[72] In Abgrenzung zum Aufgabenbereich der Redaktion obliegt der Veranstaltergemeinschaft im Konzept des Gesetzgebers eine programmbezogene Leitlinien- sowie Aufsichts- und Kontrollfunktion, aus der sich die rundfunkrechtliche Verantwortung für das von ihr veranstaltete Programm begründet.[73]

Die Erfüllung dieser Aufgabe versucht das LRG NW auf der Grundlage des bürgerlichen Zivilrechts zu gewährleisten, das im Interesse der Optimierung der Programmfunktion der Veranstaltergemeinschaft durch ein Netz von detaillierten und nuancenreichen rundfunkrechtlichen Regelungen modifiziert und überlagert wird.[74] Die spezialgesetzlichen Überformungen des privaten Vereinsrechts überführen im Kern die Veranstaltergemeinschaft in eine binnenplurale Struktur und ordnen die programmbezogenen Kompetenzen des Vereins im Interesse eines effektiven Einflusses der beteiligten Kräfte.

Das LRG NW bestimmt für die Mitgliederstruktur der Veranstaltergemeinschaft einen Katalog von drei Mitgliedergruppen, in denen zunächst die organisierten gesellschaftlich-relevanten Kräfte des örtlichen Bereichs berücksichtigt sind. Darüber hinaus sind weitere Mitglieder aus bestimmten nicht verbandlich organisierten Bevölkerungsgruppen oder gesellschaftlichen Sachbereichen sowie bei Bedarf Mitglieder aufgrund ihrer persönlichen Kompetenz aufzunehmen.[75]

Die gleichgewichtige Beteiligung der vom Gesetzgeber ausgewählten gesellschaftlichen Kräfte und Gruppen an Entscheidungen des Vereins versucht der Gesetzgeber zu erreichen, indem er die von ihm als besonders funktionserheblich befundenen Kompetenzen des Vereins auf dessen Mitgliederversammlung überträgt, die damit gesetzeskonstruktiv als zentraler Entscheidungsträger und somit plurales „Grundorgan“[76] der Veranstalterge-

71 LT/DS 10/1440, S. 57.

72 § 27 LRG NW.

73 Zur Abgrenzung der Aufgabenbereiche von Redaktion und Veranstaltergemeinschaft siehe bereits 2. a. bb.

74 Vgl. Stock, Neues Privatrundfunkrecht, S. 43, 46, 47.

75 § 26 LRG NW; vgl. auch BVerfGE 83, 238, 326, 327.

76 Stock, Neues Privatrundfunkrecht, S. 43.

meinschaft etabliert wird.[77] Hierbei werden einige innerhalb dieser Kompetenzen zu treffenden Entscheidungen noch einmal besonders hervorgehoben und an eine Mehrheit von zwei Drittel aller Mitglieder des Vereins angebunden. Das Gesetz versucht auf diesem Weg insbesondere für grundlegende programmbezogene oder personelle Weichenstellungen innerhalb der Veranstaltergemeinschaft oder der Redaktion einen Minderheitenschutz zu installieren, der Entscheidungen einer knappen Mehrheit verhindert und entsprechende Einigungs- und Diskussionsprozesse auslöst.[78]

Die so skizzierte rechtliche Ausgestaltung der Veranstaltergemeinschaft konstituiert ein klar umrissenes organisatorisches und verfahrensmäßiges rechtliches Gerüst der Veranstaltergemeinschaft, deren Struktur in weiten Teilen detailliert festgelegt ist. Der Gesetzgeber setzt damit für die Binnenstruktur der programmtragenden Organisation auf eine ausgeprägte rechtliche Steuerung, die nur in begrenztem Rahmen Raum für eigene Gestaltungen der Akteure beläßt.

(2.) Absicherung relativer Autonomie in der Binnenstruktur der Redaktion

In einem zweiten Element der Optimierung der Programmfunktion des lokalen Senders versucht der Gesetzgeber, durch den gesetzlichen Zwang zur Konstituierung eines Redakteurstatuts auf die Binnenstruktur der Redaktion durchzugreifen. Diese Regelung ergänzt das Gesetz durch die Vorgabe einer hierarchischen Struktur der Redaktion, an deren Spitze ein Chefredakteur bzw. eine Chefredakteurin stehen soll, dessen bzw. deren Aufgabe als redaktionelle Leitung beschrieben wird.[79] Der Chefredaktion wird zugleich ein Vetorecht bei der Einstellung und Entlassung der weiteren redaktionellen Beschäftigten und damit ein maßgeblicher Einfluß auf die personelle Zusammensetzung der gesamten Redaktion eingeräumt.[80]

Im modelltheoretischen Konzept ist der Zugriff auf die Binnenkonstitution der lokalen Redaktion der organisatorischen und verfahrensmäßigen Absicherung der Funktionentrennung zwischen Redaktion und Veranstaltergemeinschaft und damit der relativen redaktionellen Autonomie im oben beschriebenen Sinne verpflichtet.[81] Die knapp bemessenen gesetzlichen Vorgaben weisen hierbei allerdings große Freiräume für privatautonome Gestaltung auf und regeln in der Tendenz mehr „das Ob als das Wie relativer redaktioneller Autonomie".[82]

77 Stock, Neues Privatrundfunkrecht, S. 43; Hirsch, Zwei-Säulen-Modell, RuF 1991, S. 174.
78 Vgl. hierzu ausführlich § 3 I. 2. f.
79 § 28 Abs. 1 LRG NW.
80 § 28 Abs. 3 LRG NW.
81 Vgl. II. 2. a. bb.
82 Stock, Neues Privatrundfunkrecht, S. 51.

Durch den im Gesetz auch im Bereich des lokalen Rundfunks angelegten Bezug zur Konzeption der inneren Rundfunkfreiheit verdeutlicht der Gesetzgeber allerdings, daß ein Redakteurstatut in seinen Inhalten nicht unsubstantiell bleiben kann und einen Kernbestand an gesetzlich notwendigen Regelungen beinhalten muß.[83] Die Ausgestaltung eines den gesetzlichen Anforderungen an den materiellen Aussagegehalt genügenden Redakteurstatuts versucht das Gesetz verfahrensmäßig dadurch abzusichern, daß es die Aushandlung des Statuts an ein Einvernehmen zwischen Redaktion und Veranstaltergemeinschaft anbindet und zugleich zur Rechtmäßigkeitsvoraussetzung einer Veranstaltung von Lokalprogrammen erhebt. Dies zwingt Redaktion und Veranstaltergemeinschaft an einen Tisch und räumt der Redaktion zugleich eine Verhandlungsposition ein, die unter der Prämisse eines professionellen Rollenverständnisses der redaktionellen Beschäftigten als Garant einer sach- und funktionsgerechten Binnenstruktur der Redaktion wirken soll.

(3.) Qualifizierte Programmanforderungen und Lokalbezug durch Mindestsendezeit und Zuschnitt der Verbreitungsgebiete

Zur Absicherung der Programmfunktion fügt der Gesetzgeber den bisher beschriebenen vorrangig organisatorischen und verfahrensmäßigen Vorgaben qualifizierte, am binnenpluralen Programmkonzept orientierte und auf die lokale Ebene transformierte materielle Programmanforderungen hinzu, die im wesentlichen den üblichen auf gegenständliche und meinungsmäßige Vielfalt angelegten Programmnormen binnenpluraler Konzepte entsprechen.[84] Eine Besonderheit des nordrhein-westfälischen Lokalfunkmodells besteht in der zusätzlichen Absicherung des in den Programmnormen geforderten Lokalbezuges durch die Festlegung einer Mindestsendezeit und die Verpflichtung zur satzungsmäßigen Konstituierung lokaler Verbreitungsgebiete mit begrenztem Zuschnitt.

Das LRG NW formuliert zunächst gesetzliche Maßstäbe, nach denen die Landesanstalt für Rundfunk die Größe der Verbreitungsgebiete festzulegen hat, in denen die jeweiligen Programme ausgestrahlt werden sollen.[85] Im gesetzlichen Regelfall hat sich die Anstalt hierbei an die kommunalen Gebietsgrenzen zu halten und die Verbreitungsgebiete auf das Gebiet eines Kreises oder einer kreisfreien Stadt festzulegen. Hierdurch soll gewährleistet werden, daß der lokale Hörfunk nicht über einen überschaubaren und

---

83 Stock, Neues Privatrundfunkrecht, S. 49.

84 Vgl. die lokalfunkspezifischen Programmgrundsätze des § 24 Abs. 1 LRG NW sowie die über § 23 Abs. 2 LRG NW auch für den Lokalfunk geltenden allgemeinen Vorschriften des § 11 Sätze 1 und 2 und § 12 Abs. 1, 2, 4 und 5 LRG NW. Zu den Einzelheiten und dem Verhältnis dieser Programmnormen untereinander siehe § 7 I. 2. b.

85 § 31 LRG NW.

zusammenhängenden lokalen Kommunikations-, Kultur- und Wirtschaftsraum hinausreicht und damit die vom Gesetzgeber als publizistisch relevant empfundene Dimension des Lokalen sprengt.[86] Nur dann, wenn die örtlichen Verhältnisse einen wirtschaftlich leistungsfähigen Lokalfunk nicht ermöglichen, soll die Landesanstalt für Rundfunk als Ausnahme größere Gebiete festlegen können. Auch diese dürfen allerdings nicht mehr als 600.000 Einwohner umfassen und haben die kommunalen Gebietsgrenzen sowie die Struktur der betreffenden Räume zumindest zu beachten.

Der Gesetzgeber bestimmt weiter, daß das im Verbreitungsgebiet ausgestrahlte Programm eine Mindestdauer von acht Stunden und ein für dieses Gebiet bestimmtes lokales Programmprofil aufzuweisen hat.[87] Das Gesetz läßt hier, wie bereits bei der Festlegung der Größe der Verbreitungsgebiete, eine Ausnahme aus wirtschaftlichen Gründen zu. Kann ein wirtschaftlich leistungsfähiger lokaler Rundfunk bei einer achtstündigen Sendezeit nicht gewährleistet werden, bleibt der Landesanstalt für Rundfunk die Zulassung eines nur fünfstündigen Lokalprogramms vorbehalten.[88] Ergänzend ist allerdings bestimmt, daß die Reduktion der Programmdauer und die Festlegung eines größeren Verbreitungsgebietes als gesetzliche Alternativen der Berücksichtigung der wirtschaftlichen Stärke zu verstehen sind. Es soll demnach nach dem Willen des Gesetzgebers verhindert werden, daß beide Instrumente der Berücksichtigung wirtschaftlicher Gesichtspunkte zugleich eingesetzt werden und so in der Kumulation ihrer Wirkungen den Lokalbezug des Senders gefährden.

(4.) Organisatorischer und programmlicher Binnenpluralismus der Veranstalter von Rahmenprogrammen

Im nordrhein-westfälischen Lokalfunkmodell lassen sich programmbezogene Optimierungsansätze auch in der gesetzlichen Regelung einer besonderen Form der Programmzulieferung durch sogenannte Rahmenprogrammveranstalter feststellen. Das LRG NW widmet der Übernahme von Rahmenprogrammen zur Auffüllung der täglichen Sendezeit über die lokal-verantwortete Sendezeit hinaus eine eigene Norm (§ 30 LRG NW) und verfolgt damit in programmlicher Hinsicht vorrangig das Ziel, den lokalen Rundfunkveranstaltern die Verbreitung eines insbesondere den Anforderungen des § 24 Abs. 1 und 2 LRG NW entsprechenden Programms zu erleichtern und damit seine Akzeptanz beim Publikum zu erhöhen.[89]

---

86 § 31 Abs. 1 LRG NW; zur gesetzgeberischen Intention LT/DS 10/1440, S. 59.

87 § 24 Abs. 2 Satz 1 LRG NW sowie die Definition des lokalen Programms in § 2 Abs. 2 LRG NW; vgl. LT/DS 10/ 1440, S. 58.

88 § 24 Abs. 2 Satz 2 LRG NW.

89 BVerfGE 83, 238, 328, 332. Im Vordergrund der gesetzlichen Zulassung einer Rahmenprogrammveranstaltung stehen allerdings Gesichtspunkte der wirtschaftlichen und nicht der programmbezogenen Optimierung, vgl. hierzu gleich bb. (2.).

Eine Besonderheit des nordrhein-westfälischen Modells besteht dabei in der gesetzlichen Anbindung der Rahmenprogrammveranstalter an eine eigene rundfunkrechtliche Zulassung nach den Vorschriften über die Veranstaltung von landesweiten Rundfunkprogrammen.[90] Mit dieser Regelung unterstellt der Gesetzgeber die Veranstalter von Rahmenprogrammen den für den landesweiten Rundfunk vorgesehenen und in programmlicher und organisatorischer Hinsicht ebenfalls am Konzept des Binnenpluralismus orientierten hohen Anforderungen. Dies bedeutet unter anderem, daß ein Veranstalter sich bei der Gestaltung seines Rahmenprogramms an den qualifizierten Programmanforderungen der §§ 11, 12 LRG NW zu orientieren hat und nur dann zugelassen werden kann, wenn er sich als Veranstaltergemeinschaft konstituiert, innerhalb derer ein vorherrschender Einfluß eines Mitglieds ausgeschlossen ist.[91]

Diese vom Gesetzgeber gewählte Konstruktion einer Rahmenprogrammveranstaltung scheint insoweit der Zielsetzung verpflichtet, zumindest auf einen Teilbereich der Programmzulieferung mit den Instrumentarien des Rundfunkrechts unmittelbar Einfluß zu nehmen, um so eine den Vielfaltsanforderungen genügende Ergänzung des lokal-verantworteten Programms zu erreichen.[92] Mit der Lizenzpflicht für Rahmenprogrammveranstalter schließt der nordrhein-westfälische Gesetzgeber für einen wesentlichen Teil des zugelieferten Programms eines lokalen Veranstalters eine angemahnte Lücke im Aufsichtsrecht.[93]

Eine weitere modelltheoretische Besonderheit des Lokalfunkmodells findet sich in § 30 LRG NW, in dem die Veranstaltung eines eigenen rein öffentlich-rechtlichen Rahmenprogramms des Westdeutschen Rundfunks für zulässig erklärt wird.[94] Neben einer Alleinveranstaltung des WDR besteht nach den Vorstellungen des Gesetzgebers auch die Möglichkeit einer auf ein Drittel der Kapital- und Stimmrechtsanteile begrenzten Beteiligung öffentlich-rechtlicher Rundfunkanstalten an privaten Rahmenprogrammveranstaltern.[95] In beiden Fällen haben sich allerdings der WDR bzw. allgemein die Rundfunkanstalten ausdrücklich im Rahmen der für sie geltenden gesetzlichen Bestimmungen zu bewegen und insbesondere die dort geltenden

---

90 § 30 Abs. 1 Satz 2 i.V.m. §§ 4 ff. LRG NW.

91 § 6 Abs. 1 Satz 1 und 2 LRG NW; vgl. § 2 Abs. 9 LRG NW zum Begriff der Veranstaltergemeinschaft im landesweiten Rundfunk.

92 Auf der Grundlage des LRG NW sind neben einer Programmzulieferung in der Form einer Übernahme von Rahmenprogrammen noch andere Formen der Programmzulieferung rechtlich zulässig, vgl. §§ 30, 2 Abs. 2 LRG NW sowie unten § 9 I. 3.

93 Das Fehlen einer direkten Programmaufsicht für Programmzulieferer kritisiert Hoffmann-Riem, Möglichkeiten der Effektivität der Rundfunkaufsicht, S. 254; vgl. auch Schurig, Programmzulieferung, S. 50 ff.

94 § 30 Abs. 1 Satz 2 2. Halbsatz LRG NW.

95 § 30 Abs. 1 Satz 2 1. Halbsatz i.V.m. § 6 Abs. 2 LRG NW.

hohen programmrechtlichen Anforderungen zu erfüllen.[96] Mit den Beteiligungsoptionen für den WDR und damit der Einbeziehung der für den öffentlich-rechtlichen Rundfunk geltenden gesetzlichen Bindungen und Programmanforderungen versucht der Gesetzgeber, die dort vorhandenen Ressourcen für die programmliche Optimierung im Lokalfunk nutzbar zu machen und damit eine weitere Qualitätssicherung des lokalen Programms zu installieren.[97]

(5.) Begrenzte Teilhabe lokaler Gruppen im Rahmen des Bürgerfunks

Der Optimierung der Programmfunktion dient auch die Integration des „Bürgerradios" in das von der Veranstaltergemeinschaft verantwortete Programm.[98] Im Rahmen des Bürgerradios räumt der Gesetzgeber Gruppen von im Verbreitungsgebiet wohnhaften Bürgern, insbesondere aber Gruppen mit kultureller Zielsetzung, das Recht ein, eigenständig produzierte Sendungen innerhalb des lokalen Programms auszustrahlen. Für die Beiträge der Bürgergruppen hat die Veranstaltergemeinschaft bis zu 15 Prozent (maximal zwei Stunden) ihrer Sendezeit zur Verfügung zu stellen.[99]

Die Produktion der Bürgerbeiträge soll nach den Vorstellungen des Gesetzgebers durch die Landesanstalt für Rundfunk aus dem Rundfunkgebührenaufkommen bezuschußt werden[100]. Daneben sieht das Gesetz die Gewährung sogenannter Produktionshilfen durch die Veranstaltergemeinschaft vor, für die die Erstattung der Selbstkosten verlangt werden kann, aber nicht muß.[101] Erhält eine Bürgergruppe unentgeltliche Produktionshilfen, ist eine Förderung durch die Landesanstalt für Rundfunk ausgeschlossen.[102] Anfallende Kosten für die Gewährung unentgeltlicher Produktionshilfen trägt die Betriebsgesellschaft.[103]

---

96 Dies betont BVerfGE 83, 238, 309 für die Kooperationen in landesweiten Programmen. Diese Überlegungen gelten nach den Ausführungen des BVerfG auch für die Beteiligung des WDR an Rahmenprogrammen, BVerfGE 83, 238, 332.

97 So auch Stock, Neues Privatrundfunkrecht, S. 81, 82 sowie die inhaltlich parallele Einschätzung des WDR, Stellungnahme zum Ersten Rundfunkänderungsgesetz, Zuschrift 10/1546, S. 6.

98 § 24 Abs. 4 bis 7 LRG NW.

99 Aus diesem Grund werden die Bürgerbeiträge auch als „15-Prozent-Beiträge" und die Gruppen selbst als „15-Prozent-Gruppen" oder „15-Prozenter" bezeichnet; vgl. nur Hirsch, Bürgerfunk, S. 100; Hellwig/Simon, Der Griff zum Mikrofon, S. 186; Vogel, Zugangssendungen, S. 141.

100 Eine Bezuschussung des Bürgerradios aus Rundfunkgebühren wird durch die Definition des Bürgerradios als „Offener Kanal" möglich, § 34 LRG NW. Mit dieser Definition schafft das Gesetz formal die Voraussetzung für eine Förderung gemäß Art. 6 Abs. 1 Nr. 2 des Rundfunkstaatsvertrages i.V.m. § 52 Abs. 2 Nr. 4 LRG NW.

101 § 24 Abs. 4 Satz 3, Abs. 6 Satz 1 LRG NW.

102 § 36 Abs. 2 Satz 2 LRG NW.

103 § 29 Abs. 2 Satz 3 Nr. 3 LRG NW.

Mit dieser in der Medienordnung der Bundesrepublik bisher einzigartigen Bürgerbeteiligung[104] durch die Möglichkeit direkter Selbstartikulation im Rahmen eines lokalen Programms knüpft der Gesetzgeber an sein ursprünglich verfolgtes Konzept eines gemeinnützigen, nicht-kommerziellen lokalen Radios an und versucht, zumindest Elemente dieser Idee in das realisierte werbefinanzierte Rundfunkmodell einzubeziehen.[105] Zugleich erinnert die Ausgestaltung des Bürgerradios an das Konzept einer Zugangsmöglichkeit für Bürger im Rahmen Offener Kanäle.[106]

Ziel dieser Regelung ist die Verbesserung der Nutzungsmöglichkeiten der Massenmedien für den ansonsten zumeist auf seine Rezipientenrolle beschränkten Bürger.[107] Das Bürgerradio ist entsprechend als ein „Stück Kommunikationsdemokratie“[108] oder Forum eines „lebendigen Bürgerdialogs“[109] charakterisiert worden. Die Einbeziehung in das lokale Programm der Veranstaltergemeinschaft soll im Konzept darüber hinaus der Vielfalt des lokal verantworteten Programms dienen, da durch die Einbeziehung der Gruppen und deren Beiträge die thematische Breite und meinungsmäßige Vielfalt des Programmangebots erhöht werden soll.[110]

---

104 Eine vergleichbare Regelung findet sich lediglich in § 18 Abs. 3 LMG Hmb, in dem allerdings keinerlei Finanzierungsvorstellungen enthalten sind; vgl. hierzu Ziethen, Rechtliche Spielräume, S. 97.

105 Büssow, Was wir mit dem Zwei-Säulen-Modell wollten, S. 71, nennt das Bügerradio „quasi den Rest oder das Zitat auf die Idee des gemeinnützigen Rundfunks“. Vgl. zur Konzeption der „community radios“, Kleinsteuber und Mitarbeiter, Lokales, nicht-kommerzielles Radio, Bd. 1 und 2.

106 So auch Stock, Neues Privatrundfunkrecht, S. 39 mit FN. 97. Vgl. etwa den Offenen Kanal in Kabelanlagen in § 35 LRG NW.

107 Stock, Neues Privatrundfunkrecht, S. 39 mit FN. 97.

108 Büssow, Stärkung der demokratischen Öffentlichkeit, Die Mitbestimmung 3/1987, S. 113.

109 Prodoehl, Mit dem „Zwei-Säulen-Modell“ gegen multimediale Meinungsmacht, Der Landkreis 1/1989, S. 13.

110 Diese Funktion als Vielfaltsreserve ordnet auch das Bundesverfassungsgericht in BVerfGE 83, 238, 328 dem Bürgerfunk zu. Vgl. hierzu Tettinger, Stellungnahme zum Regierungsentwurf, Zuschrift 10/669, S. 11; Tettinger, Aktuelle Fragen der Rundfunkordnung, JZ 1986, S. 812. Die Verfassungsmäßigkeit des Bürgerfunks wurde von den Antragstellern des Normenkontrollverfahrens unter anderem mit der Begründung angegriffen, die Regelung des § 24 Abs. 4 LRG NW sei verfassungswidrig, da sie die Veranstaltergemeinschaft aufgrund einer zwangsläufig fehlenden Vielfalt und Ausgewogenheit der Bürgerfunkbeiträge „zur ständigen Kompensation“ dieser Unausgewogenheit innerhalb ihres eigenen Programms zwingen würde, vgl. den Schriftsatz von Ricker vom 19.02.1988, Antrag gemäß Art. 93 Abs. 1 Nr. 2 GG, S. 7 ff.; in diesem Sinne auch Grawert, Stellungnahme zum Ersten Rundfunkänderungsgesetz, LT/DS 10/1594. Das Bundesverfassungsgericht hat demgegenüber in BVerfGE 83, 238, 328 ff. die Verfassungmäßigkeit des Bürgerradios festgestellt und ausgeführt, daß durch die entsprechenden Regelungen „die thematische Breite und meinungsmäßige Vielfalt des Programmangebots“ erhöht werden könne. Einer etwa bewirkten Unausgewogenheit werde durch das Ablehnungsrecht der Veranstaltergemeinschaft gemäß § 24 Abs. 5 LRG NW hinreichend vorgebeugt, und eine „Verrechnung“ bei der Ausgewo-

Mit der Integration des Bürgerradios in das kommerzielle Umfeld des werbefinanzierten Lokalprogramms verbindet der Gesetzgeber zwei unterschiedliche Konzepte, die wechselseitige Beeinflussungen erwarten lassen. Zunächst kann die Sendung von nicht von vornherein auf Hörerbindung angelegten und von Medienamateuren produzierten Bürgerbeiträgen negative Auswirkungen auf die Hörerakzeptanz haben, da die Beiträge als Fremdkörper angesehen werden könnten. Auf der anderen Seite schafft die Einbettung der Bürgerbeiträge in den Kontext des werbefinanzierten Programms auch Probleme für die Bürgergruppen, die sich einem Anpassungsdruck ausgesetzt fühlen könnten, der zur inhaltlichen Anpassung des Bürgerradios an die programmliche Gestaltung des von der Veranstaltergemeinschaft verantworteten Programms führen könnte. Im negativsten Fall könnte dies etwa im Bereich der Musik oder der Darstellungsformen zu einer Einordnung des Bürgerradios in ein kommerzielles Konzept eines formatierten Radios führen.

Diese Problematik scheint der Gesetzgeber bewußt in Kauf zu nehmen, um die Bürgerbeiträge nicht wie die Beiträge des Offenen Kanals nur einer interessierten Minderheit zugänglich zu machen, sondern einer breiten Hörerschaft zuzuführen. Hiervon verspricht sich der Gesetzgeber offenbar eine höhere Motivation und Partizipationsbereitschaft der Bürger, als sie bisher für Offene Kanäle festgestellt werden konnte. Das LRG NW schafft allerdings einen Einfluß der Veranstalter des kommerziellen Lokalprogramms, indem es die Veranstaltergemeinschaft auch für die Beiträge des Bürgerradios verantwortlich macht und ihr ein dieser Verantwortung entsprechendes Ablehnungsrecht für einzelne Beiträge einräumt.[111] Darüber hinaus besteht das vom Gesetz uneingeschränkt gewährte Recht, die Plazierung des Bürgerradios „nach Maßgabe des Programmschemas" im eigenen Programm festzulegen.[112]

bb. Optimierung der wirtschaftlichen Funktion

Nach den gesetzgeberischen Elementen zur Optimierung der publizistischen Funktion sollen nun die zur Optimierung der wirtschaftlichen Funktion des nordrhein-westfälischen Lokalfunkmodells entwickelten Modellbestandteile erläutert werden.

---

genheit im Sinne der Behauptung der Antragsteller sei im Gesetz im übrigen nicht vorgesehen. In diesem Zusammenhang führt das Gericht ferner aus, daß eine mangelnde journalistische Qualität der Beiträge angesichts des begrenzten Umfangs die verfassungsrechtliche Zulässigkeit des Bürgerradios nicht erheblich zu erschweren oder gar unmöglich zu machen vermag.

111 § 24 Abs. 5 LRG NW. Vgl. zum Umfang dieses Ablehnungsrechts § 8 I. c.

112 § 24 Abs. 4 Satz 1 LRG NW.

(1.) Mehrheitsbeteiligung der lokalen Presse und Minderheitenbeteiligung kommunaler Träger an der Betriebsgesellschaft

Als erstes und wichtigstes Anwendungsfeld der Optimierung der wirtschaftlichen Funktion des lokalen Rundfunks ist die gesetzliche Aufgabenbeschreibung sowie die Zusammensetzung und Binnenstruktur der Betriebsgesellschaft zu nennen. In seiner Aufgabendefinition betont der Gesetzgeber die „dienende Funktion" der Betriebsgesellschaft, die er im wesentlichen auf die Finanzierung und Technik sowie die Verbreitung des Programms für die Veranstaltergemeinschaft beschränkt wissen will.[113] Als Gegenleistung für die Erfüllung dieser Funktionen erkennt das Gesetz der Betriebsgesellschaft das Recht zu, durch den Verkauf von Werbezeiten im lokalen Programm Einnahmen zu erzielen und gegebenenfalls Gewinne zu erwirtschaften.[114] Der Betriebsgesellschaft ist im Modellkonzept insoweit ausdrücklich kein mäzenatisches oder nonprofitables Verhalten, sondern die Verfolgung ökonomischer Ziele angesonnen.[115]

Die Erfüllung der so definierten Aufgabe weist das LRG NW im gesetzlichen Regelfall einem aus dem oder den lokalen Zeitungsverleger/n mit einem 75-prozentigen Anteil und einem oder mehreren kommunalen Trägern mit einem Minderheitenanteil von 25 Prozent zusammengesetzten Gemeinschaftsunternehmen zu. Die Zulassung der Presse als Mehrheitsgesellschafter der Betriebsgesellschaft verfolgt neben dem oben dargestellten Ziel eines Schutzes der wirtschaftlichen Grundlagen der Lokalpresse[116] vor allem das Ziel, das benötigte ökonomische Gründungs- und Betriebspotential für die lokalen Programme zu gewinnen und so durch die Nutzbarmachung des ökonomischen Know-hows der Verleger im Mediengeschäft die Finanzierung der Programmfunktion zu gewährleisten.[117]

Eine gewisse Einschränkung der die wirtschaftliche Funktion optimierenden Tendenz enthält das LRG NW dadurch, daß in die Betriebsgesellschaft die Kommunen als Minderheitsgesellschafter zu integrieren sind. Durch die Beteiligung kommunaler Träger versucht der Gesetzgeber, ein Gegengewicht gegen die Gefahr eines vorwiegend kommerziellen Interesses an der Rundfunkveranstaltung zu schaffen.[118] Die Kommunen sollen durch ihr Engagement in der Betreibergesellschaft dazu beitragen, die lokalen Belange im Rundfunk angemessen zur Geltung zu bringen.[119] Dies kann dadurch geschehen, daß in die unternehmerischen Entscheidungen der Be-

113 § 25 Abs. 1 Satz 5 LRG NW; LT/DS 10/1440, S. 57, 58.

114 § 29 Abs. 2 Satz 2 LRG NW.

115 Stock, Neues Privatrundfunkrecht, S. 62.

116 Siehe oben I. 3.

117 Stock, Neues Privatrundfunkrecht, S. 67.

118 Vgl. die Funktionsbeschreibung in BVerfGE 83, 238, 331.

119 Ebd.

triebsgesellschaft Gesichtspunkte der Kommunalwirtschaft einfließen. In diesem Zusammenhang läßt sich die Beteiligung der kommunalen Träger auch als Regulativ bzw. Korrektiv der Betriebsgesellschaft im Verhältnis zur Veranstaltergemeinschaft auffassen. Die kommunalen Träger sollen dazu beitragen, daß die vom Gesetz vorgegebenen Restriktionen im Hinblick auf den Ausschluß der Betriebsgesellschaft von der publizistischen Seite des lokalen Senders nicht unterlaufen werden und darüber hinaus die Veranstaltergemeinschaft die geforderte finanziell-technische Ausstattung in funktionsgerechter Weise erhält.[120] Auf diesem Weg dient die Beteiligung der Kommunen indirekt auch der Optimierung der Programmfunktion, da bei einer Erfüllung dieser Aufgabe der Veranstaltergemeinschaft der vom Gesetz definierte Freiraum auch tatsächlich eingeräumt wird.

Die nähere Ausgestaltung der Binnenstruktur und Organisation der Betriebsgesellschaft überläßt der Gesetzgeber der privatautonomen Gestaltung der Gesellschafter in gesellschaftsrechtlichen Verträgen. Er vertraut damit in diesem Bereich im wesentlichen den wirtschaftlichen Handlungsrationalitäten und deren Optimierungstendenz zur Erfüllung der wirtschaftlichen Funktion der Betriebsgesellschaft.

(2.) Übernahme von Rahmenprogrammen mit Werbebestandteilen

Ein zweiter zentraler Faktor der kommerziellen Absicherung des Lokalfunkmodells ist in der vom Gesetz ausdrücklich vorgesehenen Übernahme eines Rahmenprogramms durch die lokale Veranstaltergemeinschaft zu sehen. Diese Regelung korrespondiert mit der Festlegung der lokalen Mindestsendezeit auf lediglich acht oder hilfsweise fünf Stunden und dient in wirtschaftlicher Hinsicht zunächst der kostengünstigen Beschaffung der für eine nach einhelliger Auffassung für die Akzeptanz und Hörerbindung des lokalen Hörfunks unerläßliche 24-stündige Programmmveranstaltung fehlenden Programmteile.[121]

Die zentrale wirtschaftliche Funktion der Veranstaltung eines Rahmenprogramms liegt jedoch in der Nutzbarmachung der landesweiten und damit der lukrativen Markenartikelwerbung für den lokalen Rundfunk. Mit der Übernahme eines identischen Rahmenprogramms durch die überwiegende Anzahl der lokalen Veranstaltergemeinschaften kann der lokale Rundfunk in seiner Gesamtheit ein überlokales oder sogar landesweites Publikum erreichen. Damit ergibt sich eine zusätzliche Finanzierungsmöglichkeit für den lokalen Rundfunk dann, wenn die vom Rahmenprogramm erzielten Werbeeinnahmen in der Form einer kostenlosen Programmüberlassung so-

---

120 Vgl. Stock, Neues Privatrundfunkrecht, S. 80.

121 Vgl. zu entsprechenden Einschätzungen nur Hellwig/Simon, Der Griff zum Mikrofon, S. 168 ff.; Hesels, Rahmenprogramm, S. 130; Klenke, Das Konzept von Radio NRW, S. 129; Bauer, „Hörer verzeihen nie", W&M 4/1989, S. 30 ff.

wie durch Zahlungen des Rahmenprogrammveranstalters an die Lokalsender zurückfließen.

(3.) Faktisches Alleinanbietermodell und Schutz auf dem lokalen und landesweiten Werbemarkt

Zur Unterstützung und Absicherung der wirtschaftlichen Funktion des neuen Mediums hat der Landesgesetzgeber letztlich den Lokalfunk als (faktisches) Alleinanbietermodell im Verbreitungsgebiet konzipiert und auf nahezu allen Ebenen vor Konkurrenz auf dem Werbemarkt durch öffentlich-rechtliche oder weitere private Rundfunkveranstalter geschützt. Auf der Grundlage des LRG NW kann zunächst im gesetzlichen Regelfall nur ein lokaler Sender zugelassen werden, der insoweit ohne publizistische und wirtschaftliche Konkurrenz zumindest durch andere lokale Privatradios bleibt.[122] Öffentlich-rechtliche Lokalprogramme sind nach dem WDR-Gesetz zwar grundsätzlich möglich,[123] können aber aufgrund des dort gesetzlich verankerten Werbeverbotes für den Lokalfunk letztlich ebenfalls keine Konkurrenz auf dem eigentlichen Werbemarkt bewirken.[124]

Eine Konkurrenz auf dem landesweiten (Markenartikel-) Werbemarkt durch die Zulassung privater landesweiter Programme, die die wirtschaftliche Nutzung dieser Werbung für den lokalen Rundfunk vermittelt über einen landesweiten Rahmenprogrammveranstalter gefährden könnte, ist nach dem LRG NW grundsätzlich zulässig, allerdings angesichts der bisherigen Vergabepraxis derzeit kaum zu erwarten.[125] Eine Konkurrenzsituation auf

---

122 Vgl. allerdings § 29 Abs. 5 Satz 3 LRG NW, der die Zulassung eines zweiten lokalen Veranstalters grundsätzlich vorsieht. In der Realität sind allerdings bislang für kein Verbreitungsgebiet mehrere Anträge eingegangen. Man wird insofern von einem faktischen lokalen Alleinanbietermodell oder Monopolradio sprechen können, vgl. Büssow, Was wir mit dem Zwei-Säulen-Modell wollten, S. 68; Stock, Stellungnahme zum Regierungsentwurf, Zuschrift 10/640, S. 13. Zu einer Konkurrenzsituation zwischen Lokalsendern aus unterschiedlichen Verbreitungsgebieten kommt es allerdings durch Überschneidungen der Sendereichweiten der Stationen, vgl. etwa Medienspiegel 11/1991, S. 5 zur Reichweite von „Radio Neandertal" aus Mettmann.

123 § 23 Abs. 1 Satz 2 LRG NW i.V.m. §§ 1 Abs. 1 Satz 2, 3 Abs. 3, 4 Abs. 3 Satz 1 WDR-Gesetz; vgl. Stock, Neues Privatrundfunkrecht, S. 88.

124 § 4 Abs. 3 Satz 2 WDR-Gesetz. Diese Regelung ist durch § 65 Abs. 1 Nr. 2 LRG NW in der Fassung vom 19.01.1987 in das WDR-Gesetz aufgenommen worden. Mit der Veranstaltung öffentlich-rechtlichen Lokalfunks durch den WDR ist aus Gründen fehlender Mittel und Frequenzen derzeit nicht zu rechnen, vgl. Nowottny, epd Kirche und Rundfunk Nr. 16/17 vom 07.03.1987, S. 7. Etwas anderes gilt lediglich für das Verbreitungsgebiet Dortmund, da die Berechtigung zur Fortführung des Modellversuchs über die ursprüngliche Modelldauer hinaus (vgl. § 1 Abs. 5 Nr. 5 des Gesetzes über die Durchführung eines Modellversuchs mit Breitbandkabel) nunmehr in § 56 a) WDR-Gesetz festgehalten wurde.

125 Vgl. nur die Vergabe der fünften Hörfunkkette und die Diskussion um die Vergabe einer möglichen sechsten Kette an den WDR und nicht an einen privaten landesweiten Veranstal-

dem landesweiten Werbemarkt besteht derzeit demnach allein im Verhältnis zu den Programmen des WDR. Im Zuge des Ersten Änderungsgesetzes zum LRG NW ist in das WDR-Gesetz allerdings eine auch diese Konkurrenz einschränkende Norm aufgenommen worden, nach der im Falle einer Beteiligung des WDR an einem Rahmenprogrammveranstalter für den Lokalfunk von der Anstalt eine vertragliche Beschränkung der im Rundfunkstaatsvertrag vorgesehenen Höchstgrenzen für Werbung eingangen werden kann.[126]

c. Grundsatz der Funktionenkooperation und -balance

Das nordrhein-westfälische Lokalfunkkonzept fügt den Prinzipien der Trennung und Optimierung als Regulativ einen dritten Konstruktionsgrundsatz hinzu, der hier als *Grundsatz der Funktionenkooperation und -balance* bezeichnet wird. In Ausführung dieses Konstruktionsgedankens werden die entkoppelten Funktionsbereiche durch das LRG NW gehalten, auf zumeist gesetzlich näher determinierten Ebenen und (Rechts-) Formen miteinander zu kooperieren. Ziel dieser Kooperationen ist die Einordnung der einzelnen Funktionsbereiche unter eine gemeinsame Zielsetzung und damit die Funktionalisierung der unterschiedlichen Elemente und Kräfte zur Erfüllung der gesetzlichen Gesamtaufgabe. Das Gesetz arbeitet hier im wesentlichen mit dem Instrument eines Einigungszwanges, indem es den Akteuren die Verfolgung ihrer Partikularinteressen nur dann gestattet, wenn dabei ein interner Ausgleich mit den anderen Interessenträgern erreicht wurde. Durch diesen auf diese Weise gesetzlich „erzwungenen" Prozeß der Selbstregulierung soll erreicht werden, daß die Akteure potentielle Konflikte im Vorfeld lokalisieren und eigene effektive Konfliktlösungsstrategien entwickeln.

Das Gesetz vertraut allerdings nicht uneingeschränkt auf den Prozeß der Selbstregulierung, sondern fügt in den Bereichen, in denen es Schräglagen und Vermachtungen verortet, ergänzende und an einer Balance der Kräfte orientierte Regelungen hinzu. Die Besonderheit des nordrhein-westfälischen Lokalfunkmodells besteht darin, daß durch die Funktionentrennung ein Bereich für gesetzliche Regulierung erschlossen wird, der ohne diese Aufspal-

---

ter: Landtag intern 7/1991 sowie 11/1991; Lauff, Effizienter als erwartet, Die Zeitung 1/1991, S. 7; Hesels, Rahmenprogramm, S. 135.

126 § 33 Abs. 2 WDR-Gesetz; vgl zur Begründung LT/DS 10/260, S. 43. Eine derartige vertragliche Vereinbarung hat der WDR dann auch mit der Radio NRW GmbH abgeschlossen, an der die Anstalt mit 30 Prozent beteiligt ist; vgl. zur Gesellschafterstruktur der Radio NRW GmbH noch unten § 9 II. 1. Vereinbart wurde eine Reduktion der täglichen Werbezeiten des WDR ab dem Januar 1991 um zehn Minuten, soweit bis dahin mindestens 75 Prozent der Bevölkerung in Nordrhein-Westfalen technisch erreicht und in den prime-times ein Wortanteil von 40 Prozent in der Regel nicht überschritten werden, vgl. dazu Radio NRW GmbH, Angebot vom Juni 1989, S. 29.

tung als Binnenbereich eines einheitlichen Veranstalters unzugänglich wäre. Infolge der Funktionentrennung kann der Gesetzgeber aber Vorschriften erlassen, die in das Verhältnis zweier rechtlich getrennter Organisationen eingreifen und damit gegenüber Regelungen des Binnenbereichs eines ungeteilten Veranstalters erheblich höhere Implementationschancen erhalten.

Ziel der gesetzlichen Vorgaben ist es, der Dominanz einzelner Funktionen und deren vermuteter dysfunktionaler Wirkung entgegenzutreten. Die wichtigsten Anwendungsfelder des Grundsatzes der Funktionenkooperation und -balance sind im Verhältnis zwischen Betriebsgesellschaft und Veranstaltergemeinschaft, im Verhältnis der Kräfte bei der Übernahme eines Rahmenprogramms und in der Funktion der Landesanstalt für Rundfunk innerhalb des Gesamtmodells zu finden.

aa. Kooperation zwischen Veranstaltergemeinschaft und Betriebsgesellschaft durch fünf Verbindungselemente

Ein funktionsgerechtes und ausbalanciertes Zusammenwirken zwischen Veranstaltergemeinschaft und Betriebsgesellschaft zum gemeinsamen, aber aufgabengeteilten Betrieb eines lokalen Senders wird dem Anspruch nach im LRG NW im wesentlichen durch fünf gesetzlich determinierte Verbindungselemente gewährleistet.[127]

Im Zentrum steht hierbei die für die Zulassung der Veranstaltergemeinschaft zwingend erforderliche vertragliche Vereinbarung zwischen Veranstaltergemeinschaft und Betriebsgesellschaft, in der die Grundlagen der Zusammenarbeit zwischen den Organisationen festgelegt werden sollen.[128] Der Inhalt dieses Kooperationsvertrages obliegt im Grundsatz der Aushandlung zwischen den Betreibern und den Veranstaltern und damit einem Kompromiß zwischen den dort anzutreffenden Positionen. Das Gesetz vermutet hier allerdings strukurell angelegte Ungleichgewichte im Durchsetzungsvermögen der Säulen und gibt aus diesem Grund wichtige Inhalte des Vertrages als Fixpunkte der Gestaltung vor.[129]

Als zweites und drittes Verbindungsglied sieht das LRG NW vor, daß der Chefredakteur/die Chefredakteurin von der Veranstaltergemeinschaft nur mit Zustimmung der Betriebsgesellschaft eingestellt und entlassen werden kann und ein von der Veranstaltergemeinschaft aufzustellender jährlicher Wirtschafts- und Stellenplan ebenfalls nur im Konsens mit den Betreibern

127 Die Verbindungselemente werden in der Literatur auch als „Brücken", Proedoehl, Organisationsprobleme, MP 1987, S. 234; als Elemente der „Funktionenverflechtung", Stock, Stellungnahme 10/640, S. 22; oder als „Scharniere", Wienholtz, Rundfunkurteile und Rundfunkgesetzgebung, S. 17 f. bezeichnet.

128 § 29 Abs. 1 LRG NW. Dieser Vertrag wird im weiteren als Kooperationsvertrag bezeichnet.

129 § 29 Abs. 2 LRG NW; siehe dazu ausführlich unten § 5 I. 2.

Geltung erlangt.[130] Auch hier vertraut der Gesetzgeber allerdings nicht ausschließlich der Einigungsbereitschaft und Fähigkeit zum Abgleich der strukturell divergierenden Interessen, sondern versucht ergänzend durch materiell-rechtliche, aber auch verfahrensmäßige Vorgaben auf die Akteure einzuwirken.[131] Mit seinem vierten und fünften Verbindungsglied versucht der Gesetzgeber, die wechselseitige Transparenz und Kenntnisnahme der Position der anderen Seite abzusichern. Das LRG NW konstituiert hier ein gegenseitiges Teilnahmerecht jeweils eines Vertreters an Organsitzungen der anderen Säule[132] sowie die Mitgliedschaft eines faktisch aus dem Lager der Betriebsgesellschaft stammenden Vertreters der Verleger von Tageszeitungen mit Lokalausgaben in der Veranstaltergemeinschaft.[133]

Ziel der gesetzlichen Vorgaben über die Ebenen der Kooperation ist es, Betreiber und Veranstalter auf den zentralen Themenfeldern eines lokalen Senders so miteinander zu verbinden, daß sie zusammenarbeiten können, ohne den Funktionsbereich des anderen über das erforderliche Maß hinaus zu beeinträchtigen. Erreicht werden soll ein „Mittelwert von Distanz und Nähe" im Verhältnis zwischen Betriebsgesellschaft und Veranstaltergemeinschaft, durch den die Erfüllung der gemeinsamen Aufgabe durch ein konzertiertes Zusammenwirken am ehesten ermöglicht wird.[134] Die Veranstaltergemeinschaft soll hierbei die Möglichkeit erhalten, sich der zur Erfüllung ihrer Programmaufgabe notwendigen Ressourcen funktionsgerecht zu bedienen, während der Betriebsgesellschaft der Einfluß eingeräumt werden soll, der dem aus ihrer Finanzierungspflicht folgenden berechtigten Interesse entspricht.[135] Dies gilt insbesondere für programmrelevante Entscheidungen der Veranstaltergemeinschaft, bei der die Betreiberseite nur dort Einfluß gewinnen darf, wo dies aus ökonomischen Gründen unvermeidbar erscheint.

130 §§ 25 Abs. 4, 28 Abs. 2 LRG NW.

131 Als Beispiel dieser „flankierenden Maßnahmen" seien hier nur die Regelungen der §§ 25 Abs. 4, 29 Abs. 2 Satz 3 Nr. 2 LRG NW sowie des § 28 Abs. 2 Satz 2 LRG NW genannt. Nach den erstgenannten Vorschriften müssen im Wirtschafts- und Stellenplan zumindest die zur Wahrnehmung „der gesetzlichen und durch die Vereinbarung bestimmten Aufgaben erforderlichen Mittel" enthalten sein und unterliegt dessen Aufstellung einem komplexen mehrstufigen Verfahren. Bei der Auswahl des Chefredakteurs ist in § 28 Abs. 2 Satz 2 LRG NW eine Verweigerung der Zustimmung nur „aus Gründen zulässig, die nicht mit der publizistischen Einstellung des Chefredakteurs/der Chefredakteurin zusammenhängen". Vgl. zu den Regelungen ausführlich § 5 I. 2. c.

132 §§ 26 Abs. 4, 29 Abs. 2 Satz 3 Nr. 4 LRG NW.

133 § 26 Abs. 1 Satz 1 Nr. 12 LRG NW.

134 Stock, Neues Privatrundfunkrecht, S. 39, 64; ders. Stellungnahme zum Regierungsentwurf, Zuschrift 10/640, S. 23.

135 Vgl. auch BVerfGE 83, 238, 327.

Auf welchem konkreten Weg und mit welchen konkreten Inhalten die erwünschte Balance erreicht werden soll, bleibt hierbei den Akteuren überlassen. Das funktionsgerechte Zusammenwirken der Säulen entsteht im modelltheoretischen Konzept durch den Interessenabgleich der Säulen, deren strukturelle Ungleichgewichtigkeiten und damit potentiell unterschiedliche Durchsetzungspotentiale bei der Festsetzung der Kooperationsinhalte durch die dargestellten unterstützenden Vorgaben neutralisiert werden sollen.

bb. Kooperation bei der Übernahme eines Rahmenprogramms zwischen Veranstaltergemeinschaft, Betriebsgesellschaft und Rahmenprogrammveranstalter

Ein zweites zentrales Anwendungsfeld findet der Grundsatz der Funktionenkooperation und -balance in der Übernahme eines Rahmenprogramms für den lokalen Rundfunk. Im LRG NW ist die Entscheidung über die Übernahme eines Rahmenprogramms im ersten Schritt an eine vertragliche Vereinbarung der Veranstaltergemeinschaft mit dem Veranstalter des Rahmenprogramms gebunden. Um die wirtschaftlichen Belange der Betriebsgesellschaft bei dieser die wirtschaftliche Situation des lokalen Senders entscheidend beeinflussenden Entscheidung zu wahren, fordert das Gesetz in einem zweiten Schritt ein Einvernehmen mit den Betreibern. Die Übernahme eines Rahmenprogramms wird somit an Abstimmungsprozesse zwischen drei unterschiedlichen Funktionsträgern gebunden, von deren Interessenausgleich sich das Gesetz eine funktionsgerechte Gestaltung der Rahmenprogrammübernahme verspricht.

Der zentrale Interessenkonflikt dürfte hier im Verhältnis zwischen wirtschaftlichen und publizistischen Aspekten der Programmübernahme zu verorten sein. Die Sicherung einer den lokalen Besonderheiten und kommunikativen Interessen eines Verbreitungsgebietes entsprechenden Programmübernahme scheint für eine Vielzahl in ihren Programmangeboten divergierender und miteinander konkurrierender Rahmenprogrammveranstalter zu sprechen, während vor allem werbewirtschaftliche Aspekte eine Konzentration auf nur einen Veranstalter und damit die Beschränkung des Programmangebots nahelegen.[136] Wirtschaftliche Handlungsrationalitäten könnten ferner eine Reduktion des Lokalprogramms und seine zeitliche und inhaltliche Anpassung an den Rahmen nahelegen, während unter der Betonung lokalkommunikativer Aspekte ein Rahmenprogramm nur ergänzende und deutlich untergeordnete Funktionen zu erfüllen hätte.

Mit diesem Konflikt ist zugleich der vom Gesetz initiierte Kooperations- und Balancebedarf zwischen den programmbezogenen Interessen der Ver-

136 Vgl. oben bereits 2. b. bb. (2.).

anstaltergemeinschaft und den insoweit überwiegend identischen ökonomischen Interessen der Betreiber und Veranstalter von Rahmenprogrammen gekennzeichnet. Die Berücksichtigung der damit strukturell schwächeren inhaltlichen Positionen der Veranstaltergemeinschaft wird hierbei allein durch die Konstituierung einer Vetoposition dieser Säule durch das Erfordernis eines Vertragsabschlusses gesichert, während auf ergänzende gesetzliche Sicherungen verzichtet wird.

cc. Konfliktregulierungs- und Balancefunktion der Landesanstalt für Rundfunk

Die Landesanstalt für Rundfunk ist im Ausgangspunkt Aufsichts- und Kontrollinstanz, d.h. im Zentrum ihrer gesetzlichen Aufgabenbeschreibung steht die Erteilung bzw. die Rücknahme und der Widerruf der rundfunkrechtlichen Lizenz sowie die Intervention im Fall von Rechtsverstößen während der Zulassungsdauer lokaler Rundfunkveranstalter. Dies bedeutet, daß die Landesanstalt für Rundfunk im Kooperationsprozeß der Akteure zunächst nur die Aufgabe erfüllt, im Rahmen des Zulassungsverfahrens das Ergebnis des vertraglich fixierten Interessenausgleichs zwischen den Akteuren zu kontrollieren und damit die Einhaltung der gesetzlichen Vorgaben im Sinne einer Rechtmäßigkeitsüberprüfung der getroffenen Vereinbarungen abzusichern. Diese Funktion setzt sich während der Zulassungsdauer fort, in der die Anstalt die Einhaltung der gesetzlichen bzw. der gesetzlich determinierten vertraglichen Regelungen[137] in der tatsächlichen Zusammenarbeit zu kontrollieren hat.

Mit dieser Aufsichts- und Kontrollfunktion ist zugleich eine weitere Funktion der Landesanstalt für Rundfunk verbunden, die sich als Konfliktregulierungs- und Balancefunktion beschreiben läßt und der im Verhältnis der Akteure zueinander eine noch entscheidendere Aufgabe zuzukommen scheint. Diese Funktion drückt sich zunächst unmittelbar im LRG NW aus, das an einigen Stellen für spezielle Konfliktlagen besondere Beratungs-, Schlichtungs- oder sogar Entscheidungskompetenzen der Landesanstalt für Rundfunk beinhaltet und ihr allgemein die Aufgabe zuweist, die Akteure zu beraten.[138] Aber auch außerhalb dieser explizit geregelten Einwirkungsfelder fällt der Landesanstalt im modelltheoretischen Konzept des Gesetzgebers eine konfliktregulierende Funktion zu, die von ihr sowohl aktiv als auch passiv wahrgenommen werden kann.

Eine *aktive* Konfliktregulierung kann hierbei nicht nur durch direkte Intervention etwa im Rahmen von Aufsichtsmaßnahmen oder durch die kon-

---

137 § 29 Abs. 2 Satz 3 Nr. 1 bis 5 LRG NW.

138 §§ 24 Abs. 7, 26 Abs. 1 Satz 5, 29 Abs. 7 LRG NW sowie der Beratungsauftrag des § 52 Abs. 2 Nr. 1 LRG NW.

krete Beratung einzelner Akteure, sondern auch durch die Androhung derartiger Interventionen oder die Verlautbarung bestimmter rechtlicher Standpunkte in strittigen Fragen ausgeübt werden. Durch diese eher informellen Einwirkungen im Vorfeld besteht für die Anstalt die Möglichkeit, durch eine gezielte Unterstützung der einen oder anderen Seite auch auf den Aushandlungsprozeß und nicht nur auf das Aushandlungsergebnis einzuwirken. Eine *passive* Regulierungsfunktion fällt ihr dann zu, wenn die Akteure im Rahmen ihrer Aushandlungsprozesse tatsächliche oder auch nur behauptete Positionen der Anstalt zur Absicherung ihrer eigenen Verhandlungsposition benutzen, um dieser so größeren Nachdruck zu verleihen.

Die Funktion der Landesanstalt für Rundfunk als aktive oder passive Regulierungsinstanz im Konfliktfall bietet die Möglichkeit, auch außerhalb reiner Rechtmäßigkeitsprüfungen Einfluß auf die Gestaltungen der Akteure zu nehmen und ihre Zweckmäßigkeitserwägungen in das Innenverhältnis zwischen den Akteuren einfließen zu lassen. Für die Wahrnehmung der Konfliktregulierungsfunktion gilt die bereits für die Struktursteuerung im Zwei-Säulen-Modell insgesamt formulierte Vermutung einer erhöhten Durchsetzungschance der Steuerungsvorhaben,[139] da die Anstalt hier nicht von außen und über imperative Instrumente auftritt, sondern innerhalb eines bestehenden Konfliktes moderierend und ausgleichend wirkt. Diese besondere Rolle eröffnet die Chance flexibler Einwirkung und erhöht zumindest im modelltheoretischen Konzept die Akzeptanz und damit letztlich die Durchsetzungschancen der gesetzlichen Steuerung.

d. Grundsatz der gemeinsamen Interessen

Die Modellkonstruktion des lokalen Rundfunks baut weiter auf der Vorstellung auf, daß die unterschiedlichen Funktionsbereiche trotz ihrer an sich bestehenden Einzelinteressen teilidentische Ziele verfolgen und somit gemeinsame Interessen entwickeln. Dieses hier als *Grundsatz der gemeinsamen Interessen* bezeichnete Konstruktionsmerkmal dient im Modell als außergesetzliche Motivation, die als „Ferment des Vermittlungsprozesses"[140] die Basis für die Kooperations- und somit Kompromißbereitschaft der Organisationen schaffen soll.[141]

Die vom Gesetzgeber vermutete Entwicklung gemeinsamer Interessen ist die wesentliche Voraussetzung für die Funktionsfähigkeit des Modells und

139 Siehe oben II. 1. b.

140 Prodoehl, Organisationsprobleme, MP 1987, S. 236.

141 Dieses Konstruktionsprinzip des Lokalfunkmodells beschreiben auch Wienholtz, Rundfunkurteile und Rundfunkgesetzgebung, S. 18, 19; Prodoehl, Organisationsprobleme, MP 1987, S. 235, 236; Büssow, Was wir mit dem Zwei-Säulen-Modell wollten; S. 70; Niemann, Das nordrhein-westfälische Rundfunkmodell, S. 66.

die Wirksamkeit seiner regulierenden Mechanismen. Nur wenn die Funktionsträger eine teilidentische eigene Motivation entwickeln und zu verfolgen suchen, werden sie die Bereitschaft entwickeln, sich auf die vom Gesetz konstruierten organisatorischen und verfahrensmäßigen Regelungen und deren lenkende Wirkung einzulassen.

Eine Überschneidung der Interessen vermutet der Gesetzgeber zunächst im Verhältnis zwischen Veranstaltergemeinschaft und Betriebsgesellschaft. Beiden Organisationen wird ein gemeinsames Interesse an der Veranstaltung eines von möglichst vielen Hörern akzeptierten Programms unterstellt, das allerdings aus unterschiedlichen Ausgangsmotivationen resultieren soll. Für die Mitglieder der Veranstaltergemeinschaft geht das Gesetz von einem spezifischen Kommunikations- und Aufsichtsinteresse aus, das eine gemeinsame Willensbildung innerhalb des Vereins ermöglicht und vor allem die Bereitschaft fördert, mit der Betriebsgesellschaft zur Herstellung eines eine möglichst große Hörergruppe erreichenden Programms zu kooperieren. Die Motivation der Betriebsgesellschaft verortet das Gesetz dagegen in der Erzielung wirtschaftlichen Gewinns, für den ebenfalls eine große Hörerreichweite die notwendige Voraussetzung ist. Dieses gemeinsame Ziel übernimmt der Gesetzgeber darüber hinaus in den Gesetzestext, indem er die hohe Hörerakzeptanz als einen Grundsatz für den lokalen Hörfunk festschreibt.[142]

Ähnliche Interessenüberschneidungen vermutet das Modell in der Konstellation Rahmenprogrammveranstalter und lokale Betreiber bzw. Veranstalter. Das Interesse soll sich auch hier bei allen drei Kräften gleichgerichtet auf die Gestaltung eines Rahmenprogramms beziehen, das möglichst viele Hörer anspricht. Für die Betreiber und die Rahmenprogrammveranstalter folgt dies, wie schon beim lokalen Programm, aus der Absicht einer Gewinnerzielung, während die Veranstaltergemeinschaft auch an das zugelieferte Programm aus publizistischen Erwägungen einen hohen Qualitätsanspruch stellen wird. Eine Teilidentität der Interessen wird im Modell letztlich zwischen Redaktion und Veranstaltergemeinschaft angenommen. Die Einräumung redaktioneller Autonomie kann nur dann zur Vielfaltssicherung geeignet sein, wenn das professionelle Interesse der redaktionellen Beschäftigten dem Kommunikationsinteresse der Mitglieder der Veranstaltergemeinschaft zumindest zum Teil entspricht.

e. Grundsatz der privatautonomen Gestaltung

Ein letztes und die vorstehenden Grundsätze in ihrer Funktion ergänzendes Konstruktionsmerkmal des nordrhein-westfälischen Lokalfunkmodells findet sich im *Grundsatz der privatautonomen Gestaltung*. Das Gesetz greift,

142 § 24 Abs. 1 Satz 4 LRG NW.

wie bereits mehrfach erwähnt, auf unterschiedlichen Ebenen auf Elemente der Privatautonomie zurück und überläßt es der Aushandlung der Akteure oder Akteursgruppen, wichtige Grundlagen ihrer Zusammenarbeit mit unterschiedlich weitreichenden Einschränkungen frei und selbständig zu gestalten.[143] Die wichtigsten Anwendungsfelder des Gestaltungsgrundsatzes finden sich in der Vereinssatzung der Veranstaltergemeinschaft, den gesellschaftsrechtlichen Verträgen der Betriebsgesellschaft, dem Kooperationsvertrag zwischen Veranstaltergemeinschaft und Betriebsgesellschaft und dessen Anlagen wie dem Wirtschafts- und Stellenplan, den zur Übernahme eines Rahmenprogramms erforderlichen Verträgen sowie dem zwischen Redaktion und Veranstaltergemeinschaft auszuhandelnden Redakteurstatut. Der Grundsatz der Privatautonomie läßt sich als Instrument der Funktionenkooperation und -balance bezeichnen und ist letztlich der wesentliche Ausdruck des vom Gesetzgeber zugrundegelegten Konzepts der regulierten Selbstregulierung.[144]

III. Zur Diskussion um die Funktionalität des nordrhein-westfälischen Lokalfunkmodells

Das modelltheoretische Konzept des Gesetzgebers und die von ihm behauptete Funktionsweise des Lokalfunkmodells ist von verschiedenen Seiten mit unterschiedlichen Ansätzen kritisiert worden. Im folgenden sollen die zentralen Argumentationslinien dieser Kritik anhand der soeben erarbeiteten einzelnen Konstruktionsmerkmale des Modells vorgestellt werden. Ziel dieser Bestandsaufnahme ist die Erarbeitung einer konkreten Leitlinie und Fragestellung für die nachfolgende Untersuchung der realen Wirkungen des Gesetzes, in der die Berechtigung der Kritik im einzelnen überprüft werden soll. Ausgeklammert bleiben hier diejenigen Argumentationen, die das Modell etwa aus verfassungsrechtlichen oder politischen Erwägungen in seiner Gesamtheit ablehnen und somit für die im Rahmen der vorliegenden Untersuchung beabsichtigte Analyse der Wirkungsweise einzelner Elemente ohne Bedeutung bleiben müssen.

1. Aufhebung der Funktionentrennung infolge ökonomischer Dominanz der Betriebsgesellschaft

Im Vordergrund der Kritik an der Funktionsfähigkeit des nordrhein-westfälischen Lokalfunkmodells stehen zumeist Zweifel an der grundsätzlichen

143 Vgl. nur Stock, Neues Privatrundfunkrecht, S. 41, 47, 51, 59, 62.

144 Vgl. hierzu oben II. 1. b.

Vereinbarkeit binnenpluraler Organisations- und Programmkonzepte mit der Verfolgung kommerzieller Ziele. Aus der Annahme einer systembedingten Dominanz kommerzieller Handlungsprämissen im Falle einer Einbeziehung von Marktrationalitäten und insbesondere der Werbefinanzierung werden Bedenken abgeleitet, ob und inwieweit sich die im Gesetz angelegte Funktionentrennung der beschriebenen drei unterschiedlichen Funktionsträger Betriebsgesellschaft, Veranstaltergemeinschaft und Redaktion faktisch durchhalten lasse. Befürchtet werden Deformationen des Modells im Sinne einer Störung der Funktionenbalance oder sogar der Aufhebung der Funktionentrennung und damit letztlich der Überführung des Modells in ein „Ein-Säulen-Modell" unter Führung der ökonomischen Funktion.

a. Verdrängung der Veranstaltergemeinschaft aus der Programmfunktion

Diese Zweifel werden zunächst im Verhältnis von Betriebsgesellschaft und Veranstaltergemeinschaft exemplifiziert. Die Veranstaltergemeinschaft sei auf verschiedenen Ebenen gravierenden Einflußnahmen der Betriebsgesellschaft ausgesetzt, die faktisch die Funktion der Veranstalter bis zur Wirkungslosigkeit aushöhlen könnten.[145]

Der wirtschaftliche Betreiber entwickele zwangsläufig ein Interesse auch an der publizistischen Funktion des lokalen Senders, das durch die Werbefinanzierung ausgelöst werde und damit vor allem auf eine Kommerzialisierung der Programminhalte gerichtet sei.[146] Die ökonomische Situation der Betriebsgesellschaft als Finanzier und Eigentümerin der Technik verschaffe ihr eine ausreichende Machtstellung, um dieses Interesse auch durchzusetzen.[147] Die Veranstaltergemeinschaft hingegen sei infolge ihrer auf der Grundlage des LRG NW zu geringen Einflußmöglichkeit und ihrer schwachen wirtschaftlichen Position nicht in der Lage, sich dem Druck der Betriebsgesellschaft wirksam entgegenzustellen. Darüber hinaus setze sie sich aus ehrenamtlich tätigen Medienlaien zusammen, denen auf Seite der Betriebsgesellschaft professionelle Akteure gegenüberstünden.[148]

Vermittelt werde der Einfluß der Betriebsgesellschaft vor allem durch die vom Gesetz vorgesehenen Verbindungselemente, die die Veranstalter-

---

145 Vgl. hierzu und zum folgenden Stock, Neues Privatrundfunkrecht, S. 57 ff.; Hoffmann-Riem, Stellungnahme zum Regierungsentwurf, Zuschrift 10/710, S. 11 ff.; Hirsch, Zwei-Säulen-Modell, RuF 2/1991, S. 177 ff.; Samland, Ordnungs- und medienpolitische Ziele des Zwei-Säulen-Modells, S. 77 ff.; Hellwig/Simon, Der Griff zum Mikrofon, S. 124 ff.

146 Stock, Neues Privatrundfunkrecht, S. 61, 62.

147 Stock, Neues Privatrundfunkrecht, S. 60; Hoffmann-Riem, Stellungnahme zum Regierungsentwurf, Zuschrift 10/710, S. 12; Samland, Ordnungs- und medienpolitische Ziele des Zwei-Säulen-Modells, S. 78 ff.

148 Hirsch, Zwei-Säulen-Modell, RuF 1991, S. 179; Hesels, Die VG-Satzung, S. 35 ff.; Hellwig/Simon, Der Griff zum Mikrofon, S. 124.

gemeinschaft in eine unmittelbare, jedenfalls aber mittelbare Abhängigkeit zur Betriebsgesellschaft zwingen könnten. Im Mittelpunkt der Einflußmöglichkeit der Betriebsgesellschaft stehe die Finanzierung der Aktivitäten der Veranstaltergemeinschaft über den Wirtschafts- und Stellenplan, der die Veranstaltergemeinschaft in personal- und finanzwirtschaftlichem Gebiet auf das engste an die Betriebsgesellschaft ankoppele und deren Gestaltungsspielraum stark begrenze.[149] Hier hänge es allein von der Verhandlungsmacht der jeweiligen Veranstaltergemeinschaft ab, ob die Finanzierung für die Erfüllung der Programmaufgabe angemessen sei oder diese nur eingeschränkt ermögliche bzw. sogar gefährde. Diese sei aber mit Ausnahme der Veranstaltergemeinschaften in den großen Städten und der dort gegebenen hohen Gewinnmöglichkeiten potentiell schwächer als die der Betreiber. Ähnliches gelte auch für die Aushandlung der Kooperationsverträge zwischen den lokalen Säulen, deren Inhalte aufgrund dieser ungleichgewichtigen Konstellation im wesentlichen am Interesse der Betriebsgesellschaft ausgerichtet und damit für das Funktionieren des Modells dysfunktional sein könnten.[150]

Eine Öffnung für weitreichende Einflußnahmen der Betriebsgesellschaft auf publizistische Entscheidungen der Veranstaltergemeinschaft wird schließlich in der Kumulation der in die Veranstaltergemeinschaft integrierten Interessenvertreter aus dem Lager der Betriebsgesellschaft gesehen,[151] die eine ungestörte Diskussion und Meinungsbildung auf dieser Ebene verhindere und die Gefahr einer vorzeitigen Einbeziehung von Standpunkten der Betriebsgesellschaft mit sich bringe.[152]

b. Publizistischer Einfluß der Betriebsgesellschaft auf die Redaktion

Weiter wird die Befürchtung geäußert, daß mit einer Verdrängung der Veranstaltergemeinschaft aus wichtigen Teilen ihrer Programmfunktion zwangsläufig auch eine Beeinflussung der Redaktion und damit der Programminhalte durch die Betriebsgesellschaft einhergehe. Zu vermuten sei auch hier im wesentlichen ein Einwirken der Betriebsgesellschaft in Rich-

149 Stock, Neues Privatrundfunkrecht, S. 54; Hoffmann-Riem, Stellungnahme zum Regierungsentwurf, Zuschrift 10/710, S. 13.

150 Stock, Neues Privatrundfunkrecht, S. 59; Samland, Ordnungs- und medienpolitische Ziele des Zwei-Säulen-Modells, S. 79 ff.

151 An Sitzungen der Organe der Veranstaltergemeinschaft können ein Vertreter der lokalen Verleger als Mitglied und ein Vertreter der Betriebsgesellschaft als gesetzlich vorgeschriebener Gast teilnehmen, vgl. §§ 26 Abs. 1 Satz 1 Nr. 12, 26 Abs. 4 LRG NW.

152 Samland, Ordnungs- und medienpolitische Ziele des Zwei-Säulen-Modells, S. 79; Stock, Neues Privatrundfunkrecht, S. 64; Hesels, Die VG-Satzung, S. 33.

tung auf eine „Werbefreundlichkeit“ des Gesamtprogramms.[153] Probleme seien hier insbesondere aufgrund der „neuen Werbeformen“ zu erwarten, die aus der Sicht der Betriebsgesellschaft einen Zugriff auf die Redaktion zur Durchsetzung einer redaktionellen Mitwirkung an diesen Werbeformen nahelegten.[154] Daneben sei aber auch vorstellbar, daß einzelne Betriebsgesellschaften bzw. namentlich ihre Mehrheitsgesellschafter aus der Verlegerbranche auch „tendenzpressetypische“ Bestrebungen verfolgten und somit einen themen- und inhaltsbezogenen Zugriff auf das Programm suchten, der den Kommerzialisierungsdruck auf das Programm ergänze und im Hinblick auf die Verhinderung publizistischer Doppelmonopole in besonderem Maße bedenklich erscheine.[155]

Eine „offene Flanke“ für programmbezogene Einflußnahmen auf die Redaktion wird im nordrhein-westfälischen Lokalfunkmodell vor allem in der Form des Konsenszwangs bei der Auswahl der Chefredakteurin/ des Chefredakteurs gesehen.[156] Der gesetzlich vorgesehene Schutz vor mittelbaren Zugriffen der Betriebsgesellschaft auf die publizistischen Inhalte des Lokalprogramms durch die Begrenzung der Ablehnungsmöglichkeiten auf Argumentationen außerhalb der „publizistischen Einstellung“ des Chefredakteurs könne programmrelevante Erwägungen der Betriebsgesellschaft hierbei nicht mit der nötigen Trennschärfe ausschließen.[157] Der installierte personalpolitische Einfluß der Betriebsgesellschaft könne sich sodann über die Vetostellung der Chefredakteurin/ des Chefredakteurs bei der Auswahl der übrigen redaktionellen Beschäftigten auf die gesamte Redaktion fortpflanzen.[158] Hinzu komme, daß auch den Programmitarbeitern nicht entgehen könne, wer letztlich ihr Gehalt finanziere.[159] Die im Gesetz angelegte Arbeitgeberstellung der Veranstaltergemeinschaft werde von den Akteuren daher als bloße Fassade und belangloses Ornament ohne tatsächliche Bedeutung aufgefaßt und müsse als Instrument der Sicherung redaktioneller Autonomie gegenüber den wirtschaftlichen Betreibern faktisch leerlaufen.

153 Stock, Neues Privatrundfunkrecht, S. 59, 61 ff.; Hoffmann-Riem, Stellungnahme zum Regierungsentwurf, Zuschrift 10/710, S. 8 ff.; vgl. auch Wienholtz, Rundfunkurteile und Rundfunkgesetzgebung, S. 19.

154 Stock, Neues Privatrundfunkrecht, S. 61, 62.

155 Stock, Neues Privatrundfunkrecht, S. 59.

156 Stock, Neues Privatrundfunkrecht, S. 52, 53; Samland, Ordnungs- und medienpolitische Ziele des Zwei-Säulen-Modells, S. 81, 82, vgl. auch BVerfGE 83, 238, 331.

157 § 28 Abs. 2 Satz 2 LRG NW; Stock, Neues Privatrundfunkrecht, S. 52.

158 Stock, Neues Privatrundfunkrecht, S. 52, 53; Samland, Ordnungs- und medienpolitische Ziele des Zwei-Säulen-Modells, S. 81.

159 Samland, Ordnungs- und medienpolitische Ziele des Zwei-Säulen-Modells, S. 81.

2. Gefährdung der Optimierung der Programmfunktion

Ein zweiter Bereich der Kritik des nordrhein-westfälischen Lokalfunkmodells betrifft die vom LRG NW beabsichtigte Optimierung der Programmfunktion durch die in ihrer Zusammensetzung binnenplurale Veranstaltergemeinschaft sowie die gesetzliche Ausgestaltung der Veranstaltung von Rahmenprogrammen und des Bürgerradios.

a. Verfolgung partikularer Publizitätsinteressen durch Honoratioren- und Gruppenfunk

Zweifel an der Funktionsfähigkeit des Modells im Programmbereich werden zunächst im Hinblick auf die Gewährleistung der Programmfunktion durch eine im Grundsatz aus Vertretern der gesellschaftlich relevanten Gruppen des Verbreitungsgebietes zusammengesetzte Veranstaltergemeinschaft formuliert. In der programmverantwortlichen Organisation würden im wesentlichen örtliche Einflußträger aus den Bereichen Politik, Wirtschaft und Kultur und damit die lokalen „Honoratioren" vertreten sein, denen im jeweiligen kommunalen Raum als Bestandteile der lokalen Elite ohnehin zentrale Einflußmöglichkeiten zukämen.[160] Diese Kräfte könnten sich veranlaßt sehen, auf das Programm zuzugreifen, um ihre Gruppeninteressen zu vertreten und ihren kommunalen Einfluß zusätzlich abzusichern. Auf diesem Weg könnte einerseits eine der Position dieser Machteliten kritisch gegenüberstehende Berichterstattung im lokalen Medium verhindert und andererseits der lokale Rundfunk zur Selbstdarstellung und Selbstartikulation von Gruppenmeinungen ausgenutzt werden. Dieses Problem werde noch verschärft durch den Umstand, daß die vom Gesetzgeber vorgesehenen Gruppen schon aufgrund ihrer Stärke und ihres medienpolitischen Knowhows ihre Funktion nicht gleichgewichtig ausüben könnten.[161] Es bestehe daher die Gefahr, daß die traditionell stärkeren und etablierteren Gruppen die wichtigsten Positionen in der Veranstaltergemeinschaft unter sich aufteilen würden und damit auch einen noch stärkeren Einfluß auf das Programm erhalten könnten.

b. Landesweiter Rahmen mit lokalen Fenstern

Bedenken gegenüber der programmoptimierenden Funktion des Landesrundfunkgesetzes werden auch im Hinblick auf die Konstruktion der Rah-

---

160 Hoffmann-Riem, Stellungnahme zum Regierungsentwurf, Zuschrift 10/710, S. 5, 6; Stock, Neues Privatrundfunkrecht, S. 42 ff.; Hellwig/Simon, Der Griff zum Mikrofon, S. 120 ff.; vgl. auch Ronge/Arndt, Repräsentationsprobleme, RuF 1991, S. 193 ff.

161 Hoffmann-Riem, Stellungnahme zum Regierungsentwurf, Zuschrift 10/710, S. 5 ff.; Stock, Neues Privatrundfunkrecht, S. 42 ff.; Hellwig/Simon, Der Griff zum Mikrofon, S. 120 ff.

menprogrammveranstaltung erhoben. Das LRG NW sei in seiner Anlage konzentrationsfördernd und schaffe so nicht nur das Problem einer Zunahme multimedialer Meinungsmacht, sondern gefährde darüber hinaus das vom Gesetz angestrebte Gleichgewicht zwischen den Lokalfunksäulen auf der einen und den Rahmenprogrammveranstaltern auf der anderen Seite.[162]

Zunächst müsse infolge des Umstandes, daß nur durch die einheitliche Übernahme ein und desselben Rahmenprogramms der vollständige landesweite Werbemarkt (hier: Nielsen II) erreicht werden kann, ein wirtschaftlicher Druck auf die lokalen Veranstaltergemeinschaften entstehen. Diese Auswahlbegrenzung werde noch dadurch erweitert, daß das Gesetz ein gleichzeitiges Engagement der Lokalverleger innerhalb eines Rahmenprogrammveranstalters und innerhalb der Betriebsgesellschaft erlaube. Da die Übernahme eines Rahmenprogramms durch die Veranstaltergemeinschaft nur im Einvernehmen mit der Betriebsgesellschaft bewerkstelligt werden könne, sei faktisch programmiert, daß sich landesweit ein von den Verlegern veranstalteter Rahmen durchsetzen werde. Ein derartiges Unternehmen könne eine wirtschaftliche und letztlich auch publizistische Potenz entwikkeln, angesichts derer die lokalen Sender zu bloßen „Abspielstationen eines landesweiten Rahmenprogramms" mit „lokalen Fenstern" degenerieren könnten.[163]

c. Bürgerradio: „Akzeptanzgefährdender Minderheitenfunk" oder „Kommunikationsdemokratie ohne ausreichenden Schutz und Infrastruktur"

Als nächstes Element der Programmoptimierung wird die Eignung der gesetzlichen Konstruktion des Bürgerradios zur Erfüllung der ihm zugewiesenen Funktion im modelltheoretischen Konzept bestritten. Die Kritik erfolgt hier aus grundsätzlich unterschiedlichen Richtungen und mit bereits im Ansatz divergierenden Argumentationslinien.

Eine Schädigung der Akzeptanz des Programms durch die Integration eines Fremdkörpers in das auf „Durchhörbarkeit" angelegte kommerziell-professionelle Programm befürchtet eine erste Richtung der Kritik, die sich im Kern dem Verlegerlager zurechnen läßt.[164] Die Beiträge des Bürgerradios

162 Vgl. hierzu und zum folgenden Böhnke, Radioszenen aus Nordrhein-Westfalen, Info-Dienst Neue Medien 9/1989; S. 35, 36; Hellwig/Simon, Der Griff zum Mikrofon, S. 168 ff.; Wankell, Hinter den Kulissen wird gekungelt, FK 36/1988, S. 7, 8; Storck, David oder Don Quichotte, W&M 4/1989, S. 34, 35; Thomée, Wer schützt das Zwei-Säulen-Modell vor seinen Erfindern?, P & K 4/1990, S. 40; Hesels, Rahmenprogramm, S. 130 ff.

163 Hellwig/Simon, Der Griff zum Mikrofon, S. 169 ff., 174.

164 Birkholz, Verleger als Finanziers von Gegenöffentlichkeit?, S. 35 ff.; Niemann, Das nordrhein-westfälische Rundfunkmodell, S. 65; vgl. auch Vogel, Zugangssendungen, S. 143, der diese Einschätzungen plakativ zusammenfaßt.

wiesen zwangsläufig keine ausreichende journalistische Qualität auf und wären als der Idee des Offenen Kanals verpflichtete Gruppensendung an Minderheiten- und Zielgruppen gerichtet und somit grundsätzlich als Bestandteil eines werbefinanzierten privaten Rundfunkprogramms ungeeignet. Sie gehörten ihrer gesetzlichen Ausgestaltung nach daher eher in den öffentlich-rechtlichen, jedenfalls nicht in den privaten Rundfunk.[165]

Eine zweite Kritikrichtung begreift das Bürgerradio als grundsätzlich geeignetes Instrument zur Förderung der Artikulations- und Kommunikationschancen der Bürger im lokalen Raum, dem jedoch durch eine fehlende finanzielle und strukturelle Absicherung eine reale Verwirklichungschance verwehrt oder zumindest erschwert werde.[166] So sehe das Gesetz zwar von der Betriebsgesellschaft zur Verfügung zu stellende „Produktionshilfen" für die Beiträge des Bürgerradios vor, deren Inhalt aber im Gesetz unbestimmt und unverbindlich bleibe und für die vor allem die Erstattung der „Selbstkosten" nach einer Entgeltordnung verlangt werden könne.[167] Dies stelle eine Zugangsbarriere vor allem für nicht so finanzstarke Gruppen dar und widerspreche der Idee einer chancengleichen Bürgerkommunikation. Es fehle darüber hinaus an ausreichenden Qualifizierungsangeboten an die Bürger, die den Umgang mit dem für sie unbekannten Medium erst erlernen müßten. Kritisiert wird ferner die im Ansatz uneingeschränkte Entscheidungsbefugnis der Veranstaltergemeinschaft über die Plazierung der Bürgerbeiträge im täglichen Programmschema, da es hierdurch möglich werde, das Bürgerradio auf Sendeplätze mit nur geringer Hörerreichweite zu schieben oder auf mehrere Sendeplätze mit kurzer Dauer über den Tag zu verteilen. Beide vom Gesetz nicht unterbundenen Vorgehensweisen unterliefen aber die gesetzliche Intention, da sie den Bürgern den gewollten Zugang zu einer breiten Hörerschaft entzögen bzw. die Produzenten zwängen, ihre Beiträge auf eine zeitliche Länge zu drängen, die den journalistisch nicht-professionellen Bürgern die Mitteilung ihres Anliegens unmöglich mache.

---

165 Da es im öffentlich-rechtlichen Rundfunk keinen Bürgerfunk gebe, sei außerdem die entsprechende Regelung im privaten Lokalfunk aus Gleichheitsgesichtspunkten als verfassungswidrig anzusehen, vgl. Ricker, Ergänzender Schriftsatz zum Normenkontrollverfahren 1 BvF 1/88 vom 24.10.1989, S. 26 (BVerfGE 83, 238 ff.). Das Bundesverfassungsgericht, BVerfGE 83, 238, 329 hat demgegenüber festgestellt, daß der Bürgerfunk im privaten Lokalfunk aus Gründen des Art. 3 GG nicht zu beanstanden sei, da das LRG NW nicht den privaten Rundfunk strengeren Anforderungen als den öffentlich-rechtlichen unterwerfe, sondern den lokalen anderen als den landesweiten.

166 Hirsch, Bürgerfunk im Zwei-Säulen-Modell, S. 99 ff.; Samland, Ordnungs- und medienpolitische Ziele des Zwei-Säulen-Modells, S. 83; Vogel, Zugangssendungen, S. 141 ff.; Thomée, „Wer schützt das Zwei-Säulen-Modell vor seinen Erfindern?, P & K 4/1990, S. 40 ff.

167 Vgl. hierzu und zum folgenden Hirsch, Bürgerfunk im Zwei-Säulen-Modell, S. 102 ff.

3. Keine Optimierung der wirtschaftlichen Funktion: Unmöglichkeit eines flächendeckenden Lokalfunks

Als zentrales Bedenken gegen die wirtschaftliche Optimierungsfunktion des Lokalfunkmodells wird häufig vorgetragen, daß der Zuschnitt der Verbreitungsgebiete durch die auf der Grundlage des LRG NW zu erlassenden Satzungen der Landesanstalt für Rundfunk trotz der gesetzlichen Vorgabe einer wirtschaftlichen Leistungsfähigkeit in § 31 Abs. 1 Satz 3 Nr. 4 LRG NW einen landesweiten tragfähigen Lokalfunk nicht ermögliche.[168] Ein zur Finanzierung ausreichendes Werbepotential sei nur in einigen Verbreitungsgebieten, vor allem in den Großstädten, gewährleistet. Daneben wird im Hinblick auf die wirtschaftliche Seite des Lokalfunkmodells im wesentlichen kritisiert, daß die gesetzlichen Einwirkungsmöglichkeiten der Betriebsgesellschaft auf die Veranstaltergemeinschaft zu gering bemessen seien, um die für ein Marktbestehen notwendige Flexibilität unternehmerischer Dispositionen erreichen zu können.[169] Durch die Anbindung an die schon in ihren Entscheidungsstrukturen sperrige und unflexible Veranstaltergemeinschaft werde verhindert, daß notwendige unternehmerische Entscheidungen umgesetzt werden könnten.

4. Grundsatz der gemeinsamen Interessen oder Vielfalt versus Massenattraktivität

Kritisch betrachtet wird ferner der Versuch des Gesetzgebers, die von ihm unterstellten gemeinsamen Interessen zwischen den einzelnen Funktionsträgern und vor allem zwischen Veranstaltergemeinschaft und Betriebsgesellschaft als „Motor" der Zusammenarbeit im Sinne des LRG NW zu funktionalisieren. Das gemeinsame Interesse erschöpfe sich darauf, ein möglichst viele Hörer erreichendes Programm herzustellen. Eine Funktionalisierung der Interessen im Sinne des LRG NW und seines Vielfaltsanspruchs setze aber voraus, daß beide Lokalfunksäulen das Ziel der Herstellung eines den

---

168 Vgl. zu dieser vor allem aus Verlegersicht vorgetragenen Argumentation Niemann, Stellungnahme zum Ersten Rundfunkänderungsgesetz, Zuschrift 10/1605, S. 3 ff.; Schaffrath, Stellungnahme zum Ersten Rundfunkänderungsgesetz, Zuschrift 10/1577, S. 7 ff.; Lauff, Effizienter als erwartet, Die Zeitung 1/1991, S. 7; Birkholz, Kooperation im lokalen Rundfunk, Eildienst 5/1989, S. 94; Bauer, Wirtschaftlichkeit im lokalen Rundfunk, ZUM 3/1988, S. 130 ff. Zur Diskussion um den Zuschnitt der Verbreitungsgebiete und die intensive Auseinandersetzung auf der politischen und gutachterlichen Ebene vgl. nur Gläsmann, Wirtschaftlichkeit von lokalem Hörfunk, S. 48 ff.; Schröder, Finanzierung lokaler Hörfunkprogramme; LfR, Entscheidungsverfahren und Ergebnisse im Überblick; Brepohl/Bauer, Kosten und Finanzierung von Programmangeboten des lokalen Rundfunks.

169 Vgl. nur Schaffrath, Stellungnahme zum Ersten Rundfunkänderungsgesetz, Zuschrift 10/1577, S. 2 ff.

Programmanforderungen des LRG NW entsprechenden qualitativ hochwertigen und vielfältigen Programms entwickelten.[170]

Ein ureigenes Interesse an einem anspruchsvollen Lokalprogramm in diesem Sinne habe aber allenfalls die Veranstaltergemeinschaft, nicht aber die Betriebsgesellschaft. Die Werbefinanzierung und das Interesse an einer Gewinnmaximierung müsse die Betriebsgesellschaft dazu verleiten, ihre Strategie auf das Ziel eines möglichst massenattraktiven Programms abzustellen, das zugleich möglichst wenig Kosten verursacht. Diese Voraussetzungen erfülle in idealer Weise ein „Format-Radio", das durch eine gleichbleibende zielgruppenorientierte Musikfarbe und standardisierte kurze Wortbeiträge mit eher unterhaltendem Charakter den Sender für die Rezipienten identifizierbar mache. Ein solches Radiokonzept sei zwar geeignet, eine große Hörerschaft zu erreichen, nicht aber, die Vielfaltsanforderungen des Gesetzes zu erfüllen. Somit gebe es auch kein gemeinsames Interesse der Säulen, das sich für das Erreichen der gesetzlichen Vorstellungen einsetzen ließe. An die Stelle der Interessenidentität trete ein latenter Programmkonflikt, der die Bereitschaft zur gegenseitigen Akzeptanz eher verringere als in dem vom modelltheoretischen Konzept intendierten Sinne steigere.

5. Überforderung der Privatautonomie

Schließlich werden Bedenken an der Geeignetheit des Instruments der Privatautonomie zur Sicherung einer funktionsgerechten ergänzenden Ausgestaltung des Lokalfunkmodells erhoben.[171] Neben den bereits dargestellten grundsätzlichen Zweifeln an der vom Gesetzgeber bei Einsatz der Privatautonomie vorausgesetzten Trennung und Balance der kooperierenden Funktionsbereiche[172] wird hier vor allem eine zu weitreichende Enthaltsamkeit des Landesrundfunkgesetzes kritisiert. Der Gesetzgeber müsse schon aus Gründen des Gesetzesvorbehaltes mehr inhaltlichen Einfluß auf die jeweiligen Ausgestaltungen nehmen, da ansonsten im System der lokalen Rundfunkversorgung „wesentliche" und damit ein Gesetz erfordernde Fragen der Akteursebene überlassen blieben. Damit verlagere der Gesetzgeber bedeut-

170 Vgl. hierzu und zum folgenden: Hellwig/Simon, Der Griff zum Mikrofon, S. 126, 127 sowie Prodoehl, Organisationsprobleme, MP 1987, S. 236, der dem Lokalfunkmodell nur dann eine Funktionsfähigkeit einräumt, wenn die Betriebsgesellschaft eine Strategie der „Gewinnoptimierung" (Gewährleistung einer möglichst hohen Programmakzeptanz durch finanzielle Absicherung eines möglichst hohen Programmstandards) und nicht der bloßen „Gewinnmaximierung" (möglichst billiges Programm mit möglichst teuren und zahlreichen Werbesendungen) verfolge.

171 Stock, Neues Privatrundfunkrecht, S. 59 ff.; Hoffmann-Riem, Stellungnahme zum Regierungsentwurf, Zuschrift 10/710, S. 13 ff.

172 Siehe oben 1. a. und b.

same öffentliche Angelegenheiten von der gesetzlichen auf die privatrechtlich-vertragliche Ebene, die hierbei zugleich überfordert werde.[173] Dies gelte insbesondere für den Kooperationsvertrag zwischen Veranstaltergemeinschaft und Betriebsgesellschaft, in dem in den Themenkomplexen Werbung und Finanzierung des Programms übergroße Gestaltungsfreiräume verblieben, die zu Regelungsdefiziten oder sogar dysfunktionalen Fehlregelungen führen könnten.[174] Eine größere Regelungsdichte wäre darüber hinaus auch zur Absicherung der relativen redaktionellen Autonomie angezeigt, die durch die Pflicht zur Erstellung eines Redakteurstatus nicht hinreichend konkretisiert werde.[175]

173 Stock, Neues Privatrundfunkrecht, S. 59.

174 Stock, Neues Privatrundfunkrecht, S. 59 ff.; Hoffmann-Riem, Stellungnahme zum Regierungsentwurf, Zuschrift 10/710, S. 13 ff. Hoffmann-Riem regt hier im Bereich der Finanzierung vor allem eine gesetzliche Einbeziehung der Landesanstalt für Rundfunk als Schlichtungsinstanz sowie eine Absicherung der Reinvestition etwaiger Gewinne im Verantwortungsbereich der Veranstaltergemeinschaft an.

175 Stock, Neues Privatrundfunkrecht, S. 51; vgl. auch Hoffmann-Riem, Stellungnahme zum Regierungsentwurf, Zuschrift 10/710, S. 13.

§ 3 Struktur und Organisation der Veranstaltergemeinschaft

Als erster funktionserheblicher Regelungskomplex des Landesrundfunkgesetzes soll nun die Struktur und Organisation der Veranstaltergemeinschaft untersucht werden. Hierzu wird, wie oben bereits erläutert,[1] zunächst die gesetzliche Ausgangslage unter Einbeziehung der den Gesetzesadressaten verbleibenden Handlungsspielräume und Gestaltungsoptionen dargestellt. Hieran schließt sich eine Analyse der tatsächlichen Nutzung dieser gesetzlichen Spielräume anhand der Satzungen sowie der Mitgliederlisten aller Veranstaltergemeinschaften im Land Nordrhein-Westfalen an. Abschließend soll der Versuch unternommem werden, unter diesem Aspekt den Prozeß der Umsetzung des Gesetzes zu analysieren und in der Form von Fallstudien die Gründe für die konkrete Spielraumnutzung in den drei ausgewählten Verbreitungsgebieten nachzuzeichnen.

I. Gesetzliche Ausgangslage

1. Entwicklung der Veranstaltergemeinschaft im Prozeß der Gesetzgebung

In einem ersten Schritt zur Erarbeitung der geltenden gesetzlichen Ausgangslage soll kurz vorgestellt werden, welche Alternativen der Gesetzgeber im Zuge seines Gesetzgebungsverfahrens für die rechtliche Ausgestaltung der Veranstaltergemeinschaft entwickelt hat. Hierzu wird zunächst ein Überblick über die einzelnen Phasen der Gesetzgebungsgeschichte des LRG NW gegeben, um dann die speziell die Veranstaltergemeinschaft betreffenden Regelungen in ihrer Entwicklung zu beschreiben.

---

1 Oben § 1 III.

a. Überblick über die Entstehungsgeschichte des LRG NW

Die Diskussion um ein Landesrundfunkgesetz in Nordrhein-Westfalen begann im bundesrepublikanischen Maßstab verhältnismäßig spät mit einem von der Landesregierung im Jahr 1984 entwickelten Papier, in dem „Eckwerte" einer künftigen Landesrundfunkordnung vorgestellt wurden.[2] Das thesenartig verfaßte Papier enthielt bereits die Absichtserklärung, lokalen privaten Rundfunk zuzulassen, der einerseits den publizistischen Wettbewerb stärken und andererseits publizistische Doppelmonopole der Verleger und entsprechende Machtkonzentration verhindern sollte.[3]

Nachdem im Anschluß hieran auch die Oppositionsfraktionen ihre Vorstellungen zum künftigen Rundfunkgesetz vorgestellt hatten,[4] veröffentlichte die Staatskanzlei im April 1986 einen ersten Diskussionsentwurf des Landesmediengesetzes.[5] Dieser Entwurf wurde nach ersten Stellungnahmen der wichtigsten Interessengruppen[6] überarbeitet und sodann im Mai des gleichen Jahres in der Form eines Referentenentwurfes der Öffentlichkeit vorgestellt.[7] Beide Erstentwürfe zum Landesmediengesetz gingen von einem binnenpluralen Lokalfunkmodell aus; als organisatorische Vielfaltssicherung war vorgesehen, vorrangig Anbietergemeinschaften – insbesondere solche mit gemeinnütziger Zwecksetzung – zuzulassen,[8] außerdem sollten jedem Veranstalter plural zusammengesetzte „Lokale Medienräte" zugeordnet werden.[9]

Nach einer längeren Phase der parlamentarischen und auch öffentlichen Diskussion entstand im Oktober 1986 ein Regierungsentwurf zum Landesrundfunkgesetz, der erstmals die Trennung von programmlicher und wirt-

---

2 Vgl. das von Ministerpräsident Rau am 29.08.1984 vorgestellte Thesenpapier über „Eckwerte eines neuen WDR-Gesetzes und Thesen für ein Landesmediengesetz", abgedruckt in: MP 1984, S. 660 ff.

3 Ebd., S. 660, 5. Spiegelstrich.

4 Vgl. zu den Vorstellungen der CDU: Resolutionsantrag der CDU-Landtagsfraktion vom 03.11.1985, LT/DS 10/442, sowie das Papier über die „Grundlinien der künftigen Rundfunkordnung", epd 59/1984, S. 17 ff.; zu den Vorstellungen der FDP: Gesetzentwurf der FDP-Landtagsfraktion vom 16.01.1985, LT/DS 10/610. Die Inhalte beider Entwürfe werden dargestellt in Hellwig/Simon, Der Griff zum Mikrofon, S. 57 ff.; vgl. auch Stock, Neues Privatrundfunkrecht, S. 6.

5 Diskussionsentwurf Landesmediengesetz Nordrhein-Westfalen (LMG) vom 20.03.1986, epd 34/1986, S. 1 ff.

6 Vgl. zu den Inhalten Hellwig/Simon, Der Griff zum Mikrofon, S. 62.

7 Referentenentwurf Landesmediengesetz für das Land Nordrhein-Westfalen (LMG NW) vom 22.05.1986, herausgegeben vom Landespresse- und Informationsamt der Landesregierung Nordrhein-Westfalen.

8 Vgl. § 21 Abs. 4 i.V.m. § 6 des Diskussionsentwurfes; § 22 Abs. 2 i.V.m. § 6 des Referentenentwurfes.

9 Vgl. § 21 Abs. 8 des Diskussionsentwurfes sowie § 24 des Referentenentwurfes. Vgl. auch die Begründung zum Referentenentwurf, S. 9.

schaftlicher Funktion innerhalb eines lokalen Rundfunkveranstalters enthielt und somit als Erstentwurf des Zwei-Säulen-Modells gelten kann.[10] Der Regierungsentwurf wurde nach seiner ersten Lesung[11] an den Hauptausschuß zur Beratung überwiesen und rückte damit zunehmend in den Mittelpunkt der öffentlichen Auseinandersetzung, an der sich im Zuge eines schriftlichen Anhörungsverfahrens auch zahlreiche Interessengruppen durch Stellungnahmen beteiligten.[12] Im Zuge der Beratungen im Hauptausschuß wurden in öffentlichen Sitzungen am 24. November 1986[13] sowie am 8. Dezember 1986[14] als Sachverständige die Rechtsprofessoren Kübler, Tettinger, Stock sowie Hoffmann-Riem, Denninger, Ricker, Schneider, Schmitt-Glaeser und Grawert zur Verfassungsmäßigkeit oder auch Zweckmäßigkeit der Regelungen über den lokalen Hörfunk ergänzend mündlich angehört.

Nach Beratungen in Sitzungen vom 4. und 11. Dezember 1986 legte der Hauptausschuß am 15. Dezember 1986 eine Beschlußempfehlung sowie den Bericht zum Regierungsentwurf vor.[15] Die vom Hauptausschuß entworfene Neufassung des Rundfunkgesetzes[16] modifizierte die Regelungen des Regierungsentwurfes erheblich und versuchte, die Veranstaltergemeinschaft mit mehr Rechten und Kompetenzen gegenüber der Betriebsgesellschaft zu versehen, als dies der Regierungsentwurf getan hatte.

Zur zweiten und dritten Lesung brachte die Mehrheitsfraktion der SPD dann Änderungsanträge ein,[17] die das innere Verhältnis zwischen den Lokalfunksäulen zum Thema hatte und das interne Aufgaben- und Machtgefüge nun wieder zurück in Richtung auf eine Stärkung der Betriebsgesellschaft verschob. Den Änderungsanträgen war am 15.12.1986 eine Welle öffentlicher Proteste der Zeitungsverleger vorausgegangen, die in landesweiten anzeigenähnlichen Appellen auf den ersten Seiten der Tageszeitungen ihre Ablehnung des Gesetzentwurfes in der Fassung des Hauptausschusses ausdrückten und nachdrücklich Nachbesserungen forderten.[18]

---

10 Regierungsentwurf zum Landesrundfunkgesetz (LRG NW) vom 23.10.1986, LT/DS 1440.

11 Erste Lesung am 13.11.1986, Plenarprotokoll 10/34, S. 2607 ff.

12 Es gingen insgesamt 59 Stellungnahmen der unterschiedlichen Organisationen und Sachverständigen ein. Vgl. LT/DS 10/1577, S. 82; Hirsch, Lokaler Rundfunk, S. 80. Die Zuschriften werden als Zuschriften zum Gesetzentwurf, Drucksache 10/1440, beim Archiv des Landtags in Nordrhein-Westfalen, Abteilung Dokumentation, geführt.

13 Ausschußprotokoll 10/435.

14 Ausschußprotokoll 10/462.

15 Beschlußempfehlung und Bericht des Hauptausschusses zu dem Gesetzentwurf der Landesregierung (LT/DS 10/1440), LT/DS 10/1577 vom 15.12 1986.

16 Im weiteren: Fassung des Hauptausschusses.

17 Zweite Lesung am 17.12.1986, Plenarprotokoll 10/39, S. 3285 ff.; Dritte Lesung und Verabschiedung am 19.12.1986, Plenarprotokoll 10/40, S. 3311 ff.; Änderungsanträge der SPD in LT/DS 10/1610, LT/DS 10/1613.

18 Vgl. hierzu Hellwig/Simon, Der Griff zum Mikrofon, S. 107 ff.; Stock, Neues Privatrundfunkrecht, S. 8 ff.; Kroemer, Allgemeine Ratlosigkeit, Journalist 1/1988, S. 36 ff.

Obwohl diese Vorgehensweise der Verleger auf Kritik von SPD-Vertretern stieß,[19] kam es am 16. Dezember 1986 zu einem Spitzengespräch zwischen Ministerpräsident Rau, der Führungsspitze der SPD-Fraktion im Landtag und den wichtigsten Verlegern des Landes, in dem einige Zugeständnisse an die Position der Verleger gemacht wurden.[20] Am 19. Januar 1987 trat das LRG NW unter Einbeziehung entsprechender Änderungen in Kraft.[21]

Mit Abschluß des Staatsvertrages zur Neuordnung des Rundfunkwesens im April 1987 wurden Anpassungen des LRG NW an die Regelungen dieses Vertrages notwendig.[22] Diese Situation nutzte der Gesetzgeber, um zugleich einige Novellierungen der Regelungen über den lokalen Hörfunk zu verabschieden, die dem Landesgesetzgeber angesichts der ersten praktischen Erfahrungen mit dem Gesetz notwendig schienen.[23] Eine weitere Änderung der lokalfunkbezogenen Regelungen des LRG NW wurde dann durch das zweite Änderungsgesetz vom 7. März 1990 vorgenommen, das vor allem eine Vorabnutzung lokaler Frequenzen durch Rahmenprogrammanbieter einführte.[24]

b. Die Veranstaltergemeinschaft im Diskussions- und im Referentenentwurf

Die ersten Gesetzentwürfe der Landesregierung zum Landesrundfunkgesetz, der Diskussionsentwurf der Staatskanzlei und der nachfolgende Referentenentwurf, enthielten noch keine rechtliche Trennung der publizistischen von der ökonomischen Funktion eines lokalen Rundfunkveranstalters. Dennoch finden sich in beiden Entwürfen bereits gesetzgeberische Ansätze, die sich in der späteren Ausgestaltung der Veranstaltergemeinschaft niedergeschlagen haben.[25]

---

19 Der SPD-Fraktionsvorsitzende Farthmann und der SPD-Medienexperte Büssow haben die Verlegerkampagne als Mißbrauch von Meinungsmacht bezeichnet, vgl. Hellwig/ Simon, Der Griff zum Mikrofon, S. 107 unter Hinweis auf Goch, Annäherung im Medienstreit, WAZ 16.12.1986.

20 Hellwig/Simon, Der Griff zum Mikrofon, S.107; Stock, Neues Privatrundfunkrecht, S. 8 mit FN 32.

21 LRG NW in der Fassung vom 19.01.1987, Gesetz- und Verordnungsblatt für das Land Nordrhein-Westfalen Nr. 4 vom 22.01.1987, S. 22 ff.

22 Vgl. nur LT/DS 10/2126.

23 Gesetz zur Änderung des Landesrundfunkgesetzes vom 08.12.1987 (im weiteren: Erstes Änderungsgesetz); vgl. LT/DS 10/2358 (Gesetzentwurf) sowie 10/2610 (Beschlußempfehlung und Bericht des Hauptausschusses).

24 Zweites Gesetz zur Änderung des Gesetzes über den „Westdeutschen Rundfunk Köln" und das Rundfunkgesetz für das Land Nordrhein-Westfalen, Gesetz- und Verordnungsblatt für das Land Nordrhein-Westfalen Nr. 16 vom 21.03.1990. Vgl. LT/DS 10/4719 (Gesetzentwurf), LT/DS 10/5209 (Beschlußempfehlung und Bericht).

25 So auch Hellwig/Simon, Der Griff zum Mikrofon, S. 65.

Beide Gesetzentwürfe sahen zur organisatorischen Sicherung der Pluralität im Binnenbereich eines lokalen Senders zunächst eine vorrangige Zulassung von Anbietergemeinschaften vor, die „mehrere unterschiedlich ausgerichtete politische, weltanschauliche und gesellschaftliche Kräfte" umfassen.[26] Kommunale Träger[27] und Verleger mit marktbeherrschenden Tageszeitungen im Verbreitungsgebiet sollten als Einzelanbieter vom lokalen Rundfunk ausgeschlossen[28] und als Beteiligte einer Anbietergemeinschaft auf bestimmte Quoten beschränkt bleiben.[29] Öffentlich-rechtlichen Rundfunkanstalten, namentlich dem Westdeutschen Rundfunk, war die Beteiligung an Anbietergemeinschaften im lokalen Rundfunk zwar grundsätzlich gestattet, sie wurde aber auf einen Anteil bis zu einem Drittel beschränkt.[30]

Jedem lokalen Veranstalter wurde ein neunköpfiger lokaler Medienrat zugeordnet, der sich aus Vertretern gesellschaftlich relevanter Gruppen vor Ort zusammensetzen sollte.[31] Parallelen bzw. Alternativen zur gesetzlichen Regelung der Veranstaltergemeinschaft im späteren LRG NW finden sich hier vor allem in der Frage des Verfahrens zur Auswahl der Mitglieder des Medienrates, in dem bereits Elemente des Konstituierungsprocedere der Veranstaltergemeinschaft im gültigen LRG NW realisiert waren. Der Diskussionsentwurf sah ein zweistufiges Verfahren vor, in dem zunächst der

---

26 § 21 Abs. 4 i.V.m. § 6 Abs. 1 des Diskussionsentwurfes, § 22 Abs. 2 i.V.m. § 6 des Referentenentwurfes.

27 Unter kommunalen Trägern wurden entsprechend der Regelung des geltenden Rechts in § 29 Abs. 6 LRG NW Gemeinden und Gemeindeverbände sowie Unternehmen und Vereinigungen verstanden, an denen eine oder mehrere Gemeinden oder Gemeindeverbände beteiligt sind.

28 § 21 Abs. 5 Satz 1 sowie § 21 Abs. 7 Satz 2 des Diskussionsentwurfes; § 22 Abs. 3 Satz 1 sowie § 23 Abs. 1 Satz 1 des Referentenentwurfes.

29 Die Verleger blieben auf weniger als die Hälfte und die kommunalen Träger auf ein Drittel der Kapital- und Stimmrechtsanteile begrenzt, vgl. § 21 Abs. 5 Satz 2 des Diskussionsentwurfes und § 22 Abs. 3 Satz 1 des Referentenentwurfes für die Verlegerbeteiligung sowie § 21 Abs. 7 Satz 2 des Diskussionsentwurfes und § 23 Abs.1 Satz 2 des Referentenentwurfes für die kommunalen Träger.

30 § 21 Abs. 1 i.V.m. § 5 Abs. 2 des Diskussions- bzw. des Referentenentwurfs.

31 § 21 Abs. 8-11 des Diskussionsentwurfes sowie §§ 24, 25 des Referentenentwurfes. Vorbild dieses lokalen Medienrates war der Projektrat des Kabelpilotprojektes in Dortmund. Nach dem Diskussionsentwurf setzte sich der lokale Medienrat aus je einem Vertreter folgender Gruppen zusammen: 1. Stadtrat oder Kreistag, 2. Kirchen bzw. jüdische Kultusgemeinde, 3. Gewerkschaften, 4. Arbeitgeberverbände bzw. Industrie-, Handwerks- und Handelskammern, 5. Jugendringe bzw. Sportbünde, 6. Wohlfahrtsverbände bzw. Naturschutzverbände, 7. Hochschulen bzw. Weiterbildungseinrichtungen, 8. Journalistenverbände bzw. kulturelle Organisationen und 9. Mitarbeiter des Anbieters. Die Zusammensetzung dieses Gremiums war äußerst umstritten und auch innerhalb der SPD nicht konsensfähig. Aus diesem Grunde verzichtete der Referentenentwurf auf eine Auflistung der Mitglieder und ließ die Zusammensetzung offen, vgl. Hellwig/Simon, Der Griff zum Mikrofon, S. 64; Itzfeldt, Kompromißvorschlag im Meinungsstreit, Vorwärts 22/1986, S. 48.

Stadtrat oder Kreistag für jede zur Mitwirkung am lokalen Rundfunk berechtigte gesellschaftlich relevante Gruppe drei Personen bei der Landesanstalt für Kommunikation[32] als Vorschlag anzugeben hatte. Die gesellschaftlich relevanten Gruppen selbst blieben hierbei auf ein reines Vorschlagsrecht gegenüber den kommunalen Parlamenten beschränkt.[33] Die abschließende Entscheidung, wer von den genannten Kandidaten Mitglied im Beirat wird, überließ der Gesetzentwurf in einer zweiten Stufe der alleinigen Entscheidung der Landesanstalt.[34] Dieses Verfahren wurde vom Referentenentwurf im Sinne einer Abschwächung des Einflusses der kommunalen Vertretungskörperschaften abgeändert. Den Gruppen wurde nunmehr ein bindendes Vorschlagsrecht für ihre Vertreter im Medienrat eingeräumt, während den Kommunen nur noch dann, wenn von den Gruppen mehr als drei Personen benannt werden, ein Auswahlrecht zustehen sollte. Die abschließende Entscheidungskompetenz für die Auswahl der Mitglieder verblieb auch in diesem Entwurf bei der Landesanstalt.[35]

c. Die Veranstaltergemeinschaft in der Entwicklung vom Regierungsentwurf zum LRG NW

Der Regierungsentwurf entwickelte dann die zweisäulige Konstruktion des lokalen Senders und damit die neuartige rechtliche Konstruktion einer programmverantwortlichen Veranstaltergemeinschaft. Die konkrete rechtliche Ausgestaltung dieser Organisation unterlag im Zuge des Gesetzgebungsprozesses noch erheblichen Änderungen und strukturellen Variationen, die insbesondere die Zusammensetzung sowie die innere Organisation der Veranstaltergemeinschaft betrafen.

aa. Zusammensetzung der Veranstaltergemeinschaft

Der Regierungsentwurf blieb hinsichtlich der Zusammensetzung der Veranstaltergemeinschaft noch sehr unbestimmt und enthielt weder konkrete Vorgaben, wer Mitglied der Veranstaltergemeinschaft werden könne, noch, in welche Rechtsform die Veranstaltergemeinschaft konstituiert werden sollte.[36] Vorgeschrieben war allein, daß keine wirtschaftlichen Zwecke verfolgt

32 Die Landesanstalt für Kommunikation (LfK) wurde erst in der Ausschußfassung zur Landesanstalt für Rundfunk (LfR).

33 § 21 Abs. 9 Satz 2 und 3 des Diskussionsentwurfes.

34 § 21 Abs. 9 Satz 4 des Diskussionsentwurfes.

35 § 24 Abs. 3 des Referentenentwurfes.

36 Der Regierungsentwurf sprach in § 22 Abs. 3 von „Kapital- und Stimmrechtsanteilen" einer Veranstaltergemeinschaft, vgl. zur Rechtsformfreiheit LT/DS 10/1440, S. 58. Der Gesetzgeber ging allerdings bereits in dieser Phase davon aus, daß sich in der Praxis die Rechtsform des Vereins durchsetzen würde, LT/DS 10/1440, S. 58. Vgl. zu möglichen anderen

werden und die Mitgliederstruktur „unterschiedlich ausgerichtete politische, weltanschauliche und gesellschaftliche Kräfte und Gruppen des Verbreitungsgebietes“ zu umfassen habe.[37] Kein Mitglied der Veranstaltergemeinschaft durfte mehr als 15 vom Hundert der Kapital- und Stimmrechtsanteile halten, wobei auch kommunale Träger und Zeitungsunternehmen „jeweils in ihrer Gesamtheit“ mit nicht mehr als 15 Prozent dieser Kapital- und Stimmrechtsanteile grundsätzlich partizipieren konnten.[38] Öffentlich-rechtliche Rundfunkanstalten blieben hingegen von der Teilnahme an lokalen Veranstaltergemeinschaften ausgeschlossen.[39]

Der nachfolgende Entwurf des Hauptausschusses variierte die Regelung des Regierungsentwurfes über die Zusammensetzung der Veranstaltergemeinschaft grundlegend. Er schrieb zunächst die Rechtsform des Idealvereins i.S. des § 21 BGB zwingend vor und legte deren Mitgliederstruktur und das Verfahren der Wahl bzw. Zuwahl der Mitglieder in dem charakteristischen dreistufigen Aufbau fest.[40] Als Pflichtmitglieder nannte der Entwurf unter anderem zwei Vertreter des Kreistages bzw. des Rates der kreisfreien Städte sowie die Verleger von Tageszeitungen.[41] Die Betriebsgesellschaft sollte zugleich ein weiteres Mitglied benennen können, das nicht wie im späteren LRG NW als teilnehmender Gast, sondern als vollwertiges Mitglied der Veranstaltergemeinschaft vorgesehen war.[42] Mit dieser Regelung hätten aus dem Bereich der Verlage zwei Personen Mitglied der Veranstaltergemeinschaft werden können.

Änderungen der Struktur der Veranstaltergemeinschaft enthielt dann erst wieder das Erste Änderungsgesetz, in dem die Zusammensetzung und das Gründungsprocedere der Veranstaltergemeinschaft aufgrund der ersten praktischen Erfahrungen noch einmal aufgegriffen wurden.[43] Neben Details der Bestimmung von A-Mitgliedern durch die entsendungsberechtigten Stellen[44] und kleineren Änderungen in der Beschreibung der zur Entsendung

---

Rechtsformen auf der Grundlage des Regierungsentwurfes: Schneider, Zuschrift 10/692, S. 7; Stock, Zuschrift 10/640, S. 18; Tettinger, Zuschrift 10/669, S. 10.

37 § 22 Abs. 1 des Regierungsentwurfes.

38 § 22 Abs. 3 Nr. 4 des Regierungsentwurfes, vgl. Hellwig/Simon, Der Griff zum Mikrofon, S. 75.

39 §§ 21 Abs. 3, 22 Abs. 3 Nr. 3 i.V.m. § 4 Abs. 2, § 5 Abs. 2 sowie § 24 Abs. 3 des Regierungsentwurfes. Vgl. dazu die Stellungnahme des WDR, Zuschrift 10/663, S. 7.

40 Vgl. zu den Details unten c. und d.

41 § 26 Abs. 1 d. und m. der Ausschußfassung.

42 § 26 Abs. 4 der Ausschußfassung.

43 Vgl. zu den auslösenden negativen Erfahrungen mit dem LRG NW Hellwig/Simon, Der Griff zum Mikrofon, S. 114.

44 Vgl. insbesondere § 26 Abs. 2 Nr. 2 LRG NW in der Fassung des Ersten Änderungsgesetzes, der detailliert das Verfahren der Bestimmung der kommunalen Vertreter in solchen

berechtigten Stellen[45] ergänzte der Gesetzgeber vor allem das Gründungsverfahren der Veranstaltergemeinschaft, das bisher nur in wenigen Normen behandelt worden war. Der Initiator der Gründungsversammlung einer Veranstaltergemeinschaft war nunmehr verpflichtet, alle im Gesetz vorgesehenen A-Mitglieder mit einer Frist von acht Wochen einzuladen, um die Möglichkeit einer manipulativen Steuerung der Mitgliederstruktur durch gezielte Einladungen zu verstellen.[46] Zudem stellte das Gesetz klar, daß eine Gründungssatzung des Vereins einstimmig von allen Anwesenden beschlossen werden muß.[47] Um zu verhindern, daß einzelne Mitglieder die Gründung der Veranstaltergemeinschaft auf diesem Wege dauerhaft blockieren können, wurde ergänzt, daß nach einem Einigungsversuch unter Einbeziehung

---

Verbreitungsgebieten regelt, die aus mehr als einem Kreis oder einer kreisfreien Stadt bestehen. Nachdem hier zunächst bei solchen kreisübergreifenden Veranstaltergemeinschaften, die sich nicht ausschließlich auf das Gesamtgebiet mehrerer Kreise beziehen, eine Entscheidung der Räte der kreisangehörigen Gemeinden vorgeschlagen wurde, entschied sich das Gesetz für die Konstituierung einer sog. Vertreterversammlung aus Vertretern der beteiligten Kreise; vgl. dazu LT/DS 10/2610, S. 51. Das LRG NW in der Fassung vom 19.01.1987 hatte in diesem Fall eine gemeinsame Entscheidung der Vertretungskörperschaften der beteiligten Kreise oder kreisfreien Städte vorgesehen.

45 Anstelle des DGB war nunmehr die „gewerkschaftliche Spitzenorganisation mit der höchsten Mitgliederzahl im Verbreitungsgebiet" zur entsendungsberechtigten Gruppe erklärt worden, § 26 Abs. 1 Nr. 4 LRG NW. Rath-Glawatz, Lokaler Hörfunk II, S. 19 kritisiert, daß mit dieser Novellierung der gleiche Tatbestand mit einer anderen Umschreibung normiert wurde. Die Alleinberechtigung einer Organisation sei angesichts der zur Einigung gezwungenen Gruppen der Verleger oder Journalistenverbände nicht systemgerecht und stelle eine Ungleichbehandlung dar. Weitergehende Novellierungsvorschläge der CDU etwa auf Berücksichtigung der landwirtschaftlichen und forstwirtschaftlichen Kreisverbände wurden abgelehnt, vgl. LT/DS 10/2610. Das Zweite Änderungsgesetz paßte schließlich die Definition der entsendungsberechtigten Journalistenorganisationen in § 26 Abs. 1 Satz 1 Nr. 13 LRG NW an die eingetretenen Veränderungen innerhalb dieser Organisationen an.

46 Vgl. die amtliche Begründung in LT/DS 10/2358, S. 28.

47 Auf der Grundlage des LRG NW in der Fassung vom 19.01.1987 war in einigen Kreisen versucht worden, eine Veranstaltergemeinschaft nur mit der Mindestzahl von acht Mitgliedern an einzelnen entsendungsberechtigten Gruppen vorbei zu konstituieren und Satzungen lediglich mit einfacher Mehrheit zu beschließen, vgl. Hellwig/Simon, Der Griff zum Mikrofon, S. 114. Das LRG NW vom 19.01.1987 hatte das Gründungsverfahren nicht eindeutig festgelegt, so daß die Zulässigkeit dieser Vorgehensweise bis in die Stellungnahmen der Interessenverbände umstritten blieb, vgl. einerseits: Stellungnahme der Arbeitsgemeinschaft der kommunalen Spitzenverbände, Zuschrift 10/1575, S. 9, Stellungnahme von Schütz (LfR), Zuschrift 10/1590, S. 3; andererseits: Stellungnahme von Vogel (Interessenverein Gemeinnütziger Rundfunk), Zuschrift 10/1597, S. 3; differenzierend: Pätzold, Zuschrift 10/1591, S. 6, Stellungnahme von Eberz (Veranstaltergemeinschaft Radio Kreis Wesel), Zuschrift 10/1579, S. 4. Vgl. zur Begründung des Gesetzgebers LT/DS 10/2610, S. 51.

der Landesanstalt für Rundfunk und Fristablauf von mindestens zwei Monaten eine bloße Dreiviertelmehrheit zur Vereinsgründung ausreicht.[48]

bb. Innere Struktur der Veranstaltergemeinschaft

Auch die innere Struktur und Organisation der Veranstaltergemeinschaft konkretisierte sich erst im Laufe des Gesetzgebungsverfahrens. Im Regierungsentwurf fand sich zunächst lediglich eine Regelung, nach der Beschlüsse der Veranstaltergemeinschaft über die Besetzung der Chefredaktion, das Programmschema und die publizistischen Grundsätze an die Mehrheit von zwei Dritteln der Stimmrechtsanteile gebunden waren.[49] Der Regierungsentwurf griff hierbei auf den bereits im Referentenentwurf enthaltenen Gedanken eines weitreichenden Einigungszwangs unter den einzelnen Kräften einer Veranstaltergemeinschaft zurück,[50] der bereits als wichtiges Konstruktionsprinzip der inneren Verfaßtheit der Veranstaltergemeinschaft charakterisiert wurde.[51]

Die Fassung des Hauptausschusses verfeinerte die Binnenkonstitution des veranstaltenden Vereins und nannte einzelne Aufgaben und Aufgabenbereiche des Vereins, die ausschließlich von der Mitgliederversammlung erfüllt werden können.[52] Auch diese Version des künftigen Rundfunkgesetzes berücksichtigte den Gedanken, wesentliche Entscheidungen der Veranstaltergemeinschaft an Zweidrittel-Mehrheiten anzubinden und baute den Katalog dieser Entscheidungen in § 27 Abs. 4 Nr. 3 der Ausschußfassung weiter aus. Im Zuge der Änderungsanträge der SPD-Mehrheitsfraktion im Landtag wurde die strikte Aufgabenzuweisung der Hauptausschußfassung an die Mitgliederversammlung noch einmal aufgegriffen und eine Möglichkeit geschaffen, bestimmte Entscheidungen auf den Vorstand zu delegieren.[53]

2. Handlungsspielräume und rechtliche Gestaltungsoptionen im Regelungskomplex Veranstaltergemeinschaft

Nach der Beschreibung der gesetzgeberischen Entwicklung des geltenden LRG NW werden nun die bestehenden rechtlichen Regelungen darauf untersucht, auf welche Weise sie steuernd auf die Ebene der Akteure in der

---

48 Dies war von Vogel (Interessenverein Gemeinnütziger Rundfunk) in der Zuschrift 10/1597, S. 3 angeregt worden. Vgl. auch die Stellungnahme von Eberz (Veranstaltergemeinschaft Radio Kreis Wesel), Zuschrift 10/1579, S. 7 sowie die Begründung in LT/DS 10/2610, S. 51.

49 § 25 des Regierungsentwurfes.

50 Vgl. § 22 Abs. 4 des Referentenentwurfes.

51 Vgl. § 2 II. 2. b. aa. (1.) sowie unten 2. f.

52 § 27 Abs. 1 der Ausschußfassung.

53 § 27 Abs. 2 Satz 2 LRG NW; LT/DS 10/1610, S. 8.

Veranstaltergemeinschaft einzuwirken versuchen bzw. welche Freiräume zur ergänzenden rechtlichen Gestaltung bzw. zu sonstigen einflußnehmenden Handlungen verbleiben oder erst geschaffen werden.

Das LRG NW regelt die Binnenstruktur der Veranstaltergemeinschaft, wie ausgeführt, im wesentlichen durch die Normierung eines gesetzlichen Organisations- und Verfahrensrahmens und überträgt in Ausführung des Grundsatzes der privatautonomen Gestaltung die nähere Ausgestaltung den Akteuren.[54] Als Einflußmöglichkeiten auf der Akteursebene sind hier vor allem die konkrete Auswahl der Mitglieder und Vorstände der Veranstaltergemeinschaft und die Verabschiedung einer Vereinssatzung zu nennen. Aus dem Zusammenspiel zwischen gesetzlicher Rahmenordnung und ergänzender Selbstregulierung ergeben sich hier die wesentlichen Grundlinien der auf der Grundlage des LRG NW bestehenden Freiräume. Im folgenden werden deshalb zunächst die Einzelheiten der Regelungstechnik vorgestellt, um auf dieser Grundlage einzelne als besonders funktionserheblich eingeschätzte Regelungsinhalte im Detail untersuchen zu können.

a. Regelungstechnik: Gesetzliche Grundstruktur und ergänzende privatautonome Gestaltung durch Vereinssatzungen

Der nordrhein-westfälische Gesetzgeber definiert die innere Grundstruktur der Veranstaltergemeinschaft durch eine Kombination unterschiedlicher Regelungssysteme und Regelungstechniken, durch die ein insgesamt enges System rechtlicher Vorgaben mit nur geringen Freiräumen für die Akteure entsteht.

Eine Veranstaltergemeinschaft kann nur dann als Veranstalter lokalen Rundfunks zugelassen werden, wenn sie sich in der Rechtsform des zivilrechtlichen Idealvereins gemäß § 21 BGB gründet.[55] Damit greift das LRG NW dem gesetzlichen Rahmen nach auf die zivilrechtlichen Formen des Vereinsrechts zurück, die jedoch durch eine Vielzahl rundfunkrechtlicher Spezialnormen ergänzt werden.[56] Als zentrale Strukturvorgabe des Rundfunkrechts ist hier bereits die aufwendig geregelte Mitgliederstruktur des Vereins genannt worden, deren Zusammensetzung durch eine Vielzahl materieller Regelungen und Verfahrensvorschriften die Repräsentanz eines möglichst weitreichenden Spektrums lokaler Interessen und Meinungen gewährleisten soll.[57]

54 Siehe bereits oben § 2 II. 2. e.

55 § 25 Abs. 1 Satz 2 LRG NW.

56 Zum Verhältnis zwischen Vereins- und Rundfunkrecht im sechsten Abschnitt des LRG NW vgl. Stock, Neues Privatrundfunkrecht, S. 43; Reidt, Rundfunkwerbung, S. 63 mit FN. 24.

57 Vgl. oben § 2 II. 2. b. aa. (1.).

Die Kodifizierung der rundfunkrechtlichen Überformungen des Vereinsrechts erreicht das LRG NW hierbei durch zwei unterschiedliche gesetzgeberische Techniken. Zunächst werden gesetzliche Regelungen konstituiert, die ihren Normbefehl direkt an die Akteure richten und so unmittelbare rechtliche Wirkung entfalten sollen. Eine zweite Gruppe von Normen wählt einen anderen Weg und greift auf den Inhalt der vereinsrechtlich erforderlichen Satzung durch. Hierzu werden gesetzlich zwingend vorgeschriebene Mindestinhalte formuliert, die ihre regulierende Wirkung in der Binnenstruktur der Veranstaltergemeinschaft erst nach einer Transformation in die Satzung erzielen können, sodann aber im Unterschied zur unmittelbaren gesetzlichen Regelung auch im Innenverhältnis der Mitglieder untereinander satzungsvertragliche Geltung erlangen.[58]

Nur noch in einzelnen Bereichen bleibt es den Mitgliedern der Veranstaltergemeinschaft überlassen, ihre Binnenstruktur durch ergänzende Satzungsinhalte eigenständig zu gestalten. Allerdings ist hier eine weitere Grenze der privatautonomen Gestaltung zu beachten, die sich aus den rundfunkrechtlichen Wertungen der Rahmensetzung auch in den Regelungsbereichen ergeben, in denen keine die Satzungsautonomie unmittelbar beschränkenden Gesetzesvorschriften bestehen. Die Satzungsinhalte werden nach der Anlage des Gesetzes nur insoweit der Privatautonomie überlassen werden können, wie sie sich an den vom Gesetzgeber vorgegebenen Leitlinien orientieren und diesen ihrem Inhalt nach nicht entgegenstehen. Als rechtliche Grenzziehungen rücken insbesondere die in § 25 Abs. 1 Satz 4 LRG NW generalklauselartigen Funktionszuweisungen an die Veranstaltergemeinschaft sowie die in § 27 LRG NW in Grundzügen determinierte Aufgabenverteilung zwischen den einzelnen Organen des Vereins in den Blickpunkt. Aufgabe der Satzungen kann hier nur die Konkretisierung bzw. Präzisierung der im Gesetz angelegten Grundstruktur sein, die in ihrem Kern nicht beeinträchtigt werden darf.[59]

Das beschriebene Regelungssystem beinhaltet somit als zentrale rechtliche Gestaltungsoption die Selbstkonstituierung der Veranstaltergemeinschaft in der Form einer begrenzten Satzungsautonomie, deren Schranken im Gesetz allerdings nur unvollkommen vorgezeichnet sind. An dieser Stelle entstehen neben der vom Gesetzgeber intendierten Gestaltungsfreiheit für die einzelne Veranstaltergemeinschaft erhebliche gesetzesinterpretatorische

---

58 Zur Erläuterung dieser unterschiedlichen Regelungstechniken vgl. z.B. den gesetzlich vorgeschriebenen Aufnahmezwang für B-Mitglieder in § 26 Abs. 3 Satz 1 LRG NW einerseits und den qua gesetzlichen Mindestinhalt der Satzung festgeschriebenen Zeitpunkt dieser Aufnahme in § 26 Abs. 3 Satz 2 LRG NW andererseits.

59 Vgl. zu den parallelen Überlegungen einer rundfunkrechtlichen Begrenzung der rechtlichen Gestaltungen im Kooperationsvertrag zwischen Veranstaltergemeinschaft und Betriebsgesellschaft bzw. im Redakteurstatut unten § 5 I. 2. a. sowie § 6 I. 2. a.

Freiräume, die die Möglichkeit interessengeleiteter Auslegung schaffen und somit auch rechtliche Dissense in der Frage der Zulässigkeit einzelner Satzungsinhalte zwischen einzelnen Akteursgruppen nahelegen. Hierbei wird die rechtliche Auseinandersetzung zunächst auf die Ebene der Gesetzesadressaten innerhalb der Veranstaltergemeinschaft gelegt, die bei der Ausarbeitung der Vereinssatzung die unklaren gesetzlichen Regelungen auszulegen haben. In diesem Zusammenhang erhält zugleich die Landesanstalt für Rundfunk eine besondere Funktion, die innerhalb des Zulassungsverfahrens die entwickelten Satzungsinhalte auf ihre rundfunkrechtliche Zulässigkeit zu untersuchen hat und so ihrerseits eine erhebliche rechtliche Definitionsmacht erhält.

Aus dem vom Gesetzgeber gewählten Zusammenspiel von zivilrechtlichem Vereinsrecht und Rundfunkrecht ergibt sich ein weiteres Regulierungsproblem. Die rundfunkrechtlichen Ergänzungen des Vereinsrechts können nach der Anlage des LRG NW erst dann eingreifen und auch rechtlich durchgesetzt werden, wenn ein Verein die rundfunkrechtliche Zulassung begehrt. Vor der Antragstellung, insbesondere zum Zeitpunkt der Eintragung in das Vereinsregister gemäß § 21 BGB, greift rechtlich allein das zivile Vereinsrecht. Mit dieser rechtlichen Konstruktion sind aber dann Probleme verbunden, wenn vereinsrechtlich zulässige, aber rundfunkrechtlich unzulässige Satzungsinhalte vor einem Zulassungsantrag bestehen, die zur Antragstellung geändert werden. Dies ist im Hinblick auf rundfunkrechtlich relevante Freiräume für die rechtsunterworfenen Akteure insbesondere dann erheblich, wenn auf der Grundlage rundfunkrechtswidriger Satzungen Beschlüsse gefaßt werden, die in die Zeit der Lizenzträgerschaft hinüberreichen. Die Behandlung dieser rechtlichen Problematik ist im LRG NW nicht eindeutig geregelt und wird somit der rechtsanwendenden Praxis und damit zunächst den dort angelegten Interessenkonstellationen zur Klärung übereignet.

b. Gesetzliche Aufgaben der Veranstaltergemeinschaft

Der Veranstaltergemeinschaft wird in § 25 Abs. 1 Satz 4 LRG NW die Aufgabe zugewiesen, das lokale Programm zu veranstalten und hierfür die ungeteilte Verantwortung zu tragen. Sie ist daher alleinige Trägerin der rundfunkrechtlichen Lizenz und somit auch Adressatin aller rundfunkrechtlichen Maßnahmen der Landesanstalt für Rundfunk.[60] In der Erfüllung ihrer programmbezogenen Aufgaben ist die Veranstaltergemeinschaft zur Einhaltung der Programmanforderungen der §§ 24 Abs. 1, 11 ff. LRG NW verpflichtet, soweit diese gemäß § 23 Abs. 2 LRG NW im Lokalfunk Anwendung finden. Die Veranstaltergemeinschaft hat sich gemäß § 25 Abs. 1 Satz 2 LRG

60 Vgl. § 25 Abs. 1 Satz 1 und 4 i.V.m. §§ 4 ff., 23 Abs. 2 LRG NW.

NW in der Rechtsform eines nicht-wirtschaftlichen Vereins i.S. des § 21 BGB zu gründen, dessen alleiniger Zweck gemäß § 25 Abs. 1 Satz 3 LRG NW die Veranstaltung und Verbreitung von lokalem Rundfunk und der Abschluß einer Vereinbarung über ein Rahmenprogramm i.S. des § 30 LRG NW zu sein hat. In der Verfolgung dieser Vereinszwecke wird sie durch ihre Rechtsform auf Tätigkeiten ideeller Art beschränkt und von erwerbswirtschaftlich orientierten Aufgaben ausgeschlossen.[61]

Mit dieser Funktionszuweisung ist bereits auf dem Gesetzeswege weitgehend festgelegt, welche Aufgaben die Veranstaltergemeinschaft nach dem LRG NW wahrnehmen kann und soll. Es verbleibt den Akteuren somit wenig Raum, durch die Vereinssatzung zusätzliche Aufgaben zu definieren oder die bestehenden Aufgaben der Veranstaltergemeinschaft maßgeblich zu variieren oder zu konkretisieren. Vorstellbar sind allerdings nähere Aussagen und Spezifizierungen der Art und Weise, in der der Verein sein lokales Programm im Rahmen der Programmanforderungen zu gestalten beabsichtigt und welche Schwerpunkte etwa lokaler oder allgemein thematischer Art hierbei gesetzt werden sollen.

c. Gründungsprocedere und Aufnahme der A-Mitglieder

Das LRG NW widmet sich mit großem normativem Aufwand dem Prozeß der Gründung der Veranstaltergemeinschaft und der Auswahl und Aufnahme der ersten Gruppe von Pflichtmitgliedern des Vereins, der A-Mitglieder, die von gesellschaftlich relevanten Gruppen zu entsenden sind.[62]

Das Gesetz behandelt hier zunächst die Frage, welche Organisationen zur Entsendung von A-Mitgliedern der Veranstaltergemeinschaft berechtigt sind und nach welchem Verfahren diese Personen von ihren Organisationen zu benennen sein sollen. Als entsendungsberechtigte Stellen nennt das Gesetz insgesamt dreizehn Organisationen und Institutionen, deren Auswahl die lokal relevanten gesellschaftlichen Gruppen und Kräfte zu berücksichtigen sucht.[63] Hierbei sind in einigen Fällen mehrere Organisationen genannt, die nur gemeinsam ein Mitglied benennen können,[64] während die kommunalen

---

61 Für alle: Palandt, Heinrichs, zu § 21 BGB, Anm. 1 b). Unbenommen ist allerdings die Möglichkeit, im Rahmen der ideelen Zielsetzung einen Geschäftsbetrieb als Nebenzweck zu betreiben, vgl. zu diesem Nebenzweckprivileg ebd., Anm. 1 b) a.E. m.z.N.

62 Als A-Mitglieder werden im weiteren diejenigen Mitglieder der Veranstaltergemeinschaft bezeichnet, die von den in § 26 Abs. 1 Satz 1 Nr. 1 bis 13 entsendungsberechtigten Stellen benannt werden.

63 Vgl. Stock, Neues Privatrundfunkrecht, S. 43; BVerfGE 83, 238, 326, 327.

64 § 26 Abs. 2 Nr. 5 LRG NW. Dies sind die Wohlfahrtsverbände (Arbeiterwohlfahrt, Caritas, Deutscher Paritätischer Wohlfahrtsverband, Deutsches Rotes Kreuz, Diakonisches Werk), die gemäß § 29 Abs. 2 des Bundesnaturschutzgesetzes anerkannten Verbände, die Gesamtheit der Verleger mit Lokalausgaben sowie die IG Medien gemeinsam mit dem DJV.

Vertretungskörperschaften zur Ermöglichung eines Parteienproporzes[65] zwei Mitglieder zu entsenden haben, wenn sie in der Veranstaltergemeinschaft vertreten sein wollen.[66] Die benannten Personen müssen den Stellen, die sie bestimmt haben, nicht angehören[67] und unterliegen bei ihrer Mitwirkung keinerlei gesetzlich normierten Weisungen oder Aufträgen durch die entsendungsberechtigten Stellen.[68] Die Bestimmung kann auf fünf Jahre befristet werden.[69]

Nähere Vorschriften über die Bestimmung der A-Mitglieder durch die entsendungsberechtigten Personen finden sich in § 26 Abs. 2 LRG NW. So erfolgt die Benennung der kommunalen Vertreter in der Regel durch den Kreistag oder den Rat der kreisfreien Stadt.[70] Umfaßt ein Verbreitungsgebiet über einen Kreis oder eine kreisfreie Stadt hinaus weitere Kreise, kreisfreie Städte oder kreisangehörige Gemeinden, so erfolgt sie durch eine besondere Vertreterversammlung, die von der Landesanstalt für Rundfunk einberufen und geleitet wird.[71] Während das Verfahren der Auswahl eines A-Mitgliedes von den Kirchen bzw. jüdischen Kultusgemeinden deren eigenem Recht überlassen wird, hat in den übrigen Fällen die Benennung nach den gesetzlichen Regelungen des LRG NW zunächst durch diejenige Gliederung der Organisation zu erfolgen, die für das gesamte Verbreitungsgebiet zuständig ist. Erfüllen mehrere Gliederungen diese Voraussetzung, so entscheidet aus Gründen der Nähe zu den lokalen Begebenheiten die unterste Gliederung.[72]

Diese Verfahrensregelungen beschreiben das Auswahl- und Entsendungsverfahren für A-Mitglieder sehr präzise und ohne größere Regelungslücken. Als Spielräume lassen sich neben der Frage der konkreten Kandidatenauswahl vor allem die Benennung eines Mitgliedes durch mehrere berechtigte Organisationen oder im Fall eines aus mehreren Kreisen oder kreisfreien Städten bestehenden Verbreitungsgebietes feststellen, für die das Gesetz keine Verfahrensvorschriften beinhaltet.[73] Hier sind interne Ab-

---

65 BVerfGE 83, 238, 252.

66 § 26 Abs. 2 Nr. 4 LRG NW, vgl. zum Charakter dieser Vorschrift als „Muß-Bestimmung" Rath-Glawatz, Lokaler Hörfunk II, S. 25.

67 § 26 Abs. 7 Satz 2 LRG NW.

68 BVerfGE 83, 238, 252.

69 § 26 Abs. 2 Nr. 7 LRG NW.

70 § 26 Abs. 2 Nr. 2 LRG NW.

71 § 26 Abs. 2 Nr. 2, § 31 Abs. 1 Satz 3 LRG NW. Gemäß Art. 3 Abs. 1 des Ersten Änderungsgesetzes zum LRG NW gilt dies allerdings nicht für die auf der Grundlage des LRG NW in der Fassung vor dem Änderungsgesetz gegründeten Veranstaltergemeinschaften, deren kommunale Vertreter nach diesem Recht benannt worden sein müssen, vgl. Zahn, Veranstaltergemeinschaft und Verbreitungsgebiet, NWVBl. 1989, S. 239 ff.

72 § 26 Abs. 2 Nr. 3 LRG NW; vgl. Rath-Glawatz, Lokaler Hörfunk II, S. 24.

73 Vgl. Ronge/Arndt, Repräsentationsprobleme, RuF 1991, S. 196 ff. sowie S. 200 ff.

stimmungprozesse zwischen den Organisationen und örtlichen Gliederungen erforderlich, die zu unterschiedlichen Vorgehensweisen führen können. Im Zuge der Konstituierung der Veranstaltergemeinschaften ist im Zusammenhang mit der gemeinsamen Benennung dennoch ein Rechtsanwendungsproblem entstanden, das zum Gegenstand eines gerichtlichen Verfahrens wurde.[74] Hierbei ging es in der Hauptsache um die Frage, welche Auswirkungen eine fehlerhafte Benennung von A-Mitgliedern auf die Gründung und die von der Veranstaltergemeinschaft in dieser fehlerhaften Besetzung gefaßten Beschlüsse haben.

Im Grundsatz stellte das Gericht zunächst fest, daß eine Veranstaltergemeinschaft als Idealverein mit der Eintragung in das Vereinsregister die Rechtsfähigkeit konstitutiv erlange.[75] Gründungsmängel auch infolge fehlerhafter Benennungen könnten einer einmal existent gewordenen juristischen Person in aller Regel nicht mehr die Rechtsfähigkeit entziehen. Etwas anderes ergebe sich nur dann, wenn ein Gründungsfehler feststellbar in besonders tiefgreifender Weise die gesamte Gründung hinfällig machen würde.[76]

Dies sei jedenfalls dann nicht der Fall, wenn ein Benennungsfehler aus der Sphäre von gemeinsam Entsendungsberechtigten stamme und nicht von außen erkennbar sei. An der Erkennbarkeit hätte es im dem Gericht vorliegenden Fall aber gefehlt, da hier das Gründungsmitglied von einer von mehreren entsendungsberechtigten Stellen benannt worden sei. Daß andere Stellen umgangen worden waren, konnte von der Gründungsversammlung nicht ohne weiteres festgestellt werden. Ein solcher als „interner" Fehler zu charakterisierender Benennungsfehler könne demnach keinen tiefgreifenden Gründungsmangel hervorrufen und somit die Rechtsfähigkeit des Vereins nicht beeinträchtigen. Etwas anderes könne nach der Auffassung des Gerichts allerdings dann gelten, wenn die Benennung eines Mitgliedes offensichtlich rechtsfehlerhaft sei und sich einer Gründungsversammlung hätte aufdrängen müssen.[77]

---

74 OLG Düsseldorf, AfP 1989, S. 681 ff. Das Oberlandesgericht hatte einen Fall zu entscheiden, in dem von Klägerseite vorgetragen wurde, daß ein A-Mitglied vom Verband der Zeitungsverleger (VRWZ) benannt worden sei, ohne sich hierüber mit allen lokalen Zeitungsverlegern und vor allem dem Kläger als einem dieser Verlage abzustimmen.

75 OLG Düsseldorf, AfP 1989, S. 682.

76 Ebd.

77 Das OLG Düsseldorf konnte diese Frage offenlassen, da sie in dem dem Senat vorliegenden Fall nicht entscheidungserheblich war. Die dort in Frage stehende Entsendung durch den Verband der Zeitungsverleger (VRWZ) stellte auf der Grundlage des LRG NW in der Fassung vom 19.01.1987, das auf den zu überprüfenden Sachverhalt Anwendung fand, eine Entsendung durch eine im Grundsatz berechtigte Stelle dar. Das Gericht konnte sich insoweit auf die Frage der Behandlung eines „internen" (Abstimmungs -) Fehlers unter mehreren grundsätzlich berechtigten Stellen beschränken. Nach der Novellierung des § 26 Abs. 2 Nr. 3 LRG NW durch das Erste Änderungsgesetz wurde eine Entsendung durch landes-

Diese Grundsätze bedeuten für die Gründungspraxis, daß eine Gründungsversammlung lediglich die grundsätzliche gesetzliche Berechtigung der entsendenden Stelle zu überprüfen hat. Dies bedeutet allerdings nicht, daß im Fall offenkundiger Widersprüche, etwa durch Proteste übergangener Organisationen, im Einzelfall entsandte Vertreter vor der Gründung durch die Veranstaltergemeinschaft nicht abgelehnt werden können.[78]

In einem zweiten Teilbereich dieses Komplexes enthält das Gesetz ein nuancenreiches Regelungssystem, das auf die Gründungs- bzw. Vorgründungsphase einer Veranstaltergemeinschaft steuernd einzuwirken beabsichtigt. Der Gesetzgeber sieht insbesondere in dieser Phase die Gefahr dominierender Handlungen einzelner Akteure mit Einfluß auf die Mitgliederstruktur und die ersten Entscheidungen des Vereins, die er durch gesetzliche Vorgaben insbesondere prozeduraler Art auszuschließen oder zumindest zu begrenzen versucht.[79] Als gesetzgeberisches Ziel dieses Regelungskomplexes läßt sich die Gewährleistung eines chancengleichen Zugangs der vom LRG NW bestimmten Stellen zur Veranstaltergemeinschaft und somit die vom dominierenden Einfluß einzelner freie Konstituierung des Vereins in der vom Gesetz intendierten Weise erkennen. Die Regelungen sind damit dem Grundsatz der Funktionenoptimierung der Veranstaltergemeinschaft verpflichtet.[80]

Als einen Ansatzpunkt der gesetzlichen Einflußnahme auf den Prozeß der Vereinsgründung wählt der Rundfunkgesetzgeber die Errichtung der Gründungssatzung des Vereins. Sie hat durch mindestens acht Personen zu erfolgen, die von den in § 26 Abs. 1 Satz 1 Nr. 1 bis 13 LRG NW näher definierten Stellen benannt sein müssen. Diese Satzung ist Voraussetzung für den konstitutiven Akt der Eintragung des Vereins in das Vereinsregister und somit für die vereinsrechtliche Gründung der Veranstaltergemeinschaft, die

---

übergreifende Verbände, also auch durch den VRWZ, ausgeschlossen, so daß nach geltendem Recht eine Entsendung durch eine nach dem LRG NW nicht-berechtigte Stelle vorgelegen hätte. Der zu beurteilende Fehler wäre demnach, anders als in der vorliegenden Entscheidung, nicht als intern, sondern als „offensichtlich" im Sinne der vom Gericht entwikkelten Kriterien zu beurteilen, so daß das Gericht die von ihm aufgeworfene Frage nach geltendem Recht zu beurteilen gehabt hätte.

78 Vgl. zu den Details die Rechtsauffassung von Rath-Glawatz, Lokaler Hörfunk II, S. 24 ff.

79 Daß die Möglichkeit von Einflußnahmen gerade in der Konstituierungsphase der Veranstaltergemeinschaft auch von interessierter Seite gesehen wird, belegen die Aussagen von Hochstein, Das neue Rundfunkgesetz, FK 4/1987, S. 6 ff. sowie Pohl, Lokaler Privatfunk steht vor der Tür, S. 6 und 8, die den Vertretern der katholischen Kirche bzw. Interessierten aus dem Bereich der CDU die frühzeitige Einflußnahme im Interesse der jeweiligen Gruppe nahelegen.

80 Siehe dazu oben § 2 II. 2. b.

ihrerseits Voraussetzung für die Zulassung als Veranstalter des lokalen Rundfunks ist (§ 25 Abs. 1 Satz 2 LRG NW).[81]

Aber auch schon das Verfahren der Einladung zu einer Gründungsversammlung wird hierbei detailreich unter dem Gesichtspunkt ausgestaltet, den zur Entsendung berechtigten Stellen in gleicher Weise die Teilnahme zu ermöglichen. Das Gesetz verpflichtet denjenigen, der die Initiative zur Gründung ergreift, zwei Monate vor dem vorgesehenen Zeitpunkt Ort und Zeit der Versammlung allen vom Gesetz berücksichtigten Stellen und Organisationen mitzuteilen.[82] Soweit bereits Personen benannt worden sind, sind diese zur Gründungsversammlung unmittelbar schriftlich einzuladen. Von wem die Initiative zur Einladung auszugehen hat oder wer hierzu zumindest berechtigt sein soll, bleibt im LRG NW ohne Regelung, so daß die Einladung von beliebigen Personen oder Gruppen erfolgen kann.[83]

Zur Verabschiedung der Vereinssatzung sieht das LRG NW dann zwei unterschiedliche Wege vor. Im gesetzlichen Regelfall wird die Satzung von den in der (ersten) Gründungsversammlung anwesenden Personen einstimmig beschlossen.[84] Kommt es nicht zu einer einstimmigen Gründung, regt das Gesetz eine Schlichtung durch die Landesanstalt für Rundfunk an, die allerdings nur als Soll-Bestimmung und somit nicht zwingend vorgesehen ist.[85] Die Vereinssatzung kann danach in einem hilfsweise vorgesehenen erleichterten Verfahren nach Ablauf einer Zweimonatsfrist von nur drei Vierteln der in der (zweiten) Gründungsversammlung anwesenden Personen verabschiedet werden.[86] Zu dieser zweiten Versammlung sind alle bisher benannten A-Mitglieder mit einer Frist von zwei Wochen zu laden. Auch in dieser Versammlung werden zumindest acht entsandte Personen der Satzung zuzustimmen haben.[87]

---

81 Die Eintragung ist der LfR im Zulassungsverfahren durch einen Auszug aus dem Vereinsregister nachzuweisen, vgl. Kämper/ Widlok, Lizenzvergabe, S. 73.

82 § 26 Abs. 2 Satz 2 LRG NW. Hierbei wird die Einladung in den Fällen der Berechtigung mehrerer Stellen zur Entsendung nur eines Mitgliedes (§ 26 Abs. 1 Nr. 6, 7, 9, 10, 12, 13 LRG NW) grundsätzlich jeder der in Frage kommenden Stellen zuzugehen haben, um auch auf dieser Ebene steuernde Einflußnahmen der Einladenden auszuschließen, vgl. Rath-Glawatz, Lokaler Hörfunk II, S. 20.

83 In diesem Zusammenhang hat das OLG Düsseldorf, AfP 1989, S. 681 ff. die Einladung durch einen Oberbürgermeister als selbst nicht zur Teilnahme an der Veranstaltergemeinschaft Berechtigten für rechtmäßig erklärt.

84 § 26 Abs. 1 Satz 4 LRG NW.

85 Es handelt sich bei der Mitwirkung der Landesanstalt für Rundfunk, anders als bei ihrer Mitwirkung im Fall der Kündigung des Kooperationvertrages (§ 29 Abs. 7 LRG NW), ausdrücklich nicht um eine konstitutive Bedingung des erleichterten Satzungsbeschlusses gem. § 26 Abs. 1 Satz 6 LRG NW; vgl. Rath-Glawatz, Lokaler Hörfunk II, S. 22.

86 § 26 Abs. 1 Satz 6 LRG NW.

87 § 26 Abs. 1 Satz 1 1. Halbsatz LRG NW; vgl. hierzu die Überlegungen von Rath-Glawatz, Lokaler Hörfunk II, S. 21.

Mit dieser gesetzlichen Konstruktion entsteht das Problem, auf welche Weise die nicht durch ihre Unterschrift unter die Gründungssatzung Vereinsmitglied gewordenen, aber hierzu im Grundsatz berechtigten Personen in der Veranstaltergemeinschaft noch Berücksichtigung finden können. Das LRG NW enthält in § 26 Abs. 6 LRG NW eine Regelung für diejenigen potentiellen A-Mitglieder, die erst nach Unterzeichnung der Gründungssatzung von ihrer Organisation benannt werden. Hierbei sind zunächst diejenigen Stellen, die kein Gründungsmitglied bestimmt haben, zur Benennung eines Vertreters aufzufordern. Reagiert die betreffende Stelle innerhalb von zwei Monaten auf die Aufforderung, so ist das nachbenannte Mitglied in den Verein aufzunehmen. Anderenfalls bedarf die Aufnahme einer Mehrheit von zwei Dritteln aller bisherigen Mitglieder. Das LRG NW schreibt weiter in § 26 Abs. 1 Satz 8 LRG NW vor, daß auch diejenigen, die in einer zweiten Gründungsversammlung von einer Mehrheit überstimmt worden sind, in den Verein aufgenommen werden müssen, sofern sie einen entsprechenden Antrag stellen.[88] Nicht behandelt ist der Fall, daß potentielle A-Mitglieder von ihrer entsendungsberechtigten Stelle benannt worden sind, aber an einer ersten oder auch zweiten Gründungsversammlung nicht teilgenommen haben.[89]

d. Aufnahme der B- und C- Mitglieder

Nach Abschluß des Verfahrens zur Aufnahme der A-Mitglieder[90] muß der Verein vier weitere Mitglieder (B-Mitglieder) aufnehmen, die den Berei-

88 Hier bleibt offen, ob der gesetzliche Aufnahmezwang für überstimmte Teilnehmer einer zweiten Gründungsversammlung von unbegrenzter Dauer sein soll. Einen ersten Auslegungsversuch unternimmt Rath-Glawatz, Lokaler Hörfunk II, S. 22 der die Regelung des § 26 Abs. 2 Nr. 6 LRG NW analog auf den Fall der Aufnahme überstimmter Teilnehmer einer zweiten Gründungsversammlung anwenden will. Danach wären diese potentiellen Mitglieder für eine Zeitspanne von zwei Monaten ohne Abstimmung aufzunehmen, während ihr Vereinseintritt hiernach an eine Mehrheit von zwei Dritteln der Mitglieder gebunden wäre.

89 Diese potentiellen A-Mitglieder fallen weder unter § 26 Abs. 1 Satz 8 LRG NW noch unter § 26 Abs. 6 LRG NW, der voraussetzt, daß noch keine Benennung durch die entsendungsberechtigte Stelle vorgenommen wurde.

90 § 26 Abs. 3 Satz 2 2. Halbsatz LRG NW fordert allerdings lediglich den Abschluß des Verfahrens nach Abs. 2 Nr. 6, also des Verfahrens der Aufnahme der zum Zeitpunkt der Vereinsgründung noch nicht benannten Mitglieder. Ob daneben auch die in einer zweiten Gründungsversammlung überstimmtem potentiellen A-Mitglieder oder benannte, aber nicht erschienene A-Mitglieder aufgenommen sein müssen, hängt von der Beantwortung der Frage ab, ob und wielange eine gesetzliche Teilnahmeoption für diese Personen bestehen kann, vgl. soeben unter c.

chen Kultur und Kunst, Bildung und Wissenschaft, dem Kreis der ausländischen Mitbürger bzw. einem Radioförderverein anzugehören haben.[91]

Die Kooption dieser Mitglieder erfordert eine Mehrheit von zwei Dritteln der bis zu diesem Zeitpunkt aufgenommenen A-Mitglieder des Vereins. Anders als diese sind die zu kooptierenden Mitglieder der Veranstaltergemeinschaft nicht von entsendungsberechtigten Stellen zu benennen. Gefordert wird allein Zugehörigkeit zu den genannten gesellschaftlichen Bereichen. Gemäß § 26 Abs. 5 LRG NW besteht für Veranstaltergemeinschaften abschließend die Möglichkeit, bis zu vier weitere natürliche Personen als Mitglieder (C-Mitglieder) aufzunehmen.[92] Hierzu ist wiederum eine Mehrheit von zwei Dritteln, diesmal allerdings der A- und B-Mitglieder, erforderlich.[93] Aus dieser Bestimmung folgt zugleich, daß die Aufnahme möglicher C-Mitglieder erst erfolgen darf, wenn die Veranstaltergemeinschaft die B-Mitglieder vollständig kooptiert hat, da diese bei der Abstimmung gleichberechtigt mitzustimmen haben. Das Gesetz verzichtet für die C-Mitglieder vollständig auf Vorgaben im Hinblick auf bestimmte gesellschaftliche Gruppenzugehörigkeit und überläßt es der Veranstaltergemeinschaft zu entscheiden, ob und in welchem Umfang sie C-Mitglieder kooptiert.

Die Regelungen über die Zuwahl der B- und C-Mitglieder lassen zunächst offen, welche Anforderungen an potentielle Bewerber für Posititionen als B-Mitglieder konkret gestellt werden müssen. Weiter bleibt ungeregelt, auf welchem Weg geeignete Personen für beide Mitgliederbereiche gefunden werden sollen.[94] Die Vorgaben geben den Akteuren in der Veranstaltergemeinschaft die Möglichkeit, im wesentlichen frei über das Verfahren und somit auch die Personen der Zuwahl zu entscheiden und eine Gesamtmitgliederstruktur zu erreichen, die die nach Abschluß der Aufnahme der A-Mitglieder entstandenen Mehrheitsverhältnisse widerspiegelt.

---

91 § 26 Abs. 3 LRG NW; Radioprdervereine sind hier als „in das Vereinsregister eingetragene gemeinnützige Vereine" definiert, deren „satzungsmäßiger Zweck in der Förderung des lokalen Rundfunks im Verbreitungsgebiet besteht".

92 Bei Berücksichtigung aller möglichen A-, B- bzw. C-Mitglieder hat eine Veranstaltergemeinschaft somit maximal 22 Mitglieder. Dies wird in § 26 Abs. 6 Satz 1 LRG NW noch einmal ausdrücklich klargestellt.

93 § 26 Abs. 5 Satz 2 LRG NW.

94 Vgl. hierzu die Vorstellungen von Rath-Glawatz für die Auswahl der B-Mitglieder, Lokaler Hörfunk I, S. 24 sowie von Ronge/Arndt, Repräsentationsprobleme, RuF 1991, S. 199. Rath-Glawatz regt hier an, daß einzelne A-Mitglieder ihnen bekannte potentielle Kandidaten vorschlagen. Ronge/Arndt schlagen darüber hinaus die Einbeziehung eventuell vorhandener Organisationen aus den genannten Bereichen durch gezieltes Nachfragen oder mögliche Eigeninitiative dieser Kräfte vor.

e. Allgemeine Anforderungen und Beendigung der Mitgliedschaft

§ 26 Abs. 7 LRG NW konstituiert allgemeine Anforderungen an die Mitgliedschaft in der Veranstaltergemeinschaft. Zunächst soll der lokale Bezug dadurch gesichert werden, daß jedes Mitglied des Vereins und des Vorstands im Verbreitungsgebiet seine Wohnung oder seinen ständigen Aufenthalt haben muß.[95] Darüber hinaus verlangt das Gesetz von den Mitgliedern einer Veranstaltergemeinschaft die unbeschränkte Geschäftsfähigkeit, die Fähigkeit zur Bekleidung öffentlicher Ämter, die Nichtverwirkung des Grundrechts der freien Meinungsäußerung i.S. des Art. 18 GG sowie die unbeschränkte gerichtliche Verfolgbarkeit.[96] § 26 Abs. 7 Nr. 1 i.V.m. § 5 Abs. 1 Nr. 3 LRG NW räumt die Möglichkeit ein, Personen dann von der Mitgliedschaft zu einer Veranstaltergemeinschaft auszuschließen, wenn „Tatsachen Anlaß zu Bedenken gegen die zuverlässige Erfüllung ihrer Pflichten geben". Weiter bleiben vom Gesetz enumerativ aufgeführte Personengruppen von vornherein von der Beteiligung im Verein ausgeschlossen. So dürfen aus Gründen der Staatsferne der lokalen Rundfunkveranstaltung gesetzliche Vertreter von juristischen Personen des öffentlichen Rechts mit Ausnahme der Kirchen bzw. anderer religiöser Gemeinschaften sowie Personen, die zu solchen juristischen Personen „in einem Arbeits- oder Dienstverhältnis stehen", nicht als Mitglied fungieren.[97] Ausgeschlossen bleiben weiter Mitglieder der Bundes- oder einer Landesregierung sowie Mitglieder eines Organs öffentlich-rechtlicher Rundfunkanstalten bzw. deren Mitarbeiter.[98]

Das LRG NW gibt weiter vor, daß bei bestimmten Sachverhalten die Mitgliedschaft in der Veranstaltergemeinschaft automatisch erlischt.[99] Als gesetzliche Beendigungsgründe nennt das LRG NW die Befristung der Mitgliedschaft, das Ende der Zulassung infolge Ablaufs der Zulassungsdauer bzw. infolge Widerrufs oder Rücknahme sowie das Ausscheiden des Mitglieds aus der entsendungsberechtigten Organisation in dem Fall, in dem es zum Zeitpunkt der Entsendung dieser Organisation angehörte.[100] Die Mitgliedschaft von B- und C-Mitgliedern endet nach den Vorschriften des LRG NW zwingend nur dann, wenn die Zulassung der Veranstaltergemeinschaft nicht mehr besteht.[101] Der vom Gesetz entwickelte Katalog ist hierbei nicht abschließend zu verstehen, so daß es der Satzungsautonomie der Veranstal-

95 Zu einer möglichen Auslegung dieser nicht ohne weiteres operationalisierbaren Regelung vgl. Rath-Glawatz, Lokaler Hörfunk I, S. 20.

96 § 26 Abs. 7 Nr. 1 i.V.m. § 5 Abs. 1 Nr. 1 und 2 LRG NW.

97 § 26 Abs. 7 Nr. 3 i.V.m. § 5 Abs. 2 Nr. 2 und 1 LRG NW.

98 § 26 Abs. 7 Nr. 3 i.V.m. § 5 Abs. 2 Nr. 5 LRG NW.

99 § 26 Abs. 8 LRG NW.

100 § 26 Abs. 8 unter a) LRG NW.

101 § 26 Abs. 8 Satz 2 i.V.m. § 26 Abs. 8 Satz 1 unter c) LRG NW.

tergemeinschaft überlassen bleibt, ergänzende Beendigungstatbestände für die Mitgliedschaft ihrer Mitglieder zu begründen.[102]

Das LRG NW schreibt in § 26 Abs. 9 vor, daß sich die Nachfolge für ein aus dem Verein ausscheidendes Mitglied nach den gesetzlichen Regelungen über die Aufnahme in den Verein richtet. Diese Regelung führt dann zu Problemen, wenn nur einer der beiden von den kommunalen Vertretungskörperschaften entsandten Vertreter aus der Veranstaltergemeinschaft austritt. In diesem Fall wäre die Bestimmung des neuen Mitglieds durch den Kreistag, den Stadtrat oder eine Vertreterversammlung vorzunehmen, ohne daß der bei der Entsendung im Hintergrund stehende Parteienproporz durch den Zwang zur Benennung zweier Vertreter gefördert wird.

Die gesetzlichen Regelungen über die Mitgliedschaft in der Veranstaltergemeinschaft sind im Bereich der positiven und negativen Voraussetzungen an diese Mitgliedschaft im wesentlichen eindeutig und erlauben insoweit kaum interpretatorische Eingriffe. Interessanter im Hinblick auf die Benennung der Handlungsspielräume einzelner Akteure erscheinen die Regelungen über die Beendigung der Mitgliedschaft. Zunächst bleibt es der Veranstaltergemeinschaft unbenommen, eigene Beendigungsgründe zu konstituieren, um so etwa einen disziplinarischen Zugriff auf ihre Mitglieder zu erhalten. Für das Verhältnis zwischen entsendungsberechtigter Stelle und dem entsandten A-Mitglied erscheint von zentraler Bedeutung zu sein, daß die entsendungsberechtigten Stellen ihre Mitglieder infolge der gesetzlichen Regelung des § 26 Abs. 8 Nr. a. LRG NW durch einen Ausschluß aus der eigenen Organisation auch aus der Veranstaltergemeinschaft drängen können. In diesem Fall ist der Weg offen, ein anderes Mitglied in die Veranstaltergemeinschaft zu entsenden.[103] Dies gilt jedoch nicht für den vom Gesetz explizit vorgesehenen Fall einer Nicht-Mitgliedschaft der entsandten Person in der entsendenden Organisation.[104] Die in § 26 Abs. 1 LRG NW genannten Stellen müssen sich demnach entscheiden, ob sie einen den Entsendungszeitpunkt überdauernden Zugriff auf ihr Mitglied wünschen oder auf diesen verzichten wollen. Entsenden sie ein Mitglied ihrer Organisation, so wird dieses A-Mitglied durch die gesetzliche Regelung des § 26 Abs. 8 Nr. a. LRG NW mit der jeweiligen Organisation dicht verknüpft und dessen individueller Verhaltens- und Entscheidungsspielraum entsprechend eingeengt.

---

102 So auch Rath-Glawatz, Lokaler Hörfunk I, S. 27 ff.

103 § 26 Abs. 9 LRG NW.

104 § 26 Abs. 7 Satz 2 LRG NW. Das Gesetz unterscheidet hier bewußt den Fall der Zugehörigkeit der entsandten Person zur Organisation vom Fall der Nichtzugehörigkeit im Zeitpunkt der Entsendung und knüpft unterschiedliche Rechtsfolgen an diese Fälle. Die von Rath-Glawatz, Lokaler Hörfunk II, S. 27 ausgemachte Inkonsequenz dieser Regelung im Verhältnis zu § 26 Abs. 7 Satz 2 LRG NW kann daher nicht festgestellt werden.

f. Innere Organisation der Veranstaltergemeinschaft

In hoher Regelungsdichte widmet sich der Gesetzgeber weiter der Ausgestaltung der inneren Organisation der Veranstaltergemeinschaft und hierbei insbesondere dem Verhältnis zwischen Mitgliederversammlung und Vorstand als den gesetzlich vorgeschriebenen Organen der Veranstaltergemeinschaft.

Das Gesetz weist beiden Organen unterschiedliche Aufgaben im Gefüge der Veranstaltergemeinschaft zu, indem es einerseits eine Vielzahl enumerativ aufgelisteter Vereinsaufgaben explizit auf eines der Organe überträgt und andererseits für im LRG NW unbenannte Aufgaben eine generalklauselartige Zuweisung enthält. Das LRG NW orientiert sich hierbei am Grundsatz der Funktionenoptimierung, indem es der Mitgliederversammlung als dem plural zusammengesetzten Vereinsorgan die im Zusammenhang mit der Programmaufgabe der Veranstaltergemeinschaft als wesentlich empfundenen Aufgabenbereiche zuordnet, während dem Vorstand eher die Aufgaben einer Geschäftsführung zukommen sollen.[105] Dieses Konstruktionsprinzip drückt sich sowohl in der ausdrücklichen Zuweisung einzelner Aufgaben als auch im Inhalt der Generalklausel aus, nach der alle Fragen von der Mitgliederversammlung entschieden werden müssen, die „von grundsätzlicher Bedeutung" sind.[106]

Als Aufgaben der Mitgliederversammlung nennt § 27 Abs. 2 LRG NW dreizehn Aufgaben, von denen an dieser Stelle vor allem die Beschlußfassung über die Satzung, die Wahl und Abberufung des Vorstands, die Überwachung der Erfüllung des Programmauftrags und der Einhaltung der Programmgrundsätze und der Grundsätze für den lokalen Rundfunk sowie die Auflösung des Vereins zu erwähnen sind.

§ 27 Abs. 2 Satz 2 LRG NW ermächtigt die Veranstaltergemeinschaft, in ihre Satzung eine Bestimmung aufzunehmen, nach der drei dieser Aufgaben durch einen Beschluß von zwei Dritteln aller Mitglieder auf den Vorstand delegiert werden können, nämlich die Beschlußfassung über die Einstellung und Entlassung der leitenden Beschäftigten und aller redaktionellen Beschäftigten, die Aufstellung und Änderung des Programmschemas sowie die Änderung der Programmdauer.[107] Allerdings muß die Mitgliederversamm-

105 Siehe bereits oben § 2 II. 2. b. aa. (1.).

106 § 27 Abs. 1 LRG NW.

107 Der gesetzgeberische Sinn der Auswahl der delegierbaren Aufgaben erscheint schwer nachvollziehbar, da nicht etwa die eher der alltäglichen Arbeit zuzuordnenden Aufgaben wie Programmüberwachung (§ 27 Abs. 2 Nr. 7 LRG NW) zur Übertragung auf den Vorstand freigegeben wurden, sondern die im Zusammenhang mit der Programmverantwortung besonders relevanten Grundsatzfragen der Personal- und Programmplanung.

lung das Recht behalten, diese Aufgaben mit einfacher Mehrheit der Mitglieder wieder an sich zu ziehen.[108]

Als satzungsmäßig zu verankernde eigene Aufgaben des Vorstands schreibt das Gesetz in § 27 Abs. 6 LRG NW die gerichtliche und außergerichtliche Vertretung des Vereins, die Aufstellung eines Entwurfs des Wirtschafts- und Stellenplans sowie die Vorbereitung der Mitgliederversammlung vor. Ein Vorstand einer Veranstaltergemeinschaft hat aus genau drei Personen zu bestehen.[109]

Das LRG NW enthält weiter ausführliche Regelungen über die in der Mitgliederversammlung erforderlichen Mehrheiten für einzelne Entscheidungen.[110] Diese Regelungen sind vom LRG NW durchgängig als bloße Mindestregelungen ausgestattet und somit für die Veranstaltergemeinschaft nach oben hin dispositiv.[111] Hierbei sind Vereinsbeschlüsse im Regelfall mit der Mehrheit der Stimmen der anwesenden Mitglieder zu fassen.[112] Allerdings ist die Mitgliederversammlung nur dann beschlußfähig, wenn zwei Drittel aller Mitglieder anwesend sind.[113] Eine Ausnahme hiervon sieht das Gesetz dann vor, wenn nach einer trotz ordnungsgemäßer Ladung nicht beschlußfähigen Mitgliederversammlung nach erneuter Ladung die nachfolgende Versammlung erneut nicht beschlußfähig ist.[114]

Ein besonderes Konstruktionsprinzip der inneren Organisation der Veranstaltergemeinschaft wird schließlich durch die Regelung des § 27 Abs. 4 Nr. 3 LRG NW etabliert, der eine Anzahl von Entscheidungen der Mitgliederversammlung an eine Mehrheit von zwei Dritteln der Stimmen aller Mitglieder anbindet und somit einen breiten Konsens im Verein fordert.[115] Der Gesetzgeber hat hier mit den Beschlüssen über die Chefredaktion, das Programmschema, den Kooperationsvertrag mit der Betriebsgesellschaft, den Vorstand und die Aufgabendelegation im Sinne des § 27 Abs. 2 Satz 2 LRG NW die Aufgabenbereiche der Veranstaltergemeinschaft ausgewählt, die er für die Arbeit der Veranstaltergemeinschaft als fundamental und besonders funktionserheblich ansieht. Damit wird die Mitgliederversammlung

---

108 § 27 Abs. 2 Satz 2 LRG NW.

109 § 27 Abs. 5 LRG NW; vgl. § 26 Abs. 1 BGB.

110 § 27 Abs. 4 LRG NW.

111 Die Zulässigkeit einer Abweichung nach oben ist vom Ersten Änderungsgesetz ausdrücklich festgeschrieben worden, indem in § 29 Abs. 4 LRG NW an verschiedenen Stellen der Zusatz „mindestens" eingefügt wurde, vgl. LT/DS 10/2358, S. 29.

112 § 27 Abs. 4 Nr. 2 LRG NW.

113 § 27 Abs. 3 LRG NW.

114 § 27 Abs. 3 LRG NW.

115 Eine Ausnahme von dieser Regelung ist in § 27 Abs. 4 Nr. 3 a.E. LRG NW dann vorgesehen, wenn im Fall des § 27 Abs. 3 eine Mitgliederversammlung ohne Rücksicht auf die Zahl der Anwesenden beschlußfähig ist. Ausreichend ist dann eine einfache Mehrheit der Mitglieder.

genötigt, in den mit diesen Entscheidungen verbundenen Fragen einen weitreichenden Interessenausgleich herbeizuführen, um die notwendigen Mehrheiten zu erlangen. Diese Beschlüsse können darüber hinaus erst nach Abschluß des Aufnahmeverfahrens der Pflichtmitglieder (A-und B-Mitglieder) gefaßt werden, da erst dann die plurale Zusammensetzung des Entscheidungsgremiums erreicht ist.[116]

Das LRG NW integriert an verschiedenen Stellen vereinsexterne Kräfte in die Binnenstruktur der Veranstaltergemeinschaft. Neben Einflußmöglichkeiten der Landesanstalt für Rundfunk[117] und der Chefredaktion[118] ist hier vor allem das Teilnahmerecht eines Vertreters der Betriebsgesellschaft an Sitzungen der Mitgliederversammlung und des Vorstandes zu erwähnen.[119]

Die innere Struktur der Veranstaltergemeinschaft ist infolge der hohen normativen Dichte der skizzierten Regelungen weitgehend determiniert und nur noch in Teilbereichen durch die Satzungen der Veranstaltergemeinschaften zu gestalten bzw. zu modifizieren. Als Inhalte kommen hier für die Organisation der Mitgliederversammlung etwa ergänzende Regelungen über die konkrete Arbeitsstruktur und die Einführung satzungsautonomer Quoren für einzelne Entscheidungen in Betracht. Das Verhältnis zwischen Mitgliederversammlung und Vorstand kann durch die Satzungen angesichts der detaillierten Aufgabenbeschreibung und Verteilung beispielsweise im Hinblick auf die Verankerung der Delegationsmöglichkeit im Sinne des § 27 Abs. 2 Satz 2 LRG NW sowie durch Regelungen über die konkrete Zusammenarbeit der Organe näher konkretisiert werden.

g. Gleichstellungsklausel

Eine spezielle Anforderung an die Zusammensetzung der Veranstaltergemeinschaft wird seit dem Ersten Änderungsgesetz in § 26 Abs. 6 LRG NW formuliert. Hier heißt es:

> „Die Satzung muß vorsehen, daß dem Verein höchstens 22 Mitglieder angehören dürfen. Frauen sind angemessen zu berücksichtigen."

Der normative Aussagegehalt dieser gesetzlichen Regelung erscheint außerordentlich unklar und im Kontext der Veranstaltergemeinschaft nur schwer justitiabel. Der Gesetzgeber verwendet den unbestimmten Rechtsbegriff einer „angemessenen Berücksichtigung" von Frauen und verzichtet somit auf eine eindeutige und unmittelbar operationalisierbare Definition der rechtlichen Anforderung an die Geschlechterverteilung in der Veranstalterge-

---

116 § 27 Abs. 4 letzter Satz LRG NW.
117 §§ 24 Abs. 7, 26 Abs.1 Satz 5, 52 Abs. 2 LRG NW.
118 § 28 Abs. 3 LRG NW.
119 § 26 Abs. 4 LRG NW.

meinschaft. In der Formulierung der Klausel bleibt darüber hinaus fraglich, wer als Adressat der Gleichstellungsklausel anzusehen ist. Normative Geltung kann die Regelung zunächst unproblematisch gegenüber der Mitgliederversammlung einer Veranstaltergemeinschaft bei ihren Entscheidungen über die Auswahl ihrer B- bzw. C-Mitglieder entfalten, bei der Aspekte der Gleichstellung ohne weiteres einfließen können.[120] Zweifelhaft ist jedoch bereits, ob und in welchem Rahmen auch die entsendungsberechtigten Stellen als normunterworfene Akteure in Betracht kommen können. Eine Berücksichtigung der Gleichstellungsklausel des § 26 Abs. 6 LRG NW müßte hier auf die Auswahl der zu entsendenden A-Mitglieder der jeweiligen Organisation einwirken können. Die rechtliche Annahme einer Adressatenbezogenheit der Klausel in diese Richtung begegnet aber zumindest rechtlichen Bedenken, da sich aus der Perspektive der jeweiligen Organisation die konkrete Auswahlentscheidung auf eine Person begrenzt und insoweit die Berücksichtigung von Gleichheitsgesichtspunkten im Bereich der A-Mitglieder auszuschließen scheint.[121] Die gezielte Rücksichtnahme auf die Beteiligung von Frauen wäre hier allenfalls im Hinblick auf die Gesamtheit der A-Mitglieder vorstellbar. Dies setzte allerdings einen Abstimmungsprozeß unter der Gesamtheit der Gruppen voraus, den der Gesetzgeber im Gründungsprocedere der Veranstaltergemeinschaft nicht vorsieht.[122] Auf der anderen Seite brächte die Annahme einer Beschränkung der Gleichstellungsklausel auf die Auswahl der B- und C-Mitglieder das interpretatorische Problem, daß die Klausel auf die Besetzung von höchstens acht der maximal 22 zu vergebenen Plätze einer Veranstaltergemeinschaft einwirken könnte und somit zumindest in weiten Teilen leerliefe.

Die Mitgliederversammlung der Veranstaltergemeinschaft könnte durch die Frauenklausel neben der Verpflichtung, bei der Besetzung der Mitgliederpositionen Frauen angemessen zu berücksichtigen, auch als Adressat im Hinblick auf die Entscheidungen im Rahmen der Vorstandswahlen bzw. der Personalauswahl gem. § 27 Abs. 2 Nr. 3 LRG NW in Betracht kommen.[123] Ob und wenn, inwieweit der gesetzlichen Regelung des § 26 Abs. 6 LRG NW rechtliche Wirkungen auch auf diese Auswahlentscheidungen beigemessen werden kann, bleibt auf der Grundlage des LRG NW zumindest zweifelhaft. Die systematische Stellung der Frauenklausel im Kontext der Definition der maximalen Gesamtzahl der Mitglieder der Veranstalterge-

120 So auch Rath-Glawatz, Lokaler Hörfunk II, S. 26.

121 Etwas anderes könnte sich nur für die kommunalen Vertretungskörperschaften ergeben, die zwei A-Mitglieder zu bestimmen haben und insoweit die vom Gesetz möglicherweise geforderte Berücksichtigung von Aspekten der Frauenförderung leisten könnten.

122 Vgl. insoweit auch die Bedenken von Rath-Glawatz, Lokaler Hörfunk II, S. 22.

123 Hix, Frauen und Lokalfunk, Volkshochschule 4/1990, S. 30 ff. geht von einer Wirkung der Gleichstellungsklausel auch im Hinblick auf die Besetzung der Chefredaktion aus.

meinschaft (§ 26 Abs. 6 Satz 1 LRG NW) spricht jedenfalls für eine Beschränkung der gesetzlichen Wirkung der Klausel auf die Mitgliederstruktur des Vereins.

Zusammenfassend läßt sich feststellen, daß die Gleichstellungsklausel des § 26 Abs. 6 LRG NW interpretatorische Freiräume sowohl im Hinblick auf den geforderten Umfang einer „angemessenen" Berücksichtigung als auch auf den Adressatenkreis und die gegenständliche Weite der Norm eröffnet.

II. Nutzung der rechtlichen Gestaltungsoptionen

Nach der Erarbeitung der rechtlichen Ausgangslage und der für die Akteure auf der Grundlage des geltenden Rechts gegebenen Handlungsspielräume und Gestaltungsoptionen soll nun anhand der Mitglieder- und Vorstandsstrukturen der Veranstaltergemeinschaften sowie deren Vereinssatzungen analysiert werden, auf welche Art und Weise die Akteure die bestehenden Freiräume genutzt haben.

1. Mitgliederstruktur und Vorstände

Gegenstand der Analyse sind zunächst die Mitglieder- und Vorstandsstrukturen aller 46 Verbreitungsgebiete für lokalen Rundfunk in Nordrhein-Westfalen.[124] Die Untersuchung geht hierbei als erstes der Frage nach, in welchem Umfang die zur Entsendung von A-Mitgliedern berechtigten gesellschaftlich relevanten Gruppen (§ 26 Abs. 1 LRG NW) bereits durch Gründungsmitglieder an der Entstehung der Veranstaltergemeinschaft beteiligt waren.[125] Hieran schließt sich eine Betrachtung der aktuellen Mitglieder-

124 Unberücksichtigt bleiben Gründungen von Veranstaltergemeinschaften in Städten und Kreisen, die später nicht als Verbreitungsgebiete festgelegt worden sind.

125 Unter Gründungsmitgliedern einer Veranstaltergemeinschaft werden nur diejenigen A-Mitglieder verstanden, die die Gründungssatzung unterschrieben haben. Nachträglich aufgenommene A-Mitglieder, auch gemäß § 26 Abs. 1 Satz 8 LRG NW beigetretene Personen, sind nicht berücksichtigt. Grundlage der Untersuchung sind hier die Gründungssatzungen und ergänzend zum Teil die in der Gründungsversammlung gefertigten Protokolle (Gründungsprotokolle) der Veranstaltergemeinschaften, soweit diese der Untersuchung vorlagen. Ausgewertet werden die Satzungen und Protokolle mit folgenden Datierungen: Kreis Aachen (20.03.1987), Stadt Aachen (24.06.1988), Bielefeld (03.02.1988), Bochum (25.03.1987 mit Gründungsprotokoll), Bonn/Rhein-Sieg-Kreis (24.08.1989 mit Gründungsprotokoll), Borken (04.05.1987), Bottrop/Gladbeck/Gelsenkirchen (02.11.1987 mit Gründungsprotokoll), Coesfeld (04.06.1987), Dortmund (22.06.1988 mit Gründungsprotokoll), Düren (13.04.1988), Düsseldorf (18.05.1987 mit Gründungsprotokoll), Duisburg (09.11.1987 mit Gründungsprotokoll), Ennepe-Ruhr-Kreis (01.12.1987 mit Gründungsprotokoll), Erftkreis (25.11.1987 mit Gründungsprotokoll), Essen (12.11.1987 mit Gründungs-

struktur auf der Grundlage des bei der Landesanstalt für Rundfunk vorliegenden aktualisierten Materials an, die Aufschluß darüber geben soll, in welchem Umfang weitere A-, B- oder auch C-Mitglieder im Verlauf der Konstituierungsphase der Vereine aufgenommen worden sind.[126] Abschließend werden die Vorstandsstrukturen der Veranstaltergemeinschaften[127] und der Frauenanteil innerhalb der Organe der Veranstaltergemeinschaft untersucht.[128]

---

protokoll), Euskirchen (21.08.1989 mit Gründungsprotokoll), Gütersloh (07.10.1987), Hagen (25.05.1988 mit Gründungsprotokoll), Hamm (07.07.1987 mit Gründungsprotokoll), Heinsberg (21.03.1988), Herford (28.09.1987), Herne (27.01.1989 mit Gründungsprotokoll), Hochsauerlandkreis (10.06.1987 mit Gründungsprotokoll), Höxter/Paderborn (14.08.1989 mit Gründungsprotokoll), Kleve (24.05.1989 mit Gründungsprotokoll), Köln (04.11.1987), Krefeld/Viersen (Satzungsentwurf und Gründungsprotokoll vom 08.08.1989), Leverkusen (15.12.1988 mit Gründungsprotokoll), Lippe (05.05.1987 mit Gründungsprotokoll), Märkischer Kreis (07.07.1987), Mettmann (26.06.1987 mit Gründungsprotokoll), Minden-Lübbecke (29.02.1988), Mönchengladbach (15.12.1987 mit Gründungsprotokoll), Mülheim/Oberhausen (22.05.1989), Münster (07.07.1987 mit Gründungsprotokoll), Neuss (15.11.1988 mit Gründungsprotokoll), Oberbergischer Kreis/ Rheinisch-Bergischer Kreis (28.04.1989 mit Gründungsprotokoll), Recklinghausen (09.06.1987 mit Gründungsprotokoll), Remscheid/Solingen (07.03.1989 mit Gründungsprotokoll), Siegen-Wittgenstein (30.06.1987 mit Gründungsprotokoll), Soest (01.09.1987), Steinfurt (25.05.1987), Unna (07.10.1987 mit Gründungsprotokoll), Warendorf (03.11.1987 mit Gründungsprotokoll), Wesel (26.03.1987), Wuppertal (Satzungsentwurf und Gründungsprotokoll vom 25.11.1987).

126 Grundlage der Untersuchung sind hier Mitgliederlisten mit folgenden Daten: Kreis Aachen (15.10.1990), Stadt Aachen (09/1990), Bielefeld (31.01.1990), Bochum (undatiert), Bonn/Rhein-Sieg-Kreis (21.02.1990), Borken (undatiert), Bottrop/Gladbeck/Gelsenkirchen (undatiert), Coesfeld (29.03.1990), Dortmund (27.03.1990), Düren (12/1989), Düsseldorf (13.11.1990), Duisburg (05.07.1989), Ennepe-Ruhr-Kreis (07.09.1989), Erftkreis (undatiert), Essen (11/1989), Euskirchen (20.03.1990), Gütersloh (07.09.1989), Hagen (01.02.1990), Hamm (25.01.1990), Heinsberg (12/1989), Herford (27.11.1989), Herne (25.02.1990), Hochsauerlandkreis (31.01.1990), Höxter/Paderborn (13.11.1989), Kleve (28.03.1990), Köln (30.05.1990), Krefeld/Viersen (07.03.1990), Leverkusen (13.06.1989), Lippe (12/1989), Märkischer Kreis (12/1989), Mettmann (12/1989), Minden-Lübbecke (25.10.1990), Mönchengladbach (12/1989), Mülheim/Oberhausen (undatiert), Münster (27.09.1988), Neuss (undatiert), Oberbergischer Kreis/Rheinisch-Bergischer Kreis (12.02.1990), Recklinghausen (undatiert), Remscheid/Solingen (08.09.1989), Siegen-Wittgenstein (12/1990), Soest (12/1989), Steinfurt (12/1989), Unna (undatiert), Warendorf (12/1989), Wesel (14.06.1989), Wuppertal (12/1989).

127 Die Analyse der Vorstandsstrukturen bezieht sich auf die vorliegenden aktuellsten Mitgliederlisten, wie sie in der vorstehenden Fußnote aufgelistet sind. In einigen Fällen sind ergänzend die Eintragungen des Handbuchs der Landesanstalt für Rundfunk herangezogen worden; der aktuellste Stand ist hier Juni 1990.

128 Grundlage dieser Untersuchung sind ebenfalls die aktuellsten vorliegenden Mitgliederlisten.

a. Gründungsmitglieder

Die Auswertung der Mitgliederstruktur im Zeitpunkt der Unterzeichnung der Gründungssatzung zeigt zunächst, daß in der weit überwiegenden Zahl der Veranstaltergemeinschaften nicht die nach dem Gesetz mögliche maximale Anzahl von 14 Gründungsmitgliedern aus dem A-Bereich beteiligt war.

Tabelle 1: Anzahl der Gründungsmitglieder

Anzahl der Gründungsmitglieder	Anzahl der Veranstaltergemeinschaften
14	7
13	10
12	8
11	11
10	5
9	3
8	2

Lediglich sieben Veranstaltergemeinschaften waren bereits im Gründungszeitpunkt mit Vertretern aller im LRG NW zur Entsendung berechtigten Stellen besetzt, während in den übrigen 39 Verbreitungsgebieten in der Mehrzahl ein bis drei Mitglieder fehlten. In zwei Veranstaltergemeinschaften wurde die Gründung nur mit der gesetzlich geforderten Mindestzahl von acht und in drei weiteren mit neun Gründungsmitgliedern vollzogen. Im Durchschnitt aller Verbreitungsgebiete fehlten bei der Konstituierung mehr als zwei der möglichen 14 Gründungsmitglieder, was einer Gesamtteilnahme von rund 84 Prozent der maximalen Mitgliederzahl entspricht.[129]

An den Gründungen der Veranstaltergemeinschaften waren die berechtigten Stellen mit deutlich unterschiedlicher Häufigkeit beteiligt.

Unter den Verbänden und Organisationen, die an den Gründungen der Veranstaltergemeinschaften nicht mitwirkten, nahmen die Verbraucherverbände einen Spitzenplatz ein: Sie waren in nur 19 der 46 Verbreitungsgebiete mit Gründungsmitgliedern repräsentiert. Ebenfalls häufig fehlten unter den Vereinssatzungen die Unterschriften der Jüdischen Kultusgemeinden, der Stadt- und Kreisjugendringe sowie der Naturschutzverbände. Am höchsten war die Beteiligung hingegen bei den Verlegern, der Katholischen Kirche und den Arbeitgeberverbänden, die jeweils in nur einem Verbreitungsgebiet nicht an der Gründungsversammlung teilnahmen. Eine hohe Teil-

129 Von den maximal 644 Positionen als Gründungsmitglieder wurden absolut 538 Positionen besetzt.

nahmefrequenz läßt sich ferner bei den Evangelischen Kirchen, den kommunalen Vertretungskörperschaften sowie dem Sportbund feststellen.

Tabelle 2: Gründungsmitglieder nach Zugehörigkeit zu entsendungsberechtigten Stellen gem. § 26 Abs. 1 Satz 1 LRG NW

	Entsendungsberechtigte Stelle	Anzahl der entsandten Gründungsmitglieder
1.	Katholische Kirche	45
2.	Arbeitgeberverbände	45
3.	Verleger von Lokalzeitungen	45
4.	Evangelische Kirchen	44
5.	Sportbund	44
6.	Kreistag/Rat der kreisfreien Stadt*	85
7.	Wohlfahrtsverbände	41
8.	IG Medien/DJV	39
9.	Gewerkschaftliche Spitzenorganisation	38
10.	Naturschutzverbände	35
11.	Jugendring	31
12.	Jüdische Kultusgemeinde	27
13.	Verbraucherverbände	19
	insgesamt (in 46 Verbreitungsgebieten)	538

* Der Kreistag bzw. der Rat der kreisfreien Stadt ist berechtigt, zwei Vertreter in die Veranstaltungsgemeinschaft zu entsenden. In zwei Verbreitungsgebieten ist die VG ohne Mitwirkung dieser Vertreter gegründet worden, während in drei weiteren jeweils ein Vertreter fehlte.

Bei der Durchsicht der der Untersuchung vorliegenden 30 Gründungsprotokolle finden sich in vier Verbreitungsgebieten Angaben über die Gründe, warum einzelne vom Gesetz vorgesehene A-Mitglieder nicht Gründungsmitglieder des Vereins geworden sind. Die Protokolle vermerken die Weigerung von insgesamt acht von ihren Institutionen entsandten und an der Gründungsversammlung teilnehmenden Personen,[130] der Vereinssatzung zuzustimmen. Sie konnten demzufolge auch nicht Gründungsmitglied werden.[131] Als Gründe werden hierbei stets Bedenken gegenüber einzelnen Inhalten der zur Unterzeichnung vorliegenden Satzung genannt.

---

130 Die Zustimmung wurde von Vertretern folgender gesellschaftlicher Gruppen in folgenden Kombinationen verweigert: 1. Naturschutz-und Verbraucherverbänden gemeinsam mit der Journalistengewerkschaft; 2. Jüdische Kultusgemeinde gemeinsam mit den Wohlfahrtsverbänden; 3. Kommunale Vertretungskörperschaften und DGB; 4. DGB allein.

131 Daß entgegen § 26 Abs. 1 Satz 4 LRG NW (Einstimmigkeitsprinzip) die Vereine auch ohne Zustimmung aller Teilnehmer der Gründungsversammlung gegründet werden konnten, hatte zwei unterschiedliche Ursachen: Die Vereinsgründungen in den entsprechenden Verbreitungsgebieten sind entweder auf der Grundlage des LRG NW in der Fassung vom 19.01.1987 (in der die Klarstellung des Erfordernisses einer einstimmigen Satzungsverab-

In zahlreichen Verbreitungsgebieten nahmen neben den geborenen Mitgliedern der Gründungsversammlung Gäste teil, die in der Regel von den kommunalen Vertretern vorgeschlagen wurden. Die Teilnahme derartiger externer Dritter läßt sich in 25 Verbreitungsgebieten aus den vorliegenden 30 Gründungsprotokollen entnehmen.

b. Aktualisierte Mitgliederstruktur

In dem der Vereinsgründung nachfolgenden Aufnahmeverfahren für weitere A-Mitglieder sowie für B- und C-Mitglieder vervollständigte sich die Mitgliederstruktur der Veranstaltergemeinschaft. Dieser Prozeß verlief in den 46 Verbreitungsgebieten in unterschiedlicher Tendenz, läßt aber dennoch strukturelle Gemeinsamkeiten erkennen. Dies soll im folgenden anhand des bis zum Herbst 1990 vorgefundenen Mitgliederstands für die einzelnen Mitgliedergruppen verdeutlicht werden.

aa. A-Mitglieder

Insgesamt ist festzustellen, daß im Bereich der A-Mitglieder im Zuge der Konstituierungsphase anstelle der 84 Prozent im Gründungszeitpunkt rund 94 Prozent der gesetzlich möglichen Positionen besetzt wurden.[132]

Tabelle 3: Anzahl der A-Mitglieder

Anzahl der A-Mitglieder	Anzahl der Veranstaltergemeinschaften
14	23
13	9
12	12
11	1
10	1
9	-
8	-

Exakt die Hälfte aller Veranstaltergemeinschaften ist damit im Hinblick auf die Anzahl ihrer A-Mitglieder mit dem gesetzlich zulässigen Maximum von 14 Mitgliedern besetzt. Deutlich angestiegen ist auch das Minimum der Mitgliederstärke aller Verbreitungsgebiete im Bereich der A-Mitglieder, da nur noch in jeweils einem Verbreitungsgebiet nur zehn bzw. elf A-Mitglie-

schiedung fehlte) oder nach geltendem Recht in einer zweiten Gründungsversammlung vorgenommen worden.

132 Von den maximal 644 Positionen wurden im Zuge des Nachaufnahmeverfahrens für A-Mitglieder 604 Positionen besetzt.

der im Verein vertreten sind. In den übrigen Verbreitungsgebieten liegt die Vereinsstärke bei zwölf oder 13 Mitgliedern aus der A-Gruppe.

Die vakanten Positionen lassen sich wie bereits in der Gründungsphase schwerpunktmäßig wenigen Organisationen zuordnen. Auch nach der Aufnahme weiterer A-Mitglieder stellen die Verbraucherverbände (beinahe die Hälfte der Vakanzen), die Jüdischen Kultusgemeinden (fast 30 Prozent), die Jugendringe (gut 14 Prozent)[133] sowie die Naturschutzverbände (8,5 Prozent) nahezu alle Fehlpositionen, während die übrigen Organisationen von ihrem Entsendungsrecht in beinahe allen Verbreitungsgebieten Gebrauch gemacht haben.

bb. B-Mitglieder

Die zur Erlangung einer lizenzierungsfähigen Zusammensetzung der Veranstaltergemeinschaft notwendige Aufnahme von vier B-Mitgliedern ist bis zum Herbst 1990 in 38 der 46 gegründeten Veranstaltergemeinschaft vollständig erfolgt.

Tabelle 4: Anzahl der B-Mitglieder

Anzahl der B-Mitglieder	Anzahl der Veranstaltergemeinschaften
4	38
3	5
2	1
1	-
0	2

In den übrigen Verbreitungsgebieten, für die allerdings zu diesem Zeitpunkt noch keine rundfunkrechtlichen Zulassungen erteilt waren, sind in zwei Fällen noch keine B-Mitglieder in den Verein kooptiert worden, während weitere sechs Veranstaltergemeinschaften nur noch ein oder zwei B-Mitglieder aufzunehmen haben, um eine lizenzierungsfähige Zusammensetzung zu erreichen. Die fehlenden B-Mitglieder verteilen sich hierbei annähernd gleichmäßig auf die vier in § 26 Abs. 3 LRG NW genannten gesellschaftlichen Bereiche.

133 Hinsichtlich der Beteiligung der Jugendringe ist anzumerken, daß in der überwiegenden Zahl der Verbreitungsgebiete mit Vakanz in dieser Mitgliederposition keine Jugendringe bestanden.

cc. C-Mitglieder

Ein etwas anderes Bild ergibt sich im Hinblick auf die Ausnutzung der gesetzlichen Option, bis zu vier weitere sogenannte C-Mitglieder in den Verein aufzunehmen.

Tabelle 5: Anzahl der C-Mitglieder

Anzahl der C-Mitglieder	Anzahl der Veranstaltergemeinschaften
4	11
3	7
2	6
1	5
0	17

Von dieser Möglichkeit einer Kooption haben insgesamt knapp zwei Drittel aller Veranstaltergemeinschaften Gebrauch gemacht, wobei allerdings nur in elf Verbreitungsgebieten das Maximum von vier C-Mitgliedern ausgeschöpft wurde. In den übrigen Vereinen, die von der Zuwahlmöglichkeit für C-Mitglieder überhaupt Gebrauch gemacht haben, sind in sieben Fällen drei, in sechs Fällen zwei und in fünf Fällen nur ein C-Mitglied kooptiert worden. Insgesamt sind von den möglichen 184 C-Mitgliedern aller Veranstaltergemeinschaften nur 78 Positionen, also rund 42 Prozent, besetzt.

c. Zusammensetzung der Vereinsvorstände

Die Unterlagen über die Zusammensetzung der Vorstände der 46 Veranstaltergemeinschaften werden im folgenden zunächst darauf befragt, aus welchen Mitgliedergruppen in welcher Häufigkeit die Gesamtheit der Vorstände und insbesondere die Vorstandsvorsitzenden stammen. Hieran schließt sich eine Untersuchung der Vorstandskonstellationen im Hinblick darauf an, inwieweit innerhalb der dreiköpfigen Gremien einzelne Kombinationen bestimmter Personen und Personengruppen vorherrschen.

aa. Organisationszugehörigkeit der Vorstandsmitglieder insgesamt

In der Gesamtheit der in den Verbreitungsgebieten gewählten Vorstände läßt sich zunächst ein deutliches Übergewicht an Vorständen aus dem Spektrum der A-Mitglieder feststellen.

Aus der Vielzahl der A-Mitglieder sind hierbei in auffälliger Weise Vertreter bestimmter entsendungsberechtigter Stellen in eine Vorstandsposition aufgerückt, während andere Stellen in weit geringerem Umfang Vorstandsmandate besetzen konnten oder wollten. Die absolute Spitze innerhalb der

Mandatsverteilung nehmen die von den Städten und Kreisen bestimmten A-Mitglieder aus dem Bereich der Politik ein. Sie besetzen insgesamt 35 der zur Verfügung stehenden 138 Vorstandsplätze in Nordrhein-Westfalen.[134] Eine große Berücksichtigung im Vorstand finden ferner die Religionsgemeinschaften und die Gewerkschaften jeweils in ihrer Gesamtheit[135] sowie die Arbeitgeberverbände. Dabei führen die Vertreter aus dem gewerkschaftlichen Spektrum mit insgesamt 25 Vorstandsplätzen, dicht gefolgt von den kirchlichen Organisationen mit 22 und den Arbeitgebern mit 20 Mandaten.

Tabelle 6: Anzahl der Vorstände insgesamt nach Mitgliederpositionen

	Mitgliederposition	Anzahl der besetzten Vorstandspositionen
I.	*A-Mitglieder*	
1.	Kreistag/Rat der kreisfreien Stadt	35
2.	Gewerkschaftliche Spitzenorganisation	20
3.	Arbeitgeberverbände	20
4.	Evangelische Kirchen	12
5.	Katholische Kirche	9
6.	Wohlfahrtsverbände	8
7.	Sportbund	6
8.	IG Medien/DJV	5
9.	Verleger von Lokalzeitungen	4
10.	Naturschutzverbände	3
11.	Jugendring	2
12.	Jüdische Kultusgemeinde	1
13.	Verbraucherverbände	-
II.	*B-Mitglieder*	
1.	Kultur und Kunst	4
2.	Bildung und Wissenschaft	1
3.	Radiofördervereine	1
4.	Ausländische Mitbürger	-
III.	*C-Mitglieder*	4
IV.	*Nicht-Mitglieder*	1
V.	*Positionen vakant*	2
	Vorstandsmitglieder insgesamt	138

Auch B-Mitgliedern ist es nur in geringem Umfang gelungen, Vorstandsmandate zu besetzen. Von den 138 Vorstandsmandaten werden nur sechs

134 Hierbei ist allerdings zu beachten, daß der Kreistag/Rat der kreisfreien Stadt jeweils zwei Vertreter zu entsenden hat.

135 Zusammengefaßt wurden die Vertreter der gewerkschaftlichen Spitzenorganisation und der Journalistengewerkschaft sowie die Vertreter der Evangelischen Kirchen, der Katholischen Kirche und der Jüdischen Kultusgemeinde.

Positionen von B-Mitgliedern eingenommen. Hierbei sind mit vier Personen die Mehrzahl der Mandate an Personen aus dem Bereich Kultur und Kunst erteilt worden, während jeweils nur eine Person aus dem Bereich Bildung und Wissenschaft sowie aus Radiofördervereinen in einen Vorstand gewählt wurde. Ein ausländischer Mitbürger ist in keiner Veranstaltergemeinschaft als Vorstandsmitglied berücksichtigt worden.

Immerhin vier der insgesamt nur 29 C-Mitglieder sind in Vorstandsposten vertreten. Diese angesichts der geringen absoluten Zahl der C-Mitglieder erstaunlich hohe Zahl erklärt sich allerdings auch aus dem Umstand, daß in zwei Verbreitungsgebieten C-Mitglieder aufgenommen wurden, die bereits als Nicht-Vereinsmitglieder Vorstandspositionen innehatten, die sie nach der Kooptation weiterführten.

bb. Organisationszugehörigkeit der Vorstandsvorsitzenden

Auch in der Besetzung der Position des Vorstandsvorsitzenden in den 46 Veranstaltergemeinschaften zeigt sich ein vergleichbares Bild.

Tabelle 7: Anzahl der Vorstandsvorsitzenden nach Mitgliederpositionen

	Mitgliedsposition	Anzahl der Vorstandsvorsitzenden insgesamt
I.	*A-Mitglieder*	
1.	Kreistag/Rat der kreisfreien Stadt	16
2.	Katholische Kirche	4
3.	Gewerkschaftliche Spitzenorganisation	4
4.	Arbeitgeberverbände	4
5.	Evangelische Kirchen	3
6.	Wohlfahrtsverbände	3
7.	Sportbund	2
8.	Verleger von Lokalzeitungen	2
9.	Jüdische Kultusgemeinde	1
10.	IG Medien/DJV	1
II.	*B-Mitglieder*	1
III.	*C-Mitglieder*	3
IV.	*Nicht-Mitglieder*	1
V.	*Vorsitz vakant*	1

Mit absolut 16 der 46 Vorstandsvorsitzenden stellen die Vertreter des Kreistages/Rates der kreisfreien Stadt über ein Drittel der Vorstandsvorsitzenden in Nordrhein-Westfalen.[136] Mit jeweils vier Mandaten folgen auf diese auffällige Spitze die katholische Kirche, die gewerkschaftlichen Spitzenver-

136 Auch hier ist die zweifache Entsendung des Kreistages/Rates zu beachten.

bände sowie die Arbeitgeberverbände. Die übrigen A-Mitglieder sind mit ein bis drei Vorsitzendenmandaten nur in geringem Umfang in Erscheinung getreten. Aus dem Spektrum der zugewählten Mitglieder konnten nur ein B-Mitglied aus dem Bereich Bildung und Wissenschaft und drei C-Mitglieder einen Vorsitz erreichen.[137] Schließlich ist ein Vorsitzender nicht Mitglied in der von ihm geführten Veranstaltergemeinschaft.

cc. Vorstandskombinationen

Nachdem soeben festgestellt wurde, daß bestimmte gesellschaftliche Gruppen und Organisationen eine besonders große Berücksichtigung in den Vorständen erreichen konnten, stellt sich weiter die Frage, ob und inwieweit innerhalb dieser Vorstände typische Kombinationen einzelner Mitgliederpositionen feststellbar sind. Zur Beantwortung dieser Frage sind zunächst die möglichen 22 Mitglieder einer Veranstaltergemeinschaft in Gruppen zusammengefaßt worden, soweit sich die einzelnen vertretenen Gruppen übergreifenden gesellschaftlichen Spektren zuordnen ließen. Hierbei sind die Religionsgemeinschaften,[138] die Gewerkschaften,[139] die Politik[140] und die sonstigen Organisationen[141] zu Gruppen zusammengefaßt worden, während dies für den Arbeitgeberverband und den Lokalverleger nicht sinnvoll erschien.[142]

In einem ersten Schritt sind die bestehenden Vorstände in ihrer Besetzung durch drei Personen darauf untersucht worden, inwieweit sich einzelne Kombinationen von Vertretern dieser Gruppen in den Vorständen wiederholen. Hierbei hat sich herausgestellt, daß in den 46 Verbreitungsgebieten insgesamt 25 unterschiedliche Kombinationen anzutreffen sind, wobei sich von diesen 25 Kombinationen trotz der Zusammenfassung in Gruppen nur zehn Kombinationen mehrfach realisiert haben.[143]

137 Zwei dieser Vorsitzenden aus dem C-Bereich waren zuvor bereits als Nicht-Mitglieder Vorstandsvorsitzende und sind erst später als C-Mitglieder aufgenommen worden, vgl. hierzu bereits oben aa.

138 A-Mitglieder i.S. des § 26 Abs. 1 Nr. 1 bis 3 LRG NW.

139 A-Mitglieder i.S. des § 26 Abs. 1 Nr. 5 und 13 LRG NW.

140 Beide A-Mitglieder i.S. des § 26 Abs. 1 Nr. 4 LRG NW.

141 Alle anderen A-Mitglieder sowie die B- und C-Mitglieder. Die Gruppe umfaßt dreizehn mögliche Mitgliedspositionen einer Veranstaltergemeinschaft.

142 Obwohl diese beiden entsendungsberechtigten Stellen dem Bereich der Wirtschaft zuzuordnen sind, sind die Verlegerinteressen im Kontext des nordrhein-westfälischen Lokalfunkkonzepts als so speziell einzustufen, daß sich eine Zusammenfassung nicht anbot.

143 Ohne eine entsprechende Blockung in Gruppen sind 35 unterschiedliche Kombinationen festzustellen, von denen sich nur sechs maximal in vier Vorständen wiederholen.

Tabelle 8: Häufigkeit von Vorstandskombinationen nach Gruppen von Mitgliederpositionen

	Kombinationen	Anzahl der Veranstaltergemeinschaften
1.	Religion/Gewerkschaften/Arbeitgeber	5
2.	Politik/Gewerkschaften/Arbeitgeber	4
3.	Gewerkschaften/Arbeitgeber/Sonstige	4
4.	Religion/Politik/Politik	3
5.	Religion/Politik/Gewerkschaften	3
6.	Religion/Politik/Sonstige	3
7.	Politik/Politik/Gewerkschaften	3
8.	Religion/Religion/Sonstige	2
9.	Politik/Politik/Sonstige	2
10.	Politik/Sonstige/Sonstige	2
11.	andere Kombinationen	15
	insgesamt	46

Tabelle 9: Häufigkeit von Paarkombinationen in den Vorständen nach Gruppen von Mitgliederpositionen

	Paarkombinationen	Anzahl der Paare*
1.	Politik/Gewerkschaften	16
2.	Gewerkschaften/Arbeitgeber	15
3.	Religion/Politik	14
4.	Politik/Sonstige	13
5.	Religion/Sonstige	10
6.	Politik/Politik	9
7.	Arbeitgeber/Sonstige	9
8.	Religion/Gewerkschaften	8
9.	Religion/Arbeitgeber	7
10.	Politik/Arbeitgeber	7
11.	Sonstige/Sonstige	7
12.	Gewerkschaften/Sonstige	6
13.	Verleger/Sonstige	4
14.	Religion/Religion	2
15.	Gewerkschaften/Gewerkschaften	2
16.	Religion/Verleger	1
17.	Politik/Verleger	1
18.	Gewerkschaften/Verleger	1
19.	Arbeitgeber/Verleger	1

* Die Zahl der Paare ist nicht identisch mit der Anzahl der Vorstände, in denen diese Paare anzutreffen sind, da in jedem Vorstand bis zu drei Paare gezählt werden können, sofern er aus drei Personen besteht.

Von den zehn Kombinationen, die in mehreren Vorständen anzutreffen sind, wiederholt sich die Kombination Religionsgemeinschaften/Gewerkschaften/Arbeitgeber in fünf Veranstaltergemeinschaften und bildet somit die häufigste Vorstandsstruktur in Nordrhein-Westfalen. Insgesamt viermal sind die

Kombinationen Politik/Gewerkschaften/Arbeitgeber sowie Gewerkschaften/ Arbeitgeber/Sonstige in den Vorständen realisiert, während die übrigen sieben mehrfach anzutreffenden Vorstände nur noch zwei- bis dreifach wiederholt werden.

In einem zweiten Schritt ist dann überprüft worden, inwieweit Kombinationen von zwei Vertretern der gebildeten Gruppen in der Gesamtzahl der Vorstände mehrfach auftauchen. Im Gegensatz zu den Befunden in der Dreifachkombination der Vorstände hat sich hier herausgestellt, daß sich einzelne Paarkombinationen in größerer Zahl und damit mit einer aussagestärkeren Häufigkeit wiederholen.

So sind in immerhin 16 der 46 Vereinsvorstände, also in über einem Drittel aller Vorstände in Nordrhein-Westfalen, Vorstandspaare aus Politik und Gewerkschaften anzutreffen. Als zweithäufigste Kombination zweier Mitgliedergruppen findet sich der Block Gewerkschaften und Arbeitgeber, der in 15 Wiederholungen anzutreffen ist. Mit 14 bzw. 13 Realisierungen folgen die Paare Religion/Politik sowie Politik/Sonstige. Die verbleibenden 15 möglichen Kombinationen zweier Mitgliedergruppen verteilen sich in der Häufigkeit ihrer Berücksichtigung in den Vorständen zwischen minimal einem und maximal zehn Wiederholungen.

d. Frauenanteil in der Mitgliederversammlung und im Vorstand

Der Frauenanteil in den Veranstaltergemeinschaften allgemein und insbesondere in den Vorständen der Veranstaltergemeinschaften hat sich insgesamt als überaus gering erwiesen.

Tabelle 10: Verhältnis zwischen Männern und Frauen in Veranstaltergemeinschaften

	Männer		Frauen	
	abs.	in %	abs.	in %
1. Gründungsmitglieder	504	93,7	34	6,3
2. Mitglieder				
a) insgesamt	756	88,4	99	11,6
b) A-Mitglieder	553	91,6	51	8,4
c) B-Mitglieder	144	85,2	25	14,8
d) C-Mitglieder	59	72,0	23	28,0
3. Vorstände				
a) Vorstandsmitglieder insg.	133	97,8	3	2,2
b) Vorsitzende	45	100,0	-	-

An der Gründung der Veranstaltergemeinschaften waren von den landesweit 538 beteiligten Personen insgesamt nur 34 Frauen beteiligt, was einem Anteil von nur 6,3 Prozent entspricht. Beinahe die Hälfte der Vereine ist sogar ohne weibliche Vertreter gegründet worden. In den übrigen Veranstaltergemeinschaften sind als Maximum vier Frauen an der Gründung beteiligt gewesen,[144] während mit 16 Veranstaltergemeinschaften die weit überwiegende Anzahl der Vereine, die überhaupt Frauen als Gründungsmitglieder aufgenommen haben, mit nur einer weiblich besetzten Position ausgekommen sind.

Im Zuge der weiteren Konstituierung der Veranstaltergemeinschaften hat sich der Frauenanteil auf zwölf Prozent erhöht. Im statistischen Durchschnitt gehören einer Veranstaltergemeinschaft damit zwei Frauen an. In der Verteilung ist eine Spitze von drei Vereinen festzustellen, in denen jeweils fünf Frauen als Mitglied gewählt werden konnten. Dem stehen als Minimum zwei Veranstaltergemeinschaften gegenüber, die auch nach Aufnahme der weiteren Mitglieder ganz ohne Frauen blieben.[145]

Gut die Hälfte aller weiblichen Mitglieder in Veranstaltergemeinschaften entstammen dem Kreis der A-Mitglieder, während ein gutes Viertel B- und ein weiteres knappes Viertel C-Mitglieder sind. Prozentual gesehen ist allerdings auffällig, daß der Frauenanteil in der Gruppe der C-Mitglieder am höchsten ist: Hier sind 28 Prozent aller Mitglieder weiblich. Bei den B-Mitgliedern sind dies nur 15 und bei den A-Mitgliedern überraschenderweise nur acht Prozent Frauen. Damit ist der Frauenanteil in der Gruppe der C-Mitglieder dreimal so hoch wie in der Gruppe der A-Mitglieder und immer noch fast doppelt so hoch wie bei den B-Mitgliedern.

Die geringste Repräsentanz finden Frauen in den Vorständen der Veranstaltergemeinschaften. In allen 46 Vorständen mit insgesamt 138 Vorstandsmandaten der Veranstaltergemeinschaften in Nordrhein-Westfalen sind insgesamt nur drei Frauen zu zählen, die in keinem Fall einen Vorsitz besetzen konnten. Je mehr formalen Einfluß also die Positionen in der Veranstaltergemeinschaft haben, desto stärker sind in ihnen Frauen unterrepräsentiert.

e. Zwischenergebnis

In der Auswertung der Mitgliederlisten in den 46 Verbreitungsgebieten konnte ein auffälliges Mißverhältnis in der Partizipationsbereitschaft oder auch -fähigkeit einzelner zur Entsendung von A-Mitgliedern berechtigter gesellschaftlich relevanter Gruppen festgestellt werden. Die großen und traditionell starken gesellschaftlichen Organisationen wie Kirchen, Gewerkschaften und Arbeitgeberverbände sowie die kommunalen Vertretungskör-

144 Dies entsprach hier bei dreizehn Gründungsmitgliedern einem Prozentsatz von rund 30 Prozent und markiert den höchsten festgestellten Frauenanteil insgesamt.

145 Beide Veranstaltergemeinschaften haben allerdings ihre Pflichtmitgliederstruktur noch nicht erreicht, also noch nicht alle B-Mitglieder aufgenommen.

perschaften und die Verleger von Lokalzeitungen erwiesen sich bereits in den Gründungsprocedere der Veranstaltergemeinschaften als hochaktiv und konnten im Zuge der weiteren Konstituierung die zur Verfügung stehenden Plätze nahezu vollständig okkupieren.

Etwas anderes gilt hingegen für die kleineren und in der Regel weniger organisations- und mitgliederstarken entsendungsberechtigten Organisationen und Verbände, die die ihnen zustehenden Plätze in weit geringerem Umfang eingenommen haben. Die geringste Partizipation ließ sich hier bei der Verbraucherzentrale und den Jugendverbänden, den Jüdischen Kultusgemeinden und mit Abstrichen auch bei den Naturschutzverbänden feststellen.

Der Prozeß der Kooptation der Pflichtmitglieder im B-Bereich war zum Zeitpunkt der hier ausgewerteten Materialien noch nicht in allen Verbreitungsgebieten abgeschlossen. Auffällig ist hier, daß in einer größeren Gruppe von Veranstaltergemeinschaften die Zuwahl begonnen, aber noch nicht in dem Sinne beendet war, daß die erforderlichen vier B-Mitglieder in den Verein integriert worden sind. Mögliche Erklärungen hierfür sind, daß noch keine konsensfähigen Kandidaten gefunden wurden oder aber die Pflichtmitgliederstruktur nach dem Willen der Veranstaltergemeinschaft erst zu einem der Zulassung näheren Zeitpunkt erreicht werden sollte.

Im Bereich der vom Gesetz nicht zwingend vorgeschriebenen Erweiterung der Mitgliederstruktur (C-Mitglieder) läßt sich eine eher zurückhaltende Nutzung dieser Option feststellen. Auffällig ist, daß die weit überwiegende Zahl der Veranstaltergemeinschaften von der Möglichkeit einer Zuwahl im Ansatz Gebrauch macht, ohne das gesetzliche Maximum von vier C-Mitgliedern auszuschöpfen.

Die im Bereich der A-Mitglieder festgestellte starke Repräsentanz einzelner als gesellschaftlich traditionell stark einzustufender Organisationen setzt sich in der Zusammensetzung der Vorstände in noch verstärkter Form fort. Die Auswertung der Vorstandsmandate in ihrer Verteilung unter den Mitgliedern der Veranstaltergemeinschaften belegt hier eine im Verhältnis zur Anzahl der Einzelpositionen im Verein übergroße Repräsentanz der großen gesellschaftlichen Organisationen aus den Bereichen Politik, Arbeitgeber, Kirchen und Gewerkschaften. Die kleineren Gruppierungen und die zugewählten Mitglieder sind dagegen in viel geringerem Maße in Vorstandspositionen eingerückt. Dieses Ergebnis ist für die zugewählten Mitglieder zumindest zum Teil aus dem Umstand zu erklären, daß sie zum Zeitpunkt der ersten und oftmals einzigen Vorstandsbesetzung dem Verein noch nicht angehörten. Es verdeutlicht aber darüber hinaus eine hohe Bereitschaft der Gesamtheit der Mitglieder der Veranstaltergemeinschaften, die großen und etablierten gesellschaftlichen Organisationen mit der Führung des Vereins zu beauftragen und die weniger einflußreichen Kräfte hieran nicht zu beteiligen. Hier könnte es allerdings auch an der Bereitschaft fehlen, das arbeitsaufwendige und ehrenamtliche Vorstandsamt zu übernehmen.

Das Ergebnis einer Überrepräsentanz einzelner Kräfte wird durch die Analyse der Gruppenzugehörigkeit der Vorstandsvorsitzenden weiter erhärtet, die in noch höherem Maße aus den etablierten Organisationen rekrutiert wurden. Überdurchschnittlich häufig finden sich die Vertreter der Politik auf den Positionen des Vorstandsvorsitzenden, die in über einem Drittel der Verbreitungsgebiete den Vorsitz erreichen konnten.[146]

Auf der Grundlage der Mitgliederlisten sind Typologisierungen in der Kombination der gesellschaftlichen Gruppen in den Vorständen kaum möglich. Die ermittelte größte Anzahl von fünf Wiederholungen einer identischen Zusammensetzung aller drei Vorstandspositionen kann in diesem Zusammenhang angesichts ihrer absolut geringen Größe lediglich einen Trend andeuten, der nicht eindeutig belegbar ist. Hierbei fällt allerdings auf, daß in den drei am häufigsten wiederkehrenden Dreierkombinationen ein Vertreter der Gewerkschaften gemeinsam mit einem Arbeitgebervertreter anzutreffen sind. Dies könnte auf eine Tendenz zurückzuführen sein, im Vorstand die Vertreter klar konturierter strukturell divergierender Interessen miteinander zu kombinieren, um so die vom LRG NW für verschiedene Entscheidungen, nicht zuletzt die Vorstandswahl selbst, geforderten Zwei-Drittel-Mehrheiten zu erzielen.

Diese These findet eine gewisse Bestätigung in der Häufigkeit, in der bestimmte Paarkombinationen in den Vorständen zu finden sind. Die hier am häufigsten aufgetretenen Kombinationen Gewerkschaften/Politik, Gewerkschaften/Arbeitgeber, Religionsgemeinschaften/Politik, Politik/Sonstige und Politik/Politik lassen zumindest die Vermutung zu, daß hier zumeist unterschiedliche Interessen miteinander verknüpft wurden. Verläßliche Aussagen sind aber auch auf Grundlage dieser Befunde nicht zu treffen.

Abschließend ist festzustellen, daß der Frauenanteil in der Veranstaltergemeinschaft insgesamt als sehr gering bezeichnet werden muß. Im Vergleich der Mitgliedergruppen fällt der Frauenanteil bei den A-Mitgliedern am geringsten aus, was angesichts der vorstehenden Analyse möglicher Steuerungswirkungen der Gleichstellungsklausel des § 26 Abs. 6 LRG NW nicht überraschen kann.[147] Auffällig ist allerdings, daß bei der Zuwahl der B-und C-Mitglieder in deutlich unterschiedlichem Umfang Frauen berücksichtigt wurden, obwohl für beide Bereiche eine identische Einwirkungs-

146 Diese Zahl liegt auch unter Berücksichtigung des Umstandes, daß das kommunale Parlament die einzige Stelle ist, die zwei Vertreter zu entsenden hat, deutlich über der Berücksichtigung der übrigen, auch der größeren gesellschaftlichen Gruppen.

147 Vgl. oben I. 2. f.

chance der Förderungsklausel herausgearbeitet worden ist.[148] Eine mögliche Erklärung dieses Befundes findet sich in dem Umstand, daß die Zuwahl der C-Mitglieder im Unterschied zu den B-Mitgliedern frei von Vorgaben hinsichtlich einer Gruppenzugehörigkeit der Mitglieder erfolgen kann. Im Rahmen dieser Auswahlfreiheit könnten die Veranstaltergemeinschaften die Entscheidung getroffen haben, auf organisierte Interessen von Frauen zuzugreifen und etwa Frauen aus Frauengruppen und Initiativen zuzuwählen, um auf diesem Weg der gesetzlichen Forderung zu entsprechen.[149]

2. *Inhalte der Satzungen*

Im nächsten Abschnitt werden die von den Veranstaltergemeinschaften in den 46 Verbreitungsgebieten verabschiedeten Vereinssatzungen in einigen für den Grundsatz der Funktionenoptimierung innerhalb der Binnenstruktur der Veranstaltergemeinschaft wesentlichen Regelungsinhalten vergleichend analysiert.[150]

Gegenstand der Untersuchung sind zunächst die Satzungsinhalte, die sich mit der Umsetzung der gesetzlichen Programmverantwortung und den Programmanforderungen des LRG NW beschäftigen. Hieran schließt sich eine Betrachtung der näheren Ausgestaltung der inneren Organisation der Veranstaltergemeinschaften und der von ihnen den Betriebsgesellschaften zugedachten Rolle innerhalb dieser Organisation an. Untersucht werden weiter die Satzungsregelungen über die Abwicklung der Verwaltung der Veranstaltergemeinschaft bzw. des lokalen Senders sowie abschließend die inhaltlichen Vorprägungen, die die Satzungen bereits im Hinblick auf das Verhältnis der Veranstaltergemeinschaft zur Redaktion getroffen haben.

Die Untersuchung geht methodisch für jeden dieser Satzungsinhalte in gleicher Weise vor:

In einem ersten Schritt wird untersucht, welche rechtlichen Gestaltungen die am lokalen Rundfunk beteiligten Interessengruppen der rechtsanwendenden Praxis zur Realisierung vorgeschlagen haben. Ziel dieser Erarbeitung ist es, das Spektrum möglicher Gestaltungen abzustecken und in der Zuordnung zu einzelnen Interessen transparent zu machen. Die Interessengruppen haben jeweils Satzungsmuster entwickelt, die sie publiziert oder an die Mitglieder ihrer Organisationen übergeben haben. Die dort entwickelten

---

148 Ebd.

149 Dies vermutet auch Hix, Frauen und Lokalfunk, S. 30. Hix nennt diese Berücksichtigung von organisierten Fraueninteressen einen „Hohn auf die gesetzliche Absicht" der Frauenklausel, da anstelle einer gleichgewichtigen Berücksichtigung von Frauen lediglich als Alibi auf Frauenfunktionärinnen zurückgegriffen werde.

150 Zum Grundsatz der Funktionenoptimierung in der Binnenstruktur der Veranstaltergemeinschaft vgl. oben § 2 II 2. b. aa. (1.).

Satzungsinhalte werden in diesem ersten Schritt erfaßt und systematisch vorgestellt. Die Mustersatzungen sind hierbei in Gruppen eingeteilt, die sich an der Herkunft der Mustersatzung aus einzelnen Interessensphären orientieren.[151]

In Ausübung ihrer Aufsichts-, aber auch ihrer Beratungsfunktion hat die Landesanstalt für Rundfunk bereits im Vorfeld des Zulassungsverfahrens zum lokalen Rundfunk zu einzelnen Inhalten der Satzungen der Veranstaltergemeinschaft Stellung genommen.[152] Hierbei sind einzelne Satzungsklauseln als rundfunkrechtlich unzulässig charakterisiert oder auch Hinweise auf zweckmäßigere Inhalte erteilt worden. In einem zweiten Schritt werden diese von der Anstalt abgegebenen rechtlichen Einschätzungen und ihre zentralen Argumentationslinien zusammengefaßt, um den möglichen Einfluß der Anstalt auf die Gestaltung der Satzungen und die dort vertretene Perspektive aufzuzeigen.

Die Darstellung der Inhalte der Mustersatzungen und der Stellungnahme der Landesanstalt für Rundfunk dient in einem abschließenden dritten Schritt der Analyse der von den Veranstaltergemeinschaften tatsächlich beschlossenen Satzungsinhalte. Gegenstand der Dokumentenanalyse sind die

---

151 Gegenstand der Untersuchung sind folgende Mustersatzungen: Mustersatzung von Rath-Glawatz, in: Rath-Glawatz, Lokaler Hörfunk I, S. 68 ff., geändert in Rath-Glawatz, Lokaler Hörfunk II, S. 37 ff. (zit.: Rath-Glawatz-Satzung, §§); Mustersatzung von Hauschild u.a., in: Pohl/Rödding/Hauschild, Lokaler Privatfunk in Kreisen und Städten, S. 309 ff. (zit.: Hauschild-Satzung, §§); Mustersatzung des Städtetags Nordrhein-Westfalen, Unveröffentlichte Handreichung (zit.: Satzung des Städtetags, §§); Mustersatzung der Sozialdemokratischen Gemeinschaft für Kommunalpolitik (SGK), in: Lokaler Rundfunk in Nordrhein-Westfalen, Teil I, S. 43 ff. (zit.: SGK-Satzung, §§). Die von der SGK herausgegebene Mustersatzung wird hierbei als *A-Satzung* gekennzeichnet, während die Hauschild-Satzung und die Satzung von Rath-Glawatz als *B-Satzungen* in einer Gruppe zusammengefaßt werden. Beide Satzungen berücksichtigen in besonderer Weise Interessen der Verleger- bzw. der Betriebsgesellschaften, wobei die Hauschild-Satzung aus der Sphäre der CDU (die Satzung ist in einer Handreichung der Kommunalpolitischen Vereinigung der CDU veröffentlicht) und die Rath-Glawatz-Satzung aus dem Bereich der Verleger stammt (der Autor der Satzung ist als beratender Anwalt im Verlag M.DuMont Schauberg tätig). Ohne Gruppenzuordnung bleibt die Satzung des Städtetags, die in ihrer inhaltlichen Ausrichtung bereits eine kompromißhafte Anlage aufweist. Vgl. zur Zuordnung der einzelnen Mustersatzung zu den jeweiligen Interessen und Interessenverbänden auch Hesels, VG-Satzung, S. 32, 33.

152 Rechtliche Anmerkungen zu einzelnen Satzungsinhalten finden sich in zwei Arbeitspapieren der Landesanstalt, die für die Untersuchung zugänglich gemacht wurden. Ausgewertet wurden hier ein als LfR-Information Nr. 247/89 an die Mitglieder des Ausschusses für lokalen Rundfunk übergebener Katalog von Prüfungskriterien für das Zulassungsverfahren lokaler Hörfunkveranstalter sowie eine als „Satzungsmonita" bezeichnete undatierte Zusammenstellung einzelner zu beanstandender Satzungsklauseln, die im weiteren als „LfR-Information Nr. 247/89" und „LfR-Satzungsmonita" zitiert werden. Auf der Grundlage dieser Unterlagen sind den Veranstaltergemeinschaften nach Auskunft von LfR-Mitarbeitern im Zulassungsverfahren rechtliche Hinweise gegeben worden, wenn die eingereichten Satzungen nicht den entwickelten Rechtsstandpunkten der Anstalt entsprachen.

Satzungen der Veranstaltergemeinschaften in der der Untersuchung zugänglichen aktuellsten Fassung.[153]

a. Programmverantwortung und Programmanforderungen

§ 25 Abs. 1 Satz 4 LRG NW erklärt die Veranstaltergemeinschaft zum Veranstalter des Programms und überträgt ihr hierfür die alleinige Verantwortung. In Erfüllung dieser gesetzlich zugewiesenen Aufgabe hat die Veranstaltergemeinschaft die programmrechtlichen Anforderungen der §§ 24, 11 ff., 23 Abs. 2 LRG NW zu beachten. Diese gesetzlichen Programmanforderungen entwerfen einen groben Rahmen des lokalen Programms, der im einzelnen von den Veranstaltergemeinschaften auszufüllen ist. Im folgenden wird untersucht, inwieweit die Veranstaltergemeinschaften diese gesetzlichen Vorgaben bereits in ihren Satzungen mit konkreten Inhalten versehen haben und in welchem Umfang die vom Gesetz formulierten Programmnormen in ihre Satzungen aufgenommen und damit in das Innenverhältnis zwischen den Mitgliedern des Vereins transformiert worden sind. Ziel dieser Betrachtung ist, das in der Gründungsphase konsensfähige, auf das spätere Programm bezogene Selbstverständnis der Veranstaltergemeinschaft zu erarbeiten.

aa. Programmverantwortung und Programmanforderungen in den Mustersatzungen

Die von den einzelnen Interessenverbänden bzw. bestimmten Interessen nahestehenden Autoren veröffentlichten Mustersatzungen verzichten ohne Ausnahme auf nähere inhaltliche Aussagen darüber, welche Anforderungen

153 Die Satzungen in den Verbreitungsgebieten sind zumeist nicht in der Fassung der Gründungssatzung geblieben, sondern in der Regel mehrfach geändert worden. Ausgewertet wurden folgende Satzungsfassungen: Kreis Aachen (20.03.1987), Stadt Aachen (24.06.1988), Bielefeld (03.02.1988), Bochum (21.02.1990), Bonn/Rhein-Sieg-Kreis (24.08.1989), Borken (22.03.1990), Bottrop/Gladbeck/Gelsenkirchen (15.01.1990), Coesfeld (04.06.1987), Dortmund (undatiert), Düren (13.04.1988), Düsseldorf (undatiert), Duisburg (07/1989), Ennepe-Ruhr-Kreis (01.12.1987), Erftkreis (25.11.1987), Essen (14.03.1990), Euskirchen (15.05.1990), Gütersloh (21.12.1989), Hagen (20.11.1989), Hamm (07.07.1987 mit Änderungen), Heinsberg (04.12.1989), Herford (27.11.1989), Herne (25.02.1990), Hochsauerlandkreis (20.12.1989), Höxter/Paderborn (14.08.1989), Kleve (28.03.1990), Köln (04.11.1987), Krefeld/Viersen (Entwurf), Leverkusen (14.03.1990), Lippe (05.05.1987), Märkischer Kreis (04.12.1989), Mettmann (15.03.1990), Minden-Lübbecke (25.10.1990), Mönchengladbach (11.04.1990), Mülheim/Oberhausen (22.05.1989), Münster (07.07.1987), Neuss (09.05.1990), Oberbergischer Kreis/Rheinisch-Bergischer Kreis (19.03.1990), Recklinghausen (13.02.1990), Remscheid/Solingen (07.03.1989), Siegen-Wittgenstein (09.01.1990), Soest (14.02.1990), Steinfurt (25.05.1987), Unna (01.02.1990), Warendorf (21.02.1990), Wesel (09.12.1989), Wuppertal (undatiert).

an das von der Veranstaltergemeinschaft später verantwortete Programm gestellt werden sollen. Die Muster greifen hier allein die gesetzliche Regelung des § 25 Abs. 1 Satz 4 LRG NW auf, die allerdings in unterschiedlicher Weise in die Satzung integriert wird. Die von der SGK herausgegebene A-Satzung und die Satzung des Städtetags übernehmen schlicht den Wortlaut dieser Bestimmung und stellen übereinstimmend fest, daß die alleinige Programmverantwortung für das lokale Programm bei der Veranstaltergemeinschaft liegt.[154] Demgegenüber gehen die B-Satzungen, also die Satzungen von Rath-Glawatz und Hauschild, von einer geteilten rundfunkrechtlichen Verantwortung für das ausgestrahlte Programm aus. Hierbei stellt die Satzung von Hauschild die Programmverantwortung der Veranstaltergemeinschaft unter den Vorbehalt abweichender Regelungen im LRG NW oder der Satzung selbst und erklärt sie damit für eingeschränkt bzw. einschränkbar.[155] In der Rath-Glawatz-Satzung wird die Verantwortung der Veranstaltergemeinschaft auf das redaktionelle Programm bezogen und somit gleichfalls nur inhaltlich begrenzt in die Satzung aufgenommen.[156] Die B-Satzungen nehmen mit diesen Regelungen Bezug auf eine von Rath-Glawatz entwickelte rechtliche Konstruktion, nach der auf der Grundlage des LRG NW die rundfunkrechtliche Verantwortung für die Ausstrahlung der Werbung im Programm der Veranstaltergemeinschaft von der Betriebsgesellschaft und nicht von dem im übrigen verantwortlichen Verein getragen wird.[157]

Neben den Satzungsinhalten über die Programmverantwortung finden sich auffällige Regelungen im Bereich der programmbezogenen Klauseln nur noch in der Mustersatzung von Hauschild. Aus der Vielzahl der in §§ 24 Abs. 1, 11 ff. LRG NW enthaltenen normativen Anforderungen an das Lokalprogramm wählt Hauschild neben einem allgemeinen Hinweis auf die Wahrung der verfassungsmäßigen Ordnung und die Geltung des LRG NW nur die in § 24 Abs. 1 Satz 4 LRG NW enthaltene sogenannte „Akzeptanzklausel" aus, nach der Rundfunkprogramme darauf ausgerichtet zu sein haben, beim Rundfunkteilnehmer angenommen zu werden.[158]

bb. Stellungnahme der Landesanstalt für Rundfunk

Eine rechtliche Stellungnahme hat die Landesanstalt für Rundfunk in diesem Themenkomplex allein zur Frage der Programmverantwortung für die

---

154 Satzung des Städtetags, § 4; SGK-Satzung, § 2 Abs. 1.

155 Hauschild-Satzung, § 2 Abs. 4.

156 Rath-Glawatz-Satzung, § 2 Abs. 4.

157 Zu der entsprechenden juristischen Argumentation von Rath-Glawatz vgl. ausführlich § 5 I. 2. e..

158 Hauschild-Satzung, § 2 Abs. 1 und 2.

Ausstrahlung von Werbung im Programm der Veranstaltergemeinschaft abgegeben. Sie hat hierbei darauf hingewiesen, daß die Programmverantwortung im lokalen Rundfunk allein bei der Veranstaltergemeinschaft liege. Eine anderweitige Verantwortung sei dem LRG NW nicht zu entnehmen und könne durch die Satzung der Veranstaltergemeinschaft demnach auch vertraglich nicht begründet werden. Soweit Satzungen anderslautende Inhalte enthielten, müßten diese gestrichen werden, damit die Satzungen Grundlage der rundfunkrechtlichen Lizenz werden könnten.[159]

cc. Programmverantwortung und Programmanforderungen in den beschlossenen Satzungen

Bei der Betrachtung der in den 46 ausgewerteten Vereinssatzungen tatsächlich realisierten Satzungsinhalten ist in dem hier diskutierten Themenkomplex zunächst festzustellen, daß sich die in den Mustersatzungen dokumentierte rechtliche Auseinandersetzung um die Programmverantwortung für die gemäß § 29 Abs. 2 Satz 3 LRG NW von der Veranstaltergemeinschaft zu übernehmende Werbung auch in den Satzungen der sich gründenden Veranstaltergemeinschaften niedergeschlagen hat. In immerhin zehn Satzungen findet sich der aus der Hauschild-Satzung entnommene Vorbehalt abweichender Regelungen im LRG NW und/oder der Satzung und damit der Bezug auf die rechtliche Konstruktion einer geteilten Programmverantwortung für Werbung und Programm. Die weit überwiegende Anzahl der Satzungen, die dieses Problem behandeln, stellt allerdings die alleinige und uneingeschränkte Programmverantwortung der Veranstaltergemeinschaft im Wortlaut des § 25 Abs. 1 Satz 4 LRG NW fest und folgt insoweit der Vorgabe der Landesanstalt für Rundfunk.[160]

Auffällig ist weiter, daß die von Hauschild vorgeschlagene Bezugnahme auf die Akzeptanzklausel des § 24 Abs. 1 Satz 4 LRG NW als zentralen Programmgrundsatz in genau der Hälfte aller Satzungen wiederzufinden ist. Die übrigen Programmnormen des LRG NW sind punktuell in insgesamt nur acht und nahezu vollständig sogar nur in zwei Satzungen aufgegriffen worden. Die vorrangige Auswahl der Akzeptanzklausel bekräftigt die Verpflichtung der Mitglieder der Veranstaltergemeinschaft, das Erfordernis eines massenattraktiven Programms zu akzeptieren und damit den ökonomischen Zwängen einer Werbefinanzierung Rechnung zu tragen.

---

159 Vgl. zum Ganzen LfR-Satzungsmonita, S. 2. Vgl. zu den parallelen rechtlichen Hinweisen der Anstalt im Hinblick auf die Regelungen der Werbung im Kooperationsvertrag zwischen Veranstaltergemeinschaft und Betriebsgesellschaft unten § 5 II. 4.

160 So in 28 Satzungen. Hierbei ist allerdings anzumerken, daß alle Satzungen, die entgegen der Rechtsauffassung der Landesanstalt für Rundfunk von einer geteilten rundfunkrechtlichen Verantwortung ausgehen, das Lizenzierungsverfahren noch nicht durchlaufen haben bzw. auf ein Datum vor Abschluß dieses Verfahrens datiert sind.

Auf weitergehende, sonstige inhaltliche Vorgaben an das zu veranstaltende Programm ist mit nur einer Ausnahme vollständig verzichtet worden. In einer Satzung werden „diskriminierende, rassistische oder antisemitische Tendenzen" im Programm für unzulässig erklärt und damit über den Wortlaut des Programmgrundsatzes des § 12 Abs. 2 LRG NW hinaus Wertungen verankert. Auffällig ist in diesem Zusammenhang, daß in weiteren fünf Verbreitungsgebieten in der Satzung eine Klausel zu finden ist, nach der die Veranstaltergemeinschaft über Programmgrundsätze „noch beschließen" werde. Dies dokumentiert, daß programminhaltliche Fragen zumindest im Zeitpunkt der Satzungsfindung noch nicht konsensfähig, aber durchaus Gegenstand einer ersten Diskussion waren.

b. Innere Organisation der Veranstaltergemeinschaft

In der unter I. in diesem Abschnitt vorausgegangenen Analyse der rechtlichen Ausgangslage im Regelungskomplex Veranstaltergemeinschaft sind für die Ausgestaltung der inneren Organisation der Veranstaltergemeinschaft durch die Vereinssatzung trotz der hohen Regelungsdichte des Gesetzes einige Gestaltungsfreiräume festgestellt worden.[161] Aus der Vielzahl der Satzungsinhalte in diesem Regelungskomplex werden im folgenden diejenigen dargestellt und analysiert, die in besonderer Weise geeignet erscheinen, die Arbeitsstrukturen der Veranstaltergemeinschaft über den gesetzlichen Rahmen hinaus zu prägen.

aa. Satzungsmäßige Pflichten der Mitglieder

Zunächst wird untersucht, auf welche Weise die Satzungen ihre Mitglieder durch die Begründung besonderer Pflichten in den Verein einzubinden suchen.

(1.) Pflichten der Mitglieder in den Mustersatzungen

Die B-Satzungen von Rath-Glawatz und Hauschild und etwas zurückgenommener auch die Mustersatzung des Städtetags schlagen Regelungen vor, die den Charakter einer Einbindung des einzelnen Mitglieds in eine allgemeine Vereinsdisziplin tragen. Für die Mitglieder der Veranstaltergemeinschaft besteht hier die Pflicht, den Verein bei der Durchführung seiner Aufgaben zu unterstützen, seine Satzung zu beachten und seinen Beschlüssen nachzukommen.[162] Der Satzungsentwurf des Städtetags erweitert diese Satzungsbestimmungen durch eine Klausel, nach der die Mitglieder der Veran-

161 Siehe oben I. 2. e.

162 Rath-Glawatz-Satzung, § 9 Abs. 1; Hauschild-Satzung, § 7 Abs. 3; vgl. auch die Satzung des Städtetags, § 7 Satz 2 Nr. b., die es allerdings bei der Pflicht zur Unterstützung der Vereinsaufgaben beläßt.

staltergemeinschaft „alles zu unterlassen" haben, „was zu einem vorherrschenden Einfluß auf das Programm führen könnte".[163] Diese Klausel orientiert sich an der Programmaufgabe der Veranstaltergemeinschaft und versucht das Disziplinierungsinstrumentarium auch als besondere Vorkehrung auszunutzen, um dysfunktionale Verhaltensweisen einzelner Mitglieder zu begrenzen.

(2.) Pflichten der Mitglieder in den beschlossenen Satzungen
Die in den Verbreitungsgebieten verabschiedeten Satzungen greifen vor allem auf die von den B-Mustern angeregten Regelungen zur Einhaltung einer allgemeinen Vereinsdisziplin zurück. Hier finden sich in 29 Satzungen die Pflicht zur Unterstützung des Vereins bei der Durchführung seiner Aufgaben und in 22 Satzungen die Pflicht zur Beachtung der Satzung und Befolgung der Vereinsbeschlüsse. In weit geringerem Umfang konnten sich die Akteure auf die vom Städtetag vorgeschlagene Verpflichtung einigen, keinen „vorherrschenden Einfluß auf das Programm" anzustreben. Sie ist nur in sechs Satzungen realisiert worden. Schließlich verzichten insgesamt zwölf Veranstaltergemeinschaften ganz auf die Begründung spezieller satzungsmäßiger Pflichten ihrer Mitglieder.

bb. Ausschluß von Mitgliedern

Als zweiter Regelungsinhalt im inneren Organisationsgefüge der Veranstaltergemeinschaft wird nun erfaßt, ob und inwieweit die Satzungen die Möglichkeit eines Ausschlusses einzelner Mitglieder aus dem Verein vorsehen. Die Bereitstellung eines Ausschlußinstrumentariums erscheint für das innere Gefüge einer Veranstaltergemeinschaft insofern relevant, als es die Position einer Mehrheit im Verein oder sogar des Vorstands gegenüber Minderheiten und Oppositionen stärkt und so Auswirkungen auf den Umgang von Majoritäten des Vereins mit Minderheiten und Oppositionen haben könnte.

(1.) Ausschlußtatbestände in den Mustersatzungen
Die Mustersatzungen entscheiden sich übereinstimmend für die Konstituierung eines Vereinsausschlusses, für den sich allerdings Unterschiede in den Tatbestandsvoraussetzungen und der Ausgestaltung eines erforderlichen Verfahrens finden. Einigkeit herrscht nur im Hinblick darauf, daß Mitglieder dann den Verein zu verlassen haben, wenn sie die persönlichen Voraussetzungen des § 5 i.V.m. § 26 Abs. 7 LRG NW nicht mehr erfüllen oder „besonders nachhaltig" bzw. „in grober Weise" gegen die Interessen des Vereins verstoßen haben. Einen weiteren Ausschlußgrund sieht nur die Mustersatzung der Sozialdemokratischen Gemeinschaft für Kommunalpolitik vor, nach der eine Veranstaltergemeinschaft ein Mitglied dann ausschließen

163 Satzung des Städtetags, § 7 Satz 2 Nr. a.

kann, wenn es „über längere Zeit hinweg den Vereinszweck nicht mehr fördert und insbesondere an mehr als der Hälfte aller Mitgliederversammlungen eines Kalenderjahres ohne genügende Entschuldigung nicht teilgenommen hat".[164]

Der Ausschluß wird in den Mustersatzungen auf zwei unterschiedlichen Verfahrenswegen geregelt. In der Satzung von Rath-Glawatz und in der A-Satzung obliegt die Entscheidung über einen Ausschluß der Mitgliederversammlung, die hierüber mit einfacher Mehrheit der Anwesenden[165] oder einer Mehrheit von drei Vierteln der Mitglieder[166] zu befinden hat. Demgegenüber sehen die Mustersatzungen von Hauschild und die des Städtetags ein zweigeteiltes Verfahren vor, in dem zunächst auf einer ersten Stufe nur der Vorstand der Veranstaltergemeinschaft zu entscheiden hat.[167] Erst wenn das ausgeschlossene Mitglied gegen die Entscheidung des Vorstands vorgeht, soll in einem zweiten Verfahrensteil eine überprüfende Entscheidung der Mitgliederversammlung notwendig werden.

(2.) Stellungnahme der Landesanstalt für Rundfunk

Die Landesanstalt für Rundfunk hat im Zusammenhang mit der satzungsmäßigen Verankerung von Ausschlußtatbeständen für einzelne Vereinsmitglieder festgestellt, daß Mitglieder der Veranstaltergemeinschaft rundfunkrechtlich nur auf Grundlage eines hinreichend konkreten Tatbestandes an ihrer Partizipation gehindert werden dürfen. Dies ergebe sich aus der gesetzlich geforderten pluralen Mitgliederstruktur der Veranstaltergemeinschaft, die nicht willkürlich verändert werden dürfe. Darüber hinaus habe eine Veranstaltergemeinschaft im Bereich der A-Mitglieder auch das gesetzliche Entsendungsrecht der gesellschaftlich relevanten Gruppen im Grundsatz zu akzeptieren. Erforderlich sei deshalb eine sachgerechte und inhaltlich konkrete Formulierung von Ausschlußgründen, da ansonsten die Entscheidung der gesellschaftlichen Organisationen Vorrang genießen müsse. Diese Voraussetzung sei nach der Auffassung der Landesanstalt für Rundfunk jedenfalls dann nicht erfüllt, wenn ein Ausschluß aufgrund eines inhaltlich unbestimmten „nachhaltigen Verstoßes gegen Interessen des Vereins" vorgesehen werde.[168]

(3.) Ausschlußtatbestände in den beschlossenen Satzungen

Die Veranstaltergemeinschaften haben mit Ausnahme von nur sieben Verbreitungsgebieten in ihren Satzungen die Möglichkeit eines Vereinsaus-

164 SGK-Satzung, § 4 Abs. 4.

165 SGK-Satzung, § 4 Abs. 4 i.V.m. § 5 Abs. 7.

166 Rath-Glawatz-Satzung, § 8 Abs. 4.

167 Hauschild-Satzung, § 9 Abs. 9; Satzung des Städtetags, § 8 Abs. 2.

168 Vgl. LfR-Information Nr. 247/89, S. 6; LfR-Satzungsmonita, S. 2.

schlusses im Grundsatz auch tatsächlich vorgesehen.[169] Hierbei beschränken 15 Satzungen den Ausschluß auf den unproblematischen Fall, in dem ein Mitglied, insbesondere aus dem A-Bereich, nachträglich die gesetzlichen Voraussetzungen einer Mitgliedschaft nicht mehr erfüllt oder von seiner entsendungsberechtigten Stelle nicht ordnungsgemäß bestimmt worden ist.

Die übrigen 24 Satzungen sehen einen Ausschluß darüber hinaus auch aus disziplinarischen Gründen vor. Hierbei stellen immerhin 19 Satzungen auf die von der Landesanstalt für Rundfunk ausdrücklich monierte Voraussetzung einer „nachhaltigen“ bzw. der ebenso undeutlichen „besonders groben“ „Verletzung von Vereinsinteressen“ ab. Mit dieser Regelung entsteht das Problem, daß auf der Grundlage dieser Satzungen zumindest in der Zeit vor der Zulassung der Veranstaltergemeinschaft die Möglichkeit bestand, einzelne Mitglieder der Veranstaltergemeinschaft auf der Grundlage eines von der Anstalt als rundfunkrechtswidrig charakterisierten Tatbestandes auszuschließen. Der Landesanstalt für Rundfunk stand hier zwar die Möglichkeit offen, die von ihr vertretene Unvereinbarkeit der Satzungsregelungen mit dem Landesrundfunkrecht im Lizenzierungsverfahren durchzusetzen und entsprechende Änderungen zu bewirken. Das Problem ergibt sich aber aus dem Umstand, daß selbst in diesem Fall von den Regelungen bereits Wirkungen ausgegangen sein können, die in die Zeit nach der Lizenzerteilung hinüberwirken.[170]

In nur drei Satzungen findet sich ergänzend oder in einem Fall alternativ die vom A-Entwurf angeregte Ausschlußmöglichkeit für nicht ausreichend aktive Mitglieder.

In der Frage des Ausschlußverfahrens haben sich 13 Veranstaltergemeinschaften für ein einstufiges Verfahren durch Entscheidung der Mitgliederversammlung entschieden, wobei in nur zwei Satzungen eine Mehrheit von zwei Dritteln der Mitglieder gefordert wird. Elf Satzungen entscheiden sich für ein Entscheidungsrecht des Vorstands, das nur im Widerspruchsfall durch eine Überprüfung der Mitgliederversammlung eingeschränkt wird. In das Verfahren sollen in jeweils zwei Fällen als vereinsexterne Kräfte entweder die Landesanstalt für Rundfunk oder im Fall eines Vereinsausschlusses von A-Mitgliedern deren entsendungsberechtigte Organisationen in der Form eines Anhörungsrechtes einbezogen werden.

---

169 Vgl. zu den Ausschlußgründen einzelner Mitglieder in den Satzungen der lizenzierten Verbreitungsgebiete auch die Zusammenstellung bei Pape/Samland, Medienhandbuch 1988, unter 4.8., die allerdings auf einer anderen Datenlage beruht.

170 Ob tatsächlich Ausschlüsse einzelner Mitglieder auf der Grundlage der Satzungsklausel erfolgt sind, läßt sich auf der Grundlage der vorliegenden Untersuchung nicht feststellen. Vgl. zu diesem Regulierungsproblem bereits I. 2. a.

cc. Arbeitsstrukturen der Mitgliederversammlung und Quoren

Die innere Organisation der Veranstaltergemeinschaft wird weiter durch die organisatorischen und verfahrensmäßigen Rahmenbedingungen beeinflußt, in denen die Mitgliederversammlung als plurales Grundorgan des programmverantwortlichen Vereins ihre Funktion zu erfüllen hat.

Der Gesetzgeber hat hier zunächst eine Vielzahl zwingender Satzungsinhalte vorgeschrieben, die sich im Zentrum auf die Vorgabe bestimmter Abstimmungsmehrheiten in einzelnen Aufgabenbereichen der Mitgliederversammlung beziehen. Der Veranstaltergemeinschaft ist allerdings ausdrücklich die Möglichkeit eingeräumt, einzelne Entscheidungen der Mitgliederversammlung an höhere Mehrheiten anzubinden.[171] Im folgenden wird festgestellt, welche Gegenstandsbereiche die Veranstaltergemeinschaften in der rechtsanwendenden Praxis für so funktionserheblich befunden haben, daß sie von dieser gesetzlichen Option Gebrauch gemacht haben.

In der gesetzlichen Anlage der Mitgliederversammlung im LRG NW sind ferner Freiräume für die Ausgestaltung der näheren Arbeitsstrukturen der Mitgliederversammlung festgestellt worden. Von der Vielzahl der Detailregelungen, die die Satzungen hierzu enthalten, werden nachfolgend die Regelungen über die Einrichtung von Ausschüssen, die Festlegung einer jährlichen Mindesttagungshäufigkeit der Versammlung und die Frage der Übertragbarkeit von Stimmrechten behandelt.

(1.) Mitgliederversammlung und Quoren in den Mustersatzungen

Die Mustersatzungen schlagen Mehrheiten oberhalb der gesetzlichen Quoren für die Entscheidungen über eine Änderung der Satzung sowie über die Auflösung des Vereins vor. Erforderlich für die auf der Grundlage des Gesetzes gemäß § 27 Abs. 4 Nr. 2 LRG NW jeweils mit einfacher Mehrheit der Stimmen der Anwesenden einer Mitgliederversammlung möglichen Entscheidungen sollen hierbei entweder eine Mehrheit von drei Viertel aller Mitglieder des Vereins[172] oder von drei Viertel der Anwesenden einer Mitgliederversammlung sein.[173]

Als regelungsbedürftig erachten die Muster in ihrer Mehrzahl ferner die Frage einer Stimmrechtsübertragung von einem Mitglied der Veranstaltergemeinschaft auf ein anderes sowie die Konstituierung einer Mindesttagungshäufigkeit der Mitgliederversammlung zur Sicherung einer funktionsgerechten Aufgabenerfüllung der Veranstaltergemeinschaft. Die Tagungshäufigkeit variiert hierbei zwischen einer jährlichen Pflichtsitzung in den B-

171 Vgl. oben I. 2. f.

172 Rath-Glawatz-Satzung, § 20 Abs. 1, § 12 Abs. 6 Nr. 4; Satzung des Städtetags, § 11 Abs. 4 a. E.

173 Hauschild-Satzung, § 13 Abs. 6.

Mustern,[174] drei Sitzungen in der Mustersatzung des Städtetags[175] und mindestens sechs Zusammenkünften in der Satzung der Sozialdemokratischen Gemeinschaft für Kommunalpolitik.[176] Stimmrechtsübertragungen sind nur bei Hauschild und Rath-Glawatz vorgesehen, während die anderen Satzungen auf die Festschreibung dieser Möglichkeit verzichten.[177]

Die Bildung von Ausschüssen zur Vorbereitung bestimmter Entschlüsse und zur Unterstützung der Arbeit der Mitgliederversammlung ist nur in der A-Satzung und in der Satzung des Städtetags vorgesehen, wobei die Satzung des Städtetags diese Möglichkeit auf bestimmte Aufgabenbereiche beschränkt wissen will.[178]

(2.) Stellungnahme der Landesanstalt für Rundfunk

Die Landesanstalt für Rundfunk hat in ihren Satzungsmonita die Übertragung von Stimmrechten für Abstimmungen der Mitgliederversammlung als rundfunkrechtlich unzulässig erklärt und im Hinblick auf die Mindesttagungshäufigkeit eine Empfehlung ohne rechtlich bindenden Charakter ausgesprochen.

Die Unzulässigkeit einer Stellvertretung bzw. einer Stimmbotenschaft im Rahmen der Stimmrechtsausübung der Mitglieder ergebe sich aus der Regelung des § 27 Abs. 4 Nr. 1 und 2 LRG NW, die jedem Mitglied eine Stimme einräume und die bei der Berechnung von Mehrheiten auf die Stimmen der anwesenden Mitglieder abstelle. Gesetzlicher Sinn und Zweck der Mitgliederversammlung sei es, daß die einzelnen Mitglieder des plural zusammengesetzten Gremiums nach einem Meinungsaustausch zu einem Interessenausgleich gelangten. Da die einzelnen Mitglieder von unterschiedlichen Organisationen entsandt würden, bestünde hierbei regelmäßig keine gleichgerichtete Interessenlage. Eine Stimmabgabe könne daher nur persönlich durch das gesetzlich legitimierte Mitglied und nicht durch ein vertretendes Mitglied erfolgen.[179]

Bei der Festlegung einer Mindesttagungshäufigkeit auf dem Satzungswege müsse der im LRG NW herausgehobenen Bedeutung der Mitgliederversammlung entsprochen werden. Die Mitgliederversammlung sei als einziges Vereinsgremium mit Vertretern aller gesellschaftlich relevanten Gruppen besetzt. Die Anzahl der Sitzungen sei daher so zu wählen, daß

174 Rath-Glawatz-Satzung, § 12 Abs. 1; Hauschild-Satzung, § 11 Abs. 1.

175 Satzung des Städtetags, § 12 Abs. 1.

176 SGK-Satzung, § 5 Abs. 3.

177 Rath-Glawatz-Satzung, § 12 Abs. 9; Hauschild-Satzung, § 13 Abs. 2. In der Hauschild-Satzung dürfen einem Mitglied hierbei nicht mehr als zwei Stimmen übertragen werden.

178 Satzung des Städtetags, § 14; SGK-Satzung, § 14 mit Anmerkung des Verfassers. Als Ausschüsse nennt die Städtetag-Satzung in Abs. 1 einen Programm- und in Abs. 2 einen Wirtschaftsausschuß.

179 LfR-Information Nr. 247/89, S. 5; LfR-Satzungsmonita, S. 2.

auch die auf Dauer angelegten Aufgaben der Mitgliederversammlung, etwa die Überwachung der Erfüllung des Programmauftrags oder der Programmgrundsätze gemäß § 27 Abs. 2 Nr. 7 LRG NW, durch dieses Gremium erfüllt werden könnten. Eine Überwachung des Programms setze aber die Möglichkeit voraus, auf die gesendeten Beiträge auch im nachherein zugreifen zu können. Da die gesetzliche Pflicht zur Aufbewahrung einzelner Sendungen gemäß §§ 17 Abs. 1 und 2, 23 Abs. 2 LRG NW nach Ablauf von drei Monaten nach dem Tag der Verbreitung ende und somit nach Ablauf dieser Frist in der Diskussion befindliche Sendungen nicht mehr zur Verfügung stehen, erfordere die Aufgabe der Programmüberwachung eine zumindest vierteljährliche Tagungshäufigkeit.[180]

(3.) Mitgliederversammlung und Quoren in den beschlossenen Satzungen

Die Veranstaltergemeinschaften hielten nur in einigen Verbreitungsgebieten und auch nur einzelne Entscheidungen der Veranstaltergemeinschaft für bedeutsam und schutzbedürftig genug, um sie an über das LRG NW hinausreichende Quoren anzubinden. Mit insgesamt 31 Satzungen ist die größte Anzahl der Veranstaltergemeinschaften der Anregung in den Mustersatzungen gefolgt, qualifizierte Mehrheiten für die Entscheidung über eine Vereinsauflösung zu fordern. Hierbei schreiben drei Satzungen einen Konsens aller Mitglieder des Vereins vor, während in 28 Verbreitungsgebieten eine Mehrheit von zwei Dritteln bzw. drei Vierteln der Mitglieder bzw. der Anwesenden gefordert wird.[181] Die zweitgrößte Gruppe von Satzungen verlangt erhöhte Mindestmehrheiten für Änderungen der Vereinssatzung selbst.[182] Einen von den Mustersatzungen nicht aufgezeigten Regelungsbedarf erkennen die Satzungen darüber hinaus in der Entscheidung über einen Verzicht auf eine bereits erteilte rundfunkrechtliche Lizenz. Dieser Fall wird in immerhin neun Satzungen behandelt, die in sieben Fällen eine einstimmige Entscheidung aller Mitglieder und in zwei Fällen eine Mehrheit von zwei Dritteln bzw. drei Vierteln für die Entscheidung über einen Lizenzverzicht fordern.

Die Satzungen greifen mit nur drei Ausnahmen und damit nahezu vollständig den Gedanken der Mustersatzungen auf, durch die Konstituierung einer jährlichen Mindesthäufigkeit der Sitzungen der Mitgliederversammlung die Aufgabenerfüllung der Veranstaltergemeinschaft zu sichern.[183] Die Satzungen bleiben allerdings in insgesamt acht Fällen hinter der von der

180 LfR-Information Nr. 247/89, S. 6, 7; LfR-Satzungsmonita, S. 3.

181 Hierbei fordern 20 Satzungen eine entsprechende Mehrheit der Mitglieder und acht der Anwesenden.

182 Hierbei fordern 18 Satzungen zwei Drittel bzw. drei Viertel Mehrheiten der Mitglieder und elf der Anwesenden.

183 Die drei Satzungen enthalten lediglich Soll-Bestimmungen über Tagungshäufigkeiten.

Landesanstalt für Rundfunk angeregten vierteljährigen Pflichtsitzung zurück, wobei in zwei Verbreitungsgebieten sogar nur eine Sitzung im Jahr als unumgänglich vorgesehen ist. Mit 34 Satzungen hat die bei weitem stärkste Gruppe diese von der Anstalt befürwortete Mindestsitzungszahl von vier Sitzungen auch tatsächlich festgeschrieben. Der Anregung der Sozialdemokratischen Gemeinschaft für Kommunalpolitik, die Mitglieder mindestens an sechs Terminen zusammenzurufen, ist schließlich nur eine Veranstaltergemeinschaft gefolgt.

Mit 26 Satzungen ist in gut der Hälfte der Verbreitungsgebiete die Option einer Bildung von Ausschüssen vorgesehen, die nur in einem Fall nach dem Vorbild der Satzung des Städtetags in ihren Aufgabenfeldern beschrieben werden.[184] In vier dieser Satzungen wird explizit ausgeführt, daß in diese Ausschüsse sachverständige Dritte einbezogen werden können.[185]

Stimmrechtsübertragungen schließlich sind auf der Grundlage des ausgewerteten Materials in keiner Satzung vorgesehen. Hierbei ist allerdings anzumerken, daß in sechs Verbreitungsgebieten Übertragungen zunächst zulässig sein sollten, dann aber offenbar der Rechtsauffassung der Landesanstalt für Rundfunk gefolgt und die Satzung geändert wurde.[186] Damit besteht auch an dieser Stelle das bereits für die Regelung eines zu unbestimmten Vereinsausschlusses angesprochene Problem, daß von einer von der Anstalt monierten Satzungsregelung im Vorfeld einer Lizenzerteilung Wirkungen ausgegangen sein könnten, die in die Lizenzzeit herüberreichen.[187]

dd. Verhältnis zwischen Vorstand und Mitgliederversammlung

Als letztes Strukturelement der Binnenkonstitution einer Veranstaltergemeinschaft werden nun die Satzungsinhalte betrachtet, die das Verhältnis zwischen Mitgliederversammlung und Vorstand über die gesetzlichen Vorgaben hinaus konkretisieren. Hierbei wird untersucht, in welchem Umfang die Praxis von der gesetzlichen Möglichkeit einer satzungsmäßigen Übertragungsoption einzelner Aufgaben von der Mitgliederversammlung auf den Vorstand Gebrauch gemacht hat. Für die interne Kräfteverteilung erscheint darüber hinaus interessant, welche Vorkehrungen getroffen werden, um die

184 Vgl. wiederum die Zusammenstellung bei Pape/Samland, Medienhandbuch 1988, unter 4.8. auf der Grundlage eines anderen Materialstands.

185 Eine ausdrückliche Mitwirkung der Betriebsgesellschaft in den Ausschüssen findet sich nicht in den Satzungen. Dies ist allerdings mit nur einer Ausnahme in den Kooperationsverträgen zwischen Veranstaltergemeinschaft und Betriebsgesellschaft vertraglich vereinbart worden, vgl. unten § 5 II. 5 c.

186 Stimmrechtsübertragungen waren in den Gründungssatzungen bzw. Zusatzprotokollen zu diesen Satzungen in Coesfeld, Euskirchen, Neuss, Soest, Oberbergischen Kreis/Rheinisch-Bergischen Kreis und in Köln vorgesehen.

187 Vgl. zur Praxis in Coesfeld und Köln unten III., sowie oben I. 2. a. und II. b. bb. (3.).

Arbeit und die Entscheidungen des Vorstands für die Mitgliederversammlung transparent und somit kontrollierbar zu machen.

(1.) Verhältnis zwischen Vorstand und Mitgliederversammlung in den Mustersatzungen

Die B-Satzungen und die Satzung des Städtetages enthalten übereinstimmend einen Passus, der die Delegationsmöglichkeit für einzelne Aufgaben der Mitgliederversammlung auf den Vorstand in der Satzung verankert. Der A-Entwurf erwähnt diese Möglichkeit in einer Anmerkung, ohne eine direkte Empfehlung auszusprechen.[188] Unterschiedlich weitreichende Vorstellungen entwickeln die Satzungsmuster in der Absicherung einer Transparenz der Vorstandsarbeit gegenüber der Mitgliederversammlung. Die A-Satzung fordert hier neben einem Jahresbericht des Vorstands eine mündliche wie auch schriftliche Information über dessen Beschlüsse.[189] Darüber hinaus sieht dieser Entwurf ein Teilnahmerecht für einfache Mitglieder der Veranstaltergemeinschaft an allen Vorstandssitzungen sowie eine Ermächtigung zum Erlaß einer Richtlinie vor, in der Bereiche definiert werden, in denen der Vorstand auch im Bereich eigener Aufgaben nicht ohne Einwilligung der Mitgliederversammlung tätig werden darf.[190] Die B-Satzungen beschränken sich dagegen auf die Konstituierung einer mündlichen Informationspflicht „über bedeutsame Angelegenheiten des Vereins“, die lediglich in der Mustersatzung von Hauschild in Anlehnung an die A-Satzung mit der Verpflichtung zu einem schriftlichen Jahresbericht verknüpft wird.[191]

(2.) Verhältnis zwischen Vorstand und Mitgliederversammlung in den beschlossenen Satzungen

In der Frage der satzungsmäßigen Delegationsmöglichkeit entscheiden sich die Satzungen in den Verbreitungsgebieten ganz überwiegend für eine Freigabe der Delegation und somit für eine Stärkung der Position des Vorstands im Verein.[192] Die Regelungen über die vereinsinterne Transparenz orientieren sich in der weitaus größeren Anzahl der Verbreitungsgebiete an den Vorstellungen der B-Satzungen bzw. der Satzung des Städtetags. Hier finden sich in 34 Satzungen die Pflicht zur Abfassung eines Jahresberichts und

---

188 Rath-Glawatz-Satzung, § 11 Abs. 3; Hauschild-Satzung, § 12 Abs. 3; Städtetag-Satzung, § 10 Abs. 2; SGK-Satzung, Anmerkung zu § 5.

189 SGK-Satzung, § 6 Abs. 5 a.E.

190 SGK-Satzung, § 6 Abs. 5 a.E. sowie § 6 Abs. 7.

191 Rath-Glawatz-Satzung, § 14 Abs. 5, Hauschild-Satzung, § 14 Abs. 4 Nr. 1 und 7. Die Hauschild-Satzung schlägt zugleich eine Pflicht zur Information auch der Betriebsgesellschaft vor.

192 Die Aufgaben des § 27 Abs. 2 Nr. 3 LRG NW werden von 42 Satzungen, die Aufgaben des § 27 Abs. 2 Nr. 8 LRG NW von 40 und die Aufgaben des § 27 Abs. 2 Nr. 9 LRG NW von 41 Satzungen für übertragbar erklärt.

in 21 Satzungen die allgemein gehaltene Formulierung einer Information „über bedeutsame Angelegenheiten des Vereins". Der Anregung einer erweiterten und präziseren Informationspflicht in der A-Satzung wird hingegen nur in acht Satzungen gefolgt, die das Erfordernis eines schriftlichen Berichts über alle Beschlüsse des Vorstandes enthalten. Das in der A-Satzung geforderte Teilnahmerecht aller Vereinsmitglieder an Sitzungen des Vorstands ist sogar nur in drei Satzungen realisiert. Mit immerhin insgesamt sechs Satzungen übernimmt eine etwas größere Anzahl den Vorschlag einer Richtlinienkompetenz der Mitgliederversammlung zur Konstituierung eines Zustimmungserfordernisses für bestimmte Entscheidungen und Geschäfte des Vorstands.

c. Berücksichtigung der Belange und Rechte der Betriebsgesellschaft

In die Satzungen der Veranstaltergemeinschaften sind auf unterschiedlichen Ebenen Inhalte aufgenommen worden, die das Verhältnis des Vereins zur Betriebsgesellschaft zum Gegenstand haben. Im folgenden Abschnitt wird untersucht, in welchem Umfang und mit welcher inhaltlichen Zielrichtung hierbei bereits in der Gestaltung der eigenen Vereinssatzung im Kontext des nordrhein-westfälischen Lokalfunkmodells typischerweise der Betriebsgesellschaft zugewiesene Interessen einbezogen wurden und inwieweit die Betriebsgesellschaft darüber hinaus verfahrensmäßig und organisatorisch in die Struktur der Veranstaltergemeinschaft integriert worden ist.

aa. Rechte der Betriebsgesellschaft innerhalb der Veranstaltergemeinschaft

Zunächst werden die Satzungen darauf befragt, auf welche Weise der Betriebsgesellschaft innerhalb der Organisationsstruktur der Veranstaltergemeinschaft Rechte eingeräumt bzw. die gesetzlich verbindlichen Rechte näher konkretisiert werden.

(1.) Rechte der Betriebsgesellschaft in den Mustersatzungen
Die Mustersatzungen greifen als ersten Regelungsinhalt in diesem Themenbereich das gesetzlich verbürgte Recht zur Teilnahme eines Vertreters der Betriebsgesellschaft an den Sitzungen der Organe der Veranstaltergemeinschaft i.S. des § 26 Abs. 4 LRG NW auf und variieren es in tendenziell unterschiedlicher Weise.[193] Sehr weitreichend sind hier die Vorstellungen von Rath-Glawatz, der dieses Recht als beratende Teilnahme an allen Sitzungen der Mitgliederversammlung und des Vorstandes beschreibt[194] und durch zusätzliche Verfahrensrechte erheblich auszubauen beabsichtigt. Der Vertreter

193 Vgl. zu den entsprechenden Regelungen im Kooperationsvertrag zwischen Veranstaltergemeinschaft und Betriebsgesellschaft unten § 5 II. 5.
194 Rath-Glawatz-Satzung, §§ 11 Abs. 5, 13 Abs. 6.

der Betriebsgesellschaft soll hier in der Beratung eines jeden Punktes der Tagesordnung auf sein Verlangen zu hören sein und von der Teilnahme an der Organsitzung in keinem Fall ausgeschlossen werden können.[195] Darüber hinaus soll ihm das Recht zustehen, Vorschläge zur Tagesordnung zu unterbreiten, die von der Mitgliederversammlung zwingend aufzunehmen sind. Ergänzt wird dieser Katalog von Mitwirkungsrechten durch ein Recht zur Einberufung einer außerordentlichen Mitgliederversammlung dann, wenn im Geschäftsbetrieb „Fragen der Zusammenarbeit" zwischen dem Verein und der Betriebsgesellschaft berührt worden sind.[196]

Auch die Hauschild-Satzung und die Satzung des Städtetages sehen eine als *beratende* Teilnahme qualifizierte Mitwirkung an Organsitzungen vor.[197] Zurückhaltender sind diese Entwürfe allerdings in der Etablierung ergänzender Verfahrensrechte der Betriebsgesellschaft. Von den von Rath-Glawatz angeregten Regelungen findet sich hier in der Hauschild-Satzung lediglich das Initiativrecht der Betriebsgesellschaft im Hinblick auf die Tagesordnung der Veranstaltergemeinschaft, während es die Satzung des Städtetags bei einer beratenden Teilnahme beläßt.[198]

Einen das Teilnahmerecht eher einschränkenden Charakter weist im Gegensatz hierzu schließlich die Mustersatzung der Sozialdemokratischen Gemeinschaft für Kommunalpolitik auf, die die Mitwirkung des Vertreters der Betriebsgesellschaft als bloße *Teilnahme* beschreibt, ohne die Qualität dieser Teilnahme etwa im Sinne eines Anhörungsrechtes zu kennzeichnen.[199] Die Satzung enthält weiter einen Passus, der die Teilnahmerechte erst dann wirksam werden läßt, wenn ein Kooperationsvertrag mit der Betriebsgesellschaft besteht.[200]

In den Mustersatzungen der B-Gruppe finden sich über die Regelungen des Teilnahmerechts hinaus noch weitere Klauseln, die der Betriebsgesellschaft innerhalb der Entscheidungsstruktur der Veranstaltergemeinschaft Rechte einräumen, die die A-Satzung für verzichtbar hält. Die Satzungsmuster fordern eine Zustimmung der Betriebsgesellschaft für bestimmte Entscheidungen der Veranstaltergemeinschaft, von denen die Zustimmung zur vereinsrechtlichen Auflösung und zum Verzicht auf eine erteilte rundfunkrechtliche Zulassung am wichtigsten erscheinen.[201]

195 Rath-Glawatz-Satzung, § 13 Abs. 5.
196 Rath-Glawatz-Satzung, § 13 Abs. 4.
197 Hauschild-Satzung, § 13 Abs. 7 und § 14 Abs. 7; Satzung des Städtetags, § 11 Abs. 5 und § 13 Abs. 5.
198 Hauschild-Satzung, § 11 Abs. 6.
199 SGK-Satzung, § 5 Abs. 5 und § 6 Abs. 5.
200 SGK-Satzung, § 5 Abs. 5 und § 6 Abs. 5.
201 Rath-Glawatz-Satzung, § 15, § 20 Abs. 1; Hauschild-Satzung, § 2 Abs. 5, § 17 Abs. 2.

(2.) Stellungnahme der Landesanstalt für Rundfunk

Die Landesanstalt für Rundfunk hat im Bereich der satzungsmäßigen Rechte der Betriebsgesellschaft in zweierlei Hinsicht rechtliche Bedenken geäußert. Zunächst sei jegliche Einschränkung des gesetzlichen Teilnahmerechts des Vertreters der Betriebsgesellschaft durch die Vereinssatzungen rundfunkrechtlich unzulässig. Aus diesem Grund könnten Satzungen, die das Beteiligungsrecht auf die Zeit nach Abschluß eines Kooperationsvertrages verlegen oder es dann ausschließen, wenn in einer Sitzung die vertraglichen Beziehungen zwischen den Lokalfunksäulen behandelt werden, nicht Grundlage einer Lizenzerteilung sein. Unzulässig sei ferner die Verankerung einer Zustimmungspflicht der Betriebsgesellschaft zur Auflösung der Veranstaltergemeinschaft oder zum Lizenzverzicht. Ein Zustimmungserfordernis zur Vereinsauflösung sei bereits aus vereinsrechtlichen Erwägungen unzulässig, da eine Vereinsauflösung wesentlicher Bestandteil der Vereinsfreiheit sei und deshalb nicht von der Zustimmung Dritter abhängig gemacht werden könne.[202] Die Bindung der Rückgabe der Lizenz an eine Zustimmung der Betriebsgesellschaft begegne gravierenden rundfunkrechtlichen Bedenken, da infolge der Versorgungspflicht des § 20 LRG NW aus der Begünstigung einer Zulassung eine Pflicht zur Programmgestaltung würde, der die Veranstaltergemeinschaft nicht mehr aus eigener Entscheidung entgehen könne. Auf der anderen Seite sei dem Interesse der Betriebsgesellschaft an einem Fortbestand der Veranstaltergemeinschaft als Lizenzträger ohnehin durch die Kündigungsregelung des § 29 Abs. 7 LRG NW ausreichend Rechnung getragen.[203]

(3.) Rechte der Betriebsgesellschaft in den beschlossenen Satzungen

Insgesamt 30 der ausgewerteten Satzungen haben das gesetzliche Teilnahmerecht eines Vertreters der Betriebsgesellschaft als „beratende Teilnahme" ausgestaltet und somit gegenüber dem gesetzlich erforderlichen Minimum inhaltlich ausgebaut.[204] In den verbleibenden 16 Satzungen ist die Qualität der Teilnahme dagegen entsprechend der A-Mustersatzung ohne nähere Konkretisierung geblieben. Große Annahme in der Praxis findet auch das zugleich von den B-Satzungen angeregte Initiativrecht der Betriebsgesellschaft zur Einbringung eigener Tagesordnungspunkte in Sitzungen der

---

202 LfR-Information Nr. 247/89, S. 6. Vgl. zum entsprechenden Monitum auf der Ebene der Kooperationsverträge: Stellungnahme der LfR auf der Grundlage der Sitzung des Ausschusses für den lokalen Rundfunk vom 03.10.1989, S. 11, 12. Die LfR nimmt hier eine aus dem Vertragsverhältnis folgende Treuepflicht an, sich intensiv mit den gegen eine Auflösung sprechenden Argumenten der Betriebsgesellschaft zu befassen.

203 Vgl. zum Ganzen LfR-Information Nr. 247/89, S. 6, 7 sowie LfR-Satzungsmonita, S. 2.

204 In vier dieser 30 Satzungen ist eine „beratende" Teilnahme nur für Sitzungen der Mitgliederversammlung vorgesehen, während die Teilnahme an Vorstandssitzungen ohne diesen Zusatz bleibt.

Mitgliederversammlung, das in 31 Satzungen aufgenommen wurde. Anders verhält es sich nur mit dem von Rath-Glawatz zusätzlich geforderten Recht zur Einberufung einer außerordentlichen Mitgliederversammlung auf Initiative der Betriebsgesellschaft, das mit nur fünf Realisierungen kaum Akzeptanz fand.

Das Teilnahmerecht beschränkende Satzungsinhalte finden sich in insgesamt 18 der ausgewerteten Satzungen, die sich für Inhalte entschieden haben, die später von der Landesanstalt für Rundfunk moniert wurden. Hierbei schieben alle 18 Satzungen die Teilnahmeberechtigung auf einen Zeitpunkt nach Abschluß des Kooperationsvertrages, während in zwei weiteren Verträgen der Vertreter der Betriebsgesellschaft auch dann ausgeschlossen werden kann, wenn er sich nicht zur Geheimhaltung verpflichten will oder in der betreffenden Sitzung die vertraglichen Beziehungen mit der Betriebsgesellschaft Gegenstand sind. Auch hier ergibt sich wiederum ein Problem daraus, daß die Landesanstalt für Rundfunk lediglich im Rahmen des Zulassungsverfahrens auf den Inhalt der Satzungen einwirken und darauf drängen kann, daß die Klauseln aus den Satzungen gestrichen werden. Über das Lizenzverfahren nicht verhindern kann die Anstalt, daß die Veranstaltergemeinschaft im Vorfeld den Vertreter der Betriebsgesellschaft auf der Grundlage der zu dieser Zeit gültigen und vereinsrechtlich zulässigen Satzung von der Teilnahme an den Sitzungen ihrer Organe ausschließt.

Das von der Landesanstalt für Rundfunk ebenfalls als unzulässig bewertete Zustimmungserfordernis der Betriebsgesellschaft ist für die Vereinsauflösung in fünf und für den Lizenzverzicht in drei Satzungen im untersuchten Dokumentenmaterial zu finden. Anders als im Fall der Begrenzung des Teilnahmerechts kommt dieser Regelung vor der Lizenzerteilung keine weitere Bedeutung zu, so daß sich das soeben beschriebene Aufsichtsproblem nicht stellt. Auffällig ist schließlich, daß in weiteren sieben Satzungen für die Vereinsauflösung und in einer Satzung auch für den Lizenzverzicht ein Anhörungsrecht der Betriebsgesellschaft verankert ist, für das es kein Vorbild in den Mustersatzungen gibt. Diese Anhörungsrechte scheinen bereits als Reaktion auf das Monitum der Landesanstalt für Rundfunk gegen ein Zustimmungserfordernis konzipiert worden zu sein.

bb. Berücksichtigung der Belange der Betriebsgesellschaften

Im nächsten Untersuchungsschritt wird der Frage nachgegangen, inwieweit die Satzungen Klauseln enthalten, die die Veranstaltergemeinschaft zur Beachtung bestimmter im Gefüge des Lokalfunkmodells vorrangig der Betriebsgesellschaft zugeordneter (vornehmlich wirtschaftlicher) Interessen zu verpflichten versuchen.

(1.) Berücksichtigung der Belange der Betriebsgesellschaften in den Musterverträgen

Während die Satzungen des Städtetags und der Sozialdemokratischen Gemeinschaft für Kommunalpolitik auf die Berücksichtigung potentieller Interessen der Betriebsgesellschaft verzichten, finden sich in den B-Satzungen einige Klauseln dieses Inhalts. Die Veranstaltergemeinschaft verpflichtet sich hier zunächst zur Beachtung der Grundsätze der Wirtschaftlichkeit und Sparsamkeit in ihrer Geschäftsführung.[205] Zumindest auch im Interesse der Betriebsgesellschaft dürfte eine weitere Klausel dieser Muster stehen, in der die Schaffung eines „leistungsfähigen sowie wirtschaftlichen lokalen Rundfunks“ als Vereinszweck festgeschrieben ist.[206] Einen unmittelbar auf die Betriebsgesellschaft bezogenen Inhalt weist eine letzte Satzungsregelung aus diesem Vertragsentwurf auf, nach der sich die Veranstaltergemeinschaft bereits in ihrer eigenen Satzung zur Beachtung der „wirtschaftlichen Belange der Betriebsgesellschaft“ verpflichtet.[207]

(2.) Berücksichtigung der Belange der Betriebsgesellschaften in den beschlossenen Satzungen

Die von den B-Satzungen angeregten Satzungsinhalte sind von der Praxis nur teilweise - abhängig vom geforderten Grad der Einbeziehung wirtschaftlicher Erwägungen - umgesetzt worden. So wird in immerhin 30 Verbreitungsgebieten mit der Anbindung an die Grundsätze der Wirtschaftlichkeit und Sparsamkeit eine Klausel übernommen, in der sich eher eine Selbstverständlichkeit der Geschäftsführung eines Vereins ausdrückt. Die im Kontext der Veranstaltergemeinschaft als programmverantwortlicher Säule auffälligere inhaltliche Festlegung speziell auf die Schaffung eines wirtschaftlichen und leistungsfähigen Rundfunks wurde in nur noch 20 Verbreitungsgebieten zum Inhalt der Satzung. Mit der Pflicht zur Beachtung der wirtschaftlichen Belange der Betriebsgesellschaft ist die weitgehendste Einbeziehung wirtschaftlicher Gesichtspunkte dann nur noch in elf der 46 Veranstaltergemeinschaften festgeschrieben worden. Diese Selbstverpflichtung der Veranstaltergemeinschaft ist deshalb besonders interessant, weil eine Berücksichtigung der ökonomischen Interessen der Betriebsgesellschaft eher im Kooperationsvertrag als Instrument des Interessenausgleichs zwischen den lokalen Säulen als in der an der Organisation der eigenen Interessen orientierten Vereinssatzung zu vermuten gewesen wäre.

---

205 Hauschild-Satzung, § 2 Abs. 2 2. Spiegelstrich; Rath-Glawatz-Satzung, § 4 Abs. 1. Diese Regelung hat einen eigenen vertraglichen Regelungsinhalt, da sich die Verpflichtung zur Einhaltung der Grundsätze von Wirtschaftlichkeit und Sparsamkeit in § 25 Abs. 4 Satz 2 LRG NW nur auf die Aufstellung eines Wirtschafts- und Stellenplans bezieht, vgl. hierzu § 5 I. 2. b.

206 Hauschild-Satzung, § 2 Abs. 2 2. Spiegelstrich.

207 Hauschild-Satzung, § 2 Abs. 2 2. Spiegelstrich.

d. Verwaltung der Veranstaltergemeinschaft und des lokalen Senders

Die Satzungen enthalten weiter Aussagen über die Frage, auf welche Art und Weise die Verwaltung der Veranstaltergemeinschaft und des lokalen Senders zu organisieren ist. Da die Veranstaltergemeinschaft nach der Anlage des Gesetzes über keine eigenen Mittel verfügt, hängt die Beantwortung dieser Frage letztlich von einer vertraglichen Abrede mit der Betriebsgesellschaft ab.[208] Die in den Satzungen getroffenen Regelungen über die administrativen Aufgaben weisen insofern nur den Charakter von Absichtserklärungen auf, die jedoch Aufschluß über das Selbstverständnis der Veranstaltergemeinschaften bei der Satzungsverabschiedung und die Ausgangsposition in den späteren Verhandlungen mit den Geldgebern geben können.

aa. Verwaltung in den Mustersatzungen

Die B-Mustersatzungen von Rath-Glawatz und Hauschild fordern die satzungsmäßige Selbstverpflichtung der Veranstaltergemeinschaft, im künftigen Kooperationsvertrag alle bei der Veranstaltergemeinschaft anfallenden Verwaltungsaufgaben auf die Betriebsgesellschaft zu übertragen, die diese Aufgaben im Wege der unentgeltlichen Geschäftsbesorgung für die Veranstaltergemeinschaft zu erledigen hat.[209] Demgegenüber setzen die Satzungen der SGK und des Städtetags auf die Erledigung der Verwaltungsaufgaben durch eigenes Personal der Veranstaltergemeinschaft, indem sie entweder die Berufung eines „Geschäftsführers“[210] oder allgemein von „Hilfspersonen“[211] zur Unterstützung des Vorstands in der Satzung vorsehen. Darüber hinaus sieht die Satzung des Städtetags die Möglichkeit vor, einzelne Mitglieder als hauptamtliche Vorstände zu bestellen, die so die Verwaltungsaufgaben der Veranstaltergemeinschaft übernehmen könnten.[212]

bb. Stellungnahme der Landesanstalt für Rundfunk

Die Landesanstalt für Rundfunk hat sich im Bereich der Verwaltung des Senders und der Veranstaltergemeinschaft nur im Hinblick auf die Übertragung der administrativen Aufgaben auf die Betriebsgesellschaft geäußert. Entscheide sich eine Veranstaltergemeinschaft für diesen rechtlich grundsätzlich zulässigen Weg, so müsse zumindest sichergestellt sein, daß alle

---

208 Vgl. dazu unten § 5 II. 2. c.

209 Rath-Glawatz-Satzung, § 17 Abs. 2; Hauschild-Satzung, § 15 Abs. 5. Vgl. zur Realisierung dieser Regelung in den Kooperationsverträgen unten § 5 II. 2.

210 Satzung des Städtetags, § 13 Abs. 2.

211 SGK-Satzung, § 6 Abs. 3.

212 Satzung des Städtetags, § 13 Abs. 2.

von der Veranstaltergemeinschaft für notwendig erachteten Aufgaben auch tatsächlich erfüllt werden könnten. Aus diesem Grund müsse im Fall einer Festlegung auf die Geschäftsbesorgung durch die Betriebsgesellschaft eine ergänzende Klausel in die Satzung eingefügt werden, die dann eingreifen müsse, wenn die Betriebsgesellschaft nicht in der Lage sei, notwendige und vereinbarte Dienstleistungen rechtzeitig in angemessenem Umfang zu erbringen. Hier müsse der Veranstaltergemeinschaft das Recht zustehen, die Dienstleistung, gegebenenfalls nach einer Abmahnung, durch die Beauftragung Dritter zu erlangen. Die hierfür der Veranstaltergemeinschaft entstehenden notwendigen Kosten seien sodann von der Betriebsgesellschaft zu tragen.[213]

cc. Verwaltung in den beschlossenen Satzungen

Mit insgesamt 26 sehen gut die Hälfte der Satzungen in Anlehnung an die A-Satzung und die Satzung des Städtetags im Grundsatz eine Erledigung der anfallenden administrativen Aufgaben durch eigenes Personal der Veranstaltergemeinschaft vor.[214] Hierbei ist allerdings zu beachten, daß in 15 dieser Satzungen die Beschäftigung eigenen Personals ausdrücklich unter den Vorbehalt einer entsprechenden Etatposition im Wirtschafts- und Stellenplan gestellt und insofern vom Ergebnis der Verhandlungen mit der Betriebsgesellschaft abhängig gemacht wird. Die verbleibenden elf Satzungen formulieren die Beschäftigung eigenen Personals für Geschäftsführungsaufgaben als verbindliche und uneingeschränkte Zielsetzung des Vereins. Dabei wird in sechs Veranstaltergemeinschaften dem Vorstand eigenes Personal zur Unterstützung zugeordnet, das als Geschäftsführer, Beschäftigter des Vorstands oder Hilfspersonal bezeichnet wird. Die übrigen fünf Satzungen sehen die Errichtung eines Sekretariats bzw. einer Geschäftsstelle der Veranstaltergemeinschaft vor, ohne deren Aufgabe näher zu bestimmen.[215]

Die Forderung der B-Satzungen nach einer satzungsmäßigen Selbstverpflichtung der Veranstaltergemeinschaften zur Übertragung aller administrativen Aufgaben auf die Betriebsgesellschaft hat sich nur in elf Veranstaltergemeinschaften durchsetzen können.[216] Hierbei behält sich die Veranstaltergemeinschaft in zwei Fällen das Recht vor, „im Einzelfall oder einem be-

---

213 LfR-Satzungsmonita, S. 3. Zu den parallelen Monita der LfR für die Kooperationsverträge vgl. § 5 II. 2. c.

214 Vgl. zur Frage einer Berücksichtigung von Verwaltungspersonal in den Satzungen der lizenzierten Verbreitungsgebiete auch die Zusammenstellung bei Pape/Samland, Medienhandbuch 1988, unter 4.8, die auf einem anderen Datenstand beruht.

215 Angemerkt sei an dieser Stelle, daß die späteren Kooperationsverträge in dieser Frage weit reduzierte Vorstellungen enthalten, vgl. § 5 II. 2. c.

216 Vgl. auch hier die Regelungen der Kooperationsverträge, die die Geschäftsbesorgung durch die Betriebsgesellschaft ausnahmslos vorsehen, unten § 5 II. 2. c.

stimmten Kreis der Geschäfte" die Erledigung durch Beschluß der Mitgliederversammlung wieder an sich zu ziehen. Die von der Landesanstalt für Rundfunk eingeforderte Ersetzungsbefugnis der Veranstaltergemeinschaft im Fall des Verzugs oder der Schlecht- oder Nichterfüllung der Geschäftsbesorgung ist von den Satzungen nicht realisiert worden. Lediglich eine Satzung bestimmt in diesem Zusammenhang, daß sicherzustellen sei, daß die Betriebsgesellschaft im Einzelfall in der Lage ist, die übernommenen Aufgaben zu erbringen.[217]

e. Verhältnis zwischen Veranstaltergemeinschaft und Redaktion

Die Untersuchung der Satzungsinhalte wendet sich als letztes der Frage zu, welche Aussagen über das Verhältnis des Vereins zu der später von ihm zu beschäftigenden Redaktion in der Vereinssatzung getroffen wurden. Die Betrachtung soll Aufschlüsse darüber erlauben, welche Vorstellungen die Veranstaltergemeinschaften in ihrer Konstituierungsphase über den Standort der Redaktion im Gefüge des lokalen Senders entwickelt haben.

aa. Verhältnis zwischen Veranstaltergemeinschaft und Redaktion in den Mustersatzungen

Die Mustersatzungen beschränken sich in weiten Teilen auf die Wiederholung der die Redaktion betreffenden gesetzlichen Bestimmungen des LRG NW und enthalten nur wenig ergänzende Aussagen über das Verhältnis der Veranstaltergemeinschaft zu ihren späteren Programm-Mitarbeitern. In den ergänzenden Inhalten werden dennoch unterschiedliche Vorstellungen über die Integration der Redaktion und insbesondere der redaktionellen Leitung in das Gefüge der Veranstaltergemeinschaft und des künftigen lokalen Senders deutlich.

Die B-Satzungen erklären eine Einstellung eines Chefredakteurs stets nur als befristet zulässig und schränken insoweit die Kompetenz der Mitgliederversammlung in der späteren Personalentscheidung ein.[218] Diese Gruppe von Mustersatzungen stellt darüber hinaus die Unvereinbarkeit einer Mitgliedschaft in der Veranstaltergemeinschaft mit der Position des Chefredakteurs fest.[219] Sinn dieser Regelung scheint zu sein, wirksam auszuschließen, daß die Redaktion und damit die unmittelbare Programmgestaltung zu eng

217 Auch für diese Klausel stellt sich nicht das mehrfach beschriebene Problem, daß die LfR erst im Lizenzverfahren Einfluß auf die Vereinssatzungen nehmen kann, da eine Geschäftsbesorgung durch die Betriebsgesellschaft erst nach Aufnahme des Sendebetriebes relevant werden kann.

218 Rath-Glawatz-Satzung, § 16 Abs. 2; Hauschild-Satzung, § 16 Abs. 3.

219 Rath-Glawatz-Satzung, § 16 Abs. 1; Hauschild-Satzung, § 16 Abs. 1.

an die Programmverantwortung der Veranstaltergemeinschaft angebunden wird.

Die A-Satzung orientiert sich an dem Ziel, die Position der Redaktion in der Veranstaltergemeinschaft zu stärken und ihre Autonomie abzusichern. So sieht das Muster zunächst ein Teilnahmerecht der Chefredakteurin bzw. des Chefredakteurs an Mitgliederversammlungen vor, das mit einem Recht zur Erweiterung der Tagesordnung verbunden werden soll.[220] Darüber hinaus regt der Entwurf eine Beteiligung der zuständigen journalistischen Fachgewerkschaften bei der Aufstellung des Redakteurstatuts an.[221]

bb. Verhältnis zwischen Veranstaltergemeinschaft und Redaktion in den beschlossenen Satzungen

Auch die Satzungen der Veranstaltergemeinschaften in den Verbreitungsgebieten enthalten nur im geringen Umfang Festlegungen des Verhältnisses zur Redaktion. In den aufgefundenen Satzungsklauseln haben sich weder die Inhalte der B-Satzungen noch die gegenläufigen Vorstellungen in der A-Satzung in großem Umfang durchsetzen können.

So findet die von den B-Satzungen vorgeschlagene Pflicht zur Befristung des Arbeitsvertrages mit der Chefredakteurin oder dem Chefredakteur in der Praxis nur in sechs Verbreitungsgebieten Resonanz. Eine breitere Berücksichtigung erfährt die zugleich angeregte Unvereinbarkeitsklausel der Position der Chefredakteurin bzw. des Chefredakteurs mit einer Mitgliedschaft im Verein, die in immerhin 26 Satzungen konsensfähig war. Auch die von der A-Satzung intendierte Stärkung der Position der Redaktion ist von der Praxis nur zögerlich und in deutlich abgeschwächter Form angenommen worden. So *muß* die Aufstellung des Redakteurstatuts nur in einer Veranstaltergemeinschaft unter Beteiligung der zuständigen Fachgewerkschaften bewerkstelligt werden, während in 15 Satzungen die Fachgewerkschaften beteiligt werden *sollen* und in weiteren acht Fällen nur noch beteiligt werden *können*. In elf Satzungen wird der Chefredakteurin/dem Chefredakteur ein Teilnahmerecht an der Mitgliederversammlung eingeräumt. In weiteren sieben Satzungen stellt die Satzung lediglich fest, daß die Chefredakteurin bzw. der Chefredakteur eingeladen werden kann, wobei in fünf Satzungen die Teilnahme auf Verlangen der Mitgliederversammlung als dienstliche Pflicht obligatorisch sein soll.

220 SGK-Satzung, § 5 Abs. 3 und 5.
221 SGK-Satzung, § 11.

f. Zwischenergebnis

Die Satzungen in den untersuchten 46 Verbreitungsgebieten weisen ein Spektrum unterschiedlicher Regelungen auf, in denen sich sowohl Inhalte der A- als auch der B-Mustersatzungen niedergeschlagen haben.

Auffällig ist zunächst, daß auf Aussagen über Grundsätze oder einzelne Programminhalte des von der Veranstaltergemeinschaft verantworteten Programms, wie sie etwa im Hinblick auf lokale Besonderheiten zumindest zu vermuten gewesen wären, weitgehend verzichtet wurde. Wenig Belege finden sich ferner auch dafür, daß sich die Veranstaltergemeinschaften näher mit ihrer Funktion im Zwei-Säulen-Modell auseinandergesetzt haben. Nur in wenigen Satzungen hielten es die Veranstaltergemeinschaften etwa für erforderlich, ihre Mitglieder zum Verzicht auf die Verfolgung programmlicher Partikularinteressen aufzufordern oder sie zu verpflichten, ihre Aufgabe als ein Bestandteil der programmverantwortlichen Säule des Modells auch tatsächlich aktiv auszuüben.

Die innere Organisation der Veranstaltergemeinschaft weist in der überwiegenden Zahl der Satzungen eine Tendenz auf, den Vorstand als zentralen Akteur des Vereins zu etablieren und mit weitreichenden Rechten auszustatten. Der Mitgliederversammlung wird eher eine beobachtende und kontrollierende Funktion zugewiesen. Dies drückt sich zunächst in der vereinbarten, zumeist knappen jährlichen Mindesttagungshäufigkeit aus, die zum Teil unterhalb der von der Landesanstalt für Rundfunk angeregten Tagungsfrequenz bleibt und die bei einer tatsächlichen Häufigkeit der Sitzungen im angebenen Rhythmus eine Wahrnehmung der zentralen Vereinsaufgaben durch die Mitgliederversammlung als selbständigen Entscheidungsträger kaum ermöglichen wird. Darüber hinaus deutet auch die breite Nutzung der gesetzlichen Delegationsoption für die Entscheidungen in den Bereichen Personal und Programm auf eine hohe Bereitschaft der Mitgliederversammlung, sich aus einzelnen Aufgabenbereichen zurückzuziehen und sich selbst auf Kontroll- und Aufsichtstätigkeiten zu beschränken. Aufschlußreich erscheint in diesem Zusammenhang die für die plurale Struktur der Mitgliederversammlung elementare Frage des Ausschlußverfahrens für einzelne Mitglieder der Veranstaltergemeinschaft, das in einer Mehrzahl der Satzungen durch die Einräumung einer eigenen Entscheidungskompetenz des Vorstandes gekennzeichnet wird. Hier zeigt sich ein inhaltlich stark zurückgenommenes Selbstverständnis der Mitgliederversammlung, die sich freiwillig auf ein antragsgebundenes Überprüfungrecht hinsichtlich der Entscheidung des Vorstands beschränkt.

Als Korrektiv der so determinierten Aufgabenverteilung zwischen den Organen der Veranstaltergemeinschaft versuchen die Satzungen in den meisten Fällen, zumindest eine Transparenz der Vorstandsarbeit durch die Satzung zu gewährleisten. Hierbei ist allerdings festzustellen, daß das von der A-Mustersatzung aufgezeigte Spektrum möglicher Regelungen kaum ausgeschöpft wird.

In zahlreichen Satzungen finden sich ferner Klauseln, die die Veranstaltergemeinschaft zur Berücksichtigung typischerweise der Betriebsgesellschaft zugeordneter Interessen verpflichten und daher eher im Kooperationsvertrag als dem Instrument des Interessenausgleichs zwischen Veranstaltergemeinschaft und Betriebsgesellschaft als in der Satzung der Veranstaltergemeinschaft zu vermuten gewesen wären. Als wichtigste Selbstbeschränkung der Veranstaltergemeinschaften in diesem Sinne können hier die allgemein formulierte Pflicht zur „Berücksichtigung der wirtschaftlichen Interessen der Betriebsgesellschaft", das Zustimmungserfordernis für die Auflösung des Vereins und den Verzicht auf eine einmal erteilte rundfunkrechtliche Lizenz sowie die Auswahl der Akzeptanzklausel des § 24 Abs. 1 Satz 4 LRG NW als einzigen aus dem gesetzlichen Katalog in die Satzung eingegangenen Programmgrundsatz genannt werden.

Die Landesanstalt für Rundfunk hat zu verschiedenen Satzungsinhalten rechtliche Beurteilungen abgegeben und dadurch versucht, für die Akteure Grenzen der Satzungsautonomie festzulegen. Hierbei hat sie zumeist auf rechtliche Interpretationen reagiert, die aus der Sphäre der Ratgeberliteratur stammen und von den Veranstaltergemeinschaften bei der Formulierung ihrer Satzung aufgegriffen wurden. Es ist anzunehmen, daß die Anstalt ihre rechtlichen Positionen im Zuge des Lizenzierungsverfahrens durchsetzen und die Veranstaltergemeinschaften darauf festlegen konnte, die in ihrer Wertung rundfunkrechtlich unzulässigen Inhalte aus den Satzungen zu nehmen.[222] Allerdings ergibt sich auch unter der Prämisse entsprechender Änderungen das Problem, daß zuvor getroffene Maßnahmen auf der Grundlage der für rundfunkrechtswidrig befundenen Regelungen in den Zulassungszeitraum hinein fortwirken könnten. Eine derartige Fortwirkung ist für die nach Auffasung der Landesanstalt für Rundfunk inhaltlich zu unbestimmten Ausschlußtatbestände für Vereinsmitglieder, die Übertragung von Stimmrechten innerhalb der Mitgliederversammlung und die Begrenzung des Teilnahmerechts des Vertreters der Betriebsgesellschaft an Sitzungen der Veranstaltergemeinschaft vorstellbar.

---

222 Verläßliche Aussagen darüber, inwieweit die LfR ihre Monita tatsächlich in diesem Sinne durchsetzen konnte, lassen sich auf der Grundlage des der Untersuchung vorliegenden Materials nicht treffen. Diejenigen Satzungen, die von der LfR monierte Inhalte aufweisen, tragen Daten vor der Lizenzerteilung, so daß Änderungen noch erfolgt sein können.

III. Fallstudien

Anhand von Fallstudien über die Verbreitungsgebiete Kreis Wesel, Stadt Köln und Kreis Coesfeld wird im folgenden dargestellt, in welcher Weise die diskutierten gesetzlichen Regelungen auf lokaler Ebene umgesetzt worden sind und welche Gesichtspunkte dafür maßgebend waren. Wie die Veranstaltergemeinschaften unter diesen Umständen inhaltlich gearbeitet haben, bleibt hier zunächst noch ausgeklammert. Es wird im Zusammenhang mit den Fragen der Programmgestaltung in den letzten Kapiteln eingehend zu diskutieren sein.

1. Wesel

a. Gründungsprocedere

Die Initiative zur Gründung einer Veranstaltergemeinschaft im Kreis Wesel ist ausgegangen vom Förderverein Radio Kreis Wesel. Dieser Verein war im Dezember 1986, etwa zeitgleich mit der Verabschiedung des LRG NRW, in Moers gegründet worden. Den Hintergrund dieses Vereins beschreibt eines seiner Mitglieder wie folgt:

„Es gab hier immer so ein paar Leute, die gerne Rundfunk machen wollten, auf lokaler Basis. Wir hatten uns das vom Gesetz her aber ganz anders vorgestellt, als es nachher gekommen ist. Nun gut, wir hatten dann schon im Vorfeld des Gesetzes einen kreisdeckenden Förderverein Radio Kreis Wesel, die kamen also aus Moers, aus Wesel, aus Rheinberg, überall aus dem ganzen Kreisgebiet. ... Gut, als dann das Gesetz nachher verabschiedet war, hat sich dann aus diesem Förderverein heraus die Veranstaltergemeinschaft gebildet, das heißt also, ich will mal so sagen, 50% der Mitglieder dieses Fördervereins waren dann nachher auch Gründungsmitglieder der Veranstaltergemeinschaft."

Bereits im Februar 1987 hat der Verein eine Informationsveranstaltung durchgeführt. Am 26. März 1987 wurde die Veranstaltergemeinschaft für den Kreis Wesel gegründet. Als Gäste waren mit Erich Schumann und Günter Müggenburg zwei prominente Vertreter der WAZ-Gruppe vertreten.[223]

An der Gründung der Veranstaltergemeinschaft waren 12 Gründungsmitglieder beteiligt. Von den maximal 14 möglichen Teilnehmern fehlten Vertreter der Verbraucherzentrale sowie des Kreisjugendrings.

Als Entwurf einer Satzung hatten die Gründungsmitglieder bereits mit der Einladung eine Vorlage erhalten, die auf der Mustersatzung der Sozialdemokratischen Gemeinschaft für Kommunalpolitik (SGK) basiert. Es wurden jedoch auch verschiedene Vorschriften aus dem Satzungsentwurf von

223 Rheinische Post Moers, 28.03.1987.

Hauschild adaptiert, insbesondere die Festlegung der Ziele der Veranstaltergemeinschaft. So war u.a. verlangt, daß die Veranstaltergemeinschaft die wirtschaftlichen Belange der Betriebsgesellschaft beachten soll. Auf der anderen Seite wurden verfahrensmäßige Selbstverpflichtungen der Veranstaltergemeinschaft gegenüber der Betriebsgesellschaft weitgehend gemieden. Es wurde aber festgelegt, daß der Verzicht auf die Zulassung nur mit Einwilligung der Betriebsgesellschaft zulässig sein sollte.

Zum Gründungsvorsitzenden der Veranstaltergemeinschaft wurde der vom Kreistag entsandte SPD-Vertreter gewählt. Um die beiden anderen Sitze im Vorstand gab es „eine riesige parteipolitische Debatte",[224] mit mehr als 10 Wahlgängen. Als erster Stellvertreter wurde der Vertreter der Arbeiterwohlfahrt gewählt; als zweiter der Vertreter der Naturschutzverbände. Er stellt die Gründungsversammlung wie folgt dar:

„Diese Gründungsversammlung zog sich also endlos in die Länge, was eigentlich darauf zurückzuführen war, daß CDU-seitig die Befürchtung geäußert wurde, der Vorstand sei SPD-dominiert. Der Herr [...] von der SPD vom Kreistag, das ging eigentlich ganz problemlos, die Wahl; die Wahl des Stellvertreters war eigentlich auch relativ problemlos mit dem Herrn [...] als dem einen Stellvetreter, nur wurde dann schon gesagt: AWO, und der ist auch in der SPD, sind schon zwei von der SPD, und da muß doch eigentlich einer von der CDU ran. Und da haben wir gesagt: So ein Blödsinn, da muß nicht zwangsläufig einer von der CDU rein, da muß einer rein, der auch Interesse hat mitzuarbeiten. Ja und dann ließ sich von der CDU doch einer aufstellen, dann sagte aber der Gewerkschaftsmensch: Nein, wenn der, dann ich. Und dann der vom Unternehmerverband, der stellte sich zur Wahl, und dann sagte der Gewerkschafter: Jetzt ich erst recht – ist klar, der versucht ja auch seine Interessen da reinzubringen. Und es gab dann endlose Wahlgänge, und ich hatte zu dem Zeitpunkt das Glück, die Wahlleitung zu machen, nur nachdem alle anwesenden Gründungsmitglieder durch waren und auch durchgefallen waren, war ich der letzte."

Auch der Vertreter der Naturschutzverbände war Mitglied der SPD; dies war jedoch in der Gründungsversammlung nicht allen Beteiligten bekannt. Nur aus diesem Grund, so ist anzunehmen, konnte er als Kompromißkandidat die notwendige Zwei-Drittel-Mehrheit in der Mitgliederversammlung erreichen. Im Ergebnis bestand damit der Gründungsvorstand der Veranstaltergemeinschaft für den Kreis Wesel ausschließlich aus Mitgliedern der SPD.

b. Entwicklung der Mitgliederstruktur

An der Gründung der Veranstaltergemeinschaft hatten Vertreter der Verbraucherzentrale sowie des Kreisjugendrings nicht mitgewirkt. Die Ver-

224 Rheinische Post Moers, 28.03.1987.

braucherzentrale hat bis zur ersten Mitgliederversammlung die Nominierung nachgeholt, der Kreisjugendring zur zweiten Mitgliederversammlung. Ein förmlicher Aufnahmebeschluß war gemäß § 26 Abs. 2 Nr. 6 LRG NW noch nicht erforderlich.

Die nach § 26 Abs. 3 LRG NW obligatorischen Zuwahlen von vier Mitgliedern aus den Bereichen Kultur und Kunst sowie Bildung und Wissenschaft, aus dem Kreis der ausländischen Mitbürger und aus einem Förderverein erfolgten bereits in der dritten und vierten Mitgliederversammlung im September und Oktober 1987, und das heißt, noch bevor die Veranstaltergemeinschaft in Arbeitsgruppen zum Programmschema und zum Wirtschafts- und Stellenplan die inhaltliche Arbeit aufgenommen hatte. Anders als es Hirsch in ihrer Querschnittsbetrachtung konstatiert,[225] kann für den Kreis Wesel insofern von einer „Closed-Shop-Strategie", die die Beteiligung zusätzlicher Kräfte möglichst weit hinauszögert, nicht gesprochen werden.

Allerdings haben auch hier parteipolitische Gesichtspunkte offenbar eine wesentliche Rolle gespielt. Für die Vertretung des Fördervereins hatte dieser als einzigen einen Kommunalpolitiker der SPD vorgeschlagen, und er erreichte auf Anhieb die erforderliche Mehrheit. Für die anderen Positionen gab es jeweils mehrere Vorschläge und mehrere Wahlgänge, die in zwei Fällen erst nach Vertagung zu einem Ergebnis führten. Für den Bereich Kultur und Kunst waren zunächst ein Kommunalpolitiker der CDU sowie ein SPD-Vertreter vorgeschlagen, der dem linken Flügel der SPD zugerechnet wurde. Beide erreichten nicht die notwendige Mehrheit, und nach Vertagung wurde schließlich doch das CDU-Mitglied gewählt. Inwieweit es dazu konkrete Absprachen zwischen den Parteien gegeben hat, ist nicht im einzelnen zu rekonstruieren. Daß aber letztlich der Gesichtspunkt der parteipolitischen Gewichtung eine Rolle gespielt hat, ist beispielsweise aus der folgenden Auskunft eines Mitglieds der Veranstaltergemeinschaft ersichtlich:

> „Letztlich ist das meist auch bei der Zuwahl irgendwie über diese Schienen eingespielt worden, da hat man geguckt, zwei SPD, einer CDU."

Auch die zunächst erfolgreich abgeschlossenen Zuwahlen mußten in der folgenden Sitzung wiederholt werden, weil zwar eine Mehrheit von zwei Dritteln der Anwesenden, nicht aber von zwei Dritteln der A-Mitglieder erreicht worden war, wie es § 26 Abs. 3 Satz 2 LRG NW und die Satzung der Veranstaltergemeinschaft verlangten. Erst nach der Sitzung ist dies allerdings von einem Mitglied der Veranstaltergemeinschaft bemerkt und moniert worden.

---

225 Hirsch, Lokaler Hörfunk in Nordrhein-Westfalen, S. 205 ff.

Auf C-Mitglieder hat die Veranstaltergemeinschaft für den Kreis Wesel bislang verzichtet, um sich noch alle Optionen offenzuhalten, wie der Vorsitzende sagt:

„Wir haben aber verzichtet, diese weiteren vier zu nehmen, und zwar aus einem ganz einfachen Grunde: Weil wir gesagt haben, zum Arbeiten genügt diese Gruppierung, und dann wollen wir mal abwarten, ob wir einen ganz besonderen Sachverstand brauchen, dann können wir uns ja hinterher noch mal jemanden holen. Wir wollen das nicht von Anfang an blockieren und da es bei uns auch nicht solche Rivalitäten gab, wie vielleicht bei andern Veranstaltergemeinschaften, Sie wissen ja, da hat es so Fördervereine gegeben, von der Wirtschaft, also die IHK, die sich da gegründet haben, eigentlich nur um da diesen Platz in der Veranstaltergemeinschaft zu besetzen, die aber mit Radio machen im Grunde nichts am Hut hatten, sich also darum auch nicht kümmern, also gar keine Ahnung davon haben, das ist hier also Gott sei Dank unterblieben. Insofern hatten wir also auch nicht wie in Duisburg, da sind also, ich weiß nicht wieviel Radiovereine und dann haben natürlich zwei dann einen Sitz gekriegt, der eine den normalen und der andere dann über Zuwahl, das brauchten wir hier dann nicht, wir haben bis jetzt also nur diese 18 Mitglieder, die also vom Gesetz vorgeschrieben sind."

Unter den Gründungsmitgliedern der Veranstaltergemeinschaft war zunächst nur eine Frau. Die angemessene Berücksichtigung von Frauen, die das LRG NW fordert, ist aber in der Veranstaltergemeinschaft im Kreis Wesel durchaus als Problem gesehen worden, wie der Vorsitzende erläutert:

„Es war ganz schlecht, wir haben ja keinen Einfluß nehmen können, wen die Leute uns schickten. Das sah so aus, daß in der Veranstaltergemeinschaft 17 Männer und eine Frau saßen – Sie können ja keinen Einfluß nehmen, wen die schicken, und dann habe ich, als jetzt die Nachwahlen anstanden, bei den Naturschützern und jetzt demnächst bei den Wohlfahrtsverbänden, da habe ich denen dann einen Brief geschrieben, der Organisation, habe denen geschrieben, es wäre vielleicht wünschenswert, wenn sie uns dann eine Frau schicken würden, einmal stand es so im Gesetz und jetzt bei der Nachwahl könnte man das reparieren. Sie sind natürlich in ihrer Entscheidung frei, aber sollten doch mal überlegen, ob sie dieser Bitte nicht nachkommen können. Das ist dann auch geschehen inzwischen, man hat dann also drei Frauen in der Veranstaltergemeinschaft, und ich hoffe, daß noch eine vierte kommt. Sie können ja im Grunde genommen nicht, ich wüßte auch nicht, wie man das machen sollte, wenn Sie da Einfluß nehmen, geraten Sie schnell in den Verdacht, da was manipulieren zu wollen, vielleicht Leute einer gewissen Richtung nur haben zu wollen, oder irgendsowas. Das wäre also ganz schlecht, wenn man das täte, also ich meine so was das man sagt, schickt uns mal lieber eine Frau als einen Mann, weil das im Gesetz so vorgesehen ist, so was kann man natürlich machen, aber wenn man da anfängt, Personen auszusuchen, ich weiß nicht, wir haben das also im Vorfeld nicht gemacht, und ich hielte das auch für schlecht, nich, denn ich glaube, dann wäre die Vertrauensbasis auch weg."

Die Fluktuation unter den Vereinsmitgliedern ist nicht auffällig; sie wurde von einem der Mitglieder mit etwa einem Viertel (in einem Zeitraum von drei Jahren) beziffert. Sie beruht einerseits auf freiwilligem Ausscheiden, zum anderen haben beispielsweise die Wohlfahrtsverbände untereinander eine Rotation der Mitglieder nach einem Zeitraum von etwa drei Jahren vereinbart.[226] Der Vorsitzende der VG berichtet Ende 1990 über die Fluktuation in der Veranstaltergemeinschaft folgendes:

„Wir haben inzwischen ausgetauscht: die Verbraucherverbände haben ein neues Mitglied benannt, das lag aber daran, weil derjenige, den sie gesucht haben, die Organisation verlassen hat, dann ist neu gekommen von den Naturschutzverbänden, wie gesagt, die hatten dieses rollierende System, und der Kreisjugendring hat einen neuen Vertreter geschickt, weil der alte aus beruflicher Überlastung, der war Pastor, sein Amt niedergelegt hat, und demnächst steht also an, wird also der von den Wohlfahrtsverbänden ausscheiden, da kommt dann also jemand von der Caritas, glaube ich, jetzt war es Arbeiterwohlfahrt. Das sind eigentlich die beiden einzigen, nur die Wohlfahrtsverbände und die Naturschutzverbände, die dieses System vereinbart haben, und alle anderen Mitglieder sind noch, wie sie von Anfang an da waren."

c. Vorstand

Der Gründungsvorstand ist während seiner gesamten dreijährigen Amtszeit in der personellen Zusammensetzung unverändert geblieben. Zum Ablauf der Amtszeit haben die beiden stellvertretenden Vorsitzenden auf eine erneute Kandidatur verzichtet. Der Vorstand hat in dieser Situation den amtierenden Vorsitzenden zur Wiederwahl und den Vertreter des Bereiches Bildung und Wissenschaft sowie den Vertreter der Arbeitgeber – der bei der Gründungsversammlung noch erfolglos kandidiert hatte – zur Wahl als Stellvertreter vorgeschlagen. Die Mitgliederversammlung ist diesen Vorschlägen gefolgt, ohne daß es überhaupt noch alternative Vorschläge gegeben hätte.

Förmliche Vorstandssitzungen hat es zumindest in der Anfangszeit in der Veranstaltergemeinschaft für den Kreis Wesel kaum gegeben; die anstehenden Entscheidungen sind nach Auskunft des Vorsitzenden fast durchweg von der Mitgliederversammlung getroffen worden. Als problematisch hat sich dies jedoch bei den Personalentscheidungen im redaktionellen Bereich erwiesen, wo etwa im Zusammenhang mit der Einstellung von Redaktionspersonal rasche Entscheidungen gefordert sind. Die Mitgliederversammlung hat deshalb diese Kompetenzen an den Vorstand delegiert.

---

226 Vgl. dazu auch Ronge, Repräsentationsprobleme, passim.

d. Satzung

Im Herbst 1989 hat die Landesanstalt für Rundfunk die Satzung der Veranstaltergemeinschaft in verschiedenen Punkten moniert und um Änderungen gebeten. Der Verzicht auf die Zulassung sollte nach der Satzung nur mit Einwilligung der Betriebsgesellschaft möglich sein; dieser Vorbehalt wurde aufgehoben. Die Satzung wurde auch an die Auffassung der Landesanstalt für Rundfunk angepaßt, daß die geforderten Quoren bei Abstimmungen im LRG NW abschließend geregelt seien und von der Veranstaltergemeinschaft nicht verschärft werden dürften. Auch die Möglichkeit des Ausschlusses wegen Verletzung der Vereinsinteressen oder mangelnder Präsenz bei Mitgliederversammlungen wurde von der Landesanstalt für Rundfunk beanstandet, weil es mit den Rechten der entsendungsberechtigten Gruppen im Widerspruch stehe. Des weiteren wurde verlangt, die satzungsmäßig vorgesehene Mindestzahl von zwei Mitgliederversammlungen pro Jahr auf eine pro Quartal zu erhöhen, um die Wahrnehmung des Programmauftrages zu gewährleisten. Die Veranstaltergemeinschaft ist diesen und den weiteren, eher klarstellenden Monita der Anstalt durch entsprechende Satzungsänderungen nachgekommen.

Über die Erfahrungen im Umgang mit der Satzung ist in den Interviews insbesondere das Problem der Beschlußfähigkeit zur Sprache gebracht worden. Einige Mitglieder lassen es offenbar häufiger an der Mitarbeit und der Teilnahme an den Mitgliederversammlungen fehlen, so daß es zu Sitzungen gekommen ist, die nicht beschlußfähig waren. Insbesondere aber ist es dazu gekommen, daß aufgrund der Abwesenheit von Mitgliedern die notwendige Mehrheit von zwei Dritteln aller Mitglieder für die Nachwahl von Vorstandsmitgliedern nicht erreicht wurde.

2. Köln

a. Gründungsprocedere

In der Stadt Köln war die Gründung der Veranstaltergemeinschaft ein ausgesprochen langwieriger Prozeß.

Sie begann im Februar 1987 mit einem „Gedankenaustausch" beim Kölner Oberbürgermeister, an dem die verschiedenen gesellschaftlichen Gruppen beteiligt wurden. Am 29.04.1987 haben sich die am Lokalfunk Interessierten zu einer konstituierenden Sitzung der Veranstaltergemeinschaft zusammengefunden. In dieser Runde wurden auch inhaltliche Erwartungen an den lokalen Rundfunk ausgetauscht. Als Ergebnis der Versammlung wurde eine Satzungskommission aus sechs Personen eingesetzt. An ihr waren beteiligt die Vertreter der Arbeitgeber, des DGB, der Wohlfahrtsverbände, des Sportbundes, der Zeitungsverleger sowie der vom Rat entsandte SPD-Vertreter. Über die Arbeitsweise dieser Kommission sind Einzelheiten nicht bekannt geworden. Sie hat fast sechs Monate benötigt, bis sie einen Satzungsentwurf vorlegen konnte. Der Entwurf orientierte sich im wesentlichen am Musterentwurf des Städtetages.

Zur regulären Gründungsversammlung hat der Oberbürgermeister auf den 4. November 1987 eingeladen. Alle entsendungsberechtigten Gruppen hatten Vertreter benannt, und mit Ausnahme des Vertreters der Naturschutzverbände waren sie vollzählig versammelt. Mit geringfügigen redaktionellen Änderungen wurde der Satzungsentwurf verabschiedet. Zu einer Vorstandswahl kam es nicht; stattdessen wurde die Satzungskommission gebeten, einen Vorschlag zur Besetzung des Vorstandes und zur Zuwahl der B- und C-Mitglieder zu unterbreiten. Mit nur einer Ausnahme erklärten alle Mitglieder ihre grundsätzliche Bereitschaft, für ein Vorstandsamt zu kandidieren.

Im Frühjahr 1988 hat die Kommission mehrere alternative Vorschläge ausgearbeitet, die nicht auf die konkreten Personen abzielten, sondern auf die jeweils dahinterstehenden entsendenden Stellen. Als erste Variante wurde ein „politischer Vorstand" mit den beiden Ratsvertretern und einem anderen Mitglied ins Gespräch gebracht. Eine Alternative wurde darin gesehen, einen „gesellschaftlichen Vorstand" ohne Ratsvertreter zu installieren. Als dritte Lösung kam ein „fachlicher Vorstand" – mit besonderen Fachkompetenzen (Verlegervertreter und Vertreter der Journalistenverbände) und als viertes ein „kommunal-gesellschaftliches Modell" in Betracht, das je ein Element kombinieren sollte. In jedem Fall wurde Blockwahl vorgeschlagen.

Über die verschiedenen Varianten gab es eingehende Diskussionen, und zwar zunächst nicht in der Mitgliederversammlung selbst, sondern im Hintergrund, um die realisierbaren Möglichkeiten im „kölschen Klüngel" auszuloten. Einer der Beteiligten skizziert das grundlegende Problem wie folgt:

> „Es ist zum Teil kölsch diskutiert worden. Was immer das sein mag, es ist zunächst in kleinen Zirkeln erörtert worden. Das Verfahren war immer getragen davon, daß dieser heterogene Verein Veranstaltergemeinschaft in seiner Kondensierung Vorstand, von Gesetzes wegen 3 Personen, auch noch in dieser Dreiergruppierung in gewisser Weise noch einen Spiegel der Vielfalt dieser Gruppierungen ergeben sollte. Und da will ich nicht leugnen, daß das eine wie das andere Modell dabei denkbar ist. Dem Grundgedanken, daß auch im Vorstand sich wenn irgend möglich die gesellschaftlichen Gruppierungen, wie sie auch im Plenum vorhanden sind, wiederfinden sollten, das halte ich schon für richtig. Da ließe sich das eine oder andere Modell finden, und nach langer, langer Erörterung sind wir dann zu diesem Vorstandsmodell gekommen."

Die wesentliche Konfliktlinie war dabei anscheinend, ob den Kommunalpolitikern eine zentrale Rolle eingeräumt werden sollte, um die politische

Vielfalt zu sichern, oder ob die Politiker selbst – unabhängig von ihrer Parteizugehörigkeit – das eigentliche Problem darstellten. Dazu ein weiterer Beobachter:

„Es war sehr umstritten, daß ein Politiker den Vorsitz haben sollte. Es war auch zunächst Widerstand da, daß die gesagt haben: Wieso eigentlich Politiker? Erstens sind die Nichtpolitiker in der Mehrheit, die spielen sich sowieso immer in den Vordergrund, müssen sie nicht hier auch noch. Und ich sage auch mal, der eine Politiker gönnt auch dem anderen Politiker nicht unbedingt, daß das so war, und der glaubte also Punkte zu machen, wenn er also dem anderen nach dem Munde sprach. Aber dann stellte sich doch heraus, daß das nachher doch nicht so war, daß die dann sagten: na schön, das ist nun mal die stärkste Partei hier, und warum soll es nicht auch nach außen deutlich werden, und wenn der also zwei Stellvertreter bekommt, die ihn so unter Kontrolle behalten, und der ganze Club sowieso – und so groß ist der Club gar nicht, höchstens zwanzig Mann, wenn alles ausgenutzt ist – und wenn wir uns öfters treffen und darüber reden – der kann nicht machen, was er will, kann er nicht, so wie die Anlage ist, und deshalb ist das sehr wohl tragbar. Natürlich, die Zeiten sind nicht mehr so, daß ein katholischer Kirchenmann das unbedingt macht, früher war das mal in Köln anders, und da wären also mindestens genauso Widerstände gewesen, so will ich es mal formulieren, wie gegen einen Politiker."

Die hier bezeichnete Konfliktlinie wird aus der Perspektive eines Mitglieds, das sich gegen die Beteiligung der Kommunalpolitiker engagiert hatte, ganz ähnlich gesehen:

„Streitpunkt vor der Gründung war sicher auch die Frage, wie wird der Vorstand zusammengesetzt sein, und da gab es einen ganz klaren Konflikt, nämlich zwischen der einen Position, die sagte, das darf kein Verleger- und kein Rathausfunk werden, deswegen muß man den Vorstand, wenn überhaupt als gesellschaftlichen, als gesellschaftlich geprägten Vorstand zusammensetzen. Und die andere Position war die, daß man an Verlegern und Rathaus nicht vorbeikam. Und da hat es dann bei der Wahl eine entsprechende Kampfabstimmung gegeben und diejenigen, die für Rathaus und Verleger in dieser Stadt stehen, haben in dieser Abstimmung gesiegt, mit der entsprechenden Mehrheit, und danach waren, wenn man so will, die Kräfteverhältnisse sortiert und klar."

Erst im Mai 1988 kam es zu einer Mitgliederversammlung, in der jedoch eine Einigung über den Vorstand noch nicht erzielt werden konnte. Im Juni 1988 wurde schließlich erfolgreich ein Vorstand gewählt. Ihm gehören der Vertreter der SPD im Rat, der Vertreter der Katholischen Kirche sowie der Verlegervertreter an. Der Vertreter der Katholischen Kirche ist ehemaliger CDU-Fraktionsvorsitzender im Stadtradt – er ist deshalb dafür prädestiniert, im Vorstand zugleich diesen Bereich abzudecken.

b. Entwicklung der Mitgliederstruktur

Die Zuwahl der B-Mitglieder ist in Köln im März 1989 erfolgt, und zwar in der sechsten Mitgliederversammlung der Veranstaltergemeinschaft. Der Vorstand hatte dazu zunächst Vorschläge von den Mitgliedern erbeten, auf dieser Grundlage aber dann selbst einen Wahlvorschlag als „Paket" ausgearbeitet. Ein Mitglied referiert diesen Prozeß wie folgt:

„Es war ein ganz offener Prozeß: Der Vorsitzende hat in der Mitgliederversammlung gesagt, wer ihm geeignet erscheinende Personen auf diesen vier Tickets zu nennen in der Lage ist, der möge das doch bitte tun. Der eine oder andere kam mit Namen, der andere kam mit keinem Namen, und dann hat sicherlich später bei der Gewichtung dieses Vierer-Personen-Kreises jedesmal die Frage eine Rolle gespielt: Ist jeder einzelne für sich vielleicht die richtige Person, hinzugewählt zu werden, um den Interessen des Vereins gebührend Rechnung zu tragen, und ist die Gesamtheit aller Personen, die Addition aller vier, ist dies auch ein 'Paket'. Und dann haben wir diese vier en bloc einstimmig in die Veranstaltergemeinschaft gewählt."

Gewählt wurden für den Bereich „Ausländer" der Vorsitzende des Ausländerbeirates, für „Kunst und Kultur" ein Vertreter verschiedener kultureller Fördervereine, für „Bildung und Wissenschaft" eine Vertreterin des Deutschen Akademikerinnenbundes sowie für den Bereich der Fördervereine ein Vertreter des Fördervereins Freier Lokalfunk Köln (FLoK), dessen Vorsitzender bereits als Gewerkschaftsvertreter Mitglied der Veranstaltergemeinschaft war. Bei der Vorbereitung der Zuwahlen hat es, wie schon bei der Vorstandswahl und auch sonst in der Arbeit der Veranstaltergemeinschaft vielschichtige informelle Abstimmungsprozesse gegeben, die von verschiedenen Gesprächspartnern als „Kölscher Klüngel" charakterisiert wurden, im einzelnen allerdings nicht rekonstruiert werden können. Daß es dabei wiederum weniger um konkrete Personen als um die Vertretung von Interessengruppen geht, wird auch daran deutlich, daß die B-Mitglieder in Abwesenheit gewählt wurden, ohne sich der Mitgliederversammlung vorgestellt zu haben.

Auf die Zuwahl von C-Mitgliedern hat die Veranstaltergemeinschaft vorerst verzichtet, und zwar ganz offenkundig mit Rücksicht auf die ohnehin schwierige Balance der verschiedenen Fraktionen in der Veranstaltergemeinschaft. Hier zeigt sich deutlich die von Hirsch beobachtete „Closed-Shop-Strategie", die von den Beteiligten offenbar auch ganz bewußt verfolgt wurde, wie die Äußerungen zweier Mitglieder der Veranstaltergemeinschaft deutlich machen:

„Das war auch relativ schnell klar, daß wir uns das nicht noch antun wollten zusätzlich, weil dann wieder Kompromisse hätten gesucht werden müssen, um das auszutarieren, und wir gar keine Vorgabe hatten. Und auch dadurch, daß der Einfluß der 18 sinkt, wenn es 22 werden, war relativ schnell klar, wir das nicht wollten. Es ist auch nicht richtig einzusehen, was das soll, denn die 18 sind eigentlich genug. Es ist schon schwierig genug, die 18 zusammenzukriegen an einen Tisch, daß die einigermaßen Bescheid wissen."

„Ja, das ist diskutiert worden, aber im Grunde ist man zu dem Ergebnis gekommen, daß es die Lage nur noch komplizierter macht, die Berechenbarkeit nicht unbedingt erhöht wird, und von daher hat man darauf verzichtet, so würde ich das mal einschätzen. Ich persönlich habe darin auch keinen Sinn gesehen, an der Frage unbedingt was durchzusetzen, daß man die weiteren vier zuwählt. Es hat auch niemanden eigentlich gegeben, der das mit Vehemenz betrieben hat."

Dies ist vor allem insofern bemerkenswert, als die Positionen der C-Mitglieder hätten genutzt werden können, um die geringe Berücksichtigung von Frauen in der Veranstaltergemeinschaft abzubauen, denn nur eines der 14 A-Mitglieder und eines der 4 B-Mitglieder ist weiblich. Bei der Zuwahl der B-Mitglieder, so berichtet ein Mitglied des Vorstandes, sei dieser Gesichtspunkt aber jedenfalls bedacht worden.

c. Vorstand

Wie sehr die Strukturentscheidung über die Zusammensetzung des Vorstandes von konkreten Personen abstrahiert und auf die Vertretung organisierter Interessen zugeschnitten ist, zeigt sich daran, wie die Veranstaltergemeinschaft das vorzeitige Ausscheiden des ersten Vorsitzenden und die Wahl eines Nachfolgers absolviert hat. Am 3. Dezember 1990 wurde der erste Vorsitzende in den Bundestag gewählt – er mußte deshalb gemäß § 5 Abs. 1 Nr. 2 LRG NW seine Mitgliedschaft in der Veranstaltergemeinschaft aufgeben. Wenige Tage später wurde vom Rat der Stadt Köln ein neuer Vertreter gewählt, wiederum aus den Reihen der SPD, und es war beabsichtigt, daß er in der nächsten Mitgliederversammlung, nur zwei Tage nach der Benennung durch den Stadtrat, sogleich zum Vorsitzenden gewählt werden sollte. Die Mitgliederversammlung hat diese Absprachen nicht sogleich mitvollzogen, aber bei der nächstfolgenden Sitzung im Januar 1991 ist entsprechend verfahren worden.

d. Satzung

Auch in der Satzung der Kölner Veranstaltergemeinschaft gab es verschiedene Bestimmungen, die die Landesanstalt für Rundfunk moniert hat. Die aus der Sicht der Mitglieder wesentliche Beanstandung betrifft die Stimmrechtsübertragung für die Mitgliederversammlung. Von dieser Möglichkeit war rege Gebrauch gemacht worden, denn sie führte dazu, daß die Beschlußfähigkeit der Mitgliederversammlung gewährleistet war und daß die Mehrheitsverhältnisse berechenbar waren. Aus diesem Grund hat die Veranstaltergemeinschaft die Anpassung der Satzung an die Forderungen der

Landesanstalt für Rundfunk so lange wie möglich hinausgezögert. Ein Mitglied berichtet das wie folgt:

„Wir haben einen Punkt drin, der nennt sich „Übertragung des Stimmrechts". Also wenn ich fehle, kann ich jemandem, der da ist, mein Stimmrecht übertragen. Das hat man damals in der Satzung festgelegt. Die LfR hat mittlerweile geschrieben: Ist nicht zulässig. Aber wir werden die Satzung erst ändern, wenn die Verträge jetzt alle fertig sind. Und ist insofern interessant, da gab es mal bei der Satzungserstellung Streit drüber, dann hat man sich wieder geeinigt. Also man kann nur eine Stimme übertragen, vorher hätte einer dahin kommen können und hätte sechs Stimmen gehabt. Also das sind so Kompromisse in der Frage, weil man sich dann auch immer wieder – damals haben die sich gefragt, ist es eigentlich nicht sinnvoll, das so zu tun, weil – ich persönlich halt da gar nichts von, weil dadurch werden die Mehrheiten, die da sind, zementiert."

Bemerkenswert ist das Vorgehen, eine von der Landesanstalt für Rundfunk bereits als unzulässig qualifizierte Satzungsbestimmung bis zum Zeitpunkt der Lizenzerteilung weiterhin anzuwenden. Die Veranstaltergemeinschaft war sich der Problematik dieses Verfahrens durchaus bewußt. Wie die folgende Äußerung eines Vorstandsmitglieds zeigt, ist sie aber (im Ergebnis zu Recht) davon ausgegangen, daß dies im Lizenzierungsverfahren keine Schwierigkeiten bereiten werde:

„Wir haben Hinweise dafür, daß wir, indem wir diesen Satzungspassus praktizieren, nichts tun, was von der LfR nicht sanktioniert wird. Also es werden Beschlüsse, die auf diese Weise durch Stimmfallübertragung zustandekommen, nicht moniert werden. Aber wir müssen eines vielleicht mal baldigen Tages dieser Rechtsauffassung Rechnung tragen und dann ändern. Und dann, ja, dann wird es eben so sein, daß jeder sehen muß, daß er wirklich da ist, wenn es ihm besonders wichtig erscheint."

3. Coesfeld

a. Gründungsprocedere

Die Initiative zur Gründung der Veranstaltergemeinschaft für den lokalen Rundfunk im Kreis Coesfeld ist ausgegangen vom Oberkreisdirektor. Aufgrund eines Antrages der CDU-Fraktion hatte der Kreistag sich im März 1987 erstmals mit dem Lokalfunk befaßt und dabei die Verwaltung zur Vorbereitung der Gründung einer Betriebsgesellschaft aufgefordert und daneben folgendes einhellig beschlossen:

„Gleichzeitig soll die Verwaltung zur Gründung der Veranstaltergemeinschaft die Initiative ergreifen, die im LRG genannten gesellschaftlichen Gruppen und Verbände über ihr Entsendungsrecht informieren und um die Benennung ihrer Vertreter in der Veranstaltergemeinschaft bitten."[227]

Es haben daraufhin nahezu alle angeschriebenen Stellen positiv reagiert und Vertreter für die Veranstaltergemeinschaft benannt, ausgenommen die Verbraucherzentrale Münster, die verzichtet hat, weil sie im Kreis Coesfeld organisatorisch nicht vertreten ist.[228]

Am 4. Juni 1987 fand auf Einladung und unter Leitung des Oberkreisdirektors im Kreishaus Coesfeld die Gründungsversammlung statt. Von 13 benannten Personen waren elf erschienen. Es fehlten aus Termingründen Vertreter der Katholischen Kirche sowie der Jugendverbände; beide hatten Stellvertreter entsandt, die jedoch an der Gründung nicht mitwirken durften.

Der Vertreter der Katholischen Kirche ist später Mitglied der Veranstaltergemeinschaft geworden. Der Vertreter der Jugendverbände konnte hingegen nicht als A-Mitglied gem. § 26 Abs. 1 Nr. 7 LRG NW aufgenommen werden, weil ein Kreisjugendring im Kreis Coesfeld nicht bestand, wie ein Mitarbeiter der Kreisverwaltung berichtet:

„Ein besonderes Abstimmungsproblem gab es noch im Bereich des Kreis- oder Stadtjugendringes. Da nennt das Gesetz explizit Kreis- oder Stadtjugendring, und hier hatten sich die anerkannten Jugendverbände zusammengeschlossen mit der Bitte, auch in die Veranstaltergemeinschaft aufgenommen zu werden, da gab es also auch noch lange Klärungsprozesse mit der Staatskanzlei, mit der Landesanstalt für Rundfunk, die dann endgültig gesagt hat, es müsse also ein Kreisjugendring existieren, ansonsten empfehlen wir euch, den Vertreter der Jugend nach § 26 Abs. 3 oder Abs. 5 aufzunehmen."

Es ist dann außerdem der entsandte Gewerkschaftsvertreter nicht Gründungsmitglied geworden, weil er der Satzung nicht zugestimmt hat.

Der Ablauf der Gründungsversammlung war dadurch bereits vorstrukturiert, daß die Anwesenden bereits mit der Einladung den Satzungsentwurf von Hauschild erhalten hatten. Auf dieser Grundlage wurde über die Satzung der Veranstaltergemeinschaft beraten, und es sind zahlreiche einzelne Bestimmungen geändert oder jedenfalls problematisiert worden. Der Vertreter des DGB in der Veranstaltergemeinschaft schildert die Diskussion um die Satzung wie folgt:

„Aus der ersten Sitzung ist dann eine Satzung verabschiedet worden, und zwar mit zehn gegen eine Stimme. Die eine Stimme war vom DBG. Vielleicht sollte ich noch nachholen, daß wir mit der Einladung zu der konstituierenden Sitzung einen Satzungsentwurf erhalten haben, und da wurde dann von der Kreisverwaltung mitgeteilt, daß dieser Satzungsentwurf für eine Veranstaltergemeinschaft erarbeitet worden sei vom nordrhein-westfälischen Städte- und Gemeidebund. Und das war so

227 Beschluß des Kreistages vom 18.03.1987.

228 Niederschrift über die Sitzung des Kreistages am 20.05.1987, TOP 11.

nicht richtig. Und zwar hat die Satzung erarbeitet ein Mitarbeiter dieses Städtebundes, so daß also insoweit das ein wenig falsch dargestellt worden ist.
So hieß es denn auch in der Vorladung, die wir bekommen haben, daß also über die Satzung ein einstimmiger Beschluß gefaßt werden muß. Wie gesagt, dazu ist es aber dann nicht gekommen, ich habe also dagegen gestimmt, und zwar deshalb, weil wir vom DGB in Düsseldorf einen eigenen Satzungsentwurf erhalten hatten, der in vielen Punkten mit dem Entwurf, der uns vorgelegt worden war, überhaupt nicht übereinstimmte. Im Laufe der Diskussion hat es dann sagen wir mal drei Teilnehmer gegeben, die in der Hauptsache zum Satzungsentwurf Stellung genommen und diskutiert haben. Also einmal der DGB, zum anderen war das ein Kollege aus dem Kreistag, der Vorsitzende der SPD-Fraktion, der gleichzeitig Angestellter der Postgewerkschaft ist. Ich hatte mit denen allerdings vorher nicht darüber gesprochen, überhaupt nicht. Und der dritte war ein Kollege von, ja der war nicht von Druck und Papier, sondern einem anderen Verein, deutscher Journalistenverband nennt der sich wohl. Wir hatten vorher alle drei über den Satzungsentwurf nicht gesprochen, sind also, wenn man so will, völlig unvorbereitet da hingekommen und schon nach wenigen Augenblicken stellte sich heraus, die drei waren praktisch die einzigen, die dann darüber diskutiert haben. Und das führte dann zu dem Hinweis vom Oberkreisdirektor, es haben sich scheinbar bei uns schon Gruppen gebildet, obwohl wir an sich vorher gar nicht getagt hatten. Was also wie gesagt falsch war. Es ist dann gelungen, die Satzung in zahlreichen Punkten zu ändern, und das führte dann, wie gesagt, zu dem Ergebnis, daß die anderen der Satzung zugestimmt haben, ich habe dann also der Satzung widersprochen, zehn zu eins.
Ich habe dann einige Zeit später in einem besonderen Schreiben nochmal auf die Rechtsauffassung des Deutschen Gewerkschaftsbundes hingeschrieben, so nach der Devise, die Satzung ist rechtskräftig überhaupt nicht zustande gekommen, weil einer, der dazu gehört, dagegen gestimmt hat. Und wenn ich also jetzt oder wenn der DGB nicht mitvotiert, dann müßt ihr uns bitte gefälligst mitteilen, wie das gehen soll. Und dann bekamen wir einige Zeit später ein Schreiben vom Kreis Coesfeld, und darin teilte man uns dann also mit, die Bedenken werden plötzlich geteilt, vorher hatte man das anders gesehen. Die Bedenken werden also geteilt, es wird wahrscheinlich wohl Schwierigkeiten geben bei der Lizenzvergabe, wenn also nicht einstimmig verabschieden worden ist. Nach der Devise, nun überlegt euch das noch mal beim DGB und dann tretet also bitte gefälligst bei. Ich habe also dann mit Düsseldorf noch einmal Rücksprache genommen und habe denen mitgeteilt, entweder oder, dann müßt Ihr also jetzt zum Vereinsregister hingehen, zum Vereinsgericht hingehen und müßt also die Satzung anfechten, und wenn ihr das also nicht wollt, dann treten wir also bei, denn die von uns nicht durchgesetzten Änderungen waren nicht so gravierend. Wir sind, wie gesagt, dem Verein dann später beigetreten."

Eine Reihe von Satzungsvorschriften, die die Veranstaltergemeinschaft bereits gegenüber der Betriebsgesellschaft verpflichten sollten, ist im Sinne des Grundsatzes der Funktionentrennung weggelassen worden. So wurde aus den Vereinszwecken die Berücksichtigung der wirtschaftlichen Belange der Betriebsgesellschaft entfernt. Gestrichen wurde die Verpflichtung, auf eine erteilte Zulassung nur mit Zustimmung der Betriebsgesellschaft zu verzichten und Beschlüsse über die zeitliche Plazierung der Werbung nur im Einvernehmen mit der Betriebsgesellschaft zu verwirklichen, ebenso die Vorschrift, daß die Auflösung der Veranstaltergemeinschaft nur mit Zustimmung der Betriebsgesellschaft erfolgen dürfe und die administrativen Aufgaben der Veranstaltergemeinschaft der Betriebsgesellschaft übertragen werden sollen. Nicht gestrichen wurden hingegen die Selbstverpflichtungen hinsichtlich der Werbung, die später rundfunkrechtlich moniert wurden: die Verpflichtung der Veranstaltergemeinschaft, sich im Kooperationsvertrag mit der Betriebsgesellschaft zu verpflichten, dieser die alleinige Verantwortung und Entscheidungsfreiheit hinsichtlich der Werbung einzuräumen.[229]

Die Vertretungsregelung für die Mitgliederversammlung der Veranstaltergemeinschaft wurde so geändert, daß eine Vertretung eines Mitglieds nur mit Zustimmung der entsendenden Stelle möglich sein sollte. In diesem Verständnis wären die Mitglieder weniger als Personen, die nach einem bestimmten Verfahren ausgewählt sind, sondern eher als Funktionsträger der entsendenden Stelle aufgefaßt worden.[230]

Die Wahl des Vorsitzenden der Veranstaltergemeinschaft erfolgte offenbar ohne vorherige Absprachen aufgrund eines Vorschlages des Oberkreisdirektors. Gewählt wurde ein Lehrer, der Medienerfahrung hatte und von dem angenommen wurde, er habe auch die nötige Zeit, wie er selbst sagt:

„Und im Verlauf der Sitzung war es nun so: Es gab keine Möglichkeit, sich auf einen Vorsitzenden zu einigen, das war praktisch unmöglich, und zwar, weil keiner wollte. Ich wußte auch nicht, warum keiner wollte. Ich dachte, was soll das ganze Theater, so wichtig ist das ja vielleicht gar nicht und hatte auch gedacht, das wird alles nichts. Auf einmal guckt mich [der Oberkreisdirektor] von der anderen Seite aus an: wie wär's mit Ihnen? Ich sag, ich kenne da überhaupt nichts von. – Ja, Sie sind doch erfahren, publizistisch tätig, arbeiten auch regelmäßig bei Rundfunk und Fernsehen, und Sie schreiben auch, hätten Sie nicht Interesse, und Sie als Lehrer haben sowieso genug Zeit, so die üblichen Scherze. Dann kamen sie an: machen Sie mal. ... Ich fühlte in dem Augenblick mich moralisch in's Portepee gepackt, so nach dem Motto, wenn man den Kollegen helfen muß, dann o.k. Ich sag, machen wir, in Ordnung. ... Und damit kam ich am späten Abend dieses denkwürdigen Tages nach Hause und war Vorsitzender der Veranstaltergemeinschaft."

Bei der Wahl der beiden weiteren Vorstandsmitglieder haben dann offenbar parteipolitische Gesichtspunkte eine wichtige Rolle gespielt, wie der Gründungsvorsitzende berichtet:

---

229 Vgl. § 15 Abs. 3 Hauschild-Satzung.

230 Diese Regelung ist jedoch ab Dezember 1988 wieder ausgesetzt worden, da nach einer Rechtsauskunft des nordrhein-westfälischen Gemeindebundes eine Vertretung durch Nichtmitglieder als unzulässig anzusehen war. Die Stimmübertragung für eine einzelne Sitzung auf ein anderes Mitglied sei jedoch möglich, sofern beachtet werde, daß keinem Mitglied mehr als zwei Stimmen übertragen werden. Prot. der MV vom 05.12.1988, S. 2.

„Dann kam der Proporz. Der Stellvertreter wurde dann der [..] damals von der AWO, und [..] für die Verleger. Damit war also die politische Sache ausgeredet, und die Verleger, die haben übrigens Anweisungen offensichtlich gehabt, dafür zu kandidieren, denn der oberste aller dieser Verleger, der Herr aus Bocholt, Terheyden, der saß natürlich auch in dieser Veranstaltergemeinschaft, und zwar genau als Vorsitzender. Obwohl diese Zusammenhänge, die hat man eigentlich erst im Laufe der Zeit gelernt."

b. Entwicklung der Mitgliederstruktur

Die weitere Entwicklung der Mitgliederstruktur der Veranstaltergemeinschaft für den Kreis Coesfeld ist durch beachtliche Veränderungen gekennzeichnet.

Bereits in der ersten Sitzung der Veranstaltergemeinschaft erfolgte die Zuwahl der B-Mitglieder. Für den Bereich Kultur und Kunst hatte der Kreisheimatverein einen Vorschlag unterbreitet, dem die Veranstaltergemeinschaft auch gefolgt ist.

Im Bericht Bildung und Wissenschaft hatte der Oberkreisdirektor einschlägige Weiterbildungseinrichtungen angeschrieben und zu einer Zusammenkunft gebeten, auf dieser Grundlage waren Personalvorschläge unterbreitet worden durch die Sprecher der Weiterbildungseinrichtungen und durch die Stadt Coesfeld. Ein Mitglied der Veranstaltergemeinschaft:

„Bildung und Wissenschaft hat man dann aus dem Bereich der Weiterbildungseinrichtungen genommen. Da konnte man sich zwischen Coesfeld und Dülmen nicht einigen, Lüdinghausen spielte gar keine Rolle in dem Zusammenhang, und dann hat man dann einen leitenden Baudirektor genommen, der ist im Vorstand des Katholischen Bildungswerkes des Kreises Coesfeld."

Zur Wahl eines Vertreters der ausländischen Mitbürger hat die Kreisverwaltung die Wohlfahrtsverbände um Vorschläge gebeten. Es ist jedoch nur ein Vorschlag eingegangen von der Caritas; diesem Vorschlag ist die Veranstaltergemeinschaft gefolgt.

Für das vierte Mandat kamen zwei verschiedene Fördervereine in Betracht, die beide ihre Vorsitzenden zur Kooptation vorgeschlagen haben. Die Entscheidung fällt zugunsten desjenigen Fördervereins aus, der auf Initiative der Industrie- und Handelskammer Münster gegründet worden war und in dem auch der Kreis Coesfeld Mitglied war.

Die optionale Zuwahl von vier C-Mitgliedern ist von der Veranstaltergemeinschaft in ihrer zweiten Sitzung vorgenommen worden. Es war bereits in der ersten Sitzung vereinbart, die Bereiche Landwirtschaft, Jugend und Frauen zu berücksichtigen; außerdem war der gerade erst pensionierte Stadtdirektor der Stadt Dülmen ins Gespräch gebracht worden. In der zweiten Mitgliederversammlung wurde entsprechend gewählt: je eine Vertreterin für die Bereiche Landwirtschaft, Jugend und Frauen sowie der ehemalige Stadtdirektor und Geschäftsführer der Kommunalpolitischen Vereinigung der CDU in Nordrhein-Westfalen.[231]

„Und da hat der Oberkreisdirektor mich gebeten, auf Vorschlag des damaligen Landtagsabgeordneten – der ja Mitglied der Rundfunkkommission NRW auch heute noch ist – ob ich das nicht machen wollte. Das war dann im Jahre 1988. Ich hab also das erste Jahr der Veranstaltergemeinschaft nicht miterlebt, hab nur das ein oder andere gehört. Und dann bin ich über den § 6 da hineingekommen, also nicht Vertreter irgendeiner Organisation wie in § 4 und 5, und bin ich auch zum Vorsitzenden gewählt worden, das war ja auch die Absicht, weshalb ich über § 6 da rein kam."

Insgesamt war in der Veranstaltergemeinschaft für den Kreis Coesfeld unter den 12 A-Mitgliedern gerade eine Frau, und die B-Mitglieder waren ausnahmslos Männer. Bei der Zuwahl der C-Mitglieder wurden deshalb im ersten Zugriff vorzugsweise Frauen berücksichtigt. Dies hat sich jedoch bei weiteren personellen Wechseln in der Veranstaltergemeinschaft wieder geändert. Im Sommer 1991 waren nur mehr zwei der 20 Mitglieder Frauen.

Noch vor der ersten Mitgliederversammlung hatten zwei der Mitglieder ihre Mitgliedschaft bereits wieder aufgegeben; darunter der Zweite stellvertretende Vorsitzende sowie der Vertreter des Sports. Hernach sind auf verschiedenen Positionen Mitglieder ausgeschieden; teils weil sie aus den Funktionen ausgeschieden sind, die für ihre Entsendung maßgeblich waren, teils aufgrund der Frustration durch den schleppenden oder gänzlich zweifelhaften Fortgang des Lokalfunks.

c. Vorstand

Bereits vor der ersten Mitgliederversammlung nach der Gründung, als ein Vorstandsmitglied zurückgetreten war, ist ein Vorstandsmitglied von seinem Amt zurückgetreten. Es wurde in der Veranstaltergemeinschaft verabredet, diese Vakanz erst nach der Zuwahl der C-Mitglieder aufzufüllen. Wenig später hat dann der Gründungsvorsitzende sein Amt niedergelegt und das Amt des Zweiten stellvertretenden Vorsitzenden übernommen; an seiner Stelle wurde der ehemalige Stadtdirektor Dülmens zum ersten Vorsitzenden gewählt. Eine weitere Veränderung gab es im Vorstand dann durch den Rücktritt des zweiten Stellvertreters. An seiner Stelle wurde der Vertreter der Evangelischen Kirche gewählt.

d. Satzung

Die Satzung der Veranstaltergemeinschaft für den Kreis Coesfeld ist für die Zulassung verändert worden. Aufgrund eines Monitums der Landesanstalt

231 Vgl. Veranstalterrunde ist jetzt komplett, Allgemeine Zeitung Coesfeld, 07.03.1988.

für Rundfunk wurden am 29.03.1990 die möglichen Ausschlußgründe enger gefaßt, die Mindesthäufigkeit der Mitgliederversammlungen erhöht, das Zustimmungserfordernis bei der Übertragung der redaktionellen Leitung enger gefaßt, die Stimmrechtsübertragung abgeschafft, das Quorum für die Delegation von Entscheidungsbefugnissen an den Vorstand an die Gesetzeslage angepaßt sowie die Regeln über die Kompetenzverteilung bei der Ausstrahlung von Werbung an die Auffassung der LfR angeglichen.

Anders als die Veranstaltergemeinschaft in Köln hat jedoch die Veranstaltergemeinschaft für den Kreis Coesfeld aus den Hinweisen auf die Unzulässigkeit der Stimmrechtsübertragung unverzüglich die Konsequenzen gezogen und diese Regelung nicht mehr angewandt.

IV. Resümee

Betrachtet man, wie in diesem Kapitel geschehen, die Gründung und die personelle und die satzungsmäßige Struktur der Veranstaltergemeinschaften losgelöst von den Inhalten,[232] so zeigt sich ein relativ problematisches Bild.

Die personelle Zusammensetzung der Veranstaltergemeinschaften, insbesondere aber die Besetzung der Vorstandspositionen, ist geprägt durch Repräsentanten der traditionell starken Gruppen wie der Kirchen, der Gewerkschaften und der Parteien. Bei näherer Betrachtung zeigt sich darüber hinaus, daß eine Betrachtung nach entsendenden Gruppen noch gar nicht ausreichend die Einbindung der Mitglieder der Veranstaltergemeinschaften in die kommunalen Elitezirkel aufdeckt, denn viele der Mitglieder sind in verschiedene Organisationen und Interessen eingebunden.

Insbesondere ein parteipolitisches Engagement ist bei vielen Mitgliedern der Veranstaltergemeinschaften festzustellen, und dementsprechend wurden Personalentscheidungen, seien es Kooptationen oder Vorstandswahlen, häufig unter parteipolitischen Gesichtspunkten thematisiert und betrieben; dabei hat es teilweise parteipolitische Blockaden gegeben, die in Köln und im Kreis Wesel durch Proporzlösungen aufgehoben wurden. Teilweise bestätigt hat sich der Befund von Hirsch,[233] daß in den Veranstaltergemeinschaften eine „Closed-Shop-Strategie" verfolgt werde, die zugunsten der etablierten Machteliten Dritte auszuklammern versucht.

Bei der Betrachtung der Satzungen zeigt sich die Tendenz, den Vorstand als den zentralen Akteur des Vereins zu etablieren und mit weitreichenden Rechten auszustatten, während der Mitgliederversammlung eine eher beobachtende und kontrollierende Funktion zugedacht wird, die auch nur in gro-

232 Vgl. dazu die folgenden Kapitel.

233 Hirsch, Lokaler Hörfunk in Nordrhein-Westfalen, S. 205 ff.

ßen Abständen wahrgenommen wird. Darüber hinaus enthalten die Satzungen häufig weitreichende programmatische und verfahrensmäßige Vorgaben, die die Belange der Betriebsgesellschaft gegenüber der Veranstaltergemeinschaft stärken.

Die Landesanstalt für Rundfunk hat hier durch Beanstandung der Satzungen korrigierend einzugreifen versucht. Wirksamen Zugriff hat sie auf die Satzungen jedoch erst mit dem Zeitpunkt der Zulassung, indem sie die Satzungsänderung zur Bedingung der Zulassung macht. Zu diesem Zeitpunkt sind aber die wesentlichen Weichenstellungen längst erfolgt – von der Wahl der Vorstände über die Zuwahl der Mitglieder und den Kooperationsvertrag mit der Betriebsgesellschaft bis zur Festlegung des Programmschemas und der Vereinbarung mit dem Rahmenprogrammveranstalter.

Hier zeigt sich eine Problematik, die in der eigentümlichen Regelungstechnik des LRG NW begründet ist. Mit den organisatorischen und verfahrensmäßigen Regelungen über die Binnenstruktur der Veranstaltergemeinschaft wird versucht, bereits den Prozeß der Konstituierung einer lokalen Hörfunkstation zu strukturieren. Rundfunkrechtlich sanktionierbar wird diese Vorlaufphase jedoch erst mit der Entscheidung über die Zulassung, die zwar für die Zukunft mit Auflagen versehen werden kann, eine in der Vergangenheit liegende Verletzung von Organisations- oder Verfahrensnormen jedoch nur über die Verzögerung oder Verweigerung der Zulassung sanktionieren könnte.

§ 4 Struktur und Organisation der Betriebsgesellschaft

Nachdem unter § 3 die Struktur und Organisation der Veranstaltergemeinschaft untersucht wurde, wendet sich die Betrachtung nunmehr der Betriebsgesellschaft als zweiter Säule des nordrhein-westfälischen Lokalfunkmodells zu, bei der wiederum die rechtlichen Gestaltungen der Praxis und deren mögliche Entstehungsgründe betrachtet werden. Wie bereits im vorausgegangenen Abschnitt werden hierzu zunächst die gesetzliche Ausgangslage und die in ihr eröffneten Handlungsspielräume und rechtlichen Gestaltungsoptionen vorgestellt, um auf dieser Grundlage die konkrete Spielraumnutzung der Akteure in Dokumentenanalyse und Fallstudien untersuchen zu können.

I. Gesetzliche Ausgangslage

1. Entwicklung der Betriebsgesellschaft im Prozeß der Gesetzgebung

Die rechtliche Gestalt der Betriebsgesellschaft stand in den Grundzügen bereits im Regierungsentwurf als dem ersten auf der Idee eines Zwei-Säulen-Modells basierenden Gesetzentwurf fest.[1] Eine Besonderheit gegenüber dem geltenden Recht bestand hier allerdings in dem Umstand, daß das privilegierte Zugangsrecht der Verleger ohne Limitierung nach oben kodifiziert werden sollte und damit auch Betriebsgesellschaften zulassungsfähig sein sollten, deren Gesellschafteranteile von nur einem lokalen Verleger gehalten werden.[2]

Anders als in den späteren Fassungen stand im Regierungsentwurf darüber hinaus dem Westdeutschen Rundfunk und nicht den kommunalen Trägern die Möglichkeit offen, sich an der Betriebsgesellschaft mit bis zu 25

1 Vgl. hierzu den Überblick über die Entstehungsgeschichte des LRG NW oben § 3 I. 1. a.

2 § 24 Abs. 6 des Regierungsentwurfs; vgl. Hellwig/Simon, Der Griff zum Mikrofon, S. 105.

Prozent der Kapital- und Stimmrechtsanteile zu beteiligen.[3] Diese Regelung, die in den Stellungnahmen der Rechtssachverständigen im Zuge der Sitzungen des Hauptausschusses überwiegend kritisiert wurde[4] und selbst in der Zuschrift des Westdeutschen Rundfunks auf rechtliche Bedenken stieß[5], wurde vom Hauptausschuß fallengelassen und zugunsten des später rechtliche Geltung erlangenden Beteiligungsrechts kommunaler Träger ausgetauscht.[6] Die Ausschußfassung modifizierte ferner die Ausgestaltung des Presseprivilegs, indem sie zum einen eine Obergrenze der Verlegerbeteiligung von 75 Prozent festlegte und zum anderen eine im Zweifel an den Marktanteilen gemessene anteilige Teilhabe mehrerer lokaler Verleger normierte.[7] Anstelle der bisher auch zulässigen Betriebsgesellschaften aus nur einem Verleger sollten nunmehr nur Gemeinschaftsunternehmen aus mehreren Trägern die wirtschaftliche Funktion der lokalen Rundfunkstation ausüben können. Mit diesen Regelungen stand die Struktur der Betriebsgesellschaft fest, die im Verlauf des weiteren Gesetzgebungsprozesses nicht mehr verändernd aufgegriffen wurde.

2. *Handlungsspielräume und rechtliche Gestaltungsoptionen im Regelungskomplex Betriebsgesellschaft*

Die nachfolgende Spielraumanalyse im Bereich der Betriebsgesellschaft setzt wie bereits im Regelungskomplex Veranstaltergemeinschaft bei der Regelungstechnik des Gesetzgebers an und versucht sodann anhand der gesetzlichen Vorgaben über die Gesellschafterstruktur zu exemplifizieren,

---

3 § 24 Abs. 3, 4 des Regierungsentwurfes. Vgl. hierzu nur die kritischen Anmerkungen von Schneider, Zuschrift 10/692, S. 10.

4 Grawert, Zuschrift 10/698, S. 6; Stock, Zuschrift 10/640, S. 6; Denninger, Zuschrift 10/693, S. 14; in der Tendenz auch Schmitt-Glaeser, Zuschrift 10/694, S. 12; anders ausdrücklich nur Schneider, Zuschrift 10/692, S. 10. Als Argumente für die Ablehnung wurden neben der Dysfunktionalität der Regelung im dualen System (Stock) vor allem die Unzulässigkeit einer Beteiligung des WDR an einer rein erwerbswirtschaftlichen Betätigung nach dem WDR-G angeführt. Allein Schneider erblickte eine Stütze der Funktionsfähigkeit des Zwei-Säulen-Modells.

5 Stellungnahme des Westdeutschen Rundfunks, Zuschrift 10/637, S. 8. Die Beteiligung des WDR an einer Betriebsgesellschaft verstieße gegen die gesetzliche Aufgabenzuweisung durch das geltende WDR-G.

6 § 29 Abs. 6 der Ausschußfassung. Im LRG NW in der Fassung vom 19.01.1987 wurde dieses Beteiligungsrecht auf die Zeit bis zur Zulassung der Veranstaltergemeinschaft beschränkt.

7 § 29 Abs. 5 und 6 der Ausschußfassung, vgl. Hellwig/Simon, Der Griff zum Mikrofon, S. 106.

welche konkreten Spielräume sich aus der gesetzlichen Anlage für die Akteure im Regelungskomplex Betriebsgesellschaft ergeben.[8]

a. Regelungstechnik: Privatautonome Gestaltung in Gesellschaftsverträgen mit rundfunkrechtlichen Beschränkungen

Das LRG NW überläßt, wie oben ausgeführt, die Struktur und Organisation der Betriebsgesellschaft überwiegend der Gestaltungsfreiheit der Akteure und damit im wesentlichen den Rationalitäten des Gesellschaftsrechts.[9] Entsprechend gering ist der Bestand an rundfunkrechtlichen Normen, in denen nähere gesetzliche Aussagen über die Betriebsgesellschaft zu finden sind. Diese Normen sind ihrem Charakter nach als spezialgesetzliche Beschränkungen des Gesellschaftsrechts im Systembereich des lokalen Rundfunks zu beschreiben und in ihrer Zielsetzung auf den Binnenbereich und dabei speziell auf die Gesellschafterstruktur der Betriebsgesellschaft bezogen.[10] Die vertraglichen Gestaltungen haben diese Vorgaben zu berücksichtigen und sind im Rahmen des Zulassungsverfahrens, soweit sie Bezug zu den besonderen rundfunkrechtlichen Anforderungen haben, der Landesanstalt für Rundfunk vorzulegen.[11]

Die rechtstechnische Realisierung dieser binnenstrukturellen Einflußnahme versucht der Gesetzgeber über die Veranstaltergemeinschaft als dem Rundfunkrecht allein unterworfenes Rechtssubjekt und Träger der rundfunkrechtlichen Lizenz zu gewährleisten. Normadressat der die Betriebsgesellschaft betreffenden Regelungen ist nach der Anlage des LRG NW allein die Veranstaltergemeinschaft, so daß diese Regelungen ihre normative Wirkung gegenüber der Betriebsgesellschaft nur vermittelt über den programmverantwortlichen Verein entfalten können. So muß die Veranstaltergemeinschaft gemäß § 29 Abs. 4 Satz 1 LRG NW im Rahmen des Zulassungsverfahrens nachweisen, daß sie mit einer Betriebsgesellschaft vertraglich kooperiert, die den speziellen gesetzlichen Anforderungen des LRG NW entspricht. Die Betriebsgesellschaft ist insoweit nur mittelbar von der Normaussage des LRG NW erfaßt. Dies bedeutet zugleich, daß auch als

8 Die Untersuchung beschränkt sich an dieser Stelle auf die Untersuchung der Regelzusammensetzung der Betriebsgesellschaft. Weitere gesetzliche Vorgaben aus dem Bereich der Betriebsgesellschaft, etwa die Fälle der Aufhebung des Verlegerprivilegs gemäß § 29 Abs. 5 LRG NW und damit die Ausnahmen der Regelzusammensetzung oder die gesetzlichen Kooperationsbereiche mit der Veranstaltergemeinschaft, werden erst im Kontext des Verhältnisses zwischen Veranstaltergemeinschaft und Betriebsgesellschaft unter § 5 I. 2. behandelt, da die entsprechenden gesetzlichen Regelungen im wesentlichen dort Wirkungen entfalten.

9 Vgl. § 2 I. 2. b. bb. (1.).

10 Zum Verhältnis zwischen Gesellschaftsrecht und Rundfunkrecht in diesem Kontext vgl. Stock, Neues Privatrundfunkrecht, S. 64 mit FN. 144.

11 Vgl. § 29 Abs. 3 und 4 LRG NW.

Adressat von Maßnahmen zur Durchsetzung der Normbefehle von seiten der Landesanstalt für Rundfunk nur die Veranstaltergemeinschaft in Frage kommt. Ändert die Betriebsgesellschaft zum Beispiel ihre rundfunkrechtlich mittelbar determinierte Gesellschafterstruktur, kann die Anstalt nur mit Maßnahmen gegenüber der Veranstaltergemeinschaft als Lizenzträger reagieren.[12]

Die Vermittlung und Durchsetzbarkeit der normativen Strukturvorgaben und sonstigen Regelungsinhalte in Bezug auf die Betriebsgesellschaft ist infolge dieser Regelungstechnik entscheidend davon abhängig, ob die Betriebsgesellschaft ein vitales eigenes Interesse an der rundfunkrechtlichen Zulassung der Veranstaltergemeinschaft und deren Nichtbeeinträchtigung entwickelt. Nur in diesem Fall wird sich die Betriebsgesellschaft der für sie mittelbaren Normaussage des LRG NW unterwerfen und die Bereitschaft aufbringen, sich gesetzeskonform zu verhalten bzw. auf Einwirkungs- und Steuerungsversuche der Landesanstalt für Rundfunk zu reagieren. Die vom Gesetzgeber gewählte Regelungstechnik basiert insoweit auf der Prämisse eines weitreichenden gemeinsamen Interesses der Betriebsgesellschaft und der Veranstalter,[13] so daß die Normakzeptanz auf das engste mit den wirtschaftlichen Interessen der Betriebsgesellschaft verknüpft und damit maßgeblich vom wirtschaftlichen Erfolg des lokalen Senders abhängig konzipiert ist.

b. Gesellschafterstruktur der Betriebsgesellschaft

Die Gesellschafterstruktur wird vom LRG NW in drei unterschiedlichen gesetzlichen Bestimmungen behandelt, die ihre normative Aussage erst im Verhältnis zueinander entwickeln. Im Zentrum der gesetzlichen Anforderungen an die Zusammensetzung der Betriebsgesellschaft steht die „Angemessenheitsklausel“ des § 29 Abs. 4 Satz 1 LRG NW. In dieser Norm wird die Veranstaltergemeinschaft im Rahmen des Zulassungsverfahrens zum Nachweis verpflichtet, „daß sie die vertragliche Vereinbarung mit einer Betriebsgesellschaft abgeschlossen hat, die erwarten läßt, daß sie zur Gewährleistung einer freien und vielfältigen Presse den Belangen aller im Verbreitungsgebiet erscheinenden Tageszeitungen mit Lokalausgaben angemessen Rechnung trägt“. Wann eine Betriebsgesellschaft im Sinne dieser Norm zur Gewährleistung der Pressevielfalt *angemessen* beiträgt und somit, welchen *Belangen* der Lokalzeitungen entsprochen werden soll, klärt sich weitgehend im Kontext des Zwei-Säulen-Modells. Der Gesetzgeber rekurriert hier auf die Zielsetzung des „Presseschutzes durch Rundfunkbeteili-

12 §§ 10, 23 Abs. 2 und 67 LRG NW richten sich gegen den Veranstalter, also gemäß § 25 Abs. 1 LRG NW gegen die Veranstaltergemeinschaft.

13 Vgl. zum Grundsatz der gemeinsamen Interessen oben § 2 II. 2. d.

gung"[14] und damit allein auf die ökonomischen und vor allem werbewirtschaftlichen Belange der örtlichen Verleger. Normaussage des § 29 Abs. 4 LRG NW ist somit der Schutz dieser wirtschaftlichen Belange durch die Gesellschafterstruktur der Betriebsgesellschaft in der Form einer Teilhabe am lokalen Werbemarkt.[15] Dies kann unter Zugrundelegung dieser Normaussage auf verschiedene Weise und nur unter anderem dadurch geschehen, daß die Verlage der Tageszeitungen mit Lokalausgaben eine deutliche Mehrheit der Kapital- und Stimmrechtsanteile an der Betriebsgesellschaft halten.[16] Auf der Grundlage der Angemessenheitsklausel sind daneben genauso Konstellationen vorstellbar, in denen den wirtschaftlichen Belangen der Lokalverleger auch dann angemessen Rechnung getragen wird, wenn markt- oder branchenfremde Interessenten beteiligt werden. Die Entscheidung hierüber ist insoweit der Landesanstalt für Rundfunk vorbehalten.

Die Regelung des § 29 Abs. 4 Satz 1 LRG NW wird darüber hinaus auch in einem weiteren Sinn interpretiert, nach dem dann, wenn die Lokalverlage eine Beteiligung einfordern, die angemessene Berücksichtigung ihrer Belange nur in einer privilegierten Beteiligung in der zulässigen Höhe liegen kann („Presseprivileg").[17]

Die Klausel des § 29 Abs. 4 Satz 1 LRG NW wird durch eine zweite Regelung im § 29 Abs. 4 Satz 2 LRG NW dahingehend konkretisiert, daß Tageszeitungen mit Lokalausgaben insgesamt nicht mehr als 75 Prozent der Kapital- und Stimmrechtsanteile einer Betriebsgesellschaft innehaben dürfen. Diese Regelung ist unabhängig vom Zulassungszeitpunkt formuliert und gilt somit für den gesamten Zulassungszeitraum. Sollten mehrere Lokalzeitungen in einem Verbreitungsgebiet erscheinen, sind diese im Zweifel gem. § 29 Abs. 4 Satz 2 LRG NW entsprechend ihrer „Marktanteile" zu beteiligen. Zur Vervollständigung der gesetzlichen Normierung der Regelzusammensetzung der Betriebsgesellschaft bestimmt § 29 Abs. 6 LRG NW als dritte Regelung, daß die Gemeinden und Gemeindeverbände sowie Unternehmen und Vereinigungen, an denen eine oder mehrere Gemeinden oder Gemeindeverbände beteiligt sind (sogenannte kommunale Träger), eine bis zu 25-prozentige Beteiligung an der Betriebsgesellschaft verlangen kön-

14 Vgl. hierzu oben § 2 I. 3.

15 So auch Stock, Neues Privatrundfunkrecht, S. 65; vgl. die Gesetzesbegründung LT/DS 10/1440, S. 57. Die Frage, welche Belange der Betriebsgesellschaft von § 29 Abs. 4 LRG NW umfaßt sind, gewinnt eine besondere Bedeutung bei der Auslegung des § 29 Abs. 5 LRG NW, in dem die Voraussetzungen einer Aufhebung des Presseprivilegs normiert sind, vgl. hierzu ausführlich unten § 5 I. 2. b.

16 So ausdrücklich in LT/DS 10/1440, S. 59.

17 In diesem Sinne will die Gesetzesbegründung die Angemessenheitsklausel interpretiert wissen, LT/DS 10/1440, S. 57. So auch BVerfGE 83, 238, 252; Rath-Glawatz, Lokaler Hörfunk I, S. 47; Hirsch, Zwei-Säulen-Modell, RuF 1991, S. 176; etwas zurückhaltender Stock, Neues Privatrundfunkrecht, S. 65 sowie in Zuschrift 10/ 640, S. 24.

nen.[18] Diese Beteiligungsoption gilt jedoch nur bis zur Zulassung der Veranstaltergemeinschaft und kann danach nicht mehr wahrgenommen werden.[19]

Interpretiert man die Angemessenheitsklausel des § 29 Abs. 4 Satz 1 LRG NW im beschriebenen Sinne als vorrangiges Zugangsrecht im Sinne eines Presseprivilegs, so tritt dann, wenn sowohl kommunale Träger als auch die lokalen Presseunternehmen ihr Beteiligungsrecht ausschöpfen, ein „closed shop-Effekt“ ein, der die Berücksichtigung Dritter in der Betriebsgesellschaft ausschließt.[20]

Diese vorstehend skizzierten gesetzlichen Regelungen des LRG NW über die Gesellschafterstruktur der Betriebsgesellschaft bleiben aufgrund ihrer zum Teil verschlüsselten Ausdrucksweise und der Vielzahl der verwendeten vagen und generalklauselartigen Rechtsbegriffe interpretationsbedürftig und eröffnen damit zahlreiche Auslegungsfreiräume.[21] So bleibt bereits undeutlich, wie der gesetzliche Terminus der „im Verbreitungsgebiet erscheinenden Tageszeitung mit Lokalausgabe“ zu verstehen ist und somit, in welchen gesetzlichen Grenzen das Verlegerprivileg gelten soll.[22] Interpretatorische Spielräume verbleiben auch im Verhältnis mehrerer Lokalzeitungen in einem Verbreitungsgebiet, die sich im gesetzlichen Regelfall über die Anteile einer Beteiligung selbständig einigen sollen. Hier bleibt vor al-

---

18 In dieser Norm wird zugleich das allgemeine kommunalwirtschaftsrechtliche Subsidiaritätsprinzip des § 89 der Gemeindeordnung für das Land Nordrhein-Westfalen in der Fassung vom 13.08.1984, GVBl. S. 475, sondergesetzlich abbedungen.

19 § 29 Abs. 6 LRG NW. Dies schließt einen freien rechtsgeschäftlichen Erwerb von Anteilen auch nach der Zulassung nicht aus, vgl. Hauschild, Lokalfunk, S. 313.

20 Stock, Neues Privatrundfunkrecht, S. 79.

21 Stock, Neues Privatrundfunkrecht, S. 64, 65 beklagt hier das Fehlen einer „ansprechenden und ausgefeilten, mühelos praktikablen Regelungstechnik“.

22 Abgrenzungsprobleme ergeben sich hier vor allem in der Behandlung von Werbeblättern und Boulevardzeitungen mit Lokalbeilagen. Das Fehlen einer leicht umsetzbaren rechtlichen Definition hat bereits in einer Klage der Axel-Springer-AG vor dem Oberlandesgericht Düsseldorf eine Rolle gespielt, bei der es in der Hauptsache um die Rechtmäßigkeit der Entsendung des Verlegervertreters gemäß § 26 Abs. 1 Nr. 12 LRG NW in die Veranstaltergemeinschaft ging. Im Rahmen dieses Verfahrens entstand die Frage, inwieweit der klagende Springer-Verlag mit seiner „Bild“-Zeitung als Lokalverleger im Sinne des 6. Abschnitts des LRG NW gelten könne. Diese Frage mußte vom Gericht allerdings nicht entschieden werden, da der Verlag hierzu nicht schlüssig vorgetragen hatte, vgl. OLG Düsseldorf, AfP 1989, S. 681 ff., und zu diesem Verfahren bereits § 3 II. 2. c. Gemäß LfR-Information Nr. 247/89, S. 8, 9 hat der klagende Springer-Verlag eine parallele verwaltungsrechtliche Klage und den Eilantrag gegen die LfR zurückgenommen. Die Anstalt vermutet in ihrer Information zugleich, daß der Verlag die Angelegenheit aus grundsätzlichem Interesse - vermutlich zwecks einer Beteiligung an der Betriebsgesellschaft - nach Erteilung der Zulassung an die Veranstaltergemeinschaft in Düsseldorf weiterverfolgen wird. Ob dies geschehen ist, konnte im Rahmen der Untersuchung nicht geklärt werden, vgl. allerdings unten III. 2.

lem ungeregelt, wie die vom LRG NW entwickelte Zweifelsregelung umgesetzt werden soll, nach der die Beteiligung nach einem an „Marktanteilen" anknüpfenden Proporzschema zu realisieren sein soll.[23] Unbeantwortet bleibt auch die Frage, wie sich mehrere kommunale Träger im Konfliktfall untereinander über die interne Verteilung des 25- prozentigen Gesamtanteils einig werden sollen.[24]

Rechtsanwendungsprobleme sind ferner in dem Fall zu vermuten, in dem die gesetzliche Beteiligungsoption der kommunalen Träger nicht oder nur unterhalb der zulässigen 25 Prozent der Kapital- und Stimmrechtsanteile wahrgenommen wird. Die insoweit freiwerdenden Anteile können gemäß § 29 Abs. 4 Satz 1 und Satz 2 LRG NW von allen Dritten gehalten werden, die nicht Unternehmen mit einer oder mehreren Tageszeitungen sind, sofern hierdurch die werbewirtschaftlichen Belange der Lokalzeitungen im Verbreitungsgebiet nicht beeinträchtigt werden. Probleme ergeben sich auf der Grundlage dieser gesetzlichen Regelung dann, wenn ein Verlag beteiligt werden soll, der zwar Tageszeitungen herausgibt, die aber nicht im Verbreitungsgebiet erscheinen. Nach dem Wortlaut des § 29 Abs. 4 Satz 2 LRG NW müßte dieser Verlag von der Betriebsgesellschaft ausgeschlossen bleiben, da in dieser Regelung Tageszeitungsverlage ohne Rücksicht darauf, wo ihre Tageszeitungen erscheinen, auf einen Anteil von 75 Prozent beschränkt bleiben. Die wortgetreue Anwendung dieser Norm führte demnach zu dem Ergebnis, daß lokalfremde Zeitungsverlage ausgeschlossen blieben, während etwa Verlage mit anderen Produkten als Tageszeitungen mit Lokalausgaben oder branchenfremde Interessenten in die Betriebsgesellschaft integriert werden könnten.

Dieses Ergebnis begegnet aber zumindest rechtlichen Bedenken, da eine sachliche Begründung für diese Ungleichbehandlung nur schwer zu finden ist. Das gesetzgeberische Motiv der Begrenzung der Verlegeranteile auf 75 Prozent an der Betriebsgesellschaft ist im wesentlichen in der Integration eines öffentlich-gemeinwirtschaftlichen Einschlags in die Betriebsgesellschaft zu erblicken.[25] Diese Zielsetzung kann aber dann nicht mehr verfolgt werden, wenn die kommunalen Kräfte auf eine Beteiligung verzichten. Als gesetzgeberische Intention einer Quote für Tageszeitungsverleger kommt in diesem Fall nur noch der Gedanke in Betracht, daß innerhalb einer Betriebsgesellschaft keine einheitliche Gesellschafterstruktur gegeben sein soll, um den Charakter eines Gemeinschaftsunternehmens zu erhalten. Ob dieser Intention durch eine Beteiligung von ortsfremden Verlegern aus dem

---

23 Umsetzungsprobleme sind hier vor allem in der Bestimmung eines für die Berechnung relevanten Marktes zu vermuten, vgl. Stock, Neues Privatrundfunkrecht, S. 66 mit FN. 149.

24 Dies wird etwa von Hauschild, Lokalfunk, S. 313 beklagt.

25 Siehe dazu oben § 2 II. 2. b. bb. (1.).

Lokalzeitungsbereich schlechter Genüge getan wäre als durch die Beteiligung etwa von Medienunternehmen aus dem Bereich der elektronischen Medien oder durch branchenfremde Kräfte, die auf der Grundlage der angegebenen Normen des LRG NW unzweifelhaft in die Betriebsgesellschaft integriert werden könnten, kann zumindest bezweifelt werden.[26]

Die gesetzliche Ausgestaltung der Beteiligung der kommunalen Träger als bis zur Zulassung geltendes Optionsrecht eröffnet letztlich einen Freiraum für die rechtsanwendende Praxis, der die Rolle der kommunalen Kräfte entscheidend einschränken könnte. Die Regelung des § 29 Abs. 6 LRG NW spricht von einem Recht, sich an der Betriebsgesellschaft zu beteiligen, die somit bereits bestehen kann oder sogar muß. Eine ausdrückliche gesetzliche Pflicht, bereits an der Gründung der Gesellschaft beteiligt zu sein, läßt sich somit aus dem LRG NW nicht entnehmen.[27] Auf der Grundlage dieser Regelung bleibt es den kommunalen Trägern selbst überlassen, wann sie ihre Option wahrnehmen. Geschieht dies, wie vom Gesetz ausdrücklich vorgesehen, erst kurz vor der Zulassung der Veranstaltergemeinschaft, so können bereits wichtige Grundsatzentscheidungen der Betriebsgesellschaft, etwa über die Gestaltung des Kooperationsvertrages mit der Veranstaltergemeinschaft, unwiderruflich getroffen worden sein, auf die die kommunalen Träger somit keinerlei Einfluß mehr nehmen könnten.

c. Lokalbezug der Betriebsgesellschaft

§ 29 Abs. 2 Satz 3 Nr. 5 LRG NW bestimmt, daß sich die Betriebsgesellschaft in ihrem Kooperationsvertrag mit der Veranstaltergemeinschaft zu verpflichten hat, eine Vereinbarung nur mit einer Veranstaltergemeinschaft abzuschließen. Diese erst durch das erste Änderungsgesetz zum LRG NW in das geltende Recht eingeführte Regelung verfolgt den gesetzgeberischen

---

26 Gesetzesinterpretatorisch wird sich diese Auseinandersetzung am systematischen Standort des § 29 Abs. 4 Satz 2 1. Halbsatz LRG NW aufhängen. In § 29 Abs. 4 Satz 1 und Satz 2 2. Halbsatz LRG NW ist ausdrücklich von Tageszeitungen *im Verbreitungsgebiet* die Rede, während in Satz 2 1. Halbsatz dieser Zusatz fehlt. Dieser Umstand kann je nach Standpunkt des Gesetzesinterpreten als bewußte Regelungstechnik oder als im Kontext des § 29 Abs. 4 Satz 2 1. Halbsatz LRG NW verzichtbare Wiederholung des im vorangegangenen und nachstehenden Satzes bzw. Halbsatzes enthaltenen Zusatzes gewertet werden. Bei Annahme eines bewußten Verzichts auf den Zusatz durch den Gesetzgeber blieben die ortsfremden Lokalzeitungsverleger von der Beteiligung ausgeschlossen, während im anderen Fall einer redaktionellen Verkürzung der Ausschluß nur für ortsansässige Lokalverleger gelten würde. Vor diesem Hintergrund hat auch die Landesanstalt für Rundfunk eine Klarstellung durch den Gesetzgeber gefordert. Hierbei sollte zugleich geklärt werden, ob es auf der Grundlage des LRG NW rechtlich zulässig sein soll, daß andere Unternehmen 100 Prozent der Kapital- und Stimmrechtsanteile in einer Betriebsgesellschaft halten, vgl. Kabel & Satellit Nr. 54 vom 09.12.1991, S. 25.

27 Auf diese Feststellung legt Rath-Glawatz, Lokaler Hörfunk I, S. 48 ausdrücklich Wert.

Zweck, große überlokale Betriebsgesellschaften zu verhindern, um die vom Gesetz intendierte Kräftebalance zwischen den lokalen Säulen zu schützen.[28] Der Gesetzgeber regelt hier allein, daß sich jeweils eine Betriebsgesellschaft und eine Veranstaltergemeinschaft als Vertragspartner gegenüber zu stehen haben und fordert damit allein eine formale gesellschaftsrechtliche Selbständigkeit der Betriebsgesellschaft. Der Gesellschaft bleibt es damit rundfunkrechtlich unbenommen, auf Ebenen, die ihre Qualität als eigenes Rechtssubjekt nicht gefährden, mit anderen Betriebsgesellschaften im Hinblick auf Kapital und Organisation zu kooperieren.

II. Nutzung der rechtlichen Gestaltungsoptionen

Die tatsächliche Nutzung der rechtlichen Gestaltungsoptionen läßt sich im Bereich der Betriebsgesellschaft nur sehr begrenzt untersuchen. Der Grund hierfür liegt in der vom LRG NW grundsätzlich anerkannten privaten und privatrechtlichen Struktur der Betriebsgesellschaft und der damit verbundenen Unzugänglichkeit der die Struktur und Organisation der Betriebsgesellschaft betreffenden Dokumente. Im folgenden werden daher nur überblicksartig die Gesellschafterstruktur sowie die als zentral bewerteten Inhalte der gesellschaftsrechtlichen Verträge der Betriebsgesellschaft, und dies auch nur anhand eines Vertragsmusters, untersucht.

1. Gesellschafterstruktur der Betriebsgesellschaften

Gegenstand der Betrachtung ist zunächst die Zusammensetzung der Betriebsgesellschaften. Die Untersuchung beschränkt sich hierbei auf eine Auswertung der Gesellschafterstruktur der 22 Betriebsgesellschaften, deren kooperierende Veranstaltergemeinschaften bis zum Stichtag des 1. Februar 1991 bereits eine rundfunkrechtliche Lizenz erhalten haben, sowie als Ergänzung hierzu die erst später lizenzierten, aber als Verbreitungsgebiete der Fallstudien in die Untersuchung einzubeziehenden Betriebsgesellschaften in Köln und Coesfeld.[29] Ausgewertet wurden hier allein die allgemein zugäng-

---

28 Vgl. zur Gesetzgebungsgeschichte und Diskussion dieser Regelung unten § 5 I. 1.

29 Ausgewertet wurden daher folgende Verbreitungsgebiete (in Klammern das Datum der Lizenzerteilung): Bochum (02.03.1990), Bonn/Rhein-Sieg-Kreis (31.08.1990), Bottrop/Gladbeck/Gelsenkirchen (02.03.1990), Coesfeld (21.06.1991), Düsseldorf (08.06.1990), Duisburg (29.01.1990), Hagen (02.03.1990), Hamm (02.03.1990), Herford (08.06.1990), Herne (02.03.1990), Hochsauerlandkreis (02.03.1990), Köln (01.03.1991), Leverkusen (19.10.1990), Märkischer Kreis (29.01.1990), Mettmann (08.06.1990), Minden-Lübbecke (08.06.1990), Mönchengladbach (08.06.1990), Mülheim/Oberhausen (29.01.1990), Neuss (19.10.1990), Oberbergischer Kreis/ Rheinisch-Bergischer Kreis (08.06.1990), Reckling-

lichen Informationen in Zeitungen und Zeitschriften sowie in öffentlichen Verlautbarungen der Landesanstalt für Rundfunk. Auf die Analyse und damit auch auf die Veröffentlichung der der Anstalt darüber hinaus vorliegenden Daten wurde an dieser Stelle verzichtet.

Festzustellen ist zunächst, daß in allen berücksichtigten Verbreitungsgebieten die gemäß § 29 Abs. 4 LRG NW privilegierten Verlage mit Lokalzeitungen von ihrer Beteiligungsoption auch tatsächlich Gebrauch gemacht haben und sich als Gesellschafter in der Betriebsgesellschaft engagieren.[30] Hierbei lassen sich allerdings aufgrund der Materiallage außerhalb der Verbreitungsgebiete der Fallstudien keine verläßlichen Aussagen darüber machen, inwieweit einzelne kleinere Verlage auf Beteiligungen verzichtet haben oder die tatsächlichen Kapital- und Stimmrechtsanteile den Marktanteilen der beteiligten Lokalverlage entsprechen.

Tabelle 1: Mehrheitsbeteiligungen der WAZ-Gruppe[31]

Verbreitungsgebiet	Beteiligung der WAZ in Prozent
Bochum	69
Duisburg	68,3
Bottrop/Gladbeck/Gelsenkirchen	57
Hagen	75
Herne	75
Hochsauerlandkreis	75
Mülheim/Oberhausen	75
Wesel	53,3

Die hohe Beteiligungsbereitschaft der Verlage bedeutet zugleich, daß sich die im Printbereich festzustellende Dominanz einzelner Presseverlage in der Zeitungslandschaft Nordrhein-Westfalens in den Rundfunkfinanzierungsgesellschaften fortsetzt. Deutlich wird dies zunächst in der Mehrheitsbeteili-

hausen (01.02.1991), Siegen-Wittgenstein (29.01.1990), Soest (27.04.1990), Wesel (29.01.1990).

30 Lediglich in drei Verbreitungsgebieten, die allerdings nicht Gegenstand der Untersuchung waren, haben sich die lokalen Verleger nicht zu einer Beteiligung entschließen können. In Düren, Heinsberg und im Kreis Aachen sind Lizenzen an Veranstaltergemeinschaften ergangen, die mit Betriebsgesellschaften ohne lokale Verleger kooperieren. In Düren und Heinsberg hält die WAZ-Gruppe die Mehrheits- und RTL eine Minderheitsbeteiligung, während im Kreis Aachen die Beteiligungsverhältnisse umgekehrt sind, vgl. Kabel & Satellit Nr. 54/1991, S. 25. Zur Situation in Coesfeld, vgl. unten III. 3. a.

31 Alle Angaben sind einer Selbstveröffentlichung der Beteiligungsverhältnisse der WAZ-Gruppe an neuen Medien entnommen, vgl. DJV-Medieninfo 1/2 1991.

gung der in Nordrhein-Westfalen führenden Zeitungsgruppe WAZ in acht der insgesamt 24 untersuchten Betriebsgesellschaften.[32]

Neben der WAZ-Gruppe sind auch die übrigen Großverlage zugleich in mehreren Betriebsgesellschaften als Mehrheitsgesellschafter tätig, so daß 18 der insgesamt 24 ausgewerteten Betriebsgesellschaften von den gleichen vier Verlagshäusern dominiert werden.

Tabelle 2: Mehrheitsbeteiligung einzelner Verlage an Betriebsgesellschaften

Verlag	Anzahl der Mehrheitsbeteiligungen
WAZ-Gruppe	8
Ippen-Gruppe	4
DuMont-Schauberg/Heinen	3
Rheinisch-Bergische Verlagsgesellschaft	3
Gesamt	18

Betrachtet man die von den einzelnen Verlagen besetzten Betriebsgesellschaften näher, fällt weiter auf, daß die Geschäftsführung dieser Gesellschaften in der gleichen Hand liegt oder aber zumindest ein Geschäftsführer über die Geschicke zweier Gesellschaften zu entscheiden hat.[33] Dies deutet darauf hin, daß diese Betriebsgesellschaften zwar als gesellschaftsrechtlich unabhängige Rechtssubjekte konstituiert werden, zugleich aber wirtschaftlich so eng miteinander verflochten werden, daß eine gemeinsame Unternehmensführung und Politik möglich wird. Diese Tendenz drückt sich auch in dem Bemühen der Verlagshäuser aus, mehrere Betriebsgesellschaften umfassende „Werbekombis" zu gründen, deren Ziel der gemeinsame Verkauf von Werbezeiten und/oder die Produktion von Werbespots ist.[34]

32 In den 46 Verbreitungsgebieten ist die WAZ insgesamt an 21 Betriebsgesellschaften beteiligt, vgl. epd Kirche und Rundfunk Nr. 93/1991, S. 15.

33 So wird in einem von der LfR herausgegebenen Verzeichnis aller Betriebsgesellschaften vom 13.02.1991 als Geschäftsführer aller acht von der WAZ dominierten Gesellschaften *Ernst Schillinger* angegeben, während die Geschäfte der drei Betriebsgesellschaften der Rheinisch-Bergischen Verlagsgesellschaft (Düsseldorf, Mettmann, Mönchengladbach) von *Dr. Albert Mayer* geleitet werden. Die Geschäftsführung der drei zu diesem Zeitpunkt bereits bestehenden Ippen-Betriebsgesellschaften (Hamm, Märkischer Kreis, Soest) lag bei *Hans Weller*, der später von *Jan-Michael Meineke* abgelöst wurde. Die Betriebsgesellschaften des Verlagskonsortiums DuMont-Schauberg/Heinen wurde nach Aussage der Liste in Köln von *Helmut Heinen* und in Leverkusen sowie im Verbreitungsgebiet des Oberbergischen Kreises/Rheinisch-Bergischen Kreises von *Wolfgang Birkholz* geleitet.

34 Als Funkkombi zur gemeinsamen Werbeakquisition haben die Betriebsgesellschaften aus Hamm, dem Märkischen Kreis und Soest (also die von der Verlagsgruppe Ippen dominierten Betriebsgesellschaften) die „WWR Westfälische Werbegesellschaft für privaten Rundfunk mbH" gegründet, vgl. Medienspiegel 8/1990, S. 19. „Funkkombi West" verkauft Werbezeiten für die Verbreitungsgebiete Mettmann, Düsseldorf und Mönchengladbach, also

Die zur anteiligen Beteiligung an der Betriebsgesellschaft berechtigten kommunalen Träger haben, soweit ersichtlich, in allen 24 untersuchten Verbreitungsgebieten von ihrem Recht Gebrauch gemacht.[35] Hierbei ist, soweit auf der Grundlage der zugänglichen Veröffentlichungen ersichtlich, bis auf drei Ausnahmen die gesetzliche Obergrenze von 25 bzw. 24,9 Prozent ausgeschöpft worden. Die kommunale Beteiligung wird in vier Betriebsgesellschaften von den Stadtwerken allein und in einem weiteren Verbreitungsgebiet anteilig wahrgenommen. In den übrigen untersuchten Betriebsgesellschaften engagieren sich die Kreise und Städte, wobei in zehn Fällen einzelne oder alle Gemeinden im Kreis kleinere Anteile halten.

2. Gesellschaftsverträge der Betriebsgesellschaften

Auf der Grundlage der vorliegenden Untersuchung lassen sich Aussagen über die konkreten gesellschaftsvertraglichen Ausgestaltungen der Betriebsgesellschaften nur in sehr begrenztem Umfang treffen, da auf eine Auswertung der der Landesanstalt für Rundfunk im Rahmen ihrer Prüfungspflicht im Sinne des § 29 Abs. 3 und 4 LRG NW vorliegenden Gesellschaftsverträge und die damit verbundene Veröffentlichung der konkreten Vertragsinhalte verzichtet wurde.

Diese Ausklammerung stellt sich im Kontext des nordrhein-westfälischen Lokalfunkmodells jedoch nicht als inhaltliche Begrenzung dar, da der Gesetzgeber die Ausgestaltung der Betriebsgesellschaft bewußt den marktwirtschaftlichen Rationalitäten übereignet hat. Die Inhalte der gesellschaftsrechtlichen Verträge der Betriebsgesellschaften werden aus diesem Grund in weiten Teilen von den Gepflogenheiten und Erfordernissen dieses Regelungsbereiches determiniert und verlieren damit im Rahmen der vorliegenden Fragestellung an Interesse. Etwas anderes kann nur da gelten, wo der Gesetzgeber im Hinblick auf seine rundfunkrechtlichen Intentionen Modifikationen installiert hat, die einer Berücksichtigung auf der Ebene der rechtlichen Gestaltung bedürfen. In diesem Zusammenhang rückt vor allem

---

den Bereich der Rheinischen Post, vgl. Kabel & Satellit Nr. 50/1990. Eine „Audio Media Service Produktionsgesellschaft (AMS), Funkkombi OWL" erfüllt diese Aufgabe in den Verbreitungsgebieten Minden-Lübbecke, Herford, Lippe, Bielefeld, Gütersloh und Höxter/Paderborn, vgl. Medien Aktuell 15/1991, S. 26, 27; zur „HSG Hörfunk Service GmbH" vgl. unten III. 2. c. Die Betriebsgesellschaften der Zeitungsgruppe WAZ starten demnächst mit einer Funkkombi der Westfunk GmbH mit dem Namen „Radio Rhein Ruhr", vgl. Horizont 12/1991, S. 25.

35 In Coesfeld wurde bis zum Abschluß der Untersuchung die Frage der kommunalen Beteiligung nicht vollständig geklärt. Es zeichnete sich allerdings eine Beteiligung des Kreises Coesfeld und einzelner Gemeinden mit insgesamt 25 Prozent ab, von denen zehn Prozent auf den Kreis entfallen sollen. Vgl. hierzu unten III. 3. b.

die vertragsrechtliche Behandlung der kommunalen Träger als (Regel-) Minderheitengesellschafter der Betriebsgesellschaft in den Mittelpunkt auch des Interesses dieser Untersuchung.

Im folgenden wird daher die gesellschaftsvertragliche Konstruktion der Betriebsgesellschaften darauf untersucht, in welcher Weise die kommunalen Träger in die Organisation der Betriebsgesellschaft eingebunden und welche Einflußmöglichkeiten dieser Kräfte vertraglich begründet werden. Soweit es zum Verständnis der gesellschaftsrechtlichen Struktur erforderlich erscheint, werden darüber hinaus einzelne Vertragsinhalte ergänzend erläutert.

Die Betriebsgesellschaften in Nordrhein-Westfalen haben sich bisher, soweit ersichtlich, ausschließlich in der Rechtsform einer GmbH und Co. KG gegründet.[36] Die nachfolgende Auswertung der rechtlichen Gestaltung beschränkt sich auf einen Musterentwurf des Verbandes der Rheinisch-Westfälischen Zeitungsverleger,[37] in dem die wesentlichen Inhalte eines Gesellschaftsvertrages der als Betriebsgesellschaft bezeichneten Kommanditgesellschaft dargelegt werden. Die Untersuchung klammert damit auch den zur Konstituierung einer GmbH und Co. KG erforderlichen ergänzenden GmbH-Vertrag aus, von dessen Analyse keine Aufschlüsse über die soeben dargestellte Fragestellung zu erwarten waren.

Der Entwurf des KG-Vertrages wurde nach Beratungen der Fachgruppe Rundfunk des Verbandes der Rheinisch-Westfälischen Zeitungsverleger in mehreren Gesprächen mit Vertretern des Städte- und Gemeindebundes Nordrhein-Westfalen, des Städtetages Nordrhein-Westfalen, des Landkreistages Nordrhein-Westfalen sowie der kommunalen Wirtschaftsberatungsgesellschaft WIBERA AG abgestimmt und den Mitgliedern dieser Organisationen mit der Empfehlung zur Übernahme zur Verfügung gestellt.[38] Es ist insofern anzunehmen, daß das im Vorfeld von den Interessenverbänden

36 In den Betriebsgesellschaften, in denen mehr als ein Verleger von Tageszeitungen beteiligt ist, sind zunächst Holdings der Verleger als GmbH und Co. KG gegründet worden, in der die Beteiligungen der Verlage zusammengefaßt wurden, vgl. zu dieser vorrangig kartellrechtlich motivierten Vorgehensweise noch unten III. 1. a.

37 Unveröffentlichtes Muster eines Gesellschaftsvertrages der Betriebsgesellschafts-KG (zit.: KG-Mustervertrag). Der Vertrag liegt in zwei Versionen auf dem Stand vom 09.03.1989 und 17.05.1989 vor. Die Fassung vom 09.03.1989 ist vom VRWZ in der Form einer Vorbemerkung in seinen wichtigsten Regelungsinhalten erläutert worden.

38 Vgl. hierzu die eigenen Angaben des VRWZ in der Vorbemerkung zum KG-Mustervertrag sowie den Geschäftsbericht 1988/89 des Städtetages NRW, S. 142, 143. Die kommunalen Organisationen empfahlen in der Fassung vom 09.03.1989 allerdings in zwei Bereichen andere Vertragsinhalte als der VRWZ, die in dem Entwurf unter Feststellung des Dissenses gesondert aufgeführt wurden. In der späteren Fassung sind diese von den Kommunen geforderten Vertragsinhalte auch vom VRWZ akzeptiert und in einen einheitlichen gemeinsamen Entwurf integriert worden. Die zunächst bestehenden Kontroversen werden in der Untersuchung an den entsprechenden Stellen dargestellt.

ausgehandelte Vertragsmuster in den hier nicht untersuchten real abgeschlossenen Verträgen der Betriebsgesellschaften in den Verbreitungsgebieten weitgehend auch realisiert worden ist.[39]

a. Rechtsform und Beteiligungsverhältnisse der Betriebsgesellschaft

Die als Betriebsgesellschaft bezeichnete Gesellschaft ist nach den Vorstellungen des Verbandes der Nordrhein-Westfälischen Zeitungsverleger (VRWZ) als GmbH und Co. KG zu gründen,[40] deren persönlich haftende Gesellschafterin i.S. des § 161 Abs. 1 HGB (Komplementärin) eine GmbH ist, die keine Kapitaleinlage zu leisten hat und weder am Vermögen noch am Liquidationserlös der KG beteiligt ist.[41] Die GmbH ist hierbei unter Befreiung der Beschränkungen des § 181 BGB zur Geschäftsführung und Vertretung der KG berechtigt und verpflichtet.[42] Ihre Geschäftsanteile werden vollständig von der KG gehalten.[43]

Als Kommanditisten der Kommanditgesellschaft sind in Umsetzung der gesetzlichen Vorstellungen über die Regelzusammensetzung der Betriebsgesellschaft drei unterschiedliche Gruppen von möglichen Gesellschaftern vorgesehen. Gruppe 1 umfaßt die Zeitungsverlage bzw. deren Beteiligungsgesellschaften, Gruppe 2 die oder den kommunalen Träger und Gruppe 3 eventuell an der Betriebsgesellschaft beteiligte Dritte.[44] Diese Aufteilung dient der möglichst weitreichenden Erhaltung des anfänglichen und gesetzlich definierten Verhältnisses der Gesellschaftergruppen 1 und 2 im Laufe des Geschäftsbetriebes, das möglichst dem Verhältnis von 75 zu 25 zwischen den Anteilseignern der Gruppe 1 und 2 entsprechen soll.[45] Diese Aufteilung spielt bei der Erhöhung des Gesellschaftskapitals[46], bei der Übertragung von Gesellschaftsanteilen[47] sowie beim Ausscheiden von Gesellschaftern[48] eine Rolle. In diesen Fällen ist vertraglich geregelt, daß freiwerdende

39 Vgl. allerdings den Geschäftsbericht 1988/89 des Städtetages NRW, S. 142, 143, in dem ausdrücklich auf die Verhandlungsspielräume der einzelnen kommunalen Träger vor Ort hingewiesen wird.

40 Als Begründung dieser Rechtsform werden in der Anmerkung zum KG-Mustervertrag vor allem steuerrechtliche Erwägungen genannt. Vgl. hierzu auch die Ausführungen der GEBERA/GEWITAX, Wirtschaftlichkeitsanalysen zum lokalen Hörfunk, S. 247 ff. Hier findet sich der Hinweis, daß in der Gewinnphase eine Umwandlung in eine GmbH sinnvoll sein kann.

41 § 4 Abs. 1 des KG-Mustervertrages.

42 §§ 4 Abs. 2, 14 Abs. 1 des KG-Mustervertrages.

43 Vgl. Birkholz, Leserbrief in VLR-Info 2/1989, S. 4.

44 § 5 Abs. 2 i.V.m. der Anlage zu § 5 Abs. 2 des KG-Mustervertrages.

45 Vgl. die Anmerkung zu § 5 des KG-Mustervertrages.

46 § 7 des KG-Mustervertrages. Vgl. hierzu noch unter b.

47 § 10 des KG-Mustervertrages.

48 § 12 des KG-Mustervertrages.

oder zur Übertragung vorgesehene Anteile zunächst innerhalb der Gruppen verbleiben, um damit Auswirkungen auf das anfängliche Beteiligungsverhältnis zwischen Verleger- und kommunalen Anteilen zu vermeiden.[49]

b. Gesellschaftskapital, Gesellschafterdarlehen und Kapitalerhöhungen

Das von den Kommanditisten insgesamt einzubringende Gesellschaftskapital soll nach dem Vorschlag des VRWZ in der Höhe durch eine Addition der Summe der Vorlaufkosten (Investitions-und Betriebskosten bis zum Sendestart) und der kalkulierten Unterdeckung des ersten vollen Geschäftsjahres zuzüglich der Gründungskosten errechnet und von den Gesellschaftern sukzessive – untereinander in demselben Verhältnis – durch Anforderung der Komplementärin zur Zahlung fällig gestellt werden.[50] Zusätzlich enthält der Vertrag die Option, durch Beschluß der Gesellschafterversammlung der KG eine Pflicht zur Gewährung von Gesellschafterdarlehen im Verhältnis zur jeweiligen Kommanditeinlage zu begründen. Als Umfang dieser Darlehensgewährung regt der Verband eine Festlegung auf die zwei- oder dreifache Höhe des Gesellschaftskapitals an.[51]

Der Mustervertrag wendet sich im Anschluß hieran mit großem Aufwand dem Problem zu, auf welche Weise die Betriebsgesellschaft ihr so festgelegtes Gesellschaftskapital erhöhen kann. Hintergrund dieser aufwendigen Regelungen ist, daß durch Kapitalerhöhungen Nachschußpflichten begründet werden könnten, die nicht von allen gleichmäßig getragen werden können und auf diesem Wege eine bestehende Gesellschafterstruktur gegen den Willen einzelner Anteilsinhaber verändert werden könnte. Dieser Problemstellung versucht der Mustervertrag dadurch zu begegnen, daß er eine Kapitalerhöhung nur mit einer Mehrheit von 80 Prozent aller vorhandenen Stimmen der Mitgliederversammlung der KG zuläßt.[52] Diese zunächst vom VRWZ abgelehnte Regelung[53] ist jedoch nicht als endgültiges, sondern nur als aufschiebendes Veto der/des Minderheitengesellschafter/s konzipiert: Kommt es in einer (ersten) Versammlung nicht zur erforderlichen Mehrheit, kann in einer zweiten Versammlung, die allerdings erst nach Ablauf von drei Wochen einzuberufen ist, mit der Mehrheit der vorhandenen Stimmen, also gegen den Willen der Minderheit, entschieden werden. Die Vertragsparteien verpflichten sich, die dazwischenliegende Zeit zu nutzen, „um eine

49 Vgl. die Anmerkung des VRWZ zu § 5 des KG-Mustervertrages.

50 § 5 Abs. 1 des KG-Mustervertrages, zur Höhe vgl. die Anmerkung am Ende der Seite 3 des Vertragsmusters.

51 § 6 Abs. 1 des KG-Mustervertrages und die entsprechende Anmerkung.

52 § 7 Abs. 1 Satz 1 des KG-Mustervertrages. Das Stimmrecht bestimmt sich hierbei nach der Höhe der Kommanditeinlage, § 17 Abs. 1 des KG-Mustervertrages.

53 In der Fassung vom 09.03.1989 war eine Kapitalerhöhung noch durch Beschluß der Gesellschafterversammlung mit der Mehrheit aller vorhandenen Stimmen möglich.

Einigung anzustreben, die den finanziellen Interessen aller Beteiligten gerecht wird".[54] Darüber hinaus wird im Vertrag festgelegt, daß Erhöhungen nicht willkürlich, sondern nur aus „wichtigem Grund" erfolgen dürfen.[55]

Das neugeschaffene Gesellschaftskapital soll dann von den Gesellschaftern, die die Kapitalerhöhung mitgetragen haben, nach dem Verhältnis ihrer Beteiligungen übernommen werden.[56] Die nicht zustimmenden Gesellschafter unterliegen nach dem Vertrag keiner Nachschußpflicht, so daß dann, wenn einzelne Gesellschafter die Kapitalerhöhung ablehnen, zwangsläufig Kapitalanteile freiwerden. Das Vertragsmuster sieht hier ein besonderes Procedere vor, nach dem diese Anteile angeboten und verteilt werden sollen. Ausgangspunkt dieses Verfahrens ist die Einteilung der Gesellschaft in die angegebenen Gruppen (Verleger, Kommunale Träger, Dritte). Im Falle einer Nichtbeteiligung eines Mitglieds einer Gruppe wird zunächst den anderen Gesellschaftern aus dieser Gruppe die Möglichkeit eingeräumt, die freigebliebenen Übernahmerechte zusätzlich wahrzunehmen.[57] Zeigen auch diese Gesellschafter kein Interesse, werden die Anteile nach einer ausdrücklichen Feststellung der Nichtübernahme durch Beschluß der Gesellschafterversammlung Dritten angeboten. Als Dritte in diesem Sinne gelten auch die Gesellschafter der jeweils anderen Gruppe, soweit das LRG NW einer Übernahme der Kapitalanteile nicht entgegensteht.[58] Dieses Angebot muß mit mindestens einer Frist von drei Monaten ausgeschrieben werden. Findet sich in dieser Zeit ein Interessent, genügt die Zustimmung der Mehrheit aller vorhandenen Stimmen in der Kommanditgesellschaft zur Übernahme der Kapitalanteile. Im anderen Fall sieht der Vertrag als letzte Möglichkeit die automatische Verteilung der freien Anteile auf die der Kapitalerhöhung zustimmenden Gesellschafter im Verhältnis ihrer Anteile vor.[59]

Durch diese Vertragsgestaltung wird möglich, daß dann, wenn Verleger oder kommunale Träger jeweils in ihrer Gesamtheit nicht bereit oder in der Lage sind, an einer Kapitalerhöhung teilzunehmen, Dritte, aber auch Gesellschafter aus der jeweils anderen Gruppe, eigene bzw. zusätzliche Anteile übernehmen können. Damit kann auf diesem Weg die Gesellschafterstruktur der Betriebsgesellschaft verändert werden, ohne daß hierfür, wie etwa im Fall einer Übertragung von Gesellschaftsanteilen, ein einstimmiger Be-

---

54 § 7 Abs. 1 Satz 2 und 3 des KG-Mustervertrages.

55 § 7 Abs. 1 Satz 4 des KG-Mustervertrages. Als wichtige Gründe werden beispielhaft notwendiger Kapitalbedarf, drohende Überschuldung, Unterkapitalisierung oder sinnvoller Ausbau der Sendetätigkeit bzw. Studiokapazitäten genannt.

56 § 7 Abs. 2 des KG-Mustervertrages.

57 § 7 Abs. 3 und 4 des KG-Mustervertrages.

58 § 7 Abs. 3 Satz 3 sowie Abs. 4 Satz 3 des KG-Mustervertrages.

59 § 7 Abs. 3 und 4 des KG-Mustervertrages.

schluß aller Gesellschafterstimmen vorausgehen muß.[60] Dies ist insbesondere für den Fall interessant, in dem ein Mehrheitsgesellschafter, im Regelfall also die Gruppe der Lokalverleger, gegen den Willen des Minderheitengesellschafters, in der Regel also gegen den Willen der kommunalen Träger, seinen eigenen prozentualen Anteil im Verhältnis zum Minderheitengesellschafter anheben oder einen dritten Gesellschafter in die Betriebsgesellschaft einführen will. Dem kann der Minderheitengesellschafter nach der Anlage des Vertrages nur dann begegnen, wenn er selbst die finanziellen Möglichkeiten besitzt, die Kapitalerhöhung mitzutragen. Einen gewissen Schutz vor manipulativen Eingriffen des Mehrheitsgesellschafters genießt der Minderheitengesellschafter im Vertrag nur durch die Klausel, nach der Kapitalerhöhungen nicht willkürlich, sondern nur aus „wichtigem Grund" erfolgen können. Darüber hinaus dürften Ausweitungen über die gesetzlich vorgesehenen Grenzwerte hinaus durch die ausdrückliche Einbeziehung der Regelungen des LRG NW in den Gesellschaftsvertrag vertraglich ausgeschlossen sein.[61]

c. Innere Organisation der Betriebsgesellschaft

Die innere Organisation der Betriebsgesellschaft bestimmt sich auf der Grundlage des Mustervertrages im Verhältnis zwischen der Komplementär-GmbH als Geschäftsführerin und der Gesellschafterversammlung der KG, der auch die kommunalen Träger als Minderheitengesellschafter angehören. Die Komplementärin bzw. deren Geschäftsführer/Geschäftsführerin soll zunächst vertraglich an einen jährlichen Investitions-, Personal- und Wirtschaftsplan angebunden werden, der von der Gesellschafterversammlung zu genehmigen ist.[62] Darüber hinaus bedarf sie für alle Geschäfte, die über den gewöhnlichen Geschäftsbetrieb hinausgehen, der ausdrücklichen Einwilligung der Gesellschafterversammlung.[63] Der entsprechende Vertragspassus nennt hierbei einen Katalog von Maßnahmen, die beispielhaft insbesondere wesentliche wirtschaftliche Entscheidungen der KG aufführen.[64] Darüber hinaus wird ein Katalog von Entscheidungen in die alleinige Kompetenz der

60 § 10 Abs. 1 des KG-Mustervertrages.

61 Die Vorbemerkung zum § 7 des KG-Mustervertrag geht allerdings ohne nähere Begründung davon aus, daß auf der Grundlage des Vertrages Ausweitungen der Anteile über die gesetzlichen Höchstgrenzen von 75 und 25 Prozent möglich sind. Dies steht allerdings im erkennbaren Gegensatz zu dem in § 7 Abs. 3 Satz 3 und Abs. 4 Satz Satz 3 des KG-Mustervertrages enthaltenen Zusatz („sofern das LRG NW nicht entgegensteht").

62 § 14 Abs. 1 des KG-Mustervertrages.

63 § 14 Abs. 3 des KG-Mustervertrages.

64 § 14 Abs. 3 des KG-Mustervertrages, der etwa die Errichtung von Zweigniederlassungen, grundstücksrechtliche Geschäfte oder den Abschluß von Betriebsvereinbarungen als einwilligungspflichtig erklärt.

Gesellschafterversammlung gestellt, in dem auch die für die Zusammenarbeit der Betriebsgesellschaft mit der Veranstaltergemeinschaft wesentlichsten Entscheidungen enthalten sind:[65]

- Abschluß, Änderung oder Kündigung des Kooperationsvertrages mit der Veranstaltergemeinschaft,
- Bestimmung der an den Organsitzungen der Veranstaltergemeinschaft teilnehmenden Person,
- Zustimmung zum Wirtschafts- und Stellenplan,
- Zustimmung zur Einstellung und Entlassung des Chefredakteurs,
- Herstellung des Einvernehmens bezüglich der Übernahme oder der Kündigung der Übernahme eines Rahmenprogramms,
- Beauftragung Dritter mit der Akquisition oder Herstellung von Werbung sowie
- die Festlegung von Werbezeiten und Werbetarifen.

Die entsprechenden Beschlüsse der Gesellschafterversammlung sind hierbei mit der Mehrheit aller vorhandenen Stimmen zu fassen, so daß im Regelfall ein Minderheitengesellschafter keine Möglichkeit hat, auf die zu treffenden Entscheidungen maßgeblich Einfluß zu nehmen.[66] Eine auffällige Ausnahme von diesem Grundsatz findet sich lediglich für die Entscheidung über die Zustimmung zum Wirtschafts- und Stellenplan, für die eine Mehrheit von 80 Prozent aller Stimmen erforderlich ist. Allerdings ist diese Regelung, wie bereits bei der Entscheidung über eine Kapitalerhöhung,[67] nicht als endgültiges Ablehnungsrecht der Minderheitenposition, sondern nur als aufschiebendes Veto ausgestaltet.[68] Dies bedeutet, daß bei einer Verweigerung der Zustimmung frühestens nach Ablauf einer Frist von drei Wochen in einer zweiten Gesellschafterversammlung ein entsprechender Beschluß mit einfacher Mehrheit herbeigeführt werden kann. In der verbleibenden Zeit soll eine Einigung anzustreben sein, die auch hier „den wirtschaftlichen Interessen" der Gesellschafter am Wirtschafts- und Stellenplan der Veranstaltergemeinschaft gerecht werden soll.

---

65 § 17 Abs. 3 des KG-Mustervertrages.

66 § 17 Abs. 1 des KG-Mustervertrages. Eine Gesellschafterversammlung ist im Regelfall dann beschlußfähig, wenn die Mehrzahl aller vorhandenen Stimmen in der Versammlung vertreten ist. Bei Beschlußunfähigkeit sind als Ausnahme Beschlüsse in einer zweiten Versammlung ohne Rücksicht auf die Zahl der vertretenen Stimmen möglich. In dieser zweiten Versammlung reicht die Mehrheit der vertretenen Stimmen, §§ 16 Abs. 8, 17 Abs. 1 des KG-Mustervertrages.

67 Vgl. oben b.

68 § 17 Abs. 3 Nr. 5 des KG-Mustervertrages. Das aufschiebende Veto ist auch in diesem Fall von den kommunalen Spitzenverbänden gefordert worden und sodann in die Musterfassung vom 17.05.1989 aufgenommen worden.

In die Organisation der Betriebsgesellschafts-KG wird letztlich entsprechend der gesetzlichen Forderung des § 29 Abs. 2 Satz 3 Nr. 4 LRG NW ein Vertreter der Veranstaltergemeinschaft einbezogen, dem das vertragliche Recht zustehen soll, an den Sitzungen der Gesellschafterversammlung teilzunehmen.[69] Dieses Teilnahmerecht inhaltlich präzisierende oder ergänzende vertragliche Regelungen finden sich allerdings nicht. So wird zum Beispiel eine allgemeine vertragliche Pflicht konstituiert, die über alle Vorgänge der Gesellschafterversammlung anzufertigende Niederschrift an die Gesellschafter zu übersenden.[70] Eine entsprechende Informationspflicht gegenüber dem teilnehmenden Gast von der Veranstaltergemeinschaft besteht dagegen nicht.

d. Zwischenergebnis

Die Untersuchung der Gesellschafterstruktur der Betriebsgesellschaften und ihrer inneren Organisation zeigt eine Tendenz, die von einer Verlagsgruppe als Mehrheitsgesellschafter dominierten Betriebsgesellschaften zu rechtlich getrennten, aber organisatorisch und personell verflochtenen und damit überlokalen Finanzierungsgesellschaften zusammenzufassen. Damit verliert die Betriebsgesellschaft zumindest in Teilen ihren im LRG NW angelegten lokalen Bezug. Die entstehenden überregionalen und an die Verlagshäuser rückgebundenen Betriebsgesellschaften erlauben eine gemeinsame und konzentrierte Unternehmenspolitik der entsprechenden Verlagshäuser, die nicht ohne Auswirkungen auf die vom Gesetz intendierte Funktionenbalance zwischen lokaler Veranstaltergemeinschaft und in der gesetzlichen Vorstellung ebenfalls lokalgebundenen und selbständigen Betriebsgesellschaft bleiben kann.

Auf der Grundlage der vorstehenden Untersuchung sind Aussagen über die vertragsrechtliche Gestaltung der Struktur und Organisation der Betriebsgesellschaften in Nordrhein-Westfalen nur im Hinblick auf die Art und Weise der Beteiligung der kommunalen (Regel-) Minderheitengesellschafter und des Vertreters der Veranstaltergemeinschaft zu treffen. Die gesellschaftsvertragliche Einbindung der kommunalen Träger in die gesellschaftsrechtliche Struktur der Betriebsgesellschafts-Kommanditgesellschaft läßt sich als, soweit sie tatsächlich auf der Grundlage der im Vorfeld von den Interessenverbänden ausgehandelten Vertragsmuster erfolgt ist, im wesentlichen an wirtschaftlichen Handlungsrationalitäten orientiert charakterisieren. Die kommunalen Träger werden im KG-Vertrag einer ökonomischen Perspektive folgend als in der Entscheidungsstruktur der Gesellschaft zumeist

69 § 16 Abs. 4 des KG-Mustervertrages.
70 § 16 Abs. 9 des KG-Mustervertrages.

nicht maßgeblich beteiligte Minderheitengesellschafter behandelt, denen kaum über diese Position hinausreichende Rechte eingeräumt werden.

So ordnen die Entscheidungsstrukturen der als Betriebsgesellschaft fungierenden GmbH und Co. KG die für die Unternehmensführung als wesentlich empfundenen Aufgaben- und Entscheidungsbereiche der Gesellschafterversammlung der Kommanditgesellschaft zu, in der die kommunalen Träger aufgrund ihrer auf maximal 25 Prozent begrenzten Stimmrechtsanteile ohne unmittelbare Einflußmöglichkeit bleiben müssen. Eine Ausnahme konnte hier nur für die Entscheidungen über eine Kapitalerhöhung und die Zustimmung zum Wirtschafts- und Stellenplan der Veranstaltergemeinschaft ausgemacht werden, die auf Drängen der beteiligten kommunalen Spitzenverbände in der Form eines aufschiebenden Vetos in der Gesellschafterversammlung in den Vertrag eingegangen sind.

Diese Regelung ermöglicht den kommunalen Anteilseignern als den regelmäßigen Minderheitsgesellschaftern einen verstärkten Einfluß auf unternehmerische Entscheidungen der Betriebsgesellschaft, die diesen insbesondere im Fall der Zustimmung zum Wirtschafts- und Stellenplan die Möglichkeit einräumt, sich positiv für eine funktionsgerechte Finanzierung der Veranstaltergemeinschaft einzusetzen. Die Vertragsklausel scheint allerdings nicht allein im Hinblick auf die Sicherung des kommunalen Einflusses in diesem Sinne zu zielen, sondern verfolgt daneben sicher auch den Zweck, die kommunalen Haushalte vor überhasteten Investitionsentscheidungen zu schützen.

Die vertraglichen Regelungen zeigen sich bemüht, die im Gesetz vorgegebenen Anteilsverhältnisse zwischen den Verlegern und den kommunalen Trägern auch im Laufe des Geschäftsbetriebes und vor allem für die Dauer der Zulassung der kooperierenden Veranstaltergemeinschaft zu sichern. Das hierzu entwickelte vertragsrechtliche Instrumentarium zur Erhaltung der rundfunkrechtlich determinierten internen Anteilsverteilung birgt allerdings gewisse Risiken. Die für den Fall von Kapitalerhöhungen vorgesehenen Vertragsklauseln eröffnen Spielräume für den Mehrheitsgesellschafter, durch die infolge gezielter Beschlüsse auf die Gesellschafterstruktur durchgegriffen werden kann, um sie in ihrem Interesse zu verändern. Die im Vertrag eingebauten Sicherungen, etwa die vertragliche Anbindung der Kapitalerhöhungen an das Vorliegen „wichtiger Gründe“, wirken hierbei zerbrechlich und wenig geeignet, die Position des Minderheitengesellschafters hinlänglich abzusichern. Dies gilt auch für eine auf dem Wege einer Kapitalerhöhung durchgesetzte Erhöhung des Verlegeranteils über die rundfunkrechtlich zulässige Marge, die dann, wenn die finanziellen Kapazitäten der kommunalen Träger erschöpft sind, unvermeidbar sein könnte.[71]

Die Untersuchung der Einbindung des Vertreters der Veranstaltergemeinschaft i.S. des § 29 Abs. 2 Satz 3 Nr. 4 LRG NW hat ergeben, daß die rechtsanwendende Praxis dem Grundsatz der Funktionenkooperation nur insoweit entsprochen hat, als dies rundfunkrechtlich unvermeidbar war. Vertragliche Konkretisierungen bzw. eine Stärkung der Position des Vertreters der anderen Säule konnten hier nicht festgestellt werden.

III. Fallstudien

1. Wesel

Für den lokalen Rundfunk im Kreis Wesel wurde am 21.09.1989 die „Betriebsgesellschaft Radio Wesel mbH & Co. KG" gegründet. Zu diesem Zeitpunkt war die Ausschreibungsfrist der Landesanstalt für Rundfunk für die Zulassung lokaler Rundfunksender bereits abgelaufen, und die Veranstaltergemeinschaft und der Geschäftsführer der Westfunk GmbH, eines Unternehmens der WAZ-Gruppe, hatten inzwischen weitgehend Einigkeit über den Vertrag zwischen Veranstaltergemeinschaft und Betriebsgesellschaft erzielt.[72]

a. Verlegerbeteiligung

Tageszeitungen mit Lokalausgaben im Verbreitungsgebiet sind die Westdeutsche Allgemeine Zeitung (WAZ) und die Neue Rhein/Ruhr-Zeitung (NRZ), beide aus der Zeitungsgruppe WAZ, sowie die Rheinische Post aus der Rheinisch-Bergischen Druckerei- und Verlagsgesellschaft.

Die höhere Auflage haben mit zusammen ca. 88.000 Exemplaren die Tageszeitungen der WAZ-Gruppe; die Rheinische Post kommt auf knapp 41.000 Exemplare.[73] Beide Verlage haben ihre Beteiligungsmöglichkeiten genutzt.

71 Die Erhöhung eines Gesellschafteranteils über die gesetzlich festgeschriebene Grenze weist zugleich auf ein aus der Regelungstechnik des LRG NW folgendes Aufsichtsproblem. Die Änderung der Gesellschafterstruktur der Betriebsgesellschaft nach der Zulassung der Veranstaltergemeinschaft ist der Landesanstalt für Rundfunk nicht mitzuteilen, der die entsprechenden Unterlagen nur im Zulassungsverfahren vorliegen müssen, § 29 Abs. 3 und 4 LRG NW. Die Anstalt ist insoweit auf Informationen aus der Sphäre der Veranstaltergemeinschaft bzw. deren Vertreter in der Gesellschafterversammlung abhängig und kann auch nur auf diesem Weg Einfluß nehmen.

72 S. unten § 5 III. 1.

73 Stamm 1991, S. 1b/38, 41 ff.

Als der Verlag mit der höchsten Auflage im Verbreitungsgebiet hat die WAZ-Gruppe im Kreis Wesel die Federführung bei der Vorbereitung des lokalen Rundfunks übernommen. Zum Geschäftsführer wurde der Geschäftsführer der Westfunk gemacht, der diese Position ebenso in allen anderen Betriebsgesellschaften innehat, in denen die Verlagsgruppe WAZ die Mehrheit unter den Verlegeranteilen hält.[74] Der Verlag der Rheinischen Post war hier an den Einzelheiten nicht beteiligt, auch später nicht bei den Verhandlungen mit der Veranstaltergemeinschaft.[75]

Die WAZ-Gruppe hat zunächst eine „Verlegerholding Radio Wesel GmbH und Co. KG" gegründet, in der die Beteiligungen der Verlage an der Betriebsgesellschaft zusammengefaßt werden. Diese Konstruktion der Verlegerholding ist vor allem kartellrechtlich motiviert,[76] sie führt aber auch dazu, daß bei Abstimmungen in der Betriebsgesellschaft die Verleger mit einer Stimme sprechen, so daß im Grundsatz derjenige, der die Verlegerholding dominiert – im Kreis Wesel die WAZ-Gruppe – auch mit Dreiviertelmehrheit die Entscheidungen in der Betriebsgesellschaft bestimmen kann. Der Verlag der Rheinischen Post hat sich an der Verlegerholding entsprechend den Auflagenrelationen mit etwa 30 Prozent beteiligt.[77]

Die Verlegerholding hat dann die Betriebsgesellschaft gegründet; erst danach wurde auch den Kommunen die Möglichkeit zur Beteiligung durch Übertragung von Gesellschaftsanteilen eröffnet:

> „Wir gründen in allen Gebieten, wo wir alleine sind, und dort, wo wir die Federführung übernommen haben, die Betriebsgesellschaft GmbH und Co. KG bis zum Ende durch, damit sichern wir uns das Verlegerprivileg und treten dann an die Kommunen ab."[78]

---

74 Vgl. die Angaben über die Geschäftsführer der Betriebsgesellschaften im LfR-Handbuch, Nr. 5.2.4; Erzbischöfliches Generalvikariat Köln, Handbuch Lokaler Rundfunk, Bd. 1, S. 5 ff.; Pape/Samland, Medienhandbuch, Nr. 6.14.6.

75 Nach Auskunft des für den Lokalfunk zuständigen Geschäftsführers des Verlages der Rheinischen Post war es hier wie auch in anderen Verbreitungsgebieten üblich, daß „die Verlage tolerieren, daß derjenige, der die Federführung hat, die Geschäftsführung auch tatsächlich ausübt"; aber beispielsweise die Entscheidung darüber, ob die Betriebsgesellschaft der Bestellung des Chefredakteurs durch die Veranstaltergemeinschaft zustimme, sei auch unter den beteiligten Verlagen „ein zustimmungsbedürftiges Geschäft", ebenso der Abschluß des Kooperationsvertrages mit der Veranstaltergemeinschaft und die Aufstellung des Etats.

76 Vgl. Birkholz, Leserbrief in VLR-Info 2/1989, S. 4: „Es hat ausschließlich einen kartellrechtlichen Hintergrund, daß in Hörfunk-Verbreitungsgebieten, in denen mehr als ein Tageszeitungsverlag mit Lokalausgaben BG-Beteiligungsanspruch hat, Holding-Lösungen gewählt werden."

77 Daraus resultiert eine mittelbare Beteiligung an der Betriebsgesellschaft von ca. 22 Prozent; für die Zeitungsgruppe WAZ ein Anteil von ca. 53 Prozent.

78 Zitiert nach Paukens, „Nur ein gutes Werbegeschäft", W&M 4/1989, S. 18.

b. Kommunale Beteiligung

Damit ist auch die Rolle der Kommunen deutlich vorgeprägt. Sie sind Minderheitsgesellschafter, die schon an der Ausgestaltung der gesellschaftsrechtlichen Konstruktion zunächst gar nicht beteiligt sind und auch später kaum mehr Einfluß auf die Betriebsgesellschaft gewinnen können. Dies drückt sich auch in der Haltung des BG-Geschäftsführers zu den Kommunen als Mitgesellschaftern aus:

„Der Gesetzgeber hat sich da ja klar ausgedrückt. Die Anteile sind Kapital- und Stimmrechtsanteile. Damit ist also klar, die Kommune hat sich unterzuordnen, sie darf hinten rudern, wir sind der Kapitän."[79]

Bereits im März 1987 hatte der Kreistag des Kreises Wesel die Frage einer kommunalen Beteiligung an einer Betriebsgesellschaft erörtert und „seine grundsätzliche Bereitschaft erklärt, sich mit bis zu 25 Prozent an der Betriebsgesellschaft zu beteiligen und dabei gleichzeitig in diesem Rahmen die Beteiligung weiterer kommunaler Träger offenzuhalten."[80] Interesse an einer solchen Beteiligung haben daraufhin sieben der 13 Städte und Gemeinden erkennen lassen.

Im Frühjahr 1989 ist die Kreisverwaltung in dieser Sache wieder vorstellig geworden und hat zur Konkretisierung den Vorschlag unterbreitet, den Anteil des Kreises auf 12,5 Prozent festzulegen und die übrigen 12,5 Prozent den Städten und Gemeinden im Verhältnis ihrer Einwohnerzahl anzutragen. Dieser Vorschlag wurde jedoch im Kreisausschuß bei Stimmengleichheit abgelehnt, da sich die Vertreter von Grünen und FDP generell gegen die Beteiligung der Kommunen am privaten Rundfunk wandten und die Vertreter der CDU sich dafür einsetzten, sämtliche den Kommunen zustehenden Anteile den Städten und Gemeinden anzubieten.

Unter dem Druck der am 10.07.1989 auslaufenden Antragsfrist ist das Thema am 08.06.1989 im Kreisausschuß und am 15.06.1989 im Kreistag des Kreises Wesel erneut behandelt worden. Dabei wurde seitens der Verwaltung vorgetragen, daß die Gründung der Verlegerholding unmittelbar bevorstehe und der Landkreistag auf nochmalige Anfrage mitgeteilt habe, nach der Aussage des Direktors der Landesanstalt für Rundfunk in der Sitzung der Rundfunkkommission am 25.04.1989 gebe der Wortlaut des § 29 Abs. 3 LRG NW der Landesanstalt keinen Interpretationsspielraum, deshalb könne die Antragsfrist nicht verlängert werden, also sei unter anderem das Bestehen einer Betriebsgesellschaft Voraussetzung für den Zulassungsan-

79 Ebd.

80 Vgl. Sitzungsvorlage des Oberkreisdirektors für den Ausschuß für Finanzen, Beteiligungen und Liegenschaften des Kreises Wesel vom 25.01.1989.

trag der Veranstaltergemeinschaft.[81] Am 13.06.1989 werde es ein erstes Gespräch kommunaler Vertreter mit Verlegervertretern über den Vertragsentwurf geben, den der Landkreistag als Muster vorgelegt hat. Zu den wirtschaftlichen Parametern für die Beteiligung des Kreises heißt es in der Vorlage weiter:

„Am 30.05.1989 wurden durch den Geschäftsführer der Westfilm Medien GmbH (Unternehmen der WAZ-Gruppe) telefonisch die Vorstellungen der Verlegerseite über die Investitionskosten, Betriebskosten und die zu erwartenden Erträge aus dem Rahmenprogramm und der regionalen Werbung sowie die notwendige Kapitalausstattung mitgeteilt.

1. Jahr	
Investitionskosten	0,90 Mio DM
lfd. Betriebskosten	3,90 Mio DM
Gesamtkosten	4,80 Mio DM
./. Erlöse	0,85 Mio DM
Verlust	3,95 Mio DM

	Lfd. Betriebskosten, Mio DM	Erlöse Mio DM	Verlust Mio DM
2. Jahr	4,0	0,8	3,2
3. Jahr	4,0	1,6	2,4
4. Jahr	4,0	2,3	1,7
5. Jahr	4,0	2,6	1,4

Das Gesellschafterkapital gemäß § 5 des Vertragsentwurfes soll 1 Mio DM betragen.
Das Gesellschafterdarlehen gemäß § 6 des Vertragsentwurfes soll 3 bis 4 Mio DM betragen.
Von den genannten Beträgen hätten die kommunalen Gesellschafter 25 Prozent zu tragen."

Vor diesem Hintergrund hat der Kreisausschuß eine Beschlußempfehlung nicht gegeben und empfohlen, das Gespräch mit den Verlegervertretern abzuwarten. Vor der Kreistagssitzung, die eine Woche später stattfand, haben die Fraktionen von SPD und CDU den Kompromiß ausgehandelt, daß der Kreis acht Prozent und die Städte und Gemeinden 17 Prozent der Anteile erhalten sollten. Auch hier spielte wieder der durch die Antragsfrist gesetzte Zeitdruck eine bemerkenswerte Rolle. Während es dazu allerdings in § 29 Abs. 6 LRG NW recht eindeutig heißt, die Kommunen hätten „bis zur Zulassung der Veranstaltergemeinschaft das Recht, eine Beteiligung an der

81 Protokoll der Sitzung des Kreisausschusses vom 08.06.1989, Anlage zu TOP 21, S. 1.

Betriebsgesellschaft" zu verlangen, haben sich der Vorsitzende der Veranstaltergemeinschaft und der Oberkreisdirektor in der Kreistagssitzung[82] folgendermaßen geäußert:

„KAbg. Eberz führte hinsichtlich der Rechtslage aus, daß der Kreis nur bis zur Beantragung der Lizenz seine Beteiligung am Lokalfunk erklären könne.
OKD Dr. Griese räumte ein, daß die Kosten nur schwer abzuschätzen seien; schlimmstenfalls sei nach Meinung von Experten in 4 Jahren mit 10 Mio. DM Verlust zu rechnen. Er wies darauf hin, daß bestimmte Fristen einzuhalten seien. So müsse die Veranstaltergemeinschaft bis zum 10.07.1989 die Betriebserlaubnis beantragen. Bei den Verhandlungen am 13.06.1989 zur Vorbereitung der Gründung einer Betriebsgesellschaft sei vereinbart worden, daß der Kreis Wesel als kommunaler Gesellschafter auch nach dem 10.07.1989, jedoch nur bis zur Zuteilung der Frequenzen, seinen Beitritt erklären könne. Er sehe keine andere Möglichkeit, als sich an der Betriebsgesellschaft zu beteiligen, auch wenn nicht abschätzbar sei, wie der Nutzen sein werde."

Dieses Beispiel mag veranschaulichen, daß bei der Frage nach der Anwendung des Rechts die genaue Kenntnis der einschlägigen Bestimmungen nicht in jedem Falle vorausgesetzt werden kann. Hier hat sich der Kreistag des Kreises Wesel selbst unter Zeitdruck gesetzt – ganz im regulativen Stil des Gesetzes und der Landesanstalt für Rundfunk, aber nach dem Wortlaut des Gesetzes ohne Not.

Der Kreistag ist daraufhin mit Mehrheit dem Vorschlag von SPD und CDU gefolgt und hat folgenden Beschluß gefaßt:

„In Ausführung des Beschlusses des Kreistages vom 19.03.1987 übernimmt der Kreis acht Prozent der Kapital- und Stimmrechtsanteile an der zu gründenden Betriebsgesellschaft. Die restlichen 17 Prozent stehen den kreisangehörigen Städten und Gemeinden zur Verfügung; Maßstab ihrer Beteiligung ist die Einwohnerzahl nach Fortschreibung des Statistischen Landesamtes auf den 31.12.1988."[83]

Betrachtet man die Formulierung dieses Beschlusses, so fällt auf, wie hier die kostenträchtige und offenbar als durchaus risikobehaftet wahrgenommene Entscheidung für das wirtschaftliche Engagement nicht mehr sachlich mit dem erstrebten Nutzen begründet, sondern ansatzweise zur Nicht-Entscheidung, zur bloßen „Ausführung" eines früheren Beschlusses stilisiert wird, durch den sich der Kreis eigentlich bereits gebunden habe. Dieser Aspekt der Selbstbindung war schon im Kreisausschuß[84] ganz ausdrücklich problematisiert worden:

„Fraktionsvorsitzender Patt erklärte für die SPD-Fraktion, daß sie dem Beschlußvorschlag zustimme. Der Kreis dürfe sich in dieser Angelegenheit nicht zurückzie-

82 Protokoll der Sitzung des Kreistages vom 15.06.1989, TOP 16, S. 17.
83 Ebd., S. 18.
84 Protokoll der Sitzung des Kreisausschusses vom 22.02.1989, TOP 4, S. 5.

hen.
Fraktionsvorsitzender Wiemann führte aus, daß die FDP die Ansicht vertrete, daß der Lokalfunk privat betrieben werden solle. ... Beide Entscheidungsalternativen enthielten zwar kein endgültiges 'ja' zum Lokalfunk, eine Vielzahl solcher Einzelentscheidungen erwecke aber den Eindruck, daß sich der Kreis bereits gebunden habe."

Diese Stilisierung der Entscheidung zur Nicht-Entscheidung setzte sich fort im Kreisausschuß[85] bei der Erörterung der Bereitstellung von Haushaltsmitteln:

„Fraktionsvorsitzender Patt wies darauf hin, daß bereits zwei Vorgaben existieren, nämlich einmal das Landesrundfunkgesetz und die Grundsatzentscheidung des Kreistags über die Beteiligung an der Betriebsgesellschaft Radio Wesel mbH und Co. KG mit acht Prozent vom 15.06.1989. Der jetzt vorgelegte Beschlußvorschlag der Verwaltung wäre insofern nur die Folge aus diesen Vorgaben."

Als finanzwirksamer Beschluß wurde das Engagement in der Betriebsgesellschaft am 14.09.1989 vom Kreisausschuß und am 21.09.1989 vom Kreistag verhandelt. Das Gesellschafterkapital sollte wie vorher angenommen 1 Mio DM betragen, davon sollte der Kreis 80.000 DM aufbringen. Als Gesellschafterdarlehen war nunmehr eine Summe bis zu 9 Mio DM vorgesehen, davon sollte der Kreis wiederum einen Anteil von acht Prozent übernehmen, für 1989 aber nur einen Betrag von 50.000 DM bereitstellen. Kreisausschuß und Kreistag haben dies mit Mehrheit so beschlossen.

Im übrigen haben die Kreistagsabgeordneten sich mit der Erwartung, daß der Lokalfunk langfristig wirtschaftlich sein werde, an der Entscheidung der WAZ-Gruppe orientiert, wie es einer der Abgeordneten markant formuliert:

„Ich habe immer all denen, die das hören wollten, gesagt, die beste Gewähr dafür, daß das Ding läuft, ist das Dabeisein der WAZ, denn ein kapitalistischeres Unternehmen habe ich noch nirgendwo kennengelernt."

Von den Städten und Gemeinden haben sich dennoch letztlich nur vier an der Betriebsgesellschaft beteiligt, und zwar die Stadt Moers als Studiostandort mit 13 Prozent,[86] Kamp-Lintfort mit zwei Prozent sowie Rheinberg und Neukirchen-Vluyn mit je einem Prozent. Dabei fällt auf, daß es sich bei den drei Kommunen, die zuvor Interesse bekundet hatten und sich dann doch nicht beteiligt haben, um die drei rechtsrheinischen Interessenten handelte. Der Verzicht auf eine Beteiligung ist hier vermutlich auch eine Reaktion auf die Entscheidung der Veranstaltergemeinschaft und der Betriebsgesellschaft, den Studiostandort entgegen anfänglichen Überlegungen nicht in

85 Protokoll der Sitzung des Kreisausschusses vom 14.09.1989, TOP 2, S. 3.

86 Die Stadt hatte sogar angeboten, bei Verzicht der anderen Kommunen die den Städten und Gemeinden zugedachten 17 Prozent gänzlich zu übernehmen.

die rechtsrheinische Kreisstadt Wesel, sondern in das linksrheinische Moers zu legen.[87]

Es ist bei der Aushandlung des Vertrages seitens der Kreisverwaltung der Versuch gemacht worden, den zwischen Verlegern und kommunalen Spitzenverbänden ausgehandelten Vertragsentwurf für die Kommunen noch zu verbessern und vor allem größeren Einfluß auf die Haushaltsführung der Betriebsgesellschaft zu gewinnen. Dieser Versuch ist jedoch nach Aussagen eines Mitarbeiters der Kreisverwaltung weitgehend fehlgeschlagen: „Da haben aber die Verleger ziemlich deutlich abgeblockt".

c. Servicegesellschaft und Werbekombi

Die Betriebsgesellschaft Radio Wesel nimmt nicht alle ihre Aufgaben selbst wahr. Sie werden vielmehr zum großen Teil von der Westfunk GmbH als der Servicegesellschaft der WAZ-Gruppe übernommen.[88] Die Geschäftsführung dieser Servicegesellschaft wird in Personalunion wahrgenommen vom Geschäftsführer der Betriebsgesellschaften, in denen die WAZ-Gruppe die Federführung hat.

Für diese Betriebsgesellschaften wird von der Westfunk auch eine Werbekombi namens „Radio Rhein Ruhr" angeboten.

2. Köln

Für das Verbreitungsgebiet Köln wurde am 19.05.1989 eine Betriebsgesellschaft namens „Radio Köln GmbH und Co. KG" gegründet.

a. Verlegerbeteiligung

In der Stadt Köln gibt es zwei Abonnements-Tageszeitungen mit Lokalausgaben: den Kölner Stadt-Anzeiger (Verlag DuMont Schauberg) und die Kölnische Rundschau (Heinen Verlag). In Bezug auf das Kölner Stadtgebiet

---

87 Vgl. „'Die Weseler sind aufs Kreuz gelegt worden'", Rheinische Post vom 22.06.1989: „Wesels Rat fühlte sich von der Moerser Lobby ausgetrickst. 'Auf diese Weise', meinte CDU-Fraktionschef Wilhelm Schulte-Mattler, 'darf man in einem Kreisgebiet nicht miteinander umgehen.' Auch Sprecher von SPD und FDP zeigten sich empört über das Vorgehen der Veranstaltergemeinschaft, in der das Moerser Angebot in auffälliger Eile durchgesetzt worden sei. Heribert Niermann (SPD) freilich plädierte für eine 'gute Portion Gelassenheit'. Schließlich müsse der Lokalfunk ja auch finanziert werden, und da werde es sich zeigen, ob auf Wesel verzichtet werden könne."

88 Auch die Westfunk muß jedoch die übernommenen Aufgaben nicht unbedingt mit eigenem Personal wahrnehmen, sondern es wird zweckmäßigerweise der Apparat der WAZ-Gruppe in seiner ganzen Differenziertheit zur Verfügung stehen. Ein Mitglied der Veranstaltergemeinschaft teilte dazu folgende Beobachtung mit: „Für Kollegen, die bei der WAZ gearbeitet haben, hat sich die Personalnummer geändert, und es läuft über die gleichen Sachbearbeiter, das hat sich nicht geändert."

liegen die Auflagen bei täglich ca. 184.000 Exemplaren beim Kölner Stadt-Anzeiger und ca. 77.000 Exemplaren bei der Kölnischen Rundschau.[89] Es gibt in Köln außerdem die Boulevardzeitungen Express, die im Verlag DuMont Schauberg erscheint, und die Ausgabe Köln der Bild-Zeitung aus dem Axel Springer Verlag, der am lokalen Rundfunk in Köln nicht beteiligt ist.

Für ihre Beteiligung an den Betriebsgesellschaften für den lokalen Rundfunk haben die Kölner Verlagshäuser DuMont Schauberg und Heinen eine gemeinsame Verlegerholding gegründet, die „RRB Rheinische Rundfunkbeteiligungsgesellschaft mbH & Co. KG". Der Verlag DuMont Schauberg hält einen Anteil von 70 Prozent, der Heinen Verlag 30 Prozent. In dieser Holding werden die Beteiligungen der beiden Verlage an den Betriebsgesellschaften in folgenden Verbreitungsgebieten gebündelt:

- Stadt Köln,
- Erftkreis,
- Kreis Euskirchen,
- Stadt Leverkusen,
- Rheinisch-Bergischer und Oberbergischer Kreis,
- Stadt Bonn/Rhein-Sieg-Kreis.

In allen diesen Verbreitungsgebieten sind somit unabhängig von den jeweiligen tatsächlichen Auflagenanteilen die beiden Verlage im gleichen Verhältnis beteiligt, so daß hinsichtlich des Kapitalaufwandes und der Gewinnaussichten für diese Verlage annähernd der gleiche Effekt eintritt, als wenn eine übergreifende Betriebsgesellschaft gegründet worden wäre.[90]

Nicht gänzlich transparent ist, wie die beiden Kölner Verlage über die Berücksichtigung der Boulevardzeitung Express bei der Bestimmung der Anteile an der Verlegerholding entschieden haben. Von der Betriebsgesellschaft war dazu auf Anfrage lediglich zu erfahren, die Anteile der Verlage seien „einvernehmlich gem. § 29 Abs. 4 LRG NW bestimmt worden."[91] Legt man die gegenwärtigen Gesamtauflagen von 300.000 beim Kölner Stadt-Anzeiger, 180.000 bei der Kölnischen Rundschau und 340.000 bei der Köln-Bonner Ausgabe des Express zugrunde,[92] so fällt auf, daß der Anteil des Verlages DuMont Schauberg zwar höher ist, als er allein aufgrund der Auflagen der Abonnementszeitungen sein müßte, bei der Festlegung der Anteile der Verlage aber offenbar die Auflage der Boulevardzeitung Express nicht gleichwertig zugrundegelegt wurde.

89 Stamm 1991, S. 1b/64 ff.

90 Das gilt allerdings nicht für die weiteren Verlage, die in den Verbreitungsgebieten Leverkusen, Rheinisch-Bergischer/Oberbergischer Kreis und Bonn/Rhein-Sieg-Kreis wiederum über Zwischenholdings beteiligt sind.

91 Schreiben der Radio Köln GmbH und Co. KG an die Autoren vom 06.05.1991.

92 Stamm 1991, S. 1b/64 ff.

b. Kommunale Beteiligung

Die Stadt Köln nimmt ihren Anspruch auf Beteiligung an der Betriebsgesellschaft nicht direkt, sondern über die Stadtwerke als kommunales Unternehmen wahr. Mit Rücksicht auf kartellrechtliche Bedenken war die Beteiligung der Stadtwerke an der Betriebsgesellschaft zunächst auf 24,9 Prozent begrenzt worden; im Herbst 1990 ist dann die Beteiligung auf volle 25 Prozent erhöht worden.

Die Motivation der Stadt zur Teilnahme an dem in Köln sicher lukrativen Unternehmen Lokaler Rundfunk benennt der Oberbürgermeister der Stadt im Interview wie folgt:

„Gewöhnlich werden nur die Gewinne privatisiert und nur die Verluste sozialisiert, warum soll nun die Stadt nicht auch einmal die Gelegenheit wahrnehmen, Geld damit zu verdienen? Und wenn die Verleger sagen, das ist ein Risiko, was sie da eingehen, dann gehen wir eben dieses Risiko mit ein. Ein weiterer Grund ist, auch ein bißchen in die Betriebsgesellschaft Einblick zu haben, und zwar über den Beobachterstatus hinaus, den ein Vertreter der Veranstaltergemeinschaft in der Betriebsgesellschaft – wie umgekehrt ein Vertreter der Betriebsgesellschaft in der Veranstaltergemeinschaft – ja hat."

Weitergehende Einflußmöglichkeiten, die innerhalb der Betriebsgesellschaft über den Status des Minderheitsgesellschafters hinaus Mitspracherechte schaffen, hat das kommunale Unternehmen jedoch trotz langer Verhandlungen kaum oder gar nicht erreichen können. Dazu der Oberbürgermeister:

„Das lag nicht nur an den 75 Prozent, das lag auch mit an den 25 Prozent. Auch hier galt, wie später in dem Ehevertrag, daß die Gemeinde indirekt über ihre Stadtwerke versucht hat, soviel Rechte wie möglich – auch als 25-Prozentler – herauszuholen, über die sie ja nach dem Gesellschaftsrecht nicht so ohne weiteres verfügt. Es ist lange darüber verhandelt worden, ob man diesem Minderheitenanteilseigner nicht doch freiwillig, durch Gesellschaftsvertrag, einige Rechte mehr einräumen sollte, als er gewöhnlich hat. Und da wollte auch die Politik schon mal eine Vorgabe geben. Dies wurde dann wieder verhandelt zwischen dem Vorstand der Stadtwerke und den Verlegerbeauftragten. Im Endergebnis würde ich sagen: sehr viel ist dabei nicht herausgekommen. Aber da liefen parallel auch schon die Vorgespräche für den Hochzeitsvertrag. Immerhin ist der Start und der Betrieb der Veranstaltergemeinschaft durch die Verhandlungen erleichtert worden."

c. Servicegesellschaft und Werbekombi

Die Aufgaben der sechs Betriebsgesellschaften, an denen die beiden Kölner Tageszeitungsverlage über ihre gemeinsame Holding RRB beteiligt sind, werden zum großen Teil wahrgenommen über die „HSG Hörfunk Service

GmbH". Sie akquiriert die Werbung, ist aber offenbar in vielen Dingen auch im Innenverhältnis die Ansprechpartnerin für die Redaktion des Kölner Lokalsenders. Die Beteiligungsverhältnisse an der Servicegesellschaft sind nicht bekannt. Eine Werbekombi für die Lokalsender im Raum Köln/Bonn bietet die HSG vorerst nicht an.[93]

3. Coesfeld

Im Kreis Coesfeld ist die Gründung einer Betriebsgesellschaft auf besondere Schwierigkeiten gestoßen. Insbesondere war angesichts der vergleichsweise ungünstigen Wirtschaftlichkeitserwartungen[94] lange zweifelhaft, ob und in welchem Ausmaß die lokalen Verleger von ihrem Beteiligungsprivileg Gebrauch machen würden. Erst am 07.08.1990 wurde die Betriebsgesellschaft gegründet.[95] Die zu diesem Zeitpunkt angestrebten Anteile der Verlage wurden aber so nicht realisiert, sondern bis zur Entscheidung über die Zulassung im Mai 1991 noch nachhaltig verändert.

a. Verlegerbeteiligung

Es gibt im Kreis Coesfeld fünf Zeitungen mit Lokalausgaben mit ca. folgenden Auflagen:[96]

– Westfälische Nachrichten Nottuln Verlag Aschendorff, Münster	5.000
– Lüdinghauser Zeitung Verlag Aschendorff, Münster	10.000
– Allgemeine Zeitung/Billerbecker Anzeiger Verlag Fleißig, Coesfeld	17.000
– Dülmener Zeitung Verlag Horstmann, Dülmen	9.000
– Münstersche Zeitung Nottuln/Ascheberg Verlag Lensing-Wolff, Dortmund	3.000

---

93 Vgl. Kabel & Satellit Nr. 21 vom 06.05.1991, S. 17.

94 Nach den Berechnungen, die die LfR später ihrer Entscheidung über den Zuschnitt der Verbreitungsgebiete zugrundegelegt hat, war mit dem Erreichen der Gewinnzone innerhalb von zehn Jahren nur unter der Annahme einer Kosteneinsparung von 30 Prozent durch eine „erweiterte Kooperation" zu rechnen, vgl. Schrape, Entscheidungsgrundlagen zur Festlegung der Verbreitungsgebiete in kritischen Fällen, S. 316 ff., sowie die Erörterung der Festlegung der Verbreitungsgebiete unten in § 7 II. 1.

95 Genauer gesagt, wurde zu diesem Zeitpunkt nicht die GmbH und Co. KG gegründet, sondern nur erst die Komplementär-GmbH, da noch immer nicht sicher war, ob denn die Verleger sich letzten Endes wirklich beteiligen würden.

96 Alle Angaben mit Ausnahme der Ruhr-Nachrichten nach Stamm 1991, S. 1b/34, 37, 75.

- Ruhr-Nachrichten – Zeitung für Selm, Olfen, Nordkirchen[97]
  Verlag Ruhr-Nachrichten (Lensing-Wolff) 3.000

Die Zeitungsverleger im Münsterland haben sich in der Frage des Zuschnitts der Verbreitungsgebiete nachhaltig dafür eingesetzt, daß das Münsterland als ein einheitliches Verbreitungsgebiet festgelegt wird, mit einer Betriebsgesellschaft und einer Veranstaltergemeinschaft.[98]

Ein solches Modell hätte neben Kosteneinsparungen vor allem den Effekt einer Nivellierung der Wirtschaftlichkeit für die in den verschiedenen Kreisen des Münsterlandes unterschiedlich beteiligten kleineren Verleger gehabt – sie hätten an der relativ günstigen Situation in der Stadt Münster partizipieren können, obwohl sie dort keine Lokalausgabe ihrer Tageszeitung anbieten. Dieses Modell ist aber letztlich an den Regelungen des LRG NW über den Zuschnitt der Verbreitungsgebiete gescheitert.[99]

Im Sommer 1989, vor dem Ablauf der Antragsfrist für die Zulassung, hat der Verlag Aschendorff erklärt, daß er unter diesen Umständen in den vier Kreisen des Münsterlandes keine wirtschaftliche Basis für den Lokalfunk sehe, er werde sich deshalb lediglich in der Stadt Münster am Lokalfunk beteiligen.[100] Auch die anderen Verlage, für die der Verlag der Allgemeinen Zeitung (Coesfeld) die Federführung und den Sitz in der Veranstaltergemeinschaft übernommen hatte, haben die Gründung einer Betriebsgesellschaft zunächst nicht vorangetrieben, weil die wirtschaftlichen Aussichten unsicher waren.

Anfang 1990 haben die Verleger einen ersten Schritt unternommen und als Verlegerholding die „Radio Coesfeld Presseholding KG“ gegründet. Ihre

---

97 Im Kreis Coesfeld vertriebene Auflage nach Angaben des Verlages. Die Ruhr-Nachrichten haben keine eigenständige Lokalausgabe, die im Kreis Coesfeld erscheint; zum Verbreitungsgebiet der in Selm (Kreis Unna) erscheinenden Lokalausgabe gehören aber auch die angrenzenden Gemeinden Olfen und Nordkirchen im Kreis Coesfeld, die durch eine besondere Lokalseite in der Zeitung redaktionell berücksichtigt werden. Es ist nach dem Wortlaut des § 29 Abs. 4 LRG NW zweifelhaft, ob der Verlag daraus einen Anspruch auf Berücksichtigung dieser Teilauflage bei der Festlegung der Anteile an der Betriebsgesellschaft herleiten könnte. Andererseits dürfte sie aber nach § 29 Abs. 4 Satz 2 LRG NW wohl auch bei der Ermittlung der Marktanteile im Kreis Unna keine Berücksichtigung finden. Für den Kreis Coesfeld ist diese Frage ohne praktische Bedeutung geblieben, weil der Verlag eine Beteiligung in der vereinbarten Höhe von fünf Prozent bereits aufgrund der Auflage der Münsterschen Zeitung hätte beanspruchen können.

98 Vgl. die Darstellungen der Anhörung zur Festlegung der Verbreitungsgebiete in Münster am 20.06.1989 von Averdunk in den Westfälischen Nachrichten und von Bothe in der Münsterschen Zeitung.

99 Vgl. zur Festlegung der Verbreitungsgebiete im Münsterland unten § 7 II. 1.

100 Bage, Lokalfunk stößt weiter auf Skepsis, Westfälische Nachrichten 27.06.1989. Zum Verbreitungsgebiet Coesfeld heißt es im gleichen Artikel: „Im Kreis Coesfeld besteht unter allen Beteiligten Einvernehmen, daß im bevölkerungskleinsten Kreis des Münsterlandes eigenständiger lokaler Rundfunk nicht finanzierbar ist.“

Eintragung in das Handelsregister war jedoch zunächst vom Amtsgericht im Zusammenwirken mit der Industrie- und Handelskammer Münster blockiert worden:[101]

„Zunächst konnte sich das Gericht bei seiner Weigerung auf eine Aussage der Industrie- und Handelskammer Münster stützen. IHK-Geschäftsführer Ruprecht Polenz erklärte, daß anfangs bezweifelt werden mußte, ob die 'Radio Coesfeld Presseholding KG' ein vollkaufmännischer Betrieb sei, also beispielsweise eine Geschäftsführung, eine Buchhaltung und auch ein gewisses Umsatzvolumen habe. Diese Zweifel hätten die Antragsteller, Verleger von Lokalzeitungen im Kreisgebiet, inzwischen gegenüber der IHK ausräumen können, so daß 'wir eine Unbedenklichkeitsbescheinigung ausstellen konnten'. Beim Amtsgericht Coesfeld bleiben dennoch Zweifel. Welcher Art die sind, wollte Justizhauptsekretär Hettling den RN nicht mitteilen. 'Wir haben den Antragstellern eine Frist gesetzt, innerhalb derer sie noch bestimmte Informationen nachreichen können. Wenn diese Frist verstreicht, wird diese Firma nicht ins Handelsregister eingetragen', so Hettling."

Das Amtsgericht hat schließlich die Verlegerholding eingetragen. Während die Veranstaltergemeinschaft unter dem Eindruck der Antragsfrist den Lizenzantrag einschließlich Programmschema ausgearbeitet hat, hat es bei der Betriebsgesellschaft für längere Zeit keinerlei Fortschritte gegeben. Dieses zögerliche Verhalten wurde seitens der Veranstaltergemeinschaft kritisiert und als Verzögerungstaktik aus wirtschaftlichen Gründen interpretiert. Dahinter steht der Konflikt, daß für einen kleinen Verlag nicht nur die Konkurrenz durch den Lokalfunk, sondern auch eine Fehlinvestition in den Lokalfunk existenzbedrohend sein kann. Der Geschäftsführer des Fördervereins für den lokalen Rundfunk formuliert dieses Dilemma wie folgt:

„Der [Verleger] rechnet eigentlich, wenn die Holding und das alles zum Tragen kommt, daß das ein Verlustgeschäft wird. Das will er nicht gerne, ist klar. Auf der anderen Seite sieht er, wenn er als Verleger das nicht macht und jetzt jemand anders das macht, daß ihm Werbepotential verlorengeht. Und mein persönlicher Eindruck ist, daß aufgrund dieser Situation das Ganze im Augenblick ein bißchen blockiert. Ich will nicht sagen, bewußt blockiert, aber es blockiert."

Im Sommer 1990 haben schließlich die Verleger – immer noch unter dem Vorbehalt einer Überprüfung der Werbepotentiale – ihre Bereitschaft zur Gründung einer Betriebsgesellschaft bekundet und am 07.08.1990 die Komplementär-GmbH zur Betriebsgesellschaft gegründet. Die Federführung bei den Verlegern war zu diesem Zeitpunkt auf den Verleger der Dülmener Zeitung übergegangen, und der Verlag Aschendorff hatte seine ablehnende Haltung etwas gemildert und angeboten, sich nun doch mit zehn Prozent an der Betriebsgesellschaft zu beteiligen. Im einzelnen war zu die-

---

101 „Amtsgericht blockiert Entstehung der neuen Betreibergesellschaft", Ruhr-Nachrichten Werne 19.01.1990.

sem Zeitpunkt folgende Aufteilung der Anteile an der Betriebsgesellschaft vorgesehen:

Verlag Fleißig (Coesfeld)	31%
Verlag Horstmann (Dülmen)	21%
Verlag Fahle (Lensing-Wolff, Dortmund)	13%
Verlag Aschendorff (Münster)	10%
Kommunaler Anteil	25%

Im Herbst 1990 haben die Verleger nochmals für das gesamte Münsterland ein Gutachten in Auftrag gegeben, um die Werbepotentiale genauer abzuschätzen. Das im Frühjahr 1991 vorgelegte Ergebnis bestätigte, nach Auskunft eines der Verleger, in etwa die Erwartungen hinsichtlich des Interesses der werbetreibenden Wirtschaft, ohne im Detail erkennen zu lassen, welche Werbeeinnahmen für den Kreis Coesfeld nun zu erwarten waren. Außerdem wurden im Frühjahr vom Verlag Aschendorff Konzepte für eine Servicegesellschaft vorgelegt, die die Aufgaben der Betriebsgesellschaften wahrnehmen sollte. Hier ergaben sich für den Kreis Coesfeld unerwartet hohe Kosten.[102] In der Konsequenz erklärten die nach § 29 Abs. 4 LRG NW privilegierten Verleger Anfang Februar 1991 ihren Verzicht auf die Beteiligung an der Betriebsgesellschaft.[103]

Ein solcher Verzicht war bereits erwartet worden, dementsprechend hatte die Veranstaltergemeinschaft bereits früher bei der Landesanstalt für Rundfunk angefragt, ob es Alternativen gebe. Als nun der Verzicht der lokalen Verleger festzustehen schien, hat die Landesanstalt für Rundfunk der Veranstaltergemeinschaft drei Namen genannt, die als Interessenten für die Beteiligung an weiteren Betriebsgesellschaften bekannt seien: die WAZ-Gruppe, die Ippen-Gruppe sowie RTL. Die örtlichen Verleger hatten, wie einer von ihnen erläutert, damit offenbar nicht gerechnet:

> „Es war eine unterschiedliche Beurteilung: Die Wahrscheinlichkeit, daß es ein anderer macht, habe ich mal mit 50 Prozent beziffert, wobei ich in meinen Überlegungen nicht drin hatte die Grenzkostenbetrachtung anderer, die bestehende Servicegesellschaften haben. Es gab andere in unserer Runde, die haben es für ausgeschlossen gehalten, daß es ein anderer machen würde. Um so größer war die Überraschung, daß so schnell drei andere da waren."

Damit war zu erwarten, daß es einen Lokalfunk ohne die örtlichen Verleger geben würde. Es rechnete offenbar niemand damit, daß nach dem Verzicht der örtlichen Verleger die Landesanstalt für Rundfunk mit Rücksicht auf deren wirtschaftliche Belange eine Lizenz für das Verbreitungsgebiet ganz

102 Vgl. dazu unten c.

103 „Vorläufiges 'Aus' für Lokalfunk?", Münstersche Zeitung Nottuln 14.02.1991.

versagen würde, obwohl dies nach dem Wortlaut des § 29 Abs 5 Satz 1 LRG NW denkbar gewesen wäre.[104] Einer der Verleger:

„Das war uns klar, die Gesetzesgrundlage ist ganz klar: nach § 29 Abs. 4 haben im Verbreitungsgebiet eines Senders ansässige Verlage ein privilegiertes Zugangsrecht, aber es ist kein exklusives Recht, das heißt, wenn die nein sagen, das war uns klar, dann kann jeder."

Welchen Fortgang die Verleger für den Fall erwartet haben, daß andere Interessenten für das Verbreitungsgebiet Coesfeld sich nicht finden, ist nicht ganz klar. Neben dem Ausschluß der Konkurrenz auf dem Werbemarkt, der aufgrund von Überstrahlungen aus anderen Verbreitungsgebieten, insbesondere Münster, auch unsicher gewesen wäre, mag vielleicht noch eine andere Variante denkbar gewesen sein: die Revision des Zuschnitts der Verbreitungsgebiete, beispielsweise eine Zusammenlegung des Verbreitungsgebiets Coesfeld mit der Stadt Münster. Sie hätte den Vorteil massiver Kosteneinsparungen gehabt, zudem aber hätte sie auch den Verlegern, die nur im Kreis Coesfeld vertreten sind, eine Beteiligung an dem Hörfunkwerbemarkt Münster eröffnet.

Während von den drei genannten Interessenten RTL nur allgemein Interesse bekundete, hat die WAZ-Gruppe der Veranstaltergemeinschaft ein konkretes Angebot unterbreitet für die Gestaltung des Kooperationsvertrages und für den Wirtschafts- und Stellenplan des lokalen Senders; die Ippen-Gruppe ist zum einen auf die Veranstaltergemeinschaft zugegangen, parallel dazu hat sie mit dem Geschäftsführer der Betriebsgesellschafts-Komplementär-GmbH, dem Verleger der Dülmener Zeitung, Kontakt aufgenommen, wie dieser berichtet:

„Dr. Ippen hat parallel dazu, daß die Veranstaltergemeinschaft von der LfR die drei Namen bekam, mich angerufen und gesagt, er wäre durchaus auch interessiert, denn er hätte eine Servicegesellschaft und er hätte drei Rundfunkstationen, eine grenzt an dieses Verbreitungsgebiet, und es wäre ihm sympathisch, wenn das für uns eine neue Überlegung wäre, wenn er sich beteiligte, daß dann die Verlage im Kreis Coesfeld das vielleicht doch machen würden. Am sympathischsten wäre es ihm, alle machten mit, aber wenn nur einer oder zwei mitmachten, wäre es ihm auch recht."

Das Interesse der Ippen-Gruppe an einer Beteiligung der ortsansässigen Verlage resultiert u.a. daraus, daß sie auf diese Weise mit in den Genuß des

104 „Besteht keine Betriebsgesellschaft, die den Anforderungen nach Absatz 4 entspricht, so entscheidet die LfR unter Berücksichtigung einer möglichst großen örtlichen Medienvielfalt darüber, *ob* von dem Erfordernis nach Absatz 4 Satz 1 abgesehen werden kann." (Hervorh. durch d. Verf.) Dies impliziert die Möglichkeit, daß die Landesanstalt für Rundfunk zu der Entscheidung gelangen kann, daß wegen der fehlenden Verlegerbeteiligung eine Zulassung für das Verbreitungsgebiet versagt werden muß.

Verlegerprivilegs kommen konnte, die Veranstaltergemeinschaft also keine Handlungsfreiheit hatte, mit wem sie den Vertrag abschließen wollte.[105] Dazu wiederum der Geschäftsführer der noch bestehenden Betriebsgesellschafts-GmbH:

„Dann haben wir die GmbH & Co. gegründet, und ich habe die Gespräche mit der VG geführt. Es war so, daß der Veranstaltergemeinschaft zwei Angebote vorlagen, das von der Ippen-Gruppe und das von der WAZ. Nun sind beide Verlage nicht privilegiert nach § 29 Abs. 4, deshalb habe ich noch ein Angebot unterbreitet als Dülmener Zeitung, allerdings dazu gesagt, wir machen das nicht allein, sondern die Ippen-Gruppe mit uns und möglicherweise die anderen Verlage auch. Sonst hätte die VG uns ja zwingen können, auf das WAZ-Angebot einzusteigen, und das hätten wir wiederum nicht machen können."

Daraufhin wurden erneut Gespräche mit den anderen Verlagen geführt, mit dem Ergebnis, daß sie sich auch mit jeweils fünf Prozent beteiligen wollten. Die Beteiligung wurde ihnen dadurch erleichtert, daß die auf den Kreis Coesfeld entfallenden Kosten bei der Servicegesellschaft der Ippen-Gruppe deutlich niedriger liegen sollten als bei der Servicegesellschaft für das Münsterland vorgesehen; außerdem hatte mittlerweile Radio NRW als Rahmenprogrammveranstalter erkennen lassen, daß die lokalen Betriebsgesellschaften voraussichtlich ab 1993 mit Ausschüttungen rechnen könnten.

Zusammen halten die Verleger von Tageszeitungen mit Lokalausgaben im Kreisgebiet nun 40 Prozent, gegenüber den 35 Prozent des auswärtigen Verlegers. Dies sicherte nach den Worten des Vorsitzenden der Veranstaltergemeinschaft den Anspruch dieser Betriebsgesellschaft auf privilegierten Zugang besser als eine Konstruktion, bei der die örtlichen Verleger gegenüber dem auswärtigen in der Minderheit gewesen wären. Im einzelnen ergeben sich, sofern die kommunale Beteiligung realisiert wird, folgende Anteile an der Betriebsgesellschaft:

Verlag Griebsch (Ippen-Gruppe, Hamm)	35%
Verlag Horstmann (Dülmen)	25%
Verlag Fleißig (Coesfeld)	5%
Verlag Fahle (Lensing-Wolff, Dortmund)	5%
Verlag Aschendorff (Münster)	5%
Kommunaler Anteil	25%.

Durch die Vereinbarung mit der Veranstaltergemeinschaft und die Zulassung durch die LfR ist diese Gesellschaft,[106] die zeitweilig nur eine der In-

105 Vgl. auch unten § 5 III. 3.

106 Zum Zeitpunkt des Vertragsschlusses und der Entscheidung über die Zulassung war tatsächlich der Verlag der Dülmener Zeitung noch Inhaber von 75 Prozent der Anteile

teressenten für die Mitwirkung am lokalen Rundfunk war, für den Kreis Coesfeld wieder zu *der* Betriebsgesellschaft im Sinne des Landesrundfunkgesetzes geworden. Die Gesellschaft wurde mit einem Grundkapital von 500.000 DM ausgestattet; zusätzlich wurde ihr ein Anspruch auf Gesellschafterdarlehen bis zu zwei Millionen DM eingeräumt.

b. Kommunale Beteiligung

Bereits am 18.03.1987 hat der Kreistag des Kreises Coesfeld – auf Antrag der CDU-Fraktion, erweitert durch einen Antrag der SPD-Fraktion – einhellig beschlossen, die Kreisverwaltung solle sich um die Gründung des Lokalfunks bemühen. In dem Beschluß heißt es u.a.:

„Die Verwaltung wird beauftragt, umgehend die Initiative zu ergreifen und die Gründung eines privaten lokalen Rundfunksenders für den Kreis Coesfeld vorzubereiten.
Zur Gründung einer Betriebsgesellschaft soll die Verwaltung zunächst Gespräche mit den Verlagen der im Kreis Coesfeld erscheinenden Tageszeitungen führen, die nach dem neuen Landesrundfunkgesetz (LRG) das Recht haben, insgesamt bis zu 75 v.H. der Kapital- und Stimmrechtsanteile zu besitzen (§ 29 Abs. 4). Sollten die Verlage diese Option nicht ausschöpfen wollen, bemüht sich die Verwaltung um weitere Kapitalgeber. ...
Rechtzeitig vor Gründung von Veranstaltergemeinschaft und Betriebsgesellschaft berichtet die Verwaltung dem Kreistag über das Ergebnis und bereitet eine Entscheidung des Kreistages darüber vor, ob und in welcher Höhe der Kreis Coesfeld von seinem Recht Gebrauch macht, sich an der Betriebsgesellschaft zu beteiligen (§ 29 Abs. 6 LRG) und ob er einen Vertreter in die Veranstaltergemeinschaft entsendet."

Am 20.05.1987 hat sich der Kreistag neben der Benennung zweier Mitglieder für die Veranstaltergemeinschaft auch mit der Betriebsgesellschaft befaßt und beschlossen, der Kreis sei grundsätzlich bereit, sich an einer Betriebsgesellschaft zu beteiligen.

Erst gut zwei Jahre später ist dieses Thema wieder Gegenstand eines Kreistagsbeschlusses geworden, nachdem die Verleger signalisiert hatten, es werde voraussichtlich bald eine Betriebsgesellschaft gegründet. Am 06.09.1989 faßte der Kreistag folgenden Beschluß:

„1. Der Oberkreisdirektor wird ermächtigt, die rechtlichen Voraussetzungen für eine 25%ige Beteiligung des Kreises Coesfeld an der Betriebsgesellschaft für den Lokalfunk im Kreis Coesfeld herbeizuführen.

(weitere 25 Prozent lagen bei einem Treuhänder). Die Übertragung der Anteile auf die anderen Verlage ist erst im Juli 1991 erfolgt.

2. Der Gesellschaftsvertrag der Betriebsgesellschaft ist so auszugestalten, daß eine spätere Beteiligung der kreisangehörigen Städte und Gemeinden offengehalten wird.
3. Der Kreistag trifft eine abschließende Entscheidung über die Beteiligung an der Betriebsgesellschaft, wenn nach Abschluß der Verhandlungen mit der Verlegerseite die finanziellen Konsequenzen genauer abschätzbar sind und ein unterschriftsreifer Gesellschaftsvertrag vorgelegt werden kann.
4. Der Oberkreisdirektor wird beauftragt, mit den zuständigen Stellen wegen der Frequenzen zu verhandeln, damit der Lokalfunk im Kreis Coesfeld von Anfang an flächendeckend sichergestellt ist.
5. Der Oberkreisdirektor wird beauftragt, unter Berücksichtigung der in anderen Kreisen gefundenen Beteiligungsformen die wirtschaftlich günstigste Form der kommunalen Beteiligung zu finden."

Damit waren im Grundsatz die Weichen für eine Beteiligung des Kreises in der maximal zulässigen Höhe gestellt, und eine solche Beteiligung hatten zu diesem Zeitpunkt die Verleger zur Voraussetzung für ihr eigenes Engagement in der Betriebsgesellschaft gemacht. In den Fraktionen des Kreistages wurde diese Beteiligung allerdings kontrovers diskutiert. Ein Kreistagsabgeordneter erzählt das im Interview wie folgt:

„Wir haben intern in der Fraktion lange Diskussionen gehabt, weil das Gesetz mit heißer Nadel gestrickt worden ist und man auch im Vorfeld die Diskussion nicht in die Ortsvereine und Kreise hineingegeben hat, sondern plötzlich war das Ding da, einige Fachleute haben das gebastelt. So daß es auch unter dem Eindruck des Schnellschusses, auch der Daten, die da gesammelt worden sind, bei mir in der Fraktion es sehr schwierig war, dafür eine Mehrheit zu bekommen. ... Denn das kostet Geld, und das Geld muß der Kreis aus einem Haushalt finanzieren, und das wird zu Lasten der Gemeinden gehen, und das bedeutet, daß wir die Kreisumlage entsprechend verändern müssen. Und da bei uns in der Fraktion die Kreistagsabgeordneten gleichzeitig in den kommunalen Parlamenten sind, sagen die, wenn ich nach Hause komme in meine Fraktion, kriege ich das um die Ohren geschlagen, daß ihr schon wieder 25 Prozent für den Lokalfunk ausgebt und die Kreisumlage entsprechend erhöht und die Finanzkraft der Gemeinden schwächt."

Die Frage, ob denn langfristig eine hinreichende Aussicht auf Wirtschaftlichkeit besteht, wurde mit Skepsis betrachtet; auch hier findet sich, wie im Kreis Wesel, der Verweis auf die wirtschaftlichen Überlegungen der Verleger. Einer der Verleger stellt das folgendermaßen dar:

„Dies ist schon im Vorfeld abgeklärt. Die sagen ganz einfach: Wenn die Verlage sagen, wir machen das, dann haben die richtig gerechnet, und dann machen wir es auch. Wenn die aber sagen, wir machen es nicht, weil es sich nicht rechnet, dann lassen wir auch die Finger davon. Und es gab im Kreistag eine Art Vorentscheidung, daß es genauso laufen soll; die haben sich nicht fest gebunden, aber sie sagen, wenn die im Kreis Coesfeld beteiligten Verlage das machen, dann wird sich der Kreis beteiligen. Wobei dann noch offen ist, ob der Kreis die kompletten 25 Prozent übernimmt oder die Stadt Dülmen, weil sie Standort ist, gesondert einen Prozentsatz übernimmt. ... Und das Ganze wird gerechnet unter der Maßgabe, daß das, was bis zu Break Even vorgeschossen werden muß, nicht zwei Millionen Mark überschreitet. Das ist nicht unwichtig."

Neben dieser Orientierung an der Leitentscheidung der Unternehmer gab es durchaus auch eine politische Rationalität, die, wie ein Kommunalpolitiker ausführt, eine Mitwirkung des Kreises am Entstehen des Lokalfunks zweckmäßig erscheinen ließ:

„Wir sehen im Grunde diesen Lokalfunk dann auch als eine Infrastruktureinrichtung für unseren Raum. Wenn man das jetzt mal politisch sieht, steht man ja vor der Situation, selbst wenn man gegenüber diesem Lokalfunk in dieser Konstruktion skeptisch ist, daß man sagen müßte, in den Nachbarkreisen rundum entstehen entsprechende Sender, und jeder Politiker würde sicher fragen, warum enthaltet ihr uns das vor hier in unserem Kreis? Und das würde man sicherlich auch gar nicht vertreten können, vor allen Dingen, wenn man sagen könnte, das ist für den Kreis plus/minus Null zu machen."

Die kommunale Beteiligung ist dann tatsächlich wieder fraglich geworden, nachdem die lokalen Verleger im Frühjahr 1991 erklärt hatten, sie wollten sich am Lokalfunk nun doch nicht beteiligen. Noch zum Zeitpunkt der Entscheidung der Rundfunkkommission über die Lizenz waren die kommunalen Anteile vollständig bei einem Treuhänder geparkt; es war noch keine kommunale Beteiligung realisiert. Zu diesem Zeitpunkt wurde nicht mehr damit gerechnet, daß die Kommunen den ihnen zustehenden Anteil übernehmen würden; es wurde lediglich mit geringen Beteiligungen des Kreises und der Stadt Dülmen gerechnet. Für diesen Fall war frühzeitig die Option ins Gespräch gebracht worden, daß die übrigen Anteile von der Ippen-Gruppe mit übernommen werden sollten; diese Vorstellungen stießen allerdings auf rechtliche Bedenken, da die Beschränkung der Anteile von Tageszeitungsverlegern auf 75 Prozent auf Tageszeitungsverleger generell und nicht nur auf solche im Verbreitungsgebiet bezogen sei.[107] Die Landesanstalt für Rundfunk hat inzwischen signalisiert, daß sie sich in dieser Hinsicht bei der Gelegenheit der nächsten Novellierung eine Klarstellung durch den Gesetzgeber wünsche.[108]

Die Frage der Beteiligung an der Betriebsgesellschaft ist in verschiedenen kommunalen Entscheidungsgremien unterdessen noch einmal diskutiert worden, angeregt auch durch den Hinweis der Landesanstalt für Rundfunk, daß das Beteiligungsrecht nur bis zum Zeitpunkt der Zulassung bestehe. Nachdem die Entscheidung über die Zulassung bereits am 21. Juni 1991 gefallen war, hat die Anstalt die Zusendung des Zulassungsbescheids bewußt

---

107 Vgl. Lilienthal, Ausgang offen, epd 25/26 1991, S. 10.
108 Vgl. Kabel & Satellit Nr. 54 vom 09.12.1991, S. 25.

noch hinausgezögert: um der Veranstaltergemeinschaft die Möglichkeit zu geben, den möglichen Zulassungszeitraum von zehn Jahren auch auszuschöpfen, soll der Bescheid erst kurz vor Sendestart ergehen.[109] Bis zu diesem Zeitpunkt, so ein Mitarbeiter der Kreisverwaltung, bestehe dann auch das kommunale Beteiligungsrecht.

Anfang Dezember 1991, drei Monate vor dem geplanten Sendestart, zeichnet sich ab, daß der mögliche kommunale Anteil von 25 Prozent doch noch ausgeschöpft wird. Im einzelnen sind folgende Beteiligungen an der Betriebsgesellschaft vorgesehen:

– Kreis Coesfeld	10%
– Stadt Coesfeld	5%
– Dülmen	5%
– Senden	2%
– Ascheberg	2%
– Nordkirchen	1%

c. Servicegesellschaft und Werbekombi

Auch im Kreis Coesfeld sollen die Aufgaben der Betriebsgesellschaft im wesentlichen von einer Servicegesellschaft übernommen werden, die mehrere Betriebsgesellschaften bedient und dadurch kostensparend arbeiten kann. Auch in dem ursprünglichen Konzept einer Kooperation der Lokalsender in den an Münster angrenzenden Kreisen war eine gemeinsame Servicegesellschaft vorgesehen. Die im Frühjahr 1991 entwickelte Konzeption wurde jedoch für den Kreis Coesfeld als ausgesprochen ungünstig bewertet; dies hatte wesentlich dazu beigetragen, daß die Verleger ihren Verzicht auf die Beteiligung erklärt hatten. Einer der Verleger berichtet dazu:

„Bei der ganzen Geschichte gab es außer der Frage, wieviel Einnahmen haben wir zu erwarten, eine wesentliche Komponente: wie sind die Ausgaben, die uns betreffen? Wir waren zu dem Zeitpunkt ja noch im Gespräch mit den Vertretern der anderen Betriebsgesellschaften im Münsterland, um eine gemeinsame Servicegesellschaft zu gründen. Und hier ist, wodurch auch immer, ein Ergebnis zustandegekommen, das eine jährliche Belastung für den Kreis Coesfeld gebracht hätte, die weit höher gewesen wäre, als wenn der Kreis Coesfeld die BG gleich selbst gemacht hätte. Man hat da von verschiedenen Seiten nach meinem Dafürhalten überhöhte Anforderungen gestellt: fünf Betriebsgesellschaften, das könnte ein Geschäftsführer allein nicht machen, da müssen wir schon mindestens zwei, vielleicht sogar drei haben; dann braucht natürlich jeder seine Sekretärin, und dann brauchen wir einen Marketingleiter; und dann brauchen wir einen Werbeleiter – und die Jungs sind alle nicht ganz billig. Und so kam ein Volumen zustande – ich will da-

109 Schreiben der Landesanstalt für Rundfunk an die Veranstaltergemeinschaft vom 20.06.1991.

mit nicht sagen, daß es nicht vielleicht schön wäre, wenn man einen Marketingleiter und einen Werbeleiter hätte, aber man muß bei der Größe, die der Kreis Coesfeld hat, fragen: ist das bezahlbar oder nicht? Deswegen wäre aufgrund zu hoher Kostenanteile eine Servicegesellschaft nicht in Frage gekommen."

Das Angebot der Ippen-Gruppe, sich an der Betriebsgesellschaft zu beteiligen, sah demgegenüber offenbar eine kostengünstigere Konzeption für die Servicegesellschaft vor, auch die Verteilung der Kosten sollte nicht zu gleichen Teilen, sondern nach dem Werbepotential der Verbreitungsgebiete erfolgen.

Die Servicegesellschaft der Ippen-Gruppe bietet für die Lokalsender in Hamm, im Märkischen Kreis und im Kreis Soest eine Werbekombi an. Inwieweit der Lokalsender im Kreis Coesfeld dort einbezogen werden soll, ist noch offen. Wahrscheinlich ist eine Zusammenarbeit mit dem Lokalsender in Münster, da der Kreis Coesfeld zum großen Teil noch zum Einzugsgebiet der Stadt Münster gehört.

IV. Resümee

Die Struktur der Betriebsgesellschaften für den lokalen Rundfunk in Nordrhein-Westfalen ist geprägt durch das sogenannte Verlegerprivileg. Der Anspruch der Verleger lokaler Tageszeitungen auf Beteiligung an der Betriebsgesellschaft ist damit begründet worden, daß auf diese Weise die Vielfalt der lokalen Presse geschützt werden solle. Es läßt sich aufgrund der vorliegenden Untersuchung über diesbezügliche Wirkungen des Presseprivilegs kein Aufschluß gewinnen; die Vorstellung, mit Gewinnen aus dem Rundfunk könnten wirtschaftlich marode Zeitungsverlage erhalten werden, ist aber von der Monopolkommission schon vor der Verabschiedung des LRG NW überzeugend kritisiert worden.[110] Ein Presseschutz durch Rund-

110 Vgl. Monopolkommission, Hauptgutachten 1982/83, Tz. 581 ff., abgedruckt in RuF 1984, S. 371: „Die Zeitungsverleger haben mit Hinweis auf die Gefährdung ihrer wirtschaftlichen Existenz den Zugang zu den Neuen Medien gefordert. Sie wollen erwartete Einnahmeverluste bei dem Werbeaufkommen der Zeitungen durch die Beteiligung an den Werbeeinnahmen der elektronischen Medien ausgleichen und somit die Grundlage für die Erhaltung der Zeitungen schaffen. Die Monopolkommission hält diese Argumentation der Zeitungsverleger nicht für stichhaltig. Von den Neuen Medien gegebenenfalls ausgehende wirtschaftliche Verdrängungswirkungen treten in Abhängigkeit von der Eigenart der Medien, aber unabhängig von ihren Eigentumsverhältnissen ein. Wenn z.B. Zeitungen infolge des Vordringens der Neuen Medien unwirtschaftlich würden, so würde sich ihre Wirtschaftlichkeit nicht allein dadurch erhöhen, daß die Zeitungsverleger zusätzlich die Neuen Medien betreiben oder daran beteiligt werden. Es wäre allenfalls denkbar, daß innerhalb der so entstehenden Medienkonglomerate unrentable Printmedien mit Hilfe der Gewinne aus elektronischen Medien finanziert und erhalten würden. Eine solche Entwicklung, die dem wirt-

funkteilhabe kann jedoch auch in der Wettbewerbsbeschränkung auf dem lokalen Werbemarkt liegen: trotz des Hinzutretens eines neuen Mediums wird ein Preiswettbewerb auf dem lokalen Werbemarkt verhindert.[111]

Die Folge ihrer privilegierten Beteiligung an der Betriebsgesellschaft ist, daß die Verleger, wie das Bundesverfassungsgericht richtig erkennt, über ihr Zugangsrecht zum Rundfunk „dessen Werbefinanzierung *kontrollieren* und an dem Gewinn partizipieren".[112] Mit dieser Kontrolle können die Verlage in gewissen Grenzen zu beeinflussen versuchen, inwieweit der lokale Rundfunk eine Konkurrenz für ihre lokalen Zeitungen wird. Auf dem Werbemarkt können sie über die Steuerung der Anzeigenpreise bzw. der Werbespotpreise den wirtschaftlichen Wettbewerb zwischen Lokalfunk und Lokalzeitungen beeinflussen, und im Hinblick auf den Leser- bzw. Hörermarkt können sie durch ihren Einfluß auf personelle Ausstattung und Etats der Redaktionen den publizistischen Wettbewerb zumindest begrenzen. Es könnte aus dieser Perspektive durchaus im Interesse der Verleger liegen, wenn der lokale Rundfunk in den Augen des Publikums nicht eine publizistische Leistung bietet, wie sie der Gesetzgeber erhofft, sondern dem lokalen Rundfunk primär Unterhaltungsfunktionen zugewiesen werden.

Trotz dieser Einflußmöglichkeiten wurden, wie das Coesfelder Beispiel zeigt, gerade kleinere Verlage vor ein Dilemma gestellt, nämlich entweder bei unsicheren Erfolgsaussichten eine größere Investition vorzunehmen, die im Falle ihres Scheiterns existenzgefährdend sein könnte, oder aber eine langfristig womöglich ebenso existenzgefährdende Konkurrenz durch den lokalen Rundfunk in Kauf zu nehmen. Die dritte Möglichkeit, daß lokaler Rundfunk in einem Verbreitungsgebiet gar nicht zugelassen wird, war jedenfalls von den Beteiligten nicht mehr als eine realistische Option wahrgenommen worden. Vor diesem Hintergrund haben sich die meisten Verlage, wenn auch teilweise sehr spät, letztlich für eine solche Beteiligung entschieden.

Im Interesse der Funktionenbalance schreibt das LRG NW vor, daß es für jedes Verbreitungsgebiet eine eigene, rechtlich eigenständige Betriebsgesellschaft geben muß. Es ist fraglich, wie wirksam und, soweit Wirkungen erkennbar sind, wie funktional diese Vorschrift ist. In der praktischen Umsetzung deutet einiges darauf hin, daß für die Veranstaltergemeinschaften und die Redaktionen die Ansprechpartner aufgrund der Delegation der

---

schaftlichen Eigeninteresse der Verleger widersprechen würde, wird von der Monopolkommission weder für wahrscheinlich noch für wünschenswert gehalten."

111 Auch diesen Aspekt hat die Monopolkommission (ebd., Tz. 584, S. 372) bereits gesehen: „Auf den lokalen bzw. regionalen Werbemärkten würde das Auftreten eines einheitlichen Anbieters in beiden Medien einen Ausschluß von Wettbewerbsmöglichkeiten bedeuten."

112 BVerfGE 83, 238, 326, Hervorhebung durch die Verf.

Aufgaben der Betriebsgesellschaft an eine Servicegesellschaft oder aufgrund der Besetzung der Positionen der Geschäftsführer in Personalunion kaum ein Unterschied zu einer übergreifenden Betriebsgesellschaft besteht.[113] Verhindert wurde jedoch – jedenfalls für das Münsterland – ein wirtschaftlicher Ausgleich zwischen Städten und Kreisen mit unterschiedlicher Ertragskraft. In Köln und Umland, wo die beiden in der Stadt ansässigen Zeitungsverlage eine solche Nivellierung dennoch gewollt haben, wurde sie dadurch möglich, daß die Verlage unabhängig von den Auflagenzahlen in den verschiedenen Verbreitungsgebieten ihre Interessen in einer die Verbreitungsgebiete übergreifenden Beteiligungsgesellschaft gebündelt haben. Nicht schlüssig zu beantworten ist bisher die für das Drohpotential im Verhältnis zwischen Veranstaltergemeinschaft und Betriebsgesellschaft zentrale Frage, ob die beteiligten Verlage, wenn sie an überlokalen Betriebsgesellschaften bzw. Holdings beteiligt sind, das wirtschaftliche Scheitern eines einzelnen Lokalsenders eher in Kauf zu nehmen geneigt sind: Aus betriebswirtschaftlicher Sicht könnte im Einzelfall das Scheitern eines kleinen Senders durchaus sinnvoll sein, sofern anschließend das Werbepotential durch einen anderen Lokalsender abgeschöpft werden kann, an dem gleichwertige Beteiligungen bestehen.

Hinsichtlich der kommunalen Beteiligungen deutet alles darauf hin, daß sie zu einem nennenswerten Einfluß auf die Betriebsgesellschaften wohl nicht führen werden. Die kommunalen Gremien haben teilweise die Frage der Beteiligung wie eine Maßnahme zur Wirtschaftsförderung unter dem Gesichtspunkt der Standortpolitik behandelt. Es hat zwar auch Versuche gegeben, die kommunale Position bei der Gestaltung der Gesellschaftsverträge zu stärken, sie sind aber anscheinend fruchtlos geblieben. Denkbar ist allerdings, daß die Informationsrechte, die die Kommunen als Gesellschafter haben, eine Transparenz schaffen, die über diejenige im Verhältnis zwischen Veranstaltergemeinschaft und Betriebsgesellschaft hinausgeht. So werden den Gesellschaftern die Jahresabschlüsse nicht nur zur Kenntnis gebracht, sondern auch ausgehändigt werden müssen. Und soweit sich der lokale Hörfunk als profitabel erweist, mag solche Transparenz dazu führen, daß die aus dem Privileg der Beteiligung am Lokalfunk erzielten Gewinne mit Blick auf den öffentlichen Auftrag des Rundfunks legitimiert werden müssen. Daß die kommunale Beteiligung „ein Gegengewicht gegen die Gefahr eines vorwiegend kommerziellen Interesses an der Rundfunkveranstaltung schafft und dazu beitragen kann, die lokalen Belange im Rundfunk an-

113 Anders wäre aber vielleicht der hypothetische Fall zu bewerten, daß etwa die Verlage eine landesweit einheitliche Betriebsgesellschaft hätten errichten wollen.

gemessen zur Geltung zu bringen", wie es das Bundesverfassungsgericht erwartet,[114] läßt sich jedoch an dieser Stelle empirisch nicht belegen.

114 BVerfGE 83, 238, 331.

§ 5 Verhältnis zwischen Veranstaltergemeinschaft und Betriebsgesellschaft

Nach der Untersuchung der Strukur und Organisation von Veranstaltergemeinschaft und Betriebsgesellschaft soll nun das für das nordrhein-westfälische Lokalfunkmodell entscheidende Verhältnis zwischen diesen Säulen betrachtet werden. Hierzu wird wiederum zunächst die gesetzliche Ausgangslage entwickelt, um dann in Dokumentenanalyse und Fallstudien die tatsächliche Freiraumnutzung der Akteure analysieren zu können.

I. Gesetzliche Ausgangslage

1. Entwicklung des Verhältnisses zwischen Veranstaltergemeinschaft und Betriebsgesellschaft im Prozeß der Gesetzgebung

Das Verhältnis zwischen Veranstaltergemeinschaft und Betriebsgesellschaft und somit die innere Balance zwischen den Lokalfunksäulen unterlag im Prozeß der Gesetzgebung zahlreichen Wandlungen und Verschiebungen in der Kräfteverteilung.

Bereits die Frage, ob einer lokalen Veranstaltergemeinschaft nur eine und somit im Ansatzpunkt auch lokale Betriebsgesellschaft gegenüberzustehen hat, wurde uneinheitlich beantwortet. Erst das LRG NW in der Fassung des ersten Änderungsgesetzes bestimmte, daß die Betriebsgesellschaft nur einen Kooperationsvertrag mit nur einer Veranstaltergemeinschaft schließen konnte, während die Vorversionen mehrere Kooperationspartner und damit auch überregionale Betriebsgesellschaften nicht ausschlossen.[1] Zur Begründung der Novellierung führte der Gesetzgeber aus, daß durch große überlokale Betriebsgesellschaften eine Verschiebung der im Gesetz

1 § 29 Abs. 2 Satz 3 Nr. 4 LRG NW in der Fassung vom 11. 01. 1988.

vorgesehenen Balance zwischen den Lokalfunksäulen eintreten könne, der vorgebeugt werden müsse.[2]

Die konkrete Zuweisung einzelner Aufgabenbereiche und die Art bzw. konkrete Ausgestaltung der organisatorischen und verfahrensmäßigen Verknüpfung zwischen Betiebsgesellschaft und Veranstaltergemeinschaft wandelte sich im Zuge des Gesetzgebungsprozesses mehrfach in unterschiedlicher Tendenz.

Der Regierungsentwurf, der das Modell erst im Groben skizzierte, wies der Betriebsgesellschaft neben der Pflicht zur Finanzierung der Programmproduktion durch die Veranstaltergemeinschaft[3] alle im Bereich der technischen Einrichtungen anfallenden Aufgabenbereiche zu. Sie hatte, „die zur Produktion und zur Verbreitung des lokalen Programms erforderlichen technischen Einrichtungen zu errichten, zu betreiben und deren Kosten zu tragen."[4] Darüber hinaus oblag ihr die Verbreitung des produzierten Programms, die sie „für die Veranstaltergemeinschaft unentgeltlich" vorzunehmen hatte.[5] Diese Aufgabenzuweisung sah die Begründung des Referentenentwurfes im Kontext der „dienenden Funktion" der Betriebsgesellschaft[6], aus der sich die Gesamtverantwortung dieser Säule für die technische Infrastruktur ergebe.

Der Entwurf verzichtete ansonsten weitgehend auf nähere Konkretisierungen der Aufgabenverteilung zwischen den beiden Funktionsträgern. So blieb die Pflicht zur Mittelbereitstellung ohne verfahrensmäßige Absicherung und die Frage der Personalzuweisung sowie der Aufgabenverteilung im Bereich der Werbung unerwähnt. In diesem Zusammenhang stellte der Gesetzgeber lediglich in der Begründung fest, daß die Betriebsgesellschaft keinen Einfluß auf Inhalt und Gestaltung des Programms haben dürfe, verzichtete aber auf nähere gesetzliche Absicherungen dieses Postulats.[7]

Einen in wichtigen Regelungsinhalten entgegengesetzten und insgesamt präziseren Ansatz verfolgte der vom Hauptausschuß vorgelegte Gesetzentwurf. Er versuchte, die Position der Veranstaltergemeinschaft zu stärken und wies wichtige Funktionen, die zuvor der Betriebsgesellschaft zugeordnet oder ungeregelt waren, nunmehr den Veranstaltern zu.

---

2 LT/DS 10/2358, S. 29. Diese Bestimmung wurde in den Zuschriften der Verleger im Rahmen des Anhörungsverfahrens kritisiert, da sie die Verbundvorteile übergreifender Betriebsgesellschaften ohne nähere Begründung ignoriere und somit die wirtschaftlichen Erfolgsaussichten des lokalen Rundfunks gefährde. Vgl. Stellungnahme des VRWZ, Zuschrift 10/1576, S. 6; Geschäftsführung M. DuMont Schauberg, Stellungnahme zum Ersten Änderungsgesetz, Zuschrift 10/1605, S. 7.

3 § 24 Abs. 1 Satz 2 Nr. 3 des Regierungsentwurfes.

4 § 24 Abs. 1 Satz 2 Nr. 1 des Regierungsentwurfes.

5 § 24 Abs. 1 Satz 2 Nr. 2 des Regierungsentwurfes.

6 § 24 Abs. 1 Satz 1 letzter Halbsatz des Regierungsentwurfes.

7 LT/DS 10/1440 S. 57.

So wurde „die Errichtung und der Betrieb der zur Produktion und zur Verbreitung des lokalen Programms erforderlichen technischen Einrichtungen und die Verbreitung des lokalen Programms“ der Veranstaltergemeinschaft als „eigene Aufgaben“ zugeordnet und der Betriebsgesellschaft entzogen.[8] Die Ausschußfassung bestimmte die Veranstaltergemeinschaft zur alleinigen Arbeitgeberin des gesamten redaktionellen, technischen und Verwaltungspersonals.[9] Durch diese Änderung des Referentenentwurfes sollte nach dem Bericht des Ausschusses gewährleistet werden, daß die wesentlichen Funktionen innerhalb der lokalen Rundfunkstation in der Hand der für das Programm verantwortlichen Veranstaltergemeinschaft liegen.[10]

Der Hauptausschuß stärkte andererseits die Position der Betriebsgesellschaft in wirtschaftlicher Hinsicht, indem er in § 29 Abs. 2 Satz 2 des Entwurfes die Gewinnchancen der Finanzierungsgesellschaft abzusichern suchte. Hier wurde bestimmt, daß die Veranstaltergemeinschaft die gesamte von ihr ausgestrahlte Werbung allein von der Betriebsgesellschaft zu übernehmen habe. Der Umfang der finanziellen Belastung sollte darüber hinaus durch die Pflicht zur Aufstellung eines zustimmungspflichtigen Wirtschafts- und Stellenplans für die Betriebsgesellschaft kalkulierbarer werden.[11]

Die so positionierte Aufgabenverteilung und Kräftebalance zwischen den Säulen wurde in den nachfolgenden Beratungen aufgrund einiger Änderungsanträge der SPD noch einmal verschoben.[12] Der Betrieb der Technik wurde nunmehr wieder der Betriebsgesellschaft zugeordnet, die zugleich Eigentümerin der technischen Anlagen werden sollte, während der Veranstaltergemeinschaft nur das Recht verblieb, für die Dauer des Vertrages die

---

8 § 25 Abs. 1 Satz 3 der Ausschußfassung.

9 § 25 Abs. 1 Satz 4 der Ausschußfassung.

10 LT/DS 10/1577, S. 106. Eine Absicherung der Position der Veranstaltergemeinschaft insbesondere durch die Schaffung einer in deren Eigentum stehenden sächlichen Infrastruktur der Veranstaltergemeinschaft war im Zuge der Sachverständigenanhörung vor dem Hauptausschuß gefordert worden, Hoffmann-Riem, Stellungnahme zum Regierungsentwurf, Zuschrift 10/710, S. 12; so auch im Ausschußprotokoll 10/462, S. 28. Es seien ansonsten Einflußnahmen der Betreiber zu befürchten, die ihr Eigentum an der Technik ausnutzen könnten. Zugleich werde das gesetzliche Kündigungsrecht der Veranstaltergemeinschaft unterlaufen, da mangels eigener Produktions- und Verbreitungsanlagen das Risiko einer Kündigung für die Veranstaltergemeinschaft unkalkulierbar werde. Vgl. auch Stock, Neues Privatfunkrecht, S. 55.

11 § 25 Abs. 4 in der Fassung des Hauptausschusses. Im LRG NW vom 19.01.1987 wurde die Regelung durch umfangreiche Verfahrensvorschriften erweitert, vgl. dazu unten 2 c. Eine in der Stellungnahme von Hoffmann-Riem, Zuschrift 10/710 vorgeschlagene Einbeziehung der Landesanstalt für Rundfunk in das Verfahren der Planerstellung zur Absicherung einer funktionsgerechten Finanzierung konnte sich dagegen nicht durchsetzen.

12 Über die Hintergründe und politischen Konstellationen, die zu dieser späten Änderung geführt haben, siehe oben bereits § 3 I. 1. a. sowie Hellwig/Simon, Der Griff zum Mikrofon, S. 107 ff.; Stock, Neues Privatrundfunkrecht, S. 8, sowie konkret zur Verbesserung der Verlegerposition durch die Änderungsanträge Stock, Neues Privatrundfunkrecht, S. 55.

entsprechenden Einrichtungen zur Produktion und Verbreitung des Programms zu nutzen.[13]

Die Personalzuweisung ließ das Gesetz hinsichtlich des technischen und des Verwaltungspersonals wieder offen. Allein das journalistische Personal blieb vorbehaltlich des Zustimmungserfordernisses bei der Einstellung und Entlassung des Chefredakteurs eindeutig der Veranstaltergemeinschaft zugeordnet.[14]

Das Gesetz erkannte zugleich, daß diese Stärkung der Einwirkungs- und Beteiligungsinstrumente der Betriebsgesellschaft im Bereich Technik und Personal einer Kompensation bedürfen. Möglichen Einflußnahmen der Betriebsgesellschaft setzte das LRG NW nun eine abstrakt-pauschale gesetzliche Formel entgegen, nach der die Veranstaltergemeinschaft die alleinige Verantwortung für das Programm zu tragen habe, während der Betriebsgesellschaft trotz ihrer Einflußmöglichkeiten im Hinblick auf das Programm kein Einfluß zustehen dürfe.[15]

2. *Handlungsspielräume und rechtliche Gestaltungsoptionen im Verhältnis zwischen Veranstaltergemeinschaft und Betriebsgesellschaft*

Das Innenverhältnis zwischen den Lokalfunksäulen bestimmt sich auf der Grundlage des LRG NW sowohl auf einer gesetzlichen, als auch auf einer privatautonomen Ebene. Der folgende Abschnitt untersucht, welche rechtlichen Möglichkeiten den Parteien zur eigenen Gestaltung verbleiben und welche Freiräume den Parteien im übrigen für einflußnehmende Handlungen eröffnet werden. Hierzu wird auch in diesem Regelungskontext zunächst anhand der Regelungstechnik des Gesetzes allgemein erläutert, auf welchem Wege das Gesetz Spielräume eröffnet. Auf dieser Grundlage werden sodann für die im Verhältnis zwischen Veranstaltergemeinschaft und Betriebsgesellschaft wesentlichen Regelungsinhalte, wie Finanzen, Personal- und Sachaustattung oder Werberegelungen Freiräume, konkret aufgezeigt.

---

13 § 29 Abs. 2 Nr. 1 des LRG NW in der Fassung vom 19.01.1987.

14 Auch diese Entscheidung wird vom Gesetz allerdings nicht ausdrücklich normiert, sondern läßt sich lediglich aus den § 25 Abs. 3 sowie § 27 Abs. 2 LRG NW in der Fassung vom 22.01.1987 ableiten, vgl. Stock, Neues Privatfunkrecht, S. 55.

15 § 25 Abs. 1 Satz 4 und 5 LRG NW in der Fassung vom 19.01.1987. Dies war bisher nur in der Begründung des Referentenentwurfs (LT/DS 10/1440 S. 57) formuliert worden und fand im verabschiedeten LRG NW erstmalig Eingang in den Gesetzestext. Vgl. Stock, Neues Privatfunkrecht, S. 55.

a. Regelungstechnik: Gesetzliche Grundstruktur und ergänzende privatautonome Gestaltung durch Kooperationsverträge

Das Verhältnis zwischen den Säulen bestimmt sich auf der Grundlage des LRG NW im Zusammenspiel von gesetzlicher Grundstruktur und privatautonomer Gestaltung. Gesetzgeberisches Ziel dieser Regelungstechnik ist es, den Rundfunksäulen Raum für eine auf die konkrete Situation im Verbreitungsgebiet bezogene vertragliche Gestaltung zu eröffnen, ohne zugleich die im Gesetz angelegte Grundstruktur und insbesondere die Aufgabentrennung zwischen den Säulen durch dysfunktionale Regelungen zu gefährden.

Die gesetzliche Grundstruktur des LRG NW arbeitet hierbei mit zwei unterschiedlichen Instrumentarien. Zunächst versucht das LRG NW auf den Prozeß der privatautonomen Aushandlung zwischen den Säulen zuzugreifen und diesen durch gesetzliche Rahmenbedingungen im Hinblick auf Organisation und Verfahren im Sinne einer funktionsgerechten Aufgabenverteilung zu beeinflussen. Daneben schreibt der Gesetzgeber materielle Anforderungen an den Inhalt der auszuhandelnden Verträge selbst vor. Unterstützt werden diese Regelungen durch die gesetzliche Definition der einzelnen Funktions- und Aufgabenbereiche der Lokalfunksäulen, die den Aufgabenbereich der jeweiligen Säule abstrakt zu bestimmen versuchen (§ 25 Abs. 1 Satz 4 und 5 LRG NW).

Diese Regelungstechnik findet sich zunächst für den Kooperationsvertrag als das zentrale Instrument der Gestaltung des Binnenbereichs zwischen den Lokalfunksäulen wieder. Das Gesetz gibt für diesen Vertrag gesetzliche Mindestinhalte vor, die die interne Aufgabenverteilung in Grundlinien festlegen. Eine regulierende Einwirkung auf den Aushandlungsprozeß und damit mittelbar auch auf das Ergebnis der vertraglichen Gestaltung versucht das LRG NW zu erreichen, indem es an bestimmte Verhaltensweisen der Akteure im Rahmen der Vertragsverhandlungen negative Rechtsfolgen knüpft. Als Beispiel mag hier die Regelung des § 29 Abs. 5 Satz 2 LRG NW dienen, nach der das Verlegerprivileg durch die Landesanstalt für Rundfunk dann aufgehoben werden kann, wenn die Betriebsgesellschaft bei den Vertragsverhandlungen Forderungen stellt, die über ihre vom LRG NW anerkannten wirtschaftlichen Belange hinausgehen.[16]

Außerhalb der vorgeschriebenen gesetzlichen Mindestinhalte des Kooperationsvertrages können die Vertragsparteien im Grundsatz ihr Innenverhältnis vertraglich frei gestalten. Allerdings haben die Akteure auch hier eine weitere rechtliche Grenze zu beachten. Nach der Anlage des Gesetzes kann der Inhalt der vertraglichen Vereinbarungen auch dort, wo keine gesetzlichen Mindestinhalte vorgegeben sind, nicht dem bloßen Kräfteverhält-

16 Vgl. zum Inhalt und zur möglichen Wirkung dieser Regelung unten b.

nis und der Interessenlage der verhandelnden Kräfte überlassen bleiben, sondern wird stets den gesetzeskonstruktiven Grundsatzentscheidungen des LRG NW zu entsprechen haben.[17] Um diesen Grundgedanken gegenläufige Regelungen zu vermeiden und deren dysfunktionalen Wirkungen entgegenzutreten, müssen sich die vertraglichen Vereinbarungen in ihrer Gesamtheit an den Vorgaben des LRG NW orientieren und diese ergänzen oder konkretisieren.[18] Dies bedeutet, daß die Vertragsparteien auch hier in ihrer Gestaltung nicht gänzlich frei sind, sondern rundfunkrechtlichen Restriktionen unterliegen.

Eine ähnliche Regelungstechnik wählt der Gesetzgeber für die vom Gesetz zwingend geforderten und im Konsens zwischen Veranstaltergemeinschaft und Betriebsgesellschaft aufzustellenden Wirtschafts- und Stellenpläne. Auch hier schreibt der Gesetzgeber ein konkretes Verfahren zur Aushandlung vor (§ 25 Abs. 4 Satz 4 und 5 LRG NW) und definiert daneben materiell-rechtliche gesetzliche Anforderungen an den Inhalt der Pläne (§ 25 Abs. 4 Satz 1- 4 LRG NW).[19]

Aus der so skizzierten Regelungstechnik des LRG NW ergeben sich zugleich die Grundlinien der Handlungsspielräume und rechtlichen Gestaltungsoptionen, wie sie sich auf der Grundlage des LRG NW im Verhältnis zwischen Veranstaltergemeinschaft und Betriebsgesellschaft darstellen. Der zentrale Spielraum für einflußnehmende Handlungen der Normadressaten bei der Ausgestaltung des Innenverhältnisses zwischen Veranstaltergemeinschaft und Betriebsgesellschaft liegt im Prozeß der Aushandlung der rechtlichen Instrumentarien, in dem unterschiedliche Verhaltensweisen und Taktiken vorstellbar sind. Hier versucht der Gesetzgeber, die Freiräume durch verfahrensmäßige oder vergleichbare gesetzliche Vorgaben einzuschränken. Ob dies gelingt, hängt allerdings maßgeblich von der Akzeptanz der Akteure gegenüber diesen Regelungen ab und birgt zumindest die Gefahr der Umgehung.

Die Formulierung materieller Anforderungen an die Inhalte der rechtlichen Kooperationsinstrumentarien läßt das Bemühen erkennen, konkrete Mindestanforderungen für die privatautonome Gestaltung festzuschreiben. Da allerdings bei weitem nicht alle denkbaren Regelungsinhalte berücksichtigt sind, verbleibt für die Akteure eine Spannbreite ergänzender vertraglicher Gestaltungen, für die es keine Mindestinhalte im LRG NW gibt. Hier sind die Akteure zur eigenen Gestaltung aufgerufen, deren Grenzen sich, wie soeben ausgeführt, aus der Gesamtanlage des Gesetzes ergeben und daher nur im Wege der Gesetzesinterpretation zu ermitteln sind. Eine beson-

---

17 So auch Reidt, Rundfunkwerbung, S. 169.

18 Reidt, Rundfunkwerbung, S. 170.

19 Vgl. zu den Details unten c.

dere Bedeutung hat hierbei die gesetzliche Aufgabenzuweisung an die Säulen, die aufgrund ihrer nur generalklauselartigen Ausgestaltung erhebliche Auslegungsfreiräume eröffnet.

Diese Freiräume werden zunächst im Verhältnis der Säulen zueinander eine Rolle spielen, die bei der vertraglichen Festlegung ihres Innenverhältnisses ihre eigenen Positionen mit unterschiedlichen rechtlichen Standpunkten und Argumentationen abzusichern versuchen werden. Zugleich entsteht hier eine Einwirkungsmöglichkeit für die Landesanstalt für Rundfunk, die im Rahmen des Zulassungsverfahrens die getroffenen Regelungen rundfunkrechtlich zu überprüfen hat und somit aufgerufen ist, eine eigene rechtliche Bewertung vorzunehmen, die den Akteuren weitere normative Vorgaben setzt.

b. Prozeß der Anbahnung des Kooperationsvertrages

Das LRG NW überläßt, wie soeben ausgeführt, den Prozeß der Anbahnung des Kooperationsvertrages nicht dem „freien Spiel der Kräfte", sondern versucht durch bestimmte gesetzliche Rahmenbedingungen auf die Verhandlungsbereitschaft und auch die Verhandlungspositionen der künftigen Vertragspartner einzuwirken.

Der Gesetzgeber regelt zunächst, daß sowohl Veranstaltergemeinschaft als auch Betriebsgesellschaft jeweils nur einen Kooperationsvertrag abschließen dürfen.[20] Nicht im Gesetz vorgeschrieben ist hingegen, daß in einem Verbreitungsgebiet auch nur eine Veranstaltergemeinschaft sowie eine Betriebsgesellschaft bestehen kann. Das LRG NW berücksichtigt ausdrücklich den Fall der Zulassung mehrerer lokaler Anbieter in einem Verbreitungsgebiet und setzt damit voraus, daß sowohl die Gründung unterschiedlicher Veranstaltergemeinschaften als auch die Errichtung mehrerer Betriebsgesellschaften, etwa von konkurrierenden Lokalverlegern, möglich ist.[21] Für die Akteure bedeutet dies, daß auf der Grundlage des LRG NW durchaus Konkurrenzsituationen vorstellbar sind, die Einfluß auf die Verhandlungspositionen haben können. Ist faktisch allerdings jeweils nur eine

20 § 29 Abs. 2 Satz 3 Nr. 5 LRG NW regelt dies für die Betriebsgesellschaft. Das Verbot der mehrfachen Kooperation einer Veranstaltergemeinschaft mit mehreren lokalen Betriebsgesellschaften ergibt sich aus § 29 Abs. 1 LRG NW, der von einer vertraglichen Vereinbarung mit *einer* Betriebsgesellschaft spricht. Vgl. Rath-Glawatz, Lokaler Hörfunk II, S. 30.

21 § 29 Abs. 5 Satz 3 LRG NW. Das Verlegerprivileg gilt dann für das Programm mit der größeren technischen Reichweite, vgl. zur Möglichkeit einer Gründung mehrerer lokaler Veranstaltergemeinschaften in einem Verbreitungsgebiet auf der Grundlage des LRG NW, Niewiarra/Fraenkel, Privater Rundfunk, NWVBl. 1988, S. 43; Niemann, Das nordrhein-westfälische Rundfunkmodell, S. 65, 66; Stock, Zuschrift 10/640, S. 13.

Organisation jedes Typs gegründet worden,[22] bedeutet dies, daß nur mit dieser Organisation kooperiert werden kann und somit für keine der Parteien Ausweichmöglichkeiten bestehen. Verweigert die eine Seite den Vertragsschluß, bleibt auch die andere zwangsläufig von der Teilhabe am Rundfunk ausgeschlossen. Dies bedeutet, daß der gesetzlich intendierte Einigungszwang zwischen den Lokalfunksäulen zugleich die Einräumung von Blockademacht für die Parteien bedeutet.[23]

Diese Blockademacht besteht auf der Grundlage des LRG NW allerdings für die Betriebsgesellschaft nur begrenzt, da der Gesetzgeber durch die Möglichkeit der Aufhebung des Verlegerprivilegs des § 29 Abs. 4 LRG NW einen unmittelbaren Einflußhebel auf den Einigungsprozeß zwischen den Säulen installiert hat.[24] Eine Aufhebung des Zugangsprivilegs der Lokalverleger zur Betriebsgesellschaft und damit die Öffnung der Betriebsgesellschaft für branchenfremde Kräfte sieht das Gesetz in zwei Fällen vor. Zunächst kann durch eine Entscheidung der Landesanstalt für Rundfunk der Markt dann geöffnet werden, wenn verlegerdominierte Betriebsgesellschaften überhaupt nicht bestehen.[25] In diesem Fall hat die Landesanstalt für Rundfunk abzuwägen, ob „unter Berücksichtigung einer möglichst großen örtlichen Medienvielfalt" vom Verlegerprivileg abgesehen werden kann. Das LRG NW räumt damit der Landesanstalt das Recht ein, im Wege einer Ermessensentscheidung und unter Ausfüllung des unbestimmten Rechtsbegriffs der örtlichen Medienvielfalt festzulegen, ob und zu welchem Zeitpunkt Betriebsgesellschaften mit einer von der Regel abweichenden Zusammensetzung mit der Veranstaltergemeinschaft kooperieren dürfen. Zugleich obliegt der Anstalt im Rahmen dieser Entscheidung die Aufgabe festzustellen, wann ein Fall des Nichtbestehens einer Betriebsgesellschaft i.S. des § 29 Abs. 5 Satz 1 LRG NW gegeben ist bzw. welche Fälle dem gleichgesetzt werden können. Dies erscheint insbesondere für den Fall relevant, in dem eine mit einem 75-prozentigen Verlegeranteil besetzte Betriebsgesellschaft zwar gesellschaftsrechtlich gegründet wird, aber für Verhandlungen nicht oder nur hinhaltend zur Verfügung steht und somit die

---

22 Dies liegt für die Veranstaltergemeinschaft außerhalb des Sonderfalls einer Zulassung zweier Veranstalter in einem Verbreitungsgebiet zumindest nahe, da durch den Mitwirkungsanspruch der entsendungsberechtigten Stellen keine in ihrer Zusammensetzung gravierend abweichenden Veranstaltergemeinschaften zu erwarten sind.

23 Zum Einigungszwang als Instrument der Funktionenkooperation und -balance vgl. bereits § 2 II. 2. c.

24 Vgl. Wienholtz, Rundfunkurteile und Rundfunkgesetzgebung, S. 20, 21.

25 § 29 Abs. 5 Satz 1 LRG NW. Vgl. dazu auch § 4 III. 3.

Möglichkeit der Veranstaltergemeinschaft blockiert, mit einer anderen Betriebsgesellschaft zu kooperieren.[26]

Im zweiten Fall entfällt das Verlegerprivileg zwingend und ohne eine vorgelagerte Entscheidung der Landesanstalt dann, wenn „ die vertragliche Vereinbarung nicht zustandekommt, weil Betriebsgesellschaften, die den Anforderungen des § 29 Abs. 4 LRG NW entsprechen, Forderungen stellen, die über die dort genannten Belange hinausgehen" (§ 29 Abs. 5 Satz 2 LRG NW). Welche Forderungen diese Rechtsfolge auszulösen vermögen, wird durch den Inhalt der Verweisnorm deutlich. In § 29 Abs. 4 LRG NW ist geregelt, daß eine Betriebsgesellschaft im Regelfall erwarten lassen muß, „daß sie zur Gewährleistung einer freien und vielfältigen Presse den Belangen aller im Verbreitungsgebiet erscheinenden Tageszeitungen mit Lokalausgaben angemessen Rechnung trägt." Mit dieser Formulierung installiert das LRG NW das Verlegerprivileg, dessen Sinn und Zweck es ist, potentielle Nachteile der Verleger auf dem Werbemarkt durch die Teilhabe am Rundfunkwerbegeschäft wirtschaftlich aufzufangen.[27] Belange der Presse i.S. des § 29 Abs. 4 LRG NW und somit auch i.S. des § 29 Abs. 5 Satz 2 LRG NW sind demnach nur solche, die sich auf die wirtschaftliche Betätigung der Presse beziehen.[28] Unzulässige Forderungen nach § 29 Abs. 5 Satz 2 LRG NW sind also insbesondere diejenigen, die sich auf die Zusammensetzung der Veranstaltergemeinschaft oder auf den Inhalt und die Gestaltung des Programms beziehen.[29] Auch die zweite Variante des Wegfalls des Verlegerprivilegs eröffnet der Landesanstalt für Rundfunk Definitions- und Entscheidungskompetenzen. Auslegungsbedürftig erscheint hier insbesondere der Begriff der wirtschaftlichen Belange und seine Abgrenzung im Einzelfall zu anderen, vor allem publizistischen Belangen, die die Landesanstalt für Rundfunk im Rahmen eines Zulassungsverfahrens einer mit lokalverlegerfremden kooperierenden Veranstaltergemeinschaft vorzunehmen hat.

Das beschriebene System von Verlegervorrecht mit Aufhebungvorbehalt schränkt die Handlungsspielräume der Betriebsgesellschaft in zweifacher Hinsicht ein: Zunächst zwingt es die Verleger, sich zu einem von der Anstalt zu definierenden Zeitpunkt abschließend für oder gegen eine Beteiligung am lokalen Hörfunk zu entscheiden. Zugleich versucht es die Ver-

26 Dieser Fall könnte von § 29 Abs. 5 Satz 1 LRG NW in analoger Anwendung umfaßt sein, da nach dem Sinn und Zweck dieser Norm die Verleger dann ohne Berücksichtigung bleiben können, wenn sie kein Interesse an der Beteiligung am lokalen Rundfunk haben.

27 Vgl. hierzu bereits § 4 I. 2. b.

28 So auch Stock, Neues Privatrundfunkrecht, S. 65, 66; unklar Rath-Glawatz, Lokaler Hörfunk I, S. 53.

29 Vgl. LT/DS 10/1440, S. 59. So auch Wienholtz, Rundfunkurteile und Rundfunkgesetzgebung, S. 21. Wienholtz nennt die Regelung des § 29 Abs. 5 Satz 1 LRG NW eine „scharfe Waffe in der Hand der Veranstaltergemeinschaft."

handlungspositionen der Betriebsgesellschaften auf die Verfolgung wirtschaftlicher Interessen zu beschränken und ihr somit andere, insbesondere publizistisch motivierte Einflußnahmen abzuschneiden.

Darüber hinaus eröffnet es die Möglichkeit, durch die bloße Drohung mit der Aufhebung des Verlegerprivilegs Einfluß auf die Einigungsbereitschaft (oder auch auf einzelne Positionen) der Betriebsgesellschaft zu nehmen. Diese Drohmöglichkeit steht hierbei zunächst der Landesanstalt für Rundfunk zur Verfügung, könnte aber auch im Innenverhältnis zwischen den lokalen Säulen dann eine Rolle spielen, wenn die Veranstaltergemeinschaft etwa ankündigt, Informationen über das Verhalten des potentiellen Vertragspartners an die Anstalt zu übermitteln, um hiermit ein Eingreifen der Anstalt zu erreichen.

Aus der gesetzlichen Anlage des § 29 Abs. 5 Satz 1 und 2 LRG NW läßt sich allerdings kein gesetzlicher Kontrahierungszwang für den Fall konstruieren, in dem die Betriebsgesellschaft keine unberechtigten Forderungen i.S. des § 29 Abs. 5 Satz 2 LRG NW stellt und die gesetzlich geforderten Verpflichtungen zu erfüllen bereit ist.[30] Der Veranstaltergemeinschaft bleibt immer das Recht, aus von ihr beliebig gewählten Gründen den ihr angebotenen Vertrag abzulehnen. Dies ergibt sich bereits aus dem Umkehrschluß aus § 29 Abs. 5 Satz 2 LRG NW, wonach der Veranstaltergemeinschaft dann, wenn kein Fall unberechtigter Forderungen der Betriebsgesellschaft vorliegt, lediglich die Möglichkeit versperrt wird, mit verlegerfremden Kräften zu kooperieren. Der Betriebsgesellschaft bleibt bei einer Kooperationsverweigerung der Veranstaltergemeinschaft aus unsachlichen Gründen nach der Anlage des Gesetzes lediglich die Möglichkeit, mit einer von anderen Entscheidungsstrukturen beherrschten Veranstaltergemeinschaft zu kooperieren.

c. Finanzen: der Wirtschafts- und Stellenplan

Nähere gesetzliche Vorgaben für das Innenverhältnis zwischen Veranstaltergemeinschaft und Betriebsgesellschaft enthält das LRG NW zunächst im Bereich der Finanzen eines lokalen Senders. Hierbei hat die Betriebsgesellschaft auf der Grundlage des LRG NW in Erfüllung ihrer „dienenden Funktion"[31] der Veranstaltergemeinschaft die zur Wahrnehmung ihrer gesetzlichen und vertraglich vereinbarten Aufgaben erforderlichen Mittel zur Verfügung zu stellen. Eine entsprechende Verpflichtung ist als Mindestinhalt in den Kooperationsvertrag aufzunehmen[32] und in Umfang und Inhalt durch

30 Diesen Versuch unternimmt Rath-Glawatz, Lokaler Hörfunk I, S. 50 ff., ohne allerdings eine nähere Begründung anzufügen.

31 Vgl. § 25 Abs. 1 Satz 5 LRG NW.

32 § 29 Abs. 2 Satz 3 Nr. 2 LRG NW.

einen Wirtschafts- und Stellenplan festzulegen, der nach einem vorgegebenen Verfahren der Aushandlung zwischen den Säulen obliegt.[33] An die Ansätze dieser Pläne ist die Veranstaltergemeinschaft in ihrer Haushaltsführung im laufenden Geschäftsjahr gebunden.[34] Damit obliegt es den Vertragsparteien, durch Aushandlung des Inhalts und Umfangs der Pläne den Rahmen der publizistischen Tätigkeit der Veranstaltergemeinschaft festzulegen.

Dem potentiell hohen Konfliktpotential bei der Festlegung des Finanzrahmens der Veranstaltergemeinschaft versucht der Gesetzgeber zu begegnen, indem er ein detailliertes Verfahren zur Plansetzung vorgibt und dieses durch materielle Anforderungen an den Inhalt der Pläne ergänzt.[35]

Den Erstentwurf der Jahrespläne hat der Vorstand der Veranstaltergemeinschaft aufzustellen. Das Gesetz schreibt bereits in dieser ersten Phase der Planerstellung eine Abstimmung mit der Betriebsgesellschaft vor, die eine frühzeitige Kenntnisnahme der inhaltlichen Position der Gegenseite ermöglichen soll. Die Entwurfsfassung ist sodann mit möglichen noch unerledigten Einwänden der Betriebsgesellschaft der Mitgliederversammlung zum Entschluß vorzulegen, die mit einfacher Mehrheit der Anwesenden über die Pläne zu entscheiden hat. Der Mitgliederversammlung kommt damit bei der Plansetzung eher eine Kontrollfunktion zu, während der unmittelbare Handlungsauftrag auf den Vorstand übertragen wird, von dem sich das Gesetz eine schnellere, flexiblere und vor allem konfliktärmere Behandlung der umfangreichen Sach- und Detailfragen zu versprechen scheint. Abschließende Geltung erlangt der Plan jedoch erst, wenn die Betriebsgesellschaft dem von der Mitgliederversammlung verabschiedeten Entwurf zustimmt.

Dieses komplexe und in sich abgestufte Verfahren eröffnet den Akteuren Freiräume, die ersichtlich vor allem auf den Ebenen der Verhandlungstaktik und der informellen Vorklärung liegen. Die entscheidende Phase der Aushandlung dürfte hier in der ersten Plansetzung des Vorstandes liegen, in der die Einbeziehung der Positionen der Betriebsgesellschaft in unterschiedlicher Weise erfolgen können. In dieser Phase sind inhaltsrelevante Prägungen des weiteren Diskussions- und Entscheidungsprozesses vorstellbar, deren Realisierung allerdings letztlich von der Entscheidung der später hinzuzuziehenden Mitgliederversammlung abhängig ist.

---

33 § 25 Abs. 4 LRG NW.

34 § 25 Abs. 4 Satz 3 LRG NW.

35 § 25 Abs. 4 Satz 4 und 5 LRG NW und § 25 Abs. 4 Satz 1 und 2 LRG NW. Zur Regelungstechnik vgl. oben a.

Das Gesetz fordert über diese verfahrensmäßigen Vorschriften hinaus materiell, daß die „Grundsätze der Sparsamkeit und Wirtschaftlichkeit“[36] bei der Aufstellung der Pläne durch die Veranstaltergemeinschaft beachtet werden und alle Erträge und Aufwendungen in den Wirtschafts- und Stellenplan eingestellt werden; somit darf es in der Veranstaltergemeinschaft keine „Nebenhaushalte“ geben, die der Pflicht zur Einigung mit der Betriebsgesellschaft entzogen sind.

Bedeutung erlangt der Wirtschafts- und Stellenplan weiter im Rahmen des Zulassungsverfahrens. Gemäß § 29 Abs. 3 LRG NW muß eine Veranstaltergemeinschaft die *notwendigen Angaben* vorlegen, aus denen hervorgeht, daß die Betriebsgesellschaft wirtschaftlich und organisatorisch in der Lage ist, die Erfüllung der getroffenen Vereinbarung zu gewährleisten. Dies kann die Landesanstalt für Rundfunk aber nur prüfen, wenn ihr zunächst der Umfang der vertraglichen Verpflichtung der Betriebsgesellschaft bekannt ist. Hieraus folgt, daß der erste Wirtschafts- und Stellenplan im Zulassungsverfahren der Landesanstalt für Rundfunk vorzulegen ist.[37] Damit erhält die Anstalt die Möglichkeit, die wirtschaftlichen Rahmendaten der Veranstaltergemeinschaft in ihre Überlegungen im Rahmen des Lizenzierungsverfahrens mit einzubeziehen.

d. Personal- und Sachausstattung

Im Regelungskomplex der Personal- und Sachausstattung des lokalen Senders beschränkt sich das LRG NW auf wenige gesetzliche Vorgaben, die die interne Aufgabenverteilung nur rudimentär vorzeichnen.

---

36 Dieser Begriff ist dem Recht der öffentlichen Haushalte entnommen, vgl. etwa § 24 Abs. 2 ZDF-Staatsvertrag; § 39 Abs. 2 Satz 1 WDRG; § 30 Abs. 1 NDR-Staatsvertrag; §§ 7, 90 Nr. 3 Bundeshaushaltsordnung; zum Inhalt des Begriffs : Vialon, Haushaltsrecht, S. 1 ff.; Fuhr, zu § 24 ZDF-Staaatsvertrag; Ring, zu Art. 4 Rundfunkstaatsvertrag. Im Kontext des Zwei-Säulen-Modells kann der Grundsatz Wirkungen eigentlich nicht dem Wortlaut der Norm entsprechend bei der Aufstellung der Pläne entfalten, die ohnehin der Zustimmung der Betriebsgesellschaft bedürfen und somit unmittelbar an marktwirtschaftliche Rationalitäten angebunden sind. Sinnvoll erscheint allerdings eine Anbindung der Veranstaltergemeinschaft an diese Grundsätze im Rahmen der eigentlichen Haushaltsführung im laufenden Geschäftsjahr. Dies sieht das Gesetz in § 25 Abs. 4 Satz 1 LRG NW dem Wortlaut nach allerdings nicht vor, so daß lediglich eine analoge Anwendung dieser Bestimmung in Betracht kommt. Daneben bietet sich eine vertragliche Vereinbarung dieses Inhalts im Rahmen des Kooperationsvertrages an.

37 So auch Kämper/Widlok, Lokalfunk, S. 74. Zweifelhaft bleibt in diesem Zusammenhang, ob die LfR im Rahmen des Zulassungsverfahrens nicht ohnehin gehalten ist, den Wirtschafts- und Stellenplan daraufhin zu überprüfen, ob er die Durchführung lokalen Rundfunks in Erfüllung der programmlichen Anforderungen ermöglicht. Dies kann dem LRG NW nicht unmittelbar entnommem werden, da § 5 Abs. 1 Satz 3 LRG NW über § 23 Abs. 2 LRG NW auf lokalen Rundfunk keine Anwendung findet und § 29 Abs. 3 LRG NW die wirtschaftliche Situation der Betriebsgesellschaft selbst zum Prüfungsgegenstand erklärt.

In der Frage, wer Arbeitgeber des für den Betrieb eines Lokalsenders erforderlichen Personals ist, entscheidet das LRG NW nur hinsichtlich der journalistischen Mitarbeiter und der Chefredakteurin bzw. des Chefredakteurs. Hier spricht § 25 Abs. 3 LRG NW im Zusammenhang mit der Veranstaltergemeinschaft von „ihren redaktionellen Beschäftigten". Zugleich geht auch § 28 Abs. 2 und 3 LRG NW davon aus, daß Chefredaktion und Redaktion von den Veranstaltern angestellt und entlassen werden. Das Gesetz trifft dagegen keine näheren Aussagen über den Arbeitgeber des möglichen technischen und Verwaltungs- bzw. kaufmännischen Personals[38] und überläßt die Personalzuweisung insoweit der Vereinbarung zwischen den Vertragsparteien.

Im Bereich der Sachausstattung beschränkt sich das Gesetz auf Regelungen über die technische Ausstattung des lokalen Senders, so daß Fragen etwa der Überlassung der Studioräume oder der Büroausstattung der vertraglichen Gestaltung überlassen bleiben. Das LRG NW geht von einer Aufsplittung einzelner Funktionsbereiche der Technik aus. So wird der Betriebsgesellschaft ausdrücklich die als Mindestinhalt des Vertrages festzuhaltende Aufgabe zugewiesen, die „zur Produktion und zur Verbreitung des lokalen Programms erforderlichen technischen Einrichtungen zu beschaffen" und diese der Veranstaltergemeinschaft „zur Verfügung zu stellen."[39] Im Umkehrschluß besagt dies zugleich, daß der Betrieb der Produktions- und Sendetechnik und die eigentliche Verbreitung des produzierten Programms in den Aufgabenbereich der Veranstaltergemeinschaft fällt. Die Kostentragung für die technischen Aufgaben bleibt Aufgabe der Betriebsgesellschaft, die diese durch die Beschaffung und die planabhängige Finanzierung des Betriebs der Produktions- und Sendetechnik erfüllt. Mit Widerruf, Rücknahme oder nach Zeitablauf der rundfunkrechtlichen Zulassung endet die Überlassungspflicht der Betriebsgesellschaft,[40] so daß zu diesem Zeitpunkt die Ausstattung zurückgegeben werden muß. Nach der Anlage des Gesetzes bleibt offen, ob die Betriebsgesellschaft Eigentümerin der Technik zu sein hat oder auch die Veranstaltergemeinschaft in die Eigentümerstellung einrücken kann.[41]

---

38 Etwas anderes folgt auch nicht aus der Regelung des § 27 Abs. 2 Nr. 3 LRG NW, dergemäß die Beschlußfassung über die Einstellung und Entlassung „der leitenden Beschäftigten" der Mitgliederversammlung zugewiesen ist. § 27 Abs. 2 Nr. 3 LRG NW ist lediglich eine vereinsinterne Kompetenznorm, die allein für den Fall, in der die Veranstaltergemeinschaft tatsächlich Arbeitgeber der leitenden Beschäftigten werden soll, die Entscheidung über die Einstellung bzw. Entlassung der Mitgliederversammlung zuweist.

39 § 29 Abs. 2 Nr. 1 LRG NW.

40 § 29 Abs. 2 Satz 3 LRG NW.

41 Vgl. allerdings Rath-Glawatz, Lokaler Hörfunk I, S. 58, der aus der Überlassungspflicht des § 29 Abs. 2 Nr. 1 LRG NW ableitet, daß nur die Betriebsgesellschaft Eigentümerin der Technik sein kann. Dieser Schluß erscheint jedoch nicht zwingend, da die Überlassung et-

Die Ausstattungspflicht des § 29 Abs. 2 Nr. 1 LRG NW ist nach dem Wortlaut des Gesetzes auf die zur Produktion und Verbreitung des Programms „erforderliche“ technische Einrichtung beschränkt. Damit versucht der Gesetzgeber, eine untere Grenze der Ausstattung zu definieren, die von der Betriebsgesellschaft im Sinne eines Mindeststandards nicht unterschritten werden darf.[42] Außerhalb dieser Grenze der Erforderlichkeit entstehen Verhandlungsspielräume, die von den Verhandlungspartnern inhaltlich auszufüllen sind.

e. Werbung und Werbehoheit

Das LRG NW behandelt auch die Besonderheiten der lokalen Rundfunkwerbung nur in wenigen Vorschriften.

Zunächst ist festzustellen, daß die allgemeinen Finanzierungsvorschriften des § 21 LRG NW und damit auch die Zulässigkeit der Werbefinanzierung i.S. des § 21 Abs. 1 LRG NW gemäß § 23 Abs. 2 LRG NW im Lokalfunk nur insoweit Anwendung finden, als im 6. Abschnitt des LRG NW nichts anderes bestimmt ist. Im Zentrum der werberechtlichen Normen dieses Abschnittes steht die Regelung des § 29 Abs. 2 Satz 2 LRG NW, nach der ein Kooperationsvertrag eine Verpflichtung der Veranstaltergemeinschaft enthalten muß, Rundfunkwerbung nur von der Betriebsgesellschaft „zu übernehmen“. Damit stellt das Gesetz klar, daß im Systemzusammenhang des lokalen Rundfunks eine Werbefinanzierung i.S. des § 21 Abs. 1 LRG NW nur dergestalt zulässig ist, daß die Veranstaltergemeinschaft von der Betriebsgesellschaft Werbung übernimmt, die als Gegenleistung hierfür das Programm der Veranstaltergemeinschaft zu finanzieren hat.[43] Der Betriebsgesellschaft obliegt es demnach, die mit der Werbefinanzierung verbundenen Aufgaben, also etwa die Akquisition und finanzielle Abwicklung des Werbegeschäfts zu übernehmen und gegebenfalls mit dem Verkauf der Werbung Gewinne zu erzielen.[44] Die Veranstaltergemeinschaft hingegen ist von dieser Funktion der Werbung durch die Regelung des § 29 Abs. 2 Satz 2 LRG NW wie auch durch die gesetzliche Aufgabenzuweisung gem. § 25 Satz 3 LRG NW und ihre Rechtsnatur als nicht-wirtschaftlicher Verein ausgeschlossen. Das LRG NW konzipiert insoweit das Verhältnis zwischen den Lokalfunksäulen als ein synallagmatisches Pflichtenverhältnis, bei dem die

---

wa aus konkursrechtlichen Gründen durchaus auch dinglich abgesichert werden können muß.

42 So i.E. auch Rath-Glawatz, Lokaler Hörfunk I, S. 58.

43 Reidt, Rundfunkwerbung, S. 69; vgl. auch Stock, S. 61.

44 Rath-Glawatz, Lokaler Hörfunk, S. 39; Hauschild, Lokaler Rundfunk, S. 56; Reidt, Rundfunkwerbung, S. 71, S. 162 ff.; vgl. Stock, S.58.

Finanzierungspflicht der Betriebsgesellschaft der alleinigen Überlassung von Werbezeiten durch die Veranstaltergemeinschaft gegenübersteht.

Das Gesetz enthält keine ausdrückliche gesetzliche Regelung, ob und gegebenfalls welche Aufgabengebiete im Kontext lokaler Werbung bei der Veranstaltergemeinschaft zu verbleiben haben. In diesem Zusammenhang rückt allerdings die alleinige Programmverantwortung der Veranstaltergemeinschaft i.S. des § 25 Abs. 1 Satz 4 LRG NW in den Blickpunkt, die durch das Verbot jedweden Programmeinflusses der Betriebsgesellschaft in Satz 5 ergänzt wird. In welchem Maße die Ausstrahlung lokaler Werbung von dieser Programmverantwortung der Veranstaltergemeinschaft umfaßt wird, läßt sich aus dem LRG NW nicht ohne weiteres erkennen, da es das Gesetz bei der generalklauselartigen Feststellung des § 25 Abs. 1 Satz 4 und 5 LRG NW beläßt und auf nähere Konkretisierungen verzichtet.

Diese unklare Anlage des Gesetzes hat zu unterschiedlichen Interpretationen geführt, die die Aufgaben der Veranstaltergemeinschaft im Bereich lokaler Werbung je nach Standort unterschiedlich festzulegen versuchen.

Eine erste Auslegung folgert aus § 29 Abs. 2 Satz 2 LRG NW, daß alle Fragen im Zusammenhang mit der lokalen Werbung, also auch die Veranstaltung und Verbreitung der Werbung im Programm, alleinige Sache der Betriebsgesellschaft ist. Werbung könne nach der Systematik des Gesetzes kein Bestandteil des Programms sein und müsse demnach von der Programmverantwortung der Veranstaltergemeinschaft unberührt bleiben.[45] Dies werde schon dadurch verdeutlicht, daß § 22 Abs. 1 LRG NW die Trennung von Programm und Werbung fordere und insofern die Unterscheidung zwischen beiden Sendebestandteilen voraussetze. Die Herausnahme bestimmter Sendebeiträge aus der Programmverantwortung sei ferner im LRG NW auch keine Besonderheit, da auch für kirchliche Sendungen und amtliche Verlautbarungen gemäß §§ 24 Abs. 3 i.V.m. 19 Abs. 6 LRG NW derjenige verantwortlich sei, dem die Sendezeit gewährt worden sei. Als weiteres Argument beruft sich diese Auffassung auf den Wortlaut des § 2 Abs. 7 LRG NW, der bei der Definition des Begriffs des Programmschemas Werbung nicht erwähne, die demnach auch nicht Bestandteil des Programms sein könne.[46]

Die Ausstrahlung von Werbung sei schließlich auch nicht als Werbung des Rundfunkveranstalters, sondern als Wiedergabe der Werbung Dritter aufzufassen.[47] Da somit Werbung nach der Systematik des Gesetzes aus der Programmverantwortung ausgeklammert sei, dürfe die Veranstaltergemeinschaft auf Inhalt und Gestaltung der Werbung keinen Einfluß nehmen und

---

45 Rath-Glawatz, Lokaler Hörfunk I, S. 39, 40; S. 61 ff.; Lokaler Hörfunk II, S. 13.

46 Rath-Glawatz, Lokaler Hörfunk I, S. 181.

47 Rath-Glawatz, Lokaler Hörfunk II, S, 13 unter Berufung auf BayVGH NJW 87, S. 435.

ihr ein solcher Einfluß vertraglich auch nicht eingeräumt werden.[48] Als Konsequenz folge weiter, daß eine Veranstaltergemeinschaft Werbebeiträge, die ihr zur Übernahme i.S. des § 29 Abs. 2 Satz 2 LRG NW angeboten werden, selbst dann auszustrahlen habe, wenn diese evident gegen geltendes Recht verstießen, da dies allein den Verantwortungsbereich der Betriebsgesellschaft tangiere.[49] Der Veranstaltergemeinschaft stünde in keinem Fall ein Prüfungs- oder Ablehnungsrecht zu. Die rundfunkrechtliche Verantwortung der Betriebsgesellschaft bedeute zugleich, daß auch die strafrechtliche und ordnungswidrigkeitsrechtliche Verantwortung für die Werbeausstrahlung allein bei der Betriebsgesellschaft liegen müsse. Dies sei auch konsequent, da die nur ehrenamtlich tätigen Mitglieder der Veranstaltergemeinschaft diese die permanente Kontrolle der Werbebeiträge voraussetzende Verantwortung ohnehin nicht übernehmen könnten.[50]

Die Gegenauffassung hält Werbung für einen Bestandteil des Programms und somit die Programmverantwortung des § 25 Abs. 1 Satz 4 LRG NW zumindest dem Grunde nach auch für die Ausstrahlung von Werbespots für gegeben.[51] Dies folge bereits aus dem Wortlaut des § 22 Abs. 1 LRG NW, in dem von der Trennung der Werbung vom „übrigen" Programm die Rede sei.[52] Zur Begründung der rechtlichen Zugehörigkeit von Werbebeiträgen zum Programm wird ferner auf § 30 LRG NW verwiesen, in dem von der Veranstaltung und Verbreitung „von eigener Werbung" der Veranstaltergemeinschaft gesprochen wird.[53] Darüber hinaus spreche auch ein gesetzeshistorisches Argument für die Zugehörigkeit der Werbung zum Programm, da nach der Gesetzesbegründung der Programmauftrag und die Programmgrundsätze auf die lokale Werbung Anwendung finden sollen.[54]

Die entgegengesetzte Meinung verkenne, daß das LRG NW verhaltenssteuernde Maßnahmen nur gegenüber der lizenznehmenden Veranstaltergemeinschaft, nicht aber gegenüber der Betriebsgesellschaft vorsehe.[55] Bei Ausklammerung der Werbung aus der rundfunkrechtlichen Verantwortung der Veranstaltergemeinschaft gäbe es somit im Fall einer rechtswidrigen Austrahlung keine unmittelbare Verhinderungs- oder Sanktionsmöglichkeit der Landesmedienanstalt. Das Argument der Gegenmeinung, nach dem die Aufhebung der Programmverantwortung der Veranstaltergemeinschaft für

48 Rath-Glawatz, Lokaler Hörfunk I, S. 61.

49 Rath-Glawatz, Lokaler Hörfunk II, S. 12.

50 Rath-Glawatz, Lokaler Hörfunk I, S. 39, 40.

51 Reidt, Rundfunkwerbung, S. 120, 154; Stock, S. 61.

52 Reidt, Rundfunkwerbung, S. 120. Reidt hält der Gegenauffassung vor, sie mißachte in ihrer Interpretation den Wortlaut der Norm, wenn sie von der Trennung von Werbung und *redaktionellem* Programm spricht und hieraus Schlüsse zu ziehen versucht (ebd., FN 241).

53 Stock, Neues Privatrundfunkrecht, S. 61 in FN 138.

54 LT/DS 1440, S. 55; vgl. Stock, Neues Privatrundfunkrecht, S. 61 in FN 138.

55 Reidt, Rundfunkwerbung, S. 157.

bestimmte Drittsendungen auf die lokale Werbung übertragbar sei, gehe letztlich fehl. Eine Durchbrechung der Verantwortlichkeit setze im LRG NW eine ausdrückliche gesetzliche Anordnung voraus, an der es im Unterschied zum angegebenen Beispiel der Drittsendungen für die Werbung gerade fehle.[56]

Aus der Programmverantwortung der Veranstaltergemeinschaft folgert diese Auffassung weiter, daß auch für die lokale Werbung im Grundsatz die Regelungen Anwendung finden müßten, die für das Programm insgesamt gelten. So habe die Veranstaltergemeinschaft auch für die Werbebeiträge einen Programmverantwortlichen i.S. des § 15 LRG NW zu benennen,[57] und seien die Programmgrundsätze (§ 24 Abs. 1 sowie §§ 12 Abs. 1, 2, 4 und 5, 23 Abs. 2 LRG NW)[58] und der Programmauftrag (§§ 11 Satz 1 und 2, 23 Abs. 2 LRG NW)[59] sowie die Regelungen über den Schutz der Menschenwürde und den Jugendschutz (§ 14 LRG NW)[60] zu beachten. Allerdings müßten insoweit die Besonderheiten der Werbung als Finanzierungsgrundlage und deren kommerzielle Orientierung Beachtung finden, so daß die Regelungen ihre Geltung nur modifiziert beanspruchen könnten.[61]

Als Adressat aller rundfunkrechtlichen Maßnahmen im Zusammenhang mit der Ausstrahlung von Werbung kommt in dieser rechtlichen Interpretation allein die Veranstaltergemeinschaft in Betracht, die als Lizenznehmerin für Maßnahmen nach §§ 10, 23 Abs. 2 LRG NW sowie für rundfunkrechtliche Ordnungswidrigkeiten gem. § 67 LRG NW einzustehen hat.[62] Die daneben bestehende strafrechtliche und allgemeine ordnungswidrigkeitsrechtliche Verantwortung für die Veranstaltung und Verbreitung lokaler Werbung richte sich nach den einschlägigen Normen und deren Tatbestandsvoraussetzungen und bliebe von den rundfunkrechtlichen Regelungen unberührt.[63]

Probleme bereitet dieser Auffassung allerdings das Einflußverbot des § 25 Abs. 1 Satz 5 LRG NW. Dieser Grundsatz müßte bei wörtlicher Anwendung zur Konsequenz haben, daß die Betriebsgesellschaft auf „Inhalt

---

56 Reidt, Rundfunkwerbung, S. 156. Vgl. § 24 Abs. 3 Satz 3 LRG NW i.V.m. § 19 Abs. 6 LRG NW.

57 Reidt, Rundfunkwerbung, S. 192 ff.

58 Reidt, Rundfunkwerbung, S. 118 ff., 132 ff.;vgl. LT/DS 1440, S. 55.

59 Reidt, Rundfunkwerbung, S. 129 ff.

60 Reidt, Rundfunkwerbung, S. 145 ff.

61 Reidt, Rundfunkwerbung, unternimmt den Versuch, die notwendigen Modifikationen im Detail zu beschreiben, vgl. S. 124 ff., 137 ff. für die Programmgrundsätze; S. 131 ff. für den Programmauftrag; S. 147 ff. für den Schutz der Menschenwürde und den Jugendschutz.

62 Reidt, Rundfunkwerbung, S. 155 ff., zur mittelbaren Auswirkung derartiger Maßnahmen auf die Betriebsgesellschaft, S. 158, 159.

63 Reidt, Rundfunkwerbung, S. 220, 219. Vgl. für den Bereich der Werbung etwa: § 4 UWG, § 52 Abs. 2 Nr. 5 und 8 LMBG, § 106 UrhG, § 29 Abs. 1 Nr. 8 BtMG.

und Gestaltung" auch der Werbesendungen keinen Einfluß ausüben darf. Um dieses angesichts der finanztechnischen Funktionszuweisung an die Betriebsgesellschaft zu weit gehende und sinnwidrige Ergebnis zu vermeiden, wählen die Autoren eine Auslegung, die diese Folge verhindert und dennoch die grundsätzliche Auffassung nicht gefährdet: § 29 Abs. 2 Satz 2 LRG NW enthalte einen Sondertatbestand gegenüber § 25 Abs. 1 Satz 5 LRG NW, der der Betriebsgesellschaft das Recht auf eigenständige Produktion und Zulieferung der Werbebeiträge zubillige und der Veranstaltergemeinschaft insoweit den Einfluß auf Inhalt und Gestaltung des einzelnen Spots verwehre.[64] Auf der anderen Seite folge aus der Programmverantwortung der Veranstaltergemeinschaft, daß ihr zumindest ein Prüfungs- und Ablehnungsrecht hinsichtlich der zugelieferten Werbung zustehen müsse.[65] Als Maßstab dieser Prüfung werden sodann die Kriterien vorgeschlagen, die nach § 3 Abs. 2 der WDR-Satzung im Verhältnis zwischen dem WDR und seiner Werbetochter (Westdeutsche Rundfunkwerbung-GmbH) gelten. Hiernach kann der Intendant Werbeeinschaltungen dann zurückweisen, wenn sich diese in „Inhalt oder Aufmachung" nicht mit dem umgebenden Programm vereinbaren lassen.[66] Es stehe fest, daß jedenfalls dann, wenn Werbung nicht den rundfunkrechtlichen Anforderungen entspreche, einzelne Werbebeiträge von der Veranstaltergemeinschaft abgelehnt werden könnten.[67] Darüber hinaus könne angesichts der Programmfreiheit der Veranstaltergemeinschaft die Übernahmeverpflichtung des § 29 Abs. 2 Satz 2 LRG NW auch nicht dahingehend verstanden werden, daß ein gesetzliches Recht der Betriebsgesellschaft bestehe, die rechtlichen Möglichkeiten zur Sendung von Werbung in zeitlicher Hinsicht auszuschöpfen oder die Sendeplätze der Werbung zu bestimmen.[68]

Der juristische Streit mit seinen gravierend unterschiedlichen rechtlichen Ergebnissen verdeutlicht, daß im Bereich der Werbung und Werbefinanzierung im lokalen Rundfunk erhebliche gesetzliche Unklarheiten und damit Regelungslücken bestehen. Die vom Gesetz eröffneten Gestaltungsoptionen werden entsprechend, je nach Standpunkt des Rechtsanwenders, in unterschiedlicher Tendenz begrenzt sein. Folgt der Rechtsanwender der Auffassung, daß die Ausstrahlung von Werbung allein in den Verantwortungsbereich der Betriebsgesellschaft fällt, so wird wenig Regelungsbedarf beste-

---

64 Reidt, Rundfunkwerbung, S. 127 ff.; Stock, S. 61.

65 Reidt, Rundfunkwerbung, S. 164 ff., Stock, Neues Privatrundfunkrecht S. 61.

66 Stock, Neues Privatrundfunkrecht, S. 61.

67 Reidt, Rundfunkwerbung, S. 165, 166. Dieser Fall könne sich zum einen dann ergeben, wenn einzelne Werbespots von ihrem Inhalt her rechtswidrig sind, zum anderen aber auch dann, wenn die Werbung von ihrem Umfang her den gesetzlichen Vorgaben widerspricht oder in gesetzwidriger Weise ausgestrahlt werden soll.

68 Reidt, Rundfunkwerbung, S. 167, 168.

hen, während dann, wenn die Veranstaltergemeinschaft auch im Bereich der Werbung als Programmverantwortliche angesehen wird, im Kooperationsvertrag eine Vielzahl von vertraglichen Vereinbarungen, etwa über den Umfang des Ablehnungsrechts oder die Frage von Haftungsfreistellungen, notwendig sein werden.

f. Wechselseitige Teilnahmerechte

Das LRG NW normiert ferner wechselseitige Teilnahmerechte beider lokaler Säulen an Sitzungen der jeweils anderen Seite. Hier bestimmt § 26 Abs. 4 LRG NW, daß in der Vereinssatzung die Pflicht verankert sein muß, einen Vertreter der Betriebsgesellschaft an Sitzungen der Mitgliederversammlung und des Vorstandes teilnehmen zu lassen, während gemäß § 29 Abs. 2 Satz 3 Nr. 4 LRG NW ein Teilnahmerecht eines Vertreters an Sitzungen der Organe der Betriebsgesellschaft in den Kooperationsvertrag aufzunehmen ist. Das Gesetz überläßt den Parteien, die näheren Modalitäten des Teilnahmerechts zu bestimmen. Regelungsbedarf entsteht insbesondere in der Frage, welche Unterlagen und Dokumente dem Vertreter der anderen Organisation im Rahmen des Teilnahmerechts zugänglich gemacht werden müssen und in welcher Form dies zu geschehen hat.

g. Kündigung und Kündigungsfolgen

Schließlich enthält das LRG NW Vorgaben über die Kündigung des Kooperationsvertrages.[69] Die gesetzlichen Leitidee hierbei ist, die Vertragspartner nach einmal erfolgter Einigung an den getroffenen Abreden festzuhalten und die Beendigung der Zusammenarbeit zu erschweren.[70]

§ 29 Abs. 2 Satz 2 LRG NW verpflichtet die Betriebsgesellschaft und die Veranstaltergemeinschaft, im Kooperationsvertrag für eine Kündigung gemäß § 29 Abs. 7 LRG NW eine Kündigungsfrist von einem halben Jahr bis zum Ende des Kalenderjahres zu vereinbaren. Beabsichtigt eine der Vertragsparteien zu kündigen, so hat sie dies der Landesanstalt für Rundfunk zuvor anzukündigen. Die Landesanstalt für Rundfunk hat sodann schlichtend einzugreifen und auf eine Fortdauer der Vereinbarung im Rahmen der gesetzlichen und vertraglichen Bestimmungen hinzuwirken. Wenn diese Bemühungen erfolglos bleiben, hat die Landesanstalt für Rundfunk die Verhandlungen zwischen den Parteien für gescheitert zu erklären. Damit setzt der Gesetzgeber zunächst auf die von der Landesanstalt für Rundfunk moderierte Konfliktlösung durch die Parteien. Erst wenn eine Einigung

69 § 29 Abs. 2 Satz 1 i.V. m. § 29 Abs. 7 LRG NW.

70 Stock, Neues Privatrundfunkrecht, S. 66 mit FN 150.

auch nach der Einschätzung der Anstalt unmöglich erscheint, sollen nach dem Willen des Gesetzgebers die Parteien ihr Vertragsverhältnis beenden.

Um die Vertragsparteien auf dieses Verfahren zu verpflichten, knüpft das LRG NW an die zivilrechtliche Erklärung einer Kündigung des Kooperationsvertrages bestimmte öffentlich-rechtliche Folgen,[71] die danach differenziert werden, ob die Erklärung vor oder nach dem von der Landesanstalt für Rundfunk erklärten Scheitern der Verhandlungen über die Fortdauer der Zusammenarbeit erfolgte. Hierbei enthält § 29 Abs. 7 Nr. 1 Satz 2 LRG NW im Fall einer verfrühten Kündigung bestimmte zwingend eintretende negative Rechtsfolgen für die jeweils kündigende Partei.

Für die Veranstaltergemeinschaft erlischt in diesem Fall mit Wirksamwerden der Kündigung die rundfunkrechtliche Zulassung, so daß eine Kooperation mit einer anderen Betriebsgesellschaft nur durch eine Neuzulassung durch die Anstalt erreicht werden kann. Im umgekehrten Fall einer verfrühten Kündigung der Betriebsgesellschaft verlieren die lokalen Verleger ihr Presseprivileg, so daß die Veranstaltergemeinschaft in Zukunft auch mit lokalverlegerfremden Betriebsgesellschaften koopieren kann.

Erfolgen die Kündigungen nach der geforderten Erklärung der Landesanstalt für Rundfunk, dann fordert das LRG NW eine Ermessensentscheidung der Landesanstalt für Rundfunk darüber, ob und gebenenfalls welche öffentlich-rechtlichen Rechtsfolgen mit der Kündigung verbunden sein sollen. Diese Entscheidung ist an bestimmte Tatbestandsvoraussetzungen geknüpft und durch die Vorgabe gesetzlicher Ermessensrichtlinien determiniert. Die Landesanstalt kann in diesem Fall das Presseprivileg nur dann aufheben, wenn die Kündigung der Veranstaltergemeinschaft wegen einer schwerwiegenden Vertragsverletzung der Betriebsgesellschaft erfolgt. Die Entscheidung ist hierbei an die Abwägung der Schwere dieser Verletzung mit den pressespezifischen wirtschaftlichen Belangen des § 29 Abs. 4 Satz 2 LRG NW gebunden.[72]

Kündigt die Betriebsgesellschaft vorschriftsgemäß, kann die Anstalt die Zulassung der Veranstaltergemeinschaft innerhalb von zwei Monaten widerrufen, wenn diese Kündigung „mit der Begründung" erfolgt, „daß durch eine schwerwiegende Vertragsverletzung der Veranstaltergemeinschaft" den wirtschaftlichen Belangen der Presse nicht mehr angemessen Rechnung getragen werden kann.[73] Bei der Entscheidung über den Lizenzentzug hat die

71 Tettinger, Ausschußprotokoll 10/435, S. 20 sowie Zuschrift 10/669, S. 10, spricht hierbei von der bisher unbekannten „Rechtsfigur einer zivilrechtlichen Willenserklärung gegenüber Dritten mit öffentlich- rechtlicher Gestaltungswirkung."

72 § 29 Abs. 7 Nr. 2 LRG NW.

73 § 29 Abs. 7 Nr. 3 LRG NW. Allerdings kann trotz des Wortlauts dieser Norm eine bloße *Behauptung* einer schwerwiegenden Vertragsverletzung nicht ausreichen, da ansonsten die

Anstalt Bedeutung und Gewicht der Vertragsverletzung durch die Veranstaltergemeinschaft und die Beachtung der wirtschaftlichen Belange der Presse abzuwägen.[74]

Das LRG NW nimmt in § 29 Abs. 2 LRG NW in unspezifizierter Weise auf „eine" Kündigung nach § 29 Abs. 7 LRG NW Bezug, ohne genau zu bezeichnen, welche der für Dauerschuldverhältnisse gegebenen bürgerlichrechtlichen Kündigungsformen rundfunkrechtlich variiert werden sollen. Berücksichtigt scheint hier jedoch nur das Recht der ordentlichen Kündigung, obwohl der in § 29 Abs. 7 LRG NW verwendete Terminus einer „schwerwiegenden Vertragsverletzung" zunächst auf eine außerordentliche Kündigung zu deuten scheint. Die Regelung allein der ordentlichen Kündigung ergibt sich jedoch aus der in Abs. 2 vorgeschriebenen halbjährigen Kündigungsfrist, die im Falle einer außerordentlichen Kündigung des Kooperationsvertrages, etwa im Falle eines Konkurses der Betriebsgesellschaft oder des Lizenzentzuges der Veranstaltergemeinschaft, sinnwidrig wäre.[75] Das Recht der außerordentlichen Kündigung bleibt somit unberücksichtigt und eröffnet demnach Freiräume vertraglicher Ausgestaltung durch die Parteien.

Die ordentliche Kündigung ist mit einem komplizierten und ausdifferenzierten System öffentlicher Rechtsfolgen verknüpft, in dem wiederum der Landesanstalt erheblicher Einfluß eingeräumt wird. Dies wird insbesondere in der Vielzahl der auslegungs- und konkretisierungsbedürftigen Rechtsbegriffe wie „schwerwiegende Vertragsverletzung" oder „Scheitern der Einigungsversuche" deutlich, die auch hier den Rechtsanwendern erhebliche Spielräume eröffnen.

Vertragliche Gestaltungen sind ferner im Bereich der Folgen einer Kündigung im Innenverhältnis zwischen den Parteien zu erwarten, für die angesichts der weitreichenden Konsequenzen einer Vertragsbeendigung für beide Seiten ein größerer Regelungsbedarf besteht.

II. Nutzung der rechtlichen Gestaltungsoptionen

Die zentralen Gestaltungsoptionen im Verhältnis zwischen Veranstaltergemeinschaft und Betriebsgesellschaft liegen im Inhalt des Kooperationsver-

---

Betriebsgesellschaft ohne erkennbaren sachlichen Grund besser gestellt wäre als die Veranstaltergemeinschaft im umgekehrten Fall.

74 Anders als in § 29 Abs. 7 Nr. 2 LRG NW sind hier die pressespezifischen Belange des § 29 Abs. 4 Satz 1 LRG NW und die Vertragsverletzung nicht *gegeneinander* abzuwägen, da beide in das Ermessen einzubeziehende Aspekte ausschließlich *für* den Widerruf sprechen.

75 So auch Rath-Glawatz, Lokaler Hörfunk I, S. 65.

trages und der Wirtschafts- und Stellenpläne, die daher Gegenstand der nachfolgenden Dokumentenanalyse sind. Die Untersuchung beschränkt sich, wie schon bei der Untersuchung der Gesellschafterstruktur der Betriebsgesellschaften, auf die bis zum Stichtag des 1. Februar 1991 lizenzierten 22 Verbreitungsgebiete unter Einbeziehung der Verbreitungsgebiete Köln und Coesfeld als Gebiete der Fallstudien.[76] Gegenstand der Analyse sind zugleich nur einige nach Kriterien der Funktionserheblichkeit im Innenverhältnis der Säulen ausgewählte Regelungskomplexe, vor allem in den Bereichen Personal, Finanzen und Werbung des lokalen Senders.

Methodisch wählt die Untersuchung in diesem Regelungskontext den gleichen Weg, der bereits bei der Analyse der Satzungen der Veranstaltergemeinschaften beschritten wurde: Für jeden Regelungskomplex werden zunächst die veröffentlichten bzw. allgemein zugänglichen Muster der Kooperationsverträge in den von ihnen angeregten Inhalten erfaßt und systematisch vorgestellt. Die Musterverträge sind hierbei wie bereits die Mustersatzungen in Gruppen eingeteilt, die sich an der Herkunft der Vertragsmuster aus einer bestimmten interessenmäßigen Sphäre orientieren.[77] Hieran schließt sich eine Zusammenfassung der Rechtsstandpunkte bzw. der beratenden Hinweise der Landesanstalt für Rundfunk an, soweit die Anstalt zu den jeweiligen Inhalten Stellung genommen hat.[78] Die Vorstellung der Inhalte der Musterverträge und der Stellungnahmen der Landesanstalt für

76 § 4 II. 1.

77 In die Analyse wurden folgende Muster-Kooperationsverträge einbezogen: Mustervertrag der Sozialdemokratischen Gemeinschaft für Kommunalpolitik Nordrhein-Westfalen (SGK), in: Lokaler Rundfunk in Nordrhein-Westfalen, Teil II, S. 71 ff. (zit.: SGK-Vertrag, §§); Mustervertrag von Rath-Glawatz, in: Rath-Glawatz, Lokaler Hörfunk I, S. 85 ff., geändert in Rath-Glawatz , Lokaler Hörfunk II, S. 42 (zit. Rath-Glawatz-Vertrag, §§); Mustervertrag von Hirsch, in: Hesels/Hirsch, Lokalfunk heute, S. 38 ff. (zit. Hirsch-Vertrag, §§); Muster-Vertrag des Verbandes Lokaler Rundfunk in Nordrhein-Westfalen (VLR), Unveröffentlichte Handreichung, Stand 28.04.1989 (zit.: VLR-Vertrag, §§); Mustervertrag des Verbandes der nordrhein-westfälischen Zeitungsverleger (VRWZ), Unveröffentlichte Handreichung, Stand: 30.11.1989 (zit.: VRWZ-Vertrag, §§). Auf eine Auswertung des vom Städtetag Nordrhein-Westfalen herausgegebenen Mustervertrages (Unveröffentlichte Handreichung, Stand 06.04.1988) konnte verzichtet werden, da dieser Vertrag eine Vorversion des vom VRWZ empfohlenen Vertrages darstellt. Die von der SGK, von Hirsch sowie vom VLR herausgegebenen Musterverträge werden hierbei als *A-Verträge* bezeichnet und orientieren sich vorrangig an den Interessen der Veranstaltergemeinschaften. Die herausgegebenen Muster von Rath-Glawatz und vom VRWZ stammen aus der Interessensphäre der Verleger und werden daher als *B-Verträge* zusammengefaßt.

78 Grundlage dieser Dokumentation sind zwei Papiere der Landesanstalt für Rundfunk, die vom Ausschuß für lokalen Rundfunk erarbeitet und vom Direktor der Anstalt an interessierte Veranstaltergemeinschaften übergeben wurden. Die Papiere werden im weiteren als Stellungnahmen der Landesanstalt für Rundfunk auf der Grundlage der Sitzungen des Ausschusses für lokalen Rundfunk vom 03.10. und 31.10.1989 unter Angabe der Seitenzahl zitiert.

Rundfunk dienen im nachfolgenden Analyseschritt als Grundlage einer vergleichenden Betrachtung der in den untersuchten Verbreitungsgebieten real abgeschlossenen Kooperationsverträge.[79]

Im Zusammenhang mit den vertraglichen Regelungsbereichen Finanzen und Personal werden ergänzend die Inhalte der Wirtschafts- und Stellenpläne auf der Grundlage der im Vorfeld erstellten Kostenmodelle und Personalpläne für den lokalen Rundfunk untersucht.[80]

1. Finanzen

Als erster Themenbereich des Verhältnisses zwischen Veranstaltergemeinschaft und Betriebsgesellschaft sollen die vertraglichen Regelungen betrachtet werden, die sich auf die finanzielle Austattung der Veranstaltergemeinschaft beziehen. Gegenstand der Dokumentenanalyse sind hier die Regelungen der Kooperationsverträge sowie die Inhalte der Wirtschafts- und Stellenpläne. Ziel ist es, Aufschlüsse darüber zu gewinnen, auf welche Art und Weise die Akteure durch die vertragliche Gestaltung und die finanzielle Ausstattung versuchen, die vom Gesetz angelegte Zusammenarbeit zwischen den Lokalfunksäulen im Bereich der Finanzen so zu gestalten, daß eine der Funktion beider Säulen angemessene Aufgabenverteilung im Sinne des Grundsatzes der Funktionenkooperation und -balance entsteht.

---

79 Die Untersuchung bezieht sich hier auf die bei der LfR bis Januar 1991 vorliegenden aktuellsten Versionen der Kooperationsverträge. In einigen Fällen sind Vorversionen berücksichtigt worden, die dann jeweils gesondert zitiert werden. Ausgewertet wurden folgende Verträge (in Klammern das Datum der Version): Bochum (25.01.90), Bonn/Rhein-Sieg-Kreis (21.08.90), Bottrop/Gladbeck/Gelsenkirchen (09.02.90), Coesfeld (14.05.91), Düsseldorf (21.02.90), Duisburg (18.01.90), Hagen (01.02.90), Hamm (24.01.90), Herford (28.05.90), Herne (12.02.90), Hochsauerlandkreis (31.01.90), Köln (20.09.90), Leverkusen (18.06.90), Märkischer Kreis (17.01.90), Mettmann (06.06.90), Minden-Lübbecke (05.02.90), Mönchengladbach (16.05.90), Mülheim/Oberhausen (17.01.90), Neuss (16.05.90), Oberbergischer/Rheinisch-Bergischer Kreis (28.05.90), Recklinghausen (12.12.90), Siegen-Wittgenstein (09.01.90), Soest (20.03.90), Wesel (10.01.90).

80 Ausgewertet wurden die der LfR vorliegenden ersten Wirtschafts- und Stellenpläne in den 24 untersuchten Verbreitungsgebieten mit folgenden Daten: Bochum (25.01.90), Bonn/Rhein-Sieg-Kreis (undatiert), Bottrop/Gladbeck/Gelsenkirchen (09.02.90), Coesfeld (14.05.91), Düsseldorf (17.11.89), Duisburg (18.01.90), Hagen (01.02.90), Hamm (25.01.90), Herford (14.03.90), Herne (12.02.90), Hochsauerlandkreis (31.01.90), Köln (06.08.90), Leverkusen (undatiert), Märkischer Kreis (undatiert), Mettmann (29.05.90), Minden-Lübbecke (03.05.90), Mönchengladbach (22.05.90), Mülheim/Oberhausen (undatiert), Neuss (undatiert), Oberbergischer/Rheinisch-Bergischer Kreis (undatiert), Recklinghausen (unterschriebener Entwurf vom 12.12.90), Siegen-Wittgenstein (07/90), Soest (undatiert), Wesel (10.01.90).

a. Finanzen in den Musterverträgen

Die Musterverträge enthalten vorrangig Aussagen über die Art und Weise der Erfüllung der gesetzlichen Finanzierungspflicht der Betriebsgesellschaft i.S. des § 29 Abs. 2 Satz 3 LRG NW sowie die Aufstellung eines Folgeplans für ein kommendes Kalenderjahr.

aa. Erfüllung der gesetzlichen Finanzierungspflicht des § 29 Abs. 2 Satz 3 Nr. 2 LRG NW

Die Pflicht der Betriebsgesellschaft, der Veranstaltergemeinschaft die erforderlichen Mittel zur Verfügung zu stellen, wird für die Betriebsgesellschaft in § 29 Abs. 2 Satz 3 LRG NW gesetzlich begründet und durch den Wirtschafts- und Stellenplan vertraglich im Umfang begrenzt. Zur Konkretisierung dieser Pflicht sehen die Musterverträge in rechtlicher sowie in finanztechnischer Hinsicht unterschiedliche Vorgehensweisen vor.

(1.) Rechtliche Abwicklung

Die Vertragsentwürfe sehen zunächst übereinstimmend vor, daß die Betriebsgesellschaft ihrer gesetzlichen Finanzierungspflicht durch eine Freistellung der Veranstaltergemeinschaft von Ansprüchen und Forderungen, die Dritte gegen sie erheben, nachkommt.[81] Die Veranstaltergemeinschaft kann hiernach im Innenverhältnis zur Betriebsgesellschaft verlangen, daß die Betriebsgesellschaft gegen die Veranstalter bestehende Forderung entweder als Dritte durch Zahlung an die Gläubiger der Veranstaltergemeinschaft direkt erfüllt (§§ 267, 362 BGB) oder aber durch Zahlung an die Veranstaltergemeinschaft diese Erfüllung ermöglicht.[82] Andere denkbare Modelle, etwa eine Erfüllung der Finanzierungspflicht durch die einmalige Zahlung eines festen Betrages zur Abdeckung des jährlichen Haushaltes, sind hingegen nicht vorgeschlagen.

Dieser Freistellungsanspruch wird von den Musterverträgen auf unterschiedliche Art und Weise begrenzt. So sieht der von Hirsch vorgelegte A-Vertrag eine rechtsfolgenlose Pflicht der Veranstaltergemeinschaft vor, unberechtigte Forderungen oder Ansprüche mit allen zur Verfügung stehenden rechtlichen Mitteln abzuwehren,[83] während die anderen Verträge die Einle-

81 VLR-Vertrag § 5 Abs. 4; VRWZ-Vertrag, § 3, 2. Spiegelstrich; Rath-Glawatz-Vertrag, § 10 Abs. 9; insoweit auch: Hirsch-Vertrag, § 4 Abs. 5. Mißverständlich hingegen: SGK-Vertrag, der einerseits in § 8 von eigenen Verbindlichkeiten der Veranstaltergemeinschaft spricht, andererseits aber eine Vollmacht der Veranstaltergemeinschaft für die Betriebsgesellschaft vorsieht, also von Stellvertretung (§§ 164 ff. BGB) auszugehen scheint, vgl. auch Hirsch, § 8 Abs. 3 einerseits und § 8 Abs. 1 anderseits.

82 Der Modus der Auszahlung betrifft die Frage der finanztechnischen Abwicklung, vgl. sogleich unter (2.).

83 Hirsch-Vertrag, § 4 Abs. 5.

gung von Rechtsmitteln zumeist als auflösende Bedingung der Freistellungsverpflichtung vorschlagen und somit die Betriebsgesellschaft weitreichender vor einer unberechtigten Inanspruchnahme zu schützen beabsichtigen.[84]

Die Freistellungsverpflichtung der Betriebsgesellschaft wird von den B-Verträgen darüber hinaus auf Ansprüche und Forderungen begrenzt, die „auf einem vertrags- bzw. gesetzmäßigen Verhalten" beruhen[85] oder dann ausgeschlossen, wenn die Inanspruchnahme „auf einem vorsätzlichen oder grob fahrlässigen Verhalten der Organe der Veranstaltergemeinschaft oder sonstiger für sie tätiger Personen beruhen."[86]

(2.) Finanztechnische Abwicklung

Erhebliche Varianz weisen die Vertragsentwürfe in der Frage der finanztechnischen Abwicklung der einheitlich zur Vereinbarung empfohlenen zivilrechtlichen Freistellungsverpflichtung auf. Die Verträge der A-Gruppe konstituieren hier eine vertragliche Pflicht der Betriebsgesellschaft, die laufenden Mittel so rechtzeitig zur Verfügung zu stellen, daß alle Zahlungen unmittelbar von der Veranstaltergemeinschaft aus in Selbstverwaltung geleistet werden können.[87] Im Gegensatz hierzu wollen die B-Verträge alle Zahlungen von der Betriebsgesellschaft an die Dritten vornehmen lassen. Die Veranstaltergemeinschaft verfügte hier über keine eigenen Barmittel, so daß eine Befriedigung der Gläubiger der Veranstaltergemeinschaft nur mittels der Betriebsgesellschaft erreicht werden könnte.[88]

bb. Aufstellung des Folgeplans

Der erste Wirtschafts- und Stellenplan wird von den Akteuren typischerweise parallel zum Kooperationsvertrag ausgehandelt. Seine Festlegung braucht deshalb nicht Gegenstand des Kooperationsvertrages zu sein. Etwas anderes gilt für die Aufstellung dieser Pläne in den Folgejahren, in denen die Verhandlungsposition der Veranstaltergemeinschaft dadurch geschwächt ist, daß sie die Vertragsbeziehungen nicht ohne weiteres zur Disposition stellen kann. Vor diesem Hintergrund erkennen die Musterverträge einheitlich ei-

---

84 Rath-Glawatz-Vertrag, § 7 Abs. 1; VLR-Vertrag, § 5 Abs. 4; VRWZ-Vertrag, § 3, 2. Spiegelstrich. Vgl. Rath-Glawatz, Lokaler Hörfunk I, S. 57.

85 VRWZ-Vertrag, § 3, 2. Spiegelstrich.

86 Rath-Glawatz-Vertrag, § 7 Abs. 1; vgl. Rath-Glawatz, Lokaler Hörfunk I, S. 57. Rath-Glawatz regt in diesem Zusammenhang den Abschluß einer Vermögensschaden-Haftpflichtversicherung durch die Betriebsgesellschaft für die Veranstaltergemeinschaft und ihre Mitarbeiter für die Fälle an, in denen die Freistellung nicht greift (§ 7 Abs. 2).

87 VLR-Vertrag, § 11 Abs. 10; Hirsch-Vertrag, § 8 Abs. 1; SGK-Vertrag, S. 78, allerdings gilt dies hier nur für die Zahlungen an das Personal der Veranstaltergemeinschaft.

88 Rath-Glawatz-Vertrag, § 10 Abs. 9; VRWZ-Vertrag, § 6 Abs. 4; vgl. Rath-Glawatz, Lokaler Hörfunk I, S. 56.

nen Regelungsbedarf für den Fall, daß sich die Vertragsparteien nach Ablauf eines Geschäftsjahres nicht über den nachfolgenden Wirtschafts- und Stellenplan einigen können. Aufgabe dieser Regelungen ist es zu verhindern, daß der Veranstaltergemeinschaft trotz Fortbestehen der Vertragsbeziehungen im neuen Geschäftsjahr keine finanziellen Mittel zur Verfügung stehen. Darüber hinaus formulieren einige Musterverträge materielle Anforderungen an den Inhalt eines Folgeplans, die der Gewährleistung der finanziellen Fortentwicklung dienen sollen.

(1.) Verfahren bei fehlender Einigung

Die vertragliche Lösung eines Dissenses bei der Aushandlung eines Folgeplanes sehen die Musterverträge noch einheitlich in der automatischen Weitergeltung der im Vorjahr abgeschlossenen Pläne.[89] Unterschiedliche Vorstellungen bestehen aber bereits in der Frage, auf welchem Weg unvermeidbare Steigerungen der Lohnkosten der Veranstaltergemeinschaft infolge tarifvertraglicher Anhebungen in den Ansätzen des weitergeltenden Plans zusätzlich zu berücksichtigen sind. Hierbei schlagen die A-Verträge eine zwingende Einbeziehung derartiger Anhebungen durch eine entsprechende Abschlagszahlung an die Veranstaltergemeinschaft vor[90], während die B-Verträge diese finanzielle Mehrbelastung durch „eine andere Verwendung" der bisher gezahlten und in der Höhe gleichbleibenden Mittel, also durch Einsparungen, kompensiert wissen wollen.[91]

Die Musterverträge sehen ohne weitere Varianz einheitlich vor, daß dann, wenn zwischen den Parteien eine Einigung auch nach Ablauf einer weiteren Frist nicht möglich ist, eine externe Stelle mit der Entscheidung über die Ansätze des Folgeplans zu beauftragen ist. Die Entscheidung dieser Schiedsstelle soll für die Parteien sodann verbindlich und unangreifbar sein.[92]

(2.) Materielle Vorgaben

Materielle Vorgaben über die Aufstellung und Aushandlung der Folgepläne finden sich nur in den Verträgen der A-Gruppe, während die B-Verträge ohne Einschränkung auf den alljährlich zu wiederholenden Interessenausgleich bei den Etatverhandlungen zwischen den Säulen setzen. Hierbei ist

---

89 Rath-Glawatz-Vertrag, § 10 Abs. 5; Hirsch-Vertrag, § 10 Abs. 4; VLR-Vertrag, § 11 Abs. 5; VRWZ-Vertrag, § 6 Abs. 2; als Vorschlag auch bei SGK, S. 81.

90 Hirsch-Vertrag, § 10 Abs. 4 i.V.m. Abs. 2, VLR-Vertrag, § 11 Abs. 6 i.V.m. Abs. 2.

91 VRWZ-Vertrag, § 6 Abs. 2.

92 Hirsch-Vertrag, § 10 Abs. 4; Rath-Glawatz-Vertrag, § 10 Abs. 5; VLR-Vertrag, § 11 Abs. 5;VRWZ-Vertrag, § 6 Abs. 1; einschränkend SGK-Vertrag, Anmerkung zu § 9. In der Anmerkung werden Bedenken geäußert, daß durch das Schiedsverfahren die Beteiligten vom Einigungszwang entbunden werden und sie so verleitet werden könnten, die Entscheidung eines Dritten zu suchen, wenn man vermutet, daß sie für die eigene Seite positiv ist.

zunächst zu erwähnen, daß die Berücksichtigung tarifvertraglicher Anhebungen, die bereits von einigen A-Verträgen für eine Weitergeltung der abgelaufenen Pläne infolge mangelnder Einigung gefordert wurde, für diese selbstverständlich auch Leitlinie der Aufstellung eines sodann tatsächlich ausgehandelten Folgeplanes ist.[93] In dem Vertragsmuster des Verbandes Lokaler Rundfunk findet sich darüber hinaus eine unverbindlich gehaltene Klausel, nach der der Wirtschafts- und Stellenplan „jährlich unter Berücksichtigung des Gesamtkostengefüges weiterzuentwickeln" sei bzw. „Gewinne im Folgejahr angemessen zu berücksichtigen" seien.[94] Erheblich weiter geht der Vertragsentwurf von Hirsch, in dem die Betriebsgesellschaft über die im Wirtschafts-und Stellenplan angegebenen Ansätze hinausgehende Gewinne mit mindestens 25 von Hundert der Einnahmeüberschüsse für die Veranstaltergemeinschaft im Folgeplan zur Verfügung zu stellen hat.[95] Mit dieser Regelung versucht dieser Mustervertrag, die finanzielle Entwicklung der Veranstaltergemeinschaft an die wirtschaftliche Entwicklung der Betriebsgesellschaft anzubinden und so die Abschöpfung erzielter Gewinne bis zu einem vereinbarten Grad zu verhindern.

b. Stellungnahme der Landesanstalt für Rundfunk

Die Landesanstalt für Rundfunk hat in ihren Anmerkungen zu der überwiegenden Zahl der soeben dargestellten Regelungsinhalte Stellung genommen. Zunächst fordert die Anstalt, daß ein Freistellungsanspruch gegenüber der Betriebsgesellschaft auch dann zu bestehen hat, wenn infolge der Grundsätze der gefahrgeneigten Arbeit im Falle leichtester Fahrlässigkeit (culpa levissima) eines Arbeitnehmers der Veranstaltergemeinschaft ein Rückgriff auf diesen nicht möglich ist. Die Veranstaltergemeinschaft sei infolge dieses arbeitsrechtlichen Regreßverbotes und ihrer Mittellosigkeit nicht in der Lage, entsprechende Forderungen durch eigene Regreßansprüche selbst abzudecken und müsse daher durch eine entsprechende Formulierung der Freistellungserklärung abgesichert werden.

Zur Frage der Modalitäten der gesetzlichen Finanzierungspflicht wird festgestellt, daß unterschiedliche Wege der finanztechnischen Abwicklung rundfunkrechtlich zulässig seien. Die Anstalt führt hierzu aus, daß eine Bereitstellung der erforderlichen Mittel i.S. des § 29 Abs. 2 Satz 3 Nr. 2 LRG NW zweifelsfrei dann vorliege, wenn die Geldmittel auf ein Konto der Ver-

---

93 Hirsch-Vertrag, § 10 Abs. 2; VLR-Vertrag, § 11 Abs. 2.

94 VLR-Vertrag, § 11 Abs. 2 und 9. Aus dieser Klausel lassen sich zwar Steigerungen nicht zwingend ableiten; interpretatorisch liegt allerdings nahe, in der Klausel eine Absichterklärung der Betriebsgesellschaft und vor allem eine Vorgabe an die Schiedsstellen, die im Konfliktfall in der Regel abschließend zu entscheiden haben, zu sehen.

95 Hirsch-Vertrag, § 10 Abs. 8. Dieser Überschuß soll in einem mit dem Betriebsrat zu vereinbarenden Umfang an die Angestellten weitergegeben werden.

anstaltergemeinschaft eingezahlt werden. Denkbar sei allerdings auch, daß die Betriebsgesellschaft unmittelbar an Dritte auszahle. In diesem Fall sei allerdings eine zusätzliche Vereinbarung notwendig, nach der die Betriebsgesellschaft die Auszahlung vorgesehener Mittel nicht verweigern dürfe und Meinungsverschiedenheiten über die Berechtigung einzelner eingegangener Verpflichtungen erst nach erfolgter Zahlung zu klären seien, da sonst die Veranstaltergemeinschaft im Falle der Inanspruchnahme durch Dritte von der rechtlichen Einschätzung der Betriebsgesellschaft abhängig wäre.

In der Frage der Aufstellung eines Folgeplanes bei fehlender Einigung stellt die Landesanstalt für Rundfunk fest, daß eine bloße Weitergeltung der Mittel des Vorjahres nicht ausreichend sein könne. Es müsse in den Verträgen zunächst der Fall einer unvermeidlichen tariflichen Steigerung im Personalkostenbereich berücksichtigt werden. Darüber hinaus sei es sinnvoll, eine Bestimmung aufzunehmen, nach der dann, wenn Veranstaltergemeinschaft und Betriebsgesellschaft bereits im Vorfeld eine Erweiterung ihres Programms vereinbart hätten, eine dem vereinbarten Stundenumfang entsprechende Abschlagszahlung gezahlt werden muß.

Schließlich vertritt die Anstalt die Auffassung, daß der Kooperationsvertrag eine Regelung enthalten müsse, die erkennen lasse, inwieweit sich die Vertragsparteien über die perspektivische Entwicklung des lokalen Hörfunks insbesondere in technischer und programmlicher Hinsicht einig sind (Perspektiveklausel). Hier sei allerdings dann, wenn noch keine hinreichende Klarheit über diese Entwicklung herrsche, ausreichend, wenn der Vertrag die grundsätzliche Absicht erkläre, über Ausweitungen nach Ablauf einer gewissen Zeitspanne Verhandlungen zu führen.[96]

c. Finanzen in den abgeschlossenen Kooperationsverträgen

Auch die 24 in die Untersuchung einbezogenen Kooperationsverträge haben sich im wesentlichen an den in den Musterverträgen vorgegebenen Inhalten orientiert und können daher in der gleichen Systematik vorgestellt werden.

aa. Erfüllung der gesetzlichen Finanzierungspflicht des § 29 Abs. 2 Satz 3 Nr. 2 LRG NW

(1.) Rechtliche Abwicklung

Die rechtliche Abwicklung der gesetzlichen Finanzierungspflicht regeln alle Kooperationsverträge der untersuchten Verbreitungsgebiete wie schon die Vertragsmuster in der Form einer internen Freistellung der Betriebsgesellschaft gegenüber der Veranstaltergemeinschaft. Anders als dort sehen die

96 Vgl. zum Ganzen Stellungnahme der LfR auf der Grundlage der Sitzung des Ausschusses für lokalen Rundfunk vom 03.10.1989, S. 1 ff.

realen Verträge allerdings auch ohne Ausnahme vor, daß diese Freistellung dann versagt werden kann, wenn die Veranstaltergemeinschaft nicht alle zumutbaren Vorkehrungen getroffen hat, um unberechtigte Ansprüche und Forderungen von Dritten abzuwehren. Sie hat hierzu alle Rechtsmittel und Rechtsbehelfe auszuschöpfen und über die Art und Weise des Vorgehens ein Einvernehmen mit der Betriebsgesellschaft herbeizuführen. Diese Regelung wird in zwei Verträgen noch durch eine vertragliche Option ergänzt, nach der die Betriebsgesellschaft zur Einlegung der Rechtsmittel im Namen der Veranstaltergemeinschaft bevollmächtigt werden kann. In drei Verträgen verpflichtet sich die Veranstaltergemeinschaft darüber hinaus, Schadensersatzansprüche sowie gerichtliche und außergerichtliche Vergleiche nur dann anzuerkennen, wenn die Betriebsgesellschaft hierzu ihre vorherige Zustimmung erklärt hat.

Die Freistellung wird darüber hinaus in allen Verträgen für bestimmte Fälle ausgeschlossen. Hierbei ist auffällig, daß beide in B-Musterverträgen vorgeschlagenen abweichenden Klauseln auch in den Verträgen der Praxis realisiert werden. Eine erste Gruppe von acht Verträgen greift auf die Formulierung des Verbandes der Rheinisch-Westfälischen Zeitungsverleger zurück und beschränkt die Freistellung auf Forderungen, die auf „vertrags- und gesetzmäßigem Verhalten" der Organe oder sonstiger für den Verein handelnder Personen beruhen.[97] Eine zweite Gruppe von demnach 16 Verträgen schließt die Freistellung entsprechend der bei Rath-Glawatz entwikkelten Formulierung bei „vorsätzlichem oder grob fahrlässigem Verhalten" bzw. mit diesen Verschuldensformen realisierten Vertragsverstößen aus.[98] Diese Einschränkung wird dann, mit Ausnahme von vier Verbreitungsgebieten, in Entsprechung der Vorschläge der Landesanstalt für Rundfunk für die Fälle wieder aufgehoben, in denen ein Rückgriff der Veranstaltergemeinschaft gegenüber Mitarbeitern unter dem Gesichtspunkt der sog. Haftungs-

97 Vgl. § 3, 2. Spiegelstrich des VRWZ-Vertrages. Die Auslegung dieser Klausel bereitet für deliktische Ansprüche gegen die Veranstaltergemeinschaft erhebliche Schwierigkeiten, da durch unerlaubte Handlungen begründete Forderungen gerade nicht auf gesetzmäßigem Verhalten beruhen. Die Freistellung wird aber im Auslegungsweg auch auf derartige Ansprüche ausgedehnt werden müssen, bei denen sich die deliktischen Ansprüche begründenden Handlungen im Rahmen der vertrag- und gesetzmäßig angestrebten Aufgabenerfüllung bewegten.

98 Diese vertragliche Regelung erscheint durchdachter. Die Betriebsgesellschaft ist gemäß dieser vertraglichen Vereinbarung in allen Fällen des rechtmäßigen oder lediglich einfach fahrlässigen Handelns zur Freistellung verpflichtet. Auf eine Freistellung in den Fällen vorsätzlicher oder grob fahrlässiger Handlung kann verzichtet werden, da der Veranstaltergemeinschaft hier der Regreß gegenüber den handelnden Mitarbeitern oder Organen offensteht. Allerdings wird die Freistellung da wieder einsetzen müssen, wo der Regreßweg infolge eines Regreßverbotes in den Fällen der gefahrgeneigten Arbeit ausscheidet.

erleichterung bei gefahrgeneigter Arbeit nicht möglich oder durchsetzbar ist.

(2.) Finanztechnische Abwicklung

Die überwiegende Anzahl der unterzeichneten Verträge entscheidet sich für die in den B-Musterverträgen angeregte direkte Auszahlung durch die Betriebsgesellschaft im Namen der Veranstaltergemeinschaft an deren Gläubiger. Lediglich in einer kleineren Gruppe von neun Verträgen findet sich eine Klausel, nach der die Betriebsgesellschaft der Veranstaltergemeinschaft die laufenden Mittel so rechtzeitig zur Verfügung zu stellen hat, daß sämtliche fälligen Zahlungen von der Veranstaltergemeinschaft aus geleistet werden können.[99] Allerdings stellen die Verträge diese Regelung zugleich unter den Vorbehalt abweichender vertraglicher Abreden in ergänzenden Verträgen. Hierzu ist anzumerken, daß in den Fällen, in denen der Untersuchung in den entsprechenden Verbreitungsgebieten ergänzende sogenannte „Dienstleistungsverträge“ zwischen Veranstaltergemeinschaft und Betriebsgesellschaft vorliegen, stets eine derartige abweichende Regelung vereinbart worden ist. Es ist insofern anzunehmen, daß die Veranstaltergemeinschaft in keinem Verbreitungsgebiet ihre Verbindlichkeiten durch eine eigene Auszahlung begleicht.

Die von der Landesanstalt für Rundfunk im Falle einer vereinbarten Auszahlung durch die Betriebsgesellschaft als erforderlich erachtete ergänzende Klausel, nach der die Betriebsgesellschaft eine Auszahlung nicht oder nur mit Zustimmung der Veranstaltergemeinschaft verweigern darf, ist ganz überwiegend umgesetzt worden und fehlt lediglich in vier Verträgen.

bb. Aufstellung des Folgeplans

(1.) Verfahren bei fehlender Einigung

Die Kooperationsverträge greifen wie schon die Musterverträge das Problem einer fehlenden Einigung über die Ansätze des Wirtschafts- und Stellenplans für das nächste Kalenderjahr auf und bestimmen übereinstimmend die Weitergeltung der Ansätze des Vorjahres. Hierbei wird die Vorgabe der Landesanstalt für Rundfunk, dergemäß der Fall von unvermeidbaren tariflichen Steigerungen der Personalkosten in den Verträgen Berücksichtigung finden muß, in nahezu allen Verträgen im Ansatz befolgt, aber auf unterschiedlichen Wegen realisiert.[100]

Die größere Gruppe von 18 Verträgen folgt dem von einigen A-Vertragsmustern vorgeschlagenen Weg einer automatischen Anhebung der Vor-

99 Diese Regelung ist neben den Verträgen der von der WAZ dominierten Verbreitungsgebiete nur noch in Mönchengladbach zu finden.

100 Lediglich ein Vertrag enthält überhaupt keine Regelung über die Berücksichtigung von unvermeidbaren Tariferhöhungen.

jahressätze in der Höhe der Lohnerhöhungen, also eine Steigerung des Haushaltes der Veranstaltergemeinschaft. In den anderen sechs Verträgen findet sich die vom Verband der rheinisch-westfälischen Zeitungsverleger vorgeschlagene Problemlösung, nach der die Veranstaltergemeinschaft verpflichtet wird, Lohnkostensteigerungen durch eine „entsprechende Verwendung" der bisherigen Gelder, also durch Einsparungen, aufzufangen.

Bedeutend geringere Berücksichtigung findet die von der Landesanstalt für Rundfunk zugleich nur als Vorschlag unterbreitete automatische Erhöhung der Vorjahresansätze für den Fall einer bereits vereinbarten Programmerweiterung. Eine entsprechende Klausel ist mit nur elf Verträgen in weniger als der Hälfte der Verbreitungsgebiete Vertragsinhalt geworden.[101]

Sollten sich die Parteien bis zum Ablauf einer festgelegten Frist nicht über einen neuen Wirtschafts- und Stellenplan einigen können, sehen zwar die überwiegende Anzahl, nicht aber wie in den Mustern alle Verträge eine verbindliche und abschließende Konfliktregulierung über Schiedsstellen vor. Eine Gruppe von insgesamt vier Verträgen verzichtet vollständig auf eine Schlichtung, so daß hier die Vorjahrespläne weitergelten, bis die Vertragsparteien sich selbst geeinigt haben.[102] Innerhalb der Verträge, die auf ein Schiedsverfahren setzen, ergeben sich Abweichungen neben dem frühesten Zeitpunkt des Beginns des Schlichtungsverfahrens[103] lediglich in der Frage, ob das Schiedsverfahren zwingend oder nur auf Antrag einer der Vertragsparteien einzuleiten ist.[104]

(2.) Materielle Vorgaben

Die unterschriebenen Kooperationsverträge verzichten in nahezu allen Fällen vollständig auf bindende materielle Vorgaben an die Aufstellung der Folgepläne. Lediglich in einem Vertrag ist für die Parteien bindend festgelegt, daß die Ansätze des ersten Wirtschafts- und Stellenplans im zweiten und dritten Jahr nicht unterschritten werden dürfen,[105] während alle anderen

---

101 Allerdings findet sich in keinem dieser Verträge eine vorab vereinbarte Erweiterung des Programms, so daß die entsprechende Klausel zumindest bis zu einer solchen Vereinbarung ohne reale Bedeutung bleiben muß.

102 In dieser Gruppe von Verträgen sind mit Hamm, dem Märkischen Kreis und Soest drei Verbreitungsgebiete enthalten, deren Betriebsgesellschaften vom Verlagshaus Ippen dominiert sind. Hinzu kommt Siegen-Wittgenstein. Hinter dem Verzicht auf eine externe Konfliktregulierung könnte die Befürchtung stehen, durch die Option eines Schiedsverfahrens die Einigungsbereitschaft zu schwächen. Den Parteien bleibt bei dieser Regelung als Alternative zur Einigung bzw. Weitergeltung nur die Kündigung des Vertrages. Vgl. zu diesem Gedanken: Bünten, SGK-Schriftenreihe, S. 82.

103 Als frühester Termin eines solchen Verfahrens wird zumeist der 1. Januar eines Jahres, teilweise aber auch der 1. Februar genannt.

104 In acht Verbreitungsgebieten ist die Einleitung des Verfahrens an einen entsprechenden Antrag gebunden.

105 So nur der Vertrag in Düsseldorf.

Verträge den Inhalt der Wirtschafts- und Stellenpläne allein dem Ergebnis der Aushandlung am Ende eines jeden Geschäftsjahres überlassen. Die vom Hirsch-Muster vorgeschlagene automatische Anbindung des Jahresetats an die wirtschaftliche Entwicklung der Betriebsgesellschaft ist in keinem der hier berücksichtigten Verbreitungsgebiete Vertragsinhalt geworden.[106]

Die Verträge entsprechen im Ansatz der Forderung der Landesanstalt für Rundfunk nach einer Regelung über die perspektivische Entwicklung der Lokalstation und enthalten ohne Ausnahme in nur leicht variierenden Formulierungen eine Klausel, nach der nach Ablauf von unterschiedlichen Fristen über Ausweitungen der Haushalts- bzw. Personalmittel und des Programms zumindest verhandelt werden muß.[107] Daneben finden sich in zwei Verträgen generalklauselartige Programmsätze, nach denen bei der Festsetzung des neuen Etats etwa „das Gesamtkostengefüge“ zu beachten[108] oder die Pläne bei einer „entsprechenden wirtschaftlichen Entwicklung angemessen“ aufzustocken seien.[109]

d. Inhalt der Wirtschafts- und Stellenpläne

Im nächsten Abschnitt wird vergleichend untersucht, in welchem finanziellen Rahmen sich die 24 in die Untersuchung einbezogenen Veranstaltergemeinschaften auf der Grundlage der zwischen den Säulen ausgehandelten Wirtschafts- und Stellenpläne zu bewegen haben. Ausgewertet werden hier die Angaben über die finanziellen Planungen, die aus den der Landesanstalt für Rundfunk im Rahmen des Zulassungsverfahrens vorgelegten und damit auf das erste Jahr bezogenen Wirtschafts- und Stellenplänen (§ 29 Abs. 3 i.V.m. § 25 Abs. 4 LRG NW) zu entnehmen sind.

Festzustellen ist zunächst, daß die Etatansätze der untersuchten 24 Verbreitungsgebiete eine enorme Spannbreite aufweisen: sie reichen von 350.000 DM bis zu 2,58 Millionen DM.[110] Die Veranstaltergemeinschaften, in deren Verbreitungsgebieten nach der Vorgabe der Landesanstalt für Rundfunk ein achtstündiges Programm veranstaltet werden muß, verfügen

106 Vgl. allerdings die Diskussion in Köln um eine solche vertragliche Regelung, hierzu näher unten III. 2.

107 Die Verträge nennen hierbei Fristen zwischen einem und drei Jahren.

108 So alle Verträge der Verbreitungsgebiete mit Betriebsgesellschaften, die von der WAZ-Gruppe dominiert werden, sowie der Vertrag in Mönchengladbach.

109 Diese Regelung findet sich in zwei Verträgen.

110 Ein Vergleich der finanziellen Ausstattungen der Veranstaltergemeinschaften untereinander steht allerdings unter dem methodischen Vorbehalt, daß die Wirtschafts- und Stellenpläne in Teilen von abweichenden Definitionen der VG-seitigen Kosten ausgehen und einzelne Etatpositionen unterschiedlich zuordnen. So werden z.B. technisch verursachte Kosten (Leasingkosten für Geräte, Leitungskosten etc.) sowie Verwaltungskosten des lokalen Senders in variierendem Umfang zum Teil der Veranstaltergemeinschaft und zum Teil der Betriebsgesellschaft zugeordnet.

hierbei im Minimum über 1,14 Millionen DM, während die fünfstündigen Programme mit maximal 1,10 Millionen DM Etatmitteln finanziert werden sollen. Der Durchschnitt aller Etatansätze liegt bei 1,16 Millionen DM, während die Veranstaltergemeinschaften mit achtstündigen Programmen mit durchschnittlich 1,49 Millionen DM und die mit fünfstündigen Programmen mit durchschnittlich 0,83 Millionen DM zu produzieren sind.[111]

Eine Relativierung dieser Kostenansätze der Wirtschafts- und Stellenpläne mit den zu erwartenden Werbeumsätzen in den Verbreitungsgebieten, wie sie in einem von der Landesanstalt für Rundfunk in Auftrag gegebenen Gutachten von Heinrich beziffert werden,[112] läßt erkennen, daß die wirtschaftlichen Risiken in den einzelnen Verbreitungsgebieten deutlich unterschiedlich ausfallen bzw. kalkuliert worden sind.

Stellt man die von Heinrich ermittelten Werbepotentiale in den jeweiligen Verbreitungsgebieten den Etats der Veranstaltergemeinschaften gegenüber, so ergibt sich, daß die Etats der Veranstaltergemeinschaft zwischen minimal 21 Prozent und maximal 76 Prozent der nach Heinrich zu erreichenden Höhe der Werbepotentiale[113] ausmachen. Hierbei liegt der Durchschnitt bei Lokalstationen mit achtstündigen Programmen trotz ihrer in absoluten Zahlen höheren Etatansätze mit 34 Prozent deutlich unterhalb des Wertes für die Lokalstationen mit fünfstündigen Programmen, die für die Kosten, die von der Veranstaltergemeinschaft kontrolliert werden, durchschnittlich 44 Prozent des von Heinrich errechneten Erlöspotentials des einzelnen Verbreitungsgebiets aufwenden und damit insoweit ein erhöhtes wirtschaftlich Risiko eingehen.

e. Zwischenergebnis

Die Inhalte der Kooperationsverträge tragen in ihrer Gesamtheit den besonderen Anforderungen an eine Finanzierung im funktionengeteilten Rund-

---

111 Neben den Etats der Veranstaltergemeinschaften enthalten die ausgewerteten Wirtschafts- und Stellenpläne zum Teil auch die veranschlagten Betriebskosten der Betriebsgesellschaften, die zwischen 260.000 DM und 1,36 Millionen DM liegen. Die Summen der Etats der Veranstaltergemeinschaften und der für die Betriebsgesellschaft ausgewiesenen Kosten liegen zwischen 610.000 DM und 3,94 Mio. DM.

112 Heinrich, Das Potential der Werbeeinnahmen für lokale Hörfunkstationen in Nordrhein-Westfalen, LfR-Schriftenreihe, Bd. 3, S. 133 ff. Im Ergebnis kommt die Untersuchung unter anderem zu einem oberen-wahrscheinlichen sowie zu einem mindest-wahrscheinlichen Nettowerbeumsatz für jeden Kreis und jede Stadt, in dem auch die Einnahmen aus einem überlokalen Rahmenprogramm enthalten sein sollen, vgl. S. 210 ff. Die nachfolgenden Berechnungen beziehen sich auf die errechnete Untergrenze des Werbepotentials.

113 Heinrich geht in seiner Untersuchung davon aus, daß im ersten Betriebsjahr 15-Prozent, im zweiten 35-Prozent und im dritten Jahr 70-Prozent des Potentials tatsächlich ausgeschöpft werden können. Ab dem fünften Jahr wird eine Ausschöpfung von 90 Prozent für wahrscheinlich gehalten.

funk Rechnung, zeigen allerdings in einigen Klauseln eine Tendenz, die Veranstaltergemeinschaft so weit als rundfunkrechtlich zulässig aus den finanziellen Aufgabenbereichen des lokalen Senders auszuschließen.

Die rechtliche Umsetzung der Finanzierungspflicht des § 29 Abs. 2 Satz 3 Nr. 2 LRG NW in der Form einer bedingten und eingeschränkten zivilrechtlichen Freistellung der Veranstaltergemeinschaft durch die Betriebsgesellschaft berücksichtigt, zumindest nach der von der Landesanstalt für Rundfunk veranlaßten Korrektur, die Interessen beider Vertragsparteien, indem sie auf der einen Seite das Risiko der rechtlichen Einstandspflicht der Betriebsgesellschaft reduziert und zugleich die vermögenslose Veranstaltergemeinschaft in keinem denkbaren Fall Ansprüchen Dritter aussetzt, ohne zugleich die Möglichkeit einer Freistellung durch die Betriebsgesellschaft bzw. eines Regresses vorzusehen.

Problematisch erscheint allerdings die finanztechnische Abwicklung der Finanzierungspflicht in der Form, in der sie die Kooperationsverträge bzw. ergänzende Dienstleitungsverträge vorsehen. Diese Regelung bewirkt, daß die Veranstaltergemeinschaft selbst keine Auszahlungen an ihre Schuldner vornimmt, sondern nur die Betriebsgesellschaft anweist, ihre Verbindlichkeiten zu begleichen. Für die alltägliche Zusammenarbeit zwischen den lokalen Rundfunksäulen bedeutet dies zunächst eine vollständige Transparenz des Umfangs und der Art der wirtschaftlichen Aktivitäten der Veranstaltergemeinschaft. Zugleich verdeutlicht die Auszahlung durch die Betriebsgesellschaft auch gegenüber den Vertragsparteien der Veranstaltergemeinschaft, daß letztlich sie für die Verbindlichkeiten der Veranstaltergemeinschaft einzustehen hat. Diese Feststellung erscheint insbesondere im Hinblick auf die redaktionellen Beschäftigten der Veranstaltergemeinschaft relevant, die trotz ihrer Anstellung bei der Veranstaltergemeinschaft ihr Gehalt von der Betriebsgesellschaft ausgezahlt erhalten und diese somit als ihren faktischen Arbeitgeber ansehen könnten.

Die Landesanstalt für Rundfunk hat in die vertragliche Gestaltung dieses Themenkomplexes in Ausübung ihrer Balancefunktion eingegriffen und auf eine sofortige Auszahlung der Betriebsgesellschaft ohne eigenes Prüfungs- und Verweigerungsrecht gedrängt. Diese vertragliche Regelung ist als Korrektiv der gewählten Vertragsgestaltung mit dem Ziel aufzufassen, einen unmittelbaren Einfluß der Betriebsgesellschaft auf die finanziellen Entscheidungen der Veranstaltergemeinschaft zu verhindern, der ohne die entsprechenden Vertragsklauseln, etwa durch gezielte Verweigerungen einzelner Auszahlungen, hätte entstehen können.

In den Kooperationsverträgen der Praxis haben sich schließlich keine der vorgeschlagenen Klauseln realisieren lassen, die die Fortentwicklung der finanziellen Ausstattung der Veranstaltergemeinschaft zwingend an die wirtschaftliche Entwicklung des lokalen Rundfunks anbinden wollten. Die Festlegung des Finanzbedarfes der Veranstaltergemeinschaft ist insofern in jedem Jahr von neuem allein auf der Grundlage von Verhandlung zwischen den Vertragsparteien zu treffen. Die von der Landesanstalt für Rundfunk in diesem Zusammenhang eingeforderten Klauseln über die perspektivische Entwicklung der Finanzausstattung sind von der Praxis nur in einer Form aufgegriffen und realisiert worden, die ohne rechtliche Bindungswirkung für die Parteien bleibt und die den unteren Rand der von der Anstalt vorgeschlagenen Lösung markiert. Eine begrenzte Bedeutung dürfte hier nur den in wenigen Verträgen aufgefundenen Klauseln beizumessen sein, nach denen die Ansätze des oder der ersten Geschäftsjahre in den Folgejahren nicht unterschritten werden dürfen. Diese Klausel schafft der Veranstaltergemeinschaft eine befristete Planungssicherung und damit eine zeitlich limitierte Freiheit vor ökonomisch motivierten und unter Umständen voreilig getroffenen Eingriffen der Betriebsgesellschaft.

2. *Personal*

Ein zweites wichtiges Kooperationsfeld im Innenverhältnis von Veranstaltergemeinschaft und Betriebsgesellschaft ist das Personalwesen und damit zusammenhängend auch die Organisation der Verwaltung des lokalen Senders, dessen Gestaltung in der Praxis nachfolgend auf der Grundlage der Kooperationsverträge und der personalbezogenen Angaben der Wirtschafts- und Stellenpläne analysiert wird.[114] Ziel der Betrachtung ist es, Aufschlüsse darüber zu gewinnen, inwieweit die Aufgabenverteilung zwischen den Säulen eine selbstständige Wahrnehmung der Funktion der Veranstaltergemeinschaft ermöglicht bzw. ob und gegebenenfalls welche Abhängigkeiten von der Betriebsgesellschaft entstehen.

a. Personal in den Musterverträgen

Im Mittelpunkt der vertraglichen Regelungen der Musterverträge im Bereich des Personals stehen mögliche Einflüsse der Betriebsgesellschaft auf das Arbeitsverhältnis zwischen Veranstaltergemeinschaft und Redaktion sowie Fragen der Zuordnung des technischen und kaufmännischen Personals eines lokalen Senders.[115] Daneben finden sich Aussagen über die Selbstverwaltung der Veranstaltergemeinschaft sowie des lokalen Senders insgesamt.

---

114 Weitere vertragliche Ausgestaltungen, etwa solche in Arbeitsverträgen der jeweiligen Arbeitnehmer oder in deren Tarifverträgen, bleiben hier ausgeklammert. Zu den Inhalten der Redakteurstatute vgl. noch § 6 II.

115 Das für den Betrieb des lokalen Senders möglicherweise erforderliche Personal zur Akquisition von lokaler Werbung ist in der Praxis stets bei der Betriebsgesellschaft angestellt und bleibt deshalb in der Betrachtung ausgeklammert.

aa. Einfluß der Betriebsgesellschaft auf das Beschäftigungsverhältnis Veranstaltergemeinschaft und redaktionelle Beschäftigte

Die Gruppe der A-Vertragsentwürfe läßt sich durch den Versuch kennzeichnen, einen Einfluß der Betriebsgesellschaft auf die Redaktion soweit möglich auszuschließen. Sie enthalten zunächst eine Generalklausel, die Einflußnahmen der Betriebsgesellschaft auf die redaktionellen Beschäftigten für vertragswidrig erklärt und weisen zugleich die Veranstaltergemeinschaft als alleinige uneingeschränkte Arbeitgeberin der Redaktion aus.[116] Diese Autonomie der Veranstaltergemeinschaft versucht der Hirsch-Vertrag noch zusätzlich abzusichern, indem er bereits im Kooperationsvertrag einen bestimmten Grundstandard der späteren Gestaltung der Arbeitsverträge mit der Redaktion festlegt. Die Veranstaltergemeinschaft soll hier nur unbefristete Arbeitsverträge abschließen und hat in den Arbeitsverträgen auszuschließen, daß Redakteurinnen oder Redakteure zur Erfüllung technischer Aufgaben herangezogen werden können.[117]

Die B-Muster formulieren ein Gegenmodell, in dem sich die Veranstaltergemeinschaft im Innenverhältnis zur Betriebsgesellschaft zu verpflichten hat, bestimmte für die Betriebsgesellschaft relevante Inhalte in ihren Arbeitsverträgen mit der Redaktion zu berücksichtigen.[118] So soll das redaktionelle Personal zur Erledigung anfallender technischer Aufgaben, z.T. ausdrücklich auch zur Verbreitung und Präsentation von Werbung, verpflichtet werden.[119] Der Vertrag des Verbandes der rheinisch-westfälischen Zeitungsverleger sieht darüber hinaus eine Verpflichtung der Veranstaltergemeinschaft vor, etwaige Nebentätigkeiten ihrer Mitarbeiter auf ihre Vereinbarkeit mit deren beruflichen Pflichten zu überprüfen und diese gegebenenfalls zu untersagen.[120] Das Ergebnis dieser Prüfung und die Kriterien, nach der sie vorgenommen wurde, sind der Betriebsgesellschaft anonymisiert mitzuteilen. Schließlich regen die B-Muster noch eine vertragliche Erweiterung der gesetzlichen Zustimmungspflicht der Betriebsgesellschaft zur Einstellung und Entlassung der Chefredakteurin bzw. des Chefredakteurs (§ 28

116 Hirsch-Vertrag, § 7 Abs. 2; SGK-Vertrag, § 6 Satz 1 ; VLR-Vertrag, § 6 Abs. 1.

117 Hirsch-Vertrag, § 7 Abs. 2.

118 VRWZ-Vertrag, § 5 Abs. 2; Rath-Glawatz-Vertrag, § 12 Abs. 2, 3.

119 Rath-Glawatz-Vertrag, § 12 Abs. 2 Satz 2. Mit der Präsentation von Werbung ist hier allerdings die technische Präsentation von durch die Betriebsgesellschaft bereitgestellter, technisch vorproduzierter Werbung im Programm, nicht aber die Mitwirkung an der Gestaltung der Werbung selbst (etwa als Sprecher) gemeint, Rath-Glawatz, Lokaler Hörfunk I, S. 59. Zur Frage der Mitwirkung redaktioneller Beschäftigter an der Gestaltung von Werbespots vgl. noch unten § 6 II. und III. 1.

120 VRWZ-Vertrag, § 5 Abs. 2.

Abs. 2 LRG NW) für den Fall an, in dem die redaktionelle Leitung von einem Beschäftigten nur vorübergehend wahrgenommen wird.[121]

bb. Zuordnung des technischen und verwaltenden Personals bzw. der Verwaltungsaufgaben des lokalen Senders

Auch die Frage der Personalzuordnung bzw. der Organisation der Verwaltung wird von den bestehenden Musterverträgen in tendenziell unterschiedlicher Weise behandelt. Die Vertragsmuster der A-Gruppe gehen davon aus, daß das gesamte Personal eines lokalen Senders, also auch das technische und kaufmännische bzw. verwaltende Personal, von der Veranstaltergemeinschaft eingestellt und von ihr bezahlt wird.[122] Dies gilt allerdings nur, soweit der Stellenplan die Beschäftigung solcher Kräfte überhaupt vorsieht.[123] Für unverzichtbar halten diese Vertragsmuster allerdings die Festschreibung einer vertraglichen Berechtigung der Veranstaltergemeinschaft, für ihren Geschäftsbetrieb zumindest einen/eine Geschäftsführer/Geschäftsführerin[124] oder sogar noch weitere kaufmännische Mitarbeiter/Mitarbeiterinnen zu beschäftigen.[125] Die Ausweisung einer entsprechenden Stelle ist hier verbindlich im Stellenplan vorzusehen. Zur Begründung dieser Position wird von den Autoren der A-Muster ausgeführt, daß eine Veranstaltergemeinschaft eine Geschäftsstelle benötige, um den ehrenamtlich agierenden Vorstand zu entlasten und die internen Abläufe zu koordinieren.[126] Von dieser Position sollen sowohl die internen Arbeiten der Veranstaltergemeinschaft, wie die Vorbereitung der Mitgliederversammlungen oder deren Protokollierung, aber auch die im unmittelbaren Zusammenhang mit der Programmproduktion stehenden Aufgaben, etwa der (Lohn-) Buchhaltung oder der Gema- und VG-Wort-Abrechnung, erledigt werden.[127] Die Position eines Geschäftsführers sei weiter deshalb unabdingbar, um eine Übernahme dieser Aufgaben durch die Betriebsgesellschaft und ein entsprechendes Anwachsen ihrer Einflußmöglichkeiten zu verhindern.[128] Nur eine bei der Veranstaltergemeinschaft eingestellte Geschäftsführung sei letztlich im notwen-

121 VRWZ-Vertrag, § 2 3. Spiegelstrich; Rath-Glawatz-Vertrag, § 2 Abs. 2.

122 Hirsch-Vertrag, § 7 Abs. 1, SGK-Vertrag, § 6 Satz 1, VLR-Vertrag, § 6 Abs. 1.

123 Damit überlassen die Verträge die Frage, in welchem Umfang derartiges Personal eingestellt wird, der Aushandlung vor Ort.

124 SGK-Vertrag, § 6 Satz 3.

125 VLR-Vertrag, § 6 Abs. 1, der allerdings den Begriff der Geschäftsführerin bzw. des Geschäftsführers vermeidet und schlicht von „Mitarbeitern" spricht. Nach § 7 Abs. 3 des Hirsch-Vertrages ist die Veranstaltergemeinschaft zur Einstellung eines Geschäftsführers und eines weiteren Beschäftigten zur Erledigung der Aufgaben der Veranstaltergemeinschaft berechtigt.

126 Hesels/Hirsch, Lokalfunk, S. 36 ff; SGK-Schriftenreihe, Lokaler Hörfunk II, S. 25 ff., 75 ff.

127 SGK-Schriftenreihe, Lokaler Hörfunk II, S. 25 ff., 75 ff.

128 Hesels/Hirsch, Lokalfunk, S. 36, SGK-Schriftenreihe, Lokaler Hörfunk II, S. 76.

digen Maße loyal gegenüber der Veranstaltergemeinschaft und frei von jedweden Verpflichtungen gegenüber der Betriebsgesellschaft.[129]

Die B-Muster sehen eine Beschäftigung verwaltenden bzw. kaufmännischen Personals im Rahmen des lokalen Senders weder für die anfallenden Verwaltungsaufgaben der Veranstaltergemeinschaft selbst noch für derartige Aufgaben beim Geschäftsbetrieb des gesamten Senders vor, so daß sich die Frage der Zuordnung dieses Personals nicht stellt.[130] Die entsprechenden Aufgaben der Veranstaltergemeinschaft sollen im Wege einer unentgeltlichen Geschäftsbesorgung von der Betriebsgesellschaft übernommen werden, die zugleich berechtigt wird, diese Aufgaben auf Dritte weiterzuübertragen.[131] Zur Begründung dieser Konstruktion wird ausgeführt, daß die Veranstaltergemeinschaft schon aus Gründen der Einhaltung der gesetzlich vorgeschriebenen Grundsätze der Wirtschaftlichkeit und Sparsamkeit gehalten sei, nach der kostengünstigsten Lösung für die Erledigung dieser Arbeiten zu suchen.[132] Auch die nach dem LRG NW der Veranstaltergemeinschaft allein obliegende Programmveranstaltung bleibe durch eine solche Regelung auch unbeeinträchtigt, da sich die Veranstaltergemeinschaft lediglich eines Teils der nicht-programmbezogenen Aufgaben entledige.[133] Für die Position einer Geschäftsführerin oder eines Geschäftsführers bliebe kein Bedarf mehr, da alle Aufgaben der Veranstaltergemeinschaft im Rahmen dieser Geschäftsbesorgung oder durch den Chefredakteur erfüllt werden könnten.[134] Darüber hinaus widerspreche die Beschäftigung eines Geschäftsführers der Schlüsselposition der Chefredaktion, der nach dem LRG NW die unmittelbare Umsetzung der programmlichen Aufgabe der Veranstaltergemeinschaft übertragen sei. Die Beschäftigung eines Geschäftsführers greife in diese Aufgabenzuweisung ein und schaffe so zwangsläufig schwerwiegende Kompetenzprobleme.[135]

Technisches Personal wird in den B-Mustern der Betriebsgesellschaft zugeordnet und ist im Rahmen der Erforderlichkeit der Veranstaltergemeinschaft lediglich zur Verfügung zu stellen.[136] Die dadurch entstehende unter-

---

129 SGK-Schriftenreihe, Lokaler Hörfunk II, S. 76.

130 Rath-Glawatz-Vertrag, § 8; VRWZ-Vertrag, § 4 Abs. 1, 2. Allerdings ist in § 4 Abs. 1 des VRWZ-Vertrages eine nicht näher konkretisierte Pflicht der Betriebsgesellschaft vorgesehen, die Erfüllung der satzungsmäßigen Verwaltungsaufgaben der Veranstaltergemeinschaft zu gewährleisten.

131 Rath-Glawatz-Vertrag, § 8 Abs. 1; VRWZ-Vertrag, § 4 Abs. 2. Zu den im Wege der Geschäftsbesorgung zu übernehmenden Aufgaben vgl. § 8 Abs. 2 des Rath-Glawatz-Vertrags.

132 Rath-Glawatz, Lokaler Hörfunk I, S. 53.

133 Rath-Glawatz, Lokaler Hörfunk I, S. 53.

134 Rath-Glawatz, Lokaler Hörfunk I, S. 35 ff., 53.

135 Rath-Glawatz, Lokaler Hörfunk I, S. 36.

136 § 12 Abs. 4 des Rath-Glawatz-Vertrags; § 5 Abs. 1 des VRWZ-Vertrags. Vgl. zur Begründung dieser Regelung: Rath-Glawatz, Lokaler Hörfunk I, S. 58 ff.

schiedliche Personalträgerschaft innerhalb einer lokalen Rundfunkstation sei angesichts der gesetzlichen Konstruktion des LRG NW nicht zu vermeiden und daher hinzunehmen.[137]

b. Stellungnahme der Landesanstalt für Rundfunk

Im Themenkomplex Personal und Verwaltung enthält die Stellungnahme der Landesanstalt für Rundfunk zunächst für einzelne Fragen des Einflusses der Betriebsgesellschaft auf das Beschäftigungsverhältnis der Veranstaltergemeinschaft zur Redaktion verbindliche Aussagen. Zur Nebentätigkeit der redaktionellen Beschäftigten führt die Anstalt aus, daß eine vertragliche Zustimmungspflicht der Betriebsgesellschaft für regelmäßige Tätigkeiten außerhalb des lokalen Senders die Dispositionsfähigkeit der Veranstaltergemeinschaft i.S. des § 27 Abs. 2 Nr. 3 LRG NW wie auch des Chefredakteurs i.S. des § 28 Abs. 3 LRG NW unangemessen einschränken würde. Die Kompetenzen der Betriebsgesellschaft in bezug auf das journalistische Personal der Veranstaltergemeinschaft seien in § 28 Abs. 1 LRG NW und § 25 Abs. 4 LRG NW vom Gesetz abschließend geregelt, so daß lediglich die Vereinbarung einer Pflicht der Veranstaltergemeinschaft in Betracht komme, die Nebentätigkeiten zu überprüfen. In diesem Rahmen sei es rundfunkrechtlich unbedenklich, eine ergänzende Mitteilungspflicht zu vereinbaren, nach der der Betriebsgesellschaft die Kriterien einer entsprechenden Prüfung durch die Veranstaltergemeinschaft mitzuteilen sind.

Ein Zustimmungserfordernis der Betriebsgesellschaft bei längerandauernder kommissarischer Vertretung der Aufgaben des Chefredakteurs sei hingegen nicht zu beanstanden. Allerdings komme nach dem Sinn und Zweck des § 28 Abs. 2 LRG NW eine solche Pflicht nur dann in Betracht, wenn der Chefredakteur über längere Zeit nicht mehr in der Lage sei, seine Direktionsbefugnisse auszuüben.

In der Frage der Zuordnung des technischen und kaufmännischen Personals beschränkt sich die Stellungnahme auf den Hinweis, daß das Gesetz die Entscheidung über die Personalzuweisung außerhalb der redaktionellen Beschäftigten den Vertragsparteien überlasse. Es müsse allerdings gewährleistet sein, daß die Veranstaltergemeinschaft die notwendige Unterstützung zur Wahrnehmung ihrer gesetzlichen und vertraglichen Aufgaben erhalte, um ihre programmlichen Aufgaben erfüllen zu können. Werde eine Erledigung der Verwaltungsaufgaben im Wege der Geschäftsbesorgung vereinbart, so müsse aus diesem Grund eine ergänzende Klausel eingefügt werden, nach der der Veranstaltergemeinschaft im Falle eines Verzuges oder der Nicht- oder Schlechterfüllung der Geschäftsbesorgung das Recht zu-

137 Rath-Glawatz, Lokaler Hörfunk I, S. 58.

steht, die Dienstleistung von Dritten auf Kosten der Betriebsgesellschaft zu erlangen.[138]

c. Personal in den abgeschlossenen Kooperationsverträgen

aa. Einfluß der Betriebsgesellschaft auf das Beschäftigungsverhältnis Veranstaltergemeinschaft und redaktionelle Beschäftigte

Die Kooperationsverträge in den ausgewerteten Verbreitungsgebieten orientieren sich im wesentlichen an den Inhalten der Muster aus der Gruppe der B-Verträge. So enthalten alle Verträge die Klausel, nach der die journalistischen Mitarbeiter zur Ausführung technischer Tätigkeiten zu verpflichten sind. Diese Pflicht wird mit einer Ausnahme auf die Tätigkeiten zur technischen Ausstrahlung lokaler Werbung[139] und in neun Verträgen auch auf die Ausstrahlung der Bürgerfunkbeiträge ausgedehnt. Bis auf zwei Verträge vereinbaren die Vertragspartner ferner die von den Verlegermustern angeregte und von der Landesanstalt für Rundfunk ausdrücklich als rechtmäßig befundene Zustimmungspflicht im Falle einer vorübergehenden Besetzung der Position der Chefredakteurin oder des Chefredakteurs.

Nahezu übereinstimmend verlangen die Verträge schließlich auch, daß mögliche Nebentätigkeiten der journalistischen Mitarbeiter von der Zustimmung der Veranstaltergemeinschaft abhängig gemacht werden.[140] Hierbei schöpfen vierzehn Verträge den von der Landesanstalt für Rundfunk aufgezeigten Spielraum aus und verlangen, daß die Veranstaltergemeinschaft der Betriebsgesellschaft die grundsätzliche Durchführung und die Kriterien dieser Prüfung mitteilt.[141] Weitere acht Verträge verzichten auf die Mitteilung des Kriterienkatalogs und beschränken sich auf eine Pflicht zur anonymen Mitteilung über den Umfang der Nebentätigkeiten an die Betriebsgesellschaft.[142] In einem Vertrag verpflichtet sich die Veranstaltergemeinschaft sicherzustellen, daß eventuelle Nebentätigkeiten für die Erfüllung der Aufgaben der Veranstaltergemeinschaft nicht nachteilig sind[143] und

138 Vgl. zum Ganzen, Stellungnahme der LfR auf der Grundlage der Sitzung des Ausschusses für lokalen Rundfunk vom 03.10.1989, S. 5 ff.

139 Eine entsprechende Regelung fehlt nur in Düsseldorf.

140 Auch hier weicht lediglich der Vertrag in Düsseldorf ab.

141 In den der Untersuchung vorliegenden Vorversionen der Verträge in Hamm, Leverkusen, im Märkischen Kreis sowie in Siegen-Wittgenstein war noch weitergehend die Genehmigung der Betriebsgesellschaft zur Aufnahme von Nebentätigkeiten gefordert. Diese Regelungen sind sodann im Zuge des Lizenzverfahrens in Übereinstimmung mit der Rechtsauffassung der Landesanstalt für Rundfunk gestrichen worden.

142 So in den Verträgen der von der WAZ-Gruppe dominierten Betriebsgesellschaften.

143 So in Köln.

in zwei weiteren die Zustimmung der Chefredaktion zur Erteilung einer Nebentätigkeitsgenehmigung einzuholen.[144]

bb. Zuordnung des technischen und verwaltenden Personals bzw. der Verwaltungsaufgaben des lokalen Senders

Die Regelungen über die Zuweisung technischen und kaufmännischen Personals bleiben in den Kooperationsverträgen überwiegend unbestimmt. Hinsichtlich des Verwaltungspersonals unterscheiden die Verträge der Sache nach zwischen dem Personal zur Erledigung der mit dem Geschäftsbetrieb des lokalen Senders zusammenhängenden allgemeinen Aufgaben und den satzungsmäßigen Selbstverwaltungsaufgaben der Veranstaltergemeinschaft.

Die allgemeine Verwaltung des lokalen Senders ist in keinem Fall entsprechend den Vorstellungen der A-Vertragsmuster über die Anstellung von eigenem Verwaltungspersonal der Veranstaltergemeinschaft realisiert. In diesem Zusammenhang finden sich lediglich in sieben Verträgen Klauseln, die der Veranstaltergemeinschaft die grundsätzliche Berechtigung zur Beschäftigung auch nicht-redaktioneller Mitarbeiter einräumen. Diese Option wird allerdings an die Berücksichtigung der entsprechenden Mitarbeiter im Stellenplan geknüpft und bleibt insofern auf der Ebene des Kooperationsvertrages unverbindlich.

Die Kooperationsverträge entscheiden sich in dieser Frage in nahezu allen Verbreitungsgebieten für die von den B-Vertragsmustern angeregte Übertragung aller Verwaltungsaufgaben auf die Betriebsgesellschaft, soweit diese über die satzungsmäßigen Aufgaben hinausgehen.[145] Zugleich wird bis auf eine Ausnahme eine Berechtigung der Betriebsgesellschaft vereinbart, nach der die übernommenen Aufgaben auch an Dritte übertragen werden dürfen.[146] Der Übertragung der Verwaltungsaufgaben folgt zumeist die von der Landesanstalt für Rundfunk eingeforderte vertragliche Vereinbarung einer Ersetzungsbefugnis der Veranstaltergemeinschaft in den Fällen, in denen die Verwaltungsaufgabe durch die Betriebsgesellschaft oder Dritte nicht oder nur schlecht ausgeführt wird.[147]

---

144 Verträge in Mettmann, Mönchengladbach.

145 Lediglich der Vertrag in Soest räumt der Veranstaltergemeinschaft nur eine Option ein, die entsprechenden Aufgaben zu übertragen, ohne dies bereits verbindlich zu vereinbaren.

146 Anders nur in Siegen-Wittgenstein. Die erste unterschriebene Version vom 05.07. 1989 sah ein derartiges Übertragungsrecht noch vor, das dann aber in der veränderten Fassung vom 09.01.1990 entfiel.

147 Vorbehaltlich abweichender Regelungen in Ergänzungsverträgen (Dienstleistungsverträge), die der Untersuchung nicht vorliegen, fehlen die Ersetzungsbefugnisse in sieben Verbreitungsgebieten.

Eine eindeutige und zwingende Verpflichtung der Betriebsgesellschaft, der Veranstaltergemeinschaft eigenes, d.h. bei ihr eingestelltes Personal zur Selbstverwaltung zu finanzieren, findet sich lediglich in drei Verträgen.[148] Weitere vier Verträge enthalten eine Regelung, nach der die Verwaltung der Veranstaltergemeinschaft im Rahmen einer gemeinsamen Nutzung von Sekretariatskapazitäten der Redaktion abgesichert werden soll.[149]

Genau die Hälfte der Kooperationsverträge beschränkt sich auf einen unbestimmten Hinweis, nach dem die Betriebsgesellschaft der Veranstaltergemeinschaft „die Erfüllung der satzungsmäßigen Verwaltungsaufgaben" sicherzustellen hat, ohne dabei nähere Angaben darüber zu machen, auf welche Art und Weise dies geschehen soll. In fünf Verträgen finden sich schließlich überhaupt keine Klauseln über die Bewältigung der vereinsinternen Verwaltung der Veranstaltergemeinschaft.[150]

Als Arbeitgeber möglicher technischer Mitarbeiter ist in der überwiegenden Zahl der Verträge allein die Betriebsgesellschaft genannt, die diese gegebenfalls der Veranstaltergemeinschaft zur Verfügung zu stellen hat.[151] Die Überlassung dieser Mitarbeiter steht hierbei unter dem Vorbehalt, daß technisches Personal für die Verwirklichung des Programmauftrages überhaupt erforderlich ist.

d. Inhalt der Wirtschafts- und Stellenpläne

Im nächsten Abschnitt wird vergleichend dargestellt, über welche personellen Kapazitäten die Lokalstationen nach den Ansätzen der ersten Wirtschafts- und Stellenpläne verfügen. Der Schwerpunkt liegt hierbei auf der Ausstattung der Veranstaltergemeinschaft mit festangestellten und freien Programmitarbeitern.[152] Daneben wird untersucht, in welchem Rahmen den

---

148 So in Düsseldorf, Köln und Siegen-Wittgenstein.

149 Hamm, Oberbergischer Kreis/Rheinisch-Bergischer Kreis, Mettmann und Coesfeld.

150 Herford, Mönchengladbach, Leverkusen, Märkischer Kreis und Soest. In Leverkusen ist im Vertrag zumindest vermerkt, daß die Frage einer „BG-unabhängigen Bürohilfe" für den Vorstand im Wirtschafts- und Stellenplan entschieden wird. Wie dies geschehen ist, läßt sich allerdings auch aus dem Wirtschafts- und Stellenplan nicht entnehmen.

151 Die Verträge der von der WAZ dominierten Verbreitungsgebiete und der Vertrag aus Mönchengladbach verzichten auf eine Erwähnung der technischen Mitarbeiter.

152 Die Auswertung der Personalausstattung im redaktionellen Bereich konnte nicht allein auf der Grundlage der vorliegenden Wirtschafts- und Stellenpläne erfolgen, da in ihnen nicht in jedem Fall die Anzahl der Planstellen für Redakteure explizit ausgewiesen werden, sondern zum Teil lediglich die Gesamtkosten zur Finanzierung der Redakteure angegeben sind. Aus diesem Grund sind zum Teil ergänzend Angaben hinzugezogen worden, die der Medienspiegel am 21. Januar 1991, Medienspiegel-Service, 1991, Nr. 4 in einer namentlichen Zusammenstellung von insgesamt 16 Lokalstationen veröffentlicht hat. Zusätzlich erschwert wurde die Untersuchung durch den Umstand, daß in einigen Plänen einzelne Positionen (etwa die Kosten für Volontäre und für freie Mitarbeiter) in einen gemeinsamen Ansatz zusammengezogen sind.

Veranstaltergemeinschaften in diesen Plänen Personal bzw. Mittel zur Finanzierung ihrer Selbstverwaltung zugestanden werden.[153]

aa. Personalausstattung im Bereich der Redaktion

Die 24 untersuchten lokalen Rundfunksender verfügen auf der Grundlage der ausgewerteten Materialien über durchschnittlich 5,8 Stellen für Redaktion und Chefredaktion, wobei ein Minimum von zwei Stellen und ein Maximum von 10 Stellen festzustellen ist.[154] Hierbei haben die Wirtschafts- und Stellenpläne der Lokalstationen, die nach den Vorgaben der Landesanstalt für Rundfunk ein achtstündiges Programm zu veranstalten haben, mit durchschnittlich 7,6 Stellen eine gegenüber den fünfstündigen Programmen mit nur 4,0 Stellen im Schnitt deutlich bessere Personaldecke vorzuweisen. Die Redaktionen werden in 17 Verbreitungsgebieten durch ein bis zwei Stellen für Volontäre ergänzt und in allen Verbreitungsgebieten mit Etatansätzen für freie Mitarbeiter zwischen 60.000 DM und 250.000 DM ausgestattet.

Vorsichtige Aussagen darüber, inwieweit die Pläne der 24 untersuchten Verbreitungsgebiete eine zur Produktion eines den Anforderungen des LRG NW entsprechenden Programms ausreichende Stellenanzahl enthalten, lassen sich zunächst durch einen Vergleich der Plananätze mit einer Modellrechnung von Rager/Weber zur Bestimmung der jährlichen Betriebskosten einer lokalen Hörfunkstation treffen.[155]

---

153 Die Austattung der lokalen Rundfunkstationen mit Verwaltungsmitarbeitern für die allgemeine Verwaltung des Senders bzw. der Akquisition und Verwaltung der Werbung oder die Austattung mit technischen Mitarbeitern muß außer Betracht bleiben, da diese nach den Kooperationsverträgen jedenfalls nicht von der Veranstaltergemeinschaft beschäftigt werden und auch somit nicht in den Wirtschafts- und Stellenplänen enthalten sind, vgl. oben c. bb.

154 Über die geringste personelle Ausstattung verfügte im Untersuchungszeitraum die „Radio Welle Lippe Hamm“, die nach Angaben des Medienspiegel 34/1990 nur einen Chefredakteur und einen Redakteur beschäftigte. Ergänzt wurde die Redaktion noch durch eine Volontärin.

155 Rager/Weber, Ermittlung von Programm-Minima lokaler Hörfunkangebote in Nordrhein-Westfalen, S. 7 ff. sowie dies., Kostenbestimmung für Acht-Stunden-Programme (Zusatzuntersuchung), S. 123 ff. Die Kostenseite und insbesondere die jährlich anfallenden Personalkosten waren im Vorfeld der eigentlichen Konstituierungsphase des lokalen Rundfunks und insbesondere im Verfahren zur Festlegung der Verbreitungsgebiete für lokalen Hörfunk Gegenstand zahlreicher Untersuchungen und Berechnungen, die von der Landesanstalt für Rundfunk in Auftrag gegeben, aber auch von beteiligten Interessengruppen vorgelegt wurden, vgl. hierzu die vergleichenden Zusammenstellungen bei Gläsmann, Wirtschaftlichkeit von lokalem Hörfunk, S. 48 ff.; ders., Personalbedarf lokaler Hörfunkprogramme sowie Schrape, Entscheidungsverfahren und Ergebnisse im Überblick, S. 31 ff., 40 ff. sowie ders., Kostenmodelle für lokalen Rundfunk, S. 49 ff.

Aufgabe der Untersuchung von Rager/Weber war, die unteren Kostengrenzen für die Veranstaltung von lokalen Hörfunkprogrammen unter den Programmanforderungen des LRG NW zu ermitteln und in Form von Kostenmodellen auszuweisen. Die Untersuchung definiert drei unterschiedliche Programmqualitäten, für die auf der Grundlage einer empirisch abgestützten Analyse der von der Zusammenstellung der verwendeten einzelnen Sendeformen (Sendeformkonfigurationen) abhängigen zeitlichen Produktionsanforderungen verschiedener Programme errechnet wird, mit welchen minimalen jährlichen Betriebskosten und dabei vor allem mit welchen Personalkosten die angestrebte Programmqualität gerade erreicht werden kann.[156]

Rager/Weber haben für diese drei Qualitäten zunächst die Kosten und Stellenpläne für ein eigenproduziertes fünfstündiges Programm und ergänzend in einer zweiten Untersuchung die Kosten und Stellenpläne für ein achtstündiges Vollprogramm errechnet, für das allerdings die Qualitätsstufe C nicht untersucht wurde.

Betrachtet man die Redaktionsstärken in den untersuchten Wirtschafts- und Stellenplänen im Vergleich zu den Ansätzen von Rager/Weber, so stelt sich die personelle Ausstattung in den untersuchten Verbreitungsgebieten insgesamt als gut dar.

Zunächst erreichen die Stellenplanansätze aller achtstündigen Lokalprogramme die von der zitierten Untersuchung berechneten Voraussetzungen für die Produktion eines Programms der höheren Qualität (Chefredakteur, vier Redakteure und 68.000 DM Etat für freie Mitarbeiter) und übersteigen sie sogar zumeist deutlich. Im Bereich der fünfstündigen Programme ist festzustellen, daß das von Rager/Weber angenommene Minimum einer Redaktionsstärke (Chefredakteur und ein weiterer Redakteur sowie ein Etat von 47.000 DM für freie Mitarbeiter) ebenfalls ausnahmslos überschritten wird. Hierbei bleibt lediglich eine Lokalstation im Bereich der von Ra-

156 Vgl. zur Methode der Bestimmung von Programmqualitäten, Rager/Weber, Ermittlung von Programm-Minima lokaler Hörfunkangebote in Nordrhein-Westfalen, S. 13 ff. Als *Programmqualität A* wird dabei ein Programm definiert, daß die untere Grenze der vom LRG NW eingeforderten Qualität markiert. Die Qualitätsstandards werden dabei als über dem Durchschnitt herkömmlicher privater Sender und unter dem Durchschnitt öffentlich-rechtlicher Lokal- oder Regionalsender beschrieben. Der Musikanteil an der von der Redaktion gestalteten Sendezeit beträgt rund 81 Prozent. *Programmqualität B* bezeichnet nach Rager/Weber ein Lokalprogramm, das bereits erheblich über der vom Gesetz gezogenen Mindestgrenze für die Qualität und etwa bei der Qualität bestehender lokaler bzw. regionaler öffentlich-rechtlicher Sender liegen soll. Der zugrundegelegte Musikanteil beträgt in dieser Stufe rund 75 Prozent. Die höchste der von Rager/Weber angenommenen Programmqualitäten, die *Qualität C*, wird als „Wortsender" bezeichnet und soll große Mengen an Information, Kultur und Bildung bieten. Nur noch 61 Prozent des von der Redaktion gestalteten Programms bestehen hierbei aus Musik.

ger/Weber definierten Programmqualität A, während das Gros von acht Lokalstationen über einen Stellenplan verfügt, der die Produktion eines Programms der Qualität B ermöglichen soll (Chefredakteur, zwei weitere Redakteure und ein Etat von 65.000 DM für freie Mitarbeiter). Die Spitzengruppe von drei Sendern verfügt mit fünf Stellen für feste redaktionelle Mitarbeiter sowie ein bis zwei Volontärsstellen über einen ausreichenden Stellenplan, um nach Rager/Weber ein Programm der Qualität C zu produzieren (Chefredakteur und vier Redakteure sowie ein Volontär). Zwei dieser drei Lokalstationen bleiben allerdings hinter der zugleich verlangten Summe von 112.000 DM für freie Mitarbeiter zurück.

Ein etwas schlechteres Bild ergibt allerdings ein Vergleich mit den Ansätzen im Personalbereich, die auf der Grundlage der Berechnungen von Rager/Weber von Schrape zugrundegelegt wurden und schließlich der Landesanstalt für Rundfunk als Orientierungsgröße zur Beurteilung der wirtschaftlichen Leistungsfähigkeit der Lokalstationen dienten.[157] Hier zeigt sich im Bereich der achtstündigen Programme, daß mit sieben Sendern die Mehrzahl mit einer Redaktionsstärke arbeitet, die genau der von der Landesanstalt angegebenen redaktionellen Mindestgröße von drei Redakteuren und einem Chefredakteur entspricht. Fünf Sender verfügen über eine größere Redaktion als das von Schrape angenommene Minimum, während zwei Veranstaltergemeinschaften jeweils mit einem Redakteur weniger auszukommen hoffen.

Ein ähnliches Bild zeigt sich bei den fünfstündigen Programmen: Hier hält sich mit sieben Sendern wiederum die Mehrheit an die von Schrape zugrundegelegte Redaktionsstärke von vier Redakteuren (inklusive Chefredaktion). Drei Redaktionen verfügen über eine zusätzliche Stelle, während auch hier zwei Sender die Mindestausstattung nicht erreichen.

bb. Selbstverwaltung der Veranstaltergemeinschaft

Eigenes, nur der Veranstaltergemeinschaft zur Verfügung stehendes Personal zur Unterstützung ihrer Selbstverwaltungsaufgaben findet sich nur in den Verbreitungsgebieten, in denen diese Beschäftigung bereits im Kooperationsvertrag vereinbart wurde.[158] Daneben enthält ein weiterer Plan Sekre-

157 Vgl. LfR-Schriftenreihe, Bd. 1, S. 12, sowie zu den Redaktionsstärken im einzelnen S. 14, 17. Schrape hatte vom Ausschuß für den lokalen Rundfunk den Auftrag erhalten, auf der Grundlage der Berechnungen von Rager/Weber „keine absoluten Minimalmodelle, sondern Untergrenzen für marktfähige Kostenmodelle" zu ermitteln, vgl. zur Aufgabenstellung nur LfR-Schriftenreihe, Bd. 2, S. 22.

158 So in Siegen-Wittgenstein, Düsseldorf und Köln. Düsseldorf und Köln sehen hierbei die Beschäftigung eines VG-Assistenten vor, wobei in Düsseldorf diese Stelle als Halbtagsstelle ausgewiesen ist. Der Stellenplan in Siegen-Wittgenstein enthält einen Beauftragten der Ver-

tariatsstellen speziell für den Selbstverwaltungsbereich der Veranstaltergemeinschaft, die im Kooperationsvertrag noch nicht vorgesehen waren.[159]

Eine weitere Gruppe von sechs Verbreitungsgebieten versucht die Selbstverwaltungsaufgaben der Veranstaltergemeinschaft zu gewährleisten, indem sie durch eine entsprechende Aufgabenbeschreibung eines Redaktionsassistenten bzw. eines Redaktionssekretariats der Veranstaltergemeinschaft im Stellenplan eine Mitnutzung bestehender Kapazitäten für eigene Zwecke einräumt.[160] In den übrigen Plänen findet sich keine ausdrückliche personelle Absicherung der internen Verwaltung der Veranstaltergemeinschaft. Hier bestehen allerdings zumeist kleinere Etats für die Veranstaltergemeinschaft, aus der die für die Selbstverwaltung anfallenden Kosten getragen werden sollen.[161] In fünf Wirtschafts- und Stellenplänen finden sich schließlich keine Angaben über die Finanzierung der internen Verwaltung der Veranstaltergemeinschaft im Personal- und Verwaltungsbereich.[162]

e. Zwischenergebnis

Die Personalausstattung der untersuchten 24 Lokalstationen hat sich im Vergleich zu der Modellrechnung von Rager/Weber als gut erwiesen. Dieses Bild relativiert sich jedoch bei Heranziehung der Redaktionsstärken, die von Schrape angenommen und von der Landesanstalt für Rundfunk als Orientierungsgröße zur Beurteilung der Leistungsfähigkeit zugrundegelegt wurden. Hier zeigt sich, daß die Redaktionen zumeist gerade die insoweit angegebenen Mindestgrößen erreichen, während nur wenige Veranstaltergemeinschaften über größere Redaktionen verfügen. In einigen Verbreitungsgebieten wird offenbar sogar versucht, mit weniger Personal auszukommen.

Problematisch erscheint die vertragliche Ausgestaltung der Zusammenarbeit der Vertragsparteien im Personal- und Verwaltungsbereich, die überwiegend von dem Bemühen getragen ist, die Aufgabenbereiche im Rahmen

---

anstaltergemeinschaft, für den allerdings nur ein Etat von hochgerechnet 9.300 DM p.A. vorgesehen ist.

159 So der Plan in Bonn. Vorgesehen sind zwei halbe Sekretariatsstellen speziell für die Veranstaltergemeinschaft.

160 Dies sind zum einem die Pläne in den Verbreitungsgebieten Mettmann und Hamm, die eine entsprechende Regelung bereits im Kooperationsvertrag getroffen haben. Daneben finden sich Stellenbeschreibungen für eine gemeinsame Nutzung von Mitarbeitern der Redaktion in Recklinghausen, Mönchengladbach, Duisburg und Wesel. Vgl. bereits die Regelungen im Kooperationsvertrag, c. bb.

161 Die Etatpositionen belaufen sich zwischen 6.000 DM und 12.000 DM.

162 Herford, Soest, Märkischer Kreis, Leverkusen und Mühlheim/Oberhausen.

der von der Landesanstalt für Rundfunk vorgegebenen rechtlichen Grenzen weitestgehend auf die Betriebsgesellschaft zu übertragen.

Als erster wichtiger Befund ist hervorzuheben, daß sowohl technisches als auch Verwaltungspersonal bzw. die Verwaltungsaufgaben des lokalen Senders durchgängig bei der Betriebsgesellschaft angesiedelt werden. Arbeitgeber technischen Personals, soweit dies überhaupt als erforderlich erachtet worden sein sollte, ist die Betriebsgesellschaft, die dieses gegebenenfalls der Veranstaltergemeinschaft nur zur Verfügung stellt.

In der Frage der allgemeinen Verwaltung des lokalen Senders ist der von den A-Mustern angeregte Weg einer bei der Veranstaltergemeinschaft angesiedelten Verwaltung und Geschäftsführung durch eigenes Personal einer Regelung gewichen, die sämtliche Verwaltungsaufgaben von der Veranstaltergemeinschaft auf die Betriebsgesellschaft überträgt. Mit dieser Regelung wird die Veranstaltergemeinschaft vom Alltagsgeschäft des lokalen Senders und damit insbesondere von der Redaktion in weiten Bereichen abgekoppelt. Einblicke und Einflußnahmen der Veranstaltergemeinschaft in einzelne Vorgänge innerhalb des Senders, die auf dem Weg über eigenes Verwaltungspersonal möglich gewesen wären, scheiden so aus. Auf der anderen Seite komplettiert die Betriebsgesellschaft ihre Stellung als wirtschaftlicher Betreiber der Lokalfunkstation, indem sie neben der ohnehin bei ihr angesiedelten Werbespotverwaltung auch die Personalverwaltung der Redaktion und die programmbezogene Verwaltung der Lokalstation an sich zieht. Die ergänzende vertragliche Option, die Verwaltungsaufgaben weiter auf externe Dritte zu übertragen, schafft darüber hinaus die Möglichkeit, zentrale Servicegesellschaften mit der Erledigung sämtlicher Verwaltungsaufgaben zu betrauen. Dies dürfte insbesondere für Betriebsgesellschaften von Bedeutung sein, die von gleichen Mehrheitsgesellschaftern getragen werden und auf diesem Wege eine einheitliche Verwaltung aller vom entsprechenden Verlag dominierten Sender installieren können.[163] Diese Konzentration steht im deutlichen Widerspruch zu der im Gesetz angelegten Lokalbezogenheit des Verhältnisses zwischen Veranstaltergemeinschaft und Betriebsgesellschaft und dürfte als Indiz für eine Störung der Balance zwischen den Säulen auf dieser Ebene zu werten sein.

Die für die funktionsgerechte Erfüllung der Aufgaben der Veranstaltergemeinschaft zwingend erforderliche finanzielle und/oder personelle Absicherung der Selbstverwaltungsaufgaben des Vereins ist von den Vertragsparteien in den einzelnen Verbreitungsgebieten höchst unterschiedlich gelöst worden. Die im Vorfeld von einzelnen Interessenverbänden eingeforderte und zugleich stark umstrittene Beschäftigung eines Geschäftsführers der Veranstaltergemeinschaft wurde offenbar nur in den drei wirtschaftlich

163 Vgl. hierzu schon § 4 II. und III.

stärksten Verbreitungsgebieten und dies auch nur in Ansätzen durchgesetzt. Die überwiegende Zahl der Veranstaltergemeinschaften verfügt hingegen lediglich über einen geringen Etat bzw. einen vertraglich eingeräumten Zugriff auf bestehende Bürokapazitäten. In vier Verbreitungsgebieten finden sich weder im Kooperationsvertrag noch im Wirtschafts- und Stellenplan Regelungen über den Weg, auf dem die Selbstverwaltungsaufgaben erfüllt werden sollen.

Im Hinblick auf das journalistische Personal ist festzustellen, daß die Verträge die Personalautonomie der Veranstaltergemeinschaft im Bereich der Redaktion im Grundsatz anerkennen. Dennoch wird in den meisten Fällen versucht, zumindest Grundlinien innerhalb dieser Arbeitsverhältnisse festzuschreiben. Die hier der Betriebsgesellschaft eingeräumten inhaltlichen Bindungen der Veranstaltergemeinschaft, also etwa die Auflage, die redaktionellen Mitarbeiter auch zur Erfüllung technischer Aufgaben zu verpflichten oder deren Nebentätigkeit zu kontrollieren bzw. zu begrenzen, orientieren sich an ökonomischen Rationalitäten und versuchen, die Veranstaltergemeinschaft in einigen von der Betriebsgesellschaft offenbar als besonders wichtig empfundenen Inhalten an die Interessen der Betriebsgesellschaft anzubinden. Die Kooperationsverträge sind in diesem Fragenkomplex ausschließlich dem Regelungsvorschlag der B-Vertragsmuster gefolgt und weisen nur geringe Varianz auf, die sich auf Nuancierungen der Einflußmöglichkeit der Betriebsgesellschaft beschränken. Die Landesanstalt für Rundfunk hat im Bereich der Nebentätigkeit Vorgaben formuliert, die eine über das Maß der aufgezeigten Bindungen hinausgehende Rechtsstellung der Betriebsgesellschaft, also etwa das Erfordernis einer Zustimmung der Betriebsgesellschaft zu Nebentätigkeiten, für rundfunkrechtlich unzulässig erklärt. Entsprechende Versuche in Vorversionen der untersuchten Verträge sind aufgegeben worden und Regelungen gewichen, die sich sodann in ihrer Mehrheit am äußeren Rand der von der Landesanstalt für Rundfunk aufgezeigten rechtlichen Grenzen bewegen

3. Sachausstattung und Technik

Die Musterverträge wie auch die Kooperationsverträge der Praxis erkennen ferner einen vertraglichen Regelungsbedarf im Bereich der Sachausstattung und Technik des lokalen Senders.

a. Sachausstattung und Technik in den Musterverträgen

Die Musterverträge verlangen gemäß § 29 Abs. 2 Satz 3 Nr. 1 LRG NW die Überlassung der erforderlichen Technik, überlassen aber die nähere Konkretisierung des Umfangs und der Qualität dieser technischen Erstausstattung übereinstimmend einer nicht ausgearbeiteten Anlage zum Kooperationsvertrag und damit der Aushandlung vor Ort.[164]

Erste Unterschiede in den vorgeschlagenen Vertragsinhalten ergeben sich aber in der Frage der Beschaffung *zusätzlicher* technischer Einrichtungen im Laufe der Vertragsbeziehung.

Die Musterverträge differenzieren im Ansatz danach, ob es um die Beschaffung einer technischen Ausstattung über den gesetzlich geforderten Mindeststandard hinaus geht oder ob sich aufgrund konkreter Erfahrungen oder technischer Innovationen die Erforderlichkeit i.S. der Ausstattungspflicht des § 29 Abs. 2 Satz 3 Nr. 1 LRG NW verschoben hat und deshalb Anschaffungen zur Diskussion stehen. Im Bereich der *erforderlichen* Neuanschaffungen sehen die A-Vertragsmuster eine eigenverantwortliche Investitionsentscheidung der Veranstaltergemeinschaft vor, die über einen entsprechenden „angemessenen Kostenansatz" im Wirtschafts-und Stellenplan zu finanzieren sein soll,[165] während die B-Muster lediglich Verhandlungen darüber vorschlagen, „ob und wieweit" die infragestehenden technischen Einrichtungen angeschafft werden sollen.[166] Die endgültige Entscheidung über die Investition soll hier allein der Betriebsgesellschaft zustehen.

Außerhalb der Grenze der Erforderlichkeit will der Hirsch-Vertrag die Veranstaltergemeinschaft berechtigen, jederzeit geeignete Initiativen gegenüber der Betriebsgesellschaft zu ergreifen,[167] während der Mustervertrag der Verleger die Beschaffung dieser technischen Einrichtung von vornherein der alleinigen und selbst von Verhandlungen mit der Veranstaltergemeinschaft unabhängigen Entscheidung der Betriebsgesellschaft überläßt.[168] Die vom Gesetz offen gelassene Frage, wem das Eigentum an den (technischen) Einrichtungs- und Betriebsmitteln zustehen soll, beantworten die B-Verträge, indem sie als Eigentümerin die Betriebsgesellschaft festschreiben,[169] während die Gruppe der A-Muster diesen Regelungsinhalt unbehandelt und damit offen läßt.[170]

Abweichende Vorstellungen entwickeln die Vertragsmuster weiter in der Regelung der Verfügungs- und Nutzungsrechte über die räumlichen und technischen Einrichtungen. In den A-Vertragsmustern steht der Besitz an allen von der Betriebsgesellschaft zur Verfügung gestellten Gegenständen

164 Vgl. allerdings die Hinweise zur Ausstattung eines lokalen Radiostudios bei Overdick, Aufbau eines Lokalradiostudios, in Hesels/Hirsch, Lokalfunk heute, S. 176 ff., Klein-Schulze-Selmig/Riske/Schmitz, Praxishandbuch Lokalfunk, S. 95 ff.

165 Hirsch-Vertrag, § 6 Abs. 2.

166 VRWZ-Vertrag, § 3 1. Spiegelstrich.

167 Hirsch-Vertrag, § 6 Abs. 2.

168 VRWZ-Vertrag, § 3 1. Spiegelstrich.

169 Rath-Glawatz-Vertrag, § 11 Abs. 1; VRWZ-Vertrag, § 3 1. Spiegelstrich; vgl. Rath-Glawatz, Lokaler Hörfunk I, S. 58.

170 So in den Verträgen der SGK, von Hirsch und vom VLR.

sowie das Hausrecht an allen Räumlichkeiten ausschließlich und uneingeschränkt der Veranstaltergemeinschaft zu.[171] Die Gegenvorstellung beschränkt die Rechte der Veranstaltergemeinschaft zugunsten der Betriebsgesellschaft, der Zutritts- und Nutzungsrechte zu eigenen Zwecken, insbesondere zur Produktion von Werbespots und eigenen Programmen, eingeräumt werden.[172] Darüber hinaus will das Vertragsmuster des Verbandes der Rheinisch-Westfälischen Zeitungsverleger die Betriebsgesellschaft ausdrücklich ermächtigen, ihre Rechte auch auf Dritte zu übertragen.[173] Diese Regelungen werden allerdings dahingehend ergänzt, daß durch die Wahrnehmung der Rechte der Betriebsgesellschaft die „Vorbereitung (Produktion) und Verbreitung des lokalen Hörfunkprogramms nicht beeinträchtigt werden dürfe."[174]

Ein Vertragsmuster greift schließlich die Frage des Studiostandortes des lokalen Senders auf und bestimmt, daß die Produktionsräume und Orte durch die Betriebsgesellschaft festgelegt werden. Die Veranstaltergemeinschaft hat bei dieser Entscheidung kein Mitspracherecht und soll lediglich „unangemessene Produktionsräume" ablehnen können.[175]

b. Stellungnahme der Landesanstalt für Rundfunk

In ihrer Stellungnahme zu diesem Themenkomplex stellt die Landesanstalt für Rundfunk zunächst fest, daß ein lizenzfähiger Kooperationsvertrag das Problem der Beschaffung *erforderlicher* zusätzlicher Technik über die Erstaustattung hinaus aufzugreifen und dabei deutlich zu machen hat, in welcher Weise die Vertragsparteien diesem Sachverhalt Rechnung zu tragen gedenken. Die Anstalt formuliert ferner den Grundsatz, daß eine Veranstaltergemeinschaft in der Wahrnehmung ihrer Aufgaben nicht durch Zutritts- und Nutzungsrechte der Betriebsgesellschaft eingeschränkt werden dürfe. Vertraglich eingeräumte Nutzungsrechte der Betriebsgesellschaft kämen rundfunkrechtlich nur insoweit in Betracht, als die Nutzung der Wahrnehmung des gesetzlichen Auftrages nicht entgegenstehe. Erforderlich sei demnach eine flexible Regelung, etwa durch die Begründung eines Vorrangs der programmlichen Nutzung.

In der Frage der Auswahl des Studiostandortes vertritt die Landesanstalt für Rundfunk den Standpunkt, daß aus der Regelung des § 27 Abs. 2 Nr. 6 LRG NW, die der Mitgliederversammlung der Veranstaltergemeinschaft die

---

171 Hirsch-Vertrag, § 6 Abs. 3; VLR-Vertrag, § 5 Abs. 3; SGK-Vertrag, § 5 Satz 4.

172 VRWZ-Vertrag, § 3 1. Spiegelstrich; vgl. auch Rath-Glawatz, Lokaler Hörfunk I, S. 58.

173 VRWZ-Vertrag; § 3 1. Spiegelstrich. Eine entsprechende Regelung fehlt im Rath-Glawatz-Vertrag.

174 VRWZ-Vertrag, § 3 1. Spiegelstrich.

175 VRWZ-Vertrag, § 3 1. Spiegelstrich.

Beschlußfassung über Grundsatzfragen der Rundfunktechnik überträgt, wie auch aus dem Programmauftrag der Veranstaltergemeinschaft abzuleiten sei, daß der Veranstaltergemeinschaft dann, wenn das Studio von der Betriebsgesellschaft zur Verfügung gestellt werde, zumindest ein Einfluß auf diese Entscheidung einzuräumen sei. Für die Erfüllung des gesetzlichen Programmauftrages sei die Auswahl eines geeigneten Standortes von besonderer Bedeutung. Der Vertrag müsse deshalb zumindest gewährleisten, daß die Veranstaltergemeinschaft unangemessene Räumlichkeiten und eine unangemessene Ortswahl ablehnen kann.[176]

c. Sachausstattung und Technik in den abgeschlossenen Kooperationsverträgen

In der Frage der Nutzungs- und Verfügungsrechte an den Einrichtungen und Räumlichkeiten, die der Veranstaltergemeinschaft überlassen werden, findet sich in keinem Vertrag das von den A-Mustern geforderte unbeschränkte Zugriffsrecht der Veranstaltergemeinschaft. Die Verträge räumen ohne Ausnahme auch der Betriebsgesellschaft Zugriffsrechte ein, die allerdings entsprechend der Vorgaben der Landesanstalt für Rundfunk nur der programmlichen Nutzung nachrangig zu gewähren sind. Acht Verträge folgen darüber hinaus der Anregung des Mustervertrags des VRWZ und gestehen der Betriebsgesellschaft ausdrücklich das Recht zu, die Einrichtungen und Räume auch an Dritte zu überlassen, so daß eine Nutzung auch durch externe Unternehmen, etwa zur Produktion von Werbespots, vertraglich zulässig wird. Eine andere Gruppe von dreizehn Verträgen sieht für den umgekehrten Fall, in dem die Veranstaltergemeinschaft die ihr überlassenen Einrichtungen Dritten zur Verfügung stellen will, eine Einwilligung der Betriebsgesellschaft vor. Diese Regelung bezieht sich offensichtlich vorrangig auf die Überlassung der Studiokapazitäten zur Produktion von Beiträgen des Bürgerradios, die so ohne Einverständnis der Betriebsgesellschaft unzulässig ist.

Das Problem der nachträglichen Beschaffung technischer Ausstattungen greifen fast alle Kooperationsverträge der Praxis weiter auf,[177] sie übernehmen aber nur in insgesamt neun Verträgen die in den Musterverträgen angelegte Differenzierung zwischen Nachbesserungen der Studiotechnik im Rahmen der erforderlichen Ausstattung i.S. des § 29 Abs. 2 Satz 3 Nr. 1 LRG NW und sonstigen Beschaffungen außerhalb dieser Erforderlichkeit.[178] In diesen Verträgen liegt das Entscheidungsrecht über die Anschaffung

176 Vgl. zum Ganzen die Stellungnahme der LfR auf Grundlage der Sitzung des Ausschusses für lokalen Rundfunk vom 03.10.1989, S. 8 ff.

177 Eine Regelung über die Beschaffung zusätzlicher Technik fehlt nur im Märkischen Kreis.

178 So in den WAZ-Verträgen sowie in Mönchengladbach.

neuer technischer Anlagen bei der Betriebsgesellschaft. Die Anschaffung kann jedoch nur dann verweigert werden, wenn sie „für den Programmauftrag nicht erforderlich ist", so daß auf die gesetzlich erforderliche technische Ausstattung ein vertraglicher Anspruch der Veranstaltergemeinschaft besteht.

Auch die übrigen Verträge übertragen der Betriebsgesellschaft das Entscheidungsrecht über die Anschaffung und Ausweitung technischer Einrichtungen. Die Veranstaltergemeinschaft wird hier allerdings an der Entscheidungsfindung nur insoweit beteiligt, als ein Einvernehmen mit der Veranstaltergemeinschaft gefordert wird[179] oder ein Vorschlags- und Beratungsrecht der Veranstaltergemeinschaft bestehen soll. Ein von der Betriebsgesellschaft unabhängiger Anspruch auf einzelne Ausstattungsgegenstände besteht hier demnach nicht.

Die Auswahl des Studiostandortes wird in der überwiegenden Anzahl der Verträge als regelungsbedürftig erkannt und behandelt.[180] Auffallend sind hier vor allem zwei Verträge, in denen über den Studiostandort nur einvernehmlich zwischen den Vertragsparteien entschieden werden kann.[181] Die übrigen Verträge gehen von einer Auswahl des Studiostandortes durch die Betriebsgesellschaft aus und räumen der Veranstaltergemeinschaft in vier Fällen das von der Landesanstalt für Rundfunk vorgeschlagene Recht ein, unangemessene Orte und Räumlichkeiten zurückzuweisen bzw. in weiteren zwölf Fällen ein bloßes Mitspracherecht bei der Auswahl des Standortes. Ein letzter Vertrag verzichtet auf eine unmittelbare Mitwirkung der Veranstaltergemeinschaft und vertraut auf eine Klausel, nach der die Betriebsgesellschaft bei der Auswahl der Räumlichkeiten die „berechtigten Interessen der Veranstaltergemeinschaft zu berücksichtigen hat."[182]

Abschließend ist festzustellen, daß die Kooperationsverträge der Praxis das Eigentum an der Studiotechnik einheitlich der Betriebsgesellschaft bzw. deren Vertragspartnern, etwa Leasinggesellschaften, zuordnen und somit der Festlegung der B-Muster folgen.

d. Zwischenergebnis

Die Kooperationsverträge widmen sich nur im begrenzten Umfang der technischen sowie der Raumausstattung der lokalen Rundfunkstation. Die Veranstaltergemeinschaft erhält zunächst einen Zugriff auf die überlassenen Einrichtungen, der inhaltlich begrenzt wird, ohne dabei die programmliche Nutzung im Kern zu beeinträchtigen. Der Betriebsgesellschaft wird in allen

179 Ein Einvernehmen verlangen nur die Verträge in Siegen-Wittgenstein und Recklinghausen.

180 Regelungen über die Auswahl des Studiostandortes fehlen in sechs Verträgen.

181 So nur in Coesfeld und Mettmann.

182 So in Düsseldorf.

Verbreitungsgebieten eigene Nutzungs- und Verfügungsrechte an den Studioräumen und deren technischer Einrichtung eingeräumt, das in einem Drittel der Verträge auch auf Dritte übertragen werden kann. Hierdurch ist die grundsätzliche Möglichkeit einer intensiven Nutzung der technischen Ausstattung der Veranstaltergemeinschaft auch zur Produktion von Werbespots durch die Betriebsgesellschaft oder eingeschaltete Werbegesellschaften geschaffen worden, die aber durch die auf Drängen der Landesanstalt für Rundfunk eingefügte Priorität der programmlichen Nutzung ohne nachhaltige Störungen der Programmaufgaben der Redaktion bleiben dürfte.

Die Auswahl eines Studiostandortes und der geeigneten Räumlichkeiten obliegt mit nur zwei Ausnahmen der grundsätzlichen Entscheidung der Betriebsgesellschaft. Dies erscheint insofern bedenklich, als die Auswahl eines Ortes innerhalb eines Verbreitungsgebietes schon aus Gründen der Fahrzeiten für redaktionelle Mitarbeiter und der Nähe der Redaktion zu möglichen journalistisch relevanten Institutionen, Personen und Ereignissen eine größere Berücksichtigung der auf die Region des Studiostandortes bezogenen Themen zumindest nahelegt und somit von erheblicher programmbezogener Bedeutung ist. Daneben spielen bei der Auswahl eines Studiostandortes auch wirtschaftliche Erwägungen eine Rolle, die sich etwa an der Nähe des Studios zu potentiellen Werbetreibenden oder der Kosten geeigneter Räumlichkeiten orientieren werden, so daß ein Abstimmungsbedarf zwischen den lokalen Säulen erkennbar wird. Vor diesem Hintergrund wirkt die von der Landesanstalt für Rundfunk eingeforderte Ablehnungsbefugnis der Veranstaltergemeinschaft für unangemessene Standorte als unerläßliches Minimum einer im Interesse der Wahrung der Programmfunktion der Veranstaltergemeinschaft erforderlichen Mitbestimmung, während die in der Mehrheit der Fälle vorgesehene bloße Mitsprache oder gar die bloße Verpflichtung der Betriebsgesellschaft zur „Berücksichtigung der Interessen der Veranstaltergemeinschaft" ungenügend erscheint.

Die Frage einer nachträglichen Beschaffung erforderlicher oder zusätzlicher Technik wird nur in einigen Verträgen im Sinne der im Gesetz angelegten Differenzierung behandelt. Der in diesen Verträgen vereinbarte Anspruch auf Nachlieferung erst aufgrund konkreter Erfahrungen oder technischer Innovationen als erforderlich erkannter technischer Einrichtungen entfällt in der Mehrzahl der Verträge zugunsten einer Verhandlung über Nachbeschaffungen, bei der in jedem Fall das Einverständnis der Betriebsgesellschaft erforderlich ist. Diese Lösung reduziert das wirtschaftliche Risiko der Betriebsgesellschaft, unerwartete Investitionen treffen zu müssen, und schafft auf der anderen Seite die Gefahr einer technischen Unterversorgung der Veranstaltergemeinschaft, die auf Verhandlungen mit der Betriebsgesellschaft angewiesen ist.

4. Werbung und Werbehoheit

Entsprechend der festgestellten hohen vertraglichen Regelungsmarge[183] widmen sich Musterverträge wie auch die Kooperationsverträge der untersuchten Verbreitungsgebiete ausführlich der rechtlichen Behandlung der Werbung in der zweisäuligen Lokalstation.

a. Werbung in den Musterverträgen

Die Musterverträge unterscheiden in der Behandlung der lokalen Werbung bereits in der Beurteilung der rechtlichen Ausgangslage im Hinblick auf die Verteilung der rechtlichen Verantwortung bzw. Haftung für die Ausstrahlung lokaler Werbung. Daneben sind Abweichungen in den Fragen der Aufgabenverteilung bei der Plazierung der Werbung im Programm bzw. im Programmschema sowie in einzelnen Detailfragen festzustellen.

aa. Straf- und rundfunkrechtliche Verantwortung sowie zivilrechtliche Haftung für die Ausstrahlung lokaler Werbung

Die oben dargestellte Auseinandersetzung um die rechtliche Auslegung der werberechtlichen Normen des LRG NW[184] findet ihre Entsprechung in der vertraglichen Behandlung der rundfunk- und strafrechtlichen Verantwortung sowie der zivilrechtlichen Haftung für die Ausstrahlung lokaler Werbung. Die Vertragsmuster gehen je nach Standort des Verfassers von einer anderen rechtlichen Ausgangslage und somit von abweichenden vertraglichen Gestaltungsoptionen aus.[185]

Das Vertragsmuster von Rath-Glawatz baut auf der vom Autor vertretenen Auffassung auf, daß die Werbung rechtlich kein Bestandteil des Programms sei,[186] und stellt in seinen vertraglichen Regelungen entsprechend fest, daß die rechtliche Verantwortung für die Werbung uneingeschränkt bei der Betriebsgesellschaft liegt.[187] Die Veranstaltergemeinschaft sei demnach nicht berechtigt, Einfluß auf den Inhalt oder auf die Gestaltung der Werbung zu nehmen und müsse die ihr zugelieferte Werbung „unter Berück-

183 Vgl. oben § 5 I. 2. e.

184 Ebd.

185 Die vertraglichen Regelungen der Musterverträge sind hierbei ihrem Charakter nach nicht nur als Modifikationen und Konkretisierungen der gesetzlichen Ausgangslage aufzufassen, sondern stellen zum Teil nur klarstellende Hinweise auf das als geltend aufgefaßte Recht dar. Auf eine Erarbeitung, inwieweit die Autoren der Musterverträge mit einzelnen Klauseln auf geltendes Recht verweisen oder aber vertraglich abweichende Inhalte vereinbaren wollen, wird hier angesicht der zumeist unklaren Abgrenzung verzichtet.

186 Vgl. nur Rath-Glawatz, Lokaler Hörfunk II, S. 12; zu dieser Argumentation siehe unter § 4 I. 3. e.

187 Rath-Glawatz-Vertrag, § 7 Abs. 2, § 15 Abs. 1.

sichtigung aller Bestandteile des Werbeauftrags" verbreiten. Dieser Klausel ist zu entnehmen, daß der Veranstaltergemeinschaft ein wie auch immer ausgestaltetes Ablehnungsrecht bei der Ausstrahlung der Werbung nicht zustehen soll.[188] Das Vertragsmuster bestimmt weiter, daß die Betriebsgesellschaft einen Verantwortlichen für die Werbung benennt, den die Veranstaltergemeinschaft der Landesanstalt für Rundfunk mitteilt und der die rundfunk- sowie strafrechtliche Verantwortung zu tragen hat.[189] Da eine zivilrechtliche Haftung der Veranstaltergemeinschaft nach der rechtlichen Grundannahme von Rath-Glawatz nicht in Betracht kommt, verzichtet der Mustervertrag auf eine Regelung dieser Problematik.

Die anderen Vertragsmuster gehen von einer Programmzugehörigkeit der lokalen Werbung und somit der grundsätzlichen Verantwortung der Veranstaltergemeinschaft in rundfunkrechtlicher Hinsicht aus. Daneben erkennen diese Vertragsmuster auch die Möglichkeit einer straf- und zivilrechtlichen Verantwortung der Veranstaltergemeinschaft im Zusammenhang mit der Ausstrahlung der Werbung im Grundsatz an.

Dennoch kommt auch das Vertragsmuster des Verbandes Rheinisch-Westfälischer Zeitungsverleger im Ergebnis zu identischen Regelungen wie der Mustervertrag von Rath-Glawatz. Das Muster stellt zunächst die rundfunkrechtliche Verantwortung der Veranstaltergemeinschaft fest und erklärt diese für vertraglich nicht dispositiv.[190] Diesem Hinweis werden aber vertragliche Abreden beigefügt, die den Regelungen des Rath-Glawatz-Vertrages entsprechen und die alleinige und uneingeschränkte Verantwortung der Betriebsgesellschaft festschreiben.[191] Zugleich wird die Veranstaltergemeinschaft auch hier verpflichtet, als Verantwortlichen im strafrechtlichen Sinne einen von der Betriebsgesellschaft bestimmten Mitarbeiter dieser Gesellschaft zu benennen.[192] Als einzige Konsequenz der deklarierten rundfunkrechtlichen Verantwortung der Veranstaltergemeinschaft für die Ausstrahlung von Werbung verpflichtet das Vertragsmuster die Betriebsgesellschaft,

---

188 Vgl. hierzu ausdrücklich Rath-Glawatz, Lokaler Hörfunk II, S. 12. Die rundfunkrechtliche Unzulässigkeit dieser vertraglichen Abrede behauptet Reidt, Rundfunkwerbung, S. 165 ff.; vgl. auch die Rechtsauffassung der LfR-Satzungsmonita, S. 5.

189 Rath-Glawatz-Vertrag, § 15 Abs. 2. Diese Regelung erscheint nicht ganz schlüssig, da bei einer Programmverantwortung der Betriebsgesellschaft für lokale Werbung der Umweg über die Benennung durch die Veranstaltergemeinschaft überflüssig erscheint.

190 VRWZ-Vertrag, § 9 Abs. 1 Satz 4.

191 VRWZ-Vertrag, § 9 Abs. 1 Satz 1.

192 VRWZ-Vertrag, § 9 Abs. 1. Anders als im Rath-Glawatz-Vertrag macht diese Regelung hier Sinn, da sie bei Anerkennung der rundfunkrechtlichen Verantwortung der Veranstaltergemeinschaft die einzige Möglichkeit darstellt, einen Mitarbeiter der Betriebsgesellschaft in die strafrechtliche Verantwortung eintreten zu lassen.

abweichend vom Rath-Glawatz-Vertrag, etwaige gerichtlich festgestellte Strafrechtsverstöße nicht zu wiederholen.[193]

Demgegenüber schlagen die A-Musterverträge auf der Grundlage der Programmzugehörigkeit der Werbung unterschiedliche Regelungen vor, die sich wesentlich von den B-Mustern unterscheiden. Das von Hirsch vorgeschlagene Vertragsmuster geht hier am weitesten und will im Kooperationsvertrag festhalten, daß die Veranstaltergemeinschaft die alleinige Verantwortung für die inhaltliche Gestaltung, die Festlegung des Umfangs sowie die Plazierung der Werbung trägt. Der Betriebsgesellschaft verbleibt in diesem Mustervertrag nur die Berechtigung, die Werbung unter Beachtung dieser Verantwortung zu erstellen.[194] Aus der Verantwortlichkeit der Veranstaltergemeinschaft für Inhalt und Gestaltung kann darüber hinaus geschlossen werden, daß der Mustervertrag anders als die B-Musterverträge von einem Ablehnungsrecht für den Fall ausgeht, daß die angebotene Werbung nicht den gestalterischen und inhaltlichen Vorstellungen der Veranstaltergemeinschaft entspricht.[195]

Hiervon abweichend sieht der Mustervertrag des Verbandes Lokaler Rundfunk ein Ablehnungsrecht der Veranstaltergemeinschaft nur dann vor, wenn die angelieferte Werbung nicht den gesetzlichen oder vertraglichen Anforderungen entspricht.[196] Der Veranstaltergemeinschaft soll demnach nur ein auf bestimmte Fälle inhaltlich begrenztes Ablehnungsrecht zustehen, während ihr im übrigen ein Einfluß auf Inhalt und Gestaltung verwehrt wird.

Die Musterverträge mit Ausnahme des Rath-Glawatz-Vertrages sehen schließlich übereinstimmend eine zivilrechtliche Haftungsfreistellung der Betriebsgesellschaft für den Fall vor, daß die Veranstaltergemeinschaft infolge der Ausstrahlung lokaler Werbung von Dritten schadensersatzpflichtig gemacht wird.[197]

bb. Plazierung der Werbung im Programmschema

Aufbauend auf den dargestellten Grundentscheidungen konkretisieren die Musterverträge auch die Frage der Plazierung der Werbung im Programmschema in unterschiedlicher Weise. Das Vertragsmuster von Hirsch begreift die Ausweisung der Sendeplätze für lokale Werbung sowie die Festlegung des Umfangs der zu verbreitenden Werbung als selbstständige Aufgabe der

193 VRWZ-Vertrag, § 9 Abs. 1 Satz 3.
194 Hirsch-Vertrag, § 12 Abs. 3.
195 Vgl. Hirsch-Vertrag, § 12 Abs. 4.
196 VLR-Vertrag, § 10 Abs. 3.
197 Vgl. Hirsch-Vertrag, § 12 Abs. 3; VLR-Vertrag § 10 Abs. 3; VRWZ-Vertrag, § 9 Abs. 1; der SGK-Vertrag regelt diesen Fall nur implizit, vgl. § 8 mit Anmerkung.

Veranstaltergemeinschaft und läßt eine Ausstrahlung von Werbung entsprechend ausschließlich innerhalb der so festgelegten Zeiten zu.[198] Die B-Musterverträge , aber auch das Vertragsmuster der Sozialdemokratischen Gemeinschaft für Kommunalpolitik räumen der Betriebsgesellschaft hingegen lediglich ein Mitwirkungsrecht bei der Plazierung ein.[199] In diesen Musterverträgen erarbeitet die Veranstaltergemeinschaft in Ausfüllung ihrer Programmaufgabe zunächst selbstständig ein Grobraster des Programmschemas, in dem die einzelnen Programmteile zeitlich zu ordnen und inhaltlich zu bezeichnen sein sollen. In einem zweiten Schritt ist vorgesehen, daß die Veranstaltergemeinschaft „im Einvernehmen" mit der Betriebsgesellschaft die Plazierung der zuvor unter Beachtung der gesetzlichen zeitlichen Höchstgrenzen im maximalen Umfang gemeinsam begrenzten Werbung vornimmt.[200] Zur Begründung dieser Regelung wird ausgeführt, daß sich Werbung nur dann erfolgreich verkaufen lasse, wenn dem Werbekunden ein Programmschema präsentiert werden könne, aus dem die möglichen Werbezeiten und das programmliche Umfeld seiner potentiellen Werbesendung deutlich ersichtlich sind.[201]

Eine von der Veranstaltergemeinschaft auf Dauer angelegte Änderung des Programmschemas[202] wird in einer ergänzenden Klausel an ein erneutes Einvernehmen über die Plazierung der Werbung in dieses Schema dann gebunden, wenn die Änderung „die Verbreitung von Werbung beeinflußt".[203] Dies bedeutet, daß es dann, wenn sich die Parteien in diesem Fall nicht einigen können, insoweit bei dem alten Programmschema bleiben muß, als durch die Änderung die vertraglich vereinbarte Sendemöglichkeit für Rundfunkwerbung beeinträchtigt werden würde.[204]

Im Mustervertrag von Rath-Glawatz findet sich ergänzend eine vertragliche Abrede, nach der im Fall einer kurzfristigen Programmänderung aus aktuellem Anlaß mit Einfluß auf die Ausstrahlung der angelieferten bzw. in Aussicht gestellten Werbung zuvor eine Verständigung zwischen Chefre-

---

198 Hirsch-Vertrag, § 12 Abs. 3.

199 VRWZ-Vertrag, § 9 Abs. 2; Rath-Glawatz-Vertrag, § 15 Abs. 5; vgl. auch SGK-Vertrag, § 13 sowie die entsprechende Anmerkung in SGK-Schriftenreihe, Lokaler Rundfunk II, S. 85. Der Vertrag des VLR enthält keinen Regelungsvorschlag.

200 Vgl. zur rundfunkrechtlichen Zulässigkeit einer derartigen Regelung Reidt, Rundfunkwerbung, S. 173 ff; ders. RuF 1990, S. 519.

201 Rath-Glawatz, Lokaler Hörfunk I, S. 62; Reidt, Rundfunkwerbung, S. 173; SGK-Schriftenreihe, Lokaler Rundfunk II, S. 85.

202 Vgl. § 8 Abs. 3 i.V.m. § 23 Abs. 2 LRG NW. Eine Änderung des Programmschemas ist gemäß § 8 Abs. 3 Satz 1 LRG NW der LfR anzuzeigen und kann von ihr untersagt werden, wenn durch das neue Schema die Meinungsvielfalt nicht mindestens in gleicher Weise wie zuvor gewährleistet ist.

203 VRWZ-Vertrag, § 9 Abs. 2; Rath-Glawatz-Vertrag, § 15 Abs. 6.

204 Vgl. zu dieser Konsequenz der vertraglichen Regelung Reidt, Rundfunkwerbung, S. 177.

daktion und Betriebsgesellschaft herbeizuführen ist.[205] Hierbei soll eine Lösung vereinbart werden, nach der die Werbekunden nach Möglichkeit keine Ansprüche gegen ihren Vertragspartner Betriebsgesellschaft erlangen können.

cc. Sonstige Inhalte

Einige Verträge aus dem Bereich der A-Muster enthalten ergänzende Vertragsinhalte, die die Betriebsgesellschaft bei der Akquisition der lokalen Werbung zur Beachtung bestimmter Grundsätze verpflichten. So wird in den Mustern des Verbandes Lokaler Rundfunk und von Hirsch eine Klausel angeregt, nach der der Anteil der Markenartikelwerbung sowie der nicht-lokalen Werbung je Werbeblock 50 Prozent[206] bzw. einen noch festzulegenden Prozentsatz[207] nicht übersteigen darf, um „eine Ausgewogenheit zwischen lokaler und nicht-lokaler Werbung zu erreichen."[208] Ergänzend soll die Betriebsgesellschaft verpflichtet werden, die Werbezeiten zu marktgerechten Preisen zu verkaufen. Sie hat zu diesem Zweck ein verbindliches Preisschema aufzustellen, für das die Zustimmung der Veranstaltergemeinschaft erforderlich ist. Nur innerhalb dieser Preisbindung sehen die Musterverträge eine Berechtigung der Betriebsgesellschaft vor, marktübliche Rabatte und Vermittlungsprovisionen zu gewähren bzw. zu bezahlen.[209] Durch die Preisbindung soll verhindert werden, daß Aufträge für Zeitungsanzeigen und Rundfunkwerbung miteinander verknüpft und die Erlöse zugunsten der Zeitungsanzeigen verschoben werden. Es bestehe sonst die Gefahr, daß die Gewinne des lokalen Rundfunks zu Lasten der Betriebsgesellschaft und damit letztlich zu Lasten des lokalen Rundfunks verschleiert würden.[210] In diesem Zusammenhang ergänzt der Vertrag von Hirsch die Preisbindung durch eine Klausel, nach der ein Anzeigenverbund mit Tageszeitungen nur dann zulässig sein kann, wenn Veranstaltergemeinschaft und Betriebsgesellschaft *gemeinsam* die Erlöse aufteilten. Daneben soll die Betriebsgesellschaft verpflichtet werden, alle Unterlagen hinsichtlich der Werbeakquisi-

205 Rath-Glawatz-Vertrag, § 15 Abs. 6.

206 VLR-Vertrag, § 10 Abs. 2.

207 Hirsch-Vertrag, § 12 Abs. 2. Hirsch regt an, diesen Prozentsatz in Zusammenarbeit mit den örtlich zuständigen Gliederungen der Gewerkschaft IG-Druck und Papier festzulegen, um Auswirkungen auf die örtlichen Tageszeitungen und ihre Beschäftigten zu berücksichtigen, vgl. Hesels/Hirsch, Lokalfunk, S. 45.

208 Hirsch-Vertrag; § 12 Abs. 2, VLR-Vertrag, § 10 Abs. 2.

209 Hirsch-Vertrag, § 12 Abs. 5; VLR-Vertrag, § 10 Abs. 5; vgl. SGK, Lokaler Rundfunk II, S. 85.

210 SGK, Lokaler Rundfunk II, S. 85.

tion zur Kenntnis der Veranstaltergemeinschaft zu bringen.[211] Die übrigen Vertragsmuster verzichten vollständig auf vergleichbare Regelungen.

b. Stellungnahme der Landesanstalt für Rundfunk

Die Landesanstalt für Rundfunk stellt ihren Ausführungen die Feststellung voran, daß eine Regelung, nach der die Betriebsgesellschaft die rundfunkrechtliche Verantwortung für die ausgestrahlte Werbung trage, nach dem LRG NW unzulässig sei. Die rundfunkrechtliche Verantwortung für die Ausstrahlung des Programms und damit auch der Werbung liege im Gesetz allein beim Lizenznehmer, also bei der Veranstaltergemeinschaft. Dies führe dazu, daß eine Bestimmung, die zur Übernahme auch gesetzeswidriger Werbung verpflichte, rundfunkrechtlich unzulässig sei.[212]

Auch die strafrechtliche Verantwortung für die Ausstrahlung der Werbung liege allein bei der Veranstaltergemeinschaft. Dies ergebe sich bereits aus den allgemeinen Grundsätzen dieses Rechtsgebietes. Diese Festlegungen könnten vertraglich auch nicht umgangen werden.

Etwas anderes gelte allein für zivilrechtliche Haftung der Veranstaltergemeinschaft, die im Wege eines Freistellungsanspruchs im Kooperationsvertrag von der Betriebsgesellschaft übernommen werden könne.

Daneben stellt die Anstalt fest, daß die Verträge eine „Aktualitätsklausel" enthalten müßten, nach der im Falle einer aktuellen Berichterstattung keine Bindung an eingeräumte Werbezeiten besteht. Die Stellungnahme leitet weiter als Korrelat der vertraglichen Pflicht der Veranstaltergemeinschaft zur Werbeübernahme eine Verpflichtung der Betriebsgesellschaft ab, Werbung auch im ausreichenden Maße tatsächlich zu akquirieren. Der Veranstaltergemeinschaft müsse aus Gründen der Kontrolle und um gegebenenfalls eine Kündigung der vertraglichen Vereinbarung erwägen zu können, das Recht zustehen, Informationen zur Werbeakquisition zu erhalten und insbesondere einen Bericht über die Entwicklung der Werbesituation anfordern zu können.[213]

c. Werbung in den abgeschlossenen Kooperationsverträgen

aa. Straf- und rundfunkrechtliche Verantwortung sowie Haftung für die Ausstrahlung lokaler Werbung

Lediglich zwei Kooperationsverträge enthalten eine der Rechtsauffassung der Landesanstalt für Rundfunk gegenläufige vertragliche Feststellung, nach

---

211 Hirsch-Vertrag, § 12 Abs. 5; vgl. VLR-Vertrag, § 10 Abs. 6.

212 LfR-Satzungsmonita, S. 5.

213 Vgl. zum Ganzen die Stellungnahme der LfR auf der Grundlage der Sitzung des Ausschusses für lokalen Rundfunk vom 31.10.1989, S. 2 ff.

der die „rechtliche Verantwortung“ für die lokale Werbung insgesamt von der Betriebsgesellschaft getragen wird.[214] Die übrigen Verträge orientieren sich an dem vom Verband der Rheinisch-Westfälischen Zeitungsverleger entworfenen Vertragsmuster und enthalten zunächst die Feststellung, daß durch die vertraglichen Abreden die rundfunkrechtliche Verantwortung der Veranstaltergemeinschaft unberührt bleibt.

Entgegen der Vorstellung des Hirsch-Vertrages sehen die Kooperationsverträge zugleich übereinstimmend vor, daß die Veranstaltergemeinschaft keinen Einfluß auf Inhalt und Gestaltung der Werbung nehmen darf. Sie wird zum überwiegenden Teil verpflichtet, die zugelieferte Werbung „unter Berücksichtigung aller Bestandteile des Werbeauftrags“, also dem Wortlaut nach vollständig und ausnahmslos, zu verbreiten. Lediglich in vier Verträgen sind ausdrückliche Einschränkungen der Sendepflicht festgeschrieben, indem hier die Austrahlungspflicht nur auf Werbebeiträge bezogen wird, die nicht gegen strafrechtliche oder rundfunkrechtliche Bestimmungen verstoßen.[215] Einer dieser Verträge sieht darüber hinaus vor, daß dann, wenn durch einen rechtlich zulässigen Werbebeitrag „das Gesamtinteresse des Lokalfunks“ gefährdet sei, vor einer Ausstrahlung ein „Benehmen“ mit dem Vorsitzenden der Veranstaltergemeinschaft erfolgen und eine ausdrückliche Entscheidung des Geschäftsführers der Betriebsgesellschaft vorliegen muß.[216] In neun Verträgen findet sich ferner eine Klausel, nach der die zugelieferte Werbung in der von der Betriebsgesellschaft vorgegebenen Reihenfolge zu senden ist.

Hinsichtlich der strafrechtlichen Verantwortung für die Ausstrahlung lokaler Werbung wählen die Kooperationsverträge zwei unterschiedliche Wege. In einer ersten Gruppe von acht Verträgen ist vorgesehen, daß die Betriebsgesellschaft eine strafrechtlich verantwortliche Person benennt, die die Werbebeiträge überprüft und der Veranstaltergemeinschaft gegebenfalls bestehende strafrechtliche Bedenken mitteilt.[217] Die übrigen Verträge bestimmen, daß die Veranstaltergemeinschaft denjenigen als strafrechtlich Verantwortlichen zu benennen hat, den ihr die Betriebsgesellschaft zuvor genannt hat. In beiden Vertragsgruppen wird die Betriebsgesellschaft in Anlehnung an das Vertragsmuster des Verbandes der Rheinisch-Westfä-

214 So in Herford und Soest.

215 Coesfeld, Hamm, im Märkischen Kreis und in Siegen-Wittgenstein.

216 So im Märkischen Kreis.

217 Diese Regelung findet sich in den Verträgen der von der WAZ-Gruppe dominierten Verbreitungsgebiete; sie bereitet einige Auslegungsprobleme: Da die Betriebsgesellschaft einen Verantwortlichen im Sinne des § 15 LRG NW nicht benennen kann (dies kann nur der „Veranstalter“, also die Veranstaltergemeinschaft), ist wohl an eine von der Benennung des rundfunkrechtlich Verantwortlichen zu trennende Benennung eines strafrechtlich Verantwortlichen bei der Betriebsgesellschaft gedacht.

lischen Zeitungsverleger zugleich verpflichtet, gerichtlich festgestellte Strafrechtsverstöße nicht zu wiederholen.

Die zivilrechtliche, hier deliktische Haftung der Veranstaltergemeinschaft für die Ausstrahlung der Werbung, wird in den Kooperationsverträgen der Praxis ohne Ausnahme im Wege einer Haftungsfreistellung von der Betriebsgesellschaft übernommen.

bb. Plazierung der Werbung im Programmschema

Die Frage der Erstplazierung der Werbezeiten im Programmschema wird von den Kooperationsverträgen nahezu einheitlich im Sinne der B-Entwürfe gelöst, so daß in dem von der Veranstaltergemeinschaft vorab aufgestellten Programmschema die Werbezeiten einvernehmlich festzulegen sind. Lediglich in einem Vertrag beschränkt sich das Mitwirkungsrecht der Betriebsgesellschaft in dieser Frage auf ein Anhörungsrecht, das mit einer Klausel kombiniert wird, nach der „Anregungen der Betriebsgesellschaft einer konstruktiven Lösung zuzuführen" sind.[218] In 14 Verträgen findet sich ergänzend die von den B-Mustern vorgeschlagene Beschränkung der Veranstaltergemeinschaft, geplante spätere Änderungen des Programmschemas mit Auswirkungen auf die Sendeplätze der Werbung auch dann nur einvernehmlich vornehmen zu können, wenn durch die Änderung die Verbreitung von Werbung beeinflußt wird.[219]

Die von der Landesanstalt für Rundfunk eingeforderte Klausel, nach der Werbung aus aktuellem Anlaß verschoben werden kann (Aktualitätsklausel), ist in immerhin sechs Verträgen unberücksichtigt geblieben.[220] Soweit sich diese Klausel in den Verträgen findet, ist diese abweichend vom Vorschlag des Mustervertrages von Rath-Glawatz mit einer Ausnahme[221] nicht an eine Vereinbarung mit der Betriebsgesellschaft gebunden, sondern bleibt einer alleinigen Entscheidung der Veranstaltergemeinschaft bzw. der Chefredaktion überlassen.

218 So der Vertrag in Herford.

219 Eine entsprechende Regelung fehlt in den Verträgen der von der WAZ-dominierten Verbreitungsgebiete vollständig und ist in Mönchengladbach und Herford auf ein bloßes Benehmen oder eine unverbindliche Beratung mit der Betriebsgesellschaft reduziert.

220 Nach den vorliegenden Unterlagen fehlt eine Aktualitätsklausel in Bonn, Hamm, Köln, Leverkusen, im Verbreitungsgebiet Oberbergischer Kreis/Rheinisch-Bergischer Kreis und in Soest.

221 Lediglich der Vertrag in Düsseldorf sieht eine „Verständigung" zwischen Betriebsgesellschaft und Chefredaktion im Sinne des Vorschlags des Rath-Glawatz-Vertrages vor. In Mönchengladbach verpflichtet sich die Veranstaltergemeinschaft sicherzustellen, daß der Betriebsgesellschaft „kein wirtschaftlicher Nachteil" entsteht.

cc. Sonstige Inhalte

Die von den A-Musterverträgen angeregten Vertragsklauseln über eine Marktpreisbindung der Betriebsgesellschaft sind in keinem Verbreitungsgebiet in den Vertrag aufgenommen worden. Kaum etwas anderes gilt für die zugleich vorgeschlagenen Regelungen über eine Begrenzung der nicht-lokalen Werbung zugunsten lokaler Spots, die in stark abgeschwächter Form Eingang in zwei Verträge gefunden hat.[222] Diese Verträge beschränken sich allerdings auf eine allgemein gehaltene Regelung, nach der lokale Werbung „angemessen zu berücksichten" sei. Spezielle Informationspflichten der Betriebsgesellschaft über den Stand ihrer Akquisition sowie über geplante Werbemaßnahmen sind trotz entsprechender Vorstellungen in den Musterverträgen und rechtlicher Hinweise der Landesanstalt für Rundfunk in nur drei der ausgewerteten Verträge begründet worden.[223] Zwei dieser Verträge enthalten zugleich die Pflicht der Betriebsgesellschaft, Werbung in „angemessener Weise"[224] bzw. „in ausreichendem Maße"[225] zu akquirieren.

d. Zwischenergebnis

Die in den untersuchten Verbreitungsgebieten abgeschlossenen Kooperationsverträge skizzieren im Regelungskomplex der lokalen Werbung eine Aufgabenverteilung zwischen den Säulen des lokalen Rundfunks, in der der Betriebsgesellschaft die Möglichkeit eingeräumt wird, weitgehend frei von Einflußnahmen der Veranstaltergemeinschaft Werbung zu verkaufen und im Programm unterzubringen. Die Veranstaltergemeinschaft wird auf das nach dem LRG NW gerade noch rechtlich zulässige Maß einer Mitwirkung reduziert. Hierbei ergeben sich für einige Vertragsinhalte Zweifel, ob die Programmgestaltungsfreiheit der Veranstaltergemeinschaft nicht auf eine Art und Weise beeinträchtigt wird, die der Trennung von Programmfunktion und wirtschaftlicher Funktion widerspricht.

Zunächst ist festzustellen, daß sich die von Rath-Glawatz entwickelte rechtliche Konstruktion einer Abkopplung der Werbung vom übrigen Programm kaum gegen die entgegengesetzte Rechtsauffassung der Landesanstalt für Rundfunk hat durchsetzen können. Die Kooperationsverträge erkennen in ihrer ganz überwiegenden Zahl die rundfunkrechtliche Verantwortung der Veranstaltergemeinschaft für die Ausstrahlung der Werbung an, versuchen aber in den meisten Fällen zugleich, die Konsequenzen dieser Verantwortung im Umfang so weit wie möglich zu beschränken. So wird lediglich in zwei Verträgen die Sendepflicht der Veranstaltergemeinschaft

---

222 So im Märkischen Kreis und Neuss.

223 So nur in Coesfeld, im Märkischen Kreis und in Siegen-Wittgenstein.

224 Siegen-Wittgenstein.

225 Märkischer Kreis.

für die von der Betriebsgesellschaft zugelieferte Werbung auf straf- und rundfunkrechtlich unbedenkliche Werbebeiträge beschränkt, während die übrigen Verträge von einer unbegrenzten Sendepflicht der Veranstaltergemeinschaft für die zugelieferte Werbung ausgehen und ein Ablehnungsrecht für denkbare Fälle zumindest explizit nicht vorsehen.[226] Die von den A-Mustern angeregten Klauseln, die der Veranstaltergemeinschaft Einfluß auf Inhalt und Gestaltung der Werbebeiträge einräumen, fehlen vollständig.

Die Veranstaltergemeinschaft bleibt somit in den meisten Verbreitungsgebieten ohne Einfluß auf die zu übernehmenden Werbebeiträge, obwohl sie als Veranstalterin rundfunkrechtlich verantwortlich und gegebenfalls alleinige Adressatin rundfunkrechtlicher Maßnahmen der Aufsichtsanstalt ist. Dieser Situation versuchen die Kooperationsverträge dadurch zu begegnen, daß sie die rechtliche Verantwortung für die von der Veranstaltergemeinschaft auszustrahlende Werbung soweit wie möglich vertraglich auf die Betriebsgesellschaft übertragen. Sie sehen eine zivilrechtliche Freistellung der Veranstaltergemeinschaft hinsichtlich möglicher Ansprüche Dritter infolge der Werbeausstrahlung vor und lassen die strafrechtliche Verantwortung für die Werbung einen Mitarbeiter der Betriebsgesellschaft übernehmen. Schließlich versprechen die Betriebsgesellschaften, im Hinblick auf die rundfunkrechtliche Verantwortung der Veranstaltergemeinschaft, festgestellte strafrechtliche Verstöße nicht zu wiederholen, um rundfunkrechtliche Maßnahmen der Landesanstalt für Rundfunk zu vermeiden.[227]

Die getroffenen Regelungen bewegen sich am unteren Rand der rechtlich gebotenen Berücksichtigung der rundfunkrechtlichen Verantwortung der Veranstaltergemeinschaft. Hierbei lassen sich hinsichtlich der Ausstrahlungspflicht für straf- oder auch rundfunkrechtlich unzulässige Werbung begründete Zweifel formulieren, ob die Grenze der rundfunkrechtlichen Zulässigkeit nicht sogar überschritten ist.[228]

Ähnliche Feststellungen lassen sich auch in der Frage der vertraglichen Vereinbarungen über die Plazierung im Programmschema treffen. Das vertragliche Erfordernis eines Einvernehmens mit der Betriebsgesellschaft bei der Erstplazierung der Werbezeiten im Programmschema sowie späterer

---

226 Ein Recht, rechtswidrige Werbung ablehnen zu können, läßt sich mit einigem Argumentationsaufwand allerdings bereits unmittelbar aus dem LRG NW ableiten, vgl. Reidt, Rundfunkwerbung, S. 165 ff., 170 ff. Da die LfR die Verpflichtung zur Übernahme auch gesetzeswidriger Werbung für unzulässig erklärt hat (LfR-Satzungsmonita, S. 5), ist anzunehmen, daß die in den Verträgen gewählten Formulierungen so ausgelegt worden sind, daß sie ein Ablehnungsrecht der Veranstaltergemeinschaft beinhalten. Ausdrücklich festgestellt wird dies, wie ausgeführt, allerdings nur in zwei Verträgen.

227 Vgl. zu dieser Vorgehensweise auch die Feststellungen von Hirsch, Zwei-Säulen Modell für lokalen Hörfunk, RuF 2/1991, S. 179.

228 Zu diesem Ergebnis kommen Stock, Neues Privatrundfunkrecht, S. 61 sowie Reidt, Rundfunkwerbung, S. 165 ff. Zur Rechtsauffassung der LfR vgl. LfR-Satzungsmonita, S. 6.

Änderungen dieser Plazierung berücksichtigt in einem hohen Maß die wirtschaftlichen Interessen der Betriebsgesellschaft als Anzeigenakquisiteurin. Zugleich versucht diese Regelung, der programmlichen Verantwortung dadurch gerecht zu werden, daß der unmittelbare Prozeß der ersten Planung der Programmstruktur noch frei von direkten Einflüssen der Betriebsgesellschaft ablaufen kann.[229] Die anschließend einvernehmliche Plazierung der Werbung im so erstellten Programmschema scheint angesichts der Werbefinanzierung des nordrhein-westfälischen Lokalfunkmodells als geboten, da sich Werbezeiten nur dann erfolgreich verkaufen lassen werden, wenn dem potentiellen Werbekunden attraktive Sendezeiten angeboten werden können und das programmliche Werbeumfeld des geschalteten Spots ersichtlich ist. Durch die gemeinsame Festlegung der Werbezeiten kann die Betriebsgesellschaft ihr Interesse an einer Verbreitung zu reichweitenstarken Sendezeiten zum Gegenstand von Verhandlungen mit der Veranstaltergemeinschaft und so zur Grundlage der Zusammenarbeit machen. Dies erscheint angesichts der Finanzierungspflicht der Betriebsgesellschaft dem zu tragenden wirtschaftlichen Risiko nicht unangemessen, wirft aber zugleich Probleme für den Fall auf, daß die Veranstaltergemeinschaft infolge einer schwachen Verhandlungsposition gegenüber den Betriebsgesellschaften ohne reale Mitwirkung bei der Plazierung bleibt. Die Werbezeiten könnten hier von der Betriebsgesellschaft „diktiert" werden, die auf diesem Weg einen wesentlichen Einfluß auf die Programmgestaltung gewinnen könnte.

Vor diesem Hintergrund erscheint die vorherige eigenständige Gestaltung eines Programmschemas als minimierte Form der Wahrung der Programmgestaltungskompetenz der Veranstaltergemeinschaft, die so zumindest verhindern kann, daß auf dem Weg der Plazierung der Werbezeiten das redaktionelle Programm dem Werbeumfeld angepaßt wird.[230] Hier sind allerdings informelle Einflußnahmen der Betriebsgesellschaft in diese Richtung naheliegend, deren Durchsetzungschancen letztlich vom Selbstverständnis der Veranstaltergemeinschaft abhängig sein werden.

Das in immerhin 14 Verträgen vereinbarte Erfordernis eines Einvernehmens mit der Betriebsgesellschaft bei Änderungen des Programmschemas, die „auch die Verbreitung von Werbung beeinflussen", wirft zunächst Zweifel an der inhaltlichen Reichweite dieser vertraglichen Gestaltung auf. Ein-

---

229 Vgl. hierzu und zum folgenden auch die Einschätzung von Reidt, Rundfunkwerbung im Zwei-Säulen-Modell, RuF 1990, S. 519 ff., der die angesprochenen Vetragsgestaltungen angesichts der Aufgabenzuweisung des LRG NW für uneingeschränkt erforderlich und angemessen hält.

230 Vgl. im übrigen die Einschränkungen der Programmgestaltungsfreiheit hinsichtlich der Plazierung von Werbung und Nachrichten, die die Veranstaltergemeinschaften in den Verträgen mit dem Rahmenprogrammveranstalter Radio NRW eingegangen sind, vgl. hierzu § 9 II.

deutig scheint, daß dann, wenn die bisherigen Sendezeiten für Werbung geändert werden, die Verbreitung beeinflußt und ein Einvernehmen mit der Betriebsgesellschaft erforderlich sein soll. Ein weiterer Fall einer Beeinflussung könnte aber auch dann gegeben sein, wenn die Werbezeiten bestehen bleiben und nur das programmliche Werbeumfeld verändert werden soll.[231] Der erste Fall einer Änderung der Werbezeiten weist einen unmittelbaren Bezug zur ursprünglich vereinbarten Plazierung der Werbezeiten und damit auch zur wirtschaftlichen Kalkulation der Betriebsgesellschaft auf. Eine Veränderung der Werbezeiten, etwa die Verschiebung auf reichweitenärmere Tageszeiten, reduzierte die wirtschaftlichen Chancen der Betriebsgesellschaft beträchtlich. Ein Einvernehmen mit der Betriebsgesellschaft bei solchen Änderungen des Programmschemas dieser Art stellt sich daher als Ausdruck der wirtschaftlichen Funktion der Betreiber dar und erscheint insofern vertretbar.[232] Schwerwiegende Bedenken ergeben sich jedoch im Hinblick auf das Erfordernis eines Einvernehmens im Fall einer bloßen Änderung des programmlichen Werbeumfeldes. Ein Einvernehmen bedeutete hier eine weitreichende Beschränkung der Programmfreiheit der Veranstaltergemeinschaft, die ein einmal festgelegtes Programmschema gegen das Veto der Betriebsgesellschaft auch dann nicht mehr ändern könnte, wenn die eigentlichen Werbezeiten nicht tangiert werden. Der wirtschaftliche Bezug des Programms als Werbeumfeld bekäme in diesem Fall einen Vorrang gegenüber der Programmgestaltungsfreiheit der Veranstaltergemeinschaft, der sich anders als im Fall eines Eingriffs in die festgelegten Werbezeiten nicht ohne weiteres aus der Position der Betriebsgesellschaft als Finanzier ergibt. Unabhängig von der Frage, ob dadurch die Vertragsklausel als rundfunkrechtlich unzulässig zu betrachten oder einer Auslegung zuzuführen ist, die den Fall der Änderung nur des programmschematischen Rahmens aus der Klausel herausnimmt, erscheint die vertragliche Gestaltung auf jeden Fall ungeeignet, eine dem funktionengetrennten Modell des lokalen Rundfunks im LRG NW angemessene Aufgabenteilung zu gewährleisten.

Auffällig ist weiter, daß trotz der von der Landesanstalt für Rundfunk erhobenen Forderung in einer größeren Gruppe von Verträgen Aktualitätsklauseln fehlen. Die übrigen Verträge enthalten dafür einen gegenüber der Mustervereinbarung von Rath-Glawatz erweiteren Inhalt, indem sie ein Abweichen vom üblichen Programmverlauf und die Verschiebung von Werbung in festgeschriebenen zeitlichen Grenzen ohne Mitwirkung der Betriebsgesellschaft ermöglichen. Dies entspricht dem besonderen publi-

231 Diese Auslegung findet sich bei Reidt, Rundfunkwerbung im Zwei-Säulen-Modell, RuF 1990, S. 521, 522 sowie ders., Rundfunkwerbung, S. 177.

232 Vgl. insoweit auch die Argumentation von Reidt, Rundfunkwerbung im Zwei-Säulen-Modell, RuF 1990, S. 521, 522, sowie ders., Rundfunkwerbung, S. 177, 178.

zistischen Interesse der Redaktion bzw. der Veranstaltergemeinschaft in diesem Ausnahmefall eher, als die von Rath-Glawatz geforderte vorherige Abstimmung mit der Betriebsgesellschaft.

5. Gegenseitige Teilnahmerechte sowie Informations- und Stillschweigepflichten

Das LRG NW enthält als allgemeine gesetzliche Pflichten nur die Duldung einer Teilnahme eines Vertreters der anderen Säule an Sitzungen der eigenen Organe. Die gesetzlich geregelten Teilnahmerechte werden in den Musterverträgen und den Kooperationsverträgen der Praxis durch Vertragsklauseln über die Art und Weise dieser Teilnahme und den Umfang der gegenseitigen Informationspflichten konkretisiert. Hiermit verbunden werden Abreden über ein wechselseitiges Stillschweigen.

a. Gegenseitige Teilnahmerechte sowie Informations- und Stillschweigepflichten in den Musterverträgen

Auch in bezug auf das wechselseitige Teilnahmerecht finden sich unterschiedliche Regelungsmodelle in den Musterverträgen. Die A-Muster enthalten lediglich einen Hinweis auf die gesetzliche Regelung des § 26 Abs. 4 LRG NW und verzichten auf Konkretisierungen der Art und des Umfangs des Teilnahmerechts eines Vertreters der Betriebsgesellschaft an Sitzungen der Veranstaltergemeinschaft.[233] Hinsichtlich der spiegelbildlichen Teilnahme findet sich in einem der A-Vertragsmuster der Versuch, die Organe näher zu bestimmen, an denen ein Vertreter der Veranstaltergemeinschaft teilnehmen kann. Genannt werden hier die Gesellschafterversammlung, der Vorstand bzw. die Geschäftsführung und gegebenenfalls der Beirat der entsprechenden Gesellschaften. Zugleich wird bestimmt, daß die Betriebsgesellschaft diese Teilnahmeberechtigungen im Gesellschaftsvertrag vertraglich abzusichern hat.[234]

Die A-Musterverträge sehen ferner eine Verpflichtung der Betriebsgesellschaft vor, der Veranstaltergemeinschaft alle gewünschten Informationen zu erteilen, die im Zusammenhang mit der organisatorischen und wirtschaftlichen Gewährleistung des gesetzlichen Auftrags der Betriebsgesellschaft stehen.[235] Ihr soll hierbei auch Akteneinsicht zu gewähren sein. Darüber hinaus wird eine vertragliche Pflicht der Betriebsgesellschaft angeregt,

---

233 Hirsch-Vertrag, § 3 Abs. 2; VLR-Vertrag, § 4 Abs. 2.

234 SGK-Vertrag, § 12. Nur durch eine derartige gesellschaftsrechtliche Vereinbarung könne sichergestellt werden, daß keiner der Gesellschafter der Betriebsgesellschaft gegen die Anwesenheit des Vertreters der Veranstaltergemeinschaft Widerspruch erheben kann, vgl. SGK, Lokaler Rundfunk II, S. 84.

235 Hirsch-Vertrag, § 4 Abs. 2; VLR-Vertrag, § 5 Abs. 9.

ohne besondere Aufforderung jährlich binnen angemessener Frist die „Bilanzen und die Gewinn- und Verlustrechnung" der Veranstaltergemeinschaft zur Kenntnisnahme zu übersenden.[236] Im umgekehrten Fall der Information über die Veranstaltergemeinschaft beläßt es diese Vertragsgruppe bei der allgemein gehaltenen Verpflichtung, die Betriebsgesellschaft „im Rahmen der Verfolgung des gemeinsamen Vertragszwecks umfassend zu informieren."[237]

Den jeweiligen Teilnahme- und Informationsrechten fügen die A-Verträge eine wechselseitige Stillschweigeverpflichtung bei, die auf personenbezogene Daten sowie Betriebs- und Geschäftsgeheimnisse der jeweils anderen Vertragsseite beschränkt bleibt.[238] Der Grund für eine in dieser Weise eng begrenzte Verschwiegenheitsklausel wird hier in der gesellschaftlichen Kontrolle des lokalen Hörfunks gesehen, die eine Transparenz nach außen erfordere.[239] In einem A-Vertragsmuster wird darüber hinaus festgelegt, daß die Verschwiegenheitsverpflichtung der Veranstaltergemeinschaft nur im Verhältnis zu Dritten Geltung erlangen soll, damit der entsprechende Vertreter der Veranstaltergemeinschaft über die ihm bekannt gewordenen Tatsachen den Organen seines Vereins ungehindert berichten kann.[240]

Von diesen vertraglichen Regelungen weichen die Vorstellungen der B-Muster zum Teil erheblich ab. So wird hier das Teilnahmerecht der Betriebsgesellschaft nicht auf die gesetzlich vorgeschriebenen Gremien Mitgliederversammlung und Vorstand beschränkt, sondern auf Ausschüsse des Vereins erweitert.[241] Anders als die A-Muster verzichtet diese Gruppe von Musterverträgen auf nähere Informationspflichten der Betriebsgesellschaft und formuliert allein Pflichten der Veranstaltergemeinschaft. Hierbei sollen der Betriebsgesellschaft zunächst die notwendigen Auskünfte für die Überprüfung der sparsamen und wirtschaftlichen Mittelverwendung erteilt und die entsprechenden Unterlagen vorgelegt werden.[242] Darüber hinaus fordert ein Mustervertrag die unverzügliche Überlassung aller Unterlagen der Veranstaltergemeinschaft, die sich auf Vorgänge oder auf Umstände beziehen, aus denen die Landesanstalt für Rundfunk aufsichtliche Maßnahmen im Sinne des § 10 LRG NW geltend macht oder in deren Zusammenhang der Veranstaltergemeinschaft eine Beratung angeboten wird.[243] Hinsichtlich der

---

236 Ebd.

237 Hirsch-Vertrag, § 9 Abs. 3; VLR-Vertrag, § 1 Abs. 3.

238 Hirsch-Vertrag, § 3 Abs. 4 und § 9 Abs. 3; VLR-Vertrag, § 4 Abs. 4 und § 1 Abs. 3.

239 Vgl. Hirsch, Zulassungskriterien für lokale Hörfunkanbieter, S. 81.

240 SGK-Vertrag, § 12. Vgl. zur Begründung SGK, Lokaler Rundfunk II, S. 84.

241 VRWZ-Vertrag, § 2 6. Spiegelstrich.

242 VRWZ-Vertrag, § 2 5. Spiegelstrich; Rath-Glawatz-Vertrag, § 10 Abs. 8 mit abweichender Formulierung.

243 Rath-Glawatz-Vertrag, § 6 Abs. 3.

Schweigepflichten der Vertragsparteien enthalten die Musterverträge der B-Gruppe lediglich Vertragsklauseln über eine Geheimhaltungspflicht der Veranstalter, während die Betriebsgesellschaft in ihrem Umgang mit Informationen frei bleiben soll. Anders als die A-Musterverträge wollen die B-Muster Stillschweigen für alle die Vorgänge der Betriebsgesellschaft festschreiben, an deren Geheimhaltung die Betriebsgesellschaft „ein Interesse“[244] bzw. ein „berechtigtes Interesse“[245] hat.

b. Stellungnahme der Landesanstalt für Rundfunk

Die Landesanstalt für Rundfunk stellt für die vertragliche Ausgestaltung des Teilnahmerechts eines Vertreters der Betriebsgesellschaft an Sitzungen der Veranstaltergemeinschaft fest, daß eine Ausweitung der Teilnahme auf Ausschüsse des Vereins keinen rechtlichen Bedenken begegne, da § 26 Abs. 4 LRG NW nicht als abschließende Regelung aufzufassen sei. Es sei vielmehr so, daß nach Sinn und Zweck der gesetzlichen Regelung ein umfassender Informationsfluß zwischen den Parteien zu erfolgen habe. Aus diesem Grunde seien auch vertragliche Vereinbarungen, die vorsehen, daß die Veranstaltergemeinschaft die Pflicht hat, der Betriebsgesellschaft Informationen zur Überprüfung der sparsamen und wirtschaftlichen Mittelverwendung bereitzustellen, als förderlich aufzufassen.

Für eine sachgerechte Ausübung des Teilnahmerechts der Veranstaltergemeinschaft an Sitzungen der Betriebsgesellschaft müßten dem betreffenden Mitglied alle zur Sitzungsvorbereitung erforderlichen Unterlagen zur Verfügung gestellt werden. Darüber hinaus folge aus dem gesetzlich intendierten Informationsaustausch auch das vertraglich zu realisierende Recht, zu einzelnen Fragen ergänzende Auskünfte zu erlangen. Die bloße Vorlage eines Jahresabschlusses der Betriebsgesellschaft reiche für die Erfüllung der Informationspflicht gegenüber der Veranstaltergemeinschaft nicht aus.[246]

c. Gegenseitige Teilnahmerechte sowie Informations- und Stillschweigepflichten in den Kooperationsverträgen der untersuchten Verbreitungsgebiete

Das Teilnahmerecht der Veranstaltergemeinschaft wird lediglich in einem Teil der Kooperationsverträge in den 24 untersuchten Verbreitungsgebieten näher ausgestaltet und konkretisiert. Hierbei wird dem teilnehmenden Mitglied über das reine Teilnahmerecht hinaus in 14 Verträgen ausdrücklich eine „beratende Stimme“ eingeräumt. Drei Verträge erweitern das Teilnah-

---

244 VRWZ-Vertrag, § 2 4. Spiegelstrich.

245 § 2 Abs. 4 Rath-Glawatz-Vertrag.

246 Vgl. zum Ganzen die Stellungnahme der LfR auf der Grundlage der Sitzung des Ausschusses für lokalen Rundfunk vom 03.10.1989, S. 6 ff.

merecht der Veranstaltergemeinschaft durch das Recht, außerordentliche Gesellschafterversammlungen dann einzuberufen, wenn dies „im Interesse einer gedeihlichen Zusammenarbeit erforderlich ist".[247] Der Anregung des Vertragsmusters der SGK, die Organe ausdrücklich anzuführen, an deren Sitzungen ein Teilnahmerecht besteht, ist keiner der ausgewerteten Verträge gefolgt.[248]

Das spiegelbildliche Teilnahmerecht eines Vertreters der Betriebsgesellschaft wird zunächst in neun Verbreitungsgebieten entsprechend den Vorschlägen eines B-Vertrages auf Ausschußsitzungen erweitert. Eine Teilnahme mit beratender Stimme ist hier, anders als im umgekehrten Fall, nur in sieben Verträgen vorgesehen.[249] Parallelen zur umgekehrten Regelung finden sich auch in der Vereinbarung eines Rechts der Betriebsgesellschaft zur Einberufung einer außerordentlichen Mitgliederversammlung der Veranstaltergemeinschaft, das in fünf Verbreitungsgebieten vorgesehen ist[250].

Hinsichtlich der wechselseitigen Informationspflichten der Vertragsparteien läßt sich eine Tendenz erkennen, nach der von den in den Musterverträgen bzw. von der Landesanstalt für Rundfunk angeregten vertraglichen Pflichten stärker diejenigen realisiert werden, die die Veranstaltergemeinschaft betreffen. So realisieren nur neun der 24 ausgewerteten Verträge die von der Landesanstalt für Rundfunk als verbindliche Pflicht der Betriebsgesellschaft vorgegebene Überlassung aller zur Sitzung erforderlichen Unterlagen und nur noch sechs Verträge das Recht der Veranstaltergemeinschaft, zu einzelnen Fragen ergänzende Auskünfte zu verlangen. Die besonders bedeutsame Frage der Information über die wirtschaftliche Entwicklung der Betriebsgesellschaft wird in elf Verbreitungsgebieten dahingehend gelöst, daß *dem Vertreter* der Veranstaltergemeinschaft die jährlichen Bilanzen mit Lagebericht sowie die Gewinn- und Verlustrechnung „vorzulegen" bzw. „zur Kenntnis zu bringen" sind. In lediglich einem Verbreitungsgebiet findet sich eine Regelung, nach der die Betriebsgesellschaft diese Unterlagen, wie von den A-Verträgen angeregt, *dem Vorstand* der Veranstaltergemein-

---

247 Bonn, Köln und im Verbreitungsgebiet Oberbergischer Kreis/Rheinisch-Bergischer Kreis.

248 Vgl. allerdings die Regelung im Muster-Gesellschaftsvertrag der KG der als GmbH und Co. KG gegründeten Betriebsgesellschaften, die ein Teilnahmerecht des Vertreters der Veranstaltergemeinschaft an der Gesellschafterversammlung der KG vorsieht, § 16 Abs. 4 des KG-Mustervertrages, vgl. § 4 II. 2. c.

249 Auffällig ist, daß anders als im umgekehrten Fall die Verträge der von der WAZ dominierten Betriebsgesellschaften eine derartige Regelung nicht enthalten, so daß dort der Vertreter der Betriebsgesellschaft ohne beratende Stimme und der Vertreter der Veranstaltergemeinschaft mit beratender Stimme ausgestattet ist. Eine Ausnahme gilt hier nur für den Hochsauerlandkreis, in dem in beiden Fällen eine beratende Stimme nicht vorgesehen ist.

250 Dies sind mit Bonn, Köln und dem Verbreitungsgebiet Oberbergischer Kreis/Rheinisch-Bergischer Kreis diejenigen, die dieses Recht auch der Veranstaltergemeinschaft eingeräumt haben. Hinzu kommen Düsseldorf und Leverkusen.

schaft „zur Kenntnisnahme *zu übersenden* hat".[251] Die übrigen Kooperationsverträge enthalten keine Aussagen zu diesem Themenkomplex.

Auf der anderen Seite wird die Veranstaltergemeinschaft fast ausnahmslos dazu verpflichtet, der Betriebsgesellschaft die zur Überprüfung der sparsamen und wirtschaftlichen Mittelverwendung notwendigen Auskünfte zu erteilen.[252] Diese Pflicht wird in elf Verträgen mit der Pflicht verbunden, die hierzu erforderlichen Unterlagen auf Verlangen auch vorzulegen.[253]

Auch hinsichtlich der gegenseitigen Stillschweigepflichten ist festzustellen, daß die Veranstaltergemeinschaft im weit größerem Umfang vertraglich zur Diskretion verpflichtet wird als im umgekehrten Fall die Betriebsgesellschaft.[254] Die entsprechenden vertraglichen Pflichten werden für beide Vertragsparteien der Vorstellungen der A-Muster entsprechend in einigen Fällen eng gefaßt und auf Betriebs- und Geschäftsgeheimnisse oder personenbezogene Daten begrenzt.[255]

d. Zwischenergebnis

Festzustellen ist zunächst, daß die Kooperationsverträge insgesamt in weit größerem Umfang die Veranstaltergemeinschaft als die Betriebsgesellschaft zur Abgabe von Informationen und zur Einbeziehung in die Organisation der jeweils anderen Seite verpflichten. Hierdurch wird die Veranstaltergemeinschaft im höheren Maß für die Betriebsgesellschaft transparent, als dies in der Regel umgekehrt der Fall ist.

Die Betriebsgesellschaften haben beinahe in allen Verbreitungsgebieten die vertragliche Möglichkeit, alle gewünschten Informationen über die Ge-

---

251 So in Siegen-Wittgenstein.

252 Diese Regelung fehlt lediglich in Düsseldorf und Herford.

253 Diese Regelung fehlt u.a. in den WAZ-Verträgen.

254 Während die Veranstaltergemeinschaft mit 22 Fällen in nahezu allen Verträgen zum Stillschweigen verpflichtet wird (eine Ausnahme gilt hier nur für Herford und den Märkischen Kreis), ist ein entsprechender Inhalt nur in neun Verträgen für die Betriebsgesellschaft festgehalten.

255 Entsprechend begrenzte Schweigeklauseln enthalten 3 Verträge für die Betriebsgesellschaft und 14 Verträge für die Veranstaltergemeinschaft. Im Zusammenhang mit den vertraglichen Verschwiegenheitsverpflichtungen der Veranstaltergemeinschaften ist in der Praxis offenbar die Frage entstanden, ob die Daten der Wirtschafts- und Stellenpläne von dieser Regelung erfaßt sind oder an Dritte, insbesondere andere Veranstaltergemeinschaften, weitergegeben werden können. Zitiert wird die Auffassung der Betriebsgesellschaften, die aus dem Umstand, daß die Pläne wirtschaftliche Daten enthalten, folgern sollen, daß über diese von der Seite der Veranstaltergemeinschaft auch Stillschweigen zu wahren ist. Dieser Argumentation ist ein Mitglied einer Veranstaltergemeinschaft mit dem Argument entgegengetreten, daß die Pläne wirtschaftliche Daten enthielten, die aber nicht der Betriebsgesellschaft, sondern der Veranstaltergemeinschaft zuzuordnen wären und somit von dieser nach Belieben veröffentlicht werden könnten, vgl. zu hierzu Pahde-Syrbe, Zu „Aufbauphase geht in die letzte Runde", VLR-Info Nr. 6/1991, S. 7.

schäftsführung der Veranstaltergemeinschaft und damit die Verwendung der von ihr geleisteten finanziellen Mittel zu erlangen.[256] Darüber hinaus besteht für sie in vielen Fällen das Recht, bestehende Unterlagen einzusehen. Einen erheblich begrenzteren Einblick sehen die Verträge hingegen in den Geschäftsbetrieb der Betriebsgesellschaft vor. Hier ist in nicht einmal der Hälfte der Verbreitungsgebiete und dann auch nur ein Vertreter der Veranstaltergemeinschaft ausdrücklich berechtigt worden, Einsicht in die wirtschaftlichen Unterlagen der Betriebsgesellschaft zu nehmen. Allein in einem Verbreitungsgebiete besteht dabei das Recht, diese Unterlagen durch Übersendung auch ausgehändigt zu bekommen. In den übrigen Verbreitungsgebieten kann der Vertreter einen Einblick nur dann erhalten, wenn die Unterlagen Gegenstand einer Organsitzung der Betriebsgesellschaft sind. Weitreichendere Vorstellungen der A-Musterverträge, aber auch der Landesanstalt für Rundfunk, konnten sich in diesem Themenkomlex offenbar nur inhaltlich zurückgenommen und auch nicht durchgängig durchsetzen.[257]

Die festgestellte unterschiedliche Transparenz der Säulen findet in der gesetzlichen Konstruktion des nordrhein-westfälischen Lokalfunkmodells keine sachliche Begründung, da die Überprüfung der Grundsätze der Wirtschaftlichkeit und Sparsamkeit in der Geschäftsführung der Veranstaltergemeinschaft als Äquivalent der Finanzierungspflicht der Betriebsgesellschaft ebenso unerläßlich erscheint wie umgekehrt die detaillierte Kenntnis der wirtschaftlichen Situation der Betriebsgesellschaft. Die Kenntnis über die wirtschaftlichen Erfolge oder Mißerfolge der Betriebsgesellschaft sind von zentraler Bedeutung, vor allem für die alljährliche Aushandlung der Wirtschafts- und Stellenpläne. Mögliche Bedenken, die sich im Hinblick auf eine Veröffentlichung geschäftsbezogener Daten gegenüber Dritten ergeben könnten, kann, wie von der Praxis bereits durchgeführt, durch die Konstituierung von Geheimhaltungspflichten für die Informationsträger begegnet werden.

256 Die Betriebsgesellschaften werden von diesem Recht aber zumindest vorerst kaum Gebrauch machen müssen, weil sie die Geschäftsführung der Veranstaltergemeinschaft im Wege der Geschäftsbesorgung ohnehin selbst übernommen haben. Hier stellt sich unter Umständen das Problem, ob und gegebenfalls wie die Veranstaltergemeinschaft über ihre eigene Geschäftsführung informiert wird. So weist ein Mitglied einer Veranstaltergemeinschaft im Interview mit den Autoren daraufhin, daß die Anstellungsverträge der Beschäftigten der VG „noch nie ein einfaches Mitglied der Veranstaltergemeinschaft zu Gesicht bekommen" habe.

257 Vgl. hierzu auch die Beobachtungen von Hirsch, Zwei-Säulen-Modell für den lokalen Hörfunk, RuF 1990, S. 180.

6. *Programmproduktion und Programmrechte*

Die Musterverträge bzw. die Verträge der 24 untersuchten Verbreitungsgebiete enthalten weiter Regelungen über die Behandlung der Programmproduktion und der Programmrechte des lokalen Senders.

a. Programmproduktion und Programmrechte in den Musterverträgen

Die Musterverträge entwickeln wiederum abweichende Vorstellungen, die zunächst die vertragliche Behandlung der urheberrechtlichen Nutzungsrechte und damit die wirtschaftliche Verwertung der lokalproduzierten Programme und Programmteile betreffen.

Die A-Muster regen eine wirtschaftliche Verwertung der bei der Produktion des lokalen Hörfunkprogramms entstehenden Programmrechte durch die Veranstaltergemeinschaft an, die dadurch gewährleistet werden soll, daß der Veranstaltergemeinschaft von den redaktionellen Urhebern mit Abschluß der Erstverbreitung alle Nutzungsrechte übertragen werden.[258] Die bei einer Verwertung erzielten Erlöse sollen nach Abzug einer angemessenen Beteiligung der Urheber[259] in den Wirtschafts- und Stellenplan einzustellen [260] oder an die Betriebsgesellschaft abzuführen sein.[261] Zur Begründung dieser vertraglichen Regelung wird angeführt, daß die wirtschaftliche Verwertung des produzierten Programms so eng mit der Programmgestaltung zusammenhänge, daß die Betriebsgesellschaft hierauf keinen Einfluß haben sollte.[262]

Eine wirtschaftliche Verwertung durch die Betriebsgesellschaft schlagen hingegen die B-Muster vor. Hier ist vorgesehen, daß die Veranstaltergemeinschaft in den Arbeitsverträgen mit den redaktionellen Beschäftigten oder sonstigen für die Sendung verantwortlichen Mitarbeitern vereinbaren muß, daß diese alle Nutzungsrechte mit der Erstverbreitung der Programme an die Betriebsgesellschaft zu übertragen haben. Zu übertragen sind ferner die zugleich bei der Veranstaltergemeinschaft entstehenden Programmrechte.[263] Die B-Muster wollen den redaktionellen Urhebern einen „angemessenen Anteil" am Erlös der Weiterübertragung ihrer Beiträge gewähren, der von der Betriebsgesellschaft an die Mitarbeiter der Veranstaltergemeinschaft ausgezahlt werden soll.[264] Die programmlichen Interessen der Veranstaltergemeinschaft wollen diese Muster dadurch wahren, daß sie

258 VLR-Vertrag, § 7 Abs. 4; vgl. SGK-Vertrag, § 14; Hirsch-Vertrag, § 14.
259 VLR-Vertrag, § 7 Abs. 4; SGK-Vertrag, § 14; Hirsch-Vertrag, § 14.
260 SGK-Vertrag, § 14; Hirsch-Vertrag, § 14.
261 VLR-Vertrag, § 7 Abs. 4.
262 SGK, Lokaler Rundfunk II, S. 85, 86.
263 Rath-Glawatz-Vertrag, § 14 Abs. 4 und 6; VRWZ-Vertrag, § 7 Abs. 2.
264 Ebd.

ein Recht der Veranstaltergemeinschaft vorsehen, die Programme und Programmteile, auch im Fall einer Veräußerung an Dritte, uneingeschränkt erneut verbreiten zu können.[265] Zeigt eine Veranstaltergemeinschaft ihr Interesse an einer exklusiven Nutzung einzelner Programmteile an, so soll dieser Nutzung im VRWZ-Muster darüber hinaus Vorrang vor einer Übertragung auf Dritte zukommen.[266]

Ein weiterer Regelungsinhalt der Musterverträge ist die Programmproduktion des lokalen Senders. Sie ist in den A-Mustern mit Ausnahme der Übernahme eines gemeinsam produzierten Rahmenprogramms alleinige Sache der Veranstaltergemeinschaft, die insbesondere für die Eingehung und Gestaltung von Kooperationen im Bereich der Programmherstellung zuständig sein soll. Die Betriebsgesellschaft bleibt hier auf ein Anhörungsrecht beschränkt.[267] Demgegenüber erlauben die B-Muster die Herstellung von Fremdproduktionen oder Auftragsproduktionen für andere Veranstaltergemeinschaft oder sonstige Anbieter von Rundfunkprogrammen durch die Veranstaltergemeinschaft nur dann, wenn die Betriebsgesellschaft hierzu ihre Zustimmung erklärt.[268] Die wirtschaftlichen Bedingungen der Kooperation sind dann von der Betriebsgesellschaft festzulegen.[269]

b. Stellungnahme der Landesanstalt für Rundfunk

Die Landesanstalt für Rundfunk stellt zunächst fest, daß das LRG NW als Äquivalent der Finanzierung durch die Betriebsgesellschaft die Verpflichtung konstituiert, Werbung nur von der Betriebsgesellschaft zu übernehmen. Nach dieser gesetzlichen Wertentscheidung ist hingegen nicht vorgesehen, daß die Veranstaltergemeinschaft darüber hinaus verpflichtet ist, eine Einkunftserzielung aus der wirtschaftlichen Verwertung von Programmen bzw. Programmteilen zu gewährleisten. Die Übertragung von Nutzungsrechten auf die Betriebsgesellschaft sei allerdings grundsätzlich möglich, dürfe aber die Dispositionsfreiheit der Veranstaltergemeinschaft im programmlichen Bereich nicht beeinträchtigen. Dies bedeute, daß der Veranstaltergemeinschaft die Möglichkeit erhalten bleiben müsse, auf ihre früheren Beiträge zugreifen zu können.

Programmproduktionen der Veranstaltergemeinschaft für das eigene Programm sind nach Auffassung der Anstalt grundsätzlich Sache der Veranstaltergemeinschaft. Zustimmungserfordernisse dürften demnach nur für

265 Rath-Glawatz-Vertrag, § 14 Abs. 4; VRWZ-Vertrag, § 7 Abs.2.
266 VRWZ-Vertrag, § 7 Abs.2.
267 VLR-Vertrag, § 7 Abs. 1, 5; Hirsch-Vertrag,§ 11 Abs. 1. Im SGK-Vertrag fehlt eine Regelung dieses Sachverhalts.
268 Rath-Glawatz, § 14 Abs. 1; VRWZ-Vertrag, § 7 Abs. 1.
269 VRWZ-Vertrag, § 7 Abs. 1.

solche Produktionen vereinbart werden, die nicht im Rahmen dieses Programms gefertigt würden. Hier sei eine Einwilligung der Betriebsgesellschaft sogar notwendig, da eine solche Programmproduktion über die vom Gesetz geforderte Aufgabe der Veranstaltergemeinschaft hinausgehe.[270]

c. Programmproduktion und Programmrechte in den abgeschlossenen Kooperationsverträgen

Die 24 ausgewerteten Kooperationsverträge entscheiden sich in der rechtlichen Behandlung der Nutzungsrechte an den Programmen bzw. Programmteilen einheitlich für eine Übertragung der Rechte auf die Betriebsgesellschaft und damit im Sinne der B-Muster. Die Veranstaltergemeinschaft ist damit von der wirtschaftlichen Verwertung der Programmrechte ausgeschlossen; ihr werden lediglich in zwei Verträgen ein Anhörungsrecht[271] oder ein Vetorecht zugebilligt.[272] Als Ergänzung verpflichten zwei weitere Verträge die Betriebsgesellschaft, die Nutzungsrechte vorbehaltlich eines Falles begründeter Einwände gegen einen Verkauf auch wirklich zu verkaufen.[273] In einem Vertrag ist eine Klausel aufgenommen worden, nach der eine Verwertung „nicht aus publizistischen Gründen“ scheitern dürfe.[274]

Die erzielten Erlöse sollen in acht Fällen durch angemessene Vergütungen zumindest zum Teil an die redaktionellen Urheber ausgezahlt sowie in weiteren 14 Verträgen in den Wirtschafts- und Stellenplan eingestellt werden, um insoweit in die Finanzierung des Programms zurückzufließen. Die von der Anstalt eingeforderte Berücksichtigung der programmlichen Interessen der Veranstaltergemeinschaft bei der Verwertung ist in 20 Verträgen im Sinne eines Rechtes verankert worden, die Beiträge im eigenen Verbreitungsgebiete jederzeit wiederholen zu können.[275] Als Zusatz oder anstelle dieser Regelung ist ebenfalls in 20 Verbreitungsgebieten ein exklusives Ausstrahlungsrecht der Veranstaltergemeinschaft dann vorgesehen, wenn sie ein entsprechendes Interesse der Betriebsgesellschaft mitteilt.[276]

---

270 Vgl. zum Ganzen die Stellungnahmen der LfR auf der Grundlage der Sitzung vom 03.10.1989, S. 11 sowie vom 31.10.1989, S. 1, 2.

271 So in Düsseldorf.

272 So der Vertrag in Soest.

273 Coesfeld und Hamm.

274 So in Hagen. Dies ist insoweit besonders bemerkenswert, als daß alle anderen Verträge aus dem von der WAZ dominierten Bereich diese Klausel nicht enthalten.

275 Diese Regelung fehlt in Düsseldorf, in Leverkusen, im Rheinisch-Bergischen Kreis/Oberbergischen Kreis sowie in Siegen-Wittgenstein.

276 Diese Regelung fehlt in Düsseldorf, Herford, Mettmann und Mönchengladbach. Ein Vergleich mit der vorstehenden Fußnote zeigt, daß demnach nur in Düsseldorf Klauseln über die Berücksichtigung der Programminteressen der Veranstaltergemeinschaft insgesamt fehlen.

Im Bereich der Programmproduktionen folgen die Verträge in ihrer Gesamtheit den Vorschlägen der B-Musterverträge und den Hinweisen der Landesanstalt für Rundfunk. Außerhalb der Produktion des lokalen Hörfunkprogramms ist in allen Verbreitungsgebieten für jedwede Programmproduktion für Dritte die Zustimmung der Betriebsgesellschaft erforderlich. Vierzehn Verträge enthalten die zusätzliche Kompetenz der Betriebsgesellschaft, hierbei die wirtschaftlichen Rahmenbedingungen der Produktionen festzulegen.

d. Zwischenergebnis

Festzustellen ist, daß im Bereich der Programmrechte und der Programmproduktion insgesamt Regelungen getroffen wurden, die vorrangig die wirtschaftlichen Interessen der Betriebsgesellschaft berücksichtigen, ohne allerdings zugleich die programmlichen Aufgaben der Veranstaltergemeinschaft aus dem Auge zu verlieren.

Die Verträge entscheiden sich für die von den B-Verträgen angeregte wirtschaftliche Verwertung der Programmrechte durch die Betriebsgesellschaft. Hierbei werden die Interessen der Veranstaltergemeinschaften als Produzentin des Programms durch das vereinbarte Recht berücksichtigt, die betreffenden Programme oder Programmteile zu wiederholen oder sogar für eine Zeit exklusiv nutzen zu können. Zu bemerken ist allerdings, daß an dieser Stelle die Landesanstalt für Rundfunk zugunsten der Interessen der Veranstaltergemeinschaft aktiv geworden ist.

Die in den Verträgen konstituierten Zustimmungserfordernisse für Fremdproduktionen der Veranstaltergemeinschaft stellen die wirtschaftlichen Interessen der Betriebsgesellschaft als Geldgeberin in den Vordergrund; ein entsprechendes Zustimmungserfordernis ist für die Produktion eines Rahmenprogramms gesetzlich vorgeschrieben.[277] Die Klauseln erlangen insbesondere Bedeutung bei der Vereinbarung von Programmkooperationen mit anderen Verbreitungsgebieten, die hierdurch an die Zustimmung durch die Betriebsgesellschaft gebunden und der Entscheidungskompetenz der Veranstaltergemeinschaft entzogen werden.

7. Kündigung und Kündigungsfolgen

Das letzte wichtige Regelungsfeld im Innenverhältnis zwischen Veranstaltergemeinschaft und Betriebsgesellschaft ist die vertragliche Ausgestaltung der Kündigung des Kooperationsvertrages und der hiermit verbundenen Rechtsfolgen.

---

277 § 30 Abs. 2 LRG NW.

a. Kündigung und Kündigungsfolgen in den Musterverträgen

Modifizierende Vertragsabreden im Bereich der im LRG NW allein geregelten ordentlichen Kündigung des Kooperationsvertrages gemäß § 29 Abs. 2 Satz 1, Abs. 7 LRG NW finden sich lediglich im Mustervertrag von Rath-Glawatz, der die Ausübung dieses Rechtes für die ersten beiden Vertragsjahre ausschließt.[278]

Das Recht zur außerordentlichen Kündigung wird nur von B-Verträgen behandelt. Hier soll eine außerordentliche Kündigung dann eingreifen, wenn schwerwiegende Vertragsverletzungen einer der Vertragsparteien vorliegen.[279] Als schwerwiegend werden insbesondere ein Lizenzverlust der Veranstaltergemeinschaft oder die Einleitung eines Konkurs- bzw. Vergleichsverfahrens gegen die Betriebsgesellschaft aufgefaßt. Die Betriebsgesellschaft kann weiter dann außerordentlich kündigen, wenn die Veranstaltergemeinschaft den Wirtschafts- und Stellenplan überzieht oder sich „durch Handlungen oder Unterlassungen Ansprüchen Dritter oder aufsichtlicher Befugnisse der Landesanstalt für Rundfunk aussetzt".[280] Wie im Fall einer ordentlichen Kündigung gesetzlich vorgeschrieben, soll auch im Falle einer außerordentlichen Kündigung eine Anzeige an die Landesanstalt für Rundfunk erforderlich sein.[281]

Die Muster bemühen sich dagegen in ihrer Gesamtheit um die vertragliche Ausgestaltung der Kündigungsfolgen. Hier sehen die Vertragsentwürfe zunächst vor, daß die Betriebsgesellschaft auch nach Beendigung des Vertrages die Veranstaltergemeinschaft von allen Verbindlichkeiten freizustellen hat.[282] Die Veranstaltergemeinschaft soll sich allerdings in zwei der A-Musterverträge verpflichten, im Falle einer Fortsetzung der Veranstaltung lokalen Rundfunks mit einer neuen Betriebsgesellschaft sicherzustellen, daß die neue Gesellschaft die Verbindlichkeiten übernimmt.[283] Der Mustervertrag der Sozialdemokratischen Gemeinschaft für Kommunalpolitik beschränkt sich auf eine Pflicht der Veranstaltergemeinschaft, sich um die

278 Rath-Glawatz-Vertrag, § 16 Abs. 1.

279 VRWZ-Vertrag, § 12 Abs. 2, 3; Rath-Glawatz-Vertrag, § 16.

280 Rath-Glawatz-Vertrag, § 16 Abs. 4.

281 VRWZ-Vertrag, § 12 Abs. 2; Rath-Glawatz-Vertrag, § 16 Abs. 5, vgl. § 29 Abs. 7 Nr.1 Satz 1 LRG NW.

282 Hirsch-Vertrag, § 17 Abs. 2; SGK-Vertrag, § 8 Satz 1; VLR-Vertrag, § 13 Abs. 2; VRWZ-Vertrag, § 12 Abs. 4; Rath-Glawatz-Vertrag, § 17 Abs. 4. Der Vertrag von Rath-Glawatz verpflichtet die Veranstaltergemeinschaft allerdings zugleich, ihre Verbindlichkeiten durch Kündigung aller Verträge, insbesondere der Arbeitsverträge, so gering wie möglich zu halten, Rath-Glawatz-Vertrag, § 17 Abs. 4.

283 Hirsch-Vertrag, § 17 Abs. 3; VLR-Vertrag, § 13 Abs. 3.

Übernahme der Verbindlichkeiten durch den neuen Vertragspartner zu bemühen.[284] Die B-Muster behandeln diesen Fall gar nicht.

Im Hinblick auf die Programmrechte ergibt sich eine Varianz in den Musterverträgen bereits durch die unterschiedliche Zuordnung der wirtschaftlichen Verwertung der Rechte.[285] Die A-Muster sehen hier eine Übertragung aller Nutzungsrechte auf die Veranstaltergemeinschaft vor, die diese auch im Falle einer Vertragsbeendigung weiter innehaben soll. Etwas anderes gilt für die B-Muster, nach denen bereits im laufenden Geschäftsbetrieb die Programmrechte, mit Ausnahme eines Rechtes zur Wiederholung oder Exklusivausstrahlung, auf die Betriebsgesellschaft übertragen werden. Endet das Vertragsverhältnis, sehen diese Musterverträge einen Übergang auch dieser bei der Veranstaltergemeinschaft verbliebenen Rechte vor, so daß die Veranstaltergemeinschaft keinerlei Zugriff auf das von ihr produzierte Programm mehr haben würde.[286]

b. Stellungnahme der Landesanstalt für Rundfunk

Die Stellungnahme der Landesanstalt für Rundfunk enthält im Zusammenhang mit der Kündigung des Kooperationsvertrages zunächst die Feststellung, daß eine Regelung, nach der die Veranstaltergemeinschaft gehalten ist, bestehende Verbindlichkeiten durch eine neue Betriebsgesellschaft übernehmen zu lassen, unzulässig sei. Möglich sei lediglich eine Pflicht, auf diese Übernahme hinzuwirken. Dies ergebe sich aus der rundfunkrechtlich garantierten Dispositionsfreiheit der Veranstaltergemeinschaft, die auch den Abschluß eines neuen Vertrages umfasse.

Ferner müsse für den Fall einer Beendigung des Vertragsverhältnisses zwischen Veranstaltergemeinschaft und Betriebsgesellschaft in geeigneter Weise vertraglich sichergestellt sein, daß die Veranstaltergemeinschaft dann, wenn sie Lizenznehmerin bleibt, die von ihr produzierten Programme uneingeschränkt auch weiterhin nutzen kann.[287]

c. Kündigung und Kündigungsfolgen in den abgeschlossenen Kooperationsverträgen

Vertragliche Modifikationen der ordentlichen Kündigung gemäß § 29 Abs. 2, Abs. 7 LRG NW enthalten nur vier Verträge, die die Ausübung des Kündigungsrechts für einen Zeitraum von zwei bis fünf Jahren nach Vertrags-

---

284 SGK-Vertrag, § 8 Satz 4.

285 Vgl. oben 6. a.

286 VRWZ-Vertrag, § 12 Abs. 5; Rath-Glawatz-Vertrag, § 17 Abs. 1.

287 Vgl. zum Ganzen die Stellungnahmen der LfR auf der Grundlage der Sitzung vom 03.10.1989, S. 12 sowie vom 31.10.1989, S. 2.

schluß ausschließen.[288] Alle Verträge regeln hingegen ein außerordentliches Kündigungrecht, das sowohl Veranstaltergemeinschaft als auch Betriebsgesellschaft „bei schwerwiegenden Vertragsverstößen" zustehen soll. Das Recht zur außerordentlichen Kündigung durch die Veranstaltergemeinschaft besteht in zehn Verträgen insbesondere im Fall der Eröffnung eines Konkurs- bzw. Vergleichsverfahrens gegen die Betriebsgesellschaft und in zwei Verträgen im Fall der Nichterfüllung der vertraglichen Verpflichtungen vor allem im Hinblick auf die Wirtschafts- und Stellenpläne.[289] Außerordentliche Kündigungen durch die Betriebsgesellschaft sind in 21 Verträgen bei Lizenzverlust der Veranstaltergemeinschaft sowie in vier Verträgen dann möglich, wenn die Übernahme eines Rahmenprogramms bzw. die gesetzlich geforderte Zustimmung der Betriebsgesellschaft hierzu nicht zustandekommt. Die Verträge sehen ohne Ausnahme eine Information der Landesanstalt für Rundfunk auch für die außerordentliche Kündigung vor.

Ebenfalls ausnahmslos vereinbaren die Vertragsparteien eine Freistellung für die Verbindlichkeiten der Veranstaltergemeinschaft durch die Betriebsgesellschaft auch nach Wirksamwerden der Kündigung. Hier sehen insgesamt 15 Verträge die von der Landesanstalt für Rundfunk als unzulässig bezeichnete Pflicht vor, die Verbindlichkeiten im Falle einer weiteren Lizenzträgerschaft von der neuen Betriebsgesellschaft übernehmen zu lassen.

Für die Behandlung der Nutzungsrechte an den Programmen bzw. Programmteilen finden sich drei unterschiedliche Konzepte. In einer ersten Gruppe von vier Verträgen fallen die zunächst auf die Betriebsgesellschaft übertragenen Nutzungsrechte an den Programmrechten der eigenproduzierten Beiträge im Kündigungsfall automatisch an die Veranstaltergemeinschaft zurück.[290] Eine zweite Gruppe von neun Verträgen sieht in diesem Fall den umgekehrten Übergang der bei der Veranstaltergemeinschaft im Laufe des Geschäftsbetriebs verbleibenden Rechte auf die Betriebsgesellschaft vor. Allerdings bleibt es nur in einem Vertrag uneingeschränkt bei dieser Regelung,[291] während in fünf Verträgen eine Kaufoption der Veranstaltergemeinschaft zu marktgerechten Preisen für die Nutzungsrechte vereinbart wird[292] und in jeweils einem weiteren Vertrag ein kostenloses[293] bzw. ein Nutzungsrecht gegen Erstattung der Produktionskosten gewährt

288 So in Bonn, Düsseldorf, Köln und Mönchengladbach.

289 So in Bonn und Düsseldorf.

290 So in den Verbreitungsgebieten der von der Verlagsgruppe Ippen dominierten Betriebsgesellschaften, also in Coesfeld, Hamm, dem Märkischen Kreis und Soest.

291 Mönchengladbach.

292 Bonn, Köln, Leverkusen, Siegen-Wittgenstein, Oberbergischer Kreis/Rheinisch-Bergischer Kreis.

293 Mettmann.

wird.[294] Ein letzter Vertrag sieht vor, daß die Vertragsparteien Verhandlungen über den Verkauf der Nutzungsrechte zu führen haben.[295]

Die dritte Vertragsvariante findet sich in elf Verträgen und differenziert in der Behandlung der Nutzungsrechte danach, wer den Vertrag gekündigt hat und wer für diese Kündigung den Grund geliefert hat.[296] Erfolgt eine Kündigung von seiten der Betriebsgesellschaft, so fallen im Grundsatz die Nutzungsrechte an den Programmen und Programmteilen an die Veranstaltergemeinschaft. Etwas anderes gilt dann, wenn der wichtige Grund zur außerordentlichen Kündigung durch die Betriebsgesellschaft in der Sphäre der Veranstaltergemeinschaft entstanden ist oder aber die Veranstaltergemeinschaft selbst kündigt. In diesem Fall ist die vertragliche Regelung für die Veranstaltergemeinschaft schlechter, da sie die Nutzungsrechte lediglich zum geschätzten Tageswert erwerben kann.

d. Zwischenergebnis

In die vertragliche Gestaltung der 24 untersuchten Verbreitungsgebiete sind in unterschiedlichen Maßen sowohl wirtschaftliche als auch programmbezogene Interessen eingeflossen, die jedoch nicht in jedem Vertrag zu einem unproblematischen Ausgleich gebracht wurden.

Die vertragliche Ausgestaltung des vom LRG NW umfangreich unter der Prämisse einer Erschwerung der Beendigung der Zusammenarbeit geregelten Rechts einer ordentlichen Kündigung versucht, durch die Vereinbarung eines Auschlusses einer Vertragsbeendigung die Konstituierungsphase des lokalen Senders für eine gewisse Zeit frei von unter Umständen überhastet getroffenen Entscheidungen der einen oder der anderen Seite zu halten und dadurch die Beendigung der Vertragsbeziehung zu erschweren. Keine Bedenken können sich ferner aus der grundsätzlichen Entscheidung in allen Verbreitungsgebieten ergeben, ein außerordentliches Kündigungsrecht in die Verträge aufzunehmen. Ein Festhalten an den getroffenen Abreden etwa im Fall eines Konkurses der Betriebsgesellschaft oder eines Lizenzentzuges der Veranstaltergemeinschaft muß grundsätzlich unabhängig von der Frist des § 29 Abs. 2 LRG NW möglich sein.

Die Verträge konstituieren eine der gesetzlichen Informationspflicht des § 29 Abs. 7 LRG NW entsprechende vertragliche Pflicht, auch im Falle von außerordentlichen Kündigungen die Landesanstalt für Rundfunk zu informieren. Diese Regelung ergänzt die gesetzliche Aussage des § 29 Abs. 7 LRG NW, in dem zumindest dem Wortlaut nach eine derartige Pflicht der

294 Düsseldorf.

295 Neuss.

296 So in den übrigen Verträgen, d.h. in den WAZ-Verträgen sowie in Herford, Minden und Recklinghausen.

Vertragsparteien im Falle der ungeregelten außerordentlichen Kündigung nicht enthalten ist. Die Anstalt erhält auf diesem Weg die Möglichkeit, in den besonders gravierenden Konfliktfall einer außerordentlichen Kündigung einzugreifen und schlichtend zu wirken.

Bedenken ergeben sich allerdings an der Geeignetheit der vertraglichen Gestaltung der Kündigungsfolgen. Hier ist zunächst festzustellen, daß entgegen der Rechtsauffassung der Landesanstalt für Rundfunk in immerhin 15 der ausgewerteten Verträge die Veranstaltergemeinschaft verpflichtet wird, bestehende Verbindlichkeiten von einer neuen Betriebsgesellschaft übernehmen zu lassen. Eine derartige Regelung schränkt ihre Entscheidungsspielräume auch im laufenden Vertragsverhältnis zwangsläufig erheblich ein und wird es ihr vor allem erschweren, nach Beendigung der Zusammenarbeit einen neuen Vertragspartner zu finden.

Die größte Varianz in den vertraglichen Regelungen findet sich in der Frage der Behandlung der Programmrechte nach Beendigung der Vertragsbeziehungen. Die Extreme bilden hier einerseits die vier Verträge aus dem Bereich der Verlagsgruppe Ippen, die der Veranstaltergemeinschaft die Rechte unentgeltlich und ohne Bedingung zugestehen, und andererseits der Vertrag in Mönchengladbach, der entgegen der Rechtsauffassung der Landesanstalt einen Zugang der Veranstaltergemeinschaft zu den Programmrechten überhaupt nicht vorsieht. In ihrem Regelungsgehalt dazwischen liegen die Verträge, die einen Rechtsübergang auf die Veranstaltergemeinschaft nur unter bestimmten Voraussetzungen oder nur gegen Zahlung einer Produktionskostenerstattung bzw. der marktgerechten Preise vorsehen.

Die somit zum Teil vereinbarte unentgeltliche Überlassung der von der Betriebsgesellschaft finanzierten Programme bzw. Programmteile erscheint als ein Zugeständnis der Betriebsgesellschaft, das angesichts der Finanzierung dieser Programme durch die Betriebsgesellschaft überrascht. Die Mehrzahl der Verträge entscheidet sich für eine den Interessen offenbar besonders entsprechenden Lösung, in der zumindest unter bestimmten Voraussetzungen für die Überlassung Zahlungen der Veranstaltergemeinschaft bzw. der neuen Betriebsgesellschaft zu erfolgen haben. Die neue Betriebsgesellschaft kann sich entscheiden, ob sie die Programmrechte zu einem angemessenen Preis erwerben will; entscheidet sie sich positiv, sind ihr die zur Weiterführung des lokalen Senders unter Umständen unverzichtbaren Rechte nicht zu nehmen.

III. Fallstudien

In den Fallstudien zu den Verbreitungsgebieten Wesel, Köln und Coesfeld soll nunmehr die jeweilige Entwicklung der Zusammenarbeit zwischen

Veranstaltergemeinschaft und Betriebsgesellschaft in den wesentlichen Zügen nachgezeichnet werden. Bei den Interviews mit den Beteiligten konnten und sollten die im vorhergehenden Abschnitt behandelten Regelungsinhalte nicht vollständig daraufhin abgefragt werden, wie die Regelung im einzelnen zustandegekommen ist. Dies liegt neben methodischen Fragen der Beanspruchung der Befragten auch darin begründet, daß oftmals Regelungen aus Musterverträgen oder übergeordneten Verhandlungsebenen übernommen wurden, ohne daß konkrete Alternativen zur Diskussion gestanden hätten.

1. Wesel

a. Vertragsanbahnung

Der Beginn der Verhandlungen zwischen Veranstaltergemeinschaft und Betriebsgesellschaft im Kreis Wesel ist zunächst dadurch gekennzeichnet, daß es – wie in den beiden anderen untersuchten Verbreitungsgebieten – zu diesem Zeitpunkt die Betriebsgesellschaft als solche noch nicht gab. Wie dort war es auch im Kreis Wesel die Veranstaltergemeinschaft, die auf frühzeitige Gründung der Betriebsgesellschaft und Aufnahme der Verhandlungen gedrängt hat.

Bereits Ende 1987 hatten sich die Veranstaltergemeinschaften im Einzugsbereich der Zeitungsgruppe WAZ zusammengefunden und eine gemeinsame vierköpfige Verhandlungskommission gebildet, der auch der Vorsitzende der Veranstaltergemeinschaft für den Kreis Wesel angehörte. Zu diesem Zeitpunkt ging die Veranstaltergemeinschaft noch davon aus, daß mit einem Sendebeginn des lokalen Rundfunks etwa in der zweiten Jahreshälfte 1988 zu rechnen sei.[297] Die Verhandlungen kamen jedoch nur mühsam in Gang. Ein früheres Vorstandsmitglied der Veranstaltergemeinschaft stellt das folgendermaßen dar:

„Dann fingen die Verhandlungen an mit der WAZ-Gruppe, das zog sich etwas mühsam hin. Die WAZ-Gruppe versuchte die einzelnen Veranstaltergemeinschaften, die in ihrem Einzugsbereich lagen, wo sie auch meinten, dann die BG gründen zu können, so ein bißchen auseinanderzudividieren, und da hatte [der Vorsitzende der Veranstaltergemeinschaft] im Grunde dafür gesorgt, daß alle dreizehn zusammengehalten haben und gesagt haben, wir verhandeln im Grunde nur gemeinsam, wir lassen nicht den einen so und den anderen so verhandeln, und das war von daher recht gut gelaufen. Die WAZ-Gruppe tat sich zu dem Zeitpunkt auch ein bißchen schwer aus unserer Sicht, überhaupt Kontakt mit uns aufzunehmen; dann haben wir gesagt, gut, es muß nicht die WAZ-Gruppe sein, es kann auch jemand anders sein

---

297 Vgl. Interview mit dem Vorsitzenden der Veranstaltergemeinschaft „Radio Wesel", in MOCCA, Moerser Cultur Calender, Dezember 1987.

und haben es der WAZ-Gruppe dann auch geschrieben, und soweit ich das dann noch mit verfolgt habe, ist das dann auch recht schnell von seiten der WAZ zustande gekommen."

Auf der Ebene der „Arbeitsgemeinschaft der Veranstaltergemeinschaften mit möglicher WAZ-Beteiligung in den Betriebsgesellschaften" wurde bis zum Frühjahr 1989, unter Rückkopplung zu den einzelnen Veranstaltergemeinschaften, ein eigenständiger Vertragsentwurf ausgearbeitet.[298] Auf dieser Basis hat die vierköpfige Verhandlungskommission der Veranstaltergemeinschaften mit der Firma Westfilm der WAZ-Gruppe über die Gestaltung der Verträge verhandelt. Auch der Ablauf dieser Verhandlungen gestaltete sich zunächst schwierig, wie der Vorsitzende der Veranstaltergemeinschaft berichtet:

„Es gab natürlich im Vorfeld eine Menge, ja, wie soll man das ausdrücken, Mißtrauen, Falschinformation und so weiter, so daß die Zusammenarbeit im Vorfeld etwas gespannt war zwischen Verleger- und VG-Vertretung. Nun kam noch dazu, wir haben hier von den ersten VG's, die da waren, einen Landesverband Lokaler Rundfunk gegründet, in dem heute von den 46 Veranstaltergemeinschaften, die ja noch alle nicht den Vertrag haben, 32 bis jetzt in diesem Verband organisiert sind, und da haben wir dann gesagt – also zumindest hier, was die WAZ anbelangt, und die haben hier auch mitgespielt – es ist ja unsinnig bei dieser Vertragsgestaltung, daß nun jede VG hingeht und hier mit der BG verhandelt. Einmal sitzen hier auf der einen Seite die Laien, auf der anderen Seite die ausgekochten Profis, das kann also nicht funktionieren. Wir haben dann mit der WAZ verhandelt über Form und Inhalt eines Vertrages BG-VG, und dann haben wir langsam gemerkt, daß diese Vorbehalte nicht gingen, und wir haben uns dann auf einen vernünftigen Vertrag geeinigt, mit dem beide Seiten leben konnten und der heute mit kleinen Änderungen auch überall praktiziert wird, zumindest hier in der Ruhrschiene."

Die Einigung über den Mustervertrag kam schließlich im August 1989 zustande,[299] nachdem die Antragsfrist bereits abgelaufen war und die Landesanstalt für Rundfunk zu erkennen gegeben hatte, daß sie auch unvollständige Anträge zunächst annehmen und die Vervollständigung fordern würde. Der Gliederung nach ist dieser Vertrag zwar an den VLR-Entwurf angelehnt, inhaltlich sind jedoch viele markante Positionen weggefallen, etwa zur Frage der Programmrechte, zum Verhältnis lokaler und überregionaler Werbung, zur Zuordnung des Personals und zur Geschäftsführung der Veranstaltergemeinschaft.

298 Zu den Inhalten vgl. die Darstellung zum VLR-Entwurf oben unter II. - der VLR und die genannte Arbeitsgemeinschaft sind zu diesem Zeitpunkt wegen weitgehender Personenidentität der zentralen Figuren kaum zu trennen.

299 Vgl. epd Kirche und Rundfunk Nr. 65 vom 19.08.1989 sowie VLR-Info 2/1989, S. 2.

Dieser Mustervertrag sollte zwar, wie der Verhandlungsführer der WAZ-Gruppe und spätere Geschäftsführer der Betriebsgesellschaft sagte,[300] für die Veranstaltergemeinschaften nicht bindend sein. Aus der Perspektive der einfachen Mitglieder der Veranstaltergemeinschaft für den Kreis Wesel hatte er aber nach den Worten eines Mitglieds auch den Effekt, den Handlungsspielraum und den Einfluß der einzelnen Veranstaltergemeinschaft erheblich zu verringern:

„Im Grunde genommen konnten wir viel bestimmen und viel beschließen und auf den Weg bringen, nur der Vorstand hat gesagt, ich bin nicht fähig, das durchzusetzen, ich muß mich auch mit den anderen abstimmen. Die WAZ hat dann irgendwann klipp und klar gesagt, es gibt keine Einzelverträge, es sind schon ein paar Änderungen drin, aber dieses Vertragsfeld im großen und ganzen muß halt von allen 11 oder 10 Stationen übernommen werden."

Wie die Analyse der Verträge im vorstehenden Abschnitt deutlich gemacht hat, sind im Ergebnis die Verträge im Einzugsbereich der WAZ-Gruppe weitgehend übereinstimmend.

Der Vertrag zwischen Veranstaltergemeinschaft und Betriebsgesellschaft ist im November 1989 abgeschlossen worden. Im Zuge des Lizenzierungsverfahrens hat die Landesanstalt für Rundfunk noch die Streichung einer Klausel verlangt, die die Veranstaltergemeinschaft verpflichtet hätte, auf Verlangen der Betriebsgesellschaft gegen aufsichtliche Maßnahmen der Anstalt Rechtsmittel einzulegen. Dementsprechend ist der Vertrag im Januar 1990 geändert worden.

b. Wirtschafts- und Stellenplan

Der Wirtschafts- und Stellenplan der Veranstaltergemeinschaft sieht im Vergleich mit anderen Verbreitungsgebieten eine relativ günstige personelle Ausstattung des Lokalsenders vor. Es sind neben der Chefredakteurin acht weitere Stellen für Redakteurinnen und Redakteure, eine Chefsekretärin sowie drei halbtags beschäftigte Schreibkräfte vorgesehen. Insgesamt wurde der Etat vom Vorsitzenden der Veranstaltergemeinschaft als völlig ausreichend bewertet:

„Wir haben auch keine Etatprobleme, wir kommen mit unserem Etat blendend aus. Wir werden sogar unter den Ansätzen bleiben, nicht überall, aber zum Beispiel unser Personaletat langt also vollkommen, damit können wir unser Programm gut bestreiten. Nun muß ich sagen, wir haben auch Glück gehabt, wir waren ja die ersten, die überhaupt einen Vertrag mit einer BG hier im Lande ausgehandelt haben, und vielleicht haben wir auch deshalb eine gute Koalition geschlossen, die wollten ja

300 Vgl. Paukens, „Nur ein gutes Werbegeschäft", Interview mit Ernst Schillinger, W&M 4/89, S. 18.

auch mal was vorweisen. Sicherlich haben wir auch ordentlich verhandelt, wir sind also mit dem Etat zufrieden. Uns war klar, nicht nur uns, sondern auch der BG, und das haben wir auch in den Vertrag hineingeschrieben, daß so manche Ansätze, zum Beispiel Bandmaterial, da hatte die LfR, ich weiß nicht, sie kennen ja dieses Papier, das die gemacht haben, da stand also als Bandmaterial 4000 DM, das war uns klar, das würde also nie ausreichen, und das haben wir eingesetzt mit dem Zusatz, diese Sachkosten werden den tatsächlichen Gegebenheiten angepaßt. Oder Telefonkosten, wie wollen Sie das vorher schätzen, das weiß kein Mensch. Und da hat unsere BG gesagt, das haben wir im Vertrag auch so festgelegt, da spielt es gar keine Rolle, wie die Ansätze aussehen, diese Kosten werden den tatsächlichen Gegebenheiten angepaßt. Der größte Batzen sind ja die Personalkosten, und mit dem Etat, den wir haben, kommen wir also gut über die Runden. Wir haben ihn also nicht überschritten, ganz im Gegenteil, wir werden in diesem Jahr etwas unter den Ansätzen bleiben. Wir sind natürlich auch nicht gleich in die Vollen gegangen, wir haben also ein bißchen Reserve gelassen, wir haben zum Beispiel nicht gleich alle in unserem Stellen- und Wirtschaftsplan vorgesehenen Redakteursstellen besetzt, weil wir bei so einem Flächenkreis erstmal abwarten wollten, müssen wir nicht eventuell eine feste Stelle umwandeln in Geld für freie Mitarbeiter? Nach unserem Plan können wir die einzelnen Positionen untereinander austauschen, Personal, wie wir das ausgeben, ist uns überlassen, können wir schieben, wie wir wollen. Wir haben zum Beispiel aus einer Redaktionsstelle zwei Volontärstellen gemacht, weil die gebeten worden sind vom Haus Busch, hier für Ausbildungsplätze zu sorgen, da haben wir gesagt, wie machen wir das, gut, dann machen wir aus einem Redakteur zwei Volontäre, da waren die sehr zufrieden."

Eine Besonderheit im Kreis Wesel liegt darin, daß die zusätzliche Stelle eines Redaktionsassistenten zunächst mit einem Toningenieur besetzt war, der aber nach Aussagen des Vorsitzenden der Veranstaltergemeinschaft nicht mehr dauerhaft benötigt wird:

„Wir hatten schon von Anfang an einen Toningenieur an der Hand, der hier in Wesel wohnt, und haben gesagt, den brauchen wir unbedingt, und dann hat die BG also gesagt, tu mir einen Gefallen, stell den nicht im Stellenplan ein, als Toningenieur, nehmt da diese Position Assistent, und den haben wir eingestellt. Und dann ist der zweieinhalb Monate bei uns gewesen, dann hat die BG ihn übernommmen, als sich nämlich rausgestellt hat, daß er bei uns überflüssig war, der hätte bei uns kein Feld zum Arbeiten gehabt, das hätte ihn bei uns nicht ausgefüllt. Am Anfang war das vielleicht ganz gut, vor allem unter diesen erschwerten Bedingungen, daß wir so überstürzt angefangen haben."

Zur Fortentwicklung des Etats ist vertraglich vereinbart, daß etwaige tarifvertragliche Steigerungen bei der Aufstellung des Wirtschafts- und Stellenplans zu berücksichtigen sind. In dem von Seiten der Veranstaltergemeinschaft favorisierten VLR-Entwurf war darüber hinaus eine Verpflichtung zur Anpassung bei positiver Gewinnentwicklung der Betriebsgesellschaft vorgesehen. Sie ist jedoch im Verlaufe der Verhandlungen mit der Westfilm fallengelassen worden, weil, wie der Vorsitzende der Veranstaltergemeinschaft sagt, bei der Betriebsgesellschaft selbst ein Interesse an einer Ausweitung des lokalen Programms angenommen werden konnte:[301]

„Das haben wir mal diskutiert, das war eigentlich immer mein Steckenpferd. Ich habe immer gesagt, von den Gewinnen wollen wir immer so einen Anteil haben, der in die Erhöhung des Etats geht. Wir sind dann nachher aber davon abgekommen, weil wir gesagt haben, im Grunde ist das müßig, denn wenn die merken, daß da was zu verdienen ist, werden die von selber kommen. Denn das eine bedingt wieder das andere; ich glaube kaum, daß einer hingeht und das Programm nicht ausweitet, wenn er sieht, daß er sein Geld damit verdient und damit eben noch mehr verdienen kann. Denn es ist klar, wenn ich nur 5 Stunden habe, wird da auch nur 5 Stunden Werbung geschaltet und nicht länger, naja, es könnte natürlich sein, daß sich irgendjemand traut, um 23 Uhr mitten im Rahmenprogramm zu einer halben Stunde noch einen lokalen Werbespot einzuschalten, aber dann hat man natürlich wieder den Schiedsplan und die Dinge natürlich auch geregelt."

c. Verwaltungsaufgaben der Veranstaltergemeinschaft

Die Verwaltung der Veranstaltergemeinschaft ist einer der Punkte, der im letztlich geschlossenen Vertrag deutlich von den zunächst entwickelten Vorstellungen der Arbeitsgemeinschaft der Veranstaltergemeinschaften im WAZ-Bereich bzw. des VLR abweicht. Dort war vorgesehen, die Veranstaltergemeinschaft solle Arbeitgeber des redaktionellen, technischen und kaufmännischen Personals sein und das Recht haben, „zur Erledigung der organisatorischen und kaufmännischen Angelegenheiten der Veranstaltergemeinschaft Mitarbeiter einzustellen," die im Stellenplan zu berücksichtigen seien. Eine Geschäftsbesorgung durch die Betriebsgesellschaft war nicht vorgesehen.

Im abgeschlossenen Vertrag ist demgegenüber – wie auch in allen anderen Kooperationsverträgen – festgelegt, daß die Betriebsgesellschaft nach Maßgabe eines besonderen Vertrages Verwaltungsaufgaben der Veranstaltergemeinschaft im Wege der Geschäftsbesorgung übernimmt und sie durch Dritte erfüllen lassen darf. Welche Aufgaben zu übernehmen sind, sagt der Kooperationsvertrag selbst noch nicht. Der Dienstleistungsvertrag konkretisiert, daß „alle bei der Veranstaltergemeinschaft regelmäßig anfallenden Verwaltungs- und Dienstleistungsaufgaben" übertragen werden, daß aber die Veranstaltergemeinschaft die Dienstleistungen durch Dritte erbringen

---

301 Diese Überlegung, daß bei ausreichender Nachfrage nach Werbezeiten eine Ausweitung des lokalen Programms für die Betriebsgesellschaft schon deshalb lukrativ sein müßte, weil sie dann mehr Spots schalten kann, scheint sich bisher nicht zu bestätigen. Lokale Werbespots werden tatsächlich auch während des Rahmenprogramms ausgestrahlt, so daß eine Ausweitung des lokalen Programms hier Einnahmesteigerungen vielleicht durch höhere Reichweiten, aber nicht durch ein höheres Werbevolumen bringen wird; vgl. § 7 II. 6.

lassen darf, wenn die Betriebsgesellschaft sie nicht rechtzeitig in angemessenem Umfang anbietet.

Der im Vorfeld diskutierte Vorschlag, die Veranstaltergemeinschaft für die Wahrnehmung ihrer Verwaltungsaufgaben mit einem Geschäftsführer auszustatten, ist vom Vorsitzenden der Veranstaltergemeinschaft in der Verhandlungskommission nicht verfochten worden, da eine solche Position eine Eigendynamik entwickeln und den direkten Kontakt zwischen Vorstand und Redaktion schwächen könnte, so wiederum der Vorsitzende:

„Der Geschäftsführer, das ist doch klar, entwickelt auch eine Eigendynamik und eigene Vorstellungen, und die kann ich absolut nicht gebrauchen. Ich habe auf der einen Seite die Veranstaltergemeinschaft, dann habe ich die Betriebsgesellschaft und dann die Redaktion. Die Redaktion, die Chefredakteurin, das ist für mich der Ansprechpartner. Wozu soll ich da noch jemanden als Geschäftsführer dazwischensetzen?"

Im übrigen sei eine solche Stelle auch unnötig, da nur so wenig Arbeit anfällt, daß die halbe Sekretariatsstelle, die der Veranstaltergemeinschaft für ihre Aufgaben zur Verfügung steht, mit diesen Aufgaben bei weitem nicht ausgelastet sei:

„Wir haben in unserem Stellenplan eine Chefsekretärin für die Chefredakteurin und eine halbe Sekretärin für die VG und noch zwei weitere Halbtagskräfte oder eine volle Kraft für die Redaktion. Wir haben im Augenblick besetzt eine volle, also die Chefsekretärin und eine halbe für die VG, die ich von den 20 Stunden in der Woche, die sie arbeitet, allerhöchstens zwei Stunden brauche und die übrigen 18 Stunden macht sie für die Redaktion Arbeit. Die anderen Posten haben wir gar nicht besetzt, weil wir das gar nicht nötig haben, wir kommen mit dieser Besetzung prima aus, ich meine, warum sollen wir Geld ausgeben, wenn es gar nicht nötig ist, dann können wir mit dem Geld lieber ein paar Freie mehr mit bezahlen, denn, das können wir ja machen, das ist austauschbar. Und unsere BG honoriert solches Verhalten, indem sie uns das jetzt auch nicht kürzt, sondern sagt, das Geld bleibt euch weiterhin erhalten, wenn ihr das für andere Sachen braucht."

d. Gegenseitige Teilnahme- und Informationsrechte

Als gegenseitige Teilnahme- und Informationsrechte sind im Kooperationsvertrag zunächst die gesetzlichen Regelungen vorgesehen: Die Betriebsgesellschaft hat Anspruch auf Teilnahme an Vorstandssitzungen und Mitgliederversammlungen der Veranstaltergemeinschaft, diese hat Anspruch, daß ein Vertreter an den Organsitzungen der Betriebsgesellschaft teilnimmt, und zwar über das gesetzlich Verlangte hinaus, mit beratender Stimme. Es wird allerdings nicht spezifiziert, welche Organe die Betriebsgesellschaft hat und in welcher Häufigkeit sie tagen.

In der Praxis war es zum Zeitpunkt des Interviews mit dem Vorsitzenden der Veranstaltergemeinschaft im September 1990, gut zehn Monate nach Abschluß des Kooperationsvertrages, noch nicht zu einer solchen Teilnahme an einer Organsitzung der Betriebsgesellschaft gekommen. Die Betriebsgesellschaft wird andererseits mindestens seit Anfang des Jahres 1990 an den Mitgliederversammlungen beteiligt; formelle Vorstandssitzungen finden bei der Veranstaltergemeinschaft im Kreis Wesel kaum statt.

Hinsichtlich der sonstigen Informationsrechte hat die Veranstaltergemeinschaft bzw. die Arbeitsgemeinschaft der Veranstaltergemeinschaften zunächst durchsetzen wollen, daß die Betriebsgesellschaft ihre Bilanzen und Gewinn- und Verlustrechnung der Veranstaltergemeinschaft „zur Kenntnisnahme übersenden" muß.[302] Diese Vorschrift ist jedoch nicht durchgesetzt worden. Stattdessen heißt es, die Betriebsgesellschaft werde diese Unterlagen dem von der Veranstaltergemeinschaft delegierten Vertreter „vorlegen".

2. *Köln*

a. Vertragsanbahnung

Nachdem erst im Juni 1988 die Veranstaltergemeinschaft ihren Vorstand gewählt hatte, ist es im August 1988 zu einem Gespräch mit Vertretern der Verleger gekommen. Die Verleger haben dabei in Aussicht gestellt, für die Vorlaufkosten der Veranstaltergemeinschaft für die Dauer eines Jahres monatlich 1.000 DM zur Verfügung zu stellen. Dieses Angebot ist jedoch später nicht realisiert worden; die Kontakte zwischen Veranstaltergemeinschaft und Verlegern sind offenbar zunächst nicht fortgesetzt worden.[303] Erst im April 1989, drei Monate vor Ablauf der Ausschreibungsfrist, haben die ersten Gespräche über eine vertragliche Vereinbarung begonnen. Mitte Mai 1989 wurde die Betriebsgesellschaft gegründet. Mehr als ein Jahr später, am 20. September 1990, ist nach langwierigen Verhandlungen der Kooperationsvertrag zwischen Veranstaltergemeinschaft und Betriebsgesellschaft unterzeichnet worden.

Einen ersten Vertragsentwurf haben die Verleger im Mai 1989 vorgelegt.[304] Er enthielt eine ganze Reihe Vorschriften, die offenbar darauf angelegt waren, den Kompetenzbereich der Betriebsgesellschaft möglichst weit auszudehnen und den Einfluß der Veranstaltergemeinschaft möglichst ge-

---

302 VLR-Vertragsentwurf, § 6 Abs. 9.

303 Diese Kostenpauschale wurde daraufhin von den Kölner Stadtwerken als dem vorgesehenen kommunalen Gesellschafter der Betriebsgesellschaft übernommen.

304 Der Vertragsentwurf ist abgedruckt in: Info-Dienst Neue Medien Juni/Juli 1989, S. 52 ff.; er ist anscheinend eine frühe Fassung des VRWZ-Entwurfes, die die späteren Monita der LfR noch nicht berücksichtigt.

ringzuhalten. Als besonders bedeutend sind folgende vorgeschlagene Klauseln zu nennen:

- Die Veranstaltergemeinschaft sollte sich verpflichten, die Vorschriften ihrer Satzung in der Fassung vom 4. November 1987 zu beachten,[305] so daß eine etwaige Satzungsänderung im Verhältnis zur Betriebsgesellschaft ohne Bedeutung gewesen wäre. Diese Klausel ist später so geändert worden, daß sie sich auf die jeweils geltende Satzung bezieht.
- Sie sollte sich verpflichten, das Programm von Radio NRW in einer noch vertraglich zu vereinbarenden Form zu übernehmen und dafür die Zustimmung der Veranstaltergemeinschaft einzuholen. Diese Klausel ist von der Landesanstalt für Rundfunk moniert worden: zwar habe die Betriebsgesellschaft ein berechtigtes Interesse daran, sich Einnahmen durch ein Rahmenprogramm zu erschließen, sie dürfe jedoch nicht von vornherein die Veranstaltergemeinschaft vertraglich auf einen Anbieter festlegen. Diese Klausel ist so geändert worden, daß nunmehr die Veranstaltergemeinschaft die Pflicht hat, ein Rahmenprogramm zu übernehmen, das wirtschaftlich erfolgreichen Hörfunk gewährleistet, und dafür das Einvernehmen mit der Betriebsgesellschaft herzustellen.
- Sie sollte sich verpflichten, ein Programm zu veranstalten, das darauf ausgerichtet ist, von den Rundfunkteilnehmern angenommen zu werden. Damit wäre aus der Soll-Vorschrift des § 24 Abs. 1 Satz 3 LRG NW im Binnenverhältnis eine zwingende Vorschrift geworden. Diese Klausel ist ergänzt worden um einen Hinweis auf die Programmgrundsätze des § 24 LRG NW.
- Sie sollte bei vertraglichen Vereinbarungen über Kooperationen die Empfehlungen der Landesanstalt für Rundfunk berücksichtigen und, soweit Rechte der Betriebsgesellschaft tangiert sind, die Zustimmung der Betriebsgesellschaft einholen. Dies ist später durch das Erfordernis des Einvernehmens ersetzt worden.
- Sie sollte sich verpflichten, die Zustimmung der BG zur Besetzung der redaktionellen Leitung auch bei nur vorübergehender Wahrnehmung einzuholen. Diese Klausel wurde aufgrund eines Monitums der Landesanstalt für Rundfunk durch den Hinweis ergänzt, daß diese Pflicht nur besteht, wenn der Chefredakteur seine Direktionsbefugnis nicht wahrnehmen kann.
- Sie sollte verpflichtet werden, über alle Vorgänge, an deren Geheimhaltung die Betriebsgesellschaft ein Interesse hat, Stillschweigen zu bewahren. Diese Verpflichtung ist eingeschränkt worden auf Vorgänge inner-

305 Vgl. hierzu und zum folgenden § 2 des genannten Vertragsentwurfes.

halb der Betriebsgesellschaft, an deren Geheimhaltung diese ein berechtigtes Interesse hat.

- Sie sollte verpflichtet werden, einen Vertreter der Betriebsgesellschaft nicht nur an Mitgliederversammlungen und Vorstandssitzungen, sondern auch an Ausschußsitzungen teilnehmen zu lassen. Diese Klausel wurde noch erweitert um die Spezifikation, daß es um beratende Teilnahme gehe und der Vertreter wie ein Organmitglied einzuladen und zu informieren sei; gleichzeitig wurde aber eine genau entsprechende Formulierung für den Vertreter der Veranstaltergemeinschaft bei der Betriebsgesellschaft aufgenommen. Für beide wurde die Verpflichtung zur Geheimhaltung festgelegt.
- Sie sollte sich verpflichten, auf Antrag der Betriebsgesellschaft eine außerordentliche Organsitzung einzuberufen, wenn es im Interesse einer gedeihlichen Zusammenarbeit erforderlich ist. Diese Klausel wurde belassen; ergänzend wurde die entsprechende Verpflichtung für die Betriebsgesellschaft vorgesehen.
- Sie sollte ihre (redaktionellen) Mitarbeiter darauf verpflichten, Nebentätigkeiten nur auszuüben, wenn sie den berechtigten Interessen der Betriebsgesellschaft nicht abträglich sind und regelmäßige journalistische oder redaktionelle Nebentätigkeiten von der Einwilligung der Betriebsgesellschaft abhängig zu machen.
- Sie sollte in einem gesonderten Schiedsvertrag auf den Rechtsweg verzichten und ein Schiedsgericht akzeptieren, dessen Vorsitzender vom Präsidenten der Industrie- und Handelskammer benannt werden sollte. Diese Position wurde ersetzt durch einen Richter am Oberlandesgericht, nachdem sich abzeichnete, daß einer der Verleger selbst Präsident der Industrie- und Handelskammer werden würde.

Die Verhandlungen über den Vertragsentwurf wurden seitens der Veranstaltergemeinschaft geführt durch eine fünfköpfige Kommission, die aus dem Vorstand (darunter der Verlegervertreter) sowie zwei weiteren Mitgliedern zusammengesetzt war und am Fronleichnamstag, dem 25.05.1989, ihre Arbeit aufgenommen hat und deshalb „Fronleichnamskommission" genannt wurde. Sie tagte zunächst nur unter sich und entwickelte eigene Vorstellungen der Veranstaltergemeinschaft, die sich teilweise auf die Vorlage der Sozialdemokratischen Gemeinschaft für Kommunalpolitik (SGK) bezogen. Anfangs war anscheinend noch daran gedacht, bis zum Ende der Antragsfrist, also binnen sechs Wochen, einen Vertrag abzuschließen, da wohl noch nicht klar war, wie die Landesanstalt die mit der Ausschreibung der Frequenzen gesetzte Ausschlußfrist[306] handhaben würde. Dic Veranstalterge-

306 In der Ausschreibung der Frequenzen vom 27. Januar 1989 heißt es dazu: „Die Frist kann nicht verlängert werden. Wiedereinsetzung in den vorigen Stand ist ausgeschlossen." Es

meinschaft hat dann ihren Zulassungsantrag fristgemäß gestellt, ohne den Vertrag vorlegen zu können. Die Betriebsgesellschaft hat mit Schreiben vom 30. Juni 1989 gegenüber der Veranstaltergemeinschaft und der Landesanstalt ihre Absicht zum Abschluß eines Vertrages bekundet, auch dies offenbar in dem Bemühen, nicht wegen Fristversäumnis das Zugangsrecht zu verlieren.

Nachdem feststand, daß die Vereinbarung nicht innerhalb der Antragsfrist vorgelegt werden mußte, hat es in größeren Abständen mehr als zehn Verhandlungsrunden zwischen Veranstaltergemeinschaft und Betriebsgesellschaft gegeben. Dabei sind verschiedentlich Zwischenversionen der Landesanstalt für Rundfunk zur beratenden Stellungnahme zugeleitet und aufgrund solcher Stellungnahmen modifiziert worden. Ende Mai 1990 wurde zwischen den beiden Parteien eine Einigung über den Vertrag erzielt. Wiederum aufgrund von Anmerkungen der LfR wurden im Juli 1990 nochmals Veränderungen vorgenommen. Am 17. September 1990 wurde das Verhandlungsergebnis von der Mitgliederversammlung einstimmig gebilligt, wenige Tage später der Vertrag unterzeichnet.

b. Wirtschafts- und Stellenplan

Die Aushandlung des Wirtschafts- und Stellenplans wurde von Seiten der Veranstaltergemeinschaft im wesentlichen an ein Mitglied des Vorstandes delegiert. Im Ergebnis ist mit einem Chefredakteur, einem Chef vom Dienst und acht Redakteurs- bzw. Redaktionsassistentenstellen sowie drei Stellen im Bereich VG-Assistenz und Sekretariat die Größenordnung des Stellenplans die gleiche wie bei der Veranstaltergemeinschaft im Kreis Wesel; dasselbe gilt, soweit eine Vergleichbarkeit gegeben ist, auch für das finanzielle Volumen des Wirtschafts- und Stellenplans. Die ausgewiesene Summe liegt allerdings deutlich höher, weil hier als VG-verursachte BG-Kosten auch Schutzrechte und Abschreibungen einbezogen sind.

---

war lange Zeit nicht klar, wie die Landesanstalt diese Frist handhaben würde. Noch Anfang Juni 1989 appelliert der Vorsitzende des Verbandes Lokaler Rundfunk an die LfR, das Zögern der Betriebsgesellschaften und damit das Fehlen einer vertraglichen Vereinbarung nicht den Veranstaltergemeinschaften anzulasten, vgl. VLR-Info 1/1989, S. 1 f. Hier wird auch der später durchweg aufgegriffene Vorschlag gemacht, zunächst den Antrag mit den verfügbaren Unterlagen einzureichen. Im März hatte demgegenüber der SPD-Medienpolitiker die Frist als rigorose Ausschlußfrist charakterisiert, vgl. Lilienthal, Große und kleine Krauter, epd Kirche und Rundfunk Nr. 22/23 vom 22.3.1989: „SPD-Stratege Büssow macht dagegen in Hoffnung. Zwar seien die LfR-Fristen von vier bzw. sechs Monaten ‚gnadenlos‘: Wenn in der Zeit der Vertrag nicht zustande komme, „dann ist das Spiel aus“. Dann komme es zu einer ‚völlig neuen‘ Situation, ‚in der die Verleger vielleicht gar nicht dabei sind. Das werden sie nicht provozieren.‘“

Dieser Etat wird für das zunächst mit täglich acht Stunden geplante Programm[307] auch als angemessen betrachtet; es ist in der Veranstaltergemeinschaft sogar diskutiert worden, ob mit dem gleichen Etat nicht auch ein redaktionelles Programm von zehn Stunden täglich hätte finanziert werden können.

c. Verwaltungsaufgaben der Veranstaltergemeinschaft

Auch in Köln ist die Übernahme der Verwaltungsaufgaben der Veranstaltergemeinschaft durch die Betriebsgesellschaft vereinbart worden, und zwar sollen alle wesentlichen, kontinuierlich anfallenden Verwaltungs- und Dienstleistungsaufgaben übertragen werden. Abweichend zu den sonst üblichen Regelungen ist ausdrücklich festgelegt, die Übernahme habe entgeltlich zu angemessenen Verrechnungssätzen zu erfolgen. Dies würde bedeuten, daß die Betriebsgesellschaft aus den von ihr bereitgestellten Mitteln für die Verwaltung der Veranstaltergemeinschaft honoriert würde. Der Sinn dieser Regelung ist nicht ohne weiteres ersichtlich. Es scheint, als hätte damit der Veranstaltergemeinschaft erleichtert werden sollen, die Übertragung dieser Aufgaben bei Bedarf zu revidieren. Dagegen spricht jedoch der sehr viel weiter gehende Dienstleistungsvertrag, der wiederum nur zusammen mit dem Kooperationsvertrag kündbar sein soll. Der Dienstleistungsvertrag legt fest, daß der Betriebsgesellschaft die Erledigung „aller anfallenden Verwaltungs- und Dienstleistungsaufgaben" übertragen wird. Die Kosten sollen sich nach den entsprechenden Ansätzen im Wirtschafts- und Stellenplan bemessen. Dementsprechend werden für die vereinbarten Entgelte keine Zahlungen geleistet, sondern „die aus der Erledigung dieser Aufgaben entstehenden Kosten werden der Veranstaltergemeinschaft informatorisch zur Kenntnis gebracht."[308]

Trotz dieser weitgehenden Übertragung der Verwaltungsaufgaben ist in Köln festgelegt worden, daß dem Vorstand der Veranstaltergemeinschaft ein Assistent zur Verfügung steht. In § 4 Abs. 1 des Kooperationsvertrages heißt es dazu:

> „Die Betriebsgesellschaft stellt im Rahmen des Wirtschafts- und Stellenplanes sicher, daß die notwendigen satzungsgemäßen Verwaltungsaufgaben der Veranstaltergemeinschaft erfüllt werden können. Die Betriebsgesellschaft verpflichtet sich, Mittel bereitzustellen, redaktionelles und Redaktionspersonal sowie Verwaltungspersonal gem. Satz 1, das von der Veranstaltergemeinschaft angestellt wird, in dem Umfang zu finanzieren, wie dies im Wirtschafts- und Stellenplan vorgesehen ist."

---

307 Vgl. unten § 7 III. 3. c.

308 Schreiben der Radio Köln GmbH & Co. KG an die Autoren vom 06.05.1991.

Während also die Übernahme aller Verwaltungsaufgaben durch die Betriebsgesellschaft für die gesamte Vertragsdauer fest vereinbart ist, wird die Finanzierung von Verwaltungspersonal davon abhängig gemacht, daß es notwendig und im Wirtschafts- und Stellenplan vorgesehen ist. Gegenwärtig ist die Position des Assistenten der Veranstaltergemeinschaft besetzt; es scheint jedoch nach dieser Regelung offen, ob diese Position damit auf Dauer gestellt ist. Auf die Frage, welche Verwaltungsaufgaben bei der Veranstaltergemeinschaft verbleiben und inwieweit dafür ein Assistent der Veranstaltergemeinschaft erforderlich sei, hat sich die Betriebsgesellschaft wie folgt geäußert:[309]

„Es verbleiben die klassischen vereinsinternen Aufgaben für die VG Köln. Ob zu deren Erfüllung ein Assistent der VG erforderlich ist, kann dahingestellt bleiben."

Die Position eines Assistenten der Veranstaltergemeinschaft war von ihrer Entstehungsgeschichte her ein Kompromiß zur Frage eines Geschäftsführers der Veranstaltergemeinschaft, der von der Veranstaltergemeinschaft nachhaltig gewünscht, von der Betriebsgesellschaft hingegen vehement abgelehnt wurde. Zur Begründung teilt die Betriebsgesellschaft mit, gegen einen Geschäftsführer der Veranstaltergemeinschaft spreche

„die Besorgnis, daß das vom Gesetz geschaffene sensible Gleichgewicht zwischen VG und BG beeinträchtigt werden könnte. Die klare Trennung zwischen VG- und BG-Kompetenzen könnte dadurch verwischt werden. Außerdem könnte die Kompetenz des Chefredakteurs tangiert werden."

d. Gegenseitige Teilnahme- und Informationsrechte

Die gegenseitigen Teilnahme- und Informationsrechte sind in Köln auffallend symmetrisch ausgestaltet. So haben der Vertreter der Veranstaltergemeinschaft bei der Betriebsgesellschaft und der Vertreter der Betriebsgesellschaft bei der Veranstaltergemeinschaft jeweils das Recht, mit beratender Stimme an Organsitzungen teilzunehmen und, wenn es für eine gedeihliche Zusammenarbeit erforderlich ist, auch die Einberufung solcher Sitzungen zu verlangen. In völlig paralleler Weise ist für Veranstaltergemeinschaft und Betriebsgesellschaft im allgemeinen und die jeweiligen Vertreter im besonderen die Geheimhaltungspflicht bei berechtigtem Interesse der jeweils anderen Seite ausgestaltet.

Die Jahresabschlüsse und Bilanzen der Betriebsgesellschaft sind auch hier dem Vertreter der Veranstaltergemeinschaft nicht ausdrücklich auszuhändigen, sondern lediglich zur Kenntnis zu bringen. Hier gibt es eine umgekehrte Regelung nicht – sie ist auch deshalb unnötig, weil die Betriebsge-

---

309 Ebd.

sellschaft wesentliche Geschäftsführungsfunktionen der Veranstaltergemeinschaft übernimmt und von daher über alle wirtschaftlichen Informationen aus dem Bereich der Veranstaltergemeinschaft verfügt.

3. Coesfeld

a. Vertragsanbahnung

Im Kreis Coesfeld haben, mehr noch als in den beiden eben dargestellten Verbreitungsgebieten, die örtlichen Zeitungsverleger Zurückhaltung gezeigt bei der Gründung der Betriebsgesellschaft und der Aufnahme von Verhandlungen. Die eigentliche Antragsfrist im Jahre 1989 ist verstrichen, ohne daß es überhaupt zu ernsthaften Verhandlungen zwischen der Veranstaltergemeinschaft und den lokalen Verlegern gekommen wäre. Nach Gesprächen mit der Landesanstalt für Rundfunk und der Öffnung der Antragsfrist haben die privilegierten Verlage jedoch ihre Bereitschaft zur Gründung einer Betriebsgesellschaft bekundet und sich damit die Option des Verlegerprivilegs vorerst gesichert.

Nachdem im Herbst 1989 die Verleger die Gründung der Verlegerholding angekündigt hatten, sind auch erste Überlegungen zur Vertragsgestaltung angestellt worden. Auf der Grundlage eines Mustervertrages des VR-WZ, der den ersten Monita der Landesanstalt für Rundfunk bereits Rechnung getragen hat, wurde in kleinem Kreise ein erster Entwurf für den Kreis Coesfeld erstellt und der Landesanstalt für Rundfunk zur Stellungnahme übermittelt. Wegen der Probleme bei der Gründung der Verlegerholding[310] sind zunächst keine weiteren Verhandlungen geführt worden.

Im Juni 1990 hat die Landesanstalt versucht, wiederum mit dem Instrument der Fristsetzung, den Fortgang im Kreis Coesfeld zu beschleunigen. Sie hat der Veranstaltergemeinschaft für die Vorlage der noch fehlenden Unterlagen eine Frist bis zum 1. September 1990 gesetzt und sich zugleich vorbehalten, im Einzelfall eine Ausschlußfrist zu setzen, falls diese Frist nicht eingehalten wird. Im August 1990 hat es daraufhin einen erkennbaren Fortschritt auf Seiten der Betriebsgesellschaft gegeben, nachdem die Komplementär-GmbH zur Betriebsgesellschaft gegründet worden war. Ab diesem Zeitpunkt sind auch konkrete Gespräche über den Wirtschafts- und Stellenplan aufgenommen worden. In diesem Zusammenhang ist im Vorstand der Veranstaltergemeinschaft vereinbart worden, daß der Verlegervertreter in der Veranstaltergemeinschaft, der auch der Verhandlungskommission der Verleger angehören sollte, sich in der Veranstaltergemeinschaft an den Beratungen über den Wirtschafts- und Stellenplan nicht beteiligen werde, um für die Veranstaltergemeinschaft Unabhängigkeit zu wahren. Im

310 Vgl. oben § 4 III. 3.

September wurde ein erster Entwurf eines Wirtschafts- und Stellenplans verabschiedet.

Im Oktober 1990 hat die Landesanstalt die Ausschlußfrist zur Vorlage der Unterlagen mit dem Termin 28. Juni 1991 gesetzt. Die örtlichen Verleger hatten unterdessen ein eigenes Gutachten über die Werbepotentiale im Münsterland in Auftrag gegeben und ihre Beteiligung an der Betriebsgesellschaft vom Ergebnis des Gutachtens abhängig gemacht. Im Februar fiel die übereinstimmende Entscheidung der örtlichen Verleger, sich nicht an einer Betriebsgesellschaft beteiligen zu wollen.[311]

Bei der Veranstaltergemeinschaft haben daraufhin noch im Februar die Firma Westfunk als Vertreterin der WAZ-Gruppe sowie die Ippen-Gruppe Interesse an einer Beteiligung an einer Betriebsgesellschaft gezeigt. Mit beiden Interessenten hat die Veranstaltergemeinschaft Verhandlungen geführt, die sich in erster Linie auf den Wirtschafts- und Stellenplan bezogen; dabei wurde von der Westfunk offenbar ein größerer Etat angeboten. Da die örtlichen Verleger sich aber doch noch an der von der Ippen-Gruppe geführten Betriebsgesellschaft beteiligten und wieder das Verlegerprivileg in Anspruch nahmen, hat es eine alternative Entscheidung zwischen dem Angebot der WAZ-Gruppe und dem der Ippen-Gruppe für die Veranstaltergemeinschaft nicht gegeben. Dazu der Vorsitzende:

> „Wir haben das so nicht gemacht, sondern wir haben gesagt, ist das, was wir da angeboten bekommen, mit unseren Korrekturen, geeignet? Lokaler Rundfunk im Kreis Coesfeld bei einem Fünf-Stunden-Programm, plus 45 Minuten für freie Gruppen, ist das damit durchführbar?"

b. Wirtschafts- und Stellenplan

Im September 1990 war zwischen Verlegern und Veranstaltergemeinschaft ein erster Wirtschafts- und Stellenplan ausgehandelt worden. Das damalige Konzept sah einen Gesamtetat von 480.000 DM vor. Als personelle Ausstattung waren neben einem Chefredakteur zwei weitere Redakteure, eine Sekretärin, ein fester freier Mitarbeiter sowie weitere Mittel für freie Mitarbeiter in Höhe von 84.000 DM vorgesehen, aus denen auch die Kooperation mit den benachbarten Lokalsendern finanziert werden sollte. Dieses Konzept war bei der Landesanstalt für Rundfunk vorgeprüft und als „Minimalmodell" für gerade noch vertretbar erklärt worden, vorbehaltlich der Zustimmung der Gremien.

In den Verhandlungen mit der WAZ-Gruppe und der Ippen-Gruppe sind, auch auf Anraten der Landesanstalt für Rundfunk, Kosteneinsparungen durch Kooperation nicht mehr zugrundegelegt worden. Ausgangspunkt für

---

311 Zu den Einzelheiten vgl. oben § 4 III. 3.

die Verhandlungen war daher einer personelle Ausstattung mit mindestens einem Chefredakteur und drei Redakteuren. Das Angebot der WAZ-Gruppe hatte statt der dritten Redakteursstelle einen Redaktionsassistenten vorgesehen, außerdem sollten noch zwei Volontäre eingestellt werden. Wegen des Lokalverleger-Privilegs ist jedoch das Angebot der WAZ-Gruppe nicht mehr näher in Betracht gezogen worden.

Bei der Verabschiedung des Wirtschafts- und Stellenplans ist auch von dem in § 25 Abs. 4 LRG NW vorgesehenen Instrument der „unerledigten Einwände der Betriebsgesellschaft" Gebrauch gemacht worden. Der Vorsitzende hatte für die Verwaltungskraft bzw. den Verwaltungsaufwand der Veranstaltergemeinschaft einen Betrag von 10.000 DM gefordert, die Betriebsgesellschaft hingegen nur 5.000 DM eingestellt; dies hat der Vorsitzende in der Sitzung als „unerledigten Einwand" behandelt. Die Mitgliederversammlung hat daraufhin diesen Ansatz wieder auf 10.000 DM erhöht, und dafür einen Ansatz von 6.000 DM für „Sonstige Programmkosten" gestrichen. Die Betriebsgesellschaft hat jedoch ihre Zustimmung erst erteilt, als der Ansatz für Verwaltungskosten wieder um 2.000 DM reduziert worden war.

Zur Weiterentwicklung des Wirtschafts- und Stellenplans ist für den 1. Januar 1993 die Einrichtung einer Volontärstelle in Aussicht genommen, sofern die Veranstaltergemeinschaft in Abstimmung mit dem Chefredakteur bzw. der Chefredakteurin feststellen sollte, daß weiteres redaktionelles Personal erforderlich ist.

c. Verwaltungsaufgaben der Veranstaltergemeinschaft

Zur Verwaltung der Veranstaltergemeinschaft regelt im Kreis Coesfeld der Kooperationsvertrag (ohne besonderen Dienstleistungsvertrag), daß die Veranstaltergemeinschaft der Betriebsgesellschaft die Erledigung anfallender Verwaltungs- und Dienstleistungsaufgaben überträgt, ohne daß der Umfang der übertragenen Aufgaben spezifiziert wird.

Zusätzlich ist aber vorgesehen, daß die Betriebsgesellschaft innerhalb des Wirtschafts- und Stellenplans eine Bürokraft zur Erledigung der anfallenden Verwaltungsarbeiten der Veranstaltergemeinschaft zur Verfügung stellt, die jedoch ausweislich des Wirtschafts- und Stellenplans nur stundenweise tätig sein soll. Diese Forderung des Vorsitzenden der Veranstaltergemeinschaft war zunächst umstritten, ist jedoch schließlich erfüllt worden, berichtet der Geschäftsführer der Betriebsgesellschaft:

„Was ein bißchen strittig war und wo sich zum Schluß herausgestellt hat, daß es völlig mißverstanden worden ist, das war eine Teilzeit-Sekretärin für die VG. Ich habe gesagt, es gibt ein Sekretariat für die Chefredaktion, das kann die VG mitnutzen, und wenn mal ein Anruf kommt für einen Vertreter, dann wird die nicht sagen, das Gespräch nehme ich nicht an, dafür ist die BG zuständig; von daher geht das fließend ineinander. Es ist dann aber offensichtlich so mißverstanden worden, daß dann die BG die Weisungsbefugnis über diese Person gehabt hätte, so daß, wenn die VG etwas Vertrauliches geschrieben hätte, dies der BG sofort bekannt gewesen wäre."

d. Gegenseitige Teilnahme- und Informationsrechte

Die gegenseitige Teilnahme an Organsitzungen ist im Kooperationsvertrag für das Verbreitungsgebiet annähernd gleichartig festgelegt: der entsandte Vertreter hat ein Recht zur Teilnahme an Organsitzungen; ihm sind zuvor die zur Vorbereitung notwendigen Unterlagen zur Verfügung zu stellen. Über die Jahresabschlüsse der Betriebsgesellschaft ist explizit nichts gesagt. Darüber hinaus ist die Veranstaltergemeinschaft verpflichtet, der Betriebsgesellschaft die zur Überprüfung der sparsamen und wirtschaftlichen Mittelverwendung notwendigen Auskünfte zu erteilen und auf Verlangen Unterlagen vorzulegen.

IV. Resümee

Zusammenfassend ist zunächst festzuhalten, daß die Verleger bei der Schaffung der organisatorischen und vertraglichen Grundlagen für den lokalen Rundfunk beträchtlich gezögert haben. Nicht in einem Verbreitungsgebiet war zum Stichtag 10. Juli 1989 der Vertrag zwischen Veranstaltergemeinschaft und Betriebsgesellschaft abgeschlossen. Die von der Landesanstalt für Rundfunk vorgenommene Festsetzung einer Ausschlußfrist bei der Ausschreibung hat zwar dazu geführt, daß pro forma alle[312] Anträge eingegangen sind, ein einheitlicher Termin für die rechtlichen und organisatorischen Voraussetzungen und damit evtl. auch für den späteren Sendebeginn wurde so jedoch nicht erreicht.

Dabei hat die Fristsetzung, wie die Reaktion des Verbandes Lokaler Rundfunk vermuten läßt,[313] anscheinend die Veranstaltergemeinschaften stärker unter Druck gesetzt als die Betriebsgesellschaften. Für die Verleger mag die Überlegung im Hintergrund gestanden haben, daß die Landesanstalt für Rundfunk möglicherweise eher beim Zuschnitt der Verbreitungsgebiete oder bei der Festlegung der Mindestsendezeiten noch Zugeständnisse

312 Mit Ausnahme des Verbreitungsgebiets Stadt und Kreis Aachen, wo die bestehenden getrennten Veranstaltergemeinschaften für den Kreis und die Stadt Aachen eine Revision der Festlegung der Verbreitungsgebiete erreicht haben, vgl. unten § 7 II. 1.

313 Vgl. VLR-Info 1/1989, S. 1 f., mit dem Appell, ein „Fallbeil" im Interesse der Veranstaltergemeinschaften zu vermeiden.

machen würde als nach Fristablauf das Verlegerprivileg aufzuheben und damit die gesamte Konstruktion, einschließlich Rahmenprogramm, zu gefährden. Die Landesanstalt für Rundfunk hat hier flexibel reagiert und die Frist wieder geöffnet, indem sie lediglich die Vorlage des Antrags auch ohne die notwendigen Unterlagen verlangt hat.[314] Damit hat sie auch jenen Veranstaltergemeinschaften, denen die Verleger erst kurz vor dem Ablauf der Antragsfrist ein Vertragsangebot unterbreitet haben, einen Freiraum für Verhandlungen eröffnet. In der letzten Phase hat sie erneut das Instrument der Ausschlußfrist eingesetzt und die Vorlage aller Unterlagen bis zum 28. Juni 1991 verlangt, also beinahe zwei Jahre nach Ablauf der ursprünglichen Antragsfrist. In diesem Fall war die Fristsetzung erfolgreich, nachdem die Anstalt gegenüber den Verlegern offenbar hatte erkennen lassen, daß sie willens und in der Lage war, das Verlegerprivileg aufzuheben.

In der Ausgestaltung der vertraglichen Regelungen wurde zunächst anhand der Musterentwürfe deutlich, wie sehr die Verleger versucht haben, der Betriebsgesellschaft einen weiten Kompetenzbereich zu sichern. Das Vertragsangebot, wie es in Köln kurz vor dem Ablauf der Antragsfrist unterbreitet wurde, hat in vielen Punkten versucht, die vom Gesetz vorgesehenen Hebel der gegenseitigen Einwirkung von Veranstaltergemeinschaft und Betriebsgesellschaft zugunsten der letzteren zu verschieben, indem beispielsweise anstelle von Soll-Vorschriften Vertragspflichten vorgesehen wurden. Solche Regelungen sind in größerer Zahl durch die Landesanstalt für Rundfunk moniert worden. Teilweise ist das nicht anhand von Entwürfen, sondern anhand bereits geschlossener oder jedenfalls fertig ausgehandelter Verträge erfolgt. Dies muß als Hinweis darauf gewertet werden, daß in der gegenwärtigen Situation[315] die Verhandlungsposition vieler Veranstaltergemeinschaften relativ schwach war. Geringfügig andere Akzente werden vor allem in den Verträgen im Einzugsbereich der WAZ gesetzt, die gemeinsam verhandelt haben. Ob und inwieweit diese unterschiedlichen Vertragsgestaltungen praktische Bedeutung haben, läßt sich aufgrund der vorliegenden Untersuchung noch nicht einschätzen.

Hinsichtlich der gegenseitigen Transparenz von Veranstaltergemeinschaft und Betriebsgesellschaft gibt es trotz teilweise wortgleich formulierter Rechte einen grundlegenden Unterschied in der praktischen Umsetzung: Die Organe der Veranstaltergemeinschaft sind Kollegialorgane; die Ent-

---

314 Daß ein solches Verfahren zunächst nicht intendiert gewesen sein kann, ist aus der Dauer der Antragsfristen von vier Monaten oder mehr zu schließen.

315 Am Ende der gegenwärtigen Lizenzierungsperiode, wenn der wirtschaftliche Wert einer Lizenz für die Veranstaltergemeinschaften und die mit ihnen kooperierenden Betriebsgesellschaften besser abschätzbar ist, kann sich das Kräfteverhältnis gänzlich anders darstellen, sofern sich der lokale Rundfunk in den festgelegten Verbreitungsgebieten als profitabel erweist.

scheidungsfindung soll hier typischerweise in Organsitzungen stattfinden, schon um eine Interessenpluralität zur Geltung zu bringen, auch wenn das nicht heißt, daß es nicht auch Entscheidungen gäbe, die schon vor den Sitzungen ausgehandelt werden. Demgegenüber haben vermutlich die Geschäftsführer der Betriebsgesellschaften erheblich größere Entscheidungsspielräume, so daß Organsitzungen, die das Teilnahmerecht der Veranstaltergemeinschaft auslösen könnten, seltener sein können. Dieser Unterschied setzt sich fort bei dem Einblick in wirtschaftliche Daten: Wenn die Jahresabschlüsse der Betriebsgesellschaften den Veranstaltergemeinschaften im allgemeinen nicht ausgehändigt, sondern nur dem Vertreter der Veranstaltergemeinschaft „vorgelegt" oder „zur Kenntnis gebracht" und sogleich Geheimhaltungspflichten auferlegt werden, ist dieses Informationsrecht von begrenztem Wert.

Demgegenüber ist die Veranstaltergemeinschaft für die Betriebsgesellschaft fast vollständig transparent, nachdem diese eine vom Gesetz nicht explizit vorgesehene, aber strategisch vermutlich höchst bedeutsame Variation des Zwei-Säulen-Modells durchgesetzt hat, nämlich die Geschäftsbesorgung durch die Betriebsgesellschaft für die Veranstaltergemeinschaft. Mit diesem Konzept, das in allen ausgewerteten Verträgen verankert ist, werden mehrere Effekte erzielt. Zunächst ist die Annahme erheblicher Kostenvorteile gegenüber einem eigenen Apparat der Veranstaltergemeinschaft durchaus plausibel. Zum zweiten kann auf diese Weise weitgehend vermieden werden, daß im Lokalsender ein Geschäftsführer angesiedelt wird, der hauptamtlich tätig ist, Entscheidungsvollmachten hat und nicht durch eine Zustimmungspflicht auch in die Loyalität zur Betriebsgesellschaft eingebunden ist.

§ 6 Redaktion: Chefredakteur/Chefredakteurin und redaktionelle Beschäftigte

Neben den beiden Säulen Veranstaltergemeinschaft und Betriebsgesellschaft nimmt im nordrhein-westfälischen Lokalfunkmodell auch die Redaktion eine wichtige Stellung ein. Sie ist Gegenstand des nächsten Untersuchungsschritts.

I. Gesetzliche Ausgangslage

1. Regelungen über die Redaktion im Prozeß der Gesetzgebung

Der nordrhein-westfälische Rundfunkgesetzgeber widmete vom ersten Diskussionsentwurf an seine besondere Aufmerksamkeit der Absicherung redaktioneller Autonomie. Die beiden ersten Entwürfe (Diskussions- und Referentenentwurf), die allerdings noch von einem einheitlichen Veranstalter und nicht von einer zweisäuligen Konstruktion ausgingen, verwiesen in ihren lokalfunkspezifischen Regelungen auf eine Vorrangbestimmung im Recht des landesweiten Rundfunks, nach der in die Abwägung bei der Auswahl unter mehreren gleichwertigen Antragstellern einzubeziehen ist, „in welchem Umfang der Anbieter seinen redaktionellen Mitarbeitern und Mitarbeiterinnen Einfluß auf die Programmgestaltung einräumt".[1]

Den ersten Ansatz, die Position der Redaktion im lokalen Rundfunk über eine bloße Vorrangbestimmung bei der Zulassung hinaus besonders zu stärken, enthielt der Regierungsentwurf. § 22 Abs. 2 dieser Entwurfsfassung

1 § 6 Abs. 2, 21 Abs. 1 des Diskussionsentwurfes; § 6 Abs. 2, 21 Abs. 2 des Referentenentwurfes. Für diese Vorrangbestimmung, die in § 7 Abs. 2 Eingang in das geltende LRG NW gefunden hat, ohne allerdings im lokalen Rundfunk anwendbar zu sein, dürfte § 18 Abs. 5 des Hamburger Mediengesetzes Vorbild gewesen sein, vgl. Stock, Neues Privatrundfunkrecht, S. 23. Die Vorschrift des § 7 Abs. 2 LRG NW ist in BVerfGE 83, 238, 279, 319 ff. ohne Erfolg als verfassungswidrig angegriffen worden, vgl. hierzu bereits § 2 II. 2. a. bb.

bestimmte, daß eine Veranstaltergemeinschaft mit ihren redaktionellen Mitarbeitern „eine Vereinbarung zu treffen hat, die diesen im Rahmen der publizistischen Grundsätze der Veranstaltergemeinschaft Einfluß auf die Programmgestaltung einräumt." Damit beschritt der Gesetzgeber Neuland, indem er die Absicherung des Einflusses der Programmitarbeiter zur Rechtmäßigkeitsvoraussetzung erhob und somit für den Veranstalter verbindlich machte.[2]

Ein zweites Element der besonderen Ausgestaltung der Redaktion bezog sich auf die Position des Chefredakteurs/der Chefredakteurin im lokalen Rundfunk, dem/der im Regierungsentwurf ein zwingendes Vorschlagsrecht für Einstellungen und Entlassungen aller journalistischen Mitarbeiter eingeräumt wurde.[3] Der insoweit herausgehobenen Funktion im Gefüge des lokalen Senders versuchte der Entwurf gerecht zu werden, indem er die Einstellung und Entlassung des Chefredakteurs/der Chefredakteurin selbst an eine Zustimmung der Betriebsgesellschaft knüpfte.[4]

Die Regelungen des Regierungsentwurfes wurden in der Fassung des Hauptausschusses im wesentlichen belassen und lediglich in einigen Details zugunsten einer weiteren Stärkung der redaktionellen Autonomie ausgebaut. So wurde anstelle der bisherigen inhaltlich kaum konkretisierten „Vereinbarung" der Veranstaltergemeinschaft mit den redaktionellen Mitarbeitern nunmehr ein „Redakteurstatut" verlangt.[5] Damit knüpfte diese Bestimmung auch sprachlich an die Diskussion um die Absicherung „innerer Rundfunkfreiheit" an.[6] Das Redakteurstatut sollte im Einvernehmen mit den redaktionellen Beschäftigten aufgestellt werden. Die Ausschußfassung widmete der Position des Chefredakteurs/der Chefredakteurin nunmehr einen eigenen Paragraphen, der diese Position ausdrücklich als „redaktionelle Leitung" definierte und deren im Regierungsentwurf vorgesehene Vorschlagsrecht für Einstellungen und Entlassungen von Programmitarbeitern in ein satzungsmäßig abzusicherndes Widerspruchsrecht gegen Einstellungen der redaktionellen Beschäftigten umwandelte.[7] Zugleich beließ es der Entwurf im Grundsatz bei der Zustimmungspflichtigkeit der Betriebsgesellschaft für die Auswahl des Chefredakteurs, fügte dieser Regelung aber den Zusatz hinzu, daß die Zustimmung nur aus Gründen verweigert werden darf, „die nicht

2 Vgl. zur Exklusivität dieser Regelung bereits den Vergleich mit den bisher verabschiedeten Landesrundfunk- bzw. Landesmediengesetzen der Länder in § 2 II. 1. b.

3 § 24 Abs. 1 Satz 3 Nr. 2 des Regierungsentwurfes.

4 § 24 Abs. 1 Satz 3 Nr. 1 des Regierungsentwurfes.

5 § 25 Abs. 3 der Ausschußfassung.

6 Vgl. zum Bezug des LRG NW zum Konzept der „inneren Rundfunkfreiheit" bereits § 2 II. 2 a. bb. sowie BVerfGE 83, 238, 318 ff., Stock, Neues Privatrundfunkrecht, S. 49.

7 § 28 der Ausschußfasssung.

mit der publizistischen Einstellung des Chefredakteurs/der Chefredakteurin zusammenhängen".[8]

Die gesetzlichen Regelungen über die Redaktion wurden in der vom Hauptausschuß geänderten Form vom Landtag verabschiedet und sodann im Zuge des ersten Änderungsgesetzes noch einmal novelliert. § 23 Abs. 2 LRG NW erklärte nunmehr § 13 auch im lokalen Rundfunk für anwendbar, der im LRG NW vom 19. Januar 1987 in der Verweisnorm des § 23 Abs. 2 LRG NW ausgeklammert blieb. Die Norm des § 13 LRG NW, die erst durch eine Initiative des Hauptausschusses in das Rundfunkgesetz Eingang fand, enthält eine Aufgabenbestimmung für die redaktionellen Beschäftigten im privaten Rundfunk, wie sie etwa auch das WDR-Gesetz vorsieht.[9] Mit dieser Regelung wurde die auf die Aufgabe der Redaktion bezogene gesetzliche Regelung komplettiert.

2. *Handlungsspielräume und Gestaltungsoptionen im Bereich der Redaktion*

Die zentrale Gestaltungsoption für die Akteure im Bereich der Redaktion entsteht durch den gesetzlichen Zwang zur Aufstellung eines Redakteurstatuts, für das nähere rechtliche Vorgaben im Gesetz fehlen. Die mit dieser Regelungstechnik entstehenden Freiräume werden im folgenden zunächst aufgezeigt, um im Anschluß daran die Regelungen über die Chefredaktion und die redaktionellen Beschäftigten im einzelnen analysieren zu können.

a. Regelungstechnik: Redakteurstatut als Rechtmäßigkeitsvoraussetzung und privatautonome Gestaltung des Inhalts der Statute

Das LRG NW gibt den Akteuren mit der Pflicht zur Aufstellung eines Redakteurstatuts ein eigenes rundfunkrechtlich determiniertes Instrumentarium vor. Dies entspricht der Vorgehensweise bei der Regelung der inneren Organisation der Veranstaltergemeinschaft oder des Verhältnisses zwischen den lokalen Rundfunksäulen. Anders als dort verzichtet das Rundfunkgesetz aber für das Redakteurstatut vollkommen auf die Normierung gesetzlicher Mindestinhalte und schafft damit eine im Vergleich zur Gestaltung der Satzungen und Kooperationsverträge gesteigerte privatautonome Marge. Das Gesetz regelt insoweit mehr das „Ob" als das „Wie" relativer redaktioneller Autonomie.[10]

Der Gesetzgeber nimmt aber zugleich durch den Begriff des Redakteurstatuts und den Verweis des § 23 Abs. 2 LRG NW auf die Bestimmung des

---

8 § 28 Abs. 2 Satz 2 der Ausschußfassung.

9 § 32 des Gesetzes über den „Westdeutschen Rundfunk Köln" i.d.F. vom 11.01.1988, zuletzt geändert durch Gesetz vom 07.03.1990. Vgl. auch LT/DS 10/1577, S.107. Zum Inhalt des § 13 LRG NW vgl. noch unten 2. b.

10 Stock, Neues Privatrundfunkrecht, S. 49 ff., insbesondere S. 51.

§ 13 LRG NW Bezug auf die Konzeption der „inneren Rundfunkfreiheit" und bringt damit zum Ausdruck, daß ein Redakteurstatut seinen Anforderungen nur dann entsprechen kann, wenn es einen Grundstandard materieller, organisatorischer und verfahrensmäßiger Inhalte zur Absicherung redaktioneller Autonomie enthält. Auf der anderen Seite klärt der Bezug zur „inneren Rundfunkfreiheit", daß eine Obergrenze der rechtlichen Gestaltbarkeit durch das Statut dort zu suchen ist, wo die Programmverantwortung der Veranstaltergemeinschaft durch die Einräumung redaktioneller Autonomie beeinträchtigt wird.[11] Darüber, welche konkreten Inhalte innerhalb dieser Grenzen rundfunkrechtlich notwendig, aber auch, welche rundfunkrechtlich möglich sind, schweigt das Gesetz. Dies bedeutet, daß neben der ausdrücklichen Ermächtigung des Gesetzgebers zur Gestaltung des Statuts Freiräume für die rechtsunterworfenen Akteure auch dadurch entstehen, daß rechtliche Grenzziehungen erforderlicher oder zulässiger Regelungen notwendig werden. Angesichts der potentiell unterschiedlichen Interessenlagen von Veranstaltergemeinschaft und Redaktion, aber auch der mittelbar beteiligten Betriebsgesellschaft oder der Landesanstalt für Rundfunk sind hier divergierende Interpretationen durch die Akteure zu erwarten.[12]

b. Chefredakteur/Chefredakteurin

§ 28 Abs. 1 LRG NW verpflichtet die Veranstaltergemeinschaft, eine/einen Beschäftigte/Beschäftigten mit der Aufgabe des Chefredakteurs/der Chefredakteurin zu betrauen, dessen/deren Aufgabengebiet als „redaktionelle Leitung" skizziert wird. Diese Aufgabenzuweisung an den Chefredakteur/die Chefredakteurin schreibt eine hierarchische Orientierung innerhalb der Redaktion zwingend vor und sichert die herausragende Position der Figur des Chefredakteurs/der Chefredakteurin im Gefüge des lokalen Senders.

Mit § 28 Abs. 3 LRG NW werden die Veranstaltergemeinschaften verpflichtet, dem Chefredakteur/der Chefredakteurin in ihrer Satzung ein Vorschlags- sowie Vetorecht bezüglich der Einstellung und Entlassung aller redaktionellen Beschäftigten einzuräumen. Diese Regelung stärkt noch einmal die Position der Chefredaktion, die bei personellen Maßnahmen nicht umgangen werden kann. Damit rückt die Auswahl der Person des Chefredakteurs/der Chefredakteurin in den Mittelpunkt, da durch diese Entscheidung wesentliche Vorprägungen der personellen Zusammensetzung der

11 Vgl. hierzu bereits § 2 II. 2. a. bb. sowie Stock, Neues Privatrundfunkrecht, S. 49 und BVerfGE 83, 238, 318 ff.

12 Eine Auslegung im Sinne weitreichender Absicherung redaktioneller Autonomie über die gesetzlichen Termini des Redakteurstatuts und der „inneren Rundfunkfreiheit" unternimmt etwa Stock, Neues Privatrundfunkrecht, S. 49 ff. Eine stark einschränkende Auslegung findet sich dagegen bei Rath-Glawatz, Lokaler Hörfunk I, S. 43; Lokaler Hörfunk II, S. 13 ff.

Programmitarbeiter und damit auch letztlich des Programms getroffen werden.

Das Gesetz hält deshalb konkrete Vorgaben für die Einstellung und Entlassung des Chefredakteurs/der Chefredakteurin bereit, die die Veranstaltergemeinschaft und Betriebsgesellschaft zu einem gesetzlich näher bestimmten kooperativen Verfahren mit der Betriebsgesellschaft verpflichten. Zunächst entscheidet die Veranstaltergemeinschaft über einen ersten Einstellungs- bzw. Entlassungsvorschlag durch ihre Mitgliederversammlung (§ 27 Abs. 2 Nr. 3 LRG NW). Hierzu ist eine Zweidrittelmehrheit aller Mitglieder erforderlich (§ 27 Abs. 4 Nr. 3 LRG NW),[13] es gilt also das „Prinzip des Zusammenraufens" innerhalb des veranstaltenden Vereins.[14] Die Einstellung und Entlassung bedarf zugleich der Zustimmung der Betriebsgesellschaft (§ 28 Abs. 2 Satz 1 LRG NW).

Der Gesetzgeber sieht hier aber offenbar die Gefahr, über die Mitbestimmung bei der Besetzung der Chefredaktion einen Einfluß der Betriebsgesellschaft auf die Programminhalte zu etablieren, den er in Ausführung seines Konstruktionsgrundsatzes der Funktionentrennung mit § 25 Abs. 1 Satz 5 LRG NW gerade ausschließen wollte. Dieser Gefahr, die durch die Vetoposition des Chefredakteurs/der Chefredakteurin bei der Auswahl der weiteren Redaktionsmitglieder noch verschärft wird, versucht er zu begegnen, indem er eine Verweigerung der Betriebsgesellschaft nur aus Gründen zulassen will, „die nicht mit der publizistischen Einstellung des/der Chefredakteurs/Chefredakteurin zusammenhängen" (§ 28 Abs. 2 Satz 2 LRG NW).[15]

Das Verfahren orientiert sich an der Zielvorgabe, der Veranstaltergemeinschaft als Programmsäule die personelle Vorentscheidungskompetenz einzuräumen, ohne den wirtschaftlich determinierten personalpolitischen Einfluß der Betriebsgesellschaft abzuschneiden. Um zugleich weitergehende, insbesondere tendenzpressespezifische Einflüsse der Betriebsgesellschaft zu vermeiden, führt der Gesetzgeber in diesem Zusammenhang den unbestimmten Rechtsbegriff der „publizistischen Einstellung" ein, ohne diesem allgemein zugängliche Inhalte beizufügen.[16] Hiermit eröffnen sich wiederum rechtliche Interpretationsfreiräume für die Rechtsanwender, die im Innenverhältnis zwischen Veranstaltergemeinschaft und Betriebsgesellschaft wie auf der Ebene der Landesanstalt für Rundfunk zu unterschied-

13 Zu beachten ist hier allerdings die Delegationsmöglichkeit zugunsten des Vorstandes in § 27 Abs. 2 Satz 2 LRG NW.

14 Stock, Neues Privatrundfunkrecht, S. 52 unter Hinweis auf S. 44.

15 Vgl. zu diesem Zusammenhang auch Hellwig/Simon, Der Griff zum Mikrofon, S. 128; Stock, Neues Privatrundfunkrecht, S. 52, 53.

16 So auch Stock, Neues Privatrundfunkrecht, S. 52, der vorschlägt, die „etwas vage geratene Klausel vom Programmrecht aus interpretativ zu verdeutlichen".

lichen Rechtsstandpunkten und somit Einschätzungen bestimmter Sachverhalte führen können. Inwieweit der vom Gesetzgeber intendierte Schutz vor programmrelevanten Einflußnahmen über das Scharnier der Mitbestimmung des Chefredakteurs/der Chefredakteurin in der Praxis greift, hängt vermutlich von der Verhandlungsposition der Veranstaltergemeinschaft ab. Nur eine starke Veranstaltergemeinschaft mit ausreichendem Durchsetzungsvermögen und einer starken Verhandlungsposition wird hier entsprechende Versuche einer Einflußnahme der Betriebsgesellschaft abwehren können. Ist eine Veranstaltergemeinschaft aber schwach, wird sie sich den von der Betriebsgesellschaft herangetragenen Vorstellungen über die personelle Besetzung der Chefredaktion eher zu beugen haben.

c. Redaktionelle Beschäftigte und Redakteurstatut

Die neben dem Chefredakteur/der Chefredakteurin im lokalen Rundfunk tätigen redaktionellen Beschäftigten sind auf der Grundlage des LRG NW durch Beschluß der Mitgliederversammlung mit einfacher Mehrheit einzustellen oder zu entlassen.[17] Eine Zustimmung der Betriebsgesellschaft zu dieser Entscheidung ist nicht vorgesehen. Zu beachten ist hier allerdings, daß über das in § 26 Abs. 4 LRG NW normierte Teilnahmerecht der Betriebsgesellschaft an allen Organsitzungen der Veranstaltergemeinschaft eine begrenzte Beteiligung auch an dieser Entscheidung rechtlich etabliert ist.[18]

Die Stellung der redaktionellen Beschäftigten im lokalen Rundfunk insgesamt wird vom LRG NW in § 25 Abs. 3 sowie den §§ 13, 23 Abs. 2 LRG NW gesetzlich vorgezeichnet. Gemäß § 13 haben sie die Aufgabe, „im Rahmen ihrer vertraglichen Rechte und Pflichten an der Erfüllung der Aufgaben der §§ 11 und 12 mitzuwirken." Die übertragenen Programmaufgaben sollen hierbei „im Rahmen der Gesamtverantwortung des Veranstalters in eigener journalistischer Verantwortung" zu erfüllen sein. Damit wird den redaktionellen Mitarbeitern eine individuelle sachliche Unabhängigkeit dem Grunde nach verbürgt, die sich allerdings im Rahmen der Programmautonomie der Veranstaltergemeinschaft i.S. des § 25 Abs. 1 Satz 4 LRG NW sowie des Programmauftrags und der Programmgrundsätze zu bewegen hat.[19]

Das LRG NW beläßt es aber nicht bei dieser programmatischen Klausel, sondern fügt über die Pflicht zur Aufstellung eines Redakteurstatuts eine

17 § 27 Abs. 2 Nr. 3 i.V.m. Abs. 4 Nr. 2 LRG NW.

18 Zum möglichen Einfluß der Betriebsgesellschaft auf die Auswahl der redaktionellen Beschäftigten auch über die Mitwirkung bei der Auswahl des Chefredakteurs/der Chefredakteurin siehe oben b.

19 Vgl. bereits oben a. sowie § 2 II. 2. a. bb.

organisatorische und verfahrensmäßige Absicherung der Unabhängigkeit des § 25 Abs. 3 LRG NW hinzu. Das Statut ist im Einvernehmen zwischen der Veranstaltergemeinschaft und ihren redaktionellen Beschäftigten aufzustellen und unterliegt somit der Aushandlung. Dem Gesetz läßt sich keine eindeutige Festlegung entnehmen, zu welchem Zeitpunkt ein Redakteurstatut vorliegen muß. Allerdings kann dies sinnvollerweise keine Zulassungsvoraussetzung für die Veranstaltung lokalen Rundfunks sein, da zum Zeitpunkt der Antragstellung eine Redaktion in den seltensten Fällen bereits konstituiert sein wird.

II. Nutzung der rechtlichen Gestaltungsoptionen: das Redakteurstatut

Im vorangegangenen Abschnitt wurde festgestellt, daß das LRG NW die Aufstellung eines Redakteurstatuts zur Rechtmäßigkeitsvoraussetzung erhebt und dessen inhaltliche Ausgestaltung im wesentlichen der Aushandlung zwischen redaktionellen Beschäftigten und Veranstaltergemeinschaft überläßt. Diese Ausgestaltung der Redakteurstatute ist zugleich der zentrale Gestaltungsspielraum des LRG NW im Bereich der Redaktion.[20] In der Laufzeit der vorliegenden Untersuchung sind erst aus zwei Verbreitungsgebieten (Wesel, Märkischer Kreis) Redakteurstatute bekannt geworden.[21] Veröffentlicht sind aber bereits eine Vielzahl von Musterredakteurstatuten, die wiederum von Autoren aus unterschiedlichen Interessensphären entwikkelt wurden. Diese Muster werden in Entsprechung zur Vorgehensweise bei der Auswertung der Satzungen und Kooperationsverträge zunächst in einer ihrer interessenmäßigen Herkunft entsprechenden Zusammenfassung in Gruppen vorgestellt, um auf dieser Grundlage die Statute im Märkischen Kreis und in Wesel in das eröffnete Spektrum möglicher Regelungen einordnen zu können.[22]

---

20 Auf die Auswertung der Arbeitsverträge der redaktionellen Beschäftigten und der Auseinandersetzungen um die tarifvertragliche Gestaltung des lokalen Rundfunks wurde im Rahmen der Untersuchung verzichtet, vgl. nur den Muster-Anstellungsvertrag des DJV im DJV-Medieninfo 3/1990, S. 3 ff.

21 Redakteurstatut für Radio Kreis Wesel in der Fassung des Beschlusses der Mitgliederversammlung der Veranstaltergemeinschaft im Kreis Wesel vom 27.11.1990 sowie Redakteurstatut der Veranstaltergemeinschaft für Lokalfunk im Märkischen Kreis e.V. vom 01.02.1991, VLR-Dokumentation, Beilage zu VLR-Info Nr. 3/Juli 1991.

22 In die Analyse wurde als A-Entwurf ein gemeinsamer Entwurf eines Redakteurstatuts von DJV und DJU, FK 22/1987, Dok., S. 1 ff. (zit.: A-Entwurf), einbezogen. Dieses Muster wird auch von Hesels/Hirsch, Lokalfunk heute, S. 165 ff. sowie in einer Zusammenfassung der Grundsätze des Statuts von der SGK, Lokaler Rundfunk II, S. 91 ff. empfohlen. Als B-Muster wurden Muster des Fördervereins Radio Rhein-Sieg, Praxishandbuch Lokalfunk, S.

1. Inhalte der Musterredakteurstatute

Die veröffentlichten Musterredakteurstatute für den lokalen Rundfunk in Nordrhein-Westfalen weisen wie bereits die Muster-Satzungen und Muster-Kooperationsverträge eine ihrer interessen- und verbändemäßigen Herkunft entsprechende Varianz auf.

a. Geltungsbereich des Statuts

Bereits für ihren Geltungsbereich sehen die Musterstatute unterschiedliche Definitionen vor, die insbesondere in der Frage der Einbeziehung von freien, d.h. nicht festangestellten Mitarbeitern und Mitarbeiterinnen, zu unterschiedlichen Ergebnissen führen. Anknüpfungspunkt der B-Entwürfe bei der Definition des Geltungsbereichs des Statuts ist der Begriff des „Redakteurs" bzw. der „redaktionellen Beschäftigten".[23] Hierunter werden „alle journalistischen Mitarbeiter, die eine sozialversicherungspflichtige Tätigkeit bei der Veranstaltergemeinschaft ausüben"[24] oder „alle hauptamtlich bei der Veranstaltergemeinschaft festangestellten Journalisten" verstanden[25]. Damit schließen diese Redakteurstatute den Kreis der freien Mitarbeiter von der Geltung des Statuts aus.

Einen anderen Geltungsbereich definiert das A-Redakteurstatut, das auf den Begriff der „Programm-Mitarbeiter"[26] abstellt und hierunter sowohl festangestellte journalistische Mitarbeiter[27] als auch freie Mitarbeiter und Mitarbeiterinnen versteht, soweit diese regelmäßig unmittelbare Programmarbeit leisten.[28] Allerdings werden die freien Mitarbeiter und Mitarbeiterinnen in die Schutzwirkungen des Statuts nur begrenzt einbezogen.[29] Sie nehmen hier an der Redakteursversammlung nur mit beratender Stimme

---

152 ff. (zit.: Radio Rhein-Sieg-Entwurf, §§); von Rath-Glawatz, Lokaler Hörfunk I, S. 108 ff. (zit.: Rath-Glawatz-Entwurf, römische Ziffer) und des VRWZ, in: Förderverein Radio Rhein-Sieg, Praxishandbuch Lokalfunk, S. 155 ff. (zit.: VRWZ-Entwurf, §§) berücksichtigt.

23 Vgl. zum Begriff Hoffmann-Riem, Redaktionsstatute, S. 121 ff.

24 Rath-Glawatz-Entwurf, II. Absatz 2.

25 VRWZ-Entwurf, § 3; Radio Rhein-Sieg-Entwurf, § 3. Dieser Entwurf enthält darüber hinaus eine weitere definitorische Einschränkung, nach der als Redakteur nur gilt, „wer kreativ an der Erstellung des redaktionellen Teils von Rundfunksendungen regelmäßig mitwirkt."

26 Vgl. zum Begriff Hoffmann-Riem, Redaktionsstatute, S. 123 ff.

27 Bei den festangestellten Mitarbeitern differenziert der Entwurf zwischen journalistischen Mitarbeitern und Mitarbeiterinnen und „anderen", soweit diese gelegentlich Programmarbeit leisten. Diese Einbeziehung ist dem Redakteurstatut des Westdeutschen Rundfunks vom 17.09.1987, abgedruckt in: RuF 1987, S. 559 ff., nachgebildet.

28 A-Entwurf, Art. 2 Satz 2 Nr. 1 und Nr. 2; vgl. hierzu auch die von der SGK formulierten Grundsätze eines Redakteurstatuts, in: SGK, Lokaler Rundfunk II, S. 91 unter 1.

29 A-Entwurf, Art. 2 Satz 3.

teil, können aber in einem Konflikt in Programmfragen ihre Interessen von einem festangestellten redaktionellen Beschäftigten vertreten lassen.[30]

b. Grundsatz der Überzeugungsfreiheit

Die Muster-Redakteurstatute berücksichtigen übereinstimmend den Grundsatz der Überzeugungsfreiheit der Programm-Mitarbeiter,[31] der allerdings unterschiedliche Ausprägungen erfährt. Die B-Redakteurstatute belassen es hier bei der Feststellung, daß „kein redaktionell Beschäftigter veranlaßt werden darf, eine Meinung zu vertreten, die seiner persönlichen Überzeugung widerspricht".[32] Der A-Entwurf erweitert und präzisiert diese Aussage, indem er die Veranlassung der Vornahme, aber auch der Unterlassung einer Veröffentlichung entgegen der journalistischen Verantwortung der redaktionellen Mitarbeiter untersagt.[33] Darüberhinaus dürfen nach diesem Entwurf Programmitarbeiter und -mitarbeiterinnen nicht veranlaßt werden, Meinungen anderer als die ihrigen zu bezeichnen, ihrer Information widersprechende Sachangaben als richtig zu bezeichnen und Sachangaben oder Meinungen zu unterdrücken, die im Rahmen der Aufgaben der Veranstaltergemeinschaft zur umfassenden und wahrheitsgetreuen Information der Öffentlichkeit gehören.[34]

c. Organisatorische und verfahrensmäßige Absicherung

Unterschiedliche Regelungsinhalte finden sich auch in der verfahrensmäßigen und organisatorischen Absicherung der Wahrnehmung der Rechte und Aufgaben der begünstigten Mitarbeiter auf der Grundlage des Statuts. Als einzige Übereinstimmung sehen alle Musterstatute die Bildung eines als Redakteursversammlung bezeichneten Grundorgans zur Wahrnehmung der Rechte der Redaktion vor. Aus der Mitte dieser Versammlung kann auf der Grundlage der B-Muster entweder ein „Sprecher"[35] oder aber ein „Obmann" bzw. ab einer bestimmten Größe der Redaktion auch ein „Redaktionsbeirat"

---

30 A-Entwurf, Art. 5 Abs. 5 und Art. 3 Abs. 2.

31 Vgl. zum Begriff Hoffmann-Riem, Redaktionsstatute, S. 129 ff.

32 Rath-Glawatz-Entwurf, I. 5. Spiegelstrich; VRWZ-Entwurf, § 4; Radio Rhein-Sieg-Entwurf, § 2 Nr. 4.

33 A-Entwurf, Art. 1 Abs. 2. Im Wortlaut heißt es hier: „Redaktionelle Mitarbeiter(innen) dürfen nicht veranlaßt werden, eine Veröffentlichung vorzunehmen oder zu unterlassen, wenn ihre journalistische Verantwortung dem entgegensteht."

34 A-Entwurf, Art. 1 Abs. 2. Diese Regelung ist dem Redakteurstatut des WDR nachgebildet, vgl. das Redakteurstatut des Westdeutschen Rundfunks, Art. 1 Abs. 3. Vgl. zum rechtlichen Inhalt dieser Regelungen Hoffmann-Riem, Redaktionsstatute, S. 146 ff.

35 Rath-Glawatz-Entwurf, II. Abs. 1.

gewählt werden,[36] ohne daß diese Wahl verbindlich gefordert wird.[37] Die B-Statute fordern für die Wahl überwiegend eine Mehrheit von zwei Dritteln aller redaktionell Beschäftigten.[38] Der mit der redaktionellen Leitung Beauftragte ist allen B-Statuten nicht wählbar.[39]

Das A-Statut wählt einen anderen Weg, indem es für Redaktionen von unter zehn redaktionellen Beschäftigten auf die Bildung einer gesonderten Vertretung verzichtet und alle Aufgaben auf der Grundlage des Statuts direkt von der Redakteursversammlung erledigt wissen will.[40] Erst Redaktionen mit mehr als zehn redaktionellen Beschäftigten müssen dann ein dreiköpfiges als Redakteursausschuß bezeichnetes Gremium wählen, das ab zwanzig Beschäftigten auf fünf Mitglieder aufgestockt werden soll.[41] Die Geschäfte dieses Gremiums werden durch einen/eine vom Ausschuß bestellten Sprecher/Sprecherin geführt. Für sämtliche Beschlüsse der Redakteursversammlung, also auch für die Wahl der Mitglieder des Redakteursausschusses, genügt die einfache Mehrheit der Anwesenden.[42]

Varianz lassen die Musterstatute ferner in der Frage einer im Statut zu verankernden Mindest-Sitzungshäufigkeit der Redakteursversammlung erkennen. Die B-Muster verzichten hier entweder ganz auf eine Regelung[43] oder begnügen sich mit nur einer erforderlichen Sitzung im Jahr.[44] Das A-Redakteurstatut sieht dagegen jährlich wenigstens vier Sitzungen der Redakteursversammlung vor.[45] Die Sitzungsteilnahme stellt sich nach dem Willen zweier B-Statute ausdrücklich als Ehrenamt dar, für das keine Freistellung von der Arbeit gewährt werden kann.[46]

---

36 VRWZ-Entwurf, § 6 Abs. 1; Radio Rhein-Sieg-Entwurf, § 4 Abs. 1. Die Entwürfe lassen hierbei die zur Bildung des zahlenmäßig gleichsam nicht näher bestimmten mehrköpfigen Beirats erforderliche Mindestanzahl redaktionell Beschäftigter offen.

37 Anders nur der Entwurf des Fördervereins Radio Rhein-Sieg.

38 VRWZ-Entwurf, § 6 Abs. 2; Rath-Glawatz-Entwurf, II. Abs. 2. Im Entwurf des Fördervereins Radio Rhein-Sieg genügt die einfache Mehrheit.

39 VRWZ-Entwurf, § 6 Abs. 2; Rath-Glawatz-Entwurf, II. Abs. 2; Radio Rhein-Sieg-Entwurf, § 4 Abs. 2.

40 A-Entwurf, Art. 4 Abs. 5. Diese Regelung soll auch dann gelten, wenn sich die Redakteursversammlungen nicht auf die Wahl eines Ausschusses einigen können.

41 A-Entwurf, Art. 4 Abs. 3.

42 A-Entwurf, Art. 3 Abs. 4. Beschlußfähigkeit soll die Versammlung bei Anwesenheit der Hälfte ihrer Mitglieder erlangen.

43 Rath-Glawatz-Entwurf.

44 Radio Rhein-Sieg-Entwurf, § 4 Abs. 3; VRWZ-Entwurf, § 6 Abs. 3.

45 A-Entwurf, Art. 3 Abs. 4.

46 VRWZ-Entwurf, § 6 Abs. 4; Radio Rhein-Sieg-Entwurf, § 4 Abs. 4. Das A-Statut und das Musterstatut von Rath-Glawatz enthalten keine Regelung dieses Problems.

d. Rechte der redaktionellen Beschäftigten und ihrer Vertretungsorgane

Erhebliche Unterschiede zwischen den Entwürfen ergeben sich auch im Umfang der im Statut eingeräumten Rechte der Redaktion und ihrer Vertretung.

Die B-Statute belassen es hierbei zumeist bei allgemein gehaltenen Informations- und Anhörungsrechten, die ohne nähere thematische Spezifizierung oder verfahrensmäßige und organisatorische Absicherung bleiben. So soll der Sprecher/Obmann bzw. der Beirat vom Chefredakteur über alle Fragen unterrichtet werden, „die die im Statut angesprochene Zusammenarbeit zwischen Veranstaltergemeinschaft und redaktionellen Beschäftigten betreffen."[47] Eine Anhörung der Redaktionsvertretung ist nur für den Fall vorgesehen, in dem „Entscheidungen der Veranstaltergemeinschaft oder der redaktionellen Leitung diese Zusammenarbeit nachhaltig beeinflussen" könnten.[48] Hierbei soll der Vorstand den Standpunkt der Redaktion in seine Überlegungen lediglich *einzubeziehen* haben, ohne an ihr Votum gebunden zu sein.[49] In der Gruppe der B-Muster geht allein das Musterstatut des Fördervereins Radio Rhein-Sieg über diese Regelungen hinaus, indem es ein weiteres Anhörungs- und Vorschlagsrecht des Obmanns bzw. des Redaktionsbeirates vorschlägt.[50] Anders als beim Anhörungsrecht im Falle einer „nachhaltigen Beeinflussung der Tätigkeit der redaktionell Beschäftigten" ist dieses Recht auf „dienstliche Anliegen und Anregungen" bezogen und damit thematisch weit gefaßt. Darüber hinaus ist es mit einer Regelung verbunden, die die Veranstaltergemeinschaft zu einer Mitteilung verpflichtet, inwieweit sie die vorgetragenen Anliegen berücksichtigt und verwertet.

Die Rechte der redaktionellen Beschäftigten und ihrer Vertretungsorgane werden im A-Redakteurstatut erheblich stärker ausgebaut und organisatorisch und verfahrensmäßig abgesichert. Als Aufgabenbereiche nennt dieser Entwurf den Fall eines Programmkonflikts sowie personelle und organisatorische Maßnahmen der Veranstaltergemeinschaft. Im Bereich eines Konfliktes in Programmfragen sieht der A-Entwurf zunächst eine Anrufung des Redakteurs-Ausschusses dann vor, wenn sich Programmitarbeiter bzw. -mitarbeiterinnen „in ihrer journalistischen Eigenverantwortung beeinträchtigt" sehen.[51] Der Ausschuß hat die Angelegenheit zu prüfen und gegebenfalls mit den Beteiligten zu erörtern, um Abhilfe zu erreichen.

---

47 Rath-Glawatz-Entwurf, III. Abs. 1; Radio Rhein-Sieg-Entwurf, § 5 Abs. 1; VRWZ-Entwurf, § 7 Abs. 1.

48 Rath-Glawatz-Entwurf, III. Abs. 2; Radio Rhein-Sieg-Entwurf, § 5 Abs. 1; VRWZ-Entwurf, § 7 Abs. 2.

49 Radio Rhein-Sieg-Entwurf, § 5 Abs. 1; VRWZ-Entwurf, § 7 Abs. 1. Ein entsprechender Hinweis fehlt im Rath-Glawatz-Entwurf.

50 Radio Rhein-Sieg-Entwurf, § 5 Abs. 2.

51 A-Entwurf, Art. 5 Abs. 3.

Weiter ist vorgesehen, daß im Fall einer Absetzung oder Sinnentstellung von Programmbeiträgen eine Begründungspflicht für die Veranstaltergemeinschaft sowohl gegenüber dem Betroffenen als auch gegenüber dem Redakteurs-Ausschuß eingreift.[52] Diese Begründung soll vor der Ausstrahlung der veränderten Fassung bzw. vor der Entscheidung über die endgültige Absetzung erfolgen. Das Musterstatut sieht ferner ein Unterrichtungs-, Anhörungs- sowie Erörterungsrecht des Redakteurs-Ausschusses für beabsichtigte Einstellungen, Kündigungen, Versetzungen oder anderweitige Veränderungen des Aufgabenbereichs von (Programm-) Mitarbeitern bzw. Mitarbeiterinnen vor.[53] Dieses Recht ist explizit auch auf personelle Maßnahmen im Hinblick auf leitende Mitarbeiter und Mitarbeiterinnen bezogen.[54] Ein das Anhörungsrecht übersteigendes Einvernehmen mit dem Redakteurs-Ausschuß wird ausnahmsweise dann gefordert, wenn die Mitgliederversammlung der Veranstaltergemeinschaft gemäß § 27 Abs. 2 Satz 2 LRG NW die Kompetenz einer Beschlußfassung über die Einstellung und Entlassung der leitenden Beschäftigten und aller redaktionellen Beschäftigten auf den Vorstand delegiert hat.[55] Schließlich sind im A-Musterstatut Informations- und Erörtungsrechte auch bei beabsichtigten organisatorischen Maßnahmen oder Änderungen der Programmstruktur vorgesehen.[56]

Diese Mitwirkungsrechte des Redakteurs-Ausschusses sollen nach der Vorstellung des A-Musterstatuts nicht unverbindlich bleiben, sondern durch die Etablierung eines Schlichtungsausschusses verstärkt werden.[57] Dieser Ausschuß soll im Konfliktfall in allen genannten Aufgabenbereichen mit der Folge einer Suspendierung der infragestehenden Entscheidung angerufen werden können. Dem Schlichtungsausschuß sollen hierbei jeweils ein von der Mitgliederversammlung und vom Redakteurs-Ausschuß benanntes Mitglied sowie ein unparteiischer Vorsitzender/eine unparteiische Vorsitzende angehören. Die von diesem Gremium beschlossene Empfehlung soll nach der Vorstellung des Musters der Mitgliederversammlung vorgelegt werden, bei der sodann das Recht zur abschließenden Entscheidung verbleibt. Die Mitwirkungsrechte der Redaktion werden letztlich noch durch

52 A-Entwurf, Art. 5 Abs. 4. Vgl. zum Inhalt und zur Bedeutung derartiger Regelungen: Hoffmann-Riem, Redaktionsstatute, S. 146 ff.

53 A-Entwurf, Art. 6 Abs. 1, vgl. zu derartigen Regelungen bei Nichtfortsetzung von Arbeitsverhältnissen, Hoffmann-Riem, Redaktionsstatute, S. 181 ff.

54 A-Entwurf, Art. 6 Abs. 1 Satz 3; speziell zu derartigen Regelungen einer Mitwirkung der Redaktion bei Personalentscheidungen im Hinblick auf Leitungspositionen, Hoffmann-Riem, Redaktionsstatute, S. 174 ff.

55 A-Entwurf, Art. 6 Abs. 2.

56 A-Entwurf, Art. 7. Vgl. wiederum Hoffmann-Riem, Redaktionsstatute, S. 166 ff.

57 A-Entwurf, Art. 8.

eine „Unwirksamkeitsklausel" verstärkt, nach der Maßnahmen unter Verletzung dieser Rechte unwirksam sein sollen.[58]

e. Sonstige Regelungen und Besonderheiten

Als eine Besonderheit des A-Musterstatuts bleibt nachzutragen, daß das Muster einen Kündigungsschutz für Mitglieder des Redakteurs-Ausschusses für die Dauer der Amtszeit sowie das darauffolgende Kalenderjahr vorsieht.[59] Hervorzuheben ist ferner, daß dieses Statut „im Interesse der Trennung der Werbung vom übrigen Programm" allen tätigen Programmitarbeitern die Mitwirkung an Werbesendungen grundsätzlich untersagt.[60] Diese Regelung verbietet auch die freiwillige entgeltliche Mitwirkung der Redaktionsmitglieder an der Produktion von Werbespots. Sie verfolgt offenbar das Ziel, für den Hörer durch die Gleichheit der Stimmen möglicherweise entstehende Unklarheiten über den Charakter einer Sendung als redaktionellen Beitrag oder Werbesendung zu verhindern und zugleich sicherzustellen, daß für die redaktionellen Beschäftigten keine Interessenkonflikte zwischen ihrer journalistischen und einer zusätzlichen werblichen Tätigkeit entstehen können.

Die Musterstatute sehen ferner einheitlich vor, daß ein im Einvernehmen zwischen den redaktionellen Beschäftigten und der Veranstaltergemeinschaft aufgestelltes Redakteurstatut durch beide Seiten mit einer Frist von drei bzw. sechs Monaten gekündigt werden kann. Zugleich regeln die Muster allerdings, daß das alte Statut trotz Kündigung solange in Kraft bleibt, bis Einvernehmen über das neue Statut erzielt wurde.[61] Damit ist ein Redakteurstatut nach den Entwürfen faktisch nicht einseitig kündbar.

2. *Redakteurstatute in den Verbreitungsgebieten Märkischer Kreis und Wesel*

Die Untersuchung der tatsächlichen Spielraumnutzung beschränkt sich auf die Redakteurstatute in den Verbreitungsgebieten Wesel und Märkischer Kreis. Beide Statute orientieren sich im wesentlichen an den Regelungsinhalten des A-Entwurfs, die allerdings in einigen wichtigen Punkten nur abgeschwächt übernommen wurden. Nicht zu übersehen ist vor allem in Wesel auch die Anlehnung an das Redakteurstatut des WDR.

Ihren Geltungsbereich definieren beide Statute über den Terminus der Programmitarbeiter und -mitarbeiterinnen, wobei hierunter wie im A-Ent-

---

58 A-Entwurf, Art. 11.

59 A-Entwurf, Art. 10 Abs. 2.

60 A-Entwurf, Art. 1 Abs. 3.

61 A-Entwurf, Art. 12 Abs. 3; Rath-Glawatz-Entwurf, V. 2; VRWZ-Entwurf, § 8 Abs. 3; Radio Rhein-Sieg-Entwurf, § 6 Abs. 2.

wurf sowohl festangestellte als auch nicht festangestellte, aber regelmäßig unmittelbare Programmarbeit leistende freie Mitarbeiter und Mitarbeiterinnen verstanden werden.

In der Frage der Ausprägung des Grundsatzes der Überzeugungsfreiheit greifen die Redakteurstatute auf den Wortlaut des WDR-Statuts zurück und wählen damit im Kern den Inhalt des A-Statuts. Allerdings ist die dort vorgeschlagene und über das WDR-Statut hinausgehende Regelung, nach der auch die Unterlassung der von einem der redaktionellen Beschäftigten geplanten Veröffentlichung nicht entgegen der journalistischen Verantwortung des Beschäftigten durch die Veranstaltergemeinschaft oder den Chefredakteur veranlaßt werden darf, in beiden Fällen nicht übernommen worden.

Das von der Redakteursversammlung obligatorisch zu wählende Vertretungsorgan wird in Wesel in Anlehnung an das WDR-Statut und insoweit abweichend von den Musterstatuten als „Redakteursvertretung" bezeichnet,[62] während das Statut im Märkischen Kreis den Begriff eines/einer Redakteursprecher(in) wählt. In Wesel hat die Redakteursvertretung bei einer Zahl von unter zehn festangestellten redaktionellen Beschäftigten aus einem, ansonsten aus drei bzw. fünf Mitgliedern zu bestehen. Der Märkische Kreis verzichtet auf eine Anbindung an die Anzahl der redaktionellen Beschäftigten und verlangt stets die Wahl eines Sprechers/einer Sprecherin und dessen/deren Stellvertreters/Stellvertreterin. Die Tätigkeit in der Redakteursversammlung und -vertretung ist in Wesel explizit als ehrenamtlich beschrieben. Dieses Statut enthält anders als das im Märkischen Kreis eine jährliche Mindestsitzungshäufigkeit von zwei Sitzungen und stellt sich insoweit als Kompromiß zwischen den Vorschlägen der Musterstatute dar.

Die Rechte der redaktionellen Beschäftigten bzw. ihrer Vertretungsorgane gehen in beiden Statuten weit über die in den B-Statuten vorgesehenen Beteiligungsrechte hinaus. Die Statute enthalten zunächst im Fall eines Programmkonflikts im wesentlichen die im A-Musterstatut angeregten verfahrensmäßig abgesicherten Rechte des/der Programmitarbeiters/in und Begründungspflichten der Veranstaltergemeinschaft. Hierbei ist allerdings das vorgeschriebene Verfahren in Wesel komplexer. In beiden Verbreitungsgebieten steht einem/einer Programm-Mitarbeiter(in) dann, wenn er/sie sich von Vorgesetzten in seiner/ihrer journalistischen Eigenverantwortung beeinträchtigt sieht, die Möglichkeit offen, die Redakteursvertretung (Wesel) bzw. die Redakteursversammlung (Märkischer Kreis) anzurufen. Im Märkischen Kreis hat dieses Gremium sodann die Angelegenheit zu prüfen und sich, sofern die Beschwerde berechtigt erscheint, um Abhilfe zu bemühen. Dies gilt in Wesel abweichend allerdings nur dann, wenn der vorherige Ver-

62 Vgl. das Redakteurstatut des Westdeutschen Rundfunks, Art. 5.

such einer eigenständigen Klärung durch die unmittelbar Beteiligten erfolglos geblieben ist.

Ist trotz des Abhilfebemühens des redaktionellen Vertretungsorgans keine Einigung zu erzielen, so vertrauen die Statute auf eine abschließende Konfliktentscheidung auf der Ebene der Veranstaltergemeinschaft. Eine Schlichtung, wie sie im A-Statut angeregt wurde, ist nicht realisiert. In Wesel entscheidet nach einer Erörterung mit dem Vorstand der Veranstaltergemeinschaft die Mitgliederversammlung über den Konflikt, während das Statut im Märkischen Kreis auf eine endgültige Konfliktentscheidung durch den Vorstand der Veranstaltergemeinschaft setzt.

Nicht aufgegriffenen wurden die vom A-Statut angeregten Mitwirkungsrechte der Vertretung der Redaktion bei personellen Entscheidungen der Veranstaltergemeinschaft. Hier findet sich lediglich im Märkischen Kreis eine Regelung, nach der die Redakteursversammlung bzw. Sprecher/in von sich aus beabsichtigte personelle Maßnahmen aufgreifen kann. Welche Konsequenzen aus dieser Thematisierung folgen sollen, bleibt offen.

Die Mitwirkung im Bereich der organisatorischen Maßnahmen ist in beiden Fällen auf unmittelbare Änderungen der Programmstruktur beschränkt. Übereinstimmend wurde hier zunächst die Regelung des A-Statuts übernommen, nach der die Veranstaltergemeinschaft den/die Redakteursprecher(in) bzw. die Redakteursvertretung über beabsichtigte Änderungen rechtzeitig und umfassend zu unterrichten hat. In Wesel ist die Änderung darüberhinaus mit der Vertretung zu erörtern, während im Märkischen Kreis der/die Sprecher(in) mit einem Mitspracherecht an den Sitzungen der dort institutionalisierten Programmkommission teilnehmen kann.

Beide Redakteurstatute greifen weiter das vom A-Statut eingeforderte grundsätzliche Verbot für redaktionelle Beschäftigte auf, an der Produktion von Werbespots für den eigenen Sender mitzuwirken. In Wesel ist diese Regelung sehr weit formuliert und verbietet allen, also auch den freien Programmmitarbeitern/innen, die Mitarbeit an *der Gestaltung* von Werbesendungen. Im Märkischen Kreis sind nur die hauptberuflich Tätigen von der Regelung betroffen und das Verbot ausdrücklich nur auf eine Mitwirkung *als Sprecher* von Werbespots im eigenen Sender bezogen. Beide Statute sehen zugleich Ausnahmen von diesem Verbot vor, die in Wesel der Genehmigung durch die Chefredakteurin und im Märkischen Kreis einer Zusatzvereinbarung bedürfen. Im Märkischen Kreis wird die beschriebene Klausel ausdrücklich in den Kontext der Trennung von Werbung und Programm gestellt. Das Verbot einer Werbemitwirkung erscheint deshalb besonders interessant, weil hierdurch den redaktionellen Beschäftigten die Möglichkeit genommen wird, durch eine eigene Entscheidung etwa gegen ein zusätzliches Honorar an der Produktion von Werbespots für die Betriebsgesellschaft mitzuwirken.

In beiden Verbreitungsgebieten ist schließlich eine Kündigung des Redakteurstatuts vorgesehen, die in Wesel nur mit einer Frist von drei Monaten zum Ende des Kalenderjahres möglich ist. Im Märkischen Kreis haben sich die Akteure auf die in den Musterstatuten vorgeschlagene Regelung verständigt, nach der die Bestimmungen des Statuts wirksam bleiben, bis über ein neues Statut das Einvernehmen beider Parteien hergestellt ist, während in Wesel durch die Kündigung lediglich Verhandlungen über eine Änderung des Status eingeleitet werden sollen.

III. Fallstudien

Die redaktionelle Arbeit befindet sich in vielen Verbreitungsgebieten noch in der Aufbauphase; in einigen Gebieten ist der Sendebetrieb noch nicht aufgenommen oder die personelle Besetzung der Redaktion noch ungeklärt. Entsprechend den Grundsätzen, die der Auswahl der Verbreitungsgebiete für die Fallstudien zugrundelegt wurden, sind in den Fallstudien solche Gebiete mit ganz unterschiedlichem Sachstand berücksichtigt; empirische Feststellungen über den Status und die Arbeit der Redaktionen im Rahmen des Zwei-Säulen-Modells sind deshalb nur zum Teil möglich. Für das Verbreitungsgebiet Coesfeld können insoweit auf der Grundlage der Fallstudien keinerlei Aussagen gemacht werden, weil zum Abschluß der Erhebungen die Einstellung eines Chefredakteurs noch nicht erfolgt war. Es werden deshalb im folgenden nur die Verbreitungsgebiete Wesel und Köln behandelt.

1. Wesel

a. Chefredakteurin

Die Frage der personellen Besetzung der Redaktion hat bei den Vorbereitungen der Veranstaltergemeinschaft für den Kreis Wesel schon frühzeitig eine zentrale Rolle gespielt. Im Juni 1989, noch vor dem Abschluß der vertraglichen Vereinbarung mit der Betriebsgesellschaft, hat die Veranstaltergemeinschaft eine Personalfindungskommission eingesetzt. Dem lag, wie der Vorsitzende sagt, die Überlegung zugrunde, daß es auf dem Arbeitsmarkt einen starken Wettbewerb um qualifiziertes Personal geben würde:[63]

63 Diese Überlegung zur Entwicklung des Arbeitsmarktes hat im Verbreitungsgebiet Wesel offenbar eine wichtige Rolle gespielt, sie wurde aber nicht von allen Mitgliedern der Veranstaltergemeinschaft geteilt, wie folgende Aussage belegt: „Es war immer das Argument am Anfang, wir brauchen ganz schnell die Vereinbarung mit der Betriebsgesellschaft, damit wir die besten Redakteure kriegen. Aber da waren ohnehin keine Redakteure am Markt; ein WDR-Redakteur geht für das Geld nicht dahin, ein freier Mitarbeiter überlegt sich das vielleicht, und dann gab es in NRW Maßnahmen vom Arbeitsamt und eine Kölner Institution,

„Dann war uns natürlich klar, wenn hier 46 oder 47 Sender auf Sendung gehen, dann wird es mit dem Personal knapp – also was tun: uns rechtzeitig um Personal kümmern. Das haben wir dann auch getan, und wir haben nicht eine Anzeige aufgegeben im Vorfeld, sondern wir hatten durch Besuche, Gespräche und so weiter uns schon Leute herausgesucht."

Mitglieder der Kommission waren der Vorsitzende der Veranstaltergemeinschaft, der Vertreter des Bereichs Bildung, der Vertreter der Katholischen Kirche und der Vertreter der Arbeitgeber;[64] als Stellvertreter für den letztgenannten wurde der Vertreter der Journalisten bestimmt. Die Kommission hat aufgrund der vorliegenden Bewerbungen[65] eine Vorauswahl getroffen und insgesamt neun Bewerberinnen und Bewerber zu Vorstellungsgesprächen eingeladen. An den Vorstellungsgesprächen wurde, mit Blick auf ihren gesetzlichen Zustimmungsvorbehalt, neben den Mitgliedern der Kommission auch die Betriebsgesellschaft durch einen Vertreter beteiligt.

Im Ergebnis wurde der Mitgliederversammlung von der Kommission nur noch eine Kandidatin vorgestellt und als Chefredakteurin vorgeschlagen. Ende Oktober 1989, zeitgleich mit der Verabschiedung des Vertrages mit der Betriebsgesellschaft, hat die Veranstaltergemeinschaft die Einstellung der Chefredakteurin beschlossen, den Zeitpunkt der Einstellung allerdings der Entscheidung der Betriebsgesellschaft überlassen.

Bereits vor der Entscheidung der Mitgliederversammlung war die künftige Chefredakteurin von der Personalfindungskommission bei der Auswahl der ersten redaktionellen Mitarbeiter und Mitarbeiterinnen beteiligt worden. Ab Januar 1990 wurde sie auch in die Entwicklung des Programmschemas

---

die arbeitslose Lehrer speziell für den Rundfunk ausgebildet haben, aber mehr schlecht als recht."

64 Ein Mitglied erläutert die Zusammensetzung dieser Kommission so: „Wir haben eine Kommission gebildet, in der die politischen Lager ganz breit paritätisch vertreten waren."

65 Die vorliegenden spontanen Bewerbungen waren teilweise nicht bei der Veranstaltergemeinschaft, sondern zunächst bei der Betriebsgesellschaft bzw. der Westfilm eingegangen. Auch die später eingestellte Chefredakteurin hatte sich dort beworben. Vgl. dazu die etwa zeitgleiche Äußerung des WAZ-Geschäftsführers Erich Schumann (in Lilienthal, „Von kriegsentscheidender Bedeutung", epd 65/1989, S. 3 ff.): „Wir haben am Anfang erklärt: Wir kümmern uns um das redaktionelle Personal überhaupt nicht, weil das nicht unsere Aufgabe ist nach dem Gesetz. Inzwischen habe ich aber meine Meinung geändert. Ich habe den Eindruck, daß ohne eine Kooperation auf diesem Gebiet der Suche nach guten Leuten nichts zustande kommt. Wir haben daher folgende Linie gehalten und werden die auch weiter halten: Wenn sich bei uns Journalisten melden, dann sehen wir uns die natürlich an, sagen aber dann: Im übrigen müsse der Kontakt aufgenommen werden mit dem Vorstand der jeweiligen Veranstaltergemeinschaft, so daß dort dann die Entscheidung getroffen wird."

einbezogen.[66] Zum 1. Februar 1990, gut drei Monate vor dem geplanten Sendestart, hat die Chefredakteurin ihr Amt aufgenommen.

Gemäß der Satzung der Veranstaltergemeinschaft hat die Chefredakteurin das Recht zur Teilnahme an den Mitgliederversammlungen. Sie nimmt dieses Recht seit Beginn ihrer Tätigkeit wahr; dabei gewinnt sie eine gewichtige Stellung auch dadurch, daß sie regelmäßig das Protokoll führt. An Vorstandssitzungen nimmt die Chefredakteurin hingegen nicht teil, sie wird jedoch umgehend über die Ergebnisse informiert.

b. Weitere Redaktionsmitglieder

Parallel zur Auswahl der Chefredakteurin hat die Personalfindungskommission sich um die Auswahl weiterer redaktioneller Mitarbeiter bemüht; auch hier ohne Ausschreibung aufgrund vorliegender Spontanbewerbungen. Bereits in der gleichen Sitzung, in der die Entscheidung über die Chefredakteurin fiel, wurde auch die Einstellung vier weiterer Redakteure bzw. Volontäre beschlossen. Nach Rücksprache mit der in Aussicht genommenen Chefredakteurin hatten Vorstellungsgespräche vor den Mitgliedern der Personalfindungskommission (einschließlich Vertretern der Betriebsgesellschaft) bereits stattgefunden. Auf eine persönliche Vorstellung vor der Mitgliederversammlung wurde verzichtet. Ebenso wurde auch bei den weiteren Einstellungen verfahren. Etwa ein Jahr später hat die Mitgliederversammlung ihre Zuständigkeit auch formal abgegeben und gemäß der in § 27 Abs. 2 Satz 2 LRG NW eröffneten Möglichkeit die Personalhoheit ganz auf den Vorstand delegiert, nachdem es vorgekommen war, daß verbindliche Entscheidungen wegen Beschlußunfähigkeit der Mitgliederversammlung nicht rechtzeitig getroffen werden konnten.

Unter den Beschäftigten des Lokalsenders im Kreis Wesel hat es seit dem Sendestart eine beträchtliche Fluktuation gegeben. Verschiedene Mitarbeiterinnen und Mitarbeiter sind bereits wieder ausgeschieden; ein Redakteur hat mittlerweile bei einem anderen Lokalsender das Amt des Chefredakteurs angetreten. Neben der Chefredakteurin sind aber immerhin drei Redakteurinnen und ein Redakteur schon seit dem Sendestart bei Radio Kreis Wesel tätig.[67]

---

66 Nach Einschätzung einiger Mitglieder der Veranstaltergemeinschaft hat sie dabei das endgültige Programmschema maßgeblich geprägt, vgl. unten § 7 III. 1.

67 Vgl. die Aufstellungen in Wer ist Wer? (I), Medienspiegel 45/1991 (Beilage), S. 17. Vgl. demgegenüber den Sender Hellweg Radio im Kreis Soest, wo ein Jahr nach Sendestart das gesamte Personal ausgewechselt ist, vgl. Böhnke, Redakteure: von einem Mikrofon zum anderen, VLR-Info 4/1991, S. 1. Näherer Aufschluß zur Fluktuation des redaktionellen Personals im Lokalfunk in Nordrhein-Westfalen ist von einer parallel für die Landesanstalt für Rundfunk erstellten Kommunikatorstudie des Instituts für Journalistik der Universität

c. Redakteurstatut

Bei der Erteilung der Zulassung hatte die Landesanstalt für Rundfunk der Veranstaltergemeinschaft zur Auflage gemacht, innerhalb eines halben Jahres nach Sendebeginn mit den redaktionell Beschäftigten ein Redakteurstatut zu vereinbaren. Dieser Auflage ist die Veranstaltergemeinschaft etwa ein halbes Jahr nach Sendebeginn auch nachgekommen; das resultierende Redakteurstatut wurde in seinen Grundzügen oben bereits dargestellt.

Die Satzung der Veranstaltergemeinschaft sieht vor, daß der Vorstand im Einvernehmen mit den festangestellten redaktionell Beschäftigten ein Redakteurstatut erarbeitet, das von der Mitgliederversammlung beschlossen wird, dabei sind auf Verlangen der Beteiligten zuständige Fachgewerkschaften zu hören.[68] Es sind dazu im Herbst 1990 vom Vorstand in Abstimmung mit dem Verband Lokaler Rundfunk sowie von den Mitgliedern der Redaktion in Abstimmung mit den Fachgewerkschaften Entwürfe ausgearbeitet worden.

Der Entwurf der Redaktion war darauf angelegt, der Redakteursvertretung weitgehende Mitspracherechte bei personellen und organisatorischen Fragen einzuräumen und sie verfahrensmäßig dadurch abzusichern, daß Maßnahmen, die ohne die vereinbarte Beteiligung vorgenommen werden, unwirksam sein sollen. Darüber hinaus wurde angestrebt, für die Mitglieder der Redakteursvertretung das ordentliche Kündigungsrecht auszuschließen und einer einseitigen Kündigung dadurch vorzubeugen, daß eine Fortgeltung des Statuts bis zur Einigung über eine neue Fassung gelten sollte. Alle diese Vorstellungen sind aber in der Mitgliederversammlung nicht durchgesetzt worden.

Kontrovers diskutiert wurde daneben die Präambel des Redakteurstatuts, die praktisch Programmgrundsätze für den lokalen Sender aufstellt. Dabei war auch innerhalb der Veranstaltergemeinschaft umstritten, ob festgeschrieben werden sollte, daß das Programm wertneutral oder ausgewogen zu sein habe, wie ein Mitglied berichtet:

„Und dann ging es um den Begriff in der Präambel, wo es heißt, ‚damit soll ein wesentlicher Beitrag zur vermehrten Identifikation der Bürgerinnen und Bürger mit ihrem Kreis, in dem sie leben, geleistet werden. Dies geschieht unter Beachtung anerkannter journalistischer Grundsätze in möglichster Breite und Vollständigkeit und Ausgewogenheit.‘ Da ging es um den Begriff ‚Ausgewogenheit‘, da war natürlich nichts anderes im Gespräch als die politischen Dinge – was heißt Ausgewogenheit:

Dortmund zu erwarten; vgl. einen ersten Hinweis bei Lilienthal, Ausgang offen, epd 25/26 1991, S. 7.

68 § 11 der Satzung vom 09.12.1989.

die Vielzahl der Veranstaltungen meinetwegen für die FDP oder die inhaltliche Seite, wer soll das entscheiden? Wir waren dann der Meinung, das ist natürlich eine Sache, die die Chefredakteurin zu verantworten hat, und wenn es da Mißbrauch gibt, dann haben wir ja noch diese Gremien, die da eingeschaltet werden können. Wir haben also lange über den Begriff ‚Ausgewogenheit' diskutiert, ob der in die Präambel rein soll, oder ob das selbstverständlich ist."

Im Ergebnis ist der Begriff der Ausgewogenheit dann nicht in das Redaktionsstatut aufgenommen worden. Ein weiterer intensiv diskutierter Punkt in der Mitgliederversammlung war die Frage der Mitwirkung von Redakteurinnen und Redakteuren an Werbesendungen. Die hier aufgenommene Regelung, daß redaktionellen Mitarbeitern jegliche Mitwirkung an Werbesendungen (anders als im Statut im Märkischen Kreis also nicht nur die Mitwirkung als Sprecher) grundsätzlich untersagt wird und nur ausnahmsweise durch die Chefredaktion genehmigt werden darf, war weder im Entwurf des Vorstandes noch im Entwurf der Redaktion so vorgesehen. Sie ist erst im Verlaufe der Beratungen in der Mitgliederversammlung festgelegt worden. Den Verlauf dieser Diskussion schildert ein Teilnehmer wie folgt:

„Da ging es um die Beteiligung von Redakteuren bei Werbesendungen. Ich habe das dann hinterfragt, ob die dann zusätzlich honoriert werden – ja, selbstverständlich, da haben sie ein bißchen rumgedruckst – und ob da nicht die Gefahr bestände, daß einer sich darauf spezialisiert und andere Dinge vernachlässigt und den Sender vielleicht in ein schiefes Licht bringt. ... Das ist so eine Grauzone, die in der Redaktion selber schon diskutiert worden ist, wie man sich da verhält. Das ist noch nicht ganz geklärt, aber ich habe es selber angesprochen in der Sitzung, und dann wurde eben allgemein gesagt, daß das natürlich ein heißes Eisen ist und [die Chefredakteurin] meinte dann selbst, man sollte dieses mal zum grundsätzlichen Thema einer einzelnen Sitzung machen, mit Fallbeispielen, was kann auf die einzelnen Leute zukommen, wie könnten die Konsequenzen sein, bei welchen Sendungen ist es nicht zu umgehen, was versteht man unter Mißbrauch, wann kann man von Mißbrauch sprechen. Im Statut stand an der einen Stelle, kein Mitarbeiter sollte gezwungen werden, bei Werbesendungen mitzumachen, und irgendeiner sagte dann, das hört sich ganz gut an, aber es mag ja durchaus sein, daß es welche gibt, die das gerne machen, dann ist von gezwungen überhaupt nicht die Rede, dann macht der am Tag also 20 Werbesendungen. Nun haben wir also den Kompromiß geschlossen: ganz untersagen, so wie es [ein Mitglied der Veranstaltergemeinschaft] wollte, das geht nicht immer, man sollte das in die Verantwortung der Chefredakteurin legen, und so ist das dann auch aufgenommen worden."

Über die praktischen Anwendung des Statuts in einem Konfliktfall ist bislang nichts bekannt geworden.

d. Das Verhältnis der Redaktion zur Veranstaltergemeinschaft und zur Betriebsgesellschaft

Jenseits der Personalentscheidungen und der formalen Regelungen des Redaktionsstatuts lassen sich für das Verbreitungsgebiet Wesel einige Aussagen dazu machen, wie sich das Verhältnis der Redaktion zur Veranstaltergemeinschaft und zur Betriebsgesellschaft im Alltag gestaltet.

Besonders in der Anfangszeit – ausdrücklich genannt wurden die ersten 100 Tage nach Sendebeginn – hat sich die Veranstaltergemeinschaft im Kreis Wesel gegenüber der Redaktion mit Kritik sehr zurückgehalten und die Chefredakteurin gewähren lassen. Seitdem kommt es vor, daß an der Berichterstattung in Einzelfällen, teilweise offenbar mit Recht, Kritik geübt wurde.

Generell ist das Verhältnis zwischen Redaktion und Veranstaltergemeinschaft dadurch bestimmt, daß die Mitglieder der Veranstaltergemeinschaft vereinbart haben, von der Redaktion keine „Extrawürste“ in Form besonderer Berücksichtigung ihrer Interessen zu erwarten.[69] Die Redaktion greift zwar gern auf die Mitglieder der Veranstaltergemeinschaft als Gesprächspartner zurück, nimmt aber nicht von vornherein auf deren Interessen besondere Rücksicht, wie folgende Aussage der Chefredakteurin verdeutlicht:

> „Die VG-Mitglieder freuen sich auch, wenn man sie anspricht. Einen hat es jetzt mal nicht gefreut, da mußte er zu einer sehr unangenehmen Angelegenheit in seiner Schule Stellung nehmen: Er ist Schulleiter, und da wurde Zensur über eine Schülerzeitung verhängt. Aber er hat sich gestellt, er hat sich darauf eingelassen, obwohl er nicht glücklich darüber war.“

Es ist nicht sicher, ob diese Episode über den Einzelfall oder gar über das Verbreitungsgebiet Wesel hinaus generalisiert werden kann; auf der anderen Seite läßt sie aber erkennen, daß auch das gelegentlich skizzierte negative Szenario, die Rücksichtnahme der Redaktion auf die Partikularinteressen der Mitglieder der Veranstaltergemeinschaft,[70] nicht in jedem Falle Realität wird.

Darüber hinaus war die Veranstaltergemeinschaft bei der Entwicklung ihrer Programmkonzeption offenbar von Anfang an daran orientiert, der Redaktion große Freiräume zu lassen. Ein Mitglied stellt das folgendermaßen dar:

---

69 Ein Beispiel dafür, daß diese Erwartung dennoch auftreten, dann aber auch enttäuscht werden kann, wird unten in § 7 III. 1. d. wiedergegeben.

70 Vgl. zu diesen Befürchtungen z.B. Jakob, Freunde in der Not, epd 53/1987, S. 3. In epd Kirche und Rundfunk Nr. 15 vom 27.02.1991, S. 12, wird die Beobachtung referiert, daß kommunale Verwaltungen und Bürgermeister (in nicht genannten Verbreitungsgebieten) sich bereits mehrfach in die Programmarbeit eingemischt hätten.

„Wir haben hier von Anfang an den Grundsatz gehabt, wenn wir vernünftigen, soliden Rundfunk laufen lassen wollen, dann kann der nur so laufen, daß wir den Redakteuren lange Hand lassen. Das heißt also, wir haben auch bei der Programmgestaltung den Rahmen so gelegt, daß die Redakteure frei waren von Einfluß von außen. Das heißt, wir wollten ein Scharnier schaffen, das haben wir auch, das den Redakteuren erstmal die Probleme vom Hals hält, also Einfluß von außen sollte nicht gegeben werden. Das ist auch nicht unumstritten gewesen, aber darauf haben wir uns dann nicht nur formal, sondern auch wirklich echt geeinigt, und da hält sich bis heute, soweit ich das überblicken kann, auch jeder dran. Das heißt, wenn wir irgendwo das Gefühl haben, wir kommen irgendwo schlecht dabei weg als Organisationen, ob das nun die Naturfreunde sind, die katholische Jugend oder der DGB, dann ist das erstmal kein Thema für die Redakteure, sondern wir bringen das erstmal so informell an."

In der praktischen Abwicklung ist die Betriebsgesellschaft der primäre Ansprechpartner der Redaktion, da sie weitgehend auch die Verwaltungsaufgaben der Veranstaltergemeinschaft wahrnimmt, darunter u.a. die Personalverwaltung. Die Ausgaben der Redaktion werden allerdings vom Vorsitzenden der Veranstaltergemeinschaft abgezeichnet. Die Betriebsgesellschaft ist vor Ort mit drei Personen vertreten, die in den gleichen Räumlichkeiten untergebracht sind wie die Redaktion. Der Verkaufsleiter ist zugleich im Alltag der Repräsentant der Betriebsgesellschaft gegenüber der Redaktion; daneben gibt es zwei weitere Verkäufer. Im übrigen werden die Aufgaben der Betriebsgesellschaft zentral in Essen bei der WAZ durchgeführt, darunter auch die Personalverwaltung.

Gerade dieser Punkt wird zumindest von einem Mitglied der Veranstaltergemeinschaft sehr kritisch bewertet; hier werde der Verein seiner Funktion als Arbeitgeber nicht gerecht:

„Die einzelnen Mitglieder der Veranstaltergemeinschaft sind sich ihrer Position als Arbeitgeber überhaupt nicht bewußt. Die ganze Abrechnungssache, die Betreuung – Ansprechpartner für die Chefredakteurin und die einzelnen Mitglieder im Redakteursteam ist im Grunde genommen direkt die Betriebsgesellschaft. Es geht also darum, wenn ein Stuhl kaputt ist, müssen im Grunde genommen wir gefragt werden, weil wir ja die Arbeitgeber sind, das geht bis zur Gehaltsabrechnung, wo wir überhaupt keine Kontrolle mehr haben, und da auch einer Aufsichtspflicht meiner Ansicht nach überhaupt nicht nachkommen. Die Kollegen wenden sich direkt an die BG in Essen. ... Für Kollegen, die bei der WAZ gearbeitet haben, hat sich die Personalnummer geändert, und es läuft über die gleichen Sachbearbeiter, das hat sich nicht geändert."

2. *Köln*

a. Chefredakteur

Im Sommer 1990, als die Verhandlungen mit der Betriebsgesellschaft über den Kooperationsvertrag im wesentlichen abgeschlossen waren, hat die Veranstaltergemeinschaft in Köln sich um die personelle Besetzung der Chefredaktion bemüht. Das dabei eingeschlagene Verfahren schildert ein Mitglied wie folgt:

„Es gab keine Ausschreibung, sondern es lagen so um die 20 bis 25 Bewerbungen vor beim Vorsitzenden, unterschiedlich eingereicht. Dann hat der Vorstand, dieses dreiköpfige Gremium, sich zusammengesetzt – und das ist vielleicht wieder typisch Köln – mit dem Geschäftsführer der BG, und dann haben die sortiert und haben gesagt, aufgrund der Anforderungen, die wir vorher formuliert haben, sind dann sieben oder acht übriggeblieben. Diese acht hat man eingeladen, getrennt, und hat mit denen diskutiert. Aus dieser Vorauswahl sind vier übriggeblieben, von denen die BG gesagt hat, denn die hat ja da ein Mitspracherecht, bei den vieren sind wir einverstanden, wenn ihr euch einen aussucht. Das, liebe Veranstaltergemeinschaft, macht ihr bitte selbst. Da das in Köln alles so seine Zeit dauert, ist es dann so gewesen, daß zwei ihre Bewerbung von sich aus zurückgezogen haben; es blieben dann zwei übrig. ... Es waren dann zwei in der Sitzung der Veranstaltergemeinschaft (an der, nachdem der Vertrag abgeschlossen ist, erstmals auch ein Vertreter der Betriebsgesellschaft teilgenommen hat), die konnten vortragen und Fragen beantworten. Und dann haben wir uns für einen entschieden. Nach Diskussion war das dann auch einstimmig für einen."

Bemerkenswert ist daran besonders die Art und Weise, in der die Betriebsgesellschaft an der Auswahl des Chefredakteurs beteiligt wurde. Die getrennten Vorstellungsgespräche deuten darauf hin, daß Veranstaltergemeinschaft und Betriebsgesellschaft bei der Personalauswahl gegenseitig nicht nur gemeinsame Interessen und konsensfähige Kriterien unterstellt haben. Der frühzeitigen Beteiligung der Betriebsgesellschaft lag die Überlegung zugrunde, daß nur so verhindert werden kann, daß ein womöglich mühsam ausgehandelter Kompromiß innerhalb der Veranstaltergemeinschaft – die Satzung verlangt entsprechend der Vorgabe des § 27 Abs. 4 Nr. 3 LRG NW eine Zweidrittelmehrheit – durch ein Veto der Betriebsgesellschaft zunichte gemacht werden könnte.

Ausgewählt wurde ein Journalist, der früher bereits in Köln Zeitungsredakteur und anschließend beim SFB Rundfunkredakteur gewesen war. Mit dem Jahresanfang 1991, also noch bevor die Veranstaltergemeinschaft ihren Lizenzantrag entscheidungsreif vervollständigt hatte, hat er seine Arbeit aufgenommen; seitdem nimmt er regelmäßig auch an den Sitzungen des Vorstands teil.

b. Weitere Redaktionsmitglieder

Die weiteren Stellen in der Redaktion sind ebenfalls nicht ausgeschrieben, sondern aus einem Bestand von mehr als 120 unaufgefordert eingegangenen Bewerbungen besetzt worden. Nachdem Anfang Februar 1991 die letzten für den Lizenzantrag notwendigen Entscheidungen getroffen waren, hat der Vorstand unter Mitwirkung des Chefredakteurs sowie eines Vertreters der Betriebsgesellschaft Vorstellungsgespräche geführt und die Auswahl vorgenommen. Dabei sind, wie vom Gesetz vorgegeben, keine Entscheidungen gegen den Widerspruch des Chefredakteurs getroffen worden. Die Mitgliederversammlung ist nicht beteiligt worden; sie hatte die Einstellung von Personal auf den Vorstand delegiert.

Die ersten fest angestellten redaktionellen Mitarbeiter haben Ende März 1991, etwa fünf Wochen vor dem Sendestart, ihre Tätigkeit begonnen.

c. Redakteurstatut

In der Stadt Köln hat der Lokalsender erst kurz vor dem Abschluß unserer Erhebungen den Sendebetrieb aufgenommen. Die Vereinbarung eines Redakteurstatuts war in dieser kurzen Frist nicht zu erwarten und ist auch nicht erfolgt.

d. Verhältnis der Redaktion zur Veranstaltergemeinschaft und zur Betriebsgesellschaft

Die Erhebungen für die vorliegende Untersuchung wurden kurz nach dem Sendebeginn in Köln abgeschlossen; sie können deshalb nur erste Hinweise geben auf die Praxis der redaktionellen Arbeit und die Gestaltung des Verhältnisses zur Veranstaltergemeinschaft und zur Betriebsgesellschaft.

Wie im Kreis Wesel ist die Konzeption des Programms zum guten Teil durch den Chefredakteur geprägt worden, hier allerdings nicht mehr bei der Entwicklung des Programmschemas, sondern bei der Festlegung der Inhalte, mit denen die im Programmschema nur vage beschriebenen Sendungen ausgefüllt werden sollten.[71]

Mit dem Vorstand der Veranstaltergemeinschaft werden Personalentscheidungen, Fragen der Studioausstattung und Personalentscheidungen abgestimmt, darüber hinaus werden Honorarabrechnungen vom Vorsitzenden abgezeichnet. Im übrigen ist für den praktischen Ablauf, etwa für Bestellungen, Buchhaltung usw., die Betriebsgesellschaft bzw. die Servicegesell-

71 Vgl. unten § 7 III. 2.

schaft Ansprechpartnerin der Redaktion; sie ist auch im gleichen Hause untergebracht.[72]

Ein Versuch der inhaltlichen Einflußnahme auf das aktuelle Programm ist in den ersten Wochen nach Sendebeginn offenbar nicht vorgekommen, und zwar weder von seiten der Betriebsgesellschaft noch von seiten der Veranstaltergemeinschaft. Dazu ist auch von verschiedenen Mitgliedern der Veranstaltergemeinschaft ausdrücklich gesagt worden, daß der Redaktion nach Möglichkeit ein großer Handlungsspielraum belassen werden soll.

IV. Resümee

Das LRG NW versucht mit differenzierten Regelungen, die Orientierung an professionellen Gesichtspunkten zu stärken und den Durchgriff sachfremder Kriterien auf die redaktionelle Arbeit zu verhindern. Angesichts der noch jungen Erfahrungen läßt sich die praktische Wirkung dieser Vorkehrungen allerdings noch nicht im einzelnen beurteilen. Insbesondere sind einschlägige Konfliktsituationen, in denen sich eine Steuerungswirkung hätte zeigen können, nicht bekannt geworden.

Bereits mit der Bestimmung des § 28 Abs. 3 LRG NW, daß die Einstellung oder Entlassung redaktionellen Personals nicht gegen das Votum der Chefredakteurin bzw. des Chefredakteurs erfolgen dürfen, ist eine bemerkenswerte organisatorische Absicherung redaktioneller Unabhängigkeit vorgenommen worden, wie sie etwa bei Tageszeitungen allenfalls durch kündbare Redaktionsstatute erfolgt ist.[73] Bislang deutet alles darauf hin, daß diese Kompetenz von den Chefredakteurinnen und Chefredakteuren auch wahrgenommen wird und beispielsweise ein parteipolitisch motivierter Durchgriff der Veranstaltergemeinschaft auf die Personalentscheidungen unterbleibt.

Die Fluktuation der Redaktionsmitglieder und der Chefredakteure ist in verschiedenen Verbreitungsgebieten auffallend hoch; es hat beispielsweise der Lokalsender in Düsseldorf ein Jahr nach Sendebeginn bereits den dritten Chefredakteur.[74] Dies deutet darauf hin, daß die exponierte Stellung des

---

72 Die Erfahrungen eines parallel laufenden Projekts des Hans-Bredow-Instituts mit dem Anliegen, die Programmaufzeichnungen des Senders für eine Inhaltsanalyse zu nutzen, deuten darauf hin, daß es beachtliche Grauzonen gibt, in denen die Betriebsgesellschaft ein maßgebliches Mitspracherecht hat, auch wenn ihre wirtschaftlichen Belange nicht unmittelbar berührt sind.

73 Vgl. die (teilweise schon nicht mehr gültigen) Redaktionsstatute, die bei Holtz-Bacha, Mitspracherechte für Journalisten, dokumentiert sind, insb. S. 150, 160, 196, 200, 208.

74 Vgl. Böhnke, Redakteure: von einem Mikrofon zum anderen, VLR-Info 4/1991, S. 1; Wer ist Wer? I, Medienspiegel 45/1991 (Beilage), S. 4.

Chefredakteurs im Spannungsfeld zwischen den verschiedenen Interessen der Veranstaltergemeinschaft, der Betriebsgesellschaft, der 15-Prozent-Gruppen, der Redaktionsmitglieder eine erhebliche Belastung bedeuten kann. Es kommt hinzu, daß angesichts der oft knappen personellen Ausstattung schlechte Arbeitsbedingungen für die Redaktionen lauthals beklagt werden.[75]

Der Forderung des Gesetzes und der Landesanstalt für Rundfunk, Redaktionsstatute aufzustellen, sind die Veranstaltergemeinschaften offenbar nur zögerlich oder noch gar nicht nachgekommen. Es ist in diesem Zusammenhang leicht nachvollziehbar, daß es in der Startphase für die Veranstaltergemeinschaften, besonders aber für die Redaktionsmitglieder, zahlreiche Probleme gibt, die gegenüber einem solchen Statut vordringlich sind. Es ist auch nicht erkennbar, mit welchen Instrumenten in dieser Lage die Landesanstalt für Rundfunk die Vereinbarung von Redaktionsstatuten forcieren könnte, solange nicht von einer der beteiligten Seiten eine Intervention verlangt wird und die Anstalt als Konfliktmittlerin auftreten kann.

Die Fallstudien zu den Verbreitungsgebieten Wesel und Köln deuten darauf hin, daß es hier einen Durchgriff der Veranstaltergemeinschaft oder gar der Betriebsgesellschaft auf die inhaltliche redaktionelle Arbeit nicht gibt. Seitens der Veranstaltergemeinschaften ist sogar eine bewußte Bereitschaft erkennbar, der Redaktion in ihrer Arbeit weite Handlungsspielräume zu belassen und sie „an der langen Leine" zu führen. Die Beobachtung, daß die Redaktionen im Zwei-Säulen-Modell eine starke Stellung haben, wird aus der Perspektive der Betriebsgesellschaften jedoch bisweilen als Problem thematisiert. So wurde der Geschäftsführer der Betriebsgesellschaften in Ostwestfalen, an denen die Neue Westfälische maßgeblich beteiligt ist, unlängst mit der Aussage zitiert, im Zwei-Säulen-Modell sei die Redaktion „nicht richtig eingebunden": Sie neige dazu, sich als „dritte Säule" zu verselbständigen.[76] Dies korrespondiert mit der oben referierten Kritik, die Mitglieder der Veranstaltergemeinschaft seien sich ihrer Funktion als Arbeitgeber kaum bewußt.

Eine institutionelle Stützung ihrer Bedeutung erfahren die Chefredakteure und Chefredakteurinnen durch die Mitwirkungsregelungen bei Radio NRW. Sie sehen drei Beteiligungsorgane vor: eine Konferenz der Vorstände der Veranstaltergemeinschaften, eine Konferenz der Chefredakteure und eine Konferenz der Betriebsgesellschaften.[77] Hier ist die Chefredakteurskonferenz in der Tat als eine Art „dritte Säule" etabliert; sie hat die Aufgabe,

---

75 Vgl. nur epd Kirche und Rundfunk Nr. 15 vom 27.02.1991, S. 11 ff.

76 zitiert nach Lilienthal, Ausgang offen, epd 25/26 1991, S. 11.

77 Vgl. unten § 9 II. 2. a. bb.

über die aktuelle Programmplanung von Radio NRW zu beraten. Es zeichnet sich außerdem ab, daß die Chefredakteure auch über Fragen des Rahmenprogramms hinaus gemeinsame Anliegen vertreten: Unlängst haben sie anläßlich einer Chefredakteurskonferenz gemeinschaftlich auch zur Novellierung von Regelungen des LRG NW Stellung genommen, die mit dem Rahmenprogramm in keinerlei Zusammenhang stehen.[78]

Die hier beobachtbare Stärkung der Redakteure und besonders der Chefredakteure ist vermutlich eine wirksame Vorkehrung gegen den willkürlichen Zugriff partikularer Interessen auf das Programm.[79] Zu diskutieren bleibt allerdings, inwieweit damit schon eine Realisierung der hochgesteckten programmlichen Ziele des LRG NW gewährleistet wird. Bei einer Lokkerung der programmatischen und verfahrensmäßigen internen Vorgaben kommt der personellen Besetzung der Redaktion – insbesondere der Chefredaktion – als Entscheidungsprämisse eine gesteigerte Bedeutung zu. In mancher Hinsicht wird man unterstellen können, daß es professionelle journalistische Standards gibt, denen sich auch die Redakteure im lokalen Rundfunk verpflichtet fühlen, beispielsweise kodifizierte berufsständische Regeln, wie sie etwa die Pressegesetze oder der Pressekodex enthalten. Daneben gibt es aber stark variierende Programmphilosophien etwa in der Frage, ob der Lokalfunk primär als Medium (und Faktor) der Meinungsbildung, oder primär als Unterhaltungsmedium verstanden wird. Unsystematische Beobachtungen der Selbstdarstellung von Lokalfunk-Redakteuren und Chefredakteuren beispielsweise auf Fachtagungen deuten darauf hin, daß sie hier durchaus unterschiedliche Auffassungen vertreten, die nicht immer von dem Grundgedanken des § 24 LRG NW durchtränkt sind, daß es beim lokalen Rundfunk in erster Linie um die Meinungsbildung geht. „Die erste Generation der NRW-Chefredakteure tritt ab, die zweite kommt: vorzugsweise Plaudertaschen von bayerischen Lokalradios“,[80] so charakterisiert Branchenbeobachter Lilienthal den personalpolitischen Trend im Lokalfunk. Wenn dieser Befund zutrifft, liegt aber auch er wesentlich in der Verantwortung der Veranstaltergemeinschaften.[81]

78 Die Stellungnahme ist dokumentiert im VLR-Infodienst Nr. 3/Juli 1991, S. 6 ff.

79 Vgl. statt anderer Stock, Neues Privatrundfunkrecht, S. 49 ff.

80 Lilienthal, Ausgang offen, epd 25/26 1991, S. 7.

81 Vgl. epd Kirche und Rundfunk Nr. 15 vom 27.02.1991, S. 12, mit dem Hinweis, es sei bereits zur Kündigung einzelner Chefredakteure durch Veranstaltergemeinschaften gekommen.

§ 7 Lokales Programm

Das auf einer dem lokalen Hörfunk zugeordneten Frequenz ausgestrahlte Programm kann sich auf der Grundlage des LRG NW aus bis zu vier rechtlich voneinander abzugrenzenden Bestandteilen zusammensetzen. Dafür ist zwischen Drittsendungen der Kirchen und der Landes- und Kommunalbehörden, den Programmbeiträgen des Bürgerradios, der Veranstaltung eines Rahmenprogramms und der Veranstaltung von lokalem Programm zu unterscheiden. Die Untersuchung wendet sich zunächst dem lokalen Programm und im Anschluß daran dem Bürgerradio sowie dem Rahmenprogramm zu. Die Drittsendungen gemäß § 24 Abs. 3 LRG NW bleiben ausgeklammert.

I. Gesetzliche Ausgangslage

1. Regelungen über das lokale Programm im Prozeß der Gesetzgebung

Der nordrhein-westfälische Rundfunkgesetzgeber setzte in seinen Lokalfunkregelungen von Anfang an neben organisatorischen und verfahrensmäßigen Anforderungen auf ein anspruchsvolles materielles Programmrecht. Bestandteile dieses Programmrechts waren seit dem ersten Entwurf des späteren Landesrundfunkgesetzes neben einem umfassenden Programmauftrag, den Programmgrundsätzen und speziellen Regelungen zum Schutz der Menschenwürde und der Jugend, die für den landesweiten Rundfunk galten und im lokalen Rundfunk zu entsprechender Anwendung kommen sollten,[1] auch eigene lokalfunkspezifische Anforderungen.[2]

---

1 Die Geltung der Programmanforderungen des landesweiten Rundfunks im dritten Abschnitt ergibt sich aus § 21 Abs. 1 des Diskussions- und des Referentenentwurfs, § 21 Abs. 3 des Regierungsentwurfs und der Ausschußfassung sowie der einzelnen Fassungen des LRG NW. Nachdem zunächst pauschal alle im dritten Abschnitt enthaltenen Anforderungen für entsprechend anwendbar erklärt werden sollten, nahm der Regierungsentwurf hiervon einige Regelungen aus, die nur im landesweiten Rundfunk gelten sollten. Auf eine Darstellung

Hierbei beschränkten sich Diskussions- und Referentenentwurf auf eine Gemeinwohlverpflichtung des lokalen Rundfunks und die Feststellung, daß er das öffentliche Geschehen im Verbreitungsgebiet darstellen und aus unterschiedlichen Inhalten mit angemessenen Anteilen an Information, Bildung, Beratung und Unterhaltung bestehen müsse und sich nicht nur an bestimmte Zielgruppen wenden dürfe. Diesen Grundsätzen fügte der Regierungsentwurf die auf die lokale Ebene transformierten Programmgrundsätze des § 11 Abs. 3 hinzu und erklärte konsequenterweise zugleich die Regelungen des § 11 Abs. 3 im Lokalfunkbereich für nicht anwendbar. Eingefügt wurde ferner ein Grundsatz, nach dem jedes lokale Programm in der Berichterstattung angemessene Zeit für die Behandlung kontroverser Themen von allgemeiner Bedeutung vorzusehen hat.[3] Die lokalen Programmgrundsätze wurden vom Hauptausschuß noch einmal aufgegriffen und verändert. Gemäß § 24 Abs. 1 Satz 4 dieser Fassung sollte ein lokaler Rundfunkveranstalter nunmehr darauf ausgerichtet sein, bei den Rundfunkteilnehmern angenommen zu werden.[4] Zugleich fügte der Ausschuß in seiner Beschlußfassung einen neuen § 24 Abs. 1 Satz 3 hinzu, nach dem es Ziel des lokalen Rundfunks ist, den „publizistischen Wettbewerb" zu fördern.[5]

Wichtige Veränderungen im Prozeß der Gesetzgebung lassen sich ferner bei der Definition des lokalen Programms und der Festlegung der Anforderungen an den Zuschnitt der Verbreitungsgebiete feststellen.

Bis zum ersten Änderungsgesetz verstanden die Entwürfe bzw. das LRG NW in seiner Fassung vom 19.01.1987 unter einem lokalen Programm ein Rundfunkprogramm, das für ein örtlich begrenztes Verbreitungsgebiet oder einen Teil dieses Verbreitungsgebietes *bestimmt* ist.[6] Diese weite Formel schränkte der Gesetzgeber in der ersten Novelle ein, indem er als lokale Programme nur noch solche anerkennen wollte, „die in einem örtlich be-

---

der Änderungen der Programmanforderungen des dritten Abschnitts für den landesweiten Rundfunk soll hier verzichtet werden.

2 § 21 Abs. 2 des Diskussions- und des Referentenentwurfs; § 23 Abs. 1 des Regierungsentwurfs; § 24 Abs. 1 der Ausschußfassung sowie der einzelnen Fassungen des LRG NW.

3 § 23 Abs. 1 Satz 5 des Regierungsentwurfs. Der Grundsatz ist parallel auch in die Programmgrundsätze des landesweiten Rundfunks aufgenommen worden, § 11 Abs. 3 Satz 3 des Regierungsentwurfs. Vgl. zur Geschichte und zur praktischen Anwendung dieser aus der amerikanischen Fairness-Doktrin entlehnten Regelung in den Vereinigten Staaten, Le Duc, Der Angriff auf die amerikanische Fairness-Doktrin, RuF 1988, S. 56 ff.

4 Eine entsprechende Bestimmung ist von der CDU und den Verlegern gefordert worden, vgl. Hellwig/Simon, Der Griff zum Mikrofon, S. 101; Stock, Neues Privatrundfunkrecht, S. 39, FN. 96.

5 Diese Klausel drückt hingegen eher eine Intention der SPD-Mehrheitsfraktion aus, so auch Stock, Neues Privatrundfunkrecht, S. 39, FN. 96.

6 § 2 Abs. 2 der einzelnen Fassungen.

grenzten Verbreitungsgebiet *hergestellt, redaktionell gestaltet oder selbständig redaktionell zusammengestellt werden.*" Durch diese stärkere Anbindung an das Verbreitungsgebiet sollten der lokale Charakter betont[7] und das Erfordernis eigener Redaktionen vor Ort abgesichert werden.[8]

Die Anzahl und damit der Zuschnitt der Verbreitungsgebiete waren seit Beginn der Diskussion um lokalen Rundfunk umstritten. Die Diskussion spiegelt sich im Gesetzgebungsprozeß insofern wider, als die Regelungen über die Festsetzung der Verbreitungsgebiete mehrfach geändert wurden. Der Diskussions- und der Referentenentwurf sahen eine im Verhältnis zu späteren Regelungen relativ ungebundene Kompetenz der Landesanstalt vor, die Verbreitungsgebiete für den lokalen Hörfunk festzulegen. Hierbei sollte „mindestens" das Gebiet eines Kreises oder einer kreisfreien Stadt umfaßt und nur unter anderem ein wirtschaftlich leistungsfähiger Rundfunk ermöglicht werden.[9] Der Regierungsentwurf ersann dann eine Ausnahme/Regel-Festlegung, nach der im Regelfall das Gebiet des Kreises und der kreisfreien Stadt qua gesetzlicher Anordnung als Verbreitungsgebiet gilt. Die Landesanstalt wurde zugleich ermächtigt, im Satzungswege Ausnahmen von der gesetzlichen Festsetzung zu treffen. Hierbei wurde sie an Grundsätze angebunden, nach denen keine mehr als 600.000 Einwohner umfassenden Verbreitungsgebiete zu bestimmen sind, die zusammenhängenden Kommunikations-, Kultur- und Wirtschaftsräume zu berücksichtigen sind und letztlich ein wirtschaftlich leistungsfähiger Rundfunk zu ermöglichen ist.[10] Die Hauptausschußfassung beließ es im wesentlichen bei

---

7 LT/DS 10/2610, S. 44; LT/DS 10/2358, S.27. Eine Präzisierung der Definition war im Rahmen der Anhörung zum Ersten Änderungsgesetz mehrfach gefordert worden, vgl. nur die Stellungnahme von Kopper, Zuschrift 10/1547, S. 2. Aus der Sicht der Verlage wurde zugleich beklagt, daß das neue Erfordernis einer „selbständigen redaktionellen Gestaltung" zu höheren Kosten führen müsse. Es leuchte nicht ein, warum es einen Unterschied machen sollte, ob identische Musiktitel per Mantelprogramm übernommen oder vor Ort durch Abspielen von eigenen Schallplatten aus einem eigenen teuren Musikarchiv an den Hörer vermittelt werden, Niemann (Geschäftsführung M. DuMont Schauberg), Stellungnahme zum Ersten Rundfunkänderungsgesetz, Zuschrift 10/1605, S. 6. Vgl. auch Arbeitsgemeinschaft der kommunalen Spitzenverbände Nordrhein-Westfalen, Stellungnahme zum ersten Rundfunkänderungsgesetz, Zuschrift 10/1575, S. 4.

8 Im Gesetzentwurf des Ersten Änderungsgesetzes hieß es noch: „Lokale Programme sind Rundfunkprogramme, die in einem örtlich begrenzten Verbreitungsgebiet *hergestellt oder zusammengestellt* werden und für dieses Verbreitungsgebiet (...) bestimmt sind" (Gesetzentwurf der Landesregierung vom 09.09.1987, LT/DS 10/2358). Durch die durch einen Änderungsantrag eingefügte Ergänzung des Erfordernisses *selbständiger redaktioneller Zusammenstellung* sowie einer *redaktionellen Gestaltung* wurde klargestellt, daß ein Mindestmaß einer redaktionellen Bearbeitung und damit eine Redaktion für die Qualität eines Programms als Lokalprogramm notwendig ist, vgl. Hellwig/Simon, Der Griff zum Mikrofon, S. 114; Kämper, Gesetzliche Grundlagen einer Kooperation, Eildienst 4/1989, S. 77.

9 § 2 Abs. 2 des Diskussionsentwurfs und des Referentenentwurfs.

10 § 27 des Regierungsentwurfs.

dieser Regelung und fügte lediglich einen weiteren Grundsatz hinzu, nach dem auch bei der Ausnahmefestsetzung die kommunalen Gebietsgrenzen zumindest zu beachten sein sollen.[11] In der Form des Hauptausschusses wurden die Regelungen über die Festlegung der Verbreitungsgebiete verabschiedet.

Im Zuge des Ersten Änderungsgesetzes zum LRG NW entstand erneut eine Diskussion um die Wirtschaftlichkeit lokalen Rundfunks und insbesondere um den Zuschnitt der Verbreitungsgebiete. Im Rahmen einer öffentlichen Anhörung wurden verschiedene Sachverständige unter anderem zu der Frage gehört, ob die Regelungen des § 31 in der Fassung des LRG NW vom 19. Januar 1987 einen wirtschaftlich leistungsfähigen Rundfunk ermöglichen.[12] Vertreter der Verleger betonten in der Anhörung, daß die bestehende strikte Regel/Ausnahme-Konstruktion des Gesetzes dazu führen müsse, die Landesanstalt für Rundfunk von einer Zusammenlegung von Gebietskörperschaften selbst da abzuhalten, wo dies aus wirtschaftlichen Gründen unausweichlich wäre und verbanden diese Feststellung mit der Forderung nach einer Satzungskompetenz der Landesanstalt für Rundfunk zur Festlegung auch der Regelverbreitungsgebiete. Hierbei sollten insbesondere wirtschaftliche Gesichtspunkte zu berücksichtigen sein.[13] Dieser Anregung folgte das Erste Änderungsgesetz, obwohl von verschiedener Seite, unter anderem von der Landesanstalt für Rundfunk, die bestehende Regelung als ausreichend befunden wurde.[14] Im LRG NW in der Fassung vom 8. Dezember 1987 hieß es dementsprechend:

(**§ 31 Abs. 1**) Die Verbreitungsgebiete für lokale Programme legt die LfR durch Satzung fest. Das Verbreitungsgebiet für lokale Programme ist das Gebiet eines Kreises oder einer kreisfreien Stadt, sofern die Übertragungskapazitäten und die örtlichen Verhältnisse einen wirtschaftlich leistungsfähigen lokalen Rundfunk ermöglichen. Anderenfalls sind hiervon abweichende Verbreitungsgebiete nach folgenden Grundsätzen festzulegen: (...)

Bei der gesetzlichen Umschreibung der Grundsätze für die Festlegung der Ausnahmeverbreitungsgebiete blieb es bei der bisherigen gesetzlichen Re-

---

11 § 31 Abs. 1 Satz 2 Nr. 2 der Hauptausschußfassung.

12 Vgl. den Fragenkatalog in LT/DS 10/2610; S. 37, Frage 4.

13 Vgl. Niemann (Geschäftsführung M. Dumont Schauberg), Stellungnahme zum Ersten Rundfunkänderungsgesetz, Zuschrift 10/1605, S. 6; Schaffrath, Stellungnahme zum Ersten Rundfunkänderungsgesetz, Zuschrift 10/1577, S. 7; VRWZ, Stellungnahme zum Ersten Rundfunkänderungsgesetz, Zuschrift 10/1576, S. 6.

14 Vgl. Schütz (LfR), Stellungnahme zum Ersten Rundfunkänderungsgesetz, Zuschrift 10/1590, S. 1, 2 sowie Pätzold, Stellungnahme zum Ersten Rundfunkänderungsgesetz, Zuschrift 10/1591, S. 3 ff.; Vogel (Interessenverein Gemeinnütziger Rundfunk), Stellungnahme zum Ersten Rundfunkänderungsgesetz, Zuschrift 10/1597, S. 2 ff. Vgl. zur Diskussion auch Hellwig/Simon, Der Griff zum Mikrofon, S. 113.

gelung. Hinzugefügt wurde hier allein ein Satz 4 zum § 31 Abs. 1 LRG NW, der als Ziel der Festlegung der Verbreitungsgebiete die Gewährleistung eines flächendeckenden lokalen Rundfunks festschrieb. Diese Regelungen wurden später nicht mehr geändert.

Gegenstand zahlreicher Modifikationen war schließlich die Festlegung einer gesetzlichen Mindestdauer des lokalen Programms. Hierbei hielt der Diskussionsentwurf zunächst eine lokale Sendedauer von mindestens zwei Stunden für ausreichend, während der nachfolgende Referentenentwurf auf eine Festlegung einer zeitlichen Auflage gänzlich verzichtete.[15] Der Regierungsentwurf forderte bereits eine tägliche Sendezeit von fünf Stunden[16], die der Ausschuß auf acht Stunden erhöhte.[17] In dieser Form ging die Regelung zunächst in das geltende Recht ein und wurde im Zuge der Novellierung durch das Erste Änderungsgesetz wieder abgeschwächt.[18] In § 24 Abs. 2 Satz 2 wurde nunmehr eine Ausnahmebestimmung aufgenommen, nach der dann, wenn ein wirtschaftlich leistungsfähiger lokaler Hörfunk nicht gewährleistet ist, die Landesanstalt für Rundfunk eine tägliche Programmdauer von mindestens fünf Stunden zulassen kann.[19]

2. *Handlungsspielräume und rechtliche Gestaltungsoptionen im Bereich des lokalen Programms*

Die Analyse der Spielräume für die Akteure im Bereich des lokalen Programms orientiert sich an den gesetzlichen Regelungen des LRG NW über den Zuschnitt der lokalen Verbreitungsgebiete, der Definition des lokalen Programms, den Programmanforderungen an dieses Programm und an den Vorgaben über die Aufstellung und Änderung des Programmschemas.

a. Festlegung lokaler Verbreitungsgebiete

§ 31 LRG NW enthält eine Satzungsermächtigung der Landesanstalt für Rundfunk zur Festlegung der Verbreitungsgebiete des lokalen Rundfunks, der als Ausnahme/Regel-Tatbestand konzipiert ist. Hierbei ist gemäß § 31 Abs. 1 Satz 2 LRG NW im gesetzlichen Regelfall als Verbreitungsgebiet

---

15 § 21 Abs. 2 des Diskussionsentwurfs.

16 § 23 Abs. 2 des Regierungsentwurfs. Damit sollte nach der Begründung der Regierung gewährleistet werden, daß ein eigenständiges lokales Programmprofil erreicht wird, LT/DS 10/1440, S. 58.

17 § 24 Abs. 2 der Ausschußfassung.

18 Vgl. Hellwig/Simon, Der Griff zum Mikrofon, S. 103, 113.

19 Diese Ausnahmeregelung wurde im Anhörungsverfahren von unterschiedlicher Seite gefordert, vgl. nur Niemann (Geschäftsführung M. DuMont Schauberg), Stellungnahme zum Ersten Rundfunkänderungsgesetz, Zuschrift 10/1605, S. 6., Kopper, Stellungnahme zum Ersten Rundfunkänderungsgesetz, Zuschrift 10/1547, S. 5, der allerdings eine Mindestdauer von 3,5 Stunden fordert. Vgl. hierzu Reese, LfR, S. 349, 371.

das Gebiet eines Kreises oder einer kreisfreien Stadt festzulegen.[20] Voraussetzung hierfür ist allerdings, daß die örtlichen Verhältnisse und die Übertragungskapazitäten[21] in diesem Gebiet einen „wirtschaftlich leistungsfähigen" lokalen Rundfunk ermöglichen. Dies wird noch einmal durch § 31 Abs. 1 Satz 4 LRG NW bestätigt, in dem als Ziel der Satzungsermächtigung die Entstehung flächendeckenden lokalen Rundfunks festgeschrieben wird.

Sind in einem Gebiet eines Kreises oder einer kreisfreien Stadt diese Voraussetzungen nicht gegeben, so hat die Landesanstalt für Rundfunk als Ausnahme Verbreitungsgebiete nach vier Grundsätzen festzulegen (§ 31 Abs. 1 Satz 3 Nr. 1 bis 4 LRG NW):

1. Das Verbreitungsgebiet soll nicht mehr als 600.000 Einwohner umfassen;
2. es soll zusammenhängende Kommunikations-, Kultur- und Wirtschaftsräume berücksichtigen;
3. es soll die kommunalen Gebietsgrenzen berücksichtigen;
4. es soll einen wirtschaftlich leistungsfähigen lokalen Rundfunk ermöglichen.

In dieser Ausnahmefestsetzung sind demnach wie bereits im Verhältnis zwischen Ausnahme- und Regelfestsetzung insgesamt zwei Ziele miteinander in Einklang zu bringen: auf der einen Seite muß der Bezug zur kommunalen soziokulturellen Gebietsstrukur gewahrt werden, und auf der anderen Seite hat auch die Festsetzung der Ausnahmen einen wirtschaftlich leistungsfähigen Lokalfunk zu ermöglichen.

Die Entscheidung über die Festsetzung der Verbreitungsgebiete obliegt der Landesanstalt für Rundfunk, die damit maßgeblich an der Gestaltung der Verbreitungsgebiete beteiligt ist. In der gesetzlichen Struktur bestehen Freiräume etwa im Hinblick auf die Definition des Begriffes der „wirtschaftlichen Leistungsfähigkeit"[22] oder des „zusammenhängenden Kommunikations-, Kultur- und Wirtschaftsraumes", die von der Anstalt etwa unter Zuhilfenahme externen Sachverstandes auszufüllen sind.

b. Definition des lokalen Programms

Das auf einer dem lokalen Hörfunk zugeordneten Frequenz ausgestrahlte Programm kann aus vier unterschiedlichen Bestandteilen zusammengesetzt

20 Zur Qualität des § 31 Abs. 1 Satz 2 LRG NW als gesetzlicher Regelfall LfR, Entscheidungsverfahren und Ergebnisse im Überblick, S. 7; Kämper, Gesetzliche Grundlagen einer Kooperation, Eildienst 4/1989, S. 77.

21 Unter Übertragungskapazitäten sind die verfügbaren Frequenzen und der technische Versorgungsgrad zu verstehen, vgl. LfR, Entscheidungsverfahren und Ergebnisse im Überblick, S. 7.

22 Vgl. nur den Definitionsversuch bei Rath-Glawatz, Lokaler Hörfunk II, S. 15 ff.

sein: Das LRG NW unterscheidet zwischen Beiträgen des Bürgerradios (§ 24 Abs. 4 – 7 LRG NW), den Drittsendungen (§ 24 Abs. 3 LRG NW), der Veranstaltung eines Rahmenprogramms (§ 30 LRG NW) und der Verbreitung eines lokalen Programms (§ 2 Abs. 2 LRG NW). Angesichts dieser unterschiedlichen Programmbestandteile ist von besonderer Bedeutung, auf welche Weise und mit welchen inhaltlichen Kriterien das lokale Programm definiert wird. Das lokale Programm ist der zentrale Bestandteil des auf der Frequenz ausgestrahlten Programms, für dieses Programm gelten die besonderen lokalen Programmgrundsätze und die zeitlichen Mindestgrenzen des § 24 Abs. 2 LRG NW.

Ein entscheidendes rechtliches Abgrenzungsproblem entsteht im Verhältnis des Rahmenprogramms zum lokalen Programm. Das LRG NW regelt in § 30 LRG NW die Möglichkeit der Veranstaltergemeinschaft, mit anderen Veranstaltergemeinschaften oder mit Dritten Vereinbarungen über die Veranstaltung und Verbreitung von Rahmenprogrammen zu treffen. Das Besondere und rundfunkrechtlich Innovative an dieser Vorschrift ist, daß der Veranstalter eines derartigen Rahmenprogrammes einer eigenen Lizenz für die Verbreitung landesweiten Rundfunks bedarf.[23] Das Abgrenzungsproblem entsteht dadurch, daß auch § 2 Abs. 2 LRG NW klarstellt, daß ein lokales Programm nicht in jedem Fall im Verbreitungsgebiet redaktionell hergestellt zu werden braucht, sondern auch die Möglichkeit besteht, dieses Programm dort *nur zusammenzustellen.*[24] Damit hat der Gesetzgeber die Einbeziehung von Programmteilen anderer Veranstaltergemeinschaften oder Dritter auch im Rahmen der Gestaltung des lokalen Programms vorgesehen, so daß auf der Grundlage des LRG NW Programmteile sowohl als Rahmenprogramm in Lizenz Dritter als auch als Bestandteile des lokalen Programms und damit in der Programmverantwortung der Veranstaltergemeinschaft übernommen werden können.[25] Aus diesem Grund wird eine rechtliche Grenzziehung notwendig, um das Erfordernis einer eigenen Lizenz für die Veranstaltung eines Rahmenprogrammes nicht zu unterlaufen und zu gewährleisten, daß das lokale Programm auch bei Programmzulieferungen einen Lokalbezug behält, der den vom LRG NW formulierten Erwartungen entspricht. Dies ist Aufgabe der Definition des lokalen Programms in § 2 Abs. 2 LRG NW, die allerdings in ihren Einzelheiten unscharf bleibt und insbesondere keine klaren Abgrenzungskriterien enthält.

---

23 § 30 Abs. 1 Satz 2 LRG NW; vgl. bereits § 2 II. 2. b. (4.) sowie unten § 9 I. 2.

24 § 2 Abs. 2 2. Halbsatz, Dritte Alternative. Vgl. auch Rath-Glawatz, Lokaler Hörfunk II, S. 8; Kämper, Gesetzliche Grundlagen einer Kooperation, Eildienst 4/1989, S. 78.

25 Vgl. zu dieser Überschneidung auch Reidt, Rundfunkwerbung, S. 185 ff. einerseits und S. 187 ff. andererseits; Stock, Neues Privatrundfunkrecht, S. 85; Rath-Glawatz, Lokaler Hörfunk I, S. 8; Kämper, Gesetzliche Grundlagen einer Kooperation, Eildienst 4/1989, S. 78.

Um als lokale Programme zu gelten, haben Rundfunkprogramme gemäß dieser Vorschrift zwei Voraussetzungen kumulativ zu erfüllen: Der Gesetzgeber verlangt zunächst, daß ein Programm für ein Verbreitungsgebiet *bestimmt* sein muß.[26] Darüber hinaus gelten nur solche Programme als lokal, die im jeweiligen Verbreitungsgebiet *hergestellt, redaktionell gestaltet* oder *selbständig redaktionell zusammengestellt* werden[27].

Hier bleibt zunächst unklar, wann eine „*Bestimmung*" eines Programmes für das Verbreitungsgebiet gegeben sein soll, da offenbleibt, ob und in welchem Umfang ein inhaltlicher Bezug des Programms zum lokalen Verbreitungsgebiet zu bestehen hat.[28] Das zusätzliche Erfordernis der redaktionellen Herstellung, Gestaltung oder selbständigen redaktionellen Zusammenstellung macht zumindest klar, daß auf eine lokale Redaktion nicht verzichtet werden darf und diese bei der lokalen Programmgestaltung einzusetzen ist.[29] Problematisch ist hier allerdings der erforderliche Umfang dieser redaktionellen Bearbeitung durch den lokalen Veranstalter. Der Gesetzgeber verlangt als Minimum ein *selbständiges Zusammenstellen* des Programms. Wann bei einer Zulieferung von einzelnen Sendungen oder Programmteilen ein eigenes Programm in diesem Sinne als zusammengestellt gelten kann, bleibt weitgehend der Auslegung überlassen. Hier ist von einem Gesetzesinterpreten formuliert worden, daß erst die unveränderte und vollständige Übernahme eines fremdproduzierten Programms nicht mehr als lokales Programm gelten könne.[30] Von einer anderen Seite wird eine Bereitstellung unterschiedlicher Programmteile gefordert, da erst mehrere Programmteile eine Auswahl durch die Redaktion und damit eine redaktionelle Zusammenstellung ermöglichten.[31] Es fehlt hier an einer eindeutigen gesetzlichen Grenzziehung zwischen einer zulässigen Programmzulieferung an die Veranstaltergemeinschaft und einer unzulässigen Übernahme von Programmen

---

26 § 2 Abs. 2 2. Halbsatz LRG NW.

27 § 2 Abs. 2 1. Halbsatz LRG NW.

28 Auf eine rein formale Auslegung des Begriffs der *Bestimmung* stellt Rath-Glawatz, Lokaler Hörfunk I, S. 3 ab. Für das Verbreitungsgebiet *bestimmt* ist hier ein Programm dann, wenn es in einem bestimmten Verbreitungsgebiet und nicht von einem landesweiten Veranstalter gesendet werden soll. Von Kämper, Gesetzliche Grundlagen einer Kooperation, Eildienst 4/1989, S. 78, wird zumindest ein wie auch immer gearteter inhaltlicher lokaler Bezug des lokalen Programms insgesamt, nicht allerdings eines jeden Programmteils, gefordert. Eine entsprechende Auslegung ließe sich nach Kämper aus den lokalen Programmgrundsätzen des § 24 LRG NW gewinnen.

29 Vgl. Kämper, Gesetzliche Grundlagen einer Kooperation, Eildienst 4/1989, S. 78; Rath-Glawatz, Lokaler Hörfunk II, S. 8, insoweit auch Birkholz, Kooperation im lokalen Rundfunk, Eildienst 5/1989, S. 94.

30 Rath-Glawatz, Lokaler Hörfunk II, S. 8.

31 Kämper, Gesetzliche Grundlagen einer Kooperation, Eildienst 4/1989, S. 78; vgl. auch Farthmann, LT APr 10/757, S. 10.

und Programmteilen Dritter, die nur in der Form einer Rahmenprogrammveranstaltung gemäß § 30 LRG NW möglich wäre.

c. Kooperationen von Veranstaltergemeinschaften im Programmbereich

Die Definition des Lokalprogramms eröffnet, wie soeben ausgeführt, die Möglichkeit, auf dem Wege einer *selbständigen redaktionellen Zusammenstellung* auch von Dritten produzierte Programme und Programmteile in das von der Veranstaltergemeinschaft verantwortete Programm einzubeziehen. Damit sind Programmzulieferungen an die lokale Veranstaltergemeinschaft auch außerhalb einer Übernahme drittverantworteter Rahmenprogramme dann möglich, wenn die Programmzulieferung die Voraussetzungen des § 2 Abs. 2 LRG NW erfüllt.

Die Landesanstalt für Rundfunk hat für eine spezielle Form einer solchen Programmzulieferung den Terminus der *„Kooperation"* geprägt.[32] Hierunter wird die Zusammenarbeit zweier oder mehrerer lokaler Veranstaltergemeinschaften im Programmbereich verstanden, also etwa die gemeinsame Produktion von Programmen und Programmteilen. Darüber hinaus soll aber auch die wechselseitige oder auch die einseitige Übernahme einzelner Programmbestandteile einer Veranstaltergemeinschaft in das Programm eines anderen Verbreitungsgebietes als Programmkooperation zulässig sein.

Eine spezielle gesetzliche Regelung dieser Kooperation gibt es im LRG NW nicht, so daß Inhalt und Grenzen der Zulässigkeit der Zusammenarbeit aus der Definition des § 2 Abs. 2 LRG NW zu entnehmen sind.[33] Die soeben unter b. aufgezeigten Auslegungsspielräume bestehen daher in gleicher Weise auch bei der Zusammenarbeit einzelner Veranstaltergemeinschaften im Programmbereich.[34] Zweifel an der rechtlichen Zulässigkeit bestehen hier insbesondere für solche Programmkooperationen, die eine regelmäßige, zeitgleiche und unveränderte Übernahme eines Programms einer

---

32 Vgl nur LfR, Daten zu den Verbreitungsgebieten, S. 5 ff.; Kämper, Gesetzliche Grundlagen einer Kooperation, Eildienst 4/1989, S. 78 sowie unten II. 7. und 8. Vom Begriff der Kooperation sind aber auch Formen der Zusammenarbeit außerhalb des Programms etwa personeller oder technischer Art umfaßt.

33 Kämper, Gesetzliche Grundlagen einer Kooperation, Eildienst 4/1989, S. 78; Birkholz, Kooperation im lokalen Rundfunk, Eildienst 5/1989, S. 94.

34 Bei der ersten rechtlichen Auslegung der Grenzen einer Kooperation hat sich ein Streit ergeben, ob eine Kooperation im Programmbereich soweit gehen könne, daß zwei oder mehrere Veranstaltergemeinschaften einen gemeinsamen Chefredakteur benennen und ein gemeinsames Studio benutzen. Während Birkholz, Kooperation im lokalen Rundfunk, Eildienst 5/1989, S. 94, 95 dies bejaht, folgert Kämper, Gesetzliche Grundlagen einer Kooperation, Eildienst 4/1989, S. 78 aus der gesetzlich garantierten Autonomie der Veranstaltergemeinschaft die Unzulässigkeit derartiger Regelungen.

Veranstaltergemeinschaft durch eine andere vorsehen,[35] da diese Form das in § 2 Abs. 2 LRG NW normierte rechtliche Erfordernis einer „selbständigen redaktionellen Zusammenstellung" kaum erfüllen wird.

d. Anforderungen an das lokale Programm

Das LRG NW formuliert für die lokalen Programme spezielle Programmanforderungen, die sich aus den gemäß § 23 Abs. 2 LRG NW in diesem Systembereich unter dem Vorbehalt abweichender Regelungen im sechsten Abschnitt überwiegend anwendbaren Vorschriften der §§ 11 bis 14 LRG NW und den lokalfunkspezifisch modifizierten Programmgrundsätzen des § 24 Abs. 1 LRG NW zusammensetzen.[36] Darüberhinaus enthält § 24 Abs. 2 LRG NW spezielle Anforderungen an die Mindestdauer eines lokalen Hörfunkprogramms.

Ein lokales Programm hat hiernach den Programmauftrag des § 11 LRG NW mit der Ausnahme des Satzes 3 zu erfüllen, der sich auf die Programmkategorie der landesweiten Vollprogramme bezieht. Die Veranstaltergemeinschaften verbreiten Rundfunk „als Medium und Faktor des Prozesses freier Meinungsbildung und als Sache der Allgemeinheit" und nehmen insoweit eine „öffentliche Aufgabe" wahr. Auch die Programmgrundsätze des landesweiten Rundfunks des § 12 LRG NW finden im lokalen Rundfunk bis auf die Absätze 3 und 6 grundsätzlich Anwendung. § 24 Abs. 1 LRG NW ergänzt die dort formulierten Anforderungen um eine Gemeinwohlbindung des lokalen Rundfunks[37] sowie eine auf die lokale Ebene transformierte Pflicht zur gegenständlichen und meinungsbezogenen (Satz 5 und 7), personen-, gruppen- und institionenenbezogenen (Satz 6) sowie spartenmäßigen (Satz 2) Programmvielfalt.[38] Hervorzuheben ist hier insbesondere § 24 Abs.

---

35 Dies ist die Praxis beim Lokalsender Leverkusen, der morgens regelmäßig zwei Stunden Programm vom Lokalsender Köln unverändert übernimmt (mit Ausnahme der lokalen Werbung).

36 Zum Verhältnis des § 24 Abs. 1 LRG NW zu den Programmanforderungen der §§ 11, 12 LRG NW, vgl. LT/DS 10/1440, S. 58; Stock, Neues Privatrundfunkrecht, S. 39, S. 61; Rath-Glawatz, Lokaler Hörfunk I, S. 6; Reidt, Rundfunkwerbung, S. 130. Nach Reidt sollen die §§ 11, 12 LRG NW subsidiär neben § 24 Abs. 1 LRG NW Anwendung finden und als Orientierung und Maßstab bei der Auslegung des § 24 Abs. 1 LRG NW herangezogen werden. Vgl. zur Verfassungsmäßigkeit der Programmanforderungen an den lokalen Rundfunk, BVerfGE 83, 238, 325, 326.

37 Dies betont Hesse, Rundfunkrecht, S. 206, 207.

38 Vgl. zu den Dimensionen der Vielfalt BVerfGE 57, 295, 320; 73, 118, 155 ff; 74, 297, 327; 83, 238, 298 ff. sowie Hoffmann-Riem, Die verschenkte Programmvielfalt, S. 300 ff., ders., Kulturelle Identität und Vielfalt im Fernsehen ohne Grenzen, MP 1985, S. 181 ff.; Ziethen, Rechtliche Spielräume, S.68 ff. Vgl. zur Auslegung und Anwendung der Programmgrundsätze auch Bosmann, Rundfunkfreiheit und Programmgrundsätze; Cromme, Programmüberwachung, NJW 1985, S. 351 ff., jeweils m.w.N.

1 Satz 5 LRG NW, der eine zentrale Vorschrift der amerikanischen Fairness-Doktrin der Federal Communication Commission (FCC) übernimmt und darauf abstellt, daß die Pflicht zu meinungsbezogener Vielfalt nicht durch die Vermeidung kontroverser Themen im Programm umgangen werden darf.

Speziell für den lokalen Rundfunk findet sich ferner die Regelung des § 24 Abs. 1 Satz 3 und 4 LRG NW, nach denen lokale Programme den publizistischen Wettbewerb zu fördern und sich nicht ausschließlich an bestimmte Zielgruppen zu wenden haben und darauf ausgerichtet sein sollen, bei den Rundfunkteilnehmern angenommen zu werden (Akzeptanzklausel).[39]

Mit der Formulierung der dargestellten Anforderungen an das lokale Programm greift der Gesetzgeber neben der im Rahmen dieser Untersuchung im Vordergrund stehenden strukturbezogenen Steuerung von Vielfalt auf das Instrumentarium der verhaltensbezogenen Steuerung zurück.[40] Die im LRG NW normierten Pflichten der Veranstalter enthalten dabei die für derartige Vielfaltsgebote typische Vielzahl unbestimmter Rechtsbegriffe, die ihrerseits erhebliche Auslegungs- und Operationalisierungsprobleme mit sich bringen. Auf die Ebene der Akteure bezogen bedeutet der Rückgriff auf diese programmatisch-appellative Formeln einen erheblichen Freiraum, da sich unmittelbar vollzugsfähige Handlungspflichten nur schwer ableiten lassen und sich deren Erfüllung noch schwerer kontrollieren läßt. In diesem Zusammenhang ist auf das von den Veranstaltergemeinschaften zu erstellende Programmschema zu verweisen, dem das LRG NW eine wichtige Funktion im Rahmen der Kontrolle der Programmanforderungen durch die Landesanstalt für Rundfunk beimißt.[41]

Die Mindestdauer eines lokalen Hörfunkprogramms wird in § 24 Abs. 2 LRG NW im Regelfall mit acht Stunden täglicher Programmdauer festgelegt. Hiervon wird eine abweichende Mindestdauer von fünf Stunden dann vorgesehen, „wenn ein wirtschaftlich leistungsfähiger lokaler Hörfunk" im Verbreitungsgebiet ansonsten nicht gewährleistet werden kann. Eine geringere Mindestsendezeit kann jedoch nur dann von der Landesanstalt für Rundfunk zugelassen werden, wenn in dem betroffenen Verbreitungsgebiet nicht bereits aus wirtschaftlichen Erwägungen ein vom Regelfall abweichendes, über das Gebiet eines Kreises oder einer kreisfreien Stadt hinausgehendes, Verbreitungsgebiet festgelegt wurde.[42] Der Landesanstalt für Rundfunk ist insoweit freigestellt, der wirtschaftlichen Situation eines Krei-

39 Vgl. zum Inhalt dieser Programmanforderungen Reidt, Rundfunkwerbung, S. 123 ff.
40 Vgl. hierzu ausführlich § 2 II. 1. b.
41 Vgl. unten Abschnitt e.
42 Vgl. § 24 Abs. 2 Satz 2, § 31 Abs. 1 Satz 2 und Satz 3 LRG NW.

ses oder einer kreisfreien Stadt über die Festlegung eines größeren Verbreitungsgebietes oder über die Reduzierung der täglichen Sendedauer zu begegnen. Beides zugleich ist vom Gesetz ausgeschlossen.[43]

Mit der Festlegung der gesetzlichen Mindestprogrammdauer entsteht das Problem, ob und inwieweit Sendungszeiten von Dritten, also Sendezeiten für Verlautbarungen der Landes- und Kommunalbehörden, der Kirchen und Kultusgemeinden gemäß § 24 Abs. 3 LRG NW und vor allem die Sendezeiten des Bürgerfunks gemäß § 24 Abs. 4 LRG NW in der lokalen Mindestdauer enthalten sind oder hinzugerechnet werden müssen.[44] Die Beantwortung der Frage ist auf der Grundlage des LRG NW offen.

e. Aufstellung und Änderung eines Programmschemas

Eine Veranstaltergemeinschaft muß gemäß §§ 5 Abs. 3 Nr. 2 und 23 Abs. 2 LRG NW mit ihrem Zulassungsantrag ein Programmschema einreichen, das erkennen läßt, wie der Antragsteller den Anforderungen des LRG NW an lokale Programme gerecht werden will. Ein Programmschema ist gemäß § 2 Abs. 7 i.V.m. § 23 Abs. 2 LRG NW eine nach Wochentagen gegliederte Übersicht für die Verteilung der täglichen Sendezeit auf die Bereiche Information, Bildung und Unterhaltung[45] und wird gemäß § 8 Abs. 2 i.V.m. § 23 Abs. 2 LRG NW Bestandteil der rundfunkrechtlichen Zulassung. Will eine Veranstaltergemeinschaft auf Dauer ihr Programmschema oder auch die Programmdauer ändern, so hat sie dies gem. §§ 8 Abs. 3, 23 Abs. 2 LRG NW der Landesanstalt für Rundfunk anzuzeigen, die eine Prüfung vornimmt, inwieweit das geänderte Programmschema den zum Zulassungszeitpunkt gewährleisteten Anforderungen an das Programm entspricht.

Das LRG NW konzipiert damit das Programmschema als zentrales Instrument der Programmplanung der Veranstaltergemeinschaft und zugleich als wichtigen Maßstab der Arbeit der Landesanstalt für Rundfunk im Rahmen ihrer Zulassungs- und Aufsichtsfunktion im Programmbereich. Das Gesetz formuliert dementsprechend Anforderungen an den Inhalt der Schemata, die eine Transparenz des Programms in bezug auf die gesetzlichen Programmanforderungen gewährleisten sollen. Das Programmschema enthält zugleich die zentrale inhaltliche Vorgabe der Veranstaltergemeinschaft

43 Vgl. allerdings zur faktischen Handhabung unten II. 7.

44 Vgl. hierzu die unterschiedlichen Einschätzungen von Rager/Weber, Ermittlung von Programm-Minima, S. 27 und der Landesanstalt für Rundfunk, DJV-Medieninfo Nr. 12/1989. Rager/Weber hält die Beiträge des Bürgerradios für einen Bestandteil des lokalen Programms, während die Landesanstalt die Sendezeit der Bürgergruppen als Zusatz zur lokalen Mindestsendezeit begreift. Diese Frage ist auch bei der Berechnung der Dauer des Bürgerfunks von zentraler Bedeutung, vgl. § 8 I. 2. b.

45 Den Versuch einer Definition von Informations-, Unterhaltungs- bzw. Bildungssendungen unternimmt Hesels/Hirsch/Schmid, Das Programmschema, S. 87.

an ihre Redaktion, die nach Maßgabe des Schemas das tägliche Programm zu gestalten hat und somit ein wichtiges Scharnier zwischen diesen Funktionsträgern ist.

Die konkrete inhaltliche Gestaltung des Programmschemas obliegt der Veranstaltergemeinschaft im Rahmen ihrer Programmverantwortung gemäß § 25 Abs. 1 Satz 4 LRG NW. In der inneren Organisation der Veranstaltergemeinschaft ist die Aufstellung und Änderung des Programmschemas der Kompetenz der Mitgliederversammlung zugewiesen, die hierüber mit einer Mehrheit von mindestens zwei Dritteln aller Mitglieder zu befinden hat.[46]

II. Nutzung der rechtlichen Gestaltungsoptionen

Anders als für Satzungen und Verträge hat es ausgearbeitete Musterentwürfe für die Gestaltung der Programmschemata nicht gegeben. Es ist, ganz im Gegenteil, in der Literatur mehrfach darauf hingewiesen worden, daß es ein allgemeingültiges Programmschema nicht geben könne. Das lokale Programm müsse vielmehr „paßgenau auf die Bevölkerung im Verbreitungsgebiet zugeschnitten sein“;[47] unverzichtbar dafür sei „umfassendes Wissen über die wirtschaftliche, politische, soziale und kulturelle Situation vor Ort“.[48]

Ein wesentliches Bestimmungsmoment für die Gestaltung der lokalen Hörfunkprogramme ist deshalb zunächst der Zuschnitt der jeweiligen Verbreitungsgebiete.

1. Lokale Verbreitungsgebiete

Die Festlegung der Verbreitungsgebiete durch die Landesanstalt für Rundfunk ist geprägt durch die gesetzlich normierte doppelte Zielsetzung: Einerseits sollten die Verbreitungsgebiete nach § 31 Abs. 1 LRG NW möglichst mit den Gebieten der Kreise bzw. der kreisfreien Städte übereinstimmen, andererseits war die Landesanstalt für Rundfunk gehalten, bei der Festlegung der Verbreitungsgebiete einen wirtschaftlich leistungsfähigen lokalen Rundfunk zu ermöglichen, ohne dabei jedoch Verbreitungsgebiete mit mehr als 600.000 Einwohnern zu schaffen. Eine bedeutende Randbedingung war dabei die Frequenzsituation, die im wesentlichen nicht durch die Landesanstalt für Rundfunk, sondern durch die Bundespost und durch internationale Frequenzabkommen und topographische Gegebenheiten determiniert wurde.

46 § 27 Abs. 2 Satz 1 Nr. 8 LRG NW und § 27 Abs. 4 Satz 1 Nr. 3 LRG NW.
47 SGK, Lokaler Rundfunk II, S. 35.
48 Hesels/Hirsch/Schmidt, Das Programmschema, S. 87.

In zahlreichen Kreisen war eine vollständige sendetechnische Abdeckung des Kreisgebiets in Stereoqualität nicht gewährleistet.[49]

Bereits ein halbes Jahr nach Verabschiedung des LRG NW ließ die Rheinische-Presse Rundfunk GmbH & Co., in der neun Zeitungsverlage aus dem Rheinland vertreten waren, durch die Wiener Beratungsfirma Telebild GmbH ein Konzept ausarbeiten, das eine erheblich geringere Zahl von Verbreitungsgebieten vorsah.[50] Für die 23 Kreise und kreisfreien Städte der Regierungsbezirke Köln und Düsseldorf wurden danach nur mehr 10 Lokalstationen (mit jeweils 8 Stunden lokal produziertem Programm[51]) vorgeschlagen, um die Wirtschaftlichkeit zu gewährleisten.

Die Landesanstalt für Rundfunk hat als Grundlage für ihre Entscheidungen zur Festlegung der Verbreitungsgebiete schriftliche Befragungen sowie Anhörungen in Form von sechs sogenannten Regionalkonferenzen durchgeführt, um zu ermitteln, ob und inwieweit aus der Sicht der Veranstaltergemeinschaften, der Gebietskörperschaften und der Zeitungsverleger eine Zusammenlegung von Städten und Kreisen im Interesse der Wirtschaftlichkeit zweckmäßig oder geboten sei.

Parallel dazu hat sie mehrere Wirtschaftlichkeitsgutachten in Auftrag gegeben. Die Berechnungen von Sieben[52] führten zu dem Ergebnis, daß nur in 15 der 54 Kreise und kreisfreien Städte Nordrhein-Westfalens ein eigenständiger Lokalfunk mit täglich mindestens fünf Stunden Programm wirtschaftlich sein werde. Nach Einschätzung von Kopper[53] war immerhin für 32 Kreise eine solche positive Prognose möglich.

Es hat vor diesem Hintergrund verschiedene Weiterentwicklungen und Modifikationen der Kosten- und Erlösprognosen gegeben.[54] So wurden durch verschiedene Gutachten von Schrape sowohl die Kosten- als auch die Erlösschätzungen modifiziert,[55] unter anderem wurde die Annahme gemacht, daß sich durch „erweiterte Kooperation“[56] bei Reduzierung des ei-

49 Vgl. die Übersicht zur sendetechnischen Versorgung in LfR, Daten zu den Verbreitungsgebieten, S. 27 ff.

50 Telebild GmbH, Konzept für lokalen Hörfunk im RPR-Raum.

51 Die Möglichkeit der Reduzierung der lokalen Mindestsendezeit auf fünf Stunden wurde erst Ende 1987 mit der Novellierung des LRG NW eröffnet.

52 Sieben, Gebietsvorschlag zum Entwurf einer Satzung gemäß § 31 LRG NW, S. 342 ff.

53 Kopper, Voraussetzungen zum Entwurf einer Satzung, S. 16 ff.

54 Zum Verfahrensablauf vgl. LfR, Entscheidungsverfahren und Ergebnisse im Überblick, S. 17 ff.; dort werden die Wirtschaftlichkeitsgutachten in den Vordergrund gerückt, während die Anhörungen nur noch in einer schematischen Übersicht aufgeführt sind.

55 Vgl. Schrape, Modifiziertes Kostenmodell nach Rager; ders., Entscheidungsgrundlagen zur Festlegung der Verbreitungsgebiete; ders., Entscheidungsgrundlagen zur Festlegung der Verbreitungsgebiete in kritischen Fällen.

56 Zur Frage der Kooperationen siehe unten 7.

genproduzierten Programms Kosteneinsparungen im Umfang von bis zu 30 Prozent ergeben könnten.

Im Ergebnis hat die Landesanstalt für Rundfunk zwischen November 1988 und Januar 1989 in vier Satzungen 45 Verbreitungsgebiete für lokalen Rundfunk festgelegt, in denen nach ihrer Auffassung „ein wirtschaftlich leistungsfähiger lokaler Rundfunk möglich ist".[57] Sie ist dabei in folgenden Fällen vom gesetzlichen Regelfall abgewichen:

- entsprechend den Vorstellungen der ein Jahr zuvor schon gemeinsam gegründeten Veranstaltergemeinschaft bilden die kreisfreien Städte Bottrop und Gelsenkirchen sowie die Stadt Gladbeck (Kreis Recklinghausen) zusammen ein Verbreitungsgebiet;
- vornehmlich aus frequenztechnischen Gründen wurden die Stadt Aachen und der Kreis Aachen zunächst zu einem Verbreitungsgebiet zusammengelegt,[58] dasselbe gilt für die Stadt Krefeld und den Kreis Viersen sowie die Stadt Bonn und den Rhein-Sieg-Kreis;
- primär aus wirtschaftlichen Gründen wurden die Städte Remscheid und Solingen, der Oberbergische Kreis und der Rheinisch-Bergische Kreis sowie der Kreis Paderborn und der Kreis Höxter jeweils zu einem Verbreitungsgebiet zusammengefaßt; hier wurde die Wirtschaftlichkeit so ungünstig beurteilt, daß selbst nach der Zusammenlegung die lokale Mindestsendezeit nur 5 Stunden betragen sollte;
- der Kreis Olpe wurde mangels ausreichender Frequenzen nicht als Verbreitungsgebiet festgelegt.[59]

Die Festlegung der Verbreitungsgebiete wurde mit zweierlei Vorbehalten versehen: Zum einen wurde für fünf Verbreitungsgebiete in Aussicht gestellt, diese Festlegung im Jahre 1996 noch einmal „im Hinblick auf Veränderungen der frequenztechnischen Versorgung und/oder der wirtschaftlichen Situation" zu überprüfen,[60] zum anderen wurden für sechs der kreisübergreifenden Verbreitungsgebiete lokale Fensterprogramme empfohlen.[61]

---

57 LfR-Info Nr. 3 vom 07.11.1988, S. 2; gleichlautend LfR-Info Nr. 4 vom 01.12.1988. Vgl., auch zum folgenden, LfR-Info Nr. 5 und Nr. 6 vom 19.12.1988 und vom 23.01.1989.

58 Diese Festlegung wurde später revidiert, nachdem eine gemeinsame Veranstaltergemeinschaft für das Verbreitungsgebiet nicht zustandegekommen war.

59 Für diesen Kreis, der mit nur 123.000 Einwohnern ohnehin der kleinste Kreis Nordrhein-Westfalens ist, wird der technische Versorgungsgrad bei Schrape, Entscheidungsgrundlagen zur Festlegung der Verbreitungsgebiete, S. 168 mit nur 25 Prozent angegeben. Eine Zusammenlegung des Kreises Olpe mit dem Kreis Siegen-Wittgenstein zu einem Verbreitungsgebiet wurde aber seitens der bereits bestehenden Veranstaltergemeinschaft für den Kreis Olpe abgelehnt, vgl. Kabel & Satellit vom 06.02.1989, S. 16.

60 LfR-Info Nr. 5 vom 19.12.1988 , S. 8. Zu den Verbreitungsgebieten, deren Zuschnitt überprüft werden soll, gehören mit Minden-Lübbecke und Herford auch zwei vorläufig eigenständige Verbreitungsgebiete; in beiden Fällen ist konsequenterweise die Lizenz zunächst

Daß die Festlegung der Verbreitungsgebiete nicht unumstritten war, zeigt am deutlichsten das Beispiel Aachen. Während der Zeitungsverlag Aachen noch im Januar 1990 einen gemeinsamen Sender für die gesamte Aachener Region – einschließlich der Kreise Düren und Heinsberg – forderte,[62] wurde seitens der Veranstaltergemeinschaften schon die Zusammenlegung von Kreis und Stadt Aachen zu einem gemeinsamen Verbreitungsgebiet abgelehnt. Die Veranstaltergemeinschaft für den Kreis Aachen erhob gegen die Entscheidung der Landesanstalt für Rundfunk Klage vor dem Verwaltungsgericht.[63] Die Gründung einer gemeinsamen Veranstaltergemeinschaft ist gar nicht erst erfolgt, es haben vielmehr beide Veranstaltergemeinschaften getrennte Lizenzanträge gestellt.[64] Aufgrund einer veränderten Frequenzsituation[65] hat die Landesanstalt für Rundfunk mit Satzung vom 27.04.90 den Kreis Aachen und die Stadt Aachen als getrennte Verbreitungsgebiete festgelegt.

Im Ergebnis sind heute von den 54 Kreisen und kreisfreien Städten insgesamt 39 entsprechend dem Regelfall als eigenständige Verbreitungsgebiete festgelegt. Damit hat sich das Interesse, eine Vorkehrung für ein lokal orientiertes Programm zu schaffen,[66] gegenüber dem Gesichtspunkt wirtschaftlicher Risikovermeidung mindestens teilweise durchgesetzt. Inzwischen sind innerhalb der von der Landesanstalt für Rundfunk gesetzten Ausschlußfrist von allen Veranstaltergemeinschaften die vollständigen Antragsunterlagen einschließlich der Vereinbarungen mit der Betriebsgesellschaft eingereicht worden.[67] Dies kann als Indiz dafür gewertet werden, daß die Betriebsgesellschaften einen wirtschaftlich tragfähigen lokalen Rundfunk erwarten, der Zuschnitt der Verbreitungsgebiete also insoweit anerkannt ist.

Es darf jedoch nicht übersehen werden, daß die vorgesehenen Verbreitungsgebiete letztlich nicht von allen akzeptiert wurden, die als (privilegier-

---

nur für einen Zeitraum von fünf Jahren beantragt und erteilt worden; vgl. LfR-Info Nr. 22 vom 08.06.1990.

61 Vgl. LfR, Daten zu den Verbreitungsgebieten, S. 8 ff.; die Möglichkeit, gemäß § 31 Abs. 2 LRG NW die Verbreitung von Fensterprogrammen bei der Lizenzerteilung zur Lizenzauflage zu machen, hat die Landesanstalt für Rundfunk bisher nicht genutzt.

62 „Grünes Licht für die ersten Lokalfunksender in NRW", Aachener Nachrichten 30.01.1990.

63 „Lokalfunk: Kreis Aachen klagt jetzt!", Aachener Volkszeitung 17.02.1989.

64 LfR-Pressemitteilung vom 19.09.1989, S. 1.

65 Kabel & Satellit vom 07.05.1990.

66 Damit ist allerdings noch nicht sichergestellt, daß die Möglichkeit, das Programm spezifisch auf ein lokales Verbreitungsgebiet zuzuschneiden, auch genutzt wird; vgl. etwa die verschiedentlich geäußerte Befürchtung, Radio Neandertal, der Lokalsender des Kreises Mettmann mit einer hohen technischen Reichweite außerhalb des eigenen Verbreitungsgebiets, werde sich durch die Gestaltung des eigenen Programms auch um Hörer in anderen Verbreitungsgebieten bemühen.

67 Pressemitteilung der Landesanstalt für Rundfunk vom 28.06.1991.

te) Beteiligte vorgesehen waren. Zum einen haben, wie erwähnt, die Veranstaltergemeinschaften in Stadt und Kreis Aachen die Zusammenlegung zu einem Verbreitungsgebiet abgelehnt und eine Neufestlegung durchgesetzt. Zum anderen haben verschiedene Verlage und Kommunen ihre Möglichkeiten zur Beteiligung an den Betriebsgesellschaften nicht ausgeschöpft und damit wohl auch zum Ausdruck gebracht, daß sie die wirtschaftlichen Erfolgschancen in den festgelegten Verbreitungsgebieten als nicht ausreichend bewerten.

2. *Lokale Sendezeiten*

a. Programmvolumen

Ein wesentliches Scharnier zwischen programmlichen und wirtschaftlichen Aspekten des lokalen Rundfunks ist die Festlegung der lokalen Sendezeiten, und zwar sowohl vom Umfang als auch von der Positionierung des lokalen Programms her.

Hinsichtlich des Umfangs des lokalen Programms hat der Gesetzgeber in § 24 Absatz 2 LRG NW für den Regelfall eine Mindestsendezeit von 8 Stunden festgelegt, ausgehend offenbar von der Prämisse, es könne sich bei der Aushandlung des Finanzrahmens zwischen Veranstaltergemeinschaft und Betriebsgesellschaft eine Tendenz zur Minimierung der lokalen Programmanteile ergeben.

Mit Rücksicht auf wirtschaftliche Belange wurde jedoch als Ausnahme die Möglichkeit zugelassen, statt der Festsetzung von kreisübergreifenden Verbreitungsgebieten eine Reduzierung der lokalen Mindestsendezeit auf mindestens fünf Stunden täglich vorzusehen.

Bei der Festlegung der Verbreitungsgebiete hat die Landesanstalt für Rundfunk von dieser Möglichkeit vielfach Gebrauch gemacht. Und zwar hat sie jeweils bei der Festlegung eines Verbreitungsgebiets mitgeteilt, welche Mindestsendezeiten sie aufgrund der Wirtschaftlichkeitsgutachten für realisierbar hält. Eine verbindliche Festlegung der Mindestsendezeiten hat sie sich jedoch für den Zeitpunkt der Lizenzerteilung vorbehalten.[68]

Wie die nachstehende Übersicht zeigt, hat die Landesanstalt für Rundfunk für mehr als die Hälfte der Verbreitungsgebiete nur ein fünfstündiges eigenproduziertes Programm als realisierbar angenommen:

68 Vgl. Landesanstalt für Rundfunk, Daten zu den Verbreitungsgebieten, S. 8.

Realisierbare Mindestsendezeiten in den Verbreitungsgebieten für lokalen Hörfunk nach den Wirtschaftlichkeitsberechnungen der Landesanstalt für Rundfunk

5 Stunden	8 Stunden
Aachen, Kreis	Bielefeld
Aachen, Stadt	Bochum
Borken	Bonn/Rhein-Sieg-Kreis
Coesfeld	Dortmund
Düren	Düsseldorf
Ennepe-Ruhr-Kreis	Duisburg
Euskirchen	Erftkreis
Gütersloh	Essen
Hagen	Bottrop/Gladbeck/Gelsenkirchen
Hamm	Köln
Heinsberg	Krefeld/Viersen
Herford	Lippe
Herne	Märkischer Kreis
Hochsauerlandkreis	Mettmann
Höxter/Paderborn	Mühlheim/Oberhausen
Kleve	Münster
Leverkusen	Neuss
Minden-Lübbecke	Recklinghausen
Mönchengladbach	Steinfurt
Remscheid/Solingen	Unna
Rheinisch-Bergischer/Oberbergischer Kreis	Wesel
Siegen-Wittgenstein	Wuppertal
Soest	
Warendorf	

Dabei ist auffällig, daß auch in den Verbreitungsgebieten Höxter/Paderborn, Remscheid/ Solingen und Rheinisch-Bergischer Kreis/Oberbergischer Kreis ein fünfstündiges lokales Programm vorgesehen wird, obwohl hier jeweils zwei Kreise bzw. Städte zu einem Verbreitungsgebiet zusammengelegt sind. Damit ist die Landesanstalt für Rundfunk zumindest an die Grenze ihres gesetzlichen Handlungsspielraums gegangen, denn nach dem Wortlaut des § 24 Absatz 2 Satz 2 LRG NW ist die Zulassung einer verringerten Programmdauer nur „statt der Festlegung eines abweichenden Verbreitungsgebietes“ vorgesehen.[69]

Ein weiterer Parameter für die Dauer der eigenproduzierten lokalen Sendezeit ergibt sich aus den Vorschriften über die Sendezeiten für Dritte, insbesondere die sogenannten 15-Prozent-Gruppen nach § 24 Absatz 4 LRG NW. Hier ist es umstritten gewesen, ob die Zeiten für die Gruppen als Teil

69 Auch dies mag eine Rolle gespielt haben bei der erwähnten Entscheidung der Landesanstalt für Rundfunk, bei der Festlegung der Verbreitungsgebiete über die Programmdauer noch nicht abschließend zu entscheiden.

der eigenproduzierten lokalen Sendezeit oder zusätzlich vorzusehen sind. In den Kostenberechnungen, die für die Festlegung der Verbreitungsgebiete maßgebend waren, ist noch davon ausgegangen worden, daß eine Mindestprogrammdauer von fünf Stunden auch die Sendezeiten für Dritte – neben den in § 24 Abs. 4 LRG NW genannten Gruppen insbesondere die Kirchen – beinhaltet; danach wären bei Inanspruchnahme dieser Sendezeiten nur noch etwa vier Stunden tatsächlich durch die Redaktion zu erstellen.[70] Die Landesanstalt für Rundfunk hat später die Auffassung vertreten, die Sendezeiten für den Offenen Kanal im lokalen Rundfunk seien zusätzlich zur Mindestprogrammdauer im Sinne des § 24 Abs. 2 LRG NW vorzusehen.[71] Mit dieser Auffassung hat sie sich durchgesetzt.

Für die Umsetzung der Regelungen über die Mindestprogrammdauer ist schließlich von Belang, wie das Rahmenprogramm und das lokale Programm voneinander abgegrenzt werden. In den Verträgen zwischen den Veranstaltergemeinschaften und Radio NRW als Rahmenprogrammveranstalter verpflichten sich die Veranstaltergemeinschaften, auch während der lokalen Sendezeiten jeweils zur vollen Stunde die Werbung und die Nachrichten des Rahmenprogramms auszustrahlen, so daß je Sendestunde nur 52 Minuten tatsächlich lokal genutzt werden können.[72] Diese Programmanteile von Radio NRW während der lokalen Sendezeiten werden von der Landesanstalt für Rundfunk jedoch nicht als Rahmenprogramm lizenziert, sondern als Programmzulieferung gewertet, die auf die lokale Mindestprogrammdauer angerechnet werden kann.

In die Dokumentenanalyse wurden die Programmschemata der 22 bis einschließlich Februar 1991 lizenzierten Verbreitungsgebiete einbezogen. Ergänzend wurden die in den Fallstudien untersuchten Verbreitungsgebiete Köln und Coesfeld ausgewertet, obwohl sie erst später lizenziert wurden. Soweit zu diesem Zeitpunkt die Programmschemata bereits geändert worden waren, wurde die geänderte Fassung herangezogen.

In allen Programmschemata orientiert sich der Umfang des lokalen Programms eng an der jeweiligen Mindestsendezeit von acht oder fünf Stunden. Die deutlichste Abweichung zeigt das Verbreitungsgebiet Hagen: hier sieht das Programmschema seit Januar 1991 eine lokale Sendezeit von sie-

---

70 „Von diesen fünf Stunden geht jeweils eine Stunde täglich ab für ‚Sendezeiten für Dritte'", lautet die Prämisse der Kostenberechnungen bei Rager/Weber, Ermittlung von Programm-Minima, S. 27. Das „modifizierte Kostenmodell nach Rager", das letztlich den Entscheidungen über die Verbreitungsgebiete zugrundegelegt wurde, modifiziert diese Prämisse nicht explizit, vgl. Schrape, Modifiziertes Kostenmodell nach Rager.

71 Vgl. DJV-Medieninfo Nr. 12/1989 und VLR-Info 3/1989. Eine förmliche Entscheidung der Landesanstalt für Rundfunk hat es dazu offenbar nicht gegeben; in den Pressemitteilungen der Landesanstalt für Rundfunk ist diese Thematik nicht angesprochen.

72 Vgl. unten § 9 II. 2. a. aa. (1.).

ben Stunden vor, zwei Stunden mehr als die von der LfR festgelegte Mindestsendezeit. Außerdem liegt die im Programmschema vorgesehene lokale Sendezeit in vier Verbreitungsgebieten mit acht Stunden Mindestsendezeit um eine halbe bis eine Stunde über dem Minimum.

Es ist jedoch nicht sicher, ob und inwieweit das tatsächliche Programm den ausgewerteten Programmschemata entspricht. So gibt es Hinweise darauf, daß der Lokalsender in Hamm mindestens zeitweise nur drei Stunden täglich lokales Programm produziert hat.[73] Der Lokalsender in Duisburg hat bekanntermaßen im Dezember 1990 an einigen Tagen gar kein lokales Programm ausgestrahlt; dies hat aufgrund einer Beschwerde von 15-Prozent-Gruppen zu einer Beanstandung durch die Landesanstalt für Rundfunk geführt.[74]

b. Plazierung des lokalen Programms

Als Kriterien für die Plazierung des lokalen Programms bieten sich insbesondere die erzielbaren Reichweiten an: Hörfunk wird vor allem in den Morgenstunden und am Vormittag genutzt. Am Nachmittag wird die Nutzung geringer, abends ab etwa 19 Uhr fällt sie steil ab.[75] Für ein nur zeitweise lokales Programm ist es naheliegend, die lokalen Programmanteile – die gegenüber den konkurrierenden WDR-Programmen den wesentlichen Wettbewerbsvorteil bieten sollen – in die Zeiten mit hoher Hörfunknutzung zu legen; entsprechendes gilt für die Plazierung lokaler Werbung.[76]

Ein weiterer Gesichtspunkt kann darin liegen, in welchen Sendungen die lokale Orientierung des Programms am besten zur Geltung kommt und vom Publikum auch genutzt wird. Hier bieten sich neben den Morgenstunden auch die Mittagszeit und der späte Nachmittag an, die in vielen Programmen traditionell für aktuelle Informationen genutzt werden.[77] Auch die Frage der Produktionskosten kann für die Plazierung des lokalen Programms eine Rolle spielen; nach den Berechnungen von Rager/Weber ist

73 Schreiner, Beate, Zeitansage statt O-Ton, Journalist 11/1990, S. 48; vgl. auch noch den Hinweis auf Personalwechsel bei der „Lippe Welle Hamm, deren täglich dreistündiges Programm jetzt von nur einem Redakteur gestaltet wird", in Kabel & Satellit Nr. 38 vom 19.08.1991.

74 LfR-Info Nr. 28 vom 04.03.1991, S. 3.

75 Vgl. statt anderer Kiefer, Massenkommunikation III, S. 40.

76 Lokale Werbespots werden jedoch unabhängig von der Lage der lokalen Programmteile auch während der Sendezeiten des Rahmenprogramms ausgestrahlt, vgl. dazu unten Abschnitt 5.

77 Entsprechende Schwerpunkte werden auch im Programmschema-Entwurf des Fördervereins Radio Rhein-Sieg, Praxishandbuch Lokalfunk, S. 36 ff. und im Programmschema von Radio NRW (vgl. unten § 9 II. 3.) gesetzt.

ein fünf-Stunden-Programm in einem Block geringfügig kostengünstiger als ein geteiltes Programm.[78]

Die Plazierung der lokalen Sendezeiten in den hier ausgewerteten Programmschemata ist dargestellt auf den folgenden Abbildungen. In allen Fällen haben die Veranstaltergemeinschaften eine geteilte lokale Sendezeit vorgesehen. Mit Ausnahme eines Verbreitungsgebiets ist jeweils ein Block in der prime time am frühen Morgen plaziert. In den meisten Verbreitungsgebieten soll außerdem am späten Nachmittag zwischen 16 und 18 Uhr lokales Programm ausgestrahlt werden. Abends ab 19 Uhr ist im allgemeinen kein lokales redaktionelles Programm mehr vorgesehen; häufig ist jedoch zu dieser Zeit der Bürgerfunk eingeplant.[79] Der späte Vormittag und der frühe Nachmittag werden in den meisten Fällen nicht für lokale Sendungen genutzt.

3. Programmformen

In den ausgewerteten Programmschemata wird das lokale Programm weitgehend als „Fließprogramm" konstruiert, angepaßt an die verbreitete Nutzung des Hörfunks als Begleitmedium. Dies entspricht dem Muster, das nicht nur andere lokale Hörfunkprogramme, sondern nahezu alle werbefinanzierten Hörfunkprogramme an den Tag legen:[80] es soll vor allem vermieden werden, die Aufmerksamkeit des Publikums merklich zu überfordern und damit Anlässe zum Abschalten des Programms zu schaffen.[81]

78 Vgl. Rager/Weber, Ermittlung von Programm-Minima, S. 104. Dabei ist jedoch noch unberücksichtigt, daß sich im Falle der geteilten Sendezeit „bei mehrfacher Ausstrahlung von gleichen oder ähnlichen Beiträgen etwa morgens und abends erhebliche Kostenvorteile realisieren" lassen, ebd., S. 31.

79 Vgl. unten Abschnitt § 8 II. 4.

80 Vgl. beispielsweise Teichert, Zur Konkurrenzsituation der Radios in Norddeutschland, Weiß, Programmstrukturen, MP 1989 sowie die Zusammenfassung der Begleitforschung zum Schweizerischen Lokalradio bei Langenbucher, Lokalradios in der Schweiz, MP 1989.

81 Vgl. Förderverein Radio Rhein-Sieg, Praxishandbuch Lokalfunk, S. 43 ff., 63 ff.

Programmschemata Montag - Freitag, sortiert nach Programmstart (Stand: Februar 1991)

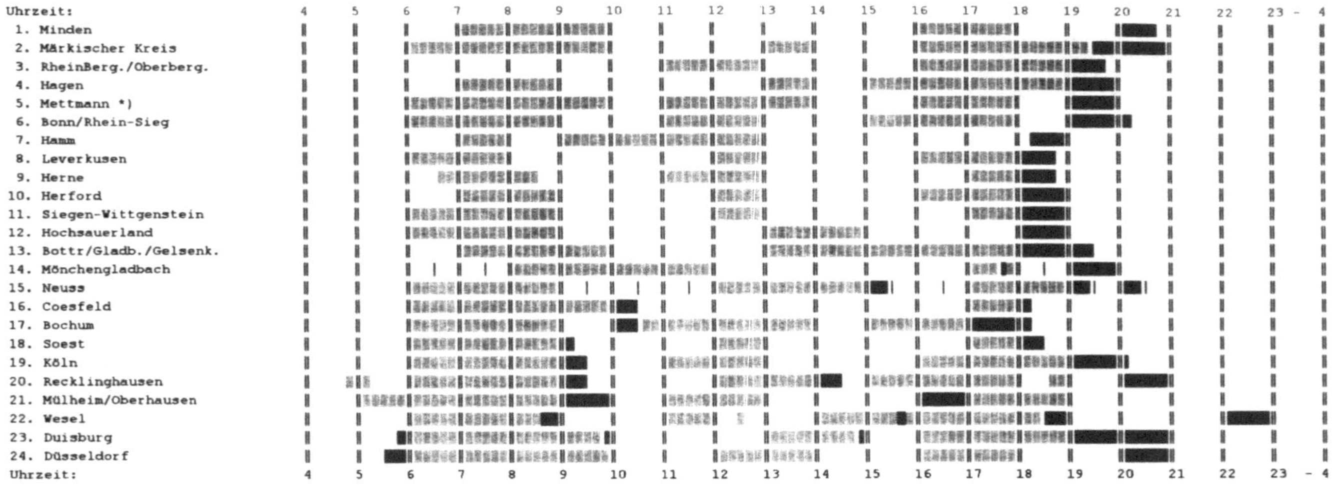

Legende: Lokales Programm | Überregionale Werbung und Nachrichten | Bürgerfunk | Lokale Nachrichten im Rahmenprogramm

*) Zusätzl. mehrere kurze Bürgerfunk-Sendeplätze

Programmschemata Sonnabend, sortiert nach Programmstart (Stand: Februar 1991)

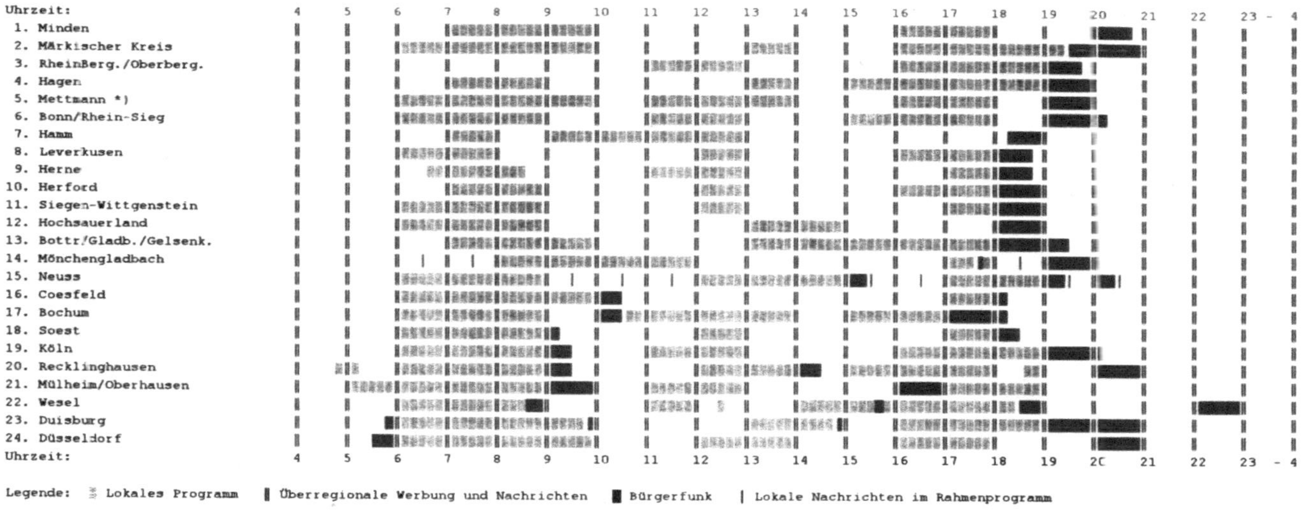

Programmschemata Sonntag, sortiert nach Programmstart (Stand: Februar 1991)

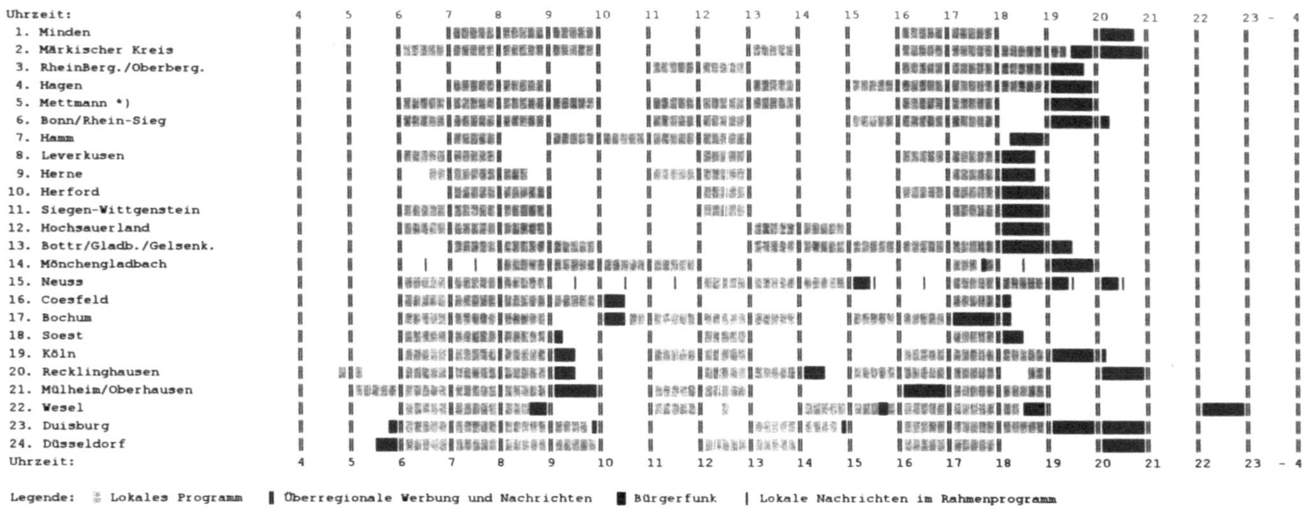

Die vorherrschenden Sendungsgattungen in den lokalen Programmen sind die Magazinsendung und die (kurze) Nachrichtensendung. In den meisten Programmschemata kommen außerdem Gespräche, Diskussionen oder Talk-Runden vor. Ausgesprochen selten sind dagegen längere Wortsendungen jedweder Art:[82] Hörspiele, Features, Dokumentationen oder Lesungen werden nur in Ausnahmefällen überhaupt als mögliche Sendungstypen genannt, ohne daß sie allerdings feste Sendeplätze bekämen.

Auf der anderen Seite sind auch reine Musiksendungen in der Mehrzahl der Programmschemata nicht eingeplant. Soweit die Inhalte der einzelnen Sendungen in den Programmschemata aussagekräftig genannt sind, werden als Bestandteile fast immer redaktionelle Wortanteile aufgeführt, die über die bloße Anmoderation der Musik hinausgehen. Das lokale Abspielen der von Radio NRW vorgegebenen Musiklaufpläne ohne eigene redaktionelle Leistung würde praktisch nur auf eine Doppelung des Rahmenprogramms hinauslaufen. Es ist schon deshalb aus der Perspektive der Veranstaltergemeinschaften naheliegend, solches nicht für die lokale Sendezeit vorzusehen.

4. Programminhalte

In der Ratgeber-Literatur zum lokalen Rundfunk in Nordrhein-Westfalen werden vielfältige hehre Ansprüche an die Programminhalte formuliert. Das lokale Programm habe sich „zumindest am Niveau der öffentlich-rechtlichen Programme zu orientieren",[83] er dürfe kein „Berieselungsprogramm" sein, sondern habe auch kulturelle Funktionen wahrzunehmen und dabei als lokale Kulturaufgabe auch Mundartpflege zu betreiben.[84]

Das LRG NW verlangt in § 24 Abs. 1, daß lokale Programme „wesentliche Anteile an Information, Bildung, Beratung und Unterhaltung" enthalten sollen, und von einem Programmschema erwartet das Gesetz eine „nach Wochentagen gegliederte Übersicht für die Verteilung der täglichen Sendezeit auf die Bereiche Information, Bildung und Unterhaltung" (§ 2 Abs. 7 LRG NW). Eine ausdrückliche Zuordnung von Sendungen zu diesen Funktionen wird jedoch in den meisten Programmschemata nicht vorgenommen. Eine klare Zuordnung zur Informationsfunktion ist allerdings bei den Nachrichtensendungen möglich, während die Magazinsendungen zumeist sowohl informieren als auch (durch die Musik) unterhalten sollen. Beratung, oft „Service" genannt, wird häufig als integrierter Bestandteil von Magazinsendungen aufgeführt. Schwer auszumachen ist in den Programmschemata al-

---

82 Davon sind ganz selbstverständlich (und zutreffend) auch schon Rager und Weber, Ermittlung von Programm-Minima, S. 30 ff. bei der Schätzung der Programmkosten ausgegangen.

83 Rummel, Grundsätze für ein attraktives Lokalprogramm, S. 25.

84 Ebd., S. 34 ff.

lerdings die Wahrnehmung der Bildungsfunktion. Die klassische Form des dezidierten Bildungsfunks, wie sie im Schulfunk oder in Sendungen wie „Zeitzeichen“ gepflegt wird, kann sowohl unter Kosten- als unter Akzeptanzgesichtspunkten vom werbefinanzierten Lokalfunk vorerst nicht erwartet werden.

Die programminhaltlichen Vorgaben in den Programmschemata sind deshalb zumeist Auflistungen von Themenbereichen, die in den Magazinsendungen aufgegriffen werden sollen. Hier findet sich eine breite Palette von Themen, angefangen bei „Arbeit und Soziales“, über „Gartenservice“ und „Presseschau“ bis hin zur „Zeitgeschichte“. Neben dem aktuellen lokalen Geschehen werden ausnahmslos in allen Programmschemata Sport und Veranstaltungskalender als Themen aufgeführt, fast überall werden auch Kultur, Politik und Wirtschaft ausdrücklich genannt. In etwa der Hälfte der Programmschemata sind daneben Umwelt, Verbraucherfragen, kirchliche Themen und Gesundheit als Programminhalte vorgesehen.

Ein aus der Perspektive der Zuhörer wichtiger Aspekt ist dabei die Frage, inwieweit inhaltlich zusammenhängende Themen in einzelnen Sendungen gebündelt werden, z.B. durch wechselnde Schwerpunkte in Magazinsendungen am Vormittag. Eine solche Bündelung bietet die Chance, für bestimmte Inhalte das Programm gezielt einzuschalten, es kann jedoch auch nahelegen, bei anderen Themen abzuschalten. In den Programmschemata wird von einer solchen Bündelung zusammenhängender Themen nur selten Gebrauch gemacht. Lediglich der Sport ist am Wochenende ein Themenbereich, für den es fast überall spezielle Sendungen gibt.

Neben der Nennung von Themen kann auch die Nennung von Zielgruppen inhaltliche Akzente für die Programmgestaltung vorgeben. Teilweise werden dabei einfach die vom Tagesablauf typischerweise erreichbaren Hörergruppen aufgeführt, morgens beispielsweise Schüler, Berufstätige und Autofahrer oder vormittags Hausfrauen und Rentner. In etwa der Hälfte der ausgewerteten Programmschemata wird aber auch von der Möglichkeit Gebrauch gemacht, einzelne Sendungen für spezielle Zielgruppen vorzusehen. Vorwiegend im wöchentlichen Rhythmus, zumeist am Wochenende, finden sich spezielle Sendungen für die folgenden Gruppen: Kinder (z.B. Kinderfunk, Märchen), Ausländer (z.B. zweisprachige Nachrichten), ältere Menschen (z.B. Wunschkonzert) und Jugendliche (z.B. Hits). Jugendliche werden vereinzelt auch als Zielgruppe für eine tägliche Sendung am frühen Nachmittag genannt.

5. Musik

Auch wenn sie in den Rundfunkgesetzen nirgends explizit erwähnt wird, ist die Musik der quantitativ wie qualitativ dominierende Bestandteil fast aller

Hörfunkprogramme. Sie ist ein vergleichsweise kostengünstiger Programmbestandteil,[85] seit Musik fast jeder Art in hoher Qualität von Tonträgern reproduziert werden kann. Zugleich ist sie für die meisten Hörer das zentrale Motiv für die Hörfunknutzung,[86] und genau daraufhin wird sie in der Regel ausgewählt: „Bei den Magazinen und Service-Sendungen interessiert die Musik nur insofern, als sie Einschaltquoten bringt."[87]

a Musikanteil

Hinsichtlich des quantitativen Anteils der Musik am lokalen Programm kann ein weitgehender Interessengegensatz zwischen Veranstaltergemeinschaft und Betriebsgesellschaft angenommen werden.

Die publizistischen Funktionen des Lokalfunks, als deren Sachwalter die Veranstaltergemeinschaften fungieren sollen, können im wesentlichen nur durch Wortbeiträge – und zwar vor allem durch journalistische Wortbeiträge – realisiert werden. Zudem haben die Veranstaltergemeinschaften, vermittelt über die Chefredaktionen, nur noch in diesem Bereich autonome Gestaltungsmöglichkeiten, nachdem die Gestaltung des Musikprogramms von den meisten Veranstaltergemeinschaften vertraglich an Radio NRW delegiert worden ist.

„Wortlastige" Programme sind andererseits nicht nur aufwendiger in der Herstellung, sie haben im allgemeinen auch nicht die Aussicht auf die höchsten Einschaltquoten. Dies zeigt gerade auch die Erfahrung des öffentlich-rechtlichen Rundfunks in Nordrhein-Westfalen: WDR 4, das Programm mit den höchsten Reichweiten, hat mit 87% auch den höchsten Musikanteil aller WDR-Programme.[88] Eine Konvergenz der Interessen gibt es allerdings insoweit, wie die lokalen Programmelemente einen Wettbewerbsvorteil vor anderen Programmen bieten.

In den Programmschemata wird der Musikanteil in ganz unterschiedlicher Weise thematisiert. In einem Drittel der ausgewerteten Programmschemata wird gänzlich auf quantitative Angaben zum Musikanteil – und damit auch auf den Versuch einer formalen Steuerung dieses Programmparameters durch die Veranstaltergemeinschaft – verzichtet. Ganz im Gegensatz dazu werden in einzelnen Programmschemata differenziert Musikanteile für die einzelnen Sendeplätze ausgewiesen, die zwischen 20 Prozent

---

85 Vgl. die Annahmen von Rager/Weber, Ermittlung von Programm-Minima, S. 20 ff. In die gleiche Richtung weisen die Statistiken der öffentlich-rechtlichen Landesrundfunkanstalten; vgl. ARD-Jahrbuch 90, S. 365.

86 Vgl. Roland Berger Forschungs-Institut, Grundlagenstudie zu Image und Akzeptanz des Hörfunks in Bayern, S. 43.

87 Kleinen, Zielgruppenbezug, S. 135.

88 ARD-Jahrbuch 90, S. 391.

für einen Veranstaltungskalender und 90 Prozent bei einem Wunschkonzert liegen.

Soweit in den Programmschemata globale Musikanteile des Programms genannt werden, liegen sie meist bei etwa 60 bis 70 Prozent, und zwar bei vollständiger Auslastung der Werbezeiten, die dem Wortanteil zugerechnet werden. Eine Besonderheit sind schließlich die Regelungen der Veranstaltergemeinschaften in Leverkusen und im Verbreitungsgebiet Rheinisch-Bergischer und Oberbergischer Kreis: hier ist lediglich festgelegt, daß der Musikanteil mindestens 60 Prozent betragen soll, ein höherer Anteil jedoch wünschenswert wäre.

b. Musikauswahl

Hinsichtlich der Zusammenstellung der Musik gibt es in der Ratgeber-Literatur die Empfehlung an die Veranstaltergemeinschaften, sich nicht auf ein formatiertes, zielgruppenorientiertes Musikprogramm nach dem Vorbild anderer Privatsender einzulassen; dabei wird regelmäßig verwiesen auf die Vorschrift des § 24 Abs. 1 LRG NW, daß sich lokale Programme „nicht ausschließlich an bestimmte Zielgruppen wenden" dürfen.[89] Stattdessen solle man sich an dem Lokalprogramm des WDR, Radio Dortmund, ein Beispiel nehmen und im Tagesverlauf wechselnde Zielgruppen ansprechen. Daneben seien im Interesse der Akzeptanz auch örtliche Besonderheiten zu berücksichtigen:

> „Ein lokaler Rundfunk, der nach den gesetzlichen Vorgaben möglichst viele Zuhörer ansprechen soll, muß gerade auch seine Musikauswahl sehr differenziert planen. Die Übernahme von Konzepten oder gar ‚Musikteppichen', die zentral erstellt wurden, kann den Erfolg dieses Rundfunks gefährden.
> Ein guter Musikredakteur, der all diese Bedingungen berücksichtigt, der sich zudem auch in der lokalen Musikszene auskennt und diese durch die Berücksichtigung im Programm außerdem fördern kann, ist eine wesentliche personelle Voraussetzung für den Erfolg."[90]

Diese Vorstellungen sind im Lokalfunk in Nordrhein-Westfalen nicht umgesetzt worden; eher ist das Gegenteil der Fall. Soweit Radio NRW das Rahmenprogramm stellt, und das gilt für fast alle bisher lizenzierten Verbreitungsgebiete,[91] wird die Auswahl und Abfolge der Musiktitel weitge-

89 vgl. Hesels/Hirsch/Schmid, Das Programmschema, S. 100; SGK, Lokaler Rundfunk I, S. 31; Förderverein Radio Rhein-Sieg, Praxishandbuch Lokalfunk, S. 57 ff. - hier bereits mit dem Hinweis, daß keineswegs klar ist, was das für die Praxis heißen soll.

90 Hesels/Hirsch/Schmid, Das Programmschema, S. 101. Vgl. mit ähnlicher Stoßrichtung SGK, Lokaler Rundfunk I, S. 32 ff; SGK, Lokaler Rundfunk II, S. 36ff; Rummel, Grundsätze für ein attraktives Lokalprogramm, S. 29.

91 Die Veranstaltergemeinschaften für die Verbreitungsgebiete Kreis Aachen, Düren und Heinsberg haben eine Rahmenprogrammvereinbarung mit RTL Baden-Württemberg getrof-

hend durch Radio NRW vorgegeben[92]. Für die Zeit zwischen 6 und 16 Uhr haben sich die Veranstaltergemeinschaften verpflichtet, die Musiktitel entsprechend den von Radio NRW bereitgestellten Musiklaufplänen zu spielen. Radio NRW hat vertraglich zwei alternative Musiklaufpläne anzubieten; wegen der noch begrenzten Auswahl im Musikarchiv haben die Chefredakteure jedoch zumindest vorläufig auf einen zweiten Musiklaufplan verzichtet. Nach 16 Uhr sind diese Musiklaufpläne nicht mehr verbindlich, wohl aber die gemeinsame Musikfarbe.[93]

Die Musikfarbe wird bestimmt durch „melodiöse, bekannte Musik, Oldies, internationale und deutsche Popmusik",[94] dies entspricht im wesentlichen dem Musikformat „adult contemporary".[95] Die Musik ist offenbar darauf angelegt, nicht wechselnde Minderheiten zu bedienen, sondern nach dem Prinzip des kleinsten gemeinsamen Nenners bei einer möglichst großen Zielgruppe durchgängige Akzeptanz oder zumindest Toleranz zu erreichen.[96]

Es sind mehrere Aspekte, die diese Konstruktion für die Beteiligten attraktiv machen:

- für Veranstaltergemeinschaften und Betriebsgesellschaften bietet Radio NRW eine kostenlose Musikredaktion,[97] die zudem hochdotierte Musikredakteure beschäftigen kann, wenn es erforderlich ist;

---

fen; für den Kreis Aachen ist RTL Baden-Württemberg inzwischen als Rahmenprogrammveranstalter lizenziert.

92 Zur Gestaltung der Rahmenprogrammverträge von Radio NRW vgl. im übrigen § 9 II. 2. a.

93 Vgl. § 3 Abs. 2 Satz 10 des Vertrages zwischen Radio NRW und der Veranstaltergemeinschaften: „In den anderen lokalen Sendestunden kann die Veranstaltergemeinschaft von den Musiklaufplänen im Rahmen der gemeinsamen Musikfarbe, die noch gemäß § 6 Absatz 3 von der Radio NRW und den Veranstaltergemeinschaften festgelegt werden soll, aus programmlichen Gründen abweichen." Durch diese Verpflichtung auf die gemeinsame Musikfarbe sind die Veranstaltergemeinschaften also im Prinzip auch außerhalb der prime times vertraglich gehindert, Musiksendungen für Spezialinteressen, beispielsweise Klassik, Jazz oder Hardrock, auszustrahlen.

94 Radio NRW GmbH, Radio NRW - Das Rahmenprogramm für NRW.

95 Dieses Format zeichnet sich dadurch aus, daß es zwar „‚aktuell' klingen soll, jedoch keine ‚grellen, störenden' Elemente beinhaltet", „Musikrichtungen wie Jazz, Klassik oder gar Neue Musik kommen nur in Ausnahmefällen vor", so Steinschulte, Zur Musikkategorisierung im Rundfunk, MP 1989, 573 ff.

96 Dies ist unter dem Aspekt der Reichweitenmaximierung aus der Perspektive eines Anbieters mit Alleinstellung auf dem lokalen Markt auch nicht anders zu erwarten; vgl. dazu das Statement von Axel Zerdick in Schröder, Finanzierung lokaler Hörfunkprogramme, S. 115.

97 Vgl. die abweichenden Prämissen bei den Wirtschaftlichkeitsberechnungen von Fleck, Varianten der Kosten und Leistungsplanung, S. 15: „Pro Schicht wird ein Redakteur für die Gestaltung des Musikprogramms benötigt." Auch die Berechnungen von Rager und Weber, Ermittlung von Programm-Minima, S. 21 unterstellen selbst in der Minimalvariante noch eine lokale redaktionelle Zusammenstellung des Musikprogramms.

- für Veranstaltergemeinschaften, Betriebsgesellschaften und Radio NRW verringert sich das Risiko, daß die Musikauswahl für die lokalen Sendezeiten zu Brüchen in der Musikfarbe führt, die die Akzeptanz des Programms beeinträchtigen;
- Radio NRW kann das Programm gegenüber den Werbungtreibenden als einheitliches Produkt anbieten, weil hinsichtlich der Musikfarbe die Homogenität der Programme gesichert ist;[98]
- in Überlappungsbereichen der Verbreitungsgebiete ist ein programmlicher Wettbewerb nicht durch unterschiedliche Akzentuierung der Musikauswahl, sondern nur durch die Attraktivität der Wortbeiträge möglich,[99] sofern die Musiklaufpläne eingehalten werden.

Für die lokalen Programme bedeutet dies aber zugleich, daß sie mit der Musikfarbe auf die gleiche Zielgruppe festgelegt sind wie Radio NRW und ihre Nachbarsender: „Das Programm von Radio NRW richtet sich primär an die Altersgruppe der 20-49jährigen".[100] Damit ist eine gezielte Ansprache wechselnder Zielgruppen durch die Musikauswahl praktisch ausgeschlossen, auch wenn das nicht besagt, daß die Musik sich entgegen dem gesetzlichen Auftrag „ausschließlich" an bestimmte Zielgruppen wendet.

Dementsprechend fehlt es den hier ausgewerteten 24 Programmschemata, soweit sie über die Musikauswahl überhaupt noch Aussagen machen, weitgehend an Akzentsetzungen durch profilierte Musik. In keinem dieser Programmschemata ist beispielsweise eine Jazz-Sendung ausgewiesen, und nur in zwei Fällen gibt es Hinweise, daß auch klassische Musik vorkommen kann. Mehrfach sind hingegen Sendungen vorgesehen, die Musikwünsche der Hörerinnen und Hörer erfüllen sollen, und zwar auch während der Zeiten, in denen die Musiklaufpläne von Radio NRW verbindlich sind. Damit sind möglicherweise bereits Konflikte mit Radio NRW vorprogrammiert.

Faktisch werden die Musiklaufpläne bislang nicht von allen Lokalsendern eingehalten,[101] und es bleibt abzuwarten, wie Radio NRW diese Verpflichtung der lokalen Stationen durchsetzen wird.

---

98 Vgl. Kopper, Voraussetzungen zum Entwurf einer Satzung, S. 48: „Die Strukturgegebenheiten der Funkwerbemärkte erfordern beispielsweise eine Mindesthomogenität der Programme auf den Ebenen Programmschema und Programmumfeld zu einzelnen Tages-Einschaltzeiten, denn nur unter diesen Voraussetzungen kann die werbetreibende Wirtschaft gleichartige Reichweiten und Kontaktergebnisse erwarten." Es kommt hinzu, daß das Programmumfeld der überlokalen Werbung von Radio NRW wesentlich durch die Nachrichtensendung geprägt wird, die ebenfalls zwingend von Radio NRW übernommen werden muß.

99 Dieser Aspekt ist vor allem dann von Bedeutung, wenn ein Sender mit hoher Leistung, wie beispielsweise Radio Neandertal im Kreis Mettmann, weit in andere Verbreitungsgebiete hineinstrahlt.

100 Radio NRW, Preisliste Nr. 2, gültig ab 01.01.1991.

101 Vgl. Weiterbildung und Medien 3/1991, S. 20.

Nur in einem Teil der Verbreitungsgebiete werden die Sendezeiten für lokale Werbung durch das Programmschema festgelegt. Dies ist auch insofern nicht erforderlich, als es im LRG NW für den Hörfunk ein Gebot der Blockwerbung nicht gibt. Es wäre durchaus zulässig, einzelne Werbespots nach Belieben in das redaktionelle Programm einzustreuen, solange der Kennzeichnungspflicht Genüge getan wird.

Dennoch können sowohl die Veranstaltergemeinschaften als auch Betriebsgesellschaften ein Interesse daran haben, für die Ausstrahlung lokaler Werbung feste Sendeplätze vorzusehen. Die Veranstaltergemeinschaft wäre schon von ihrer personellen Kapazität her faktisch nicht in der Lage, auf wechselnde Entscheidungen über die Plazierung von Werbung Einfluß zu nehmen; sie müßte ihre Kompetenzen im Alltag auf die Chefredaktion delegieren – möglicherweise mit Gefahren für die Trennung von Werbung und Programm. Die Betriebsgesellschaft hat andererseits ein berechtigtes Interesse daran, bei der Akquisition feststehende Werbezeiten disponieren zu können.[102]

Die ausgewerteten Programmschemata oder Media-Unterlagen[103] sehen eine Verteilung der Werbeblöcke über die Programmstunden in gleichmäßigen Abständen von 30 Minuten, 20 Minuten oder sogar nur 15 Minuten vor. Dabei ist jeweils der Werbeblock zur vollen Stunde der überregionalen Werbung des Rahmenprogramms vorbehalten.

Darüber hinaus bietet das Rahmenprogramm die Möglichkeit, auch während seiner Sendezeit, außerhalb der eigentlichen lokalen Sendezeit, lokale Werbung auszustrahlen. Sie wird, wie die Jingles der lokalen Stationen, von Radio NRW durch ein Signal gestartet. Während es anfänglich offenbar noch eine strenge Bindung der lokalen Werbung an die redaktionellen lokalen Sendezeiten gegeben hatte,[104] ist nun beides entkoppelt. Rundfunkrecht-

---

102 Vgl. Reidt, Rundfunkwerbung im Zwei-Säulen-Modell, RuF 1990, S. 519. Das schließt nicht aus, daß die Betriebsgesellschaft auch das Interesse haben könnte, zusätzliche Werbung noch außerhalb dieser Zeiten zu plazieren.

103 Teilweise konnten auch die Media-Unterlagen herangezogen werden, in denen sich die Sender gegenüber den Werbetreibenden präsentieren.

104 Vgl. Schillinger, Leserbrief zu „Zeitansage statt O-Ton", Journalist 1/1991, S. 58: Die Veranstaltergemeinschaft Duisburg, so der Geschäftsführer der Betriebsgesellschaft, habe eine Programmerweiterung so kurzzeitig vorgenommen, „daß zusätzliche Werbung kaum mehr akquiriert werden konnte". In die gleiche Richtung weist auch die Begründung der Gebührenfestsetzung im Zulassungsbescheid beispielsweise für den Lokalsender in Duisburg, die auf die mehr als achtstündige Programmdauer und die „daraus resultierenden Werbemöglichkeiten" Bezug nimmt. Da es im LRG NW keinerlei wirksame Begrenzungen für Programmzulieferungen gibt, hätten jedoch die Lokalsender die Möglichkeit gehabt, pro forma ein größeres lokales Programmvolumen lizenzieren zu lassen, dieses aber durch Programm-

lich wird die Ausstrahlung lokaler Werbung während der Sendezeiten des Rahmenprogramms zugelassen, weil sie als Programmzulieferung der lokalen Stationen an Radio NRW gilt, ebenso wie umgekehrt die Ausstrahlung der überregionalen Werbung und der Nachrichten während der lokalen Sendezeiten.

Das verbessert die Wirtschaftlichkeitsaussichten der Lokalsender, es reduziert jedoch auch das wirtschaftliche Interesse der Betriebsgesellschaften an einer Ausdehnung der lokalen Sendezeiten über die vorgegebenen Mindestsendezeiten hinaus, denn eine lokale Programmerweiterung wird nun nicht mehr zu einem sprunghaften Anstieg des möglichen Werbevolumens führen.[105] Aus betriebswirtschaftlicher Perpektive wäre sie deshalb nur noch sinnvoll, wenn sie erhebliche Reichweitengewinne und damit höhere Einschaltpreise verspricht.

7. Programmkooperation

a. Kooperationsempfehlungen

Bei der Festlegung der Verbreitungsgebiete hat die Landesanstalt für Rundfunk in vielen Fällen eine Kooperation mit anderen Lokalsendern empfohlen: Von ursprünglich 45 Verbreitungsgebieten[106] haben 29 eine Kooperationsempfehlung erhalten.

Entstanden sind diese Empfehlungen im Kontext der Wirtschaftlichkeitsberechnungen, die die Landesanstalt für Rundfunk für die Festlegung der Verbreitungsgebiete in Auftrag gegeben hatte. Nach den Schätzungen der Rinke Treuhand[107] waren durch eine Kooperation Einsparungsmöglichkeiten zwischen 8 und 18 Prozent zu erwarten, wobei die Synergieeffekte für die wirtschaftlich schwächeren Verbreitungsgebiete (mit fünf Stunden Mindestsendezeit gemäß § 24 Abs. 2 LRG NW) am geringsten ausgefallen wären.[108] Bei den Berechnungen von Schrape[109] wurde dann jedoch gerade

---

zulieferungen (z.B. des Rahmenprogrammveranstalters) zu füllen. Vgl. als Beispiel das Verbreitungsgebiet Wesel, siehe unten III. 1. c.

105 Dies gilt jedenfalls für Spotwerbung, anders ist es bei Sonderwerbeformen in der Grauzone zwischen Werbung und Programm.

106 Durch die Trennung von Kreis und Stadt Aachen in zwei Verbreitungsgebiete mit der ersten Satzung zur Änderung der dritten Satzung zur Festlegung von Verbreitungsgebieten für den lokalen Hörfunk vom 27.04.1990 sind es nunmehr 46 Verbreitungsgebiete.

107 Rinke Treuhand, Effekte von Kooperationsformen, S. 247.

108 Mit Rücksicht auf die in § 24 (2) LRG NW festgelegte lokale Mindestsendezeit wurde in diesem Gutachten davon ausgegangen, daß auch im Falle einer Kooperation das eigenproduzierte Programmvolumen mindestens fünf Stunden betragen sollte, vgl. Rinke Treuhand, Effekte von Kooperationsformen, S. 227.

für diese Gebiete eine „erweiterte Kooperation" zugrundegelegt, die „bis zu 30% an Kosteneinsparungseffekten" ergeben sollte:

„Bei einer solchen erweiterten Kooperationsmöglichkeit wird davon ausgegangen, daß nur zwei Stunden des täglichen Programms in einem örtlich begrenzten Verbreitungsgebiet produziert bzw. hergestellt werden.
Ein tägliches lokales Programm im Umfang von fünf Stunden gemäß § 24 Abs. 2 S. 2 LRG NW wird dadurch erreicht, daß drei Stunden des täglichen Programms von benachbarten Verbreitungsgebieten zugeliefert werden, im örtlich begrenzten Verbreitungsgebiet selbständig redaktionell zusammengestellt werden und für dieses Verbreitungsgebiet oder einen Teil davon bestimmt sind."[110]

Für folgende neun Kooperationsräume hat die Landesanstalt für Rundfunk eine Kooperation der jeweiligen Lokalsender empfohlen:

- Münster, Borken, Coesfeld, Steinfurt, Warendorf;
- Herford, Minden-Lübbecke;
- Bielefeld, Gütersloh;
- Kleve, Krefeld/Viersen, Mönchengladbach;
- Bochum, Herne, Ennepe-Ruhr-Kreis;
- Wuppertal, Solingen/Remscheid;
- Köln, Leverkusen;
- Hagen, Märkischer Kreis;
- Siegen-Wittgenstein, Hochsauerlandkreis.

Allgemeine Kooperationsempfehlungen, ohne Nennung bestimmter Kooperationspartner, erhielten außerdem die Verbreitungsgebiete Erftkreis, Euskirchen, Hamm, Lippe, Soest und Unna.

Die Intention dieser Kooperationsempfehlungen ist klar ersichtlich: Sie zielen auf einen Ausgleich zwischen dem programmlichen Interesse an möglichst kleinräumiger Rundfunkversorgung und lokaler Ausrichtung der Berichterstattung einerseits und dem wirtschaftlichen Interesse an Risikovermeidung durch größere Verbreitungsgebiete andererseits. Und sie versuchen dies dadurch, daß zwischen die beiden vom Gesetzgeber vorher bedachten und separat geregelten Ebenen des lokalen Programms und des landesweiten Rahmenprogramms die Ebene eines regionalen „Mantelprogramms" eingezogen wird: ein Programm, das im Rahmen der eigenen Lizenz vom Lokalsender verantwortet und auch auf die lokale Mindestpro-

109 Schrape, Entscheidungsgrundlagen zur Festlegung der Verbreitungsgebiete in kritischen Fällen, S. 312.

110 Ebd., S. 312. Zweifel sind allerdings angebracht, ob bei der regelmäßigen unveränderten Übernahme der gleichen Programmstunden noch von selbständiger redaktioneller Zusammenstellung die Rede sein kann.

grammdauer angerechnet wird, obwohl es nicht lokal, aber immerhin regional oder subregional produziert ist.

Bemerkenswert ist die dabei eingesetzte Regelungstechnik. Mangels Rechtsgrundlage hat die Landesanstalt für Rundfunk Kooperationen nicht verbindlich regeln können; in den Satzungen über die Festlegung der Verbreitungsgebiete ist dementsprechend von Kooperationen ebensowenig die Rede wie im Landesrundfunkgesetz.[111] In den breit gestreuten Publikationen der Landesanstalt für Rundfunk, in der Hauszeitschrift „Funkfenster“ und im ersten Heft der LfR-Schriftenreihe, werden jedoch die Empfehlungen stets in einem Satz mit der Entscheidung über die Festlegung des Verbreitungsgebiets genannt, wie es hier beispielhaft zitiert werden soll:

> „Die LfR hat folgende Verbreitungsgebiete für lokalen Hörfunk in Nordrhein-Westfalen festgelegt: ...
> 25. die kreisfreie Stadt Köln; dem Lokalsender in Köln wird eine Kooperation mit dem Lokalsender in Leverkusen empfohlen (tägliche Programmdauer: mindestens acht Stunden) ...
> 27. die kreisfreie Stadt Leverkusen; dem Lokalsender in Leverkusen wird eine Kooperation mit dem Lokalsender in Köln empfohlen“.[112]

Diese Empfehlungen können die Veranstaltergemeinschaften rechtlich nicht binden, sie nehmen jedoch die wirtschaftlich potenteren Veranstaltergemeinschaften politisch in die Pflicht, sich zu einer Kooperation zum Nutzen anderer bereitzufinden. Zugleich konnten sie aber wie eine politische Selbstverpflichtung der Landesanstalt für Rundfunk wirken, eine Lizenz auch dann zu erteilen, wenn dadurch aus einem eigenständigen lokalen Programm nurmehr ein Programm mit lokalen Bezügen werden sollte.[113]

Umstritten war zunächst jedoch, inwieweit die Veranstaltergemeinschaften in einer Kooperation ihre programmliche Autonomie aufgeben dürften. Eine restriktive Auffassung hat Kämper vorgetragen: „das als gesetzliches Minimum anzusehende Erfordernis der selbständigen redaktionellen Zusammenstellung“ des § 2 Abs. 2 LRG NW verbiete es, „komplette Sendungen ungeprüft vom Kooperationspartner zu übernehmen“,[114] auch sei die Bestellung eines eigenen Chefredakteurs unabdingbar.[115] Demgegenüber hat Birkholz die Ansicht vertreten, im Rahmen der Kooperation sei durchaus die Bestellung eines gemeinsamen Chefredakteurs für mehrere Stationen zulässig – als Chefredakteur der kleineren Station könne aber auch ein Re-

---

111 Vgl. Rödding, Die Verbreitungsgebiete sind festgelegt, S. 18.

112 LfR, Daten zu den Verbreitungsgebieten, S. 5; ebenso in LfR-Funkfenster, April 1989, S. 7.

113 Vgl. Rödding, Die Verbreitungsgebiete sind festgelegt, S. 19: „Es würde gewiß dann keine Beanstandungen geben, wenn auf allen Ebenen lokale Bezüge sichtbar würden, auch bei gemeinsam veranstalteten Programmen."

114 Kämper, Gesetzliche Grundlagen einer Kooperation, Eildienst 4/1989, S. 78.

115 So auch Rödding, Die Verbreitungsgebiete sind festgelegt, S. 19 ff.

dakteur des größeren Kooperationspartners bestimmt werden: „Beschäftigte mit mehreren Arbeitgebern sind auch ansonsten im Wirtschaftsleben zu finden.“[116]

b. Umsetzung der Kooperationsempfehlungen

Von den 24 Verbreitungsgebieten, deren Programmschemata hier ausgewertet werden konnten, sind 14 Verbreitungsgebiete solche, für die die Landesanstalt für Rundfunk Kooperationen empfohlen hat.

In den Programmschemata finden sich Hinweise auf eine Kooperation nur in Ausnahmefällen. Im Programmschema des Lokalfunks im Märkischen Kreis werden mehrere Programmstunden am Vormittag als „Kooperation mit Hagen“ ausgewiesen; wie der Vergleich mit dem Hagener Programmschema zeigt, handelt es sich dabei aber jedenfalls nicht um die Programmübernahme als intensivste Form der Kooperation. Eine solche Kooperation findet sich in Leverkusen; hier werden morgens zwei Programmstunden vom Kölner Lokalsender übernommen.[117] In einzelnen Verbreitungsgebieten hat es in früheren Fassungen des Programmschemas Hinweise auf Kooperationsabsichten gegeben, die jedoch in den aktualisierten Fassungen entfallen sind.[118]

Unklar ist jedoch, inwieweit die Programmschemata die tatsächliche Kooperationssituation widerspiegeln. Aus der Fallstudie Coesfeld ist bekannt, daß die Übernahme ganzer Sendungen als leitungsgebundene Kooperation im Münsterland wegen der Leitungskosten abgelehnt wurde und dort letztlich auch im Wirtschafts- und Stellenplan Einsparungen durch Kooperationseffekte nicht mehr zugrundegelegt wurden.[119] Dies mag entsprechend auch für andere Verbreitungsgebiete gelten. Dabei ist aber sehr wohl vorstellbar, daß es unterhalb dieser Ebene Kooperationsformen gibt, die nicht im Programmschema erkennbar werden. In anderen Verbreitungsgebieten, wie beispielsweise Mönchengladbach, mag eine Umsetzung der Kooperationsempfehlungen vorläufig daran scheitern, daß die vorgesehenen Kooperationspartner noch nicht lizenziert sind.

Ob die Kooperationsempfehlungen der Landesanstalt für Rundfunk in Zukunft noch mehr praktische Bedeutung gewinnen werden, ist gegenwärtig nicht abzusehen. Ihre wesentliche Funktion haben sie vielleicht schon dadurch erfüllt, daß sie zur Akzeptanz der vorgesehenen Verbreitungsgebiete beigetragen haben. Zudem hat die Landesanstalt für Rundfunk durch die Kooperationsempfehlungen – wie durch die Anerkennung der Programmzu-

116 Birkholz, Kooperation im lokalen Rundfunk, Eildienst 5/1989, S. 95.
117 Vgl. unten III. 2. b.
118 Coesfeld, Hagen, Herford, Herne, Hochsauerland.
119 Vgl. unten III. 3. b.

lieferungen des Rahmenprogramms als lokales Programm – praktisch wohl jegliche Handhabe zur Begrenzung von Programmzulieferungen aufgegeben, so daß es für künftige Programmbeschaffung möglicherweise nicht mehr darauf ankommt, welchen Lieferanten die Landesanstalt für Rundfunk empfiehlt.[120]

III. Fallstudien

1. Wesel

a. Zuschnitt des Verbreitungsgebiets

Nach den Wirtschaftlichkeitsberechnungen der Landesanstalt für Rundfunk gehört der Kreis Wesel zu den wirtschaftlich aussichtsreicheren Verbreitungsgebieten, in denen die Werbeerlöse voraussichtlich ein eigenproduziertes Lokalprogramm von mindestens acht Stunden ermöglichen sollten. Gleichwohl ist innerhalb der Veranstaltergemeinschaft der Zuschnitt des Verbreitungsgebiets problematisiert worden.

Insbesondere seitens der CDU wurde Ende 1987, also ein Jahr vor der Festlegung der Verbreitungsgebiete, angeregt, die Verbreitungsgebiete Wesel und Kleve zu einem Verbreitungsgebiet „Niederrhein" zusammenzulegen. Diese Initiative stand vor dem Hintergrund erheblicher Schwierigkeiten im Kreis Kleve, wo eine Einigung über die Satzung der Veranstaltergemeinschaft erst im Mai 1989 zustandegekommen ist. Von der Veranstaltergemeinschaft im Kreis Wesel wurde dieser Vorschlag schon im Frühjahr 1988, im Zuge der Anhörungen durch die Landesanstalt für Rundfunk mehrheitlich abgelehnt mit dem Argument, durch eine Zusammenlegung der Verbreitungsgebiete werde ein Regionalfunk geschaffen, der dem Anspruch des Lokalfunks nicht mehr gerecht werden könne.

b. Kooperation

Für den Kreis Wesel hatte die Landesanstalt für Rundfunk eine Kooperationsempfehlung nicht gegeben. Dennoch ist die Frage der Kooperation mit anderen Lokalsendern in der Veranstaltergemeinschaft erwogen worden, und zwar als Alternative zum Rahmenprogramm. Diese Überlegungen waren zunächst auf eine Zusammenarbeit mit den benachbarten Lokalsendern bezogen, wie ein Mitglied der Veranstaltergemeinschaft erzählt: „Wir wollten ein lokales 24-Stunden-Programm, und wir waren bereit, mit Nachbar-

---

120 Daß die Empfehlungen aber entscheidend sein können für die Bereitschaft eines wirtschaftlich starken Lokalsenders, für einen anderen Lokalsender eine Art Mantelprogramm zu produzieren, zeigt die Fallstudie zum Verbreitungsgebiet Köln, vgl. unten III. 2. b.

sendern Kooperationsverträge zu schließen, also die Nachtschiene wandern zu lassen und solche Geschichten.“ Daß ein solches Modell jedoch in ländlichen Regionen nicht realisierbar sein könnte und deshalb nicht zu einem flächendeckenden Lokalfunk führen würde, sei zunächst nicht bedacht worden.

Diese Kooperationsüberlegungen wurden später abgelöst durch die Idee, ein von den Veranstaltergemeinschaften gemeinschaftlich getragenes Rahmenprogramm unter Federführung des VLR zu entwickeln; diese Konzeption konnte sich jedoch gegen das Angebot von Radio NRW nicht durchsetzen.[121] Soweit ersichtlich, wurde der Gedanke einer Kooperation mit anderen Veranstaltergemeinschaften nicht wieder aufgegriffen.

c. Entwicklung des Programmschemas

Schon bald nach ihrer Gründung begann im Sommer 1987 die Veranstaltergemeinschaft für lokalen Rundfunk im Kreis Wesel mit ersten Überlegungen zum Programm. Ausgangspunkt der Überlegungen war zunächst die Absicht, ein ganztägiges eigenständiges Programm zu entwickeln, das ohne Rahmenprogramm auskommen sollte.[122]

Die Entwicklung des Programmschemas war Aufgabe einer Arbeitsgruppe, an der alle interessierten Mitglieder der Veranstaltergemeinschaft teilnehmen konnten. Maßgeblich beteiligt waren als Vorsitzender der Vertreter des Bereichs Bildung, daneben u.a. der Vertreter des Fördervereins, der Vertreter des Bereichs Kultur sowie die Vertreter der Religionsgemeinschaften.

Ausgehend von zahlreichen anderen Programmschemata, angefangen bei WDR 2, WDR Radio Dortmund und Radio Schleswig-Holstein bis zu verschiedenen bayerischen und schweizerischen Lokalsendern, hat die Arbeitsgruppe zahlreiche Programmideen zusammengetragen und unter dem Gesichtspunkt inhaltlicher Ansprüche einerseits und mutmaßlicher Akzeptanz andererseits intensiv diskutiert. Aus langen Katalogen möglicher Themen und Sendungsformen ist dann im Verlaufe eines Jahres, etwa zum Herbst 1988, der Entwurf für ein Programmschema entwickelt worden. Der Vorsitzende der Arbeitsgruppe charakterisiert diesen Prozeß wie folgt:

„Wir haben innerhalb der VG dann eine Arbeitsgruppe „Programm“ und eine Arbeitsgruppe „Wirtschafts- und Stellenplan“ gebildet, und die Programmgruppe hat außerordentlich intensiv gearbeitet. Der Grundkonflikt, der sich durch alle Diskussionen zog, war: Inhaltliche Ansprüche von der einen Seite, es muß also viel mehr für die Kinder und es muß dies und es müssen Minderheiten usw. Und die Gegenlinie war dann die: Leute, das Programm muß hörbar sein, und zwar für eine breite

121 Vgl. die Darstellung zum Rahmenprogramm, unten § 9 III. 1.
122 Vgl. Müller, Sender mit Profil, MOCCA Dezember 1987.

Masse hörbar sein, sonst kriegen wir keine Einschaltquoten, und ohne Einschaltquoten kriegen wir keine Werbung, und ohne Werbung können wir keine Redaktion bezahlen."

Im Frühjahr 1989 ist der Programmentwurf von der Veranstaltergemeinschaft beschlossen worden. Dieses Programmschema hatte eine ausgesprochen lokale Ausrichtung. So sollte zwar das Nachtprogramm evtl. gemeinsam mit anderen Veranstaltergemeinschaften produziert werden, für die Zeit zwischen 5 Uhr morgens und Mitternacht war jedoch lokales Programm vorgesehen, und für die Nachrichten war beispielsweise die Abfolge Wetter - Lokales - Nationales - Internationales festgelegt. Darüber hinaus sollte das Programm im Tagesverlauf sehr unterschiedliche Programmgattungen bieten.

Für den Morgen waren zunächst zwei Magazinsendungen (darin obligatorisch Veranstaltungshinweise und ein „Landreport" mit landwirtschaftlichen Themen) sowie eine Anrufsendung vorgesehen. Der späte Vormittag sollte Verbraucherthemen gewidmet werden, die Mittagszeit mehr der aktuellen Information mit einer Nachrichtensendung von 15 Minuten statt sonst fünf Minuten, die Korrespondentenberichte u.ä. einschließen sollte. Für den frühen Nachmittag war eine Jugendsendung angesetzt, anschließend ein Wunschkonzert. Von 17 Uhr bis 20 Uhr sollte ein Abendmagazin Hintergrundinformationen, Gespräche und Veranstaltungshinweise sowie eine Viertelstunde für Kinder bieten. Die Zeit von 20 bis 22 Uhr war großflächigen Musiksendungen vorbehalten, die nicht durch Nachrichten oder Werbung unterbrochen werden sollten. Die Stunde ab 22 Uhr sollte für „Musik mit persönlich-verbindlicher Moderation" verwandt werden, die Stunde vor Mitternacht schließlich für Experimente, vorzugsweise solche der 15-Prozent-Gruppen. Beiträge dieser Gruppen sollten im übrigen entsprechend ihrer Thematik auch in anderen Sendungen im Tagesverlauf plaziert werden.

Für das Wochenende war eine abweichende Struktur geplant, die u.a. längere Sportsendungen, einen einstündigen Kinderfunk, einen Wochenrückblick, eine Sendung für Ausländer, eine Live-Übertragung aus dem Kreisgebiet sowie eine Kultursendung und eine Hitparade beinhalten sollte.

Diese Programmkonzeption, die auch die Grundlage des Lizenzantrages wurde, konnte so nicht realisiert werden. Sie ist in zwei Stufen modifiziert worden. Zunächst hat sich die Veranstaltergemeinschaft im Herbst 1989, im Zuge der Verhandlungen mit der Betriebsgesellschaft, doch dazu entschlossen, das Rahmenprogramm von Radio NRW zu übernehmen.[123] Die eigenproduzierte Sendezeit wurde auf acht Stunden zuzüglich zwei Stunden Bürgerfunk reduziert. Gestrichen wurden die erste Stunde am Morgen, die Anrufsendung am Vormittag sowie die Musiksendungen am Abend; entspre-

---

123 Vgl. unten § 9.

chende Änderungen gab es am Wochenende. Diese Änderungen wurden der Landesanstalt für Rundfunk im Laufe des Lizenzierungsverfahrens mitgeteilt, sie wurden Grundlage der Zulassung, die Ende Januar 1990 von der Rundfunkkommission beschlossen wurde.

Eine zweite Überarbeitung erfuhr das Programmschema durch die Chefredakteurin. Die Grundstruktur blieb dabei weitgehend erhalten. Modifiziert wurden vor allem die zuvor ausgeprägten Festlegungen zur Ausgestaltung, und insgesamt wurde das Profil der einzelnen Sendungen etwas zurückgenommen. Entfallen ist beispielsweise die Festlegung, das Morgenmagazin müsse landwirtschaftliche Themen aufgreifen, auch der 15-minütige Nachrichtenblock am Mittag ist nicht mehr vorgesehen. Aus der halbstündigen Sendung für Ausländer am Sonntagnachmittag wurde eine Viertelstunde im Rahmen einer Kultursendung am Sonntagabend. Die tägliche Viertelstunde für Kinder im Abendmagazin ist weggefallen, dafür wurde der Kinderfunk am Sonnabend verlängert. Diese Änderungen wurden unmittelbar vor Sendebeginn, im April 1990, von der Veranstaltergemeinschaft akzeptiert. Eines der Mitglieder beschreibt diese Entwicklung so:

„Wir haben also da gesessen, haben ein Programm zusammengestellt, wo wir meinten, das könnte gutgehen. Wir waren immer der Meinung, bloß nicht soviel Abklatsch von anderen Sendern, wir wollten ein eigenes Programm aufstellen, das war auch unser Ziel. Und als wir dann meinten, nach vielen vielen Sitzungen, das haut hin, kam die Chefredakteurin und hat gesagt, sie erlaubt sich, da mal ein paar Korrekturen zu machen, und als wir dann im Endeffekt letztendlich das fertige Programm sahen, da hat sich das eben doch erheblich unterschieden; wir haben zwar unsere Vorstellungen mit reingebracht, aber sie hat aufgrund ihrer Erfahrung, was auch Sendezeiten betrifft, hat sie aufgrund ihrer eigenen Erfahrung eben doch so einiges gekippt, aber unsere Wünsche – sie hat das ganz geschickt gemacht – trotzdem mit eingebracht."

Zum einjährigen Bestehen wurden im Frühjahr 1991 auf Initiative der Redaktion bzw. auf Antrag der Kirchen[124] einige Änderungen des Programms am Wochenende verabschiedet. Am Samstag wurde eine aufwendige Kontaktsendung für Selbsthilfegruppen u.ä. zugunsten des Bürgerfunks gestrichen; ihre Themen sollen in die Verbrauchersendung am Vormittag integriert werden. Am Sonntag wurde der Beginn des lokalen Programms um eine Stunde verschoben, so daß nun die kirchliche Sendung „Himmel und Erde" von Radio NRW ausgestrahlt wird. Die lokale Sportsendung wurde verkürzt, neu eingeführt eine Sendung, in der Hörerinnen und Hörer telefonisch Verkaufsangebote oder Gesuche mitteilen können.

Auch mit diesen Änderungen ist das Programmschema von Radio K.W., wie die Übersicht auf den folgenden Seiten zeigt, noch immer ein ver-

---

124 Vgl. unten Abschnitt d.

gleichweise profiliertes Programm, das darauf angelegt ist, vielfältige Interessen zu bedienen.

Programmschema Radio K.W.
(mit Rahmenprogramm; lokales Programm ist durch „>“ gekennzeichnet)

Montag bis Freitag

0.00 - 05.00 Uhr		Nacht-Café (Musikmagazin)
5.00 - 06.00 Uhr		Frühstart
6.00 - 07.00 Uhr	>	K.W. Radiotoast (Das Morgenmagazin von Radio
7.00 - 08.00 Uhr	>	K.W. Mit guter Laune und Musik)
8.00 - 09.00 Uhr	>	[Darin: 15' Bürgerfunk]
9.00 - 10.00 Uhr		Querbeet (Service, Unterhaltung,
10.00 - 11.00 Uhr		Horoskop, Hörergewinnspiel)
11.00 - 12.00 Uhr	>	Durchblick (Verbrauchermagazin)
12.00 - 13.00 Uhr		Infothek (Aktuelle Magazin)
		[darin 12.30-12.33: Halb Eins - Lokale Nachrichten]
13.00 - 14.00 Uhr		Pop-Hits
14.00 - 15.00 Uhr	>	Sticker (Jugendmagazin)
15.00 - 16.00 Uhr	>	[darin 26' Bürgerfunk]
16.00 - 17.00 Uhr	>	Kaffeeplausch (Unterhaltung, Kulturelles)
17.00 - 18.00 Uhr	>	Das Magazin (Der Tag im Kreis Wesel)
18.00 - 19.00 Uhr	>	[darin 26' Bürgerfunk]
19.00 - 20.00 Uhr	>	Bürgerfunk
20.00 - 21.00 Uhr		Sound-Check (Musikmagazin mit tägl.
21.00 - 22.00 Uhr		wechselnden Schwerpunkten)
22.00 - 23.00 Uhr	>	Sound-Check/Di. + Fr. Eintritt frei
23.00 - 24.00 Uhr		Musik pur

Programmschema Radio K.W.

Sonnabend

0.00 – 05.00 Uhr		Nacht-Café (Musikmagazin)
5.00 – 06.00 Uhr		Frühstart (Morgenmagazin von
6.00 – 07.00 Uhr		Radio NRW)
7.00 – 08.00 Uhr	>	K.W. Radiotoast
8.00 – 09.00 Uhr	>	[Darin: 15' Bürgerfunk]
9.00 – 10.00 Uhr		Querbeet (Service, Unterhaltung,
10.00 – 11.00 Uhr		Horoskop, Hörergewinnspiel)
11.00 – 12.00 Uhr	>	B 58 (Wochenendmagazin)
12.00 – 13.00 Uhr		Infothek (Aktuelle Magazin)
		[darin 12.30-12.33: Halb Eins – Lokale Nachrichten]
13.00 – 14.00 Uhr		Pop-Hits
14.00 – 15.00 Uhr	>	K.W.chen (Kindersendung)
15.00 – 16.00 Uhr		Eintritt frei (Sport)
16.00 – 18.00 Uhr	>	Sport vor Ort
18.00 – 19.00 Uhr	>	Bürgerfunk
19.00 – 20.00 Uhr	>	Einer gegen den Kreis (Quiz mit
20.00 – 21.00 Uhr	>	Hörerbeteiligung)
21.00 – 22.00 Uhr	>	Bürgerfunk
22.00 – 23.00 Uhr		Sound-Check (Musiksendung)
23.00 – 24.00 Uhr		

Programmschema Radio K.W.

Sonntag

0.00 – 06.00 Uhr		Nacht-Café (Musikmagazin)
6.00 – 07.00 Uhr		Frühstart (Aktuelle Ereignisse
7.00 – 08.00 Uhr		Morgenmagazin von Radio NRW)
8.00 – 09.00 Uhr		Himmel und Erde (Kirchenmagazin)
9.00 – 10.00 Uhr	>	Ohrwärmer
10.00 – 11.00 Uhr	>	(Wunsch- und Grußsendung)
11.00 – 12.00 Uhr	>	Tacheles (Live-Diskussion über kontroverse Themen
12.00 – 13.00 Uhr	>	mit Bürgern und Politikern)
13.00 – 14.00 Uhr	>	Flohmarkt
14.00 – 15.00 Uhr	>	
15.00 – 16.00 Uhr	>	Bürgerfunk
16.00 – 18.00 Uhr	>	Sport vor Ort
18.00 – 19.00 Uhr	>	Treffpunkt Kopfweide (Kulturszene am Niederrhein)
19.00 – 20.00 Uhr	>	Bürgerfunk
20.00 – 22.00 Uhr		Sound-Check (Musiksendung)
22.00 – 23.00 Uhr		NRW-Talktime (Hörer oder Gäste äußern sich zu
23.00 – 24.00 Uhr		Themen der Zeit)

d. Verbandsinteressen im Programm

Einer der Vorbehalte gegen das Zwei-Säulen-Modell besagt, es werde damit ein Verbände-Funk geschaffen. Es lohnt sich deshalb, darauf zu achten, wie die Veranstaltergemeinschaften bei der Entwicklung des Programmschemas mit partikularen Interessen ihrer Mitglieder oder der entsendenden Verbände umgegangen sind. Gerade das Beispiel der Veranstaltergemeinschaft im Kreis Wesel bietet dazu aufschlußreiche Hinweise.

Unter den Stellen, die Mitglieder in die Veranstaltergemeinschaften entsenden können, haben die Evangelischen Kirchen, die Katholische Kirche und die Jüdischen Kultusgemeinden einen privilegierten Status: Ihnen räumt § 24 Abs. 3 Satz 2 LRG NW ein Drittsenderecht ein. In der Veranstaltergemeinschaft für den Kreis Wesel ist deshalb schon zu Beginn der Überlegungen zum Programmschema die Frage aufgeworfen worden, wie es die Kirchen mit ihrem Drittsenderecht halten wollen. Die Vertreter der Kirchen in der Veranstaltergemeinschaft haben dazu zunächst offenbar signalisiert, daß besondere kirchliche Sendungen nicht angestrebt würden.

Im Zuge der Entwicklung des Programmschemas wurde allerdings von vielen Mitgliedern der Aspekt eingebracht, welche inhaltlichen Interessen sie zu vertreten haben. In diesem Zusammenhang haben auch die Kirchen wieder ihre Ansprüche angemeldet. Eine intensive Diskussion in der Arbeitsgruppe Programm der Veranstaltergemeinschaft hat dann jedoch zu der Übereinkunft geführt, die Partikularinteressen zum Vorteil des gemeinsamen Programms zurückzustellen. Auch für die Kirchen wurden deshalb bei der Festlegung des Programmschemas keine besonderen Sendezeiten vorgesehen.

Dieser Prozeß der Verständigung darüber, im Programmschema Verbandsinteressen nicht zum Zuge kommen zu lassen, kann mit Äußerungen verschiedener Interviewpartner plastisch illustriert werden:

„Es gab dann auch eine ganze Zeit diese Verunsicherung, daß die Leute der Meinung waren, sie müßten alle konsequent ihre Interessen vertreten; die Kirche müßte jetzt darauf achten, daß sie ein bestimmtes Fenster bekommt; die Gewerkschaft hatte geglaubt, sie könnte jetzt irgendwelche Sendeplätze bekommen und so weiter. Und auch die politischen Parteien, die da immer wieder so ein bißchen durchkamen, glaubten wohl, sie müßten zur Sprache kommen."

„War klar, der Kirchenvertreter wollte unbedingt ganz festgezurrt jeden Morgen eine ganz bestimmte Zeit haben, für einen gottesdienstlichen Teil. Da haben wir gesagt, nee, das machen wir nicht, denn dann kommen die anderen aus der Veranstaltergemeinschaft, dann komme ich von der Naturschutzseite und sage, ich möchte jeden Morgen meine Umwelttips haben. Da wurde dann gesagt, diese kirchlichen oder diese ganzen gesellschaftsrelevanten Gruppierungen, die können im Rahmen des Radios auch ganz normal zum Tragen kommen, und die haben dann immer noch den Bürgerfunk übrig, den offenen Kanal, da kann dann jeder sich darstellen, das bleibt ja jedem unbenommen. ... Sicher, es wäre schön gewesen, wenn jetzt für den Naturschutz und Umweltschutz jeden Tag ein bestimmter Sendeplatz dagewesen wäre, aber dann wären dreizehn, vierzehn andere auch gekommen ... und dann wäre das Programmschema kaputt gewesen."

„Bei denen, die an der Programmgruppe beteiligt waren und ja auch bestimmte Verbandsinteressen zu vertreten hatten, ging das relativ rasch, daß sie sagten: das wird kein Programm, wenn wir jeden Tag eine halbe Stunde DGB-Radio, eine halbe Stunde Ausländer-Radio und eine halbe Stunde Kirchen-Radio machen. Und weil die in der Programmkommission eingebundenen Mitglieder das dann auch offensiv in der Vollversammlung vertreten haben, und die anderen sich damit inhaltlich nicht befaßt haben, haben sie das akzeptiert. Diese Diskussion, die hat in dieser kleinen Programmgruppe, das waren fünf Leute, meist waren nur vier da, intensiv stattgefunden."

Die Frage der kirchlichen Sendungen wurde im Herbst 1990 wieder aufgegriffen. Gestützt auf ihr Drittsenderecht haben die Kirchen verlangt, ihre Verkündigungssendungen auszustrahlen, und zwar zum einen am Sonntagmorgen die Beiträge der einstündigen Magazinsendung „Himmel und Erde" bei Radio NRW, zum anderen täglich in der Morgensendung den Kurzbeitrag „Moment mal". Obwohl die Redaktion entsprechend der gerade referierten Argumentationslinie eingewandt hat, solche Beiträge seien dem Programm abträglich, haben die Kirchen auf ihren Ansprüchen bestanden und sie durchgesetzt. Die sonntägliche Verkündigungssendung, die über das Rahmenprogramm von Radio NRW ausgestrahlt wird, ist dadurch ins Programm genommen worden, daß das lokale Programm am Sonntag eine Stunde später beginnt. Der tägliche Kurzbeitrag – der jeweils wochenweise über Radio NRW zugeliefert wird – läuft nun täglich um 6.15 Uhr im Frühprogramm. Dazu die Chefredakteurin:

„Da hatten wir immer den Spruch des Tages, sozusagen der erste Sendeplatz. Nun waren sie nicht glücklich, sie hätten es lieber erst ab 6.30 Uhr gehabt, aber für uns paßte das so gut, weil da sowieso irgendeine philosophische Weisheit oder etwas in der Richtung kam, warum dann nicht einen solchen Gedanken für den Tag."

Im übrigen hatten sich die Mitglieder der Veranstaltergemeinschaft darauf verständigt, daß sie der Redaktion auch bei der Umsetzung des Programmschemas Spielraum lassen wollen und, so eines der Mitglieder, keine „Extrawürste" erwarten. Die folgende Äußerung eines Mitglieds der Veranstaltergemeinschaft mag verdeutlichen, daß die Redaktion sich in der Handhabung von Anliegen einzelner tatsächlich autonom verhält:

„Ich bin in eigener Sache auch so ein bißchen betreten gewesen. Wir hatten ein riesiges Schulfest, und da dachte ich, du bist im Sender K.W. tätig, und dann könnten die mal kommen und was machen. Dann hatten wir auch eine Kunstaustellung hier, sechs Künstler in der Stadthalle, da waren rund 1000 Leute an den zwei Tagen, da war wirklich was los, habe ich ihr auch gesagt, ich schicke ihr persönlich eine Einladung, habe das dann auch noch mit ein paar Grüßen versehen. Und dann haben die also knallhart ihre Redaktionsbesprechung: das kommt rein, das kommt nicht rein. Ich konnte also selber, obwohl ich da mit beteiligt bin, jetzt erstmal nicht überprüfen, ob das überhaupt gebracht wurde, und wenn es nicht gebracht worden wäre, dann hätte ich auch noch nicht mal Einfluß, weil die Chefredakteurin entscheidet, ob das wichtig ist. Ja, das ist eben der Fuß daran, an dieser ganzen Geschichte, ich dachte – so würden Sie vielleicht auch denken -, jetzt arbeite ich mit, jetzt hast du mal selber was, um ganz brauchbar mal durch den Rundfunk zu kommen, und ich dachte dann, es würde ohne weiteres laufen."

e. Einfluß der Betriebsgesellschaft auf das Programm

Das LRG NW legt in § 25 fest, daß die Betriebsgesellschaft auf Inhalt und Gestaltung des Programms keinen Einfluß nehmen darf. Diese Festlegung hat sich auch der Geschäftsführer der Radio Wesel Betriebsgesellschaft zu eigen gemacht: „Wir haben auf die Publizistik überhaupt keinen Einfluß, mit der Ausnahme, daß wir der Einstellung des Chefredakteurs zustimmen dürfen".[125]

Nicht ausdrücklich ausgeschlossen ist ein Einfluß der Betriebsgesellschaft auf Umfang und Plazierung des lokalen Programms, und explizit eingeräumt wird vom Gesetzgeber ein Mitbestimmungsrecht der Betriebsgesellschaft bei der Entscheidung über das Rahmenprogramm. Auf beiden Wegen hat im Kreis Wesel die Betriebsgesellschaft faktisch Einfluß auf das Programm ausgeübt.

Zum einen wird das realisierbare Programmvolumen begrenzt durch die von der Betriebsgesellschaft bereitgestellten Mittel, und im Kooperationsvertrag zwischen Veranstaltergemeinschaft und Betriebsgesellschaft ist ausdrücklich festgelegt, daß die Erhöhung der Programmdauer Gegenstand von Verhandlungen zwischen den Vertragsparteien ist. Zum anderen sind durch die Rahmenprogrammvereinbarung mit Radio NRW die stündliche Nachrichtensendung und die Musikauswahl weitgehend der Programmhoheit der Veranstaltergemeinschaft entzogen und an ein kommerzielles Unternehmen delegiert, das mit der Betriebsgesellschaft wirtschaftlich verbunden ist. Für ein Mitglied der Veranstaltergemeinschaft ist damit die Konzeption des Zwei-Säulen-Modells bereits diskreditiert:

„Wir haben stundenlang diskutiert in dieser Programmgruppe, müssen wir uns diesem Diktat beugen, jede Stunde Nachrichten – denn in allen anderen Sendern kann man ja jede Stunde Nachrichten hören. Wer nun wirklich Nachrichten hören will, der kann. Und eigentlich sprachen alle Argumente dafür, sich nicht zu beugen, und nach stundenlanger Diskussion: ja, das Mantelprogramm sieht das vor. So, und in den Stunden, wo wir nicht das Mantelprogramm übernehmen, können wir das vielleicht da durchbrechen? Ja, aber der Geldgeber ist der Meinung, daß das sinnvoll ist. Dann haben wir diskutiert, drei Minuten oder fünf Minuten vor jeder Nachrichtensendung zur vollen Stunde Werbung zu machen. Ein Kompromißvorschlag war, dann sind die Nachrichten in der Mitte zwischen der Werbung. Aber da waren wir

---

125 Vgl. Paukens, „Nur ein gutes Werbegeschäft", W&M 4/1989, S. 18.

schon wieder bei den Forderungen des Geldgebers als Leitlinie und weniger bei dem, was wir erstmal wollten. ... Die wirkliche Idee von den zwei Säulen ist jedenfalls in unserem Kreis Wesel nicht zustande gekommen."

Zu einer gänzlich anderen Bewertung kommt der Vorsitzende der Veranstaltergemeinschaft, der offenbar die Festlegungen im Vorfeld – an denen er als Mitglied der Verhandlungskommissionen selbst maßgeblich mitgewirkt hat – als gegeben voraussetzt und die praktische Arbeit unter diesen Rahmenbedingungen betrachtet:

„Es steht ja im Gesetz, daß die keinen Einfluß auf das Programm nehmen, und da haben sie sich bisher ganz strikt dran gehalten; die haben das nicht einmal versucht, auch nicht auf Umwegen oder so. Die halten sich ganz streng an diese Sache, kümmern sich also um ihre Werbung, und unser Programm, das juckt die überhaupt nicht, was wir da machen. Da haben die also – ja, Lob schon, aber keine Kritik, gar nicht, da halten die sich vollkommen raus. Da würde ich allerdings auch allergisch werden."

f. Werbung

Bei der Entwicklung des Programms und den Verhandlungen mit den Verlegern hat die Veranstaltergemeinschaft zur Werbung zunächst eine reservierte Haltung eingenommen. Die Verhandlungskommission der Veranstaltergemeinschaften im WAZ-Bereich hatte beispielsweise anfangs, im Herbst 1987, eine Beschränkung der Werbeblöcke auf sechs Minuten pro Stunde gefordert. Außerdem legte die Veranstaltergemeinschaft Wert darauf, daß die lokale Werbung gegenüber der Markenartikelwerbung Priorität haben sollte.

Im Ergebnis ist die Plazierung der Spotwerbung bei Radio K.W. wie bei den anderen Lokalsendern, durch die Vereinbarung mit Radio NRW vorgeprägt: Jeweils vor der vollen Stunde sind bis zu vier Minuten Markenwerbung von Radio NRW vorgesehen. Damit steht die unmittelbare Nähe der stündlichen Nachrichtensendung für die lokale Werbung nicht mehr zur Verfügung. Außerhalb der lokalen Sendezeit ist zudem von Radio NRW zur halben Stunde die Möglichkeit lokaler Werbung vorgesehen, und der gleiche Zeitpunkt wurde auch innerhalb der lokalen Sendezeit für die lokale Werbung festgesetzt.

Neben der Spotwerbung gibt es die Sponsorwerbung, die vom Gesetz zugelassen ist,[126] deren praktischen Umsetzung allerdings von Mitgliedern der Veranstaltergemeinschaft, aber auch von der Chefredakteurin als problematische Grauzone charakterisiert wird. Ein Mitglied der Veranstaltergemeinschaft äußert im Interview seine Einschätzung lakonisch:

---

126 § 22 Abs. 5 LRG NW.

„Wir haben zur halben Stunde die lokale Werbung, wir haben zur vollen Stunde die überregionale Markenwerbung, und wir haben zwischendurch Sendungen, wo Schleichwerbung gemacht wird."

Bei der Entscheidung über Sonderwerbeformen, die von der Werbeakquisition vorgeschlagen werden, hat die Chefredakteurin eine Schlüsselstellung, gegebenenfalls in Rücksprache mit dem Vorstand der Veranstaltergemeinschaft. Ihre Stellung als Scharnier zwischen Betriebsgesellschaft und Veranstaltergemeinschaft spiegelt sich hier im Spannungsverhältnis zwischen journalistischen Maßstäben und werblichen Interessen, wie es der folgende Interviewausschnitt deutlich macht:

„Redaktion und Werbung sind streng getrennt, von unserem journalistischen Selbstverständnis her, hier in der Redaktion. Da steht die ganze Redaktion dahinter. Aber, und jetzt kommt die große Einschränkung: in dem Maße, wie man kommerzielles Radio ist. Wir machen jeden Tag sozusagen ein bis zwei Eiertänze, um zu überlegen, was können wir noch vereinbaren mit unserem journalistischen Gewissen, und was nicht. Wir lehnen jeden Tag ab, und wir geben jeden Tag ein bißchen nach, das ist ein ständiges Spannungsverhältnis. Das ist eigentlich das, was am meisten belastet, aber auch wo wir denken, wo wir uns selbst bestätigen können. Eine Linie jeden Tag wieder neu zu finden, was lassen wir zu und was möchten wir nicht mehr mit uns machen lassen, das ist eine ständige neue Absprache zwischen Werbung und Chefredaktion. Manchmal auch zwischen Werbung und Team direkt, aber ich sehe mich da schon im wesentlichen als Mittlerfunktion. Die Werbung tritt immer an mich heran: das und das ist sehr gut für uns, finanziell, ein wunderbarer Auftrag, wenn wir da und da ein bißchen nachgeben. Und dann geht jedes Mal wieder das Überdenken los: können wir das machen, oder können wir das nicht? Heute habe ich z.B. eine Geschichte abgelehnt."

Bemerkenswert dabei ist, in welchem Maße die Chefredakteurin sich hier diesen Konflikt zu eigen macht: Sie hat, wie die Chefredakteure von Tageszeitungen,[127] publizistische und wirtschaftliche Gesichtspunkte zugleich im Blick. Manchen Mitgliedern der Veranstaltergemeinschaft allerdings gehen die Zugeständnisse an die Werbung, soweit sie sie selbst im Programm wahrnehmen, „eigentlich" schon zu weit. Andererseits aber ist aus der Perspektive der Chefredakteurin die Veranstaltergemeinchaft eine Instanz, der sie „manches Mal eine Kröte zu schlucken geben muß" – und damit ist die Veranstaltergemeinschaft vermutlich doch ein Korrektiv, das eine völlige Dominanz der Werbung verhindert. Dies ist jedenfalls die Einschätzung der Chefredakteurin im Vergleich zum rein kommerziellen Hörfunk in Baden-Württemberg:

127 Zum Intrarollenkonflikt von Chefredakteuren von Tageszeitungen vgl. die früheren Befunde, die bei Hoffmann-Riem, Innere Pressefreiheit, S. 201 ff. diskutiert werden.

„Dort hatte die Werbung einen viel stärkeren Einfluß. Vielleicht ist das hier nun wirklich ein Vorteil des Zwei-Säulen-Modells, daß dieser Einfluß nicht da ist. Aber da trat dann die Geschäftsleitung direkt an einen heran und sagte, unbedingt machen und notwendig, und da gab es dann oftmals auch keine Diskussionen mehr; es war wichtig und wurde gemacht."

2. *Köln*

a. Zuschnitt des Verbreitungsgebiets

In Köln ist die Frage des Zuschnitts des Verbreitungsgebiets offenbar nicht problematisiert worden. Zum einen gab es für Köln als die größte Stadt Nordrhein-Westfalens keinerlei wirtschaftliche Notwendigkeit, ein größeres Verbreitungsgebiet anzustreben. Auch die eher ungünstigen wirtschaftlichen Aussichten für den Lokalfunk in Leverkusen haben nicht dazu geführt, daß eine Zusammenlegung der Verbreitungsgebiete in Betracht gekommen wäre.[128] Denn zum einen wäre ein Verbreitungsgebiet entstanden, das die in § 31 Abs. 1 LRG NW gesetzte Grenze von 600.000 Einwohnern weit überschritten hätte, zum anderen ist das Verhältnis zwischen Köln und Leverkusen nicht erst seit der Gebietsreform 1975 erheblich vorbelastet. Ein Mitglied der Veranstaltergemeinschaft: „Man muß auch wissen, daß Köln Leverkusen schlucken wollte 1975 bei der Eingemeindung, und die Leverkusener haben sich mit Händen und Füßen dagegen gewehrt."

b. Kooperation

Dem Lokalsender für die Stadt Köln hatte die Landesanstalt für Rundfunk bei der Festlegung der Verbreitungsgebiete eine Kooperation mit dem Lokalsender in Leverkusen empfohlen. Diese Empfehlung zielte offenkundig nicht darauf, die Belange des Lokalfunks in Köln zu stärken; vielmehr hatte die Landesanstalt für Rundfunk hier die Interessen des Lokalsenders in Leverkusen im Blick. Ein eigenproduziertes Programm von täglich fünf Stunden ohne Kooperation wäre nach den Wirtschaftlichkeitsgutachten für die Stadt Leverkusen kaum realisierbar gewesen.[129]

Die Kooperationsempfehlung für den Lokalsender Köln hat dementsprechend den Charakter einer Inpflichtnahme der Kölner Veranstaltergemein-

128 Auch im RPR-Konzept, das auf große Verbreitungsgebiete abstellte, war für Leverkusen nicht eine Zusammenlegung mit Köln, sondern mit dem Rheinisch-Bergischen und dem Oberbergischen Kreis vorgesehen, vgl. Telebild GmbH, Konzept für lokalen Hörfunk im RPR-Raum, S. 12.

129 Vgl. Schrape, Entscheidungsgrundlagen zur Festlegung der Verbreitungsgebiete in kritischen Fällen, S. 335 ff. und Sieben, Gebietsvorschlag zum Entwurf einer Satzung gemäß § 31 LRG NW, S. 342; anderer Ansicht Kopper, Voraussetzungen zum Entwurf einer Satzung, S. 182 ff.

schaft, mit der Veranstaltergemeinschaft in Leverkusen zu kooperieren. Die Kooperation zwischen Köln und Leverkusen ist, soweit dies aus den Interviews zu entnehmen war, von beiden Veranstaltergemeinschaften nur widerstrebend akzeptiert worden, weil anderenfalls der Lokalsender in Leverkusen nicht mit einer Lizenz hätte rechnen können. „Wir sind ja seitens des Gesetzgebers gezwungen worden, mit Radio Leverkusen eine Kooperation einzugehen", so drückt es ein Mitglied der Kölner Veranstaltergemeinschaft aus. Daneben gibt es ein zweites Kooperationsansinnen an den Kölner Lokalfunk, da für den benachbarten Erftkreis ebenfalls eine Kooperation empfohlen wurde, ohne daß die Landesanstalt für Rundfunk allerdings einen bestimmten Koopererationspartner benannt hat. Hier stand die Entscheidung über die Kooperation bei Beendigung unserer Erhebungen noch aus. Nach Mitteilung der Betriebsgesellschaft plante außerdem der Lokalsender Euskirchen eine Kooperation mit dem Lokalsender in Köln.[130]

Die Kooperation mit dem Lokalsender in Leverkusen wird seit dem Sendestart praktiziert, und zwar als zeitgleiche unveränderte Programmübernahme des Kölner Programms durch den Lokalsender in Leverkusen. Täglich werden die ersten beiden Programmstunden von Radio Köln auch im Leverkusener Lokalsender ausgestrahlt: montags bis freitags ab 6 Uhr, samstags ab 7 Uhr, sonntags ab 9 Uhr. Lediglich die lokale Werbung und die Senderkennung werden in dieser Zeit nicht aus Köln übernommen, sondern – nach dem gleichen technischen Verfahren wie beim Rahmenprogramm – per Fernstart ausgelöst.

Auf diese Weise werden fraglos die wirtschaftlichen Einsparungsmöglichkeiten durch die Kooperation maximal ausgeschöpft. Zweifelhaft wird dabei jedoch, inwieweit diese Programmzulieferung für das Verbreitungsgebiet Leverkusen noch als lokales Programm gelten kann, das gemäß § 2 Abs. 2 LRG NW im jeweiligen Verbreitungsgebiet „hergestellt, redaktionell gestaltet oder selbständig redaktionell zusammengestellt" sein muß. Faktisch bekommt das Kölner Programm damit zeitweise den Charakter eines Rahmenprogramms.[131]

Dies hat entsprechende Konsequenzen für das Kölner Lokalprogramm selbst. Auffällig betroffen ist, wie der Chefredakteur erklärt, zunächst die lokale Aufmachung während der Zeit der Programmzulieferung:

„In dieser Zeit identifizieren wir uns nicht als Radio Köln, das heißt, der Moderator bringt das Wort Radio Köln nicht über die Lippen, und auch nicht unsere Frequen-

130 Schreiben der Betriebsgesellschaft Radio Köln GmbH & Co. KG vom 06.05.1991.

131 Inwieweit das auch in der rechtlichen Würdigung dazu führen müßte, die Vorschriften des LRG NW über Rahmenprogramme zur Anwendung zu bringen, kann hier nicht abschließend geklärt werden.

zen. Sondern wir identifizieren uns ausschließlich über ein Fernwirksignal, das wir per Tastendruck auslösen."[132]

Aber auch die Themen der Berichterstattung sind tangiert, da die Kölner Redaktion versucht, bei der Themenwahl die Interessen des Leverkusener Publikums in Rechnung zu stellen. Das bedeutet vor allem, daß die „kleinen" Kölner Themen aus den Stadtteilen erst in der letzten Stunde des morgendlichen Lokalprogramms aufgegriffen werden können, wenn Radio Leverkusen bereits wieder das Rahmenprogramm aus Oberhausen übernimmt.

c. Entwicklung des Programmschemas

Die Entwicklung des Programmschemas ist in der Veranstaltergemeinschaft etwa zwei Monate nach der personellen Vervollständigung durch die B-Mitglieder in Angriff genommen worden. Im Mai 1989, also ungefähr zwei Monate vor dem Ende der Antragsfrist für die Zulassung, wurden zwei Mitglieder beauftragt, einen Vorschlag für das Programmschema auszuarbeiten, und zwar der Vertreter der Verleger, der zugleich Vorstandsmitglied war, und der zugewählte Vertreter eines Fördervereins.

Noch kurz vor dem Fristende für den Lizenzantrag wurden von diesen beiden Mitgliedern die ersten Überlegungen zum Programmschema vorgelegt. Sie sahen vor, daß das lokale Programm im wesentlichen aus thematisch offenen Magazinsendungen bestehen sollte. Die Plazierung dieser Sendungen sollte sich an dem bekannten Hörerverhalten orientieren und bei acht Stunden lokaler Sendezeit montags bis freitags die Morgenstunden von 6 bis 9 Uhr, die Mittagszeit von 11 bis 13 Uhr und den späten Nachmittag zwischen 16 und 19 Uhr umfassen, zuzüglich der Zeiten für die 15-Prozent-Gruppen. Eine inhaltliche Bestimmung der Sendungen oder gar eine „Verteilung der täglichen Sendezeit auf die Bereiche Information, Bildung und Unterhaltung", wie § 2 Abs. 7 LRG NW formuliert, war damit nicht gegeben. Mit dem Lizenzantrag wurde ein Programmschema zunächst nicht eingereicht. Da weder ein Vertrag mit der Betriebsgesellschaft noch eine Entscheidung über ein Rahmenprogramm vorlag, bestand insoweit auch kein Zeitdruck.

Im Herbst 1989 ist dann in der Veranstaltergemeinschaft die Programmgestaltung kurz diskutiert worden. Dabei sind von verschiedenen Mitgliedern Vorschläge und Ansprüche der entsendenden Stellen formuliert worden, sie sind jedoch im weiteren kaum zur Geltung gekommen.[133] Im Frühjahr 1990 wurden von den beauftragten Mitgliedern der Veranstalterge-

132 Dies entspricht exakt dem Vorgehen bei dem Rahmenprogrammveranstalter Radio NRW.
133 Vgl. den folgenden Abschnitt d.

meinschaft zwei Entwürfe für das Programmschema vorgelegt, ein Entwurf für ein acht-Stunden-Programm (zuzüglich 15 Prozent Bürgerfunk) und ein Entwurf für ein 14-Stunden-Programm (zuzüglich zwei Stunden Bürgerfunk).

Beide Entwürfe stimmten weitgehend darin überein, daß sie inhaltlich nur wenig Vorgaben für das Programm machten. Während der erste Entwurf aber im wesentlichen nur die bereits genannten offenen Magazinsendungen mit der Nennung möglicher Themen, Formen und Service-Elemente illustrierte, wurden in dem anderen Entwurf eine durchgehende lokale Sendezeit von 6 bis 22 Uhr (am Wochenende 7 bis 23 Uhr) vorgeschlagen. Am Vormittag war eine zusätzliche thematisch offene Magazinsendung vorgesehen, am frühen Nachmittag eine zusätzliche Sendung mit thematischem Schwerpunkt für junge Hörer und am Abend ein Spätmagazin, das u.a. kulturelle und multikulturelle Aspekte der Stadt Köln aufgreifen sollte. Unterschiede bestanden auch in dem vorgesehenen Werbevolumen (stündlich sechs Minuten oder stündlich acht Minuten). Der Entwurf des Verlegervertreters nahm insoweit mehr Rücksicht auf die wirtschaftlichen Belange der Betriebsgesellschaft.

Dieser Entwurf hat sich im Ergebnis auch weitgehend durchgesetzt. Zunächst allerdings hat es in der Veranstaltergemeinschaft keine Beschlußfassung gegeben; das Thema wurde vertagt. Erst wieder im Herbst 1990, als die Verhandlungen über den Vertrag zwischen Veranstaltergemeinschaft und Betriebsgesellschaft weitgehend abgeschlossen waren, wurde die Frage des Programmschemas wieder aufgegriffen. Der Verlegervertreter und der Gewerkschaftsvertreter wurden beauftragt, einen Konsens zu suchen. Erneut wurde nicht ein Kompromißvorschlag entwickelt, sondern es wurden zwei konkurrierende Entwürfe vorgelegt.[134] Der Entwurf des Verlegervertreters war im wesentlichen unverändert, legte jedoch den Sendeplatz für die 15-Prozent-Gruppen auf die Zeit nach 19 Uhr fest. Der Gegenentwurf sah nunmehr zehn Stunden redaktionelles lokales Programm sowie zwei Stunden Bürgerfunk vor, davon je eine halbe Stunde vor 9 Uhr und vor 18 Uhr sowie eine Stunde nach 19 Uhr.

Hinsichtlich der inhaltlichen Vorgaben für die einzelnen Sendeplätze gab es nun keine Divergenzen mehr. Unterschiedliche Vorstellungen gab es jedoch zur Plazierung der Werbung im Programm: Der eine Entwurf, konform mit der bereits bestehenden Praxis von Radio NRW, sah eine Plazierung von je vier Minuten Werbung zur vollen und zur halben Stunde vor;

---

134 Es war in diesem Zusammenhang gewiß nicht ohne Bedeutung, daß der Gewerkschaftsvertreter in der Veranstaltergemeinschaft zugleich der Vorsitzende des größten Fördervereins sowie Geschäftsführer von Kanal 4 ist, das zeitweise als Rahmenprogrammanbieter mit Radio NRW konkurrierte, während die Verlage mit Radio NRW wirtschaftlich verbunden sind.

der andere Entwurf wollte lokale und überregionale Werbung verknüpfen, Nachrichten und Werbung jedoch entkoppeln. Dies wäre mit dem Konzept von Radio NRW nicht vereinbar gewesen. Zur Klärung dieser Frage ist auch die Betriebsgesellschaft in die Diskussion des Programmschemas einbezogen worden; im Ergebnis läßt das Programmschema beide Optionen offen.

Strittig bis zuletzt war die Programmdauer und die Plazierung der Sendezeiten für den Bürgerfunk. Erst im Februar 1991 ist es auch in dieser Hinsicht zu einem Kompromiß gekommen: die redaktionelle Sendezeit wurde auf acht Stunden täglich festgesetzt, und für den Bürgerfunk wurde ein Sendeplatz zwischen 19.00 und 20.00 Uhr sowie ein weiterer, von den Radiowerkstätten betreuter Sendeplatz am Vormittag nach 9 Uhr eingerichtet.[135]

Als Bestandteil seines Vorschlages für das Programmschema hatte der Vertreter der Verleger auch allgemeine Grundsätze formuliert, die die Einbindung in das Rahmenprogramm betonen, das Verhältnis Wort-Musik auf die Bandbreite von 40:60 bis 20:80 festlegen und die Wortbeiträge auf Akzeptanz verpflichten, die Risiken einer Erhöhung der täglichen Programmdauer betonen und Vorbehalte gegenüber den 15-Prozent-Gruppen zum Ausdruck bringen. Bis auf die Festlegung des Wort-Musik-Verhältnisses sind diese Grundsätze jedoch nicht in das Programmschema übernommen worden. Die in § 24 LRG NW normierten Programmgrundsätze für den lokalen Rundfunk nochmals explizit in das Programmschema aufzunehmen, ist offenbar gar nicht erst erwogen worden. Dazu ein Mitglied der Veranstaltergemeinschaft:

„Es gibt Konsens, die Position des Gesetzgebers in der Passage, was die publizistischen Ansprüche betrifft, wird eingemottet im Laufe der Umsetzung dieses Gesetzes. Ich sehe keinen, der in der Veranstaltergemeinschaft in der Lage wäre, das vermeintliche Wort des Gesetzgebers in der Programmfrage durchzusetzen und der das auch ernsthaft machen sollte, es wäre ja abenteuerlich bei der Unberechenbarkeit der Politik in diesem Land, sich auf politische Ansprüche, die im Gesetz eingeflossen sind, zu versteifen, das würde regelrecht zur Existenzvernichtung führen. Insofern gibt es an der Stelle keinen Streit um die Gesetzesvorschrift. Das wird so abgewickelt, daß man es gesetzestreu macht und daß man sich keine Vorhaltungen machen lassen muß, aber glauben Sie daran, daß die Landesanstalt für Rundfunk irgendwann jemandem die Lizenz entzieht wegen dem Passus, ein Programm zu machen, in dem Information, Bildung, Kultur, Unterhaltung usw. entsprechend vorhanden sind? Ich glaube daran nicht. Also gestrichen, wird eingemottet. Und was ist mit den Programmansprüchen DGB/Rotes Buch und SGK und von Journalisten und Kritikern ... das sind akademische Ansprüche, die sollte man im Kopf haben, aber in der Umsetzung kann man von einem privaten Rundfunk nicht verlangen, was der öffentlich-rechtliche nicht vorexerziert."

135 Vgl. im einzelnen unten § 8. III. 2.

Aus der Perspektive des Chefredakteurs stellt sich dieser Aspekt ganz anders dar: über die Programmgrundsätze des Gesetzes braucht in der Veranstaltergemeinschaft deshalb nicht geredet zu werden, weil sie für ein journalistisch anspruchsvolles Programm, wie er es anstrebt, ohnehin Selbstverständlichkeiten sind.

Eine letzte Veränderung hat das Programmschema nach der Entscheidung der Veranstaltergemeinschaft durch den Chefredakteur erfahren, der insbesondere die Titel der Sendungen geändert und für die Sendungen am Morgen und am Nachmittag Lokalnachrichten zur halben Stunde eingeführt hat. Im übrigen bleibt es bei dem Charakteristikum, das schon die meisten früheren Versionen auszeichnet: das lokale Programm wird durch das Programmschema inhaltlich kaum oder gar nicht spezifiziert, eine besondere Berücksichtigung der Interessen definierter Minderheiten ist nicht vorgesehen. Ein Mitglied der Veranstaltergemeinschaft:

„Wir haben nur Titel gewählt: ‚Morgens in Köln', ‚mittags in Köln', ‚abends in Köln', so in etwa, oder ‚zu Gast in Köln'. Relativ breit, darunter kann man alles verstehen."

Im Programmschema wurden auch zwei alternative Raster für die Aufteilung der einzelnen Sendestunden vorgegeben. Beide sehen pro Stunde insgesamt 36 Minuten Musik, 16 Minuten Information und Service sowie acht Minuten Werbung vor. Sie unterscheiden sich vor allem darin, ob die Werbung direkt vor der vollen und der halben Stunde oder jeweils zehn Minuten früher ausgestrahlt werden soll. Hier handelt es sich offenbar um einen Nebenschauplatz der Frage nach dem Rahmenprogramm: Eine Entscheidung gegen die Plazierung der Werbung zu den von Radio NRW geforderten Zeiten hätte zugleich eine Ablehnung von Radio NRW als Rahmenprogramm bedeutet. Durch die Verabschiedung alternativer Stundenraster ist eine Präjudizierung dieser Frage vermieden worden. Für den Fall, daß vor der vollen Stunde Werbung ausgestrahlt werden sollte, war folgendes Stundenraster vorgesehen:

00 – 04	nationale Nachrichten
04 – 09	Musik
09 – 11	Lokal-Service
11 – 17	Musik
17 – 21	Lokalinformation
21 – 26	Musik
26 – 30	Lokale Werbung
30 – 36	Musik
36 – 38	Lokal-Service
38 – 45	Musik
45 – 49	Lokalinformation
49 – 56	Musik
56 – 60	Überregionale Werbung

Dieses Raster ist in der Konkretisierung durch den Chefredakteur mit Zustimmung der Veranstaltergemeinschaft wieder verändert worden. Insbesondere wurden für die Magazinsendungen am Morgen und am Nachmittag lokale Nachrichten zur halben Stunde eingeplant.

Programmschema Radio Köln (mit Rahmenprogramm)

Montag bis Freitag

0.00 – 05.00 Uhr		Nacht-Café (Musikmagazin)
5.00 – 06.00 Uhr		Frühstart (Aktuelles)
6.00 – 07.00 Uhr	>	Frühstart – Köln und die Welt (Stadtnachrichten, Verkehr,
7.00 – 08.00 Uhr	>	Veranstaltungstips, „Augenblick mal" [Kirchen]
8.00 – 09.00 Uhr	>	aktuelle u. bunte Themen)
9.00 – 09.30 Uhr	>	Bürgerradio
9.30 – 11.00 Uhr		Querbeet
11.00 – 12.00 Uhr	>	Neumarkt
12.00 – 13.00 Uhr	>	(Aktuelles aus, für und über Köln)
13.00 – 14.00 Uhr		Pop-Hits
14.00 – 15.00 Uhr		(Musikmagazin)
15.00 – 16.00 Uhr		NRW Profil
16.00 – 17.00 Uhr	>	Stadtgespräch – Köln und die Welt
17.00 – 18.00 Uhr	>	(Stadtnachrichten, Verkehr, Tips, Interviews, Gäste,
18.00 – 19.00 Uhr	>	Berichte, Reportagen)
19.00 – 20.00 Uhr	>	Bürgerradio
20.00 – 21.00 Uhr		Sound-Check (Musikmagazin) – Mo.: Songs&Sounds,
21.00 – 22.00 Uhr		Di.: Oldies, Mi.: Soft-Pops, Do.: Pop-News
22.00 – 23.00 Uhr		Mi./Fr. Eintritt Frei: Musik und Sportergebnisse
23.00 – 24.00 Uhr		(23.00 bis 23.08 Uhr: Nachtreport: Tageszusammenfassung, Live-Börse New York)

Programmschema Radio Köln

Sonnabends

0.00 – 06.00 Uhr		Nacht-Café (Musikmagazin)
6.00 – 07.00 Uhr		Frühstart (Aktuelles)
7.00 – 08.00 Uhr	>	Frühstart
8.00 – 09.00 Uhr	>	(Köln und die Welt)
9.00 – 10.00 Uhr	>	Schaufenster (Tips und Trends, mit
10.00 – 11.00 Uhr	>	Hörerbeteiligung und Grüßen)
11.00 – 12.00 Uhr		Querbeet
12.00 – 13.00 Uhr	>	Mittendrin – Aktuelles Magazin
13.00 – 14.30 Uhr		Pop-Hits
14.30 – 15.00 Uhr	>	Bürgerradio
15.00 – 16.00 Uhr	>	Sprint
16.00 – 17.00 Uhr	>	(Sport
17.00 – 18.00 Uhr	>	und mehr)
18.00 – 19.00 Uhr	>	Bürgerradio
19.00 – 20.00 Uhr		Passage (Kulturmagazin)
20.00 – 21.00 Uhr		Sound-Check
21.00 – 22.00 Uhr		(Pop-Quiz)
22.00 – 24.00 Uhr		Dance-Mix

Programmschema Radio Köln

Sonntags

0.00 – 06.00 Uhr		Nacht-Café (Musikmagazin)
6.00 – 07.00 Uhr		Frühstart (Aktuelles
7.00 – 08.00 Uhr		aus aller Welt)
8.00 – 09.00 Uhr		Himmel und Erde (Kirchenmagazin)
9.00 – 10.00 Uhr	>	Regenbogen (Buntes Magazin mit Gästen, Sketchen
10.00 – 11.00 Uhr	>	und „Glückspilzen der Woche“ [Hörerwünsche],
11.00 – 12.00 Uhr	>	Ausblick auf die kommende Kölner Woche, Experten
12.00 – 13.00 Uhr	>	im Studio: Sonntagsfragen zu Alltagsthemen
13.00 – 14.00 Uhr	>	und Überraschungen)
14.00 – 14.30 Uhr		Pop-Hits
14.30 – 15.00 Uhr	>	Bürgerradio
15.00 – 16.00 Uhr	>	Sprint
16.00 – 17.00 Uhr	>	(Sport
17.00 – 18.00 Uhr	>	und mehr)
18.00 – 19.00 Uhr	>	Bürgerradio
19.00 – 20.00 Uhr		Passage (Kulturmagazin)
20.00 – 21.00 Uhr		Sound-Check
21.00 – 22.00 Uhr		(Musikmagazin)
22.00 – 23.00 Uhr		NRW-Talktime
23.00 – 24.00 Uhr		Themen der Zeit

d. Verbandsinteressen im Programm

Bei der Entwicklung des Programmschemas hat es im Herbst 1989 eine kurze Phase gegeben, in der verschiedene Mitglieder versucht haben, die Interessen ihrer entsendenden Stellen explizit in die Programmgestaltung einfließen zu lassen; teilweise sind diese Anliegen auch von außen, also nicht über die entsandten Mitglieder, an die Veranstaltergemeinschaft herangetragen worden. Es haben zumindest der DGB, der Stadtsportbund und die Kirchen inhaltliche Vorstellungen artikuliert, die besonders auf ihre Klientel zugeschnitten waren, und zwar teilweise mit dem Wunsch, hierfür feste Sendeplätze festzulegen. So hat beispielsweise der DGB an die Veranstaltergemeinschaft das Ansinnen herangetragen,

- zweimal wöchentlich zu den prime times am Morgen bzw. am Nachmittag ein Magazin für Arbeitnehmerinnnen und Arbeitnehmer auszustrahlen, das sich mit Fragen des Tarifrechts und des Arbeits- und Sozialrechts befaßt,
- täglich um 6.05 Uhr, 7.05 Uhr oder 8.05 Uhr sowie entsprechend am Nachmittag Nachrichten aus der Arbeitswelt zu senden,
- die den Gewerkschaften verbundenen Institutionen wie den ACE (Auto Club Europa), die Büchergilde Gutenberg, den Bundverlag usw. im Lokalradio zu berücksichtigen, sowie
- Nachrichten aus der Arbeitswelt und Berichte über die Arbeit von Personal- und Betriebsräten ins Programm aufzunehmen.[136]

Solche partikularen Interessen sind jedoch, wie thematisch definierte Sendeplätze überhaupt, schon aus Rücksicht auf die Durchhörbarkeit des Programms nicht im Programmschema ausgewiesen worden. Die Interessenten wurden vielmehr auf die aktuelle Berichterstattung verwiesen, wie ein Mitglied berichtet:

> „Das wird dann in das Programmschema reingebuttert. Häufig hat das so ein bißchen einen deklamatorischen Charakter, daß man das erstmal erklären muß, und dann wird das so zu den Akten genommen, dann wird das kopiert, das kriegt jeder zugeschickt und dann können die in ihrem Verein sagen, sie haben das auch alles geschrieben. Und de facto sagt man, also lieber Hans-Josef, das geht nicht, das kannst du dir abschminken."

Der Vertreter der Ausländer hat den Vorschlag gemacht, Sendungen für Ausländer (zunächst für die rund 70.000 in Köln lebenden Türken) vorzusehen, die teilweise in Deutsch, teilweise in der Muttersprache ausgestrahlt werden sollten. Sie seien auch durch entsprechende zielgruppenbezogene Werbung finanzierbar. Dieser Vorschlag wurde in der Veranstaltergemeinschaft nicht direkt abgelehnt, sondern im Verlaufe der Verhandlungen dilatorisch behandelt. Im verabschiedeten Programmschema ist ein spezifisches Programmangebot für diese Zielgruppe, wiederum wohl mit Rücksicht auf die Durchhörbarkeit, nicht vorgesehen. Nach Einschätzung einzelner Mit-

---

136 Schreiben des DGB Kreis Köln an den Vorsitzenden der Veranstaltergemeinschaft vom 10.10.1989.

glieder der Veranstaltergemeinschaft ist dieses Thema jedoch damit nicht endgültig ad acta gelegt, denn immerhin repräsentiere der Ausländervertreter in der Veranstaltergemeinschaft zehn Prozent der Bevölkerung Kölns, und auch dieser Gruppe werde man künftig gerecht werden müssen.

Auch Sendeplätze für kirchliche Sendungen wurden in dem von der Mitgliederversammlung verabschiedeten Programmschema nicht eigens ausgewiesen. Das sonntägliche Kirchenmagazin „Himmel und Erde", das zwischen 8 und 9 Uhr von Radio NRW ausgestrahlt wird, läuft ohnehin über die Frequenzen von Radio Köln, weil das lokale Programm sonntags erst um 9 Uhr beginnt. Es gibt jedoch keinen Hinweis darauf, daß dieser Gesichtspunkt bei der Aufstellung des Programmschemas ausdrücklich bedacht wurde. Auf Verlangen der Kirchen entsprechend ihrem Drittsenderecht wird auch der kirchliche Kurzbeitrag „Moment mal" inzwischen im täglichen Morgenmagazin ausgestrahlt.

e. Einfluß der Betriebsgesellschaft auf das Programm

Anders als die Veranstaltergemeinschaft im Kreis Wesel hat die Veranstaltergemeinschaft in Köln gar nicht erst eine profilierte Programmkonzeption entwickelt, die mit den wirtschaftlichen Interessen der Betriebsgesellschaft in Konflikt geraten wäre. Die Zielsetzung, ein attraktives und auch ökonomisch erfolgreiches Programm zu machen, war in der Veranstaltergemeinschaft offenbar weitgehend Konsens.[137] Auch die Vorgaben, die sich aus der Vereinbarung mit dem Rahmenprogrammanbieter für das lokale Programm ergeben, sind von den befragten Mitgliedern der Kölner Veranstaltergemeinschaft nicht als Einwirkung der Betriebsgesellschaft problematisiert worden.

In der Schlußphase der Beratungen über das Programmschema ist dennoch auch die Betriebsgesellchaft explizit einbezogen worden, und zwar unter dem Gesichtspunkt der Plazierung der Werbung. Hier gab es, stellvertretend anscheinend für die Entscheidung über das Rahmenprogramm, unterschiedliche Vorstellungen. Diese Thematik wurde u.a. in einer Gesprächsrunde verhandelt, an der zwei Vertreter der Betriebsgesellschaft und zwei Vertreter der Veranstaltergemeinschaft teilnahmen, von denen wiederum einer der Verlegervertreter in der Veranstaltergemeinschaft war.

Daß die Interessen der Betriebsgesellschaft in der Veranstaltergemeinschaft Gewicht haben, auch wenn sie nicht als Eingriff in die Programmhoheit wahrgenommen werden, mag das folgende Zitat eines Mitglieds der Veranstaltergemeinschaft zu dieser Thematik verdeutlichen:

137 Abgesehen von der Frage der 15-Prozent-Gruppen, vgl. unten § 8.

„Bestandteil des Programmschemas ist die Herstellung des Einvernehmens über die Plazierung von Werbung. Das Programmschema wird demnächst verabschiedet; und bevor die VG das in der Mitgliederversammlung verabschiedet, muß sie auf der Basis des Vertrages ... Einvernehmen über die Plazierung der Werbung mit der Betriebsgesellschaft herstellen. Das ist ein hochsensibler Bereich, dabei spielt ja das berühmte Umfeld eine Rolle. Wenn sich die Veranstaltergemeinschaft jetzt in ihrer Weisheit jetzt entschließt, das Programmschema zu ändern ... hoffentlich behutsam. Sollten es aber Veränderungen sein, die von Relevanz sind, wird man sich aus dem Gedanken auch der Treuepflicht und der Partnerschaft mit der Betriebsgesellschaft mit der darüber verständigen, wie das jetzt die werblichen Interessen hier tangiert."

f. Werbung

Die Festlegung der Sendezeiten für die Werbung war nach der Entscheidung über das Rahmenprogramm vorgeprägt; die überregionale Werbung wird vor der vollen Stunde von Radio NRW ausgestrahlt, die lokale Werbung jeweils vor der halben Stunde, und zwar nahezu rund um die Uhr.

Eine Einschränkung liegt darin, daß die Zeit zwischen den Nachrichten um 19 Uhr und der überregionalen Werbung vor 20 Uhr nach dem Programmschema für den Bürgerfunk vorgesehen ist. Hier war im Einvernehmen zwischen Veranstaltergemeinschaft und Betriebsgesellschaft auch ein lokaler Werbeblock von 19.26 Uhr bis 19.30 Uhr vorgesehen, er war jedoch im Programmschema nicht ausdrücklich festgelegt. Die Ausstrahlung von Werbung zu dieser Zeit ist deshalb von Nutzern des Bürgerfunks als unzulässige Unterbrechung moniert worden.[138]

Anders als im Kreis Wesel sind im Verbreitungsgebiet Köln die Sonderwerbeformen bislang kein relevantes Problemfeld; sowohl die Veranstaltergemeinschaft als auch die Betriebsgesellschaft zeigen sich hier zurückhaltend. „Die Bestimmungen im NRW-Rundfunkgesetz machen es uns leicht, derlei abzulehnen", wird der Marketingleiter der für die Akquisition zuständigen Kölner Hörfunk-Servicegesellschaft zitiert.[139]

3. Coesfeld

a. Zuschnitt des Verbreitungsgebiets

Der Kreis Coesfeld ist einer der wirtschaftlich schwächsten Kreise des Landes Nordrhein-Westfalen. Hier ist – primär mit Blick auf die wirtschaftlichen Aussichten – der Zuschnitt des Verbreitungsgebiets lange und eingehend diskutiert worden.

---

138 epd Kirche und Rundfunk Nr. 44 vom 08.06.1991, S. 13 ff.
139 Kabel & Satellit Nr. 26 vom 10.06.1991, S. 23 ff.

Der heutige Kreis Coesfeld ist, wie der Kreis Wesel, erst in der kommunalen Neugliederung Mitte der siebziger Jahre geschaffen worden, und bis heute ist er kaum als zusammenhängender Kommunikations-, Kultur- und Wirtschaftsraum zu bezeichnen.[140] So sind die Verbreitungsgebiete der lokalen Tageszeitungen noch vorwiegend auf die Altkreise bezogen, und auch die lokale Berichterstattung bezieht sich in keinem Fall auf das gesamte Kreisgebiet. Ein Mitglied der Veranstaltergemeinschaft sieht darin auch eine Integrationsaufgabe für den kreisweiten Lokalfunk:

„Keine einzige Tageszeitung erscheint bei uns kreisweit. Wir haben im Coesfelder Bereich die Allgemeine Zeitung, dann in Nottuln usw. die Münstersche Zeitung, in Olfen die Ruhrnachrichten, in Lüdinghausen die Lüdinghauser Zeitung, dann haben wir in Olfen außerdem noch die Westdeutsche Allgemeine Zeitung, in Ascheberg haben wir die Lüdinghauser Zeitung, Westfälische Nachrichten und jetzt neuerdings die Münstersche Zeitung und in Dülmen die Dülmener Zeitung. Es gibt im Grunde überhaupt kein Publikationsorgan, das kreisweit über lokale Themen berichtet, und ich könnte mir schon vorstellen, daß ein Lokalfunk da auch Defizite beseitigen kann. Zum Beispiel in Lüdinghausen werden Sie nichts über Dülmen in der Zeitung lesen, obwohl es nur acht Kilometer auseinanderliegt und direkt aneinandergrenzt."

Bei der Gründung der Veranstaltergemeinschaft im Juni 1987 ist die Festlegung des Kreisgebiets als Verbreitungsgebiet anscheinend noch nicht problematisiert worden.[141] Anlaß zur Diskussion gab dann die Novelle des LRG NW[142] sowie die Ankündigung der Landesanstalt für Rundfunk, vor der Festlegung der Verbreitungsgebiete Anhörungen durchzuführen.

Seitens der Verleger im Münsterland, die größtenteils im Verbund der Zeno-Zeitungen kooperieren und den Mantel der Westfälischen Nachrichten übernehmen, wurde aus wirtschaftlichen Gründen unter dem Titel „Münsterlandfunk" ein Regionalfunk für das gesamte Münsterland angestrebt. Auf diese Weise hätten zum einen die Kosten erheblich reduziert

140 Dieses Kriterium wird in § 31 Abs. 1 Nr. 2 für den Fall aufgeführt, daß als Verbreitungsgebiet abweichend vom Regelfall nicht das Gebiet eines Kreises bzw. einer kreisfreien Stadt festgesetzt wird.

141 Ende März 1987 wurde auf Initiative der Industrie- und Handelskammer Münster der Förderverein „Lokalfunk Kreis Coesfeld e.V." gegründet, der nach seinen satzungsmäßigen Zwecken u.a. „auf die Bildung und Beibehaltung eines die kommunalen Gebietsgrenzen des Kreises Coesfeld umfassenden Verbreitungsgebietes" hinwirken sollte. Diese Zweckbestimmung mag zunächst darauf hindeuten, daß es von vornherein Zweifel gegeben hätte, ob es den Kreis Coesfeld als Verbreitungsgebiet geben würde. Diese Klausel ist jedoch wie die übrige Satzung unverändert aus dem Musterentwurf der Kommunalpolitischen Vereinigung der CDU übernommen worden, vgl. Pohl/Rödding/Hauschild, Lokaler Privatfunk in Kreisen und Städten, S. 85.

142 Mit der Novellierung wurde in § 13 Abs. 1 LRG NW das Kriterium eines wirtschaftlich leistungsfähigen lokalen Rundfunks auch zur Voraussetzung für die Festlegung der Verbreitungsgebiete im Regelfall gemacht; zuvor war dieser Gesichtspunkt im Gesetz nur für abweichende Festlegungen genannt worden.

werden können; darüber hinaus hätte sich eine wirtschaftliche Nivellierung mit gleichen Chancen für alle beteiligten Verlage ergeben.

Demgegenüber bestand bei der Veranstaltergemeinschaft trotz ungünstiger wirtschaftlicher Aussichten zunächst das Interesse, das Verbreitungsgebiet Coesfeld zu erhalten. In diesem Zusammenhang spielte die nach wie vor brüchige Identität des Kreises Coesfeld eine wichtige Rolle, wie der Gründungsvorsitzende deutlich macht:

„Unser Kreis Coesfeld ist 1975 als unglückliche Mißgeburt aus dieser Kreisreform herausgekommen. Und das ist also eine Schwierigkeit: an diesem Kreis zerren lauter divergierende Kräfte. Da ist auf der einen Seite die Stadt Münster, die den ganzen Norden ansaugt; im Süden ist es schon die Nordschiene des Ruhrgebiets; im Westen gibt es auch Bereiche, die schon zur holländischen Grenze schauen. Das ist insgesamt ein Kreis, dem schwer Zentralität und Kreisbewußtsein zu geben ist. Es war für uns, auch vom Kreisheimatverein in Abstimmung mit der Kreisverwaltung, undenkbar, die Forderung nach dem eigenen Lokalfunk aufzugeben, weil der Imageschaden riesig wäre. Man muß auch sehen, es gab hier früher um Münster diesen alten Kragenkreis Münster ... Und in letzter Zeit hört man aus verschiedenen Wirtschaftsräten der Parteien, daß man schon mal über eine Kreisneuordnung nachdenkt. Und es sollte mich nicht wundern, wenn da der Kragenkreis um Münster wiedergeboren wird. Und das hieße ja, daß der Kreis Coesfeld mit Sicherheit sterben würde. Man muß diese Lokalfunkgeschichten auch vor dem Hintergrund dieser möglichen Kreisdiskussion und Positionierung dieses Kreises in der übrigen Landschaft des Münsterlandes sehen."

Solche Überlegungen fanden offenbar ihren Niederschlag in einem Tendenzbeschluß der Veranstaltergemeinschaft, der in der ersten Mitgliederversammlung nach der Gründung gefaßt wurde. Er stellte darauf ab, das Verbreitungsgebiet Coesfeld zu erhalten, jedoch die Möglichkeiten einer Kooperation mit Borken zu überprüfen:

„– Das Verbreitungsgebiet für lokalen Rundfunk sollte das Gebiet des Kreises Coesfeld sein. Dieses Ziel wird mit Priorität angestrebt.
- Für den Fall, daß die Verbreitungsgebiete aus wirtschaftlichen Gründen vergrößert werden müssen, kommt als Alternative zu einem eigenständigen Verbreitungsgebiet (Kreis Coesfeld) nur eine Zusammenfassung mit dem Gebiet des Kreises Borken in Frage.
- Eine Zerschneidung des Kreisgebietes, d.h. die Zuordnung von Teilgebieten zu zwei oder mehreren anderen Verbreitungsgebieten, muß auf jeden Fall vermieden werden.
- Der Vorstand wird beauftragt, kurzfristig mit dem Vorstand der Veranstaltergemeinschaft im Kreis Borken Kontakt aufzunehmen, um die Möglichkeiten der Kooperation, auch im Hinblick auf eine gemeinsame Betriebsgesellschaft, zu erörtern." [143]

---

143 Beschluß der Mitgliederversammlung vom 05.02.1988.

Die Veranstaltergemeinschaft hat im Zuge der weiteren Vorbereitung der Münsterland-Konferenz am 20.06.1988 jedoch ihre Präferenz für eine Zusammenlegung des Verbreitungsgebiets mit Borken fallengelassen. Auch für den Kreis Borken wurden die wirtschaftlichen Aussichten eher skeptisch beurteilt, wie der Vorsitzende berichtet: „Da haben die Borkener gesagt, und dem haben wir uns angeschlossen, daß aus zwei Lahmen noch kein Gesunder wird". Es kam hinzu, daß in der nach Münster orientierten Gemeinde Nottuln (die früher dem Landkreis Münster angehörte) eine gemeinsame Veranstaltergemeinschaft mit Borken von den Fraktionsvorsitzenden der CDU und der SPD gleichermaßen abgelehnt wurde.[144]

Dies führte dazu, daß auch von der Coesfelder Veranstaltergemeinschaft die von den Verlegern und der Verwaltung der Stadt Münster[145] favorisierte „große Lösung" ins Auge gefaßt wurde, also ein gemeinsames Programm für das Münsterland, ggf. mit Fensterprogrammen. Diesen Vorschlag hatte in seiner Stellungnahme gegenüber der Landesanstalt für Rundfunk zunächst auch der Oberkreisdirektor des Kreises Coesfeld unterbreitet. Es wurden jedoch in zweierlei Hinsicht Vorbehalte artikuliert. Zum einen wäre damit an die Stelle der kreisbezogenen Veranstaltergemeinschaften eine einzige Veranstaltergemeinschaft getreten – und es entfielen dann rechnerisch nur drei oder vier Mitglieder auf den Kreis Coesfeld, es hätte jedoch auch der Fall eintreten können, daß von keiner der entsendungsberechtigten Stellen ein Mitglied aus dem Kreis Coesfeld entsandt wird.[146] Zum anderen wäre durch die Zusammenlegung des Münsterlandes zu einem Verbreitungsgebiet mit etwa 1,4 Millionen Einwohnern die in § 31 Abs. 1 Nr. 1 LRG NW vorgesehene Grenze von 600.000 Einwohnern je Verbreitungsgebiet um mehr als das Doppelte überschritten worden, und in diesem Zusammenhang hatte die Landesanstalt für Rundfunk bereits signalisiert, daß die Zulassung eines Regionalfunks, dessen Verbreitungsgebiet dem des WDR-Regionalprogramms „Radio Münsterland" entsprochen hätte, nicht in Betracht komme.

Letztlich sprach sich die Veranstaltergemeinschaft in ihrer Stellungnahme für einen Erhalt der Verbreitungsgebiete und für eine nicht näher spezifizierte Kooperation im Münsterland aus, da sie im Kreis Coesfeld

---

144 „Nicht mit dem Rücken zur Sonne stehen", Westfälische Nachrichten 28.04.1988.

145 Vgl. „Ein Lokalfunk fürs gesamte Münsterland", Westfälische Nachrichten 08.04.1988, und „Privatfunk-Beteiligte wollen gemeinsames Dach", Westfälische Nachrichten 21.06.1988.

146 Dieses Risiko resultiert daraus, daß das LRG NW, wie schon für die Vertretung der verschiedenen Gemeinden innerhalb eines Kreises, auch für kreisübergreifende Veranstaltergemeinschaften keinen Mechanismus vorsieht, der einen regionalen Proporz gewährleistet; auch die Besetzung der Vertreterversammlung nach § 25 Abs. 2 Nr. 2 LRG hätte für den Kreis Coesfeld eine Präsenz in der Veranstaltergemeinschaft nicht garantieren können. Vgl. zu dieser Problematik der kreisübergreifenden Verbreitungsgebiete Ronge/Arndt, Repräsentationsprobleme, RuF 1991, S. 193 ff.

„derzeit einen wirtschaftlich leistungsfähigen lokalen Rundfunk nicht für möglich“ hielt.[147]

Auch der Oberkreisdirektor hat bei der Anhörung der Landesanstalt für Rundfunk auf Beschluß des Kreisausschusses eine modifizierte Stellungnahme abgegeben. Danach sollten das Verbreitungsgebiet Coesfeld und die Veranstaltergemeinschaft erhalten bleiben, jedoch aus wirtschaftlichen Gründen mit dem übrigen Münsterland und einer gemeinsamen Betriebsgesellschaft kooperieren. Damit wurde versucht, jedenfalls ein Element der „großen Lösung“ aufrechtzuerhalten: den wirtschaftlichen Ausgleich zwischen den Kreisen des Münsterlandes. Dieses Modell wurde jedoch durch die Vorschrift des § 29 Abs. 2 Nr. 5 LRG NW, die erst kurz zuvor mit der Novellierung aufgenommen wurde, explizit ausgeschlossen; seine Realisierung hätte also eine erneute Änderung des Gesetzes erforderlich gemacht.

Mit der Entscheidung der Rundfunkkommission vom 16.12.1988 wurden die Kreise des Münsterlandes je einzeln als Verbreitungsgebiet festgelegt, allerdings wurde ihnen eine Kooperation empfohlen, die auch eine Reduzierung des vor Ort produzierten Programmvolumens bedeuten konnte.

Für die Beteiligten im Kreis Coesfeld war damit aber die Frage, ob es letztlich bei einem eigenständigen Verbreitungsgebiet bleibt, noch nicht endgültig abgeschlossen. Bis zum Sommer 1990, als noch immer unklar war, ob die örtlichen Verleger sich tatsächlich am lokalen Rundfunk beteiligen würden,[148] wurde im Kreis Coesfeld spekuliert, ob die Landesanstalt für Rundfunk anderenfalls die Verbreitungsgebiete doch neu zuschneiden und womöglich den Kreis Coesfeld mit der Stadt Münster zu einem Verbreitungsgebiet zusammenfassen würde.[149] Auch der Vorsitzende hat noch zu diesem Zeitpunkt in einem Beratungsgespräch mit der Landesanstalt für Rundfunk angefragt, „ob auch mit einer Zusammenlegung der Verbreitungsgebiete zu rechnen sei.“ Die Landesanstalt für Rundfunk habe diese Frage aber klar verneint.

b. Kooperation

Für den Kreis Coesfeld hatte die LfR bei der Festlegung der Verbreitungsgebiete eine Kooperation mit den Lokalsendern von Münster, Steinfurt, Wa-

---

147 Stellungnahme der Veranstaltergemeinschaft zum Fragenkatalog der Landesanstalt für Rundfunk für die Regionalkonferenz am 20.06.1988 in Münster, S. 1 ff.

148 Die Zeitungsverlage haben nach der Festlegung der Verbreitungsgebiete mehrfach unterschiedliche Absichtserklärungen abgegeben, vgl. oben § 4 III. 3.

149 Noch im Juni 1991 wurde vom Fachdienst Kabel & Satellit, Nr. 26 vom 10.06.1991, S. 26 die Frage aufgeworfen, ob es bei 46 Lokalradios bleiben werde. Inzwischen dürfte diese Frage vorerst dadurch entschieden sein, daß in allen 46 Verbreitungsgebieten die notwendigen Unterlagen für die Lizenzierung vorgelegt wurden, vgl. die Pressemitteilung der LfR vom 28.06.1991.

rendorf und Borken empfohlen. Der Kreis gehört zu jenen Verbreitungsgebieten, für die nach den Wirtschaftlichkeitsgutachten ein Erreichen der Wirtschaftlichkeit nur unter der Annahme einer „erweiterten Kooperation" zu erwarten ist, indem beispielsweise nur zwei Stunden des täglichen Programms im Verbreitungsgebiet hergestellt und weitere drei Stunden von benachbarten Verbreitungsgebieten zugeliefert und im jeweiligen Verbreitungsgebiet selbständig redaktionell zusammengestellt werden.[150] Angestrebt war zunächst eine leitungsgebundene Kooperation, die die Erstellung eines gemeinsamen Programms durch den Lokalsender in Münster für die umliegenden Stationen bedeutet hätte. Die Veranstaltergemeinschaft im Kreis Coesfeld hatte in ihrem Programmschema dafür die Zeit zwischen 6 Uhr und 9 Uhr morgens vorgesehen. Dieses Konzept, das dem von den Verlegern favorisierten Modell einer gemeinsamen Versorgung des Münsterlandes nahegekommen wäre, ist jedoch aus Kostengründen bald verworfen worden. Einer der Verleger dazu:

„Nun hat sich inzwischen herausgestellt, bei dem, was die Landesanstalt für Rundfunk vorhatte, nämlich eine Kooperation der Münsterland-Sender, drei Stunden gemeinsames Münsterlandprogramm aus Münster und zwei Stunden nicht lokales Fenster, sondern eigenes Programm z.B. des Kreises Coesfeld, da wären die Ersparnisse, die sie mit 30 Prozent der Gesamtkosten von 1,2 Mio. angesetzt hatten, durch die Leitungskosten der Bundespost wieder aufgefressen worden. Das hatten die vorher schlicht und einfach übersehen."

In diesem Zusammenhang spielte auch die Frage eine Rolle, inwieweit die Landesanstalt für Rundfunk die Leitungskosten bezuschussen könnte. Als „Förderung von landesrechtlich gebotener technischer Infrastruktur zur terrestrischen Versorgung des gesamten Landes" gemäß Artikel 6 Abs. 1 Nr. 3 RfStV wäre eine solche Bezuschussung allerdings nur bis Ende November 1991 zulässig gewesen.[151] Und im Sommer 1990 schienen die Anzeichen darauf hinzudeuten, daß es eine Verlängerung dieser Regelung nicht geben würde, so daß eine dauerhafte Kostenentlastung nicht zu erwarten war. Das Modell einer leitungsgebundenen Kooperation wurde deshalb aufgegeben.

Statt einer gemeinsamen Programmleiste wurde nun ein Programmaustausch auf der Ebene von Einzelbeiträgen geplant, die über Telefonleitungen besserer Qualität übermittelt werden sollten. Im August 1990 lag eine

---

150 Schrape, Entscheidungsgrundlagen zur Festlegung der Verbreitungsgebiete in kritischen Fällen, S. 312.

151 Die Förderung der technischen Infrastruktur konnte nach der amtlichen Begründung des RfStV „nicht nur einmalige Investitionskosten, sondern auch Kosten für das Betreiben sendetechnischer Anlagen" einschließen, vgl. Ring, Medienrecht, C-0.4, S. 380. Der am 31.08.1991 geschlossene Rundfunkstaatsvertrag sieht nunmehr in § 29 Abs. 1 eine verlängerte Frist bis Ende 1995 vor, verlangt allerdings jetzt eine besondere Ermächtigung durch den Landesgesetzgeber, vgl. epd Kirche und Rundfunk Nr. 69 vom 04.09.1991, S. 10.

entsprechende Vereinbarung der fünf Veranstaltergemeinschaften und Betriebsgesellschaften im Münsterland als Entwurf vor. Die Vereinbarung sah vor, daß sich die Veranstaltergemeinschaften verpflichten, „eigenproduzierte Programme, Programmteile, Programmkonzepte oder einzelne Beiträge wechselseitig anzubieten und gegen Entgelt zur Verfügung zu stellen.“[152] Darüber hinaus sollten sich die Veranstaltergemeinschaften verpflichten, nach Vereinbarung der Chefredakteure auch Coproduktionen und Auftragsproduktionen[153] durchzuführen. Eine entsprechende Entgeltordnung sollte mit Zustimmung der Betriebsgesellschaften aufgestellt werden.

Diese Vereinbarung ist jedoch nicht mehr zustandegekommen, nachdem die Verleger des Kreises Coesfeld Anfang 1991 zunächst ihren Verzicht auf eine Beteiligung am Lokalfunk bekanntgegeben hatten. Denn damit war für den Kreis Coesfeld auch die geplante Kooperation der Betriebsgesellschaften in Form einer gemeinsamen Service-Gesellschaft hinfällig: die später zur Diskussion stehenden Kapitalgeber hatten beide eine eigene Servicegesellschaft, um die wesentlichen Aufgaben der Betriebsgesellschaft abzuwikkeln.

Bei der Aufstellung des Wirtschafts- und Stellenplans für den Lokalfunk im Kreis Coesfeld wurde dementsprechend darauf verzichtet, Einsparungen durch die Kooperation vorzusehen. Im Programmschema wurden die zuvor für die Kooperation vorgesehenen Sendezeiten nun als eigenproduziertes Programm ausgewiesen. Damit ist nicht gänzlich ausgeschlossen, daß es noch in irgendeiner Form zu einer programmlichen Kooperation mit dem Lokalsender in Münster oder anderen benachbarten Lokalsendern kommt. Konkrete Pläne in diese Richtung gab es jedoch bis zur Lizenzerteilung nicht.

c. Entwicklung des Programmschemas

Bereits im Herbst 1988, noch vor der Festlegung des Verbreitungsgebiets durch die Landesanstalt für Rundfunk, wurde in der Veranstaltergemeinschaft für den Kreis Coesfeld eine Programmkommission eingesetzt. Dieser Schritt wurde insbesondere vom Verlegervertreter als voreilig kritisiert; in der Mitgliederversammlung setzte sich jedoch die Auffassung durch, eine Programmkommission könne wichtige Grundlagen schaffen für Wirtschaftlichkeitsberechnungen und für Gespräche mit den Veranstaltergemeinschaf-

152 Vertragliche Vereinbarung zur Kooperation bei der Veranstaltung und Verbreitung von Lokalfunk im Münsterland, Entwurf vom 20.08.1990, § 3 Abs. 1.

153 § 3 Abs. 3 der Kooperationsvereinbarung sah vor: „Die vertragschließenden Veranstaltergemeinschaften verpflichten sich, Beiträge von allgemeiner Bedeutung oder von Ereignissen mit Regionalbezug aus ihrem Verbreitungsgebiet gegen Entgelt zu produzieren, wenn dies von den Chefredakteuren verabredet wird.“

ten der benachbarten Kreise. Der Ausschuß setzte sich zusammen aus dem Vorstand und drei weiteren Mitgliedern, darunter den Vertretern der beiden Kirchen. Vorsitzender wurde der Vertreter der Evangelischen Kirche.

Bis zum Mai 1989 hat die Kommission ein erstes Programmschema ausgearbeitet, das mit dem Lizenzantrag eingereicht wurde, aber noch einen vorläufigen Charakter hatte, weil weder die Kooperation noch das Rahmenprogramm geklärt waren.

Ausgangspunkt der Überlegungen zum Programm waren zunächst die quantitativen Vorgaben der Landesanstalt für Rundfunk, die täglich fünf lokale Programmstunden vorsahen, von denen aber nur zwei Stunden vor Ort hätten produziert werden müssen. Die übrigen drei Stunden, in der Zeit zwischen 6 Uhr und 9 Uhr morgens, wurden für ein Gemeinschaftsprogramm für das gesamte Münsterland vorgesehen, jedoch inhaltlich nicht weiter ausgefüllt. Lokales Programm für den Kreis Coesfeld war dann vorgesehen für die Zeit von 9 bis 11 Uhr am Vormittag, und zwar eine Stunde als aktuelles Magazin und die zweite Stunde mit täglich wechselnden Themenschwerpunkten. Als Option war eine Stunde lokales Magazin für die Zeit von 17 bis 18 Uhr vorgesehen; das Gemeinschaftsprogramm wäre dann entsprechend zu verkürzen.

Die Frage, ob eine solche lokale Programmschiene am späten Nachmittag sinnvoll und realisierbar wäre, hat in der Veranstaltergemeinschaft zu kontroversen Diskussionen geführt. Der Verlegervertreter, als Mitglied des Vorstandes auch in der Programmkommission beteiligt, hat hier zunächst unter Kostengesichtspunkten Vorbehalte gemacht, die jedoch in der Programmkommission ausgeklammert wurden, wie der Vorsitzende der Kommission berichtet:

> „In der Programmkommission haben wir natürlich nicht über Geld gesprochen. In der Programmkommission haben wir erst einmal gesagt, mit den Leuten, die wir da sind, die noch nie ein Radioprogramm gemacht haben und jetzt ein Programmschema machen sollen, versuchen wir unsere Ideale aufzuschreiben, und über die Finanzierung dessen muß man dann an anderer Stelle reden. Wir wollen ja erst einmal versuchen, das durchzusetzen, von dem wir sagen, das wäre für uns Lokalfunk. Dabei hat man natürlich im Hinterkopf, wenn die kommen, die das finanzieren müssen, werden die das schon zusammenstreichen."

In dieser Darstellung finden sich genau die oben als Konstruktionsmerkmale des Zwei-Säulen-Modells charakterisierten Prinzipien der Funktionentrennung und Funktionenoptimierung in ihrem idealtypischen Zusammenspiel.[154] Das Fallbeispiel zeigt jedoch auch die Probleme der praktischen Umsetzung solcher Prinzipien in praktisches Handeln zwischen konkreten Personen. Der Verlegervertreter hat sich in seiner Rolle als Mitglied in der

---

154 Vgl. oben § 2 II. 2. a.

Programmkommission nämlich auf die von ihm verlangte Abstraktion nicht wirklich eingelassen:

„Ich bin z.B. in der Programmkommission, und bevor wir überhaupt einen Chefredakteur hatten und eine Betriebsgesellschaft waren, tagte schon die Programmkommission. Da wollte man also ein üppiges Programm machen, und da sagte ich immer, das kann man gar nicht, wir können nur in einer Schicht fahren, wir können nur morgens oder nachmittags oder abends fahren, aber wir können nicht den ganzen Tag über fahren, und da wurde ich als der Killer des Lokalfunks dargestellt. Das habe ich mir eine Zeitlang angehört, und dann habe ich gesagt, so, für mich ist Schluß, jetzt gehst du in die Vollen und sagst richtig, wie man ein Programm machen könnte, was man sich so vorstellen kann, und die waren begeistert. Wir sind mit dem Programmschema nach Düsseldorf gefahren zur Landesanstalt für Rundfunk und haben das da vorgelegt, und da meinten die, das ist ja ein tolles Programm, und sogar der Verleger war dabei und hat das auch noch initiiert. Nur, bei soviel Weltfremdheit, wie kann man mit den Leuten zusammenarbeiten?"

Der Vorschlag lautete, nach dem dreistündigen Gemeinschaftsprogramm für das Münsterland die Stunde zwischen 9 und 10 Uhr morgens sowie zwei Stunden am Nachmittag zwischen 16 und 18 Uhr für ein lokales Magazin zu nutzen, nachmittags mit wechselnden Themenschwerpunkten. Dies bedeutete eine Ausdehnung der täglichen lokalen Sendezeit auf sechs Stunden, also eine Stunde mehr als das von der Landesanstalt für Rundfunk verlangte Minimum. Damit wäre auch ein Zwei-Schicht-Betrieb in der Redaktion erforderlich geworden.

Von den anderen Mitgliedern der Veranstaltergemeinschaft wurde dieser Vorschlag durchaus ernstgenommen, und im Frühjahr 1990 hat die Mitgliederversammlung das entsprechend veränderte Programmschema verabschiedet. Dabei wurde auch die Sendezeit für den Bürgerfunk in zwei Blökke am Vormittag und am Abend geteilt. Im Zuge der weiteren Verhandlungen mit den Verlegern über die Gründung einer Betriebsgesellschaft zeichnete sich allerdings bald ab, daß es für ein sechsstündiges lokales Programm keine Finanzierung geben würde.

Im Dezember 1990, nachdem die Landesanstalt für Rundfunk die Ausschlußfrist für die Vervollständigung der Unterlagen festgesetzt hatte und die Verhandlungen mit den Verlegern vor dem Abschluß zu stehen schienen, hat sich die Programmkommission der Veranstaltergemeinschaft nochmals mit dem Programmschema befaßt. Insgesamt wurde die lokale Sendezeit wieder auf fünf Stunden zuzüglich 45 Minuten für den Bürgerfunk reduziert. Anstelle des geplanten Gemeinschaftsprogramms für das Münsterland und des einstündigen lokalen Magazins wurde ein lokales Morgenmagazin täglich von 6 bis 10 Uhr vorgesehen, das an bestimmten Wochentagen wiederkehrende Schwerpunkte haben sollte. Am späten Nachmittag sollte eine einstündige Magazinsendung die aktuelle Information gewährleisten, so daß wiederum ein Ein-Schicht-Betrieb nicht möglich gewesen wäre. Dieses Programmschema wurde im April 1991 bei der Schlußabstimmung über die Lizenzierungsunterlagen von der Mitgliederversammlung verabschiedet. Es steht jedoch nach Ansicht einzelner Mitglieder unter dem Vorbehalt, daß es nach Besetzung der Chefredaktion noch Änderungsmöglichkeiten geben muß.

Die inhaltlichen Vorgaben des Programmschemas haben sich im Laufe dieser Entwicklung nur in zwei Details verändert. Als Themenschwerpunkt am Sonntag war zunächst Religion vorgesehen, hier wurde der Sport ergänzt. Die thematische Vorgabe für den Montag lautete zunächst „Sport und Kulturelles" und wurde in der zweiten Fassung um den Begriff „Bildung" erweitert. In der letzten Fassung wurde der Themenbereich „Bildung und Kultur" verselbständigt und für den Donnerstag eingeplant, im Tausch gegen das Thema „Gesundheit und Ernährung", das mit dem Sport am Montag vorgesehen wurde. Ein Mitglied der Programmkommission ordnet diese Veränderungen folgendermaßen ein:

„Das ist auch ein bißchen Spielerei. Das Gesetz gibt vor, was da drin sein sollte, und den Aspekt ‚Bildung' hatten wir zum Beispiel vergessen, das hatte [ein Mitarbeiter der Landesanstalt für Rundfunk] zuerst auch nicht gesehen. Der rief dann aus Düsseldorf nochmal an: ‚das müssen Sie irgendwo noch reinschreiben, die Kommission guckt darauf, und wenn der Aspekt Bildung nicht vorkommt, dann müssen Sie nachbessern.' Wir haben jetzt also all die Aspekte drin, die Düsseldorf verlangt."

Dieses Zitat belegt beispielhaft, welche Transformation die Programmnormen des Gesetzes bei der Interpretation und Umsetzung durch die Normanwender durchmachen können. Verlangt das LRG NW in § 11 Satz 2 als Programmanforderung, daß Rundfunkprogramme der Bildung „dienen" sollen, so wird diese Funktionsbestimmung noch im Gesetz selbst durch die Bestimmung des Begriffs „Programmschema" in § 2 Abs. 7 zu einem „Bereich", dem ein Teil der täglichen Sendezeit zugeordnet werden soll. Diese verfehlte Operationalisierung setzt sich fort in § 24 Abs. 1 Satz 2 LRG NW: „Lokale Programme müssen ... wesentliche Anteile an Information, Bildung, Beratung und Unterhaltung enthalten." Auf diese Weise wird Bildung als Inhalt nicht mehr des Programms, sondern des Programmschemas checklistenfähig, mit der Folge, daß nun, um dem Gesetz pro forma Genüge zu tun, Bildung im Programmschema nicht mehr als *Funktion des Programms*, sondern als *Gegenstand der Berichterstattung* festgelegt wird.

Eine weitere Änderung des Programmschemas betrifft die Musik. Hier hatte die Veranstaltergemeinschaft zunächst im Programmschema tageszeitlich variierende Musik vorgesehen; aufgrund der Vereinbarung mit Radio NRW sind diese Festlegungen jedoch hinfällig geworden, weil sich der Lokalsender auf die gemeinsame Musikfarbe verpflichten mußte. Außerdem wurde der im Programmschema vorgesehene Musikanteil auf 60 bis 70 Prozent festgelegt, während er vorher höchstens bei 65 Prozent, teilweise sogar nur bei 50 bis 60 Prozent liegen sollte. Damit hat die Veranstaltergemeinschaft vor allem dem Gesichtspunkt der begrenzten redaktionellen Arbeitskapazität Rechnung getragen. Zugleich spielt auch die Frage eine Rolle, ob der Kreis Coesfeld genügend lokales Geschehen hergibt, das im ganzen Kreisgebiet das Interesse des Publikums findet. Schließlich ist auch einem Einwand von Verlegerseite Rechnung getragen worden, daß ein zu hoher Wortanteil die Akzeptanz des Programms beeinträchtigen könnte.

Programmschema Coesfeld (ohne Rahmenprogramm)

Montag – Sonntag

6.00 bis 10.00 Uhr: Morgens im Kreis Coesfeld

thematisch offenes Magazin, aktuelle lokale Berichte und Nachrichten, Kommentare zu Ereignissen aus dem Kreis, Interviews, Live-Reportagen, Veranstaltungshinweise, der Tagestip

darin: 7.05-7.10 Uhr kirchliche Verkündigungssendung (Übernahme von Radio NRW, Eigenproduktionen und kirchliche Zulieferungen), unser Wetter, Verkehrsmeldungen, Weltnachrichten (Übernahme von Radio NRW), freitags: Tips zum Wochenendeinkauf, sonntags: thematisch offenes Magazin mit Schwerpunkt Gott und Mensch, Sport

Musikanteil: 60-70 Prozent

Erwartungen: knappe, kurze Informationen über lokale Ereignisse im Kreis Coesfeld, Informationen über anstehende Tagesereignisse im Kreis, Musik zum Morgen, Service (Wetter, Verkehr), Einstimmung auf den Tag

Ausführliche Berichterstattung mit wöchentlich wiederkehrenden Schwerpunkten an bestimmten Wochentagen:

Montag:	Sport, Gesundheit und Ernährung
Dienstag:	Lokalpolitik, Tauschbörse
Mittwoch:	Landwirtschaft und Umwelt
Donnerstag:	Bildung und Kultur
Freitag:	Wirtschaft, Handel, Gewerkschaft
Samstag:	Wochenendplauderei
Sonntag:	Gott und Mensch, Sport

Erwartungen: ausführliche Berichterstattung in unterschiedlicher Sendeform, z.B. Dokumentation, Diskussion, Vortrag, Hörbild usw.

10.00 bis 10.30 Uhr: Bürgerforum I (15-Prozent-Gruppen)

Bürgerbeteiligung, z.T. eigenständige Produktionen von Bürgern, z.T. Live-Sendungen, Diskussionen, Moderation, Telefongespräche, Bürgerbriefkasten

hoher Wortanteil (40-50 Prozent)

Schwerpunkte: Initiativen, ausländische Mitbürger, Landwirtschaft, Frauen, Konflikte, Kultur und Bildung, Wohlfahrtsverbände, Beratungsstellen, Schulen, Weiterbildungseinrichtungen, Vereine etc.

Erwartungen: ausführliche Berichterstattung zu den genannten Themenbereichen, Beratung zu den Themenbereichen, Diskussion kontroverser Themen von allgemeiner Bedeutung, Kooperation mit Kultur- und Bildungseinrichtungen, Initiativen und Vereinen

17.00 bis 18.00 Uhr: Heute im Kreis Coesfeld

thematisch offenes Magazin, Berichte, Interviews, Kommentare, lokale Nachrichten, Glosse des Tages, Klatsch und Tratsch des Tages, Hit des Tages, Jugendmagazin, Sport aktuell (Schwerpunkt am Sonntag), Wohin heute abend?

Musikanteil 60-70 Prozent

Erwartungen: knappe Berichte über das Tagesgeschehen im Kreis, Hinweis auf Abendveranstaltungen im Kreis Coesfeld, auch Kinder und Jugendliche ansprechende Sendeinhalte, Sportberichterstattung (am Wochenende)

18.00 bis 18.15 Uhr: Bürgerforum II (15-Prozent-Gruppen)

wie Bürgerforum I

d. Verbandsinteressen im Programm

Über die Berücksichtigung von Verbandsinteressen im Programm hat es in der Veranstaltergemeinschaft für den Kreis Coesfeld offenbar keine nennenswerten Konflikte gegeben. Die Programmkommission hat diese Wünsche akzeptiert und ihnen bei der Aufstellung des Programmschemas Rechnung getragen. Der Vorsitzende der Programmkommission: „Jeder will ja auch im Programm vorkommen, und muß es ja wahrscheinlich auch, um so die Bandbreite der Hörerinnen und Hörer anzusprechen." Die thematischen Festlegungen sind in diesem Sinne aufzufassen als ein Service für verschiedene Zielgruppen, die aber nicht nur Zielgruppen für das Programm sind, sondern zugleich Klientel jener Verbände, die Mitglieder in die Veranstaltergemeinschaft entsandt haben.

e. Einfluß der Betriebsgesellschaft auf das Programm

Die Interessen der Verleger an einem wirtschaftlich erfolgreichen Lokalfunk sind bei den Überlegungen zum Programm in zweierlei Hinsicht eingebracht worden. Zum einen hat der Verlegervertreter in der Veranstaltergemeinschaft sich dafür eingesetzt, das Programm so zu konzipieren, daß es kostengünstig im Ein-Schicht-Betrieb abgewickelt werden kann. Diesem Interesse ist die Veranstaltergemeinschaft jedoch, wie bereits dargestellt, nicht nachgekommen. Zum anderen haben die Verleger darauf gedrängt, aus Kostengründen und im Interesse der Akzeptanz den ursprünglich vorgesehen Wortanteil zu verringern, und diesem Ansinnen ist die Veranstaltergemeinschaft gefolgt.

Die in den beiden anderen untersuchten Verbreitungsgebieten strittigen Fragen sind im Kreis Coesfeld nicht zum Konfliktfall geworden. Die Notwendigkeit eines Rahmenprogramms und die Entscheidung für das Rahmenprogramm von Radio NRW mit den entsprechenden Auflagen für das lokale Programm war in der Veranstaltergemeinschaft nicht umstritten. Und auch die Festlegung der Programmdauer wurde nicht als Konflikt zwischen Veranstaltergemeinschaft und Betriebsgesellschaft oder zwischen verschiedenen Fraktionen in der Veranstaltergemeinschaft bearbeitet, sondern als Anpassung an wirtschaftliche Zwänge.

IV. Resümee

Eine Evaluation der Umsetzung der Programmnormen des LRG NW anhand von Programmschemata und anhand von Interviews, wie sie im vorstehenden unternommen wurde, kann nur begrenzte Aussagekraft haben und eine systematische Programmbeobachtung nicht ersetzen. Es ergeben sich gleichwohl eine Reihe von Befunden, die die regulative Wirkung oder auch Wirkungslosigkeit einzelner Vorkehrungen des Gesetzes deutlich machen.

Zunächst ist zur Festlegung der Verbreitungsgebiete festzustellen, daß zwar schon der Gesetzgeber Zugeständnisse gemacht hat, das Interesse an einer institutionellen Sicherung des lokalen Bezugs des Programms aber weitgehend durchgesetzt worden ist. Das Beispiel von Stadt und Kreis Aachen und die Fallstudie zum Kreis Coesfeld haben gezeigt, daß mit den Veranstaltergemeinschaften Instanzen geschaffen wurden, die sich trotz gegenstehender wirtschaftlicher Interessen und unter dem Risiko des Scheiterns nachhaltig für eine Aufrechterhaltung des lokalen Anspruchs eingesetzt haben.

Im Gegenzug hat die Landesanstalt für Rundfunk offenbar im Interesse der Wirtschaftlichkeit (beziehungsweise der Sicherung der Mitwirkung der Verleger an der flächendeckenden Schaffung lokaler Sender) die Anforderungen an die programmliche Eigenständigkeit der lokalen Sender gelockert und nicht nur Kooperationen empfohlen, sondern beispielsweise die regelmäßige zeitgleiche unveränderte Programmübernahme des Kölner Programms durch den Lokalsender Leverkusen gestattet. Damit wird der lokale Charakter des Programms nicht nur in Leverkusen, sondern auch in Köln verringert, immerhin aber wird er weniger beeinträchtigt als bei einer nochmaligen Senkung der gesetzlichen lokalen Mindestsendezeit zugunsten des Rahmenprogramms, wie sie alternativ auch vorstellbar gewesen wäre.

Hinsichtlich des Umfangs des lokalen Programms zeigt sich deutlich die regulative Wirkung des Gesetzes: Praktisch alle Programmschemata orientieren sich eng an der vom Gesetz vorgegebenen beziehungsweise von der Landesanstalt für Rundfunk festgelegten lokalen Mindestsendezeit. Allerdings ist, wie das Beispiel Hamm zeigt, nicht unbedingt sichergestellt, daß die tatsächliche lokale Programmdauer stets dem Programmschema entspricht. Es ist auch zweifelhaft, inwieweit es künftig zu nachhaltigen Ausweitungen der lokalen Programme kommen wird: Unabhängig von der lokalen Programmdauer haben die lokalen Betriebsgesellschaften die Möglichkeit bekommen, rund um die Uhr lokale Werbung auszustrahlen; eine Ausweitung des lokalen Programms wird deshalb kaum mehr eine Ausweitung des lokalen Werbevolumens zur Folge haben, und damit entfällt auch ein wesentliches Moment für ein Interesse der Betriebsgesellschaft an einer Ausweitung des lokalen Programms.

Die Programmschemata lassen erkennen, daß die Veranstaltergemeinschaften nach dem Muster anderer werbefinanzierter Veranstalter Fließprogramme konzipiert haben, die in wesentlichen Teilen durch die Vorgaben des Rahmenprogrammveranstalters geprägt sind. In diesem Rahmen setzen die Veranstaltergemeinschaften aber deutlich unterschiedliche Akzente insbesondere im Hinblick darauf, inwieweit sie thematisch fokussierte Sendungen vorsehen und explizit auch spezifische Zielgruppen ansprechen.

Soweit dies aus den Fallstudien erkennbar ist, sind bei der Entwicklung der Programmschemata die Partikularinteressen der Verbände eingebracht worden, die in den Veranstaltergemeinschaften vertreten sind. Im Verbreitungsgebiet Coesfeld hat man diesen Anliegen Rechnung getragen, indem entsprechende Themenschwerpunkte auf definierten Programmplätzen vorgesehen wurden. Im Kreis Wesel und in der Stadt Köln hat die Diversität der Interessen dazu geführt, daß die Mitglieder der Veranstaltergemeinschaft übereingekommen sind, von ihren Partikularinteressen im Interesse des Programms zu abstrahieren; in beiden Fällen haben allerdings die Kirchen letztlich doch ihre Privilegien geltend gemacht und die Aufnahme kirchlicher Sendungen ins Programm durchgesetzt.

§ 8 Programmbeiträge des Bürgerradios

Ein zweiter Bestandteil des von der lokalen Rundfunkstation ausgestrahlten Programms wird von den Beiträgen des Bürgerradios gebildet, denen sich der nachfolgende Abschnitt zuwendet.[1]

I. Gesetzliche Ausgangslage

1. Regelungen des Bürgerradios im Prozeß der Gesetzgebung

Im Vorfeld des ersten Diskussionsentwurfes stand eine auch in medienpolitischen Kreisen der Mehrheitsfraktion geführte Diskussion um die Einführung eines gemeinnützigen, nicht-kommerziellen lokalen Radios.[2] Mit dem Diskussionsentwurf aber stand fest, daß im neuen Lokalfunk auf eine Werbefinanzierung nicht verzichtet werden sollte. Auf der anderen Seite konnte oder wollte die Landtagsmehrheit auch die Idee eines nicht-kommerziellen Radios und einer verstärkten Bürgerbeteiligung gerade im lokalen Raum nicht gänzlich aufgeben. Der Diskussionsentwurf verband daher das ursprüngliche Konzept mit einem kommerziellen Lokalradiomodell und schlug die Integration von Programmbeiträgen redaktionsferner und gemeinnütziger Gruppen, die insbesondere eine kulturelle Zielsetzung aufweisen sollten, in das Programm eines werbefinanzierten lokalen Senders vor.[3] Dieser erste Entwurf des Rundfunkgesetzes entwickelte anders als die späteren Fassungen und das geltende Recht noch sehr weitreichende Vorstellungen, auf welche Weise der kommerzielle Anbieter die zu beteiligenden Bürgergruppen unterstützen sollte. Er sah vor, daß ein lokaler Anbieter

1 In § 24 Abs. 4 LRG NW ist bestimmten Bürgergruppen ein Anteil von bis zu 15 Prozent der täglichen Sendezeit eingeräumt. Die Beiträge des Bürgerradios werden entsprechend auch 15-Prozent-Beiträge und die produzierenden Bürgergruppen 15-Prozent-Gruppen genannt.

2 Vgl. bereits § 2 II. 2. b. aa. (5.).

3 § 21 Abs. 2 des Diskussionsentwurfes.

quasi als Gegenleistung zur Zulassung als kommerzieller Veranstalter den programmgestaltenden Gruppen 10 Prozent seiner „jährlichen Programmittel“ als Produktionshilfen zu überlassen habe, um so die Produktion ihrer Beiträge abzusichern.[4]

Schon der nachfolgende Referentenentwurf verzichtete auf eine Festlegung des Umfangs der zu gewährenden Produktionshilfen und stellte lediglich ohne nähere Kontur fest, daß ein lokaler Veranstalter Hilfen zur Verfügung zu stellen habe.[5] Zugleich sah dieser Entwurf die Option vor, für die geleisteten Hilfen die Erstattung der Selbstkosten verlangen zu können und somit die produzierenden Gruppen finanziell zu belasten und den kommerziellen Veranstalter zu entlasten. Der Regierungsentwurf blieb im Grundsatz bei dieser Regelung und erweiterte sogar noch die Möglichkeit der Kostenerstattung für den Veranstalter auf die Kosten der Programmverbreitung.[6] Daneben stellte dieser Entwurf erstmalig deutlich heraus, daß die Programmverantwortung für die Beiträge des Bürgerradios allein bei der Veranstaltergemeinschaft liegen sollte.[7] Als Konsequenz dieser rechtlichen Gestaltung enthielt der Entwurf ein Ablehnungsrecht der Veranstaltergemeinschaft für diejenigen Beiträge, die den in § 23 Abs. 4 des Regierungsentwurfes angegebenen Anforderungen oder den übrigen Bestimmungen des LRG NW widersprachen. Der Verweis auf die Anforderungen des § 23 Abs. 4 des Entwurfes ist insoweit interessant, als in diesem Absatz eine Regelung vorgesehen war, nach der auch die Programmbeiträge der Bürgergruppen den „anerkannten journalistischen Grundsätzen“ zu genügen hatten. Das Ablehnungsrecht der Veranstaltergemeinschaft sollte sich demnach auf der Grundlage des Regierungsentwurfes auch auf die Mißachtung dieser Grundsätze und somit auf qualitativ-inhaltliche Kriterien stützen können.

Die Anbindung der Beiträge des Bürgerradios an die journalistischen Grundsätze entfiel sodann im Zuge der Beratungen des Hauptausschusses, nachdem in der Sachverständigenanhörung die Unvereinbarkeit professioneller Standards mit der Idee einer Bürgerbeteiligung vorgetragen worden war.[8] Der Gesetzentwurf in der Beschlußfassung des Ausschusses ergänzte die in den Vorversionen enthaltene Obergrenze von 15 Prozent der Sendezeit um den Zusatz, daß ein Anspruch der Bürgergruppen auf Sendung ihrer

---

4 § 21 Abs. 2 Satz 5 des Diskussionsentwurfes. Der Begriff der „Produktionshilfen“ scheint sich hier nicht nur auf materielle Hilfen etwa durch die Bereitstellung von Studiokapazitäten zu erstrecken, sondern scheint auch direkte finanzielle Mittel zu umfassen.

5 § 21 Abs. 3 des Referentenentwurfs.

6 § 23 Abs. 6 des Regierungsentwurfes.

7 § 23 Abs. 5 des Regierungsentwurfes.

8 Vgl. Hoffmann-Riem, LT/DS 10/1577, S. 104; vgl. hierzu noch unten 2. c.

Beiträge nur bis zu einer Gesamtlänge aller Beiträge von zwei Stunden besteht.[9]

Der Regelungskomplex des Bürgerradios wurde im Ersten Änderungsgesetz zum LRG NW noch einmal aufgegriffen. Vorausgegangen war die Verabschiedung des Rundfunkstaatsvertrages,[10] der in Art. 6 Abs. 1 Nr. 2 die Möglichkeit einer Förderung offener Kanäle durch einen Teil des zweiprozentigen Anteils an der einheitlichen Rundfunkgebühr vorsah. Der nordrhein-westfälische Gesetzgeber erklärte im Anschluß hieran in § 34 des LRG NW in der Fassung des Ersten Änderungsgesetzes die Programmbeiträge des Bürgerradios zum „Offenen Kanal im Lokalen Rundfunk" und schuf mit dieser Legaldefinition die Voraussetzung, in § 36 Abs. 1 Satz 1 Nr.1 LRG NW zugleich eine spezielle Förderung des Bürgerradios durch die Landesanstalt für Rundfunk zu etablieren.[11] Nachdem der Gesetzgeber hier zunächst an eine an den nachgewiesenen Herstellungskosten orientierte Förderung gedacht hatte,[12] folgte er letztlich den Anregungen einiger Zuschriften im Rahmen der Sachverständigenanhörung und etablierte eine inhaltlich ungebundene Förderung durch Zuschüsse.[13]

9 § 24 Abs. 4 in der Fassung des Hauptausschusses.

10 Staatsvertrag zur Neuordnung des Rundfunkwesens vom 01./03.4. 1987.

11 Diese rechtliche Konstruktion war im Zuge des Gesetzgebungsverfahrens Gegenstand einiger Kritik. So lehnten die Oppositionsparteien eine Gebührenfinanzierung des Bürgerradios ab, da sie das Bürgerradio insgesamt und somit auch seine Finanzierung als verfassungswidrig betrachteten. Darüber hinaus erblickten sie in der rechtlichen Konstruktion einen Verstoß gegen den Rundfunkstaatsvertrag, da in diesem nur eine Förderung des Offenen Kanals und nicht des wesensverschiedenen Bürgerfunks vorgesehen sei, vgl. etwa LT/DS 10/2610, S. 54 oder die abweichenden Gesetzentwürfe LT/DS 10/2361, S. 2, 5 (CDU-Fraktion) und LT/DS 10/2362, S. 7, 9 (FDP-Fraktion). Ein derartiger Verstoß gegen den Rundfunkstaatsvertrag wurde ferner in verschiedenen Zuschriften aus dem Verlegerlager reklamiert. Der Bürgerfunk sei schon deshalb mit dem im Staatsvertrag als förderungsfähig erklärten Offenen Kanal nicht vergleichbar, da er terrestrisch und nicht über Kabel übertragen werde, nicht jedermann sondern nur bestimmten Gruppen zugänglich sei und die Programmverantwortung nicht bei den Produzenten der Beiträge, sondern bei der Veranstaltergemeinschaft liege. Vgl. VRWZ, Stellungnahme zum Ersten Rundfunkänderungsgesetz, Zuschrift 10/1576, S. 7, 8; Niemann (Geschäftsführung M. Dumont-Schauberg), Stellungnahme zum Ersten Rundfunkänderungsgesetz, Zuschrift 10/1605, S. 8. Ausdrücklich begrüßt wurde die so eröffnete Finanzierungsmöglichkeit in der Stellungnahme des Interessenvereins Gemeinnütziger Rundfunk in NRW, Vogel, Stellungnahme zum Ersten Rundfunkänderungsgesetz, Zuschrift 10/1597, S. 5 sowie im Grundsatz auch in der Stellungnahme von Eberz (Veranstaltergemeinschaft Radio Kreis Wesel), Stellungnahme zum Ersten Rundfunkänderungsgesetz, Zuschrift 10/1579, S. 2, 3.

12 Vgl. noch § 34 a. in der Fassung des Gesetzentwurfs vom 9.9.1987, LT/DS 10/2358, S. 18.

13 Einen Verzicht auf die Anbindung an nachgewiesene Produktionskosten hatten etwa die Stellungnahmen des Radio Kreis Wesel, Eberz, Stellungnahme zum Ersten Rundfunkänderungsgesetz, Zuschrift 10/1579, S. 2, 3 sowie des Interessenvereins Gemeinnütziger Rundfunk in NRW, Vogel, Stellungnahme zum Ersten Rundfunkänderungsgesetz, Zuschrift 10/1597, S. 5, aber auch der Direktor der Landesanstalt für Rundfunk, LfR, Stellungnahme

2. *Handlungsspielräume und Gestaltungsoptionen im Bereich des Bürgerradios*

Im folgenden wird untersucht, an welchen Stellen die gesetzlichen Regelungen des Bürgerradios Handlungsspielräume und Gestaltungsoptionen für die beteiligten Akteure und Akteursgruppen eröffnen.

a. Zugangsberechtigung zum Bürgerradio

Das LRG NW begrenzt den Kreis der zugangsberechtigten Gruppen, indem es einerseits positiv auf „Gruppen, insbesondere mit kultureller Zielsetzung“ abhebt und andererseits bestimmte Organisationen negativ ausgrenzt.[14] Nicht einzubeziehen sind hierbei zunächst Programmbeiträge der Organisationen, die nach § 26 Abs. 1 Satz 1 LRG NW zur Entsendung von A-Mitgliedern der Veranstaltergemeinschaft berechtigt oder die auf einen wirtschaftlichen Geschäftsbetrieb gerichtet sind. Ausgeschlossen sind ferner die in § 5 Abs. 2 LRG NW genannten staatsnahen Stellen, also etwa politische Parteien und Wählergruppen, juristische Personen des öffentlichen Rechts oder Gruppen, deren Mitglieder zugleich Mitglieder oder gesetzliche oder satzungsmäßige Vertreter der Bundesregierung oder einer Landesregierung sind. Ausgenommen werden hier Theater, Volkshochschulen sowie sonstige kulturelle Einrichtungen.[15] Daneben verlangt das Gesetz u.a., daß die Mitglieder und die gesetzlichen oder satzungsmäßigen Vertreter der Gruppen unbeschränkt geschäftsfähig und gerichtlich verfolgbar sind.[16] Sie dürfen die Fähigkeit zur Bekleidung öffentlicher Ämter nicht durch Richterspruch verloren und das Grundrecht der freien Meinungsäußerung nicht nach Art. 18 GG verwirkt haben.[17] Der lokale Bezug der einzubeziehenden Beiträge soll letztlich dadurch gefördert werden, daß die Mitglieder ihren Wohnsitz im Verbreitungsgebiet haben müssen.[18] Die negative Ausgrenzung der zugangsberechtigten Gruppen und Gruppenmitglieder wirkt recht-

---

zum Ersten Rundfunkänderungsgesetz, Zuschrift 10/1590, Anlage S. 3, 4 gefordert. Eine an Produktionskosten orientierte Bezuschussung führe zur Übervorteilung auf technisch hohem Niveau ausgestatteter Gruppen und verhindere die Förderung der sich erst in der Gründung befindenden Gruppen.

14 § 24 Abs. 4 LRG NW.

15 § 24 Abs. 4 Satz 1 Nr. 4 LRG NW. Die in § 5 Abs. 2 Nr. 1 LRG NW ausgenommenen Kirchen sind als entsendungsberechtigte Stellen i.S. des § 26 Abs. 1 Satz 1 LRG NW gemäß § 24 Abs. 4 Satz 1 Nr. 1 LRG NW vom Bürgerradio ausgeschlossen.

16 § 24 Abs. 4 Satz 1 Nr. 3 i.V.m. § 5 Abs. 1 Satz 1 Nr. 1 und 2 LRG NW.

17 Ebd.

18 § 24 Abs. 4 Satz 1 Nr. 5 LRG NW, vgl. Rath-Glawatz, Lokaler Hörfunk I, S. 14.

lich so präzisiert, daß größere Subsumtions- und somit Umsetzungsprobleme nicht zu erwarten sind.[19]

Als problematischer erweisen sich die positiven Voraussetzungen des Zugangs zum Bürgerradio. Das LRG NW eröffnet den Bürgerfunk nur „Gruppen",[20] ohne diesen Begriff etwa hinsichtlich einer Rechtsform, eines Organisationsgrades oder einer erforderlichen personellen Mindeststärke inhaltlich eindeutig festzulegen.[21] Der gesetzliche Zusatz, „insbesondere Gruppen mit kultureller Zielsetzung" in das Programm einzubeziehen, enthält durch die Anwendung des Wortes „insbesondere" lediglich eine unverbindliche Tendenzaussage, welche Gruppen in Betracht kommen, ohne Gruppen mit anderer Zielsetzung ausschließen zu können.[22] Die Anknüpfung an den Terminus „Kultur" eröffnet darüber hinaus erhebliche Auslegungsspielräume, da eine verbindliche Definition des Begriffes nicht ersichtlich und auch im Kontext des Bürgerradios nicht ohne weiteres zu entwickeln ist.[23]

b. Dauer des Bürgerradios

Gesetzesinterpretatorische Probleme entstehen weiter in der Frage, auf welcher Grundlage sich die gesetzlich garantierte Dauer der Bürgerfunkbeiträge berechnet und ob die Bürgerbeiträge Bestandteil des lokalen Programms sind.[24] Das Gesetz beschränkt sich auf die Aussage, daß Programmbeiträge „mit bis zu 15 vom Hundert der Sendezeit, höchstens jedoch zwei Stunden täglich, einzubeziehen" seien.

Damit bleibt offen, auf welche *Sendezeit* die hier normierte zeitliche Begrenzung des Bürgerradios zu beziehen ist. In Betracht kommt hier einerseits die von der Veranstaltergemeinschaft verantwortete Sendezeit, die ge-

---

19 Als in der Anwendungspraxis nur begrenzt durchsetzbar könnte sich der Ausschluß von Unternehmen und Vereinigungen erweisen, die von politischen Parteien oder Wählergruppen abhängig i.S. des § 17 Aktiengesetz sind.

20 Den Begriff der „Gruppe" führte erst die Ausschußfassung zum LRG NW ein. Die Vorversionen sprachen von berechtigten „Organisationen." Vgl. nur § 23 Abs. 4 des Regierungsentwurfes.

21 Eine Klarstellung und Präzisierung des Begriffs forderte entsprechend Baacke im Rahmen des Anhörungsverfahrens zum ersten Änderungsgesetz, Zuschrift 10/1599, S. 3. In der Literatur wurde z.T. die Gruppenstärke im Auslegungswege auf „mindestens zwei Mitglieder" (Dyade) festgelegt, vgl. etwa Vogel, Zugangssendungen, S. 142; Pätzold, Kultur-Aufgabe, Journalist 5/1990, S. 16.

22 So auch Vogel, Zugangssendungen, S. 142.

23 Vgl. zum Begriff der kulturellen Zielsetzung in diesem Zusammenhang Vogel, Zugangssendungen, S. 142; Birkholz, Verleger als Finanziers von Gegenöffentlichkeit, S. 37. Das Definitionsproblem stellt sich für den Rechtsanwender allerdings nicht in dieser Schärfe, da angesichts der Gesetzesfassung auch Gruppen ohne „kulturelle Zielsetzung" zum Bürgerfunk Zugang haben können.

24 Vgl hierzu bereits § 7 I.2.d.

mäß § 24 Abs. 2 LRG NW entweder mindestens acht oder aber mindestens fünf Stunden zu betragen hat,[25] andererseits aber auch die gesamte Dauer des lokalen Programms unter Einbeziehung der gemäß § 30 Abs. 1 Satz 2 LRG NW vom Rahmenprogrammveranstalter verantworteten Programmteile.[26]

Bei beiden Betrachtungsweisen entsteht ein zusätzliches Problem durch die rechtliche Unklarheit, ob die Beiträge des Bürgerradios als Bestandteile des lokalen Programms aufzufassen sind oder nicht. Als Bestandteile des lokalen Programms wäre ihre zeitliche Dauer von der lokalen Mindestsendezeit abzuziehen, während sie im umgekehrten Fall hinzuzuaddieren wäre.[27] Von der Beantwortung dieser Frage hängt zugleich ab, wie die in § 24 Abs. 4 Satz 2 LRG NW enthaltene Regelung auszulegen ist, nach der nicht für Bürgerfunk in Anspruch genommene Sendezeit „von der Veranstaltergemeinschaft selbst genutzt" werden kann.

Sieht man das Bürgerradio als Bestandteil des lokalen Programms, so müßte dann, wenn die mögliche Sendedauer des Bürgerradios nicht ausgeschöpft wird, zumindest solange lokales Programm ausgestrahlt werden, bis

---

25 Mit dieser Interpretation berechnet die Landesanstalt für Rundfunk die Dauer des Bürgerradios, vgl. zur Normauslegung der Landesanstalt sogleich Fußnote 27. Unter Zugrundelegung der insofern relevanten Bezugsgrößen wären im Falle eines Fünf-Stunden-Programms mindestens 45 Minuten, im Falle eines Acht-Stunden-Programms mindestens 72 Minuten Bürgerfunkbeiträge einzubeziehen. Erst wenn ein lokaler Sender mehr als 13,33 Stunden täglich lokal verantwortetes Programm sendete, käme hiernach die gesetzliche Obergrenze von zwei Stunden zur Anwendung.

26 Da alle lokalen Sender täglich vierundzwanzig Stunden Programm ausstrahlen, käme auf dieser Berechnungsgrundlage stets die garantierte Obergrenze von zwei Stunden zum Tragen, da sich nach der 15-Prozent-Regel mit 216 Minuten eine oberhalb der Zwei-Stundengrenze liegende Zeitspanne ergibt. Für eine Berechnung auf der Grundlage des Gesamtprogramms tritt Vogel, Zugangssendungen, S. 142, ein. Gegen diese Berechnung spricht, daß die gesetzlich vorgesehene 15-Prozent-Regel so faktisch leer liefe. Der Gesetzgeber hätte, da er in seinem Modell von einem 24-Stunden-Programm unter Einbeziehung eines eigenständig lizenzierten Rahmenprogramms ausging, schlicht einen zweistündigen Bürgerfunk vorsehen können.

27 Als Bestandteile des lokalen Programms werten Rager/Weber, Ermittlung von Programm-Minima, S. 27, das Bürgerradio. Für eine Addition der Sendezeit der Bürgergruppen zur lokalen Sendezeit tritt die Landesanstalt für Rundfunk ein, vgl. insoweit zutreffend DJV-Medieninfo Nr. 12/1989 sowie LfR Vorlage Nr. 190/89. Die Landesanstalt unterscheidet insoweit zwischen dem redaktionellen lokalen Programm und dem Bürgerradio, das zwar gemäß § 24 Abs. 5 Satz 1 LRG NW von der Veranstaltergemeinschaft verantwortet wird, aber nicht als lokales Programm im engeren Sinne zu zählen sein soll. Die Addition der Bürgerradiozeiten zum redaktionellen lokalen Programm macht insbesondere dann Schwierigkeiten, wenn ein lokaler Veranstalter ein ganztägiges Lokalprogramm unter Verzicht auf ein Rahmenprogramm auszustrahlen beabsichtigt, da in diesem Fall eine Addition der Zeiten des Bürgerradios nicht mehr möglich wäre. Interpretativ kann dem dadurch begegnet werden, daß die Veranstaltung von redaktionellen lokalen Programm nur mit einer Dauer zulässig ist, die die Berücksichtigung des Bürgerradios ermöglicht.

die Mindestsendedauer erreicht wird. Dies bedeutet, daß die Veranstaltergemeinschaft bzw. die lokale Redaktion in jedem Fall das entstehende Loch im Programm durch redaktionell betreute Beiträge im Sinne des § 2 Abs. 2 LRG NW zu füllen hätte. In dieser Interpretation hätte die Norm des § 27 Abs. 4 Satz 2 LRG NW, nach der die Veranstaltergemeinschaft die nicht in Anspruch genommenen Zeit selbst nutzen kann, nur deklaratorischen Charakter.

Im Falle einer Addition des Bürgerradios zur lokalen Sendezeit und somit einer Überschreitung der gesetzlichen Mindestsendezeit i.S. des § 24 Abs. 2 LRG NW um die Länge der Bürgerfunkbeiträge stünde es der Veranstaltergemeinschaft hingegen frei, die zusätzliche Sendezeit etwa einem Rahmenprogrammveranstalter zur Verfügung zu stellen.[28] § 27 Abs. 4 Satz 2 LRG NW bekäme dann den Inhalt einer Prioritätsregelung, mit der der Veranstaltergemeinschaft Vorrang vor dem ebenfalls lizenzierten Rahmenprogrammveranstalter eingeräumt wird.[29]

c. Programmverantwortung und Ablehnungsrecht der Veranstaltergemeinschaft

Weitere norminterpretative Schwierigkeiten entstehen durch die Grundsatzentscheidung des Gesetzgebers, die Veranstaltergemeinschaft als Verantwortliche für den Inhalt der Programmbeiträge des Bürgerradios zu bestimmen.[30] Dieser rundfunkrechtlichen Verantwortung versucht das LRG NW zu entsprechen, indem es der Veranstaltergemeinschaft ein Ablehnungsrecht für einzelne Programmbeiträge einräumt. Nach dem Wortlaut des LRG NW kann ein Beitrag dann abgelehnt werden, wenn er den in § 24 Abs. 4 LRG NW genannten Anforderungen (1. Alternative) oder den übrigen Bestimmungen des Gesetzes (2. Alternative) nicht entspricht. Diese gesetzliche Regelung bleibt in weiten Teilen interpretationsbedürftig.

Der Verweis auf die in § 24 Abs. 4 LRG NW genannten Anforderungen schafft für die Veranstaltergemeinschaft zunächst den Zwang, bei der Prüfung einzelner Beiträge entscheiden zu müssen, ob die auf die Gruppe oder deren Mitglieder bezogenen negativen oder positiven Voraussetzungen einer Einbeziehung vorliegen. Damit werden die oben aufgezeigten[31] Auslegungsfreiräume im Bereich der Zugangsberechtigung auf die Ebene der

28 So explizit auch die Landesanstalt für Rundfunk auf der Grundlage ihrer rechtlichen Auffassung, nach der die Bürgerbeiträge zum lokalen Programm hinzuaddiert werden müssen, LfR Vorlage Nr. 190/89.

29 § 27 Abs. 4 Satz 2 LRG NW wird von der Landesanstalt auch folgerichtig in diesem Sinne interpretiert, ebd..

30 § 24 Abs. 5 Satz 1 LRG NW.

31 Siehe oben unter a.

Veranstaltergemeinschaft transformiert, die bei ihrer Entscheidung eine erste Norminterpretation vorzunehmen hat.

Zugleich verpflichtet der gesetzliche Verweis auf § 24 Abs. 4 LRG NW die Veranstaltergemeinschaft zu überprüfen, ob die Programmbeiträge das in § 24 Abs. 4 Satz 5 LRG NW geregelte Verbot einhalten, nach dem Programmbeiträge des Bürgerfunks „*keine Werbung enthalten*" dürfen.[32] Eine Entscheidung, ob diese Anforderung im Einzelfall erfüllt ist, bereitet zunächst dann Schwierigkeiten, wenn man in den Begriff der Werbung nichtwirtschaftliche Werbung mit einbezieht.[33] Dies ergibt sich daraus, daß sich die Beiträge von Bürgergruppen in vielen Fällen der Selbstdarstellung oder zumindest der wertenden Darstellung einzelner Inhalte ihrer Tätigkeit oder ihrer Ziele widmen werden, die somit zumindest zu einem Teil auch einen werbenden Charakter aufweisen können. Die Grenze, wann eine werbende Tendenz in einem Bürgerfunkbeitrag in eine vom LRG NW als rundfunkrechtswidrig erklärte nichtwirtschaftliche Werbung umschlägt, erscheint hier äußerst schwer ermittelbar, so daß die zur Ausübung des Ablehnungsrechts bestimmten Veranstaltergemeinschaften zu höchst unterschiedlichen Ergebnissen gelangen können.[34]

Das Werbeverbot des § 24 Abs. 4 Satz 5 LRG NW bleibt auch im Hinblick auf die Frage einer Zulässigkeit unterbrechender Werbung innerhalb eines Bürgerbeitrages undeutlich. Klar ist lediglich, daß zwischen zwei abgetrennten Beiträgen des Bürgerradios ein Werbeblock der Veranstaltergemeinschaft geschaltet werden darf, da beide Beiträge hiervon unbeeinträchtigt bleiben. Problematisch ist jedoch der Fall, in dem ein Bürgerbeitrag so lang ist, daß er ohne eine Überschneidung mit den in den Programmschemata für Werbung vorgesehenen Sendezeiten nicht ausgestrahlt werden kann. Der Veranstaltergemeinschaft bliebe dann, wenn eine unterbrechende Werbung nach dem LRG NW unzulässig wäre, nur die Alternative, den Werbeblock ausfallen zu lassen oder die produzierende Bürgergruppe zu bitten, ihren Beitrag in zwei Teile zu unterteilen, zwischen die sodann, ohne eine zeitliche Berührung mit den beiden in sich abgeschlossenen Bürgerbeiträgen, Werbung plaziert werden könnte.

---

32 § 24 Abs. 4 Satz 5 LRG NW.

33 So etwa Lerche, Werbung und Verfassung, S. 11; Reidt, Rundfunkwerbung, S. 36 ff., 116 ff. Gegen eine Einbeziehung der nichtwirtschaftlichen Werbung vgl. nur Hartstein/Ring/Kreile, zu Art. 7 Rundfunkstaatsvertrag, Rdnr. 9 ff.

34 Dies mag das Beispiel eines Beitrags eines Sportvereins oder einer Bürgerinitiative verdeutlichen, in dem für den Eintritt in den Verein oder die Unterstützung der Initiative „geworben" wird. Als Kriterium der Abgrenzung schlägt Reidt, Rundfunkwerbung, S. 117, die Prüfung vor, ob mit dem entsprechenden Beitrag eine entgeltliche Vereinbarung mit der Betriebsgesellschaft über die Zurverfügungstellung einer Werbemöglichkeit umgangen werden soll.

Das LRG NW läßt vom Wortlaut zunächst eine Interpretation zu, nach der die Plazierung von Unterbrecherwerbung innerhalb eines Gruppenbeitrages deshalb unzulässig ist, weil ansonsten in diesem Beitrag entgegen der Wertung des § 24 Abs. 4 Satz 5 LRG NW letztlich *„Werbung enthalten"* wäre. Es läßt sich auf der Grundlage des LRG NW allerdings auch das gegenteilige Ergebnis begründen.[35] Anders als in § 22 Abs. 4 Satz 2 LRG NW, in dem das Verbot und die Ausnahmen des Verbots einer Unterbrecherwerbung für Fernsehwerbung geregelt sind, spricht § 24 Abs. 4 Satz 5 nicht von *„Werbeeinschaltungen"*, sondern von *„Werbung"* allgemein. Hieraus ließe sich der Schluß ziehen, daß es in § 24 Abs. 4 Satz 5 LRG NW nicht wie in § 22 Abs. 4 Satz 2 LRG NW um das Verbot unterbrechender Werbung speziell in Bürgerfunksendungen geht, sondern nur deren Inhalt selbst frei von Werbung gehalten werden soll. Dies bedeutete, daß auch im Bereich des Bürgerradios die im Rundfunk geltende allgemeine Zulässigkeit von unterbrechender Werbung eingreifen würde, so daß Beiträge des Bürgerradios durch der Veranstaltergemeinschaft zugelieferte Werbung der Betriebsgesellschaft unterbrochen werden dürfte. Somit erscheinen auch in dieser Frage unterschiedliche Rechtsstandpunkte vertretbar.

Das Ablehnungsrecht der Veranstaltergemeinschaft erscheint auch in der 2. Alternative des § 24 Abs. 5 Satz 2 LRG NW insbesondere deshalb auslegungsbedürftig, weil die uneingeschränkte Bezugnahme auf die „übrigen Bestimmungen" des LRG NW die interpretatorische Möglichkeit eröffnet, auch die Einhaltung der Programmgrundsätze für den lokalen Rundfunk (§ 24 Abs. 1 LRG NW) und die allgemeinen Programmgrundsätze (§ 12 LRG NW) oder sogar den Programmauftrag (§ 11 LRG NW) zum Gegenstand der Überprüfung der Bürgerbeiträge durch die Veranstaltergemeinschaft und damit für den Bürgerfunk mittelbar verbindlich zu machen.[36]

---

35 Vgl. Reidt, Rundfunkwerbung, S. 117 ff.

36 Die das Gesetz rezipierende Literatur ist in der Frage der Erstreckung der Programmgrundsätze und des Programmauftrags auf den Bürgerfunk zu unterschiedlichen Ergebnissen gekommen. So geht Grawert, Zuschrift 10/1594, S. 8 von der Nichtanwendbarkeit jedweder Vielfaltsanforderungen aus, während der VRWZ, Zuschrift 10/1576, S. 7 in seiner Stellungnahme die inhaltlichen Vorgaben aus dem LRG NW, insbesondere auch die § 12 Abs. 3 und 4 LRG NW, für anwendbar erachtet. Für die Geltung zumindest eines Teils der materiellen Vielfaltsanforderungen spricht die Regelung des § 35 Abs. 6 Satz 2 LRG NW, der u.a. § 12 Abs. 1, 2 Satz 1 und 2, Abs. 4 Satz 1 LRG NW für den Systembereich des Offenen Kanals in Kabelanlagen für anwendbar erklärt, vgl. hierzu die Kritik von Pätzold, Perspektiven für Offene Kanäle, S. 28. Darüber hinaus läßt sich für die Anbindung der Bürgerbeiträge an bestimmte Standards die besondere Konstruktion des Bürgerfunks nach dem LRG NW einwenden, die durch die Integration der Beiträge in das werbefinanzierte Programm bei Nichtbeachtung bestimmter Anforderungen Akzeptanzprobleme für den lokalen Sender mit sich bringen könnte. Gegen inhaltliche Vorgaben an die Beiträge spricht zunächst die gesetzeshistorische Erwägung, daß der Gesetzgeber die Verpflichtung zur Einhaltung der anerkannten journalistischen Grundsätze, die noch im Regierungsentwurf unabhängig von

Dieses Ergebnis ließe sich ferner aus der rundfunkrechtlichen Verantwortung der Veranstaltergemeinschaft auch für den Bürgerfunk entwickeln. Ist die Veranstaltergemeinschaft auch für diesen Teil des Programms verantwortlich, so müssen auch hier die für das lokale Programm insgesamt geltenden Anforderungen erfüllt sein. Damit wären die produzierenden Gruppen gezwungen, bei der Gestaltung ihrer Beiträge etwa die „anerkannten journalistischen Grundsätze zu beachten" (§ 12 Abs. 4 Satz 1 LRG NW) oder darauf ausgerichtet zu sein, „bei den Rundfunkteilnehmern angenommen zu werden" (§ 24 Abs. 1 Satz 4 LRG NW). Festzustellen ist damit, daß der Umfang des Prüfungsrechts der Veranstaltergemeinschaft und somit ein wesentlicher Teil der rechtsanwendenden Praxis im Verhältnis zwischen dem Veranstalter und den Bürgergruppen von der juristischen Beantwortung dieser Frage abhängt, die durch das Rundfunkgesetz nicht eindeutig geklärt wird.[37]

Der Gesetzgeber erkennt offenbar eine potentielle Konflikthaftigkeit des Verhältnisses zwischen den produzierenden Bürgergruppen und der programmverantwortlichen Veranstaltergemeinschaft und versucht ihr zu begegnen, indem er in § 24 Abs. 7 LRG NW die Landesanstalt für Rundfunk ermächtigt, bei Meinungsverschiedenheiten zwischen diesen Akteuren eine Entscheidung zu treffen. Diese Einbeziehung der Landesanstalt für Rundfunk ist gerade in der Frage des Umfangs des Ablehnungsrechts gemäß § 24 Abs. 5 Satz 2 LRG NW relevant, da die konturenlose gesetzliche Regelung nicht geeignet scheint, eine für die Veranstaltergemeinschaft bzw. die Bürgergruppen unmittelbar umsetzbare Regelung zu treffen.

d. Plazierung im Programmschema und Reihenfolge der Sendung

Über die Plazierung der Bürgerbeiträge im Programmschema des lokalen Senders entscheidet die Veranstaltergemeinschaft im Rahmen ihrer Programmgestaltungsfreiheit.[38] Die Reihenfolge der Ausstrahlung der von den Gruppen angelieferten Beiträge auf diesen Sendeplätzen ist von der Landes-

der Regelung des § 12 Abs. 4 Satz 1 LRG NW speziell für die Beiträge des Bürgerradios gefordert wurde, in die verabschiedete Fassung nicht übernommen hat. Ausschlaggebend könnte hier die Erwägung sein, daß jedwede Art von Programmbindungen der Idee einer am Kommunikatoreninteresse orientierten chancengleichen Rundfunkpartizipation widerspricht. Vgl. insoweit für den Offenen Kanal in Kabelanlagen, einerseits Hoffmann-Riem, Alternativ-Kommentar zu Art. 5 Abs. 1, 2, Rdnr. 146, andererseits Hesse, Rundfunkrecht, S. 198.

37 Aus diesem Grunde fordert etwa der Verband der Betriebsgesellschaften eine Klärung des Umfangs und der Kriterien des Prüfungsrechts über eine Satzung der Landesanstalt für Rundfunk („Mißbrauchssatzung"), vgl. epd Kirche und Rundfunk Nr. 32/1991, S. 16.

38 § 24 Abs. 4 Satz 1 gewährt den Bürgergruppen Sendezeiten „nach Maßgabe des Programmschemas".

anstalt für Rundfunk durch eine Satzung zu regeln.[39] Das LRG NW sieht hier als Grundsatz eine Verbreitung nach dem Prinzip der Schlange, also in der Folge des Eingangs der Beiträge, vor.[40] Hiervon kann die Satzung allerdings abweichende Regelungen festsetzen, nach denen etwa die Berücksichtigung der zeitlichen Wünsche der Nutzer möglich wird.[41]

e. Produktionshilfen der Veranstaltergemeinschaft und Förderung der Landesanstalt für Rundfunk

Das LRG NW enthält zwei unterschiedliche Wege einer materiellen Absicherung des Bürgerradios. Zunächst sieht § 24 Abs. 4 Satz 3 LRG NW eine Verpflichtung der Veranstaltergemeinschaft vor, auf Verlangen der berechtigten Bürgergruppen sog. „Produktionshilfen" zur Verfügung zu stellen. Welche Hilfen unter diesen Begriff fallen, läßt das Gesetz unbestimmt, so daß neben der Bereitstellung technischer und sachlicher Hilfen unter Zugrundelegung einer weiten Auslegung auch personelle und finanzielle Hilfen an die produzierenden Gruppen und vor allem diese Gruppen unterstützende Organisationen, wie Radioförderverelne oder Volkshochschulen, vorstellbar sind.[42] Das LRG NW sieht vor, daß im Falle einer Gewährung entsprechender Hilfen die Veranstaltergemeinschaft die Erstattung ihrer Selbstkosten vorsehen kann, dies aber nicht zwingend muß.[43] Auch der Begriff der Selbstkosten ist interpretierbar und kann in unterschiedlicher Weise ausgefüllt werden.[44] Hierbei hat sie alle Gruppen gleich zu behandeln und gegebenenfalls eine Entgeltordnung aufzustellen.[45] Zusätzlich sieht § 29 Abs. 2 Nr. 3 LRG NW als vertraglichen Mindestinhalt des Kooperationsvertrages eine Pflicht der Betriebsgesellschaft vor, „für die Veranstaltergemeinschaft

39 § 24 Abs. 4 Satz 5 LRG NW.

40 § 24 Abs. 4 Satz 6 i.V.m. § 35 Abs. 8 Nr. 3 LRG NW.

41 Ebd.

42 Vgl. hierzu Hellwig, Chancen für den Bürgerfunk, epd 25/1990, S. 16, der diese Frage als vom Gesetz „ausdrücklich offengelassen" ansieht. Hellwig regt zugleich an, daß die Veranstaltergemeinschaften auf die im LRG NW nur optional vorgesehene Erstattung ihrer Selbstkosten verzichten sollen. Ob personelle Hilfen, etwa durch „Kommunikationshelfer", vom Begriff der Produktionshilfe umfaßt werden, hat zu einem entsprechenden Streit zwischen dem Interessenverein Gemeinnütziger Rundfunk und dem Verband der Betriebsgesellschaften geführt, vgl. epd Kirche und Rundfunk 32/1991, S. 15; FK 18/1991, S. 6.

43 § 24 Abs. 6 Satz 1 LRG NW.

44 Entsprechend ist auch über diesen Begriff auf der Akteursebene gestritten worden, vgl. FK, Nr. 18/1991, S. 6.

45 Das LRG NW in seiner Fassung vom 19.01.1987 sah darüber hinaus in § 29 Abs. 2 Satz 3 vor, daß auch die Betriebsgesellschaft eine Entgeltordnung aufstellen konnte. Die Änderung dieser Regelung im Ersten Änderungsgesetz ist auf entsprechende Kritik aus dem Verlegerlager gestoßen, die die so gegebene Möglichkeit der Veranstaltergemeinschaft beklagten, über „Produktionsmittel der Betriebsgesellschaft ohne Vollkostenerstattung" zu verfügen. Vgl. zur alten Regelung SGK-Schriftenreihe, Lokaler Rundfunk II, S. 83.

den in § 24 Abs. 4 Satz 1 genannten Gruppen Produktionshilfen" zur Verfügung zu stellen.

Als zweiten Weg einer materiellen Absicherung des Bürgerradios sieht das LRG NW in § 36 Abs. 1 Nr. 1 LRG NW eine Förderung des in § 34 zum „Offenen Kanal im lokalen Rundfunk" deklarierten Bürgerradios durch die Landesanstalt für Rundfunk vor. Die Förderung ist hierbei auf Zuschüsse für „Beiträge" beschränkt und somit im gesetzlichen Ansatzpunkt programmbezogen.[46] Zugleich bestimmt das Gesetz in § 36 Abs. 2 Satz 4 LRG NW, daß von den Antragstellern „eine angemessene Eigenleistung" verlangt werden muß, so daß eine umfassende Förderung der Beiträge ausgeschlossen ist. Das Gesetz konzipiert die Förderung durch die Anstalt im Verhältnis eines „entweder-oder" zur Produktionshilfe durch die Veranstaltergemeinschaft, indem die Bezuschussung dann ausgeschlossen wird, wenn die Gruppen bereits Produktionshilfen von den Veranstaltergemeinschaften unentgeltlich erhalten haben.[47] Antragsberechtigt sind gemäß § 36 Abs. 2 LRG NW nur die zugangsberechtigten Bürgergruppen, nicht etwa deren Zusammenschlüsse oder sonstige unterstützende Organisationen.[48]

f. Satzungsermächtigung und Entscheidungkompetenz bei Meinungsverschiedenheiten der Landesanstalt für Rundfunk

Das LRG NW ermächtigt die Landesanstalt für Rundfunk an zwei Stellen zum Erlaß von Satzungen. Gemäß § 24 Abs. 4 Satz 6 LRG NW regelt die Anstalt qua Satzung die Einzelheiten der Nutzung durch Bürgergruppen im Rahmen des lokalen Programms. Hierbei sind die für den Offenen Kanal in Kabelanlagen geltenden Grundsätze des § 35 Abs. 8 Nr. 2, 3 und 4 Satz 1 LRG NW anzuwenden. Eine Satzungsermächtigung für die Einzelheiten einer Zuschußgewährung durch die Landesanstalt für Rundfunk auch im Bereich des Bürgerradios findet sich in § 36 Abs. 4 LRG NW. § 24 Abs. 7 LRG NW überträgt der Anstalt letztlich die Entscheidung in allen Meinungsverschiedenheiten im Bereich des Bürgerfunks.[49]

---

46 Eine Förderung von Geräten und Studios durch die LfR scheidet auf der Grundlage des LRG NW offenbar aus.

47 § 36 Abs. 2 Satz 2 LRG NW. Das bedeutet, daß dann, wenn die Veranstaltergemeinschaft eine mindestens partielle Erstattung ihrer Selbstkosten verlangt, eine Förderung möglich bleibt.

48 Eine z.T. geforderte Antragsberechtigung etwa der Radiofördervereine (vgl. § 26 Abs. 3 LRG NW) oder der Volkshochschulen konnte sich nicht durchsetzen; vgl. nur Eberz (Veranstaltergemeinschaft Radio Kreis Wesel), Stellungnahme zum ersten Rundfunkänderungsgesetz, Zuschrift 10/1579, S. 2 ff. Möglich bleibt allerdings eine Abwicklung der Förderanträge einzelner Gruppen durch diese Institutionen.

49 Siehe zur Bedeutung dieser Kompetenz der Landesanstalt für Rundfunk zur Konfliktregulierung bereits oben c.

II. Nutzung der rechtlichen Gestaltungsoptionen

Im Bereich des Bürgerradios bestehen demnach zunächst Gestaltungsoptionen für die Landesanstalt für Rundfunk in der Form von Satzungsermächtigungen. Daneben haben die Veranstaltergemeinschaften Entgeltordnungen für die von ihnen zu gewährenden Produktionshilfen aufzustellen, wenn sie die Erstattung ihrer Selbstkosten verlangen wollen. Auch im Rahmen der Kooperationsverträge können Einzelheiten des Bürgerradios, soweit das Verhältnis zwischen Veranstaltergemeinschaft und Betriebsgesellschaft berührt wird, geregelt werden.

1. Satzungen der Landesanstalt für Rundfunk

Die Landesanstalt für Rundfunk hat von ihrer Satzungsermächtigung im Bereich des Bürgerradios bisher durch eine Satzung über die Förderung Offener Kanäle im lokalen Rundfunk (Fördersatzung) sowie durch eine Satzung über die Nutzung Offener Kanäle im lokalen Rundfunk (Nutzungssatzung) Gebrauch gemacht. Beide Satzungen sollen in ihrem Regelungsgehalt vorgestellt werden.[50]

a. Fördersatzung

Die Fördersatzung sieht Zuschußmöglichkeiten der Landesanstalt für Rundfunk für das Bürgerradio auf zwei unterschiedlichen Ebenen vor. Zunächst kann die Anstalt gemäß § 1 Abs. 3 Satz 2 der Satzung „Maßnahmen finanzieren, die der Qualifizierung von Gruppen im Sinne des § 24 Abs. 4 LRG NW und deren Vorbereitung von Produktionen dienen." Hierunter fallen etwa Schulungen sogenannter „Multiplikatoren".[51]

Daneben sieht die Satzung die unmittelbare Förderung von Produktionsprojekten durch Geld, aber auch durch Sach- und Dienstleistungen vor. Hierbei wird zwischen einer allgemeinen Förderung für alle ausgestrahlten Beiträge gemäß § 2 der Satzung, für die ein detailliertes Verfahren zur Berechnung der Höhe der Zuschüsse festgelegt ist,[52] und einer besonderen

50 Satzung über die Förderung Offener Kanäle im lokalen Rundfunk vom 21. April 1989, Gesetz-und Verordnungsblatt für das Land Nordrhein-Westfalen 1989, S. 298 (Fördersatzung) sowie Satzung über die Nutzung Offener Kanäle im lokalen Rundfunk vom 27. April 1990, Gesetz- und Verordnungsblatt für das Land Nordrhein-Westfalen 1990, S. 266 (Nutzungssatzung).

51 Vgl. hierzu Hellwig, Chancen für den Bürgerfunk, epd 25/1990, S. 16 ff.

52 Die Zuschüsse werden nach den Kosten pro Sendeminute pauschaliert berechnet. Die Berechnung erfolgt aufgrund der insgesamt nachgewiesenen Menge von gesendeten Beiträgen der Gruppen pro Verbreitungsgebiet und Jahr, vgl. § 2 Abs. 3 der Satzung. Die Pauschalierung der Förderung soll nach der Vorstellung der Anstalt den eigenen sowie den Verwal-

Förderung für produktionsaufwendige Beiträge „insbesondere zur Erprobung besonderer Sendeformen" gemäß § 3 der Satzung unterschieden. § 4 der Satzung schafft ergänzend die Möglichkeit, schon vor Zulassung von Veranstaltergemeinschaften sogenannte „Vorproduktionen" zu fördern, um zum Zeitpunkt des Sendestarts bereits auf vorhandene Bürgerbeiträge zurückgreifen zu können.

Alle Zuschüsse, Sach- und Dienstleistungen der Landesanstalt für Rundfunk erfolgen gemäß § 1 Abs. 4 der Satzung ohne Rechtsanspruch der Gruppen im Rahmen der bereitgestellten Mittel und unterliegen nach § 11 der Satzung dem Recht der Rücknahme bzw. des Widerrufs gem. §§ 48, 49 VwVfG NW.

b. Nutzungssatzung

Die Nutzungssatzung der Landesanstalt für Rundfunk definiert zunächst den vom LRG NW ohne nähere inhaltliche Bestimmung verwendeten Begriff der zugangsberechtigten Gruppe und versteht hierunter in § 2 Abs. 1 der Satzung einen „Zusammenschluß von mindestens zwei Personen". Sie entscheidet sich damit für den weitesten der denkbaren Inhalte. Konkretisiert werden ferner die in § 35 Abs. 8 Nr. 3 LRG NW angedeuteten Ausnahmen des Prinzips der Schlange bei der Festlegung der Sendereihenfolge der Gruppenbeiträge. Hier bestimmt § 4 Abs. 3, daß aktuelle Beiträge nur dann bevorzugt ausgestrahlt werden dürfen, wenn der Zeitpunkt des Ereignisses „nachweislich erst kurzfristig bekannt geworden ist und dieser Zeitpunkt von der anmeldenden Gruppe nicht beeinflußt werden kann."

Die Satzung bestimmt in § 4 Abs. 6, daß von den Bürgergruppen nicht in Anspruch genommene Sendezeit auch durch die Veranstaltung von Rahmenprogramm gefüllt werden kann. Damit folgt die Anstalt auch hier einer rechtlichen Auslegung, die die Bürgerbeiträge nicht als Bestandteil des lokalen Programms ansieht, da im umgekehrten Fall die freiwerdende Sendezeit für eigenes Programm der Veranstaltergemeinschaft genutzt werden müßte.[53]

Auf der anderen Seite finden sich so gut wie keine das Gesetz ergänzenden Aussagen über den Umfang des gesetzlichen Prüfungsrechts der Veranstaltergemeinschaft in Bezug auf den Inhalt der Beiträge. In diesem Zusammenhang ist lediglich in § 5 Abs. 2 der Satzung eine Berechtigung der

---

tungsaufwand der Gruppen reduzieren und die Zusammenarbeit der Gruppen fördern, vgl. Schmid, Innovation Bürgerfunk, S.9. Zu den Details der komplizierten Berechnung der einzelnen Förderungsbeträge, vgl. die Anlage zur Fördersatzung, „Hinweise zur Förderung der Beiträge der Gruppen nach § 24 Abs. 4 LRG NW", LfR-Handbuch, Abschnitt 4, S. 76/1 ff.

53 Vgl. hierzu bereits I. 2. b.

Veranstaltergemeinschaft enthalten, eine Gruppe zur Unterzeichnung einer Erklärung zu verpflichten, in der sowohl die Veranstaltergemeinschaft als auch die Landesanstalt für Rundfunk von Schadensersatzansprüchen Dritter infolge der Ausstrahlung ihres Beitrages freigestellt wird. Mit dieser Erklärung hat die betreffende Gruppe zu versichern, daß ihr Beitrag nicht gegen geltendes Recht, insbesondere nicht gegen die in § 24 LRG NW enthaltenen Grundsätze verstößt.[54]

Auch in der Frage der Produktionshilfen der Veranstaltergemeinschaft verzichtet die Satzung weitgehend auf Präzisierungen der gesetzlichen Ausgangslage. Klargestellt wird in diesem Kontext lediglich, daß bei der Festlegung der Entgelte für Produktionshilfen der Veranstaltergemeinschaft in die Berechnung der Selbstkosten nicht die Kosten für die Prüfung und Verbreitung der Beiträge einbezogen werden dürfen.[55] In der Satzung ist ferner ein Recht der Veranstaltergemeinschaft vorgesehen, sich zur Erfüllung ihrer Pflichten zur Bereitstellung von Produktionshilfen Dritter zu bedienen. Damit schafft die Satzung die Möglichkeit, die etwa bei Volkshochschulen oder bei Radiofördervereinen vorhandenen Kapazitäten gegen Zahlung von Aufwandsentschädigungen zu nutzen.[56]

2. Bürgerradio in den Kooperationsverträgen

Das Bürgerradio ist ferner Gegenstand der Kooperationsverträge zwischen Veranstaltergemeinschaften und Betriebsgesellschaften.

a. Bürgerradio in den Musterverträgen

Die Musterverträge weisen auch in der Behandlung des Themenkomplexes Bürgerradio eine ihrer redaktionellen Herkunft entsprechende erhebliche Varianz auf. Die B-Verträge schlagen zunächst eine vertragliche Regelung vor, nach der die Veranstaltergemeinschaft im Innenverhältnis zur Betriebs-

---

54 Dieser pauschale Verweis auf die Einhaltung der Grundsätze des § 24 LRG NW legt die Vermutung nahe, daß die LfR alle dort genannten Anforderungen, also auch die in Abs. 1 Satz 4 geregelte „Akzeptanzklausel", für Bürgerbeiträge uneingeschränkt anwendbar erachtet.

55 § 7 Abs. 1 der Satzung.

56 In Gesprächen der Verbände der Veranstaltergemeinschaften, der Betriebsgesellschaften und der Radioförderverein mit der LfR („Runde Tische") ist von der Anstalt eine derartige Inanspruchnahme der bestehenden Kapazitäten im Rahmen von Dienstleistungsverträgen der Veranstaltergemeinschaften mit den Trägern der Studios vorgeschlagen worden. Dies hätte den Vorteil, daß die bestehenden Einrichtungen weiter genutzt werden könnten und die beteiligten Organisationen eine zusätzliche Finanzierung erhielten. Hierauf haben sich die Veranstaltergemeinschaften und die Betriebsgesellschaften bisher aber nicht eingelassen, die stattdessen die Schaffung und Bereitstellung eigener Studiokapazitäten erwägen, vgl. hierzu FK 18/1991, S. 6.

gesellschaft verpflichtet wird, ihr gesetzliches Prüfungsrecht auch tatsächlich auszuüben.[57] Der Umfang des Prüfungsrechts wird im Vertrag von Rath-Glawatz näher konkretisiert und sowohl auf die technische Qualität als auch den Inhalt des Bürgerbeitrags bezogen.[58] In inhaltlicher Hinsicht hat die Veranstaltergemeinschaft sicherzustellen, daß die Programmbeiträge keine Verstöße gegen geltendes Recht, insbesondere gegen das Straf- und Rundfunkrecht, enthalten. Eine Ablehnung von Programmbeiträgen hat die Veranstaltergemeinschaft der Betriebsgesellschaft unmittelbar mitzuteilen.[59] Das Vertragsmuster von Rath-Glawatz regt weiter eine Pflicht der Veranstaltergemeinschaft an, dafür Sorge zu tragen, daß die Ausstrahlung disponierter Werbung durch die Programmbeiträge der Bürgergruppen „nicht tangiert wird."[60]

Die gesetzliche Option, im Falle von angefragten Produktionshilfen eine Erstattung der Selbstkosten zu verlangen, möchte das Vertragsmuster des VRWZ zur vertraglichen Pflicht erheben und die insoweit gesetzlich vorgesehene zwingende Aufstellung einer Entgeltordnung an ein Einvernehmen mit der Betriebsgesellschaft knüpfen.[61]

Abweichend von diesen Regelungsvorstellungen verzichten die A-Verträge auf eine vertragliche Pflicht der Veranstaltergemeinschaft gegenüber der Betriebsgesellschaft zur Überprüfung der Bürgerbeiträge.[62] Die vertragliche Behandlung der Selbstkostenerstattung wird in dieser Vertragsgruppe uneinheitlich geregelt. Während der Vertrag von Hirsch explizit die *unentgeltliche Überlassung* von Produktionshilfen in einem Umfang fordert, „der die jeweiligen Gruppen in die Lage versetzt, ihre Programmbeiträge zu erbringen",[63] verlangt der Entwurf der Sozialdemokratischen Gemeinschaft für Kommunalpolitik eine zwingende Inanspruchnahme der Bürgergruppen durch die Veranstaltergemeinschaft.[64] Zur Begründung der Unentgeltlichkeit der Produktionshilfen findet sich der Hinweis auf Bürgergruppen, die als sogenannte „U-Boot-Vereine" von Industrie- und Handelskammern gegründet würden, um das Bürgerradio für ihre Ziele und Vorstellungen zu

---

57 Rath-Glawatz-Vertrag, § 13 Abs. 1; VRWZ-Vertrag, § 8 Abs. 1.

58 Rath-Glawatz-Vertrag, § 13 Abs. 2.

59 Rath-Glawatz-Vertrag, § 13 Abs. 3.

60 Rath-Glawatz-Vertrag, § 13 Abs. 4.

61 VRWZ-Vertrag, § 8 Abs. 2.

62 Hirsch-Vertrag, § 13 Abs. 2; VLR-Vertrag, § 8 Abs. 2. Der SGK-Vertrag verzichtet auf eine entsprechende Feststellung.

63 Hirsch-Vertrag, § 13 Abs. 1; die Formulierung scheint eine Vollkostenerstattung durch die Veranstaltergemeinschaft im Auge zu haben.

64 VLR-Vertrag, § 8 Abs. 1; SGK-Vertrag, § 11 Satz 2. Dieser Vertragsentwurf sieht darüber hinaus die Aufstellung einer Entgeltordnung durch die Betriebsgesellschaft vor. Diese Regelung basiert allerdings auf einer Auslegung des § 29 Abs. 2 Ziffer Nr. 3 LRG NW in der Fassung vor dem Ersten Änderungsgesetz.

instrumentalisieren.[65] Für diese Gruppen, wie auch für Gruppen aus der Musik- und Unterhaltungsbranche, die die Sendeplätze „zu mehr oder weniger versteckter Produktwerbung" nutzen wollten, stelle die Finanzierung ihrer Beiträge kein Problem dar. Dies müsse durch eine entsprechende unentgeltliche Förderung für weniger finanzstarke Kräfte ausgeglichen werden.[66]

b. Stellungnahme der Landesanstalt für Rundfunk

Die Landesanstalt für Rundfunk nimmt zunächst Stellung zur vertraglichen Gestaltbarkeit des gesetzlichen Prüfungsrechts für Bürgerbeiträge. Es sei allein Angelegenheit der Veranstaltergemeinschaft, wie sie die Programmverantwortung ausübe. Aus diesem Grund sei eine vertragliche Vereinbarung, daß die Beiträge der Gruppen vom Chefradakteur verantwortlich überprüft werden, rundfunkrechtlich unzulässig. Unbenommen sei allerdings die Möglichkeit der Veranstaltergemeinschaft, den Chefredakteur mit dieser Aufgabe *widerruflich* zu betrauen. Zum Themenkomplex der Produktionshilfen findet sich lediglich der Hinweis, daß die gesetzliche Pflicht der Betriebsgesellschaft, gemäß § 29 Abs. 2 Satz 3 Nr. 3 LRG NW Produktionshilfen zur Verfügung zu stellen, vertraglich nicht eingeschränkt werden dürfe.

Zur Unterbrechung der Bürgerbeiträge durch Werbung der Betriebsgesellschaft vertritt die Anstalt die Auffassung, daß der Veranstaltergemeinschaft kein Einfluß darauf zustehe, ob zu bestimmten, etwa von der Betriebsgesellschaft gewünschten Zeiten Werbeeinschaltungen vorgenommen werden können. Die Veranstaltergemeinschaft könne lediglich einen Wunsch auf eine entsprechende Unterbrechung gegenüber den Gruppen äußern, dem aber nicht entsprochen werden müsse.[67]

c. Bürgerradio in den abgeschlossenen Kooperationsverträgen

Die Kooperationsverträge in den untersuchten Verbreitungsgebieten übernehmen einheitlich den Regelungsvorschlag der B-Vertragsmuster, der das gesetzliche Prüfungsrecht der Veranstaltergemeinschaft im Innenverhältnis zur Betriebsgesellschaft zu einer Prüfungspflicht transformiert. Allerdings verzichten die Verträge hierbei auf eine Konkretisierung des Prüfungsumfangs und stellen lediglich auf den Gesetzeswortlaut ab. Bis auf zwei Ausnahmen fehlt auch die von den B-Mustern angeregte Mitteilungspflicht gegenüber der Betriebsgesellschaft im Fall einer Ablehnung eines Beitrags

65 DGB (Projekt Lokaler Rundfunk), Hinweise auf die wichtigsten Regelungen im Vertrag zwischen Veranstaltergemeinschaft und Betriebsgesellschaft, S. 7.

66 Ebd.

67 Vgl. zum Ganzen: LfR, Schriftliche Stellungnahme auf der Grundlage der Sitzung des Ausschusses für lokalen Rundfunk vom 03.10.1989, S. 13 sowie vom 31.10.1989, S. 3.

durch die Veranstaltergemeinschaft.[68] Die Verträge enthalten in fünf Fällen eine vertragliche Delegation des Prüfungsrechts auf den Chefredakteur bzw. eine von ihm benannte Person, die aber, entsprechend der Monita der Landesanstalt für Rundfunk, durch die Veranstaltergemeinschaft widerrufen werden kann.

Eine Gruppe von sechs der untersuchten Verträge greift die von den Musterverträgen nicht behandelte Problematik des Entscheidungsrechts der Landesanstalt für Rundfunk gemäß § 24 Abs. 7 auf. Die Verträge verpflichten die Veranstaltergemeinschaft für den Fall, daß die Landesanstalt für Rundfunk die Ausstrahlung eines Beitrages entgegen der Auffassung der Veranstaltergemeinschaft durchsetzt und die Veranstaltergemeinschaft einem entsprechenden Schadensersatzanspruch von Dritten ausgesetzt wird, zu einem Regreß gegenüber der Anstalt bzw. zur Abtretung der entsprechenden Rechte an die Betriebsgesellschaft.

Die im Vertrag von Rath-Glawatz angeregte Klausel, nach der durch die Bürgerfunkbeiträge die Ausstrahlung von Werbung „nicht tangiert" werden darf, ist in modifizierter Form in elf Verträgen Vertragsinhalt geworden. Diese Verträge enthalten eine Regelung, nach der die Ausstrahlung von Werbung lediglich zeitlich nicht tangiert werden darf und stellen insoweit klar, daß eine inhaltliche Beschränkung und Kontrolle der Beiträge im Hinblick auf nachteilige Auswirkungen auf Werbebeiträge auf benachbarten Sendeplätzen mit dieser Vertragsklausel nicht gemeint ist.[69] Ihren Regelungsgehalt erhält diese vertragliche Bestimmung im Zusammenhang mit der Rechtsauffassung der Landesanstalt für Rundfunk, die eine Unterbrechung von Bürgerfunkbeiträgen oder Blöcken ohne die Einwilligung der produzierenden Gruppen als unzulässig erachtet. Der Kooperationsvertrag verpflichtet die Veranstaltergemeinschaft insoweit, bei der Festlegung der Programmplätze für den Bürgerfunk die für die Ausstrahlung von Werbung im Programmschema vorgesehenen Programmplätze auch dann freizuhalten, wenn einzelne Beiträge in ihrer Länge auf diesen Sendeplätzen nicht untergebracht werden können.

Die Regelungsvorschläge der B-Musterverträge bilden letztlich auch die Grundlage der vertraglichen Ausgestaltung der Produktionshilfen der Veranstaltergemeinschaft an die Bürgergruppen. So sehen alle Verträge eine Verpflichtung der Veranstaltergemeinschaft vor, von den Gruppen im Falle

---

68 Eine derartige Klausel findet sich lediglich in Düsseldorf und Mönchengladbach.

69 Die im Rath-Glawatz-Vertrag vorgeschlagene Klausel schloß eine derartige Auslegung mit ein. Eine vertragliche Verpflichtung der Veranstaltergemeinschaft zur Prüfung der Bürgerbeiträge auf ihre Werbeverträglichkeit ist allerdings schon im Hinblick § 22 Abs. 1 Satz 2 LRG NW als rundfunkrechtlich unzulässig zu qualifizieren, vgl. DGB (Projekt Lokaler Rundfunk), Hinweise auf die wichtigsten Regelungen im Vertrag zwischen Veranstaltergemeinschaft und Betriebsgesellschaft, S. 6, 7.

einer Gewährung von Hilfen tatsächlich Entgelte zu verlangen.[70] Häufig wird die damit erforderliche Entgeltordnung der Veranstaltergemeinschaft entweder an ein Einvernehmen[71] oder aber zumindest an eine bloße Abstimmung[72] mit der Betriebsgesellschaft angebunden.[73]

3. Entgeltordnungen für die Gewährung von Produktionshilfen

Der gesetzliche Auftrag, im Falle einer Gewährung von Produktionshilfen an Bürgergruppen eine Entgeltordnung aufzustellen, ist, soweit ersichtlich, bis zum Abschluß der Erhebungen im Rahmen dieser Untersuchung in keinem der 24 untersuchten Verbreitungsgebiete erfüllt worden.[74] Eine Erklärung hierfür könnte darin liegen, daß anscheinend bisher in keinem Verbreitungsgebiet Produktionshilfen zur Verfügung gestellt wurden.[75]

4. Plazierung des Bürgerfunks in den Programmschemata

Die Aufteilung und Plazierung der Sendezeiten für die 15-Prozent-Gruppen sind durch die Veranstaltergemeinschaften in den Programmschemata festzulegen. Explizite Vorgaben machen dazu weder das LRG NW noch die Satzungen der LfR.

Die Festlegung der Sendeplätze für den Bürgerfunk wird sich typischerweise an zwei Kriterien orientieren. Zum einen werden sie im Regelfall innerhalb oder angrenzend an die lokale Sendezeit plaziert werden, um zu vermeiden, daß für das Abspielen der Bürgerfunk-Beiträge besondere Vorkehrungen in den Schichtplänen getroffen werden müssen. Zum anderen werden die typischerweise erwartbaren Reichweiten ein wesentlicher Gesichtspunkt sein. Eine Ausstrahlung dieser hinsichtlich ihrer Publikumsak-

---

70 In dem Vertrag in Bochum heißt es: „Die Veranstaltergemeinschaft *kann* Erstattung der Selbstkosten *zu verlangen*." Wahrscheinlich sollte der Wortlaut wie in allen anderen Verträgen „hat zu verlangen" lauten. Dieser sprachliche Lapsus oder auch Tippfehler scheint zu verdeutlichen, daß eine abweichende Klausel („kann verlangen") bei der Aushandlung des Vertrags zumindest in der Diskussion war.

71 So in sechs Verträgen.

72 So in zwölf Verträgen.

73 Eine besondere Regelung für die Entgeltordnung trifft der Vertrag in Köln, der in der von der Veranstaltergemeinschaft im Grundsatz eigenständig aufzustellenden Entgeltordnung eine Sicherstellung verlangt, daß 80 v.H. der insoweit unmittelbar anfallenden Kosten von den Gruppen erstattet werden. Die Verpflichtung der Betriebsgesellschaft gem. § 29 Abs. 2 Satz 3 Nr. 3 LRG NW soll sich insoweit auf die Deckung der verbleibenden 20 v.H. der Kosten beschränken.

74 Bei einer im Rahmen dieser Untersuchung durchgeführten Anfrage an alle Veranstaltergemeinschaften ist trotz expliziter Anforderung in keinem Fall eine Entgeltordnung übersandt worden.

75 Vgl. FK 18/1991, S. 6.

zeptanz nicht kalkulierbaren Beiträge in den Zeiten mit hohen Reichweiten, insbesondere den Morgenstunden, könnte die Publikumsakzeptanz nachhaltig gefährden, und zwar insbesondere dann, wenn die Anwendung der Akzeptanzklausel des § 24 Abs. 1 Satz 4, 2. Halbsatz LRG NW auf die Beiträge des Bürgerfunks umstritten ist. Andererseits wird der Sinn des Bürgerfunks unterlaufen, wenn er zu Sendezeiten ausgestrahlt wird, in denen aufgrund der Hörergewohnheiten ein nennenswertes Publikum nicht erwartet werden kann und er wie der Offene Kanal in Kabelanlagen eher zur medienpädagogischen Übung für die Beteiligten wird.[76]

Betrachtet man die Programmschemata der 22 bis zum Februar 1991 lizenzierten Verbreitungsgebiete[77] sowie der Verbreitungsgebiete Köln und Coesfeld, so ist deutlich sichtbar, daß diese Gesichtspunkte bei der Festlegung der Sendezeiten offenbar eine maßgebliche Rolle gespielt haben. Nur in weniger als einem Drittel der Programmschemata ist Bürgerfunk in der reichweitenstarken Sendezeit am Morgen bzw. am Vormittag plaziert, und nur in einem Fall mit mehr als einer halben Stunde. Die bevorzugte Sendezeit für den Bürgerfunk ist fast durchweg die Zeit ab 18 Uhr, zu der die Reichweiten des Radios im allgemeinen deutlich abnehmen.[78] In zwei Verbreitungsgebieten wurden in den Programmschemata auch Bürgerfunk-Sendeplätze am frühen Morgen vor 6 Uhr festgelegt; diese Festlegungen sind jedoch inzwischen revidiert worden.[79] In der Mehrzahl der Fälle wird der Bürgerfunk unmittelbar im Anschluß an die letzte redaktionelle Sendung gesetzt, so daß für die Arbeitsplanung keine Unterbrechungen entstehen. Ein Sonderfall ist das Verbreitungsgebiet Mettmann, das in seinem Programmschema über den ganzen Tagesablauf zahlreiche kurze Bürgerfunk-Plätze von drei bis fünf Minuten Dauer eingebaut hat, so daß die Gruppen im Prinzip die Möglichkeit haben, kurze Wortbeiträge in den reichweitenstarken Sendezeiten zu plazieren, ohne daß damit der Magazincharakter des Programms und die Einheitlichkeit der Musikfarbe gefährdet würde.

---

76 Vgl. nur Landesregierung NW, Der Offene Kanal, S. 51: „Die Produkte haben für die Kommunikationshelfer nur eine zweitrangige Bedeutung. Viel wichtiger sind ihnen Interaktion und gruppendynamische Prozesse während des Produzierens oder auch während der Sendung. Der medienpädagogische Hintergrund der meisten Kommunikationshelfer wird hier sichtbar.“ Für die Produzenten der Beiträge im Kabelpilotprojekt Dortmund war zugleich das über die Ausstrahlung des Programms im Pilotprojekt erreichbare disperse Publikum häufig nicht die primäre Zielgruppe, vielmehr wurden die Sendungen mitgeschnitten und in gesonderten Vorführungen verbreitet; ebd., S. 131 ff.

77 Grundlage der Auswertungen ist der Materialstand Februar 1991; für Köln und Coesfeld die der Lizenzierung zugrundegelegten Programmschemata vom 04.02.1991 bzw. vom 14.05.1991.

78 Kiefer, Massenkommunikation III, S. 36 ff.

79 Eine aktuelle Übersicht mit Stand vom August 1991 liefert Rieger, Forschungsprojekt Integrationsfähigkeit von 15-Prozent-Gruppen, Zwischenbericht, S. 11 ff.

Eine grafische Übersicht über die Plazierung der Bürgerfunk-Beiträge an den Wochentagen Montag bis Freitag bietet die nachfolgende Abbildung, die nach dem Beginn der ersten Bürgerfunk-Sendeplätze geordnet ist. Für die Wochenenden sei auf die grafischen Darstellungen der Programmschemata oben in § 7 III. 2. b. verwiesen.

Programmschemata Montag – Freitag, sortiert nach Bürgerfunk-Plazierung (Stand: Februar 1991)

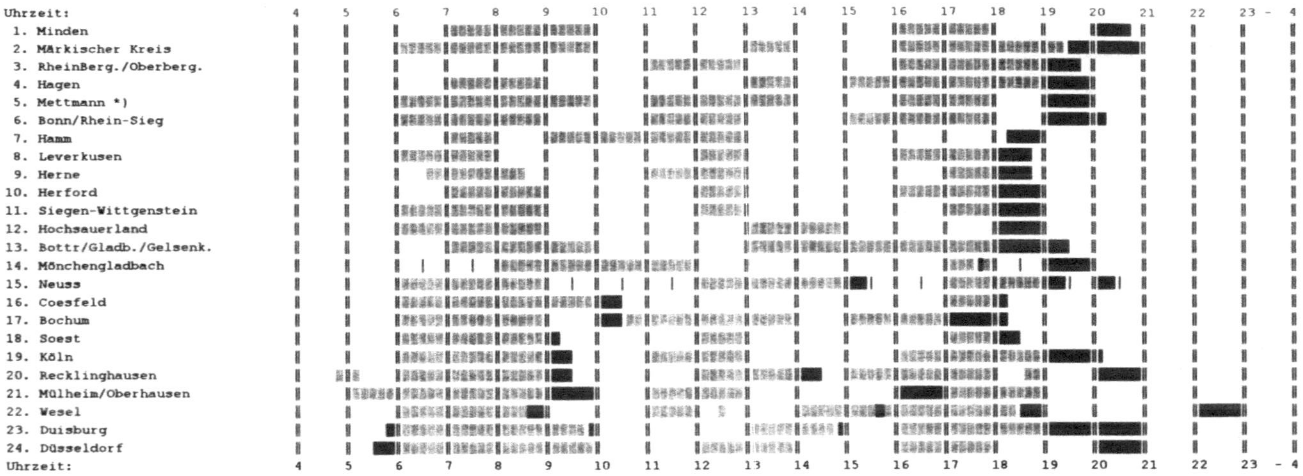

Legende: Lokales Programm ‖ Überregionale Werbung und Nachrichten ■ Bürgerfunk | Lokale Nachrichten im Rahmenprogramm

*) Zusätzl. mehrere kurze Bürgerfunk-Sendeplätze

III. Fallstudien

1. Wesel

a. Interessenvertretung der 15-Prozent-Gruppen

Im Dezember 1986, etwa zeitgleich mit der Verabschiedung des Landesrundfunkgesetzes, wurde der Förderverein Radio Kreis Wesel gegründet. Die Gründung des Vereins ging zurück auf die Initiative von medienpolitisch Interessierten insbesondere im Altkreis Moers. Der Verein wurde anfänglich personell vor allem getragen von SPD-Mitgliedern, die nicht einen kommerziellen, sondern einen gemeinnützigen Rundfunk anstrebten. Frühzeitig wurden jedoch auch Interessenten aus der CDU einbezogen, und für das Amt des Vorsitzenden wurde als integrative Gallionsfigur ein Sparkassendirektor gewonnen. „Gegengründungen" anderer Fördervereine, wie sie in verschiedenen Verbreitungsgebieten vorgekommen sind, hat es deshalb im Kreis Wesel nicht gegeben.[80]

Die Zielsetzung des Fördervereins war zunächst nicht spezifisch auf den Bürgerfunk, sondern auf den Lokalfunk allgemein gerichtet, er sollte den Lokalfunk organisatorisch und wirtschaftlich unterstützen und für Akzeptanz in der Öffentlichkeit sorgen. Der Förderverein war es auch, der die Gründung der Veranstaltergemeinschaft initiiert und ihre Arbeit vorfinanziert hat; er ist zudem mit der Veranstaltergemeinschaft personell so weitgehend verflochten, daß nach Aussage des Vorsitzenden der Veranstaltergemeinschaft die Hälfte der VG-Mitglieder zuvor bereits Gründungsmitglieder des Fördervereins waren.

Seit 1988 hat sich der Förderverein die Betreuung der 15-Prozent-Gruppen zur vorrangigen Aufgabe gemacht und sich darum bemüht, die Volkshochschulen für diese Aufgabe zu gewinnen.[81] Im Mai 1989 hat der Förderverein eine medienpädagogische Beraterin für den Aufbau des Bürgerfunks im Kreis Wesel eingestellt, d.h. vor allem für die Betreuung und Koordination der 15-Prozent-Gruppen.[82] Finanziert wurde die Stelle zunächst als Ar-

---

80 Vgl. demgegenüber Köln, wo als Gegengewicht zu dem politisch eher links angesiedelten Verein „Freier Lokalrundfunk Köln" (FLoK) der „Förderverein des lokalen Rundfunks Köln" gegründet wurde. Eine von der LfR erstellte Liste der Radio-Fördervereine in Nordrhein-Westfalen mit Stand von September 1988 weist zwar einen zweiten Verein namens „Freunde der Welle Wesel" mit Sitz in der Kreisstadt Wesel aus, dieser Verein besteht jedoch anscheinend nicht mehr, und er hat offenbar keine nachhaltigen Aktivitäten entfaltet.

81 Nicht bei allen Volkshochschulen hatte dieses Bemühen gleichen Erfolg; zur ablehnenden Haltung der Volkshochschule Dinslaken-Voerde-Hünxe vgl. „Das ist ein Faß ohne Boden", Rheinische Post Dinslaken, 18.11.1988.

82 Vgl. zum Ablauf näher die Darstellung bei Wedel, Wo bitte gehts zum Radio?, S. 7 ff.

beitsbeschaffungsmaßnahme zu 100 Prozent aus Mitteln der Arbeitsverwaltung.[83]

Von den vier Volkshochschulen im Kreisgebiet haben die Volkshochschule in Wesel und die Volkshochschule in Moers im Jahre 1989 mit erheblichen Investitionen jeweils ein eigenes Studio für die Produktion von Bürgerfunk-Beiträgen eingerichtet und in Zusammenarbeit mit dem Förderverein Kurse durchgeführt. Ein ausgeprägtes Engagement der Kirchen in Sachen Bürgerfunk hat es im Kreis Wesel offenbar nicht gegeben.

b. Einbettung in das Programmschema

Im Programmschema des Lokalsenders im Kreis Wesel war der Bürgerfunk von Anfang an mit zwei Stunden täglich ausgewiesen. Zwar beträgt die eigenproduzierte lokale Sendezeit (ohne Bürgerfunk) nur acht Stunden täglich, so daß ein Anteil von 15 Prozent lediglich 72 Minuten ausgemacht hätte. Die Veranstaltergemeinschaft hatte jedoch eine Lizenz für ein lokales Programm von 16 Stunden täglich[84] erhalten, die zur Hälfte durch Programmzulieferungen von Radio NRW bestritten wurden. Dementsprechend war die Dauer des Bürgerfunks aufgrund der lokal lizenzierten Sendezeit zu bemessen. Mittlerweile ist die Lizenz für Radio Kreis Wesel geändert und dem tatsächlich lokal erstellten Programm angepaßt; dessen ungeachtet hat die Veranstaltergemeinschaft in ihrem Programmschema weiterhin freiwillig täglich zwei Stunden ihrer Sendezeit für das Bürgerradio zur Verfügung gestellt.

Bei der Plazierung des Bürgerradios im Programmschema wurden täglich vier verschiedene Sendeplätze vorgesehen, teilweise zu sehr reichweitenstarken Sendezeiten:

- 15 Minuten zwischen 8 und 9 Uhr im Morgenmagazin
- 15 Minuten zwischen 14 und 15 Uhr im Jugendmagazin
- 30 Minuten zwischen 18 und 19 Uhr im Abendmagazin
- 60 Minuten nachts nach 22 Uhr.

83 Mit dieser Finanzierung ist der Kreis Wesel kein Sonderfall; vgl. Bischoff/Luppatsch, Wohin mit der Radio-Aktivität?, Medium 2/1991, S. 47: „In der Realität tritt zur Zeit die Bundesanstalt für Arbeit als Hauptsponsor für diese Art von Gegenöffentlichkeit auf, mit dem sich nordrhein-westfälische Sozialdemokraten gern nach außen hin schmücken. Schon vor längerer Zeit hatte die LfR nämlich Vereinbarungen mit dem Landesarbeitsamt getroffen, um die Beschäftigung von medienpädagogischem Personal in den Radiowerkstätten über Arbeitsbeschaffungsmittel abzusichern."

84 zuzüglich Bürgerfunk.

Am Wochenende sind die Sendezeiten am Samstagvormittag von 8.40 bis 8.55 Uhr und von 14.30 bis 14.55 Uhr; am Sonntag von 15.04 bis 15.56 Uhr und 19.04 bis 19.56 Uhr.[85]

Auf dem Sendeplatz morgens werden montags, mittwochs und freitags die sogenannten Bürgerfunk-Nachrichten ausgestrahlt. Hier haben Gruppen und Vereine die Möglichkeit, kurze Meldungen einzugeben, die von der Medienpädagogin zusammengestellt und live durchgegeben werden; damit ist hier auch – allerdings nicht für die 15-Prozent-Gruppen unmittelbar zugänglich – die Möglichkeit der Live-Sendung im Bürgerfunk eröffnet. Im Rahmen dieser Bürgerfunk-Nachrichten wird auch das Programm der anderen Sendungen des Bürgerfunks angekündigt.

Der Sendeplatz am späten Abend wurde vorwiegend für längere Musiksendungen genutzt, war allerdings insofern problematisch, als für die Abspielung lange nach Dienstschluß in der Redaktion freie Mitarbeiter eingesetzt werden mußten. Inzwischen hat die Veranstaltergemeinschaft deshalb den letzten Block vorverlegt auf die Zeit zwischen 19 und 20 Uhr.

Bei der Abwicklung des Bürgerradios übernimmt die beim Förderverein angestellte Medienpädagogin in Abstimmung mit der Redaktion eine quasi redaktionelle Funktion; sie nutzt dabei die Möglichkeiten, die die unterschiedlichen Sendeplätze bieten, um die Beiträge der Gruppen abgestimmt auf das Programmumfeld zu plazieren:

> „Wir wollen auch versuchen, das möglichst so zu plazieren, daß es schön ins Programm paßt, also wenn wir Jugendsendungen haben, daß wir die dann auch ins Jugendprogramm integrieren. Das bietet sich auch an, weil wir eine relativ gute Auswahl von Sendeplätzen haben. Und die zweite Kontaktmöglichkeit, die sich eigentlich auch bewährt hat, sind die Bürgerfunk-Nachrichten, die wir montags, mittwochs und freitags anbieten, das ist ein Service für Vereine, Aktuelles und Interessantes rüberzubringen."

Das Prinzip der Warteschlange, das von der Nutzungssatzung der Landesanstalt für Rundfunk in Anknüpfung an die Regeln für Offene Kanäle in Kabelanlagen als Kriterium für die Ausstrahlung der Beiträge vorgegeben ist, wird dabei offenbar im Konsens der Beteiligten beiseite gelassen.

c. Produktionshilfen

Die Produktion der 15-Prozent-Beiträge des Bürgerfunks erfolgt im Kreis Wesel gänzlich unabhängig von den technischen Kapazitäten des lokalen Senders. Produktionshilfen, wie sie das LRG NW vorsieht, werden weder direkt von der Veranstaltergemeinschaft noch von der Betriebsgesellschaft

85 Diese Zeiten mit Stand vom August 1991 nach Rieger, Forschungsbericht Integrationsfähigkeit von 15-Prozent-Gruppen, Zwischenbericht, S. 15.

bereitgestellt, sie werden offenbar angesichts anderweitig bestehender Angebote auch nicht nachgefragt.

Der Förderverein Radio Kreis Wesel ist noch im Jahre 1987 aktiv geworden, um die Volkshochschulen zu einem Engagement für den Bürgerfunk zu bewegen. Die Volkshochschule Moers/Neukirchen-Vluyn/Kamp-Lintfort, deren Leiter kurz zuvor als Mitglied für den Bereich Bildung und Wissenschaft in die Veranstaltergemeinschaft kooptiert worden war, hat bereits im September einen Gesprächskreis für Interessenten am Bürgerfunk eingerichtet und einen Beschluß des VHS-Beirats herbeigeführt, der eine Unterstützung des Bürgerfunks durch Studiotechnik und Personal vorsah. Die Finanzierung sollte jedoch nicht aus Mitteln der Volkshochschule, sondern aus Fördermitteln der LfR und durch Arbeitsbeschaffungsmaßnahmen erfolgen.[86] Später sind allerdings doch seitens der Volkshochschulen in Moers und in Wesel beträchtliche Investitionsmittel bereitgestellt worden, nicht jedoch in den beiden anderen Volkshochschulen des Kreisgebietes, Dinslaken und Rheinberg.

Der Vorsitzende der Veranstaltergemeinschaft schildert den Ablauf der Entscheidungen in Sachen Produktionskapazitäten für den Bürgerfunk wie folgt:

„Wir haben dann im Vorfeld sofort gemerkt bei unseren Besuchen: So, wie sich der Gesetzgeber das hier vorgestellt hat mit Produktionshilfen, daß die Gruppen im Studio produzieren können, war das gar nicht machbar. Denn dann konnten weder die Gruppen ordentlich arbeiten, noch die Redaktionen. Wir haben dann in Verhandlungen mit den Kommunen und mit so einer Arbeitsteilung erreicht, daß einmal hier in Moers ein Studio entstand und ein Studio in Wesel, jeweils bei der Volkshochschule, weil wir gesagt haben, das ist so der neutralste Platz, da fühlt sich jeder wohl, da braucht er weder parteilich noch geldlich Berührungsängste zu haben. Wir haben das dann so gemacht, daß der Förderverein ... die Personalkosten übernimmt und die Städte die Materialkosten, also Investitionen und nachher Bandmaterial, da war ja die Förderungssatzung für die 15-Prozent-Gruppen noch gar nicht verabschiedet. Und dann haben wir Kurse an den Volkshochschulen angeboten, sowohl Technik wie auch Journalismus, um die Bürger zu qualifizieren, die dann daran Spaß hätten, sowohl in Wesel als auch in Moers. Und die Ausstattung der Studios war so gut, daß wir unsere Jingle-Produktion in diesen Studios der Volkshochschule gemacht haben, weil die sämtlichen Profi-Bedingungen entsprechen."

Da seitens der Veranstaltergemeinschaft Produktionshilfen faktisch nicht bereitgestellt werden, entfällt hier auch die sachliche Notwendigkeit für eine Entgeltordnung gemäß § 24 Abs. 6 LRG NW, die die Erstattung der Selbstkosten für diese Produktionshilfen regelt. Dazu wiederum der VG-Vorsitzende:

86 Rheinische Post Moers 26.09.1987; NRZ/WAZ Moers 26.09.1987.

„Bei uns trifft es überhaupt nicht zu. Weil wir der Meinung sind, es ist unsinnig, daß die da überhaupt erst arbeiten, haben wir denen ja zwei andere Dinge zur Verfügung gestellt. Wir werden jetzt aber wohl doch eine Entgeltordnung aufstellen: es könnte ja mal einer kommen, der sagt, laut Gesetz sollt ihr. ... Einige bei uns sagen, macht doch eine Entgeltordnung und die macht ihr so hoch, dann schreckt das so ab, daß die dann doch dahin gehen, was ihr vorgesehen habt. Ich halte das eigentlich für müßig. Ich habe gesagt, wir brauchen keine Entgeltordnung, denn wir haben dem Gesetz Genüge getan, haben da diese beiden Dinge vorgesehen, und die laufen. Und da kann jeder, der will, und zwar viel besser als bei uns."

d. Erste Erfahrungen

Das Themenspektrum, das im Bürgerfunk im Kreis Wesel angesprochen wird, ist ausgesprochen vielfältig. Es kann an dieser Stelle nicht systematisch ausgewertet werden.[87] Eine Liste von Beispielen aus dem ersten halben Jahr mag aber einen Eindruck von der Bandbreite geben;[88] es fällt aber auch auf, daß diese Titel nicht von vornherein auf konfliktträchtige, umstrittene Themen hinweisen:

- Gut gesichert – sicher wohnen
- Top-Bands von A bis Z
- Alternative Heiztechniken
- Kegelsport
- Kinderkulturtage Neukirchen-Vluyn
- Kindergeschichten
- Nachlese zur Kirmes in Hamminkeln
- 25 Jahre Realschule Rheinberg
- ungeschützte Beschäftigungsverhältnisse
- Diebels Supercup (Springreiten)
- Musik für Kinder
- Vogelausstellung in Wesel
- Hitparade
- Rheinberger Bürger helfen in Sri Lanka
- Moerser Meinungsmagazin
- Mit 40 zu alt für einen Job?
- Skat-Club
- Benefizspiel eines Fußballvereins
- Sportmagazin
- Junggesellen-Schützenverein
- Informationen zum Bundesgrenzschutz.

---

87 Vgl. dazu das an der Universität Münster von Angela Rieger parallel durchgeführte Forschungsprojekt „Integrationsfähigkeit von 15-Prozent-Gruppen in kommerziellen Lokalradios in Nordrhein-Westfalen".

88 Mündliche Mitteilung der Medienpädagogin des Fördervereins, Maria von Wedel.

Die Sendeplätze, die für den Bürgerfunk zur Verfügung stehen, sind 15 Minuten, 25 Minuten und 52 Minuten lang, und in der Regel sind die Beiträge in der Länge bereits darauf abgestimmt, einen solchen Sendeplatz vollständig zu belegen. Die Sendezeiten, die für das Bürgerradio zur Verfügung stehen, werden seit dem Sendestart zum großen Teil auch tatsächlich in Anspruch genommen. Den aktuellsten Stand dazu hat Rieger recherchiert, danach liegt die Auslastung bei etwa 80 Prozent.[89]

Offene Konflikte um die Ausstrahlung einzelner Beiträge sind im Kreis Wesel offenbar sehr selten; im ersten halben Jahr wurde nach Aussagen der Chefredakteurin nur ein Beitrag förmlich abgelehnt, weil er unzulässigerweise Werbung enthielt. Häufiger ist es allerdings vorgekommen, daß informell Nachbesserungen gefordert und auch vorgenommen wurden, als beispielsweise eine Gruppe sich in ihrem Beitrag als „Streikfunk der FH Niederrhein“ bezeichnet hatte und damit der Eindruck hätte entstehen können, daß auf der Frequenz des Lokalsenders ein Piratensender aktiv ist.[90]

Alles in allem wurde der Bürgerfunk im Verbreitungsgebiet Wesel von unseren Interviewpartnern positiv bewertet und als Bereicherung des Programms angesehen. Der Vorsitzende der Veranstaltergemeinschaft resümiert die ersten Erfahrungen wie folgt:

> „Und da der Bürgerfunk bei uns so gut klappt und er zum Teil wirklich eine Bereicherung ist, denn die vertiefen doch manches, was eine Redaktion nur anreißen kann. Wir haben natürlich manchmal auch anspruchslose Dinge da bei den Gruppen, aber bisher ist es so, daß wir weder aus Qualitätsgründen der technischen Art noch aus Qualitätsgründen anderer Art einen Beitrag haben ablehnen müssen.“

2. *Köln*

a. Interessenvertretung der 15-Prozent-Gruppen

Im Verbreitungsgebiet Köln wurde schon im Sommer 1985, während der Diskussion um das künftige Landesrundfunkgesetz, der Verein „Freier Lokalrundfunk Köln“ gegründet. Die Vorstandsmitglieder des Vereins stammten in erster Linie aus dem gewerkschaftlichen und sozialdemokratischen Umfeld.[91] Ziel des Vereins war es, kommerziellen Lokalfunk – insbesondere von den örtlichen Verlegern getragenen Lokalfunk – zu verhindern,

---

89 Rieger, Zwischenbericht, S. 15.

90 Ein entsprechender Fall ist auch im Verbreitungsgebiet Köln vorgekommen, wo eine Gruppe unter dem Namen „Radio Tilla“ aufgetreten ist und der Chefredakteur deshalb einen Beitrag abgelehnt hat, vgl. Salm, Zensur beim Bürgerfunk, StadtRevue Köln 7/1991, S. 25.

91 Vgl. dazu und zum folgenden: „Wir machen unseren Rundfunk selber - Kampfansage an Neven DuMont“, Kölner Volksblatt 6/1985, abgedruckt in: FLoK-Info 1, 1985, S. 6 ff.

stattdessen selbst eine Zulassung anzustreben und als „Bürgerfunk" auch Laien den Zugang zum Medium Rundfunk zu eröffnen.

Ende 1986 wurden im Zuge des Gesetzgebungsverfahrens die Konturen des späteren LRG NW sichtbar, die es nicht mehr als aussichtsreich erscheinen ließen, daß der Verein selbst als Rundfunkveranstalter würde auftreten können. Er hat sich in der Folgezeit auf drei Wegen um den Lokalfunk in Köln bemüht: Erstens hat er sich die Qualifizierung und Förderung der 15 Prozent-Gruppen zur Aufgabe gemacht und bereits seit 1986 in Zusammenarbeit mit der Volkshochschule Kurse angeboten,[92] zweitens hat er sich erfolgreich darum bemüht, das Mandat der Fördervereine in der Veranstaltergemeinschaft durch eines seiner Mitglieder wahrzunehmen, drittens hat er seine Mitglieder aufgefordert, sich im Kontext anderer entsendungsberechtigter Stellen um den Lokalfunk zu bemühen. Auch dieses Vorgehen war erfolgreich; es sind fünf Mitglieder der Veranstaltergemeinschaft auch Mitglied im FLoK.

Parallel zu den Aktivitäten des FLoK entwickelten sich in Köln weitere Initiativen für den Bürgerfunk. Als politisches Gegengewicht zum FLoK wurde der Förderverein lokaler Rundfunk Köln e.V. gegründet, außerdem begannen auch die Evangelische Kirche, die Katholische Kirche, die Volkshochschule und der Arbeitskreis Kultur des DGB ein eigenes Engagement in Sachen Bürgerfunk.[93] Im Dezember 1988 veranstalteten diese Organisationen gemeinsam die mit Mitteln der LfR geförderten „Ehrenfelder Radiotage"; seitdem arbeiten sie in der Arbeitsgemeinschaft Bürgerradio (ARGE) zusammen. Im Frühjahr 1990 ist als siebte Organisation der Jugendfilmclub hinzugekommen.

Die Arbeitsgemeinschaft hat gegenüber der Veranstaltergemeinschaft das Interesse an einer günstigen Plazierung der Bürgerfunk-Beiträge im Programm vertreten; zugleich hat sie angeboten, für die Veranstaltergemeinschaft die Produktionshilfen bereitzustellen und die Abwicklung der 15-

---

92 Vgl. die Darstellung bei Füser/Zahlten, Local Heroes, Interessenorganisation des Bürgerfunks, S. 53 ff.

93 Vgl. die grundsätzliche Kritik von Birkholz, Verleger als Finanziers von Gegenöffentlichkeit?, S. 37: „Von Ausnahmen abgesehen, haben bei den Fördervereinen wieder die, die schon immer zugegriffen haben, auch dieses Mal zugegriffen. Ich nenne sie möglichst gleichgewichtig verteilt: die Gewerkschaften, die Arbeitgeber, die Kirchen und ihre ‚Tarnorganisationen'. Sie haben nun Fördervereine gegründet, und es gibt welche, die stehen dann den Arbeitgebern näher, und welche, die größere Nähe zu den Selbsthilfegruppen haben, meistens unter dem Protektorat bekannter großer und wohlhabender Einrichtungen, zum Beispiel gewerkschaftlicher Provenienz. Das Gesetz schließt zwar eigentlich genau diese Gruppen aus dem 15-Prozent-Bereich aus, aber bei dem Gruppen- und Kulturbegriff, den der Gesetzgeber uns hinterlassen hat, ist das sehr leicht zu unterlaufen. Es sind dieselben, die hier als Hilfesteller der 15-Prozent-Gruppen auftreten, die auch immer schon im Rundfunkrat des WDR vertreten sind."

Prozent-Beiträge zu übernehmen, wie dies nach § 7 Abs. 2 der Nutzungssatzung der LfR grundsätzlich zulässig ist.

Sie folgt damit dem Vorschlag des Vorsitzenden der Rundfunkkommission, die Organisation des Bürgerfunks weitgehend einer Arbeitsgemeinschaft der Radiowerkstätten zu übertragen:

„Für die Veranstaltergemeinschaft ist die Existenz solcher ‚Radiowerkstätten' in mehrfacher Hinsicht vorteilhaft: Der hektische Alltagsbetrieb der Redaktion soll von den Produktionshilfen entlastet werden. Dadurch müßte keine zusätzliche Organisation für die Produktionshilfen geschaffen werden. Auch die Organisation des Schlangenprinzips könnte auf die Arbeitsgemeinschaft übertragen werden. Die Veranstaltergemeinschaft kann komplette Sendebänder in der auf den jeweiligen Sendeplatz zugeschnittenen Länge erhalten. Die Diskussion über die Gestaltung von Sendebeiträgen wird in die Arbeitsgemeinschaft verlegt, die Veranstaltergemeinschaft vermeidet damit mögliche Bewertungskonflikte." [94]

b. Erwartungen an die 15-Prozent-Gruppen

Diese Konzeption, die zu einer finanziellen Förderung und zu einer inhaltlichen Selbstregulierung des Bürgerfunks führen soll, antizipiert Konflikte um den Bürgerfunk, die bald nach Sendestart vor allem im Verbreitungsgebiet Duisburg[95] aufgetreten sind und auch bei anderen Beteiligten negative Erwartungen geweckt haben.[96] In Köln bestand insbesondere bei der Betriebsgesellschaft die Besorgnis, daß die Akzeptanz des Programms durch die Beiträge im Bürgerfunk gestört werden könnte:

„Soweit Beiträge dieser Gruppen nicht darauf ausgerichtet sind, von den Hörern angenommen zu werden (Massenakzeptanz gem. § 24 Abs. 1 LRG NW), sind die Interessen von VG und BG nachhaltig berührt."[97]

Ein zentrales Problem wurde vor allem seitens der Betriebsgesellschaft darin gesehen, daß die Beiträge in der Reihenfolge des Eingangs, also nach dem Prinzip der Schlange ausgestrahlt werden sollten und eine redaktionelle Auswahl und Zusammenstellung nicht möglich war. Dazu ein maßgeblicher Vertreter der Betriebsgesellschaft:

„Wenn es also nicht gelingt, das Schlangenprinzip, ob jetzt in seiner separierten oder seiner Gesamtform, zu durchbrechen, indem man z.B. dem Chefredakteur eine

---

94 Hellwig, Chancen für den Bürgerfunk, epd 25/1990, S. 17.

95 Vgl. Piper, Alles zu seiner Zeit, S. 46 ff.; Müller-Gerbes, Terror in der Nische, epd 84/1990, S. 6 ff.; Wankell, Reichlich Konfliktstoff für NRW-Lokalfunker, Medien Bulletin 13/1990, S. 48.

96 Vgl. statt anderer Böhnke, Kuckucksei im Lokalfunknest?, VLR-Info 3/1990, S. 1: „Über nichts wird in der Szene so viel gesprochen wie über die neuesten ‚Klöpse', die sich manche Gruppen leisten."

97 Schreiben der Radio Köln GmbH an die Autoren vom 6. Mai 1991.

Auswahlmöglichkeit eröffnet, wird das Programm auf Dauer keine Akzeptanz finden können."[98]

Auch bei einem Teil der Mitglieder der Veranstaltergemeinschaft hat es offenbar derartige Befürchtungen gegeben. Für einen anderen Teil, nämlich zumindest die Vertreter des Radiovereins FLoK, war demgegenüber die Möglichkeit des Bürgerfunks die eigentliche Errungenschaft, die vom ursprünglich angestrebten gemeinnützigen Rundfunk noch geblieben war; der Bürgerfunk war „der Restbestand des Gesetzes", wie es ein Mitglied der Veranstaltergemeinschaft formulierte.

c. Einbettung in das Programmschema

Bei der Verabschiedung des Programmschemas durch die Veranstaltergemeinschaft in Köln war die Einbettung des Bürgerfunks der zentrale Konfliktpunkt, nachdem im übrigen ein massenattraktives Fließprogramm festgelegt worden war.[99] Parallel zur Diskussion um die Programmdauer – es war noch ein lokales Programm zwischen acht und zehn Stunden täglich in der Diskussion – wurden Umfang und Plazierung des Bürgerfunks erörtert. Hinsichtlich des Umfangs hat es rasch ein Entgegenkommen gegeben: die Dauer des Bürgerfunks sollte, unabhängig davon, ob die lokale Sendezeit auf acht oder auf zehn Stunden festgelegt würde, 90 Minuten betragen. Damit sollte offenbar jenen, die an einem ausgedehnten Bürgerfunk interessiert waren, erleichtert werden, einer zunächst relativ geringen lokalen Sendezeit zuzustimmen.

Sehr viel langwieriger war die Entscheidung über die Plazierung des Bürgerradios. In einem Schreiben an alle Mitglieder der Veranstaltergemeinschaft hatte die Arbeitsgemeinschaft Bürgerfunk nachdrücklich eine günstige Plazierung des Bürgerfunks auch zu reichweitenstarken Sendezeiten gefordert:

„Für die Verabschiedung des Programmschemas erwarten wir:
Ausgehend von dem Wunsch des Gesetzgebers, den innovativen 15-Prozent-Bereich möglichst vielen Bürgerinnen und Bürgern als Macher/in und Hörer/in zu eröffnen, ist eine Plazierung dieses Bereichs zu unterschiedlichen Tageszeiten unabdingbar.
Bei einem Programmanteil von 90 Min. pro Tag sollte es
einen 15-Prozent-Block von 20 Min. am Vormittag (6.00-9.00 Uhr),
einen Block von 20 Min. am Nachmittag (13.00-18.00 Uhr), sowie
einen Block von 50 Min. (19.00-21.00 Uhr) am Abend geben.

98 Birkholz, Verleger als Finanziers von Gegenöffentlichkeit?, S. 38.
99 S.o. § 7.

Für den Block am Vormittag sowie für einen Nachmittagsblock pro Woche könnte die ARGE unter bestimmten Voraussetzungen die Organisation und Realisierung der Beiträge in angemessener technischer und journalistischer Qualität sicherstellen." [100]

Die Radiowerkstätten haben damit das Problem der Qualitätssicherung und die daraus folgenden Risiken für die Akzeptanz als solches anerkannt und angeboten, partiell durch eigene redaktionelle Arbeit die Qualität zu gewährleisten. Für die Betriebsgesellschaft war aber damit das Problem nicht ausgeräumt, daß im Prinzip nach dem Grundsatz der Warteschlange auch andere Anspruch auf diese Sendeplätze erheben könnten – und möglicherweise die Qualitätsvorstellungen der Radiowerkstätten von denen der Redaktion oder des Publikums zu sehr abweichen. Sie hat deshalb ein anderes Modell vorgeschlagen:

„Die Betriebsgesellschaften, mit denen ich zu tun habe, sind zu dem Ergebnis gekommen, daß man dieses Prinzip nur durchbrechen kann, wenn man unterschiedliche Sendeplätze schafft: einen sozusagen einklagbaren offiziellen, der in einer Zeit liegt, in der die Hörfunknutzung so aussieht, daß die Leute gezielt zuhören, daß Minderheiten zuhören, die genau solche Angebote haben wollen. Daneben könnte man möglicherweise Sendeplätze schaffen, die das Landesrundfunkgesetz so nicht vorsieht, zu deren Füllung der Chefredakteur verpflichtet ist, was natürlich in einer Dienstanweisung zu regeln wäre, d.h., Beiträge aus dem 15-Prozent-Bereich vorzusehen, aber eben mit einer ganz stark inhaltlichen publizistischen, also einer qualitativen Auswahl. Dies könnte natürlich in Abstimmung mit der Veranstaltergemeinschaft und den Gruppen erfolgen. Der Chefredakteuer wäre hierbei zwar daran gebunden, diese Beiträge auch auf diesen Sendeplätzen zu senden, er wäre aber nicht dem Schlangenprinzip verpflichtet. Und wir würden darüber hinaus gehen und sagen, das soll dann auch bezahlt werden. Das soll dann auch behandelt werden wie ein journalistischer Beitrag. Allerdings auch mit dem Quellenverweis, in dem gesagt wird, das ist ein Beitrag der Gruppe XY."[101]

Ein solcher Vorschlag ist auch in Köln unterbreitet worden: Es sollten den Radiowerkstätten täglich bis zu 40 Minuten unter der Regie des Chefredakteurs in günstigen Sendezeiten zur Verfügung stehen und honoriert werden. Dieser Vorschlag ist in der Arbeitsgemeinschaft Bürgerfunk diskutiert und schließlich abgelehnt worden, wie ein Mitglied der Arbeitsgemeinschaft erläutert:

„Insofern gab es diese Diskussion: nehmen wir diese 40 Minuten? Und wir haben uns dann in der Arbeitsgemeinschaft einstimmig dafür ausgesprochen, sie nicht anzunehmen, weil das nicht im Sinne dessen ist, was wir wollen. Und wir wollen auch

---

100 Schreiben der „Arbeitsgemeinschaft Bürgerradio Köln" (ARGE) an die Mitglieder der Veranstaltergemeinschaft für das Lokalradio Köln, abgedruckt in: FLoK-Ruf 8, September 1990, S. 12 ff.

101 Birkholz, Verleger als Finanziers von Gegenöffentlichkeit?, S. 38.

keine zwei verschiedenen Gruppen von Bürgerfunk haben: die einen kriegen möglichst noch Geld als freie Mitarbeiter, und die anderen können dann noch Geld mitbringen, damit sie senden dürfen; es wird ja eine Selbstkostenordnung oder eine Gebührenordnung aufgestellt für Beiträge, die man vor Ort machen will, so sieht es das Gesetz ja auch vor. Und darüber sind wir mit dem Vorstand der Veranstaltergemeinschaft im Gespräch gewesen und haben klargelegt, daß wir das so nicht wollen."

Die Forderung nach einer regulären Berücksichtigung als Bürgerradio in der prime time blieb damit bestehen. Bei der Verabschiedung des Programmschemas am 4.2.1991 kam es dann zu einer der seltenen Kampfabstimmungen in der Veranstaltergemeinschaft, bei der sich allerdings zeigte, daß kein Modell die notwendige Zweidrittel-Mehrheit erreichte. Es wurde daraufhin der Kompromiß geschlossen, am Vormittag von 9.04 bis 9.26 Uhr den Radiowerkstätten einen Sendeplatz einzuräumen und im übrigen den Bürgerfunk nach 19 Uhr beginnen zu lassen, und zwar insgesamt nun doch nicht 90 Minuten, sondern montags bis freitags 76 und am Wochenende 74 Minuten pro Tag, also fast exakt 15 Prozent von acht Stunden lokaler Sendezeit. Für das Jahresende 1991 wurde eine Überprüfung dieser Regelung verabredet.

Die Sendeplätze am Vormittag sind nun an den einzelnen Wochentagen jeweils bestimmten Radiowerkstätten zugeordnet:

Montag:	DGB
Dienstag:	Katholisches Bildungswerk
Mittwoch:	Förderverein lokaler Rundfunk
Donnerstag:	Volkshochschule
Freitag:	Freier Lokalfunk Köln (FLoK)
Sonnabend:	Evangelischer Stadtkirchenverband
Sonntag:	Jugendfilmclub

Die Radiowerkstätten bedienen diese Sendeplätze jeweils vollständig, d.h. sie liefern eine Magazinsendung von 22 Minuten mit Wortbeiträgen und Musik, die sich an der von Radio NRW vorgegebenen Musikfarbe orientiert. Es ist damit im Interesse der Qualität, der Durchhörbarkeit und der Akzeptanz für diese Sendeplätze das Prinzip der Schlange, das die LfR in § 4 Abs. 2 der Nutzungssatzung normiert hat, faktisch außer Kraft gesetzt.

d. Produktionshilfen

Ähnlich wie im Kreis Wesel ist die Bereitstellung von Produktionsmitteln für den Bürgerfunk nicht primär Sache der Redaktion, sondern der Radiowerkstätten. Es gibt allerdings die Möglichkeit, auch über die Redaktion Geräte auszuleihen.[102]

Der Kooperationsvertrag zwischen Veranstaltergemeinschaft und Betriebsgesellschaft sieht für die Finanzierung der Produktionshilfen vor, daß die Veranstaltergemeinschaft die Selbstkosten nicht in voller Höhe, sondern nur zu 80 Prozent erstatten lassen muß, wenn sie Produktionshilfen gewährt. Der einschlägige § 7 Abs. 2 des Kooperationsvertrages hat folgenden Wortlaut:

„Die Veranstaltergemeinschaft verpflichtet sich, für die Gewährung von Produktionshilfen an unter § 24 Abs. 4 LRG NW fallende Gruppen eine Entgeltordnung aufzustellen, die sicherstellt, daß 80% der insoweit unmittelbar anfallenden Kosten von den Gruppen zu erstatten sind. Dies gilt auch, wenn sich die Veranstaltergemeinschaft für die Gewährung dieser Produktionshilfen der Dienstleistung Dritter bedient. Mit der Übernahme der sich aus dem Wirtschafts- und Stellenplan ergebenden Unterdeckung von 20% der Selbstkosten ist die Verpflichtung der Betriebsgesellschaft gem. § 29 Abs. 2 Ziff. 3 i.V.m. § 24 Abs. 4 und 6 LRG NW erfüllt. Zuschüsse Dritter an die VG sind zu berücksichtigen. Die dabei erzielten Einnahmen sind in den Wirtschafts- und Stellenplan einzusetzen."

Damit wird eine Subventionierung der Bürgerfunk-Beiträge durch die Veranstaltergemeinschaft bzw. mittelbar durch die Betriebsgesellschaft festgelegt. Besonders bemerkenswert ist die Regelung im Satz 2, nach der diese Regelung über die Kosten auch gilt, wenn die Veranstaltergemeinschaft sich zur Gewährung von Produktionshilfen der Dienstleistung Dritter bedient. Es wurde seitens der Arbeitsgemeinschaft Bürgerfunk angestrebt, mit Radio Köln eine solche Dienstleistungsvereinbarung zu treffen; bis zum Abschluß unserer Erhebungen war dies jedoch noch nicht erfolgt.

Zur Finanzierung der Produktionshilfen für den Bürgerfunk sind im Stellen- und Wirtschaftsplan der Veranstaltergemeinschaft Ausgaben von 200.000 DM und Einnahmen von 160.000 DM vorgesehen. Der Differenzbetrag von bis zu 40.000 DM soll demzufolge durch die BG und damit aus den Werbeeinnahmen gedeckt werden. Im übrigen werden die Produktionshilfen der Radiowerkstätten teilweise durch Fördermittel der Landesanstalt für Rundfunk, teilweise durch Arbeitsbeschaffungsmaßnahmen finanziert – auch hier ist die Bundesanstalt für Arbeit „Hauptsponsor für dieses Modell von Gegenöffentlichkeit".[103]

102 Rieger, Forschungsbericht Integrationsfähigkeit von 15-Prozent-Gruppen, Zwischenbericht, S. 13.

103 Bischoff/Luppatsch, Wohin mit der Radio-Aktivität?, Medium 2/1991, S. 47.

e. Erste Erfahrungen

Die ersten Erfahrungen mit dem Bürgerfunk-Programm der Radiowerkstätten am Vormittag sind nach Aussage des Chefredakteurs positiv. Die Beiträge halten die Magazinform ein und orientieren sich in der Musikgestaltung zwar nicht an den Musiklaufplänen, aber im wesentlichen an der vorgegebenen Musikfarbe.

Im übrigen hat es in der Anfangsphase Konflikte um einzelne Bürgerfunk-Beiträge gegeben. So hat der Chefredakteur in den ersten hundert Tagen nach Sendebeginn, zwischen Mai und August 1991, sechs Beiträge „aus technischen oder rechtlichen Gründen zurückgewiesen".[104] Konflikte gab es insbesondere mit der Schwulengruppe „Radio Tilla", die wegen dieses Titels[105] und wegen möglicherweise jugendgefährdender Beiträge mit Beanstandungen durch den Chefredakteur konfrontiert wurde und ihrerseits deswegen und wegen des formalen Procedere der Sendungsanmeldung (es sollte die Anmeldung von allen Mitgliedern der Gruppe unterschrieben sein) den Konflikt bei der LfR anhängig gemacht hat.[106]

Ein weiterer Konfliktpunkt war die Unterbrechung von Bürgerfunk-Beiträgen durch Werbung. Es war seitens der Betriebsgesellschaft beabsichtigt, auch innerhalb der für den Bürgerfunk vorgesehenen Zeit von 19.04 Uhr bis 19.56 Uhr einen Werbeblock auszustrahlen. Weil aber im Programmschema für den Bürgerfunk ein Block von 52 Minuten und damit die Möglichkeit durchgehender Sendungen von dieser Länge vorgesehen war, wurde die Unterbrechung des Bürgerfunks durch Werbung durch die LfR als nicht zulässig erklärt.[107]

Die Sendezeit für das Bürgerradio wird in Köln mittlerweile zum größten Teil genutzt. Anfang Oktober 1991 bezifferte der Chefredakteur die Auslastungsquote mit 85 Prozent.[108]

104 Kölnische Rundschau, 10. August 1991.

105 Sendungstitel, die den Eindruck einer Senderkennung erwecken könnten, werden nicht zugelassen, um mögliche Verunsicherungen der Hörer, ob sie die richtige Frequenz eingeschaltet haben, zu vermeiden.

106 Salm, Zensur beim Bürgerfunk, StadtRevue Köln 7/1991, S. 25; vgl. auch epd Kirche und Rundfunk Nr. 44 vom 08.06.1991, S. 13 ff. mit Hinweisen auf weitere Konfliktpunkte, die im Rahmen dieser Untersuchung nicht mehr im einzelnen nachrecherchiert werden konnten.

107 Ebd.. Vgl. die Stellungnahme der LfR auf der Grundlage der Sitzung des Ausschusses für lokalen Rundfunk vom 31.10.1989, S. 3.

108 Rudolph, Noch Platz am Mikrofon, Kölner Stadt-Anzeiger 10. Oktober 1991.

3. Coesfeld

a. Interessenvertretung der 15-Prozent-Gruppen

Im Verbreitungsgebiet Coesfeld ist die Frage der 15-Prozent-Gruppen bis zum Frühjahr 1991 kaum thematisiert worden; es gab seitens potentieller Interessenten keine erkennbaren Aktivitäten. Anders als in den anderen untersuchten Verbreitungsgebieten haben sich auch weder Fördervereine noch Volkshochschulen oder kirchliche Einrichtungen frühzeitig als Sachwalter des Bürgerfunks profiliert.

Der Förderverein „Lokalfunk Kreis Coesfeld e.V." wurde Ende März 1987 auf Initiative der Industrie- und Handelskammer gegründet.[109] Mitglieder sind neben der Industrie- und Handelskammer die Wirtschaftsförderungsgesellschaft, der Kreis Coesfeld, die Volkshochschulen, die Kreishandwerkerschaft, verschiedene Unternehmen über die Werbegemeinschaft Coesfeld, verschiedene Kommunen über ihre Gemeindedirektoren, daneben Parteipolitiker, Wohlfahrtsverbände und interessierte Einzelpersonen. Vorsitzender wurde mit dem Vizepräsidenten der IHK ein Unternehmer, Geschäftsführer wurde ein Bankdirektor.[110] In der Satzung des Fördervereins war vom Bürgerfunk zunächst nicht die Rede. Vielmehr sollte der Verein

- die Veranstaltung, Verbreitung und Finanzierung lokaler Rundfunkprogramme im Kreis Coesfeld ideell unterstützen,
- auf die Bildung und Beibehaltung eines die kommunalen Gebietsgrenzen des Kreises Coesfeld umfassenden Verbreitungsgebietes hinwirken,
- durch Informationen und Veranstaltungen Verständnis für lokalen Rundfunk im Verbreitungsgebiet wecken und
- mit anderen Vereinen, Verbänden, Institutionen und Organisationen zur Förderung des lokalen Rundfunks zusammenarbeiten.[111]

Im Frühjahr 1988 wurden die Vereinszwecke zwecks Erlangung der Gemeinnützigkeit grundlegend revidiert. Zweck des Vereins ist nunmehr „die

---

109 Es hat im Kreis Coesfeld zeitweise einen zweiten Förderverein gegeben, der sich inzwischen jedoch aufgelöst hat.

110 Die Geschäftsführung ist inzwischen übergegangen auf den Geschäftsführer der Kreishandwerkerschaft, der Vorsitz auf den Leiter der Volkshochschule in Dülmen. Man beachte im übrigen die Parallele zum Kreis Wesel, wo ein Sparkassendirektor zum Vorsitzenden des Fördervereins gemacht wurde.

111 Vgl. § 2.2 der Gründungssatzung des Fördervereins „Lokalfunk Kreis Coesfeld e.V." vom 30.03.1987. Die Satzung entspricht derjenigen, die die kommunalpolitische Vereinigung der CDU empfohlen hat, um „sogenannte ‚Radiovereine'", die „in vielen Teilen des Landes Nordrhein-Westfalen ... mit Hilfe von CDU-Mitgliedern gegründet" wurden, „in lokale Vereine zur Förderung des lokalen Rundfunks umzugründen" (Pohl, Lokaler Rundfunk steht vor der Tür, S. 6); vgl. Pohl/Rödding/Hauschild, Lokaler Privatfunk in Kreisen und Städten, S. 85.

Förderung des lokalen Rundfunks im Verbreitungsgebiet durch medienpädagogische Arbeit, durch das Erstellen von Programmen, die die Allgemeinheit fördern, und durch die unentgeltliche Beratung steuerbegünstigter Einrichtungen für die Teilnahme am lokalen Rundfunk", dabei strebt der Verein u.a. an, „allen Schichten der Bevölkerung den Zugang zum lokalen Rundfunk zu ermöglichen" und „eine Selbstdarstellung von Bürgervereinen, Stadtteilinitiativen, von im Sendegebiet lebenden Ausländern und anderen Personenvereinigungen (Gruppen) zu ermöglichen". Damit hat der Verein auch die Förderung des Bürgerfunks zu seinen Aufgaben gemacht.

Abgesehen von der Entsendung eines Mitglieds in die Veranstaltergemeinschaft hat der Förderverein jedoch kaum Aktivitäten entfaltet. Der Verein hat abgewartet, ob eine Betriebsgesellschaft und eine Vereinbarung zwischen Veranstaltergemeinschaft und Betriebsgesellschaft überhaupt zustandekommen würde; weil dies lange ungewiß war, wurden für konkrete Aktivitäten, auch im Hinblick auf den Bürgerfunk, kaum Ansatzpunkte gesehen.

Ähnliches gilt für die Aktivitäten der Kirchen und der Volkshochschulen. Seitens der Kirchen hat es öffentlichkeitswirksame Aktivitäten zum Bürgerfunk im Kreis Coesfeld bis zum Zeitpunkt der Lizenzerteilung offenbar nicht gegeben; es gibt jedoch beispielsweise bei der Evangelischen Kirche übergreifende Aktivitäten für das gesamte Münsterland, die z.T. auf den 15-Prozent-Bereich zielen. Von den drei für das Kreisgebiet zuständigen Volkshochschulen hat lediglich die Volkshochschule Dülmen-Haltern-Havixbeck im Frühjahr 1990 in Dülmen eine allgemeine Informationsveranstaltung über den Lokalfunk durchgeführt.[112] Es wurde jedoch bewußt darauf verzichtet, bereits gezielt für die Beteiligung am Bürgerfunk zu werben, weil nicht absehbar war, ob und wann es tatsächlich zum lokalen Rundfunk im Kreis Coesfeld kommen würde.

b. Erwartungen an die 15-Prozent-Gruppen

Auch die Erwartungen an die 15-Prozent-Gruppen und ihre Beiträge sind bislang recht diffus, und zwar sowohl hinsichtlich der in Frage kommenden Gruppen als auch hinsichtlich der Inhalte. Bei der Veranstaltergemeinschaft selbst haben sich bis zum Zeitpunkt der Lizenzierung Interessenten jedenfalls nicht gemeldet. Dies kann angesichts der geringen Öffentlichkeitsarbeit aber auch nicht überraschen.

Soweit in den Interviews mit Mitgliedern der Veranstaltergemeinschaft überhaupt konkrete Vorstellungen geäußert wurden, wird vor allem an die Selbstdarstellung von Vereinen oder an Beiträge kirchlicher Jugendgruppen

---

112 Der Zuständigkeitsbereich dieser Volkshochschule reicht in den Kreis Recklinghausen hinein, in dem die Verwirklichung des Lokalfunks nicht grundsätzlich in Frage gestellt war.

gedacht. Andererseits gab es aufgrund der Meldungen über erste Erfahrungen in Duisburg[113] auch Besorgnisse, es könnten Gruppen auftreten, die die Akzeptanz des Programms gefährden, indem sie Beiträge ungenügender Qualität oder anstelle lokaler Inhalte nur „vorfabrizierte gesellschaftspolitische oder religiöse Themen“ bringen.

c. Einbettung ins Programmschema

Im Programmschema waren die Beiträge der 15-Prozent-Gruppen zunächst als ein Block am späten Vormittag eingeplant, zwischen 11.00 und 11.45 Uhr. Zu diesem Zeitpunkt, zum Ende der Antragsfrist, war nur für den Vormittag lokales Programm fest vorgesehen; eine Lokalsendung am späten Nachmittag war nur als Option vorgesehen. Der Sendeplatz für die 15-Prozent-Beiträge war folgenden täglich wechselnden Schwerpunkten zugeordnet:

montags:	Initiativen
dienstags:	Ausländische Mitbürger
mittwochs:	Landwirtschaft
donnerstags:	Frauen
freitags:	Konflikte
samstags:	Kultur
sonntags:	Wohlfahrtsverbände, Beratungsstellen, Schulen, Vereine

Durch diese Strukturierung sollte den Hörern ein gezieltes Einschalten der sie interessierenden Themen ermöglicht werden. Der Sendeplatz sollte auch nicht auf Beiträge der 15-Prozent-Gruppen beschränkt sein; als Option war jedenfalls vorgesehen, auch Eigenproduktionen der Redaktion einzubringen. Es waren außerdem eher allgemein gehaltene Vorstellungen zu den Programmformen festgehalten worden: der Bürgerfunk sollte einen hohen Wortanteil haben und u.a. auch Live-Sendungen beinhalten.

Bei der endgültigen Aufstellung des Programmschemas wurden diese allgemeineren Vorstellungen beibehalten, die thematische Aufteilung jedoch fallengelassen, weil nicht absehbar war, inwieweit ein solches Raster durch Beiträge von 15-Prozent-Gruppen tatsächlich ausgefüllt werden könnte. Außerdem hatte sich hinsichtlich der wirtschaftlichen Rahmenbedingungen geklärt, daß die Produktion von redaktionellen Beiträgen für diesen Sendeplatz nicht realisierbar sein würde. Die oben genannten Themen wurden deshalb nur mehr illustrativ ins Programmschema aufgenommen. Hinsichtlich der Sendezeiten wurde der Bürgerfunk jeweils ans Ende der (nunmehr für vormittags und nachmittags geplanten) lokalen Sendezeiten

113 Vgl. insbesondere Böhnke, Kuckucksei im Lokalfunknest?, VLR-Info 3/1990, S. 1.

plaziert, zum einen von 10.00 bis 10.30 Uhr, zum anderen am Abend von 18.00 bis 18.15 Uhr.

Seitens der LfR wurden im Zuge des Lizenzierungsverfahrens noch zwei Nachbesserungen zum Bürgerfunk verlangt. Da jedoch zu jeder vollen Stunde die Nachrichten von Radio NRW übernommen werden müssen, wäre mit den genannten Sendezeiten ein Anteil von 15 Prozent der lokalen Sendezeit, also 45 Minuten, nicht erreicht worden; die Veranstaltergemeinschaft hat deshalb die Sendezeiten für den Bürgerfunk präzisiert: nunmehr sind die Zeit von 10.04 bis 10.30 Uhr und von 18.04 bis 18.25 Uhr vorgesehen. Außerdem hat die Veranstaltergemeinschaft gegenüber der LfR klargestellt, daß sie mit ihren Angaben zu den Inhalten der 15-Prozent-Beiträge eine inhaltliche Einschränkung des Bürgerfunks nicht beabsichtigt.

d. Produktionshilfen

In welcher Weise die praktische Realisierung von Beiträgen für den Bürgerfunk ermöglicht werden soll, ist noch offen. Zwar hat die Betriebsgesellschaft, wie von § 29 Abs. 2 Satz 3 Nr. 3 LRG NW ausdrücklich verlangt, die Verpflichtung übernommen, „den in § 24 Abs. 4 Satz 1 LRG NW genanten Gruppen Produktionshilfen zur Verfügung zu stellen und dabei alle Gruppen gleichzubehandeln“; unklar ist jedoch, in welcher Weise diese Verpflichtung in die Tat umgesetzt werden soll.

IV. Resümee

Wie die anderen Regelungen des LRG NW setzen die Vorschriften des § 24 Abs. 4 bis 7 LRG NW über den Bürgerfunk im lokalen Rundfunk primär auf Struktursteuerung. Materielle Regelungen fehlen fast völlig, so daß es in erster Linie auf die Interessen und die Durchsetzungsmacht der beteiligten Akteure ankommt. Das ist an dieser Stelle vor allem deshalb so bemerkenswert, weil im Gesetz mit den „Gruppen, insbesondere mit kultureller Zielsetzung,“ Akteure eingeführt werden, deren Interessen und deren Aktivitäten nicht steuerbar und nicht berechenbar sind. Die im allgemeinen am besten kalkulierbaren Interessen, nämlich wirtschaftliche, sind ihnen verwehrt. Im Unterschied zu der Veranstaltergemeinschaft sind sie andererseits nicht darauf festgelegt, in einem größeren Kreis von Beteiligten einen Interessenausgleich zu suchen, und anders als bei der Redaktion kann eine Orientierung an professionellen Standards, soweit es sie für den lokalen Rundfunk gibt, bei diesen Gruppen nicht ohne weiteres erwartet werden.

Der fast vollständige Verzicht des LRG NW und der Nutzungssatzung der LfR auf materielle Regelungen über die Inhalte des Bürgerradios hat, soweit erkennbar, die Folge, daß bei der praktischen Umsetzung im Einzelfall offene Konflikte um die Inhalte weitgehend vermieden werden: Die Veranstaltergemeinschaften, erst recht aber die Betriebsgesellschaften, haben kaum Aussicht, im Konflikt um einen einzelnen Beitrag ihre programmlichen oder kommerziellen Interessen durchzusetzen. Es fehlt ihnen an einer Handhabe zur inhaltlichen Ablehnung von Beiträgen, soweit es nicht um das völlige Fehlen publizistischer Inhalte in reinen Musiksendungen oder um Inhalte geht, die nach dem LRG NW im lokalen Rundfunk generell unzulässig sind.

Die in der Unbestimmtheit des Bürgerfunks liegende besondere Chance auf ungezügelte Vielfalt stellt sich deshalb für Veranstaltergemeinschaften, Redaktionen und Betriebsgesellschaften als besonderes Risiko für die Akzeptanz[114] des Programms dar. Dementsprechend werden die Überlegungen zum Umgang mit dem Bürgerfunk – insbesondere zu seiner Plazierung im Programmschema – unter anderem von dem Gesichtspunkt geprägt, wie dieses Risiko gering gehalten werden kann.

Versuche in diese Richtung finden sich zunächst in den Kooperationsverträgen zwischen Veranstaltergemeinschaften und Betriebsgesellschaften. Als wenig erfolgversprechend wurde offenbar noch der Versuch im Mustervertrag von Rath-Glawatz eingestuft, über eine vertragliche Verpflichtung der Veranstaltergemeinschaft zur Überprüfung der angelieferten Beiträge unter definierten Kriterien einen inhaltlichen Zugriff auf das Programm zu bekommen. In der Praxis übriggeblieben ist hier allein die Pflicht, die Beiträge überhaupt zu überprüfen, während auf inhaltliche Prüfkriterien verzichtet wurde. Eine Erhöhung der Durchsetzbarkeit von Ablehnungen einzelner Beiträge aus inhaltlichen Gründen ist hiervon kaum zu erwarten. Die Verträge versuchen daher auf andere Weise, den dem Bürgerradio beigemessenen negativen Auswirkungen entgegenzutreten. Zu nennen ist hier die in allen Verbreitungsgebieten vereinbarte Pflicht, bei Gewährung von Produktionshilfen ein Entgelt auch tatsächlich zu verlangen, um zumindest eine Finanzierung des Bürgerradios aus Mitteln der Betriebsgesellschaft auszuschließen.[115] Wirtschaftliche Interessen stehen auch im Vordergrund der Klausel, nach der die Werbezeiten durch die Sendung der Beiträge des Bürgerradios nicht tangiert werden dürfen.

Auffällig sind in diesem Zusammenhang auch die Verträge, die die Veranstaltergemeinschaft für den Fall einer rundfunkrechtlichen Verpflichtung zur Ausstrahlung eines bestimmten Bürgerbeitrages durch die Landesanstalt

---

114 Daß es dabei nicht nur um die Akzeptanz beim Publikum, sondern auch um die Akzeptanz bei den Werbetreibenden geht, verdeutlicht Otto, Als Außenseiter auf dem lokalen Rundfunkmarkt, S. 74, am Beispiel des Frequenzsplitting von OK Radio mit dem Offenen Kanal in Hamburg.

115 Vgl. allerdings die Regelung in Köln, oben unter III. 2.

für Rundfunk im Rahmen ihrer Konfliktentscheidungskompetenz zum Regreß gegen die Anstalt dann verpflichten, wenn durch die Ausstrahlung Schadensersatzforderungen Dritter gegen den lokalen Veranstalter entstehen. In der Behandlung dieses Sonderfalls drückt sich die Befürchtung aus, die Anstalt könnte das Ablehnungsrecht der Veranstaltergemeinschaft so eng auslegen, daß faktisch keine Spielräume mehr bestünden. Zugleich verdeutlicht diese Regelung die Erwartung der Betriebsgesellschaften und Veranstaltergemeinschaften, sich gegen die Landesanstalt für Rundfunk in dieser Frage nicht durchsetzen zu können.

Eine Schlüsselrolle im Hinblick auf die Minimierung der programmlichen Risiken des Bürgerradios kommt offenbar den Fördervereinen oder, allgemeiner, den Radiowerkstätten zu. Im Verhältnis zur Veranstaltergemeinschaft sind sie Vertreter des Interesses noch unbestimmter Gruppen oder Einzelpersonen an der Mitwirkung am Programm, gleichzeitig aber auch für die Veranstaltergemeinschaft ein Gegenüber, das – anders als diese noch unbestimmten Akteure – eine stabile Interessenlage hat und deshalb für Aushandlungsprozesse zugänglich ist.

Im Verhältnis zu den Nutzern des Offenen Kanals, den eigentlichen 15-Prozent-Gruppen, haben die Radiowerkstätten die Funktion der Animation und zugleich der Domestizierung. Sie sind es, die ein Interesse haben, Auslastung des Offenen Kanals zu erreichen und dabei zu belegen, daß die Möglichkeit des Bürgerfunks eine Bereicherung des Programms bewirkt, die auch den finanziellen und personellen Aufwand wert ist, der in den Radiowerkstätten selbst betrieben wird.[116] Sie haben aber auch ein Interesse, ein gewisses Qualitätsniveau zu sichern, um eine pauschale Diskreditierung des Bürgerfunks zu vermeiden und sich das Wohlwollen der Veranstaltergemeinschaft hinsichtlich der Plazierung des Bürgerfunks im Programmschema zu erhalten. In den beiden Fallstudien war darüber hinaus festzustellen, daß das Prinzip der Schlange, das in § 4 Abs. 2 der Nutzungssatzung als Grundsatz normiert ist, in der Praxis weitgehend ausgehebelt wird. Die Radiowerkstätten fungieren hier faktisch, jedenfalls für die prominenteren Sendeplätze, als Quasi-Redaktion.

Die Regelung, daß die Beiträge zum Bürgerradio im Grundsatz in der Reihenfolge ihres Eingangs verbreitet werden, mag gleichwohl folgenreich sein, denn sie bietet den an Zugang zum Rundfunk interessierten Gruppen ein Drohpotential für den Fall, daß die quasi-redaktionelle Tätigkeit der Radiowerkstätten ihre Interessen nachhaltig verletzt. Es besteht in diesem

116 Und dieses Interesse wirkt möglicherweise besonders wirksam in die Motivationslage der dort Beschäftigten hinein, weil die Radiowerkstätten überwiegend durch befristete Arbeitsbeschaffungsmaßnahmen finanziert werden und Geldgeber für eine auf Dauer gestellte Arbeit (mit entsprechend unbefristeten Beschäftigungsverhältnissen) erst noch gewonnen werden müssen.

Fall die Chance, mit Hilfe der Landesanstalt für Rundfunk oder der Gerichte eine bessere Plazierung des eigenen Beitrags zu erzwingen.[117] Eine noch offene Frage ist, inwieweit diese Möglichkeit auch von solchen Gruppen genutzt werden kann und werden wird, die an einer konstruktiven Zusammenarbeit mit den Radiowerkstätten oder der Veranstaltergemeinschaft gar kein Interesse haben.[118]

Die Fördervereine und die Radiowerkstätten anderer Träger sind es auch, die hinsichtlich der Produktionshilfen in die Bresche springen. Die Vorstellung des Gesetzgebers, die Gruppen sollten sich bei der Produktion ihrer Beiträge auf die Hilfe der Betriebsgesellschaft bzw. der Veranstaltergemeinschaft stützen können, hat sich als unrealistisch erwiesen – die Interessengegensätze bei der Inanspruchnahme von Technik und Arbeitszeit der Redaktion sind dafür vermutlich zu stark. Immerhin haben es aber die Vorschriften über die Produktionshilfen bewirkt, daß die Veranstaltergemeinschaften eine Argumentationsgrundlage haben, um von den Betriebsgesellschaften finanzielle Mittel für die Förderung des Bürgerfunks zu verlangen. Diesem Anliegen ist in Köln dadurch Rechnung getragen worden, daß ein teilweiser Verzicht auf Selbstkostenerstattungen vorgesehen ist, und zwar auch für den Fall, daß die Produktionshilfen nicht durch die Veranstaltergemeinschaft, sondern durch Dritte, etwa die Radiowerkstätten, bereitgestellt werden, und im Kreis Wesel wird zumindest ein Teil der Personalkosten des Fördervereins letztlich von der Betriebsgesellschaft getragen. Dem mag die begründete Hoffnung zugrundeliegen, daß eine informelle Bedachtnahme auf Akzeptanzgesichtspunkte durch eine finanziell abgesicherte quasi-redaktionelle Betreuung der Bürgerfunk-Beiträge wahrscheinlicher wird.

---

117 Als Problem sieht das Birkholz, Verleger als Finanziers von Gegenöffentlichkeit?, S. 38: „Auch wenn, wie das Beispiel Wesel zeigt, andere Modelle [als das Prinzip der Schlange] versucht werden, gibt es keine Garantie dafür, daß ein dritter Interessent, der sich der Kanalisierung einer Arbeitsgemeinschaft versagt, einen im Programmschema ausgewiesenen Sendplatz nicht doch einklagen kann."

118 Vgl. wiederum die nachvollziehbare Besorgnis von Birkholz, Verleger als Finanziers von Gegenöffentlichkeit?, S. 39: „Das Grundproblem ... ist das der Kanalisierung des Zugangs. Ich denke, daß Fördervereine auf Dauer das Problem nicht lösen können, weil sie keinen Anspruch darauf haben. Das Gesetz läßt das nicht zu. Sie können zwar eine gewisse Breite von Interessentengruppen zusammenfassen, aber die eben von mir erwähnten Sondergruppierungen, die auf Zuschüsse, Hilfestellung, Studioausstattung und ähnliches nicht angewiesen sind, weil sie von Spendenmitteln Dritter leben, werden sich nicht darum scheren, ob es eine Arbeitsgemeinschaft von 15-Prozentern gibt, sondern sie werden bei der Veranstaltergemeinschaft auf der Basis des Landesrundfunkgesetzes die Ausstrahlung ihres Beitrages verlangen." Dann allerdings könnte die Veranstaltergemeinschaft immer noch tun, was Birkholz bereits präventiv verlangt: die offiziellen Bürgerfunk-Sendeplätze in ausgesprochen reichweitenschwache Sendezeiten verlagern.

§ 9 Rahmenprogramm

Im LRG NW ist ferner die Zulässigkeit einer Vereinbarung der Veranstaltergemeinschaften untereinander oder mit Dritten über die Veranstaltung und Verbreitung eines Rahmenprogramms vorgesehen.[1]

I. Gesetzliche Ausgangslage

1. Regelung des Rahmenprogramms im Prozeß der Gesetzgebung

Bereits der Diskussions- und der Referentenentwurf enthielt eine gesetzliche Regelung über die Veranstaltung eines Rahmenprogramms, das nicht vom lokalen Veranstalter verantwortet werden sollte. Das Rahmenprogramm unterlag einer eigenen Zulassungspflicht und fiel damit rundfunkrechtlich in die Verantwortung des Veranstalters dieses Programms.[2] Dieser Versuch einer verstärkten Anbindung der Programmzulieferung an die Instrumentarien des Rundfunkrechts wurde vom nachfolgenden Regierungsentwurf wieder fallengelassen. Der Entwurf berechtigte die Veranstaltergemeinschaften ausdrücklich zu Kooperationen mit Dritten über die Veranstaltung und Verbreitung von *Werbung* im Programm des Dritten[3] und nach der Begründung zum Regierungsentwurf darüberhinaus auch zur Zusammenarbeit untereinander oder mit Dritten im Programmbereich. Diese so produzierten Programmteile werden in der Begründung als *„Rahmenprogramm"* bezeichnet und sollen zugleich *„in eigener Verantwortung"* der Veranstaltergemeinschaft zu verbreiten sein.[4] Eine Zulassungspflicht für dieses Rahmenprogramm wie in den Vorentwürfen bestand nicht mehr.

---

1 § 30 LRG NW.

2 § 21 Abs. 6 des Diskussionsentwurfes; § 22 Abs. 5 des Referentenentwurfs.

3 § 26 des Regierungsentwurfes.

4 Vgl. LT/DS 10/1440, S. 59 sowie Stock, Neues Privatrundfunkrecht, S. 85 mit Fn. 175.

Die Ausschußfassung kehrte zur ursprünglichen Regelung zurück und unterschied wieder zwischen einer Programmverantwortung eines Rahmenprogrammzulieferers und der der Veranstaltergemeinschaft. Die Ausschußfassung stellte darüberhinaus ausdrücklich fest, daß auch der Westdeutsche Rundfunk nach Maßgabe des WDR-Gesetzes als Rahmenprogrammveranstalter auftreten oder sich an einem solchen beteiligen dürfe. Das zweite Änderungsgesetz griff den Themenkomplex Rahmenprogramm abschließend noch einmal auf und schuf die Möglichkeit, unter bestimmten Voraussetzungen einen Rahmenprogrammveranstalter bereits bis zu sechs Monate vor Zulassung der Veranstaltergemeinschaft zur Veranstaltung des lokalen Programms auf Sendung gehen zu lassen.[5] Mit diesem Recht zur Vorabnutzung einer Lokalfunkfrequenz könne nach dem Willen des novellierenden Gesetzgebers verhindert werden, daß solche Verbreitungsgebiete zurückstehen müssen, in denen ein früherer Start der Lokalprogramme nicht möglich gewesen sei.[6]

2. *Handlungsspielräume und Gestaltungsoptionen im Bereich des Rahmenprogramms*

Die gesetzliche Grundlage für die Veranstaltung von Rahmenprogrammen und ihre Übernahme durch lokale Veranstaltergemeinschaften findet sich in § 30 Abs. 1 LRG NW, der Vereinbarungen über die Veranstaltung und Verbreitung eines Rahmenprogrammes für Veranstaltergemeinschaften sowohl untereinander als auch mit Dritten gestattet. Der Abschluß einer derartigen Vereinbarung ist nach § 30 Abs. 2 LRG NW an ein Einvernehmen mit der Betriebsgesellschaft geknüpft.

§ 30 Abs. 1 Satz 2 LRG NW erklärt die Vorschriften des zweiten bis fünften Abschnitts des LRG NW für die Veranstaltung von Rahmenprogrammen anwendbar, so daß ein privater Rahmenprogrammveranstalter, etwa im Unterschied zum Bürgerradio oder zur Programmzulieferung im Rahmen des § 2 Abs. 2 LRG NW, eine eigene Zulassung durch die Landesanstalt für Rundfunk benötigt.[7] Das Rahmenprogramm wird demnach allein von dessen Veranstalter verantwortet und stellt sich nicht als Bestandteil des lokalen Programms dar.[8] Mit dem Verweis auf die Vorschriften des landesweiten Rundfunks stellt der Gesetzgeber zugleich klar, daß Veranstalter von Rahmenprogrammen die für diese Rundfunkprogramme geltenden Organi-

---

5 Vgl. Hellwig/Simon, Der Griff zum Mikrofon, S. 118.

6 LT/DS 10/5209, S. 28. Vgl. zur Diskussion um diese Regelung noch unten 2.

7 Dies gilt nicht für den WDR, der seine Rechtsgrundlagen ausschließlich im WDR-Gesetz findet.

8 Zur Abgrenzung der Veranstaltung und Übernahme von Rahmenprogrammen zum lokalen Programm und insbesondere zu Programmkooperationen siehe bereits § 7 I. 2. b. und c.

sations- und Programmanforderungen zu erfüllen haben und selbst Adressat möglicher rundfunkrechtlicher Maßnahmen der Landesanstalt für Rundfunk sind.[9]

§ 30 Abs. 1 Satz 2 2. Halbsatz LRG NW erlaubt darüberhinaus die Verbreitung eines eigenen öffentlich-rechtlichen Rahmenprogrammes durch den Westdeutschen Rundfunk. In diesem Fall gelten jedoch nicht die Vorschriften des LRG NW, sondern des WDR-Gesetzes.[10] Daneben kann sich der WDR aber auch gemäß § 30 Abs. 1 Satz 2 1. Halbsatz i.V.m. § 6 Abs. 2 LRG NW an privaten Rahmenprogrammveranstaltern beteiligen. Diese Beteiligung ist allerdings auf einen Anteil von bis zu einem Drittel der Kapital- und Stimmrechtsanteile des Rahmenprogrammveranstalters begrenzt.[11]

---

9 Zur Anwendbarkeit der Vorschriften über den landesweiten Rundfunk auf private Rahmenprogrammveranstalter, Reidt, Rundfunkwerbung, S. 187.

10 Vgl. hierzu Stock, Neues Privatrundfunkrecht, S. 86 mit Fn. 176 sowie zur fehlenden Finanzierbarkeit eines solchen WDR-eigenen Rahmenprogramms öffentlich-rechtlichen Zuschnitts, Kammann, Die Welt, in der wir leben, epd 16/17 1987, S. 7.

11 Gegen die von § 30 Abs. 1 LRG NW eingeräumte Möglichkeit des WDR, ein Rahmenprogramm für den Lokalfunk zu veranstalten oder sich daran zu beteiligen, wurden vor dem Bundesverfassungsgericht verfassungsrechtliche Bedenken vorgetragen, vgl. nur Ricker, Antrag und Antragsbegründung gemäß Art. 93 Abs. 1 Nr. 2 GG, Schriftsatz vom 19.02.1988 zu BVerfGE 83, 283 ff., S. 27 ff. Das Bundesverfassungsgericht hat diese Bedenken in seiner Entscheidung zurückgewiesen und festgestellt, daß die Möglichkeit einer Kooperation mit lokalen privaten Rundfunkveranstaltern nicht gegen Art. 5 Abs. 1 Satz 2 GG verstößt, BVerfGE 83, 238, 332. Mit der Zulassung eines Rahmenprogramms unter Beteiligung des WDR wolle es der Gesetzgeber den lokalen Rundfunkveranstaltern erleichtern, ein den Anforderungen des § 24 Abs. 1 und 2 LRG NW entsprechendes Programm zu verbreiten und damit seine Akzeptanz beim Publikum zu erhöhen und seine finanzielle Basis zu verbreitern. Der Gesetzgeber müsse allerdings hier, wie auch bei Kooperationen bei landesweiten Rundfunkveranstaltern, dafür sorgen, daß der Programmauftrag des WDR in dem Überschneidungsbereich nicht überlagert und schließlich ausgehöhlt werde (BVerfGE 83, 238, S. 332 unter Hinweis auf S. 307 ff.). Dieser Gefahr sei der Gesetzgeber ausreichend entgegengetreten, indem er die für den WDR geltenden gesetzlichen Bindungen auch bei Kooperationen für anwendbar erklärt hat. Die Einhaltung dieser insoweit notwendigen programmlichen Bindungen könne allerdings nur dann gesichert und überprüft werden, wenn die Programmanteile der beiden Sektoren voneinander abgegrenzt und einem der beiden Träger zurechenbar wären. Diese Abgrenzung sei deshalb von Verfassung wegen gefordert (BVerfGE 83, 238, S. 309). Vgl. zu diesem Gebot der „Segmentierung" Stock, Das Nordrhein-Westfalen-Urteil, MP 1991, S. 138 ff.; Giani, Segmentierung, FK Nr. 13/14 1991, S. 3 ff.; Degenhart, Rundfunkfreiheit, DVBl. 1991, S. 516 ff; Kull, Rundfunkurteil und Presse, Die Zeitung 1/1991, S. 6. Die Beteiligung des WDR am Rahmenprogrammveranstalter Radio NRW GmbH scheint das Gebot der Segmentierung allerdings nicht zu erfüllen, da sich die Beteiligung des WDR offenbar auf eine rein kapitalmäßige Beteiligung beschränkt, vgl. zur Organisation der Radio NRW GmbH sogleich II. 1. a. Einen wahrscheinlichen Verstoß gegen das Segmentierungsgebot sieht auch Stock, Das Nordrhein-Westfalen-Urteil, MP 1991, S. 139 mit Fn. 41. Der Umstand, daß sich die Radio NRW GmbH in ihrem Gesellschaftsvertrag auf die Einhaltung der Programmgrundsätze des WDR-Gesetzes festgelegt hat, bleibt nach Stock für diese Feststellung ohne Bedeutung, da sich bei einer solchen

Das Gesetz eröffnet demnach eine Vielzahl unterschiedlicher Möglichkeiten zur Bildung eines Rahmenprogrammveranstalters und überläßt es insoweit den Akteuren, eine den jeweiligen Interessen entsprechende Organisationsstruktur zu finden. Diese Entscheidung wird nach dem Willen des Gesetzgebers von den Veranstaltergemeinschaften getroffen, die mit Rahmenprogrammveranstaltern oder auch untereinander Vereinbarungen schließen können. Diese Vereinbarung unterliegt allerdings dem Erfordernis eines Einvernehmens mit der Betriebsgesellschaft gem. § 30 Abs. 2 LRG NW. Der Betriebsgesellschaft ist damit eine Vetoposition eingeräumt, die die Veranstaltergemeinschaft zwingt, die potentiell wirtschaftlich motivierten Standpunkte der Betriebsgesellschaft in ihre Auswahl eines Rahmenprogrammveranstalters mit einzubeziehen.[12]

Die näheren Umstände und Modalitäten der Zusammenarbeit der Veranstaltergemeinschaften untereinander oder mit dem Veranstalter eines Rahmenprogrammes als Drittem überläßt das LRG NW der nicht näher gesetzlich vorgezeichneten „Vereinbarung", so daß es den Akteuren freisteht, die Inhalte dieses Vertrages etwa in programmlicher oder finanzieller Hinsicht privatautonom auszuhandeln.

Das LRG NW sieht in § 31 Abs. 1 Satz 2 LRG NW ferner eine Vorabnutzung der lokalen Frequenz durch einen Rahmenprogrammveranstalter vor, die an einen entsprechenden Antrag auch einer noch nicht zugelassenen Veranstaltergemeinschaft gebunden wird und für die eine eigene Erlaubnis der Landesanstalt für Rundfunk erforderlich ist. Die Vorabnutzung ist für einen Zeitraum von maximal sechs Monaten zulässig und muß widerrufen werden, wenn die Veranstaltergemeinschaft ihre Zustimmung später zurückzieht, etwa um selbst lokales Programm zu veranstalten.

Über eine Vorabnutzung entscheidet damit allein die Veranstaltergemeinschaft. Ein Einvernehmen mit der Betriebsgesellschaft, die zum Zeitpunkt der Antragstellung durch die Veranstaltergemeinschaft noch nicht gegründet sein muß, ist anders als bei einer späteren Rahmenprogrammvereinbarung nicht vorgesehen.[13] Die Veranstaltergemeinschaft wird bei dieser

---

Ausweitung die WDR-spezifische Bindung dennoch „verringern oder sogar ins Ungewisse verlieren" könne. Mit einer gegenteilige Auffassung werden der Geschäftsführer der Radio NRW GmbH, Bauer, und die WDR-Justitiarin Pieper in epd Kirche und Rundfunk 10/1991, S. 10 zitiert.

12 Vgl. zu dieser Konstellation bereits § 2 II. 2. c. bb.

13 Aus diesem Grund wurde im Gesetzgebungsverfahren die Befürchtung geäußert, daß durch die Auswahl eines Rahmenprogrammveranstalters zur Vorabnutzung Tatsachen geschaffen werden könnten, die die Betriebsgesellschaft später nur noch zur Kenntnis nehmen könnte, vgl. LT/DS 10/5209, S. 24. Darüberhinaus würden der Veranstaltergemeinschaft bereits vor Erteilung einer Lizenz rundfunkrechtliche Befugnisse eingeräumt, die nur dem Träger der Rundfunkhoheit, also einem Lizenzinhaber, zustehen könnten.

Entscheidung die Auswirkungen auf ihr späteres eigenes Programm zu bedenken haben, die sich nicht so ohne weiteres einschätzen lassen. Auf der einen Seite könnte eine frühzeitige Ausstrahlung eines Programms etwa unter Einbeziehung der späteren Sendekennung der Lokalstation frühzeitig Hörer binden und so den Markteintritt der Lokalstation erleichtern.[14] Auf der anderen Seite besteht die Gefahr, durch die Ausstrahlung eines professionellen Rahmenprogramms ohne Lokalbezug die Hörer an ein landesweites Programm zu fixieren und so die Akzeptanz der Hörer gegenüber dem später verbreiteten, unter Umständen weniger professionellen, Programm der Veranstaltergemeinschaft zu verringern.[15] Vorteilhaft ist eine Vorabausstrahlung jedenfalls für den Rahmenprogrammveranstalter, der seine Reichweite frühzeitig ausweiten und damit seine wirtschaftliche Basis verbessern kann.[16]

II. Nutzung der rechtlichen Gestaltungsoptionen

Im Mittelpunkt der von den Akteuren im Bereich der Rahmenprogrammveranstaltung zu treffenden Entscheidungen steht die Frage, ob ein Rahmenprogramm übernommen werden soll und daran anschließend vor allem, von wem es übernommen werden soll. In der Praxis ist es in allen untersuchten 24 Verbreitungsgebieten zu einer Zusammenarbeit mit ein und demselben Programmanbieter gekommen: der Radio NRW GmbH.[17] Die nachfolgende Darstellung setzt ihren Schwerpunkt aus diesem Grund auf die Ausgestaltung der Zusammenarbeit dieser Gesellschaft mit den Be-

---

14 Diesen Gesichtspunkt betont der Geschäftsführer der Radio NRW GmbH, Helmut G. Bauer, in Eckstein, Anonymer Mantel für Lokalsender, Medien Bulletin 5/1990, S. 31.

15 Mit dieser Befürchtung wird der Verband Lokaler Rundfunk in Kabel und Satellit Nr. 11/1990 zitiert.

16 Faktisch ist es, soweit nachvollziehbar, bisher nur in Leverkusen zu einer Vorabnutzung durch Radio NRW gekommen, vgl. Kabel und Satellit Nr. 8 vom 18.02.1991 sowie LfR-Info Nr. 27 vom 04.02.1991.

17 Mit Ausnahme der Veranstaltergemeinschaften in Düren, Heinsberg und im Kreis Aachen haben alle Veranstaltergemeinschaften eine Zusammenarbeit mit der Radio NRW GmbH beschlossen und entsprechende Verträge unterzeichnet, vgl. FK 32/1991, S. 4. Die Veranstaltergemeinschaften in den genannten drei Verbreitungsgebieten haben eine Rahmenprogrammvereinbarung mit RTL Baden-Württemberg getroffen; vgl. epd Kirche und Rundfunk Nr. 62/1991, S. 5. Für den Kreis Aachen hat die Landesanstalt für Rundfunk inzwischen auch die Lizenz an RTL vergeben, vgl. LfR-Info Nr. 32 vom 23.09.1991, S. 3. Ob eine solche Zulassung auch für die Verbreitungsgebiete Düren und Heinsberg erfolgen wird, ist noch offen. Für diese Verbreitungsgebiete waren die Rahmenprogrammlizenzen bereits in der Bekanntmachung der Landesanstalt für Rundfunk vom 21.04.1989 mit Ausschlußfrist zum 10.07.1989 ausgeschrieben worden. Fristgerecht beworben haben sich nur Kanal 4 und Radio NRW, vgl. LfR-Info Nr. 19 vom 05.03.1990, S. 3.

triebsgesellschaften und Veranstaltergemeinschaften. Vergleichend wird das Angebot des wichtigsten Konkurrenten der Radio NRW GmbH, der Kanal 4 GmbH, zusammenfassend vorgestellt.

1. Gesellschafterstruktur der Rahmenprogrammveranstalter

Zunächst werden die Gesellschafter der beiden potentiellen Veranstalter, soweit Informationen hierzu öffentlich zugänglich sind, vorgestellt.

a. Gesellschafterstruktur der Radio NRW GmbH

Radio NRW gründete sich am 28. April 1989 als GmbH mit Sitz in Düsseldorf, die am 23. Mai 1989 in das Handelsregister eingetragen wurde. Gegenstand des Unternehmens ist die Veranstaltung und Verbreitung von Hörfunkprogrammen, insbesondere eines landesweiten Rahmenprogramms für den lokalen Hörfunk in Nordrhein-Westfalen. Radio NRW ist ferner berechtigt, selbst und/oder durch Dritte Hörfunkprogramme herzustellen und zu verwerten und Hörfunkwerbung zu akquirieren, herzustellen und zu verbreiten.

Gesellschafter der GmbH sind der Westdeutsche Rundfunk mit 30 Prozent Gesellschaftsanteilen, die Pressefunk Nordrhein-Westfalen Beteiligungsgesellschaft mbH mit 55 Prozent Gesellschaftsanteilen sowie die Bertelsmann Aktiengesellschaft mit 15 Prozent Gesellschaftsanteilen. Die Pressefunk Beteiligungsgesellschaft ist ihrerseits die persönlich haftende Gesellschafterin der Pressefunk Nordrhein-Westfalen GmbH & Co. KG, deren Kommanditanteile von der überwiegenden Anzahl der Tageszeitungsverlage in Nordrhein-Westfalen und der Axel-Springer-Verlag Aktiengesellschaft gehalten werden. Am Gesellschaftskapital der Pressefunk & Co. sind die Westdeutsche Allgemeine Zeitungsverlagsgesellschaft mit 21 Prozent, die Axel-Springer-AG mit 12 Prozent und die übrigen Zeitungsverlage im wesentlichen entsprechend den von ihnen erzielten Auflagen in Höhe von insgesamt 67 Prozent als Kommanditisten beteiligt. Zu den bedeutendsten der „übrigen Zeitungsverlagen“ gehören die Rheinisch-Bergische Druckerei- und Verlagsgesellschaft (Rheinische Post) sowie die M.DuMont Schauberg-Expedition der Kölnischen Zeitung GmbH & Co. KG (Kölner Stadt-Anzeiger). Die Radio NRW GmbH verfügt über ein Stammkapital von 10 Millionen DM und kann nach eigenen Angaben auf Gesellschafterdarlehen in Höhe von 21 Millionen DM zurückgreifen.[18]

---

18 Mit Ausnahme der Höhe eines möglichen Gesellschafterdarlehens sind alle Informationen einem Beschluß der 6. Beschlußabteilung des Bundeskartellamtes vom 18.07.1989 entnommen, B 6- 743100- U- 71/88, MP Dokumentation II/1989, Seite 79 ff. Vgl. zur Höhe der Gesellschafterdarlehen Radio NRW, Angebot vom Juni 1989, S. 5. In dem zitierten Beschluß des Bundeskartellamtes wurde der Zusammenschluß des WDR und Radio NRW

b. Gesellschafterstruktur der Kanal 4 GmbH

Die Kanal 4 GmbH mit Sitz in Köln besteht nach eigenen Angaben aus neun Gesellschaftern, die aus der Film- und Videoproduktion sowie aus der Verlags-, Theater- und Konzertbranche kommen.[19] Gegenstand des Unternehmens ist vor allem die Gestaltung eines eigenen Fernsehprogramms über die Frequenzen von SAT 1 und RTL plus.[20]

2. Inhalte der Verträge der Rahmenprogrammveranstalter mit Veranstaltergemeinschaft und Betriebsgesellschaft

Gegenstand des folgenden Abschnitts sind die vertraglichen Regelungen der Rahmenprogrammanbieter mit der Veranstaltergemeinschaft oder auch der Betriebsgesellschaft. Die Radio NRW GmbH hatte zunächst im Juni 1989 ein gleichlautendes Vertragsangebot an alle Veranstaltergemeinschaften und Betriebsgesellschaften versandt, das zum November 1989 noch einmal in einigen Punkten überarbeitet wurde.[21] In dieser Form ist es sodann, soweit bekannt, einheitlich und ohne weitere Varianz auch tatsächlich von den übernehmenden Veranstaltergemeinschaften und Betriebsgesellschaften angenommen worden. Die nachfolgende Darstellung beschränkt sich auf die Inhalte des Vertragsangebots in der modifizierten Fassung.[22] Kanal 4 hat nur einen einheitlichen Vertragsentwurf für die Veranstaltergemeinschaft (Stand: Januar 1990) vorgelegt, der allerdings in keinem Verbreitungsgebiet unterzeichnet wurde.

---

nach § 24 Abs. 1 i.V.m. Abs. 2 Satz 2 GWB untersagt, da dies nach Ansicht der Behörde zur Verstärkung der marktbeherrschenden Stellung des WDR im Hörfunkmarkt in Nordrhein-Westfalen führen würde. Diese Entscheidung des Kartellamtes ist am 06.11.1991 nach einer Beschwerde der Gesellschafter der Radio NRW GmbH vom Berliner Kammergericht bestätigt worden. Von den Gesellschaftern wird im Revisionswege eine abschließende Entscheidung des Bundesgerichtshofes angestrebt, vgl. Handelsblatt vom 07.11.1991. Die Gesellschafterstruktur von Radio NRW und weitere Rundfunkengagements einzelner Gesellschafter finden sich ferner bei Wöste, Programmquellen privater Radios in Deutschland, MP 1991, S. 565.

19 Gesellschafter sind u.a. Zinnober Videoproduktion, AIH Verlag, Theater am Dom, Medienzentrum Ruhr, Concert Team und Jugendfilmclub Köln.

20 Vgl. die Selbstdarstellung in Das Radio-Konzept von Kanal 4, Handreichung der Kanal 4 GmbH.

21 Radio NRW GmbH, Angebot vom Juni 1989, sowie dies., Angebot vom November 1989. Das später datierte Angebot vom November enthielt jeweils einen Vertragsentwurf für die Zusammenarbeit mit der Veranstaltergemeinschaft (zit.: VG-Radio NRW-Vertrag) sowie mit der Betriebsgesellschaft (zit.: BG-Radio NRW-Vertrag).

22 Zu den Inhalten der Fassung vom Juni und den Hintergründen der Änderungen vgl. unten III.

a. Standardverträge der Radio NRW GmbH mit Veranstaltergemeinschaft und Betriebsgesellschaft

Die wichtigsten Inhalte der Verträge der Radio NRW GmbH mit den Veranstaltergemeinschaften und Betriebsgesellschaften betreffen die Programmübernahme, die Mitwirkungsrechte der lokalen Säulen in der Organisation des Rahmenveranstalters sowie die finanzielle Abwicklung.

aa. Ausstrahlung des Rahmenprogramms und Übernahme einzelner Programmteile

Zunächst werden die näheren Modalitäten der Programmübernahme vertraglich geregelt.

(1.) Übernahme der Nachrichten und Werbespots der Radio NRW GmbH in das lokale Programm

Auf der Grundlage dieses Vertrages sind die Veranstaltergemeinschaften berechtigt und verpflichtet, die Weltnachrichten und die im Auftrag der Radio NRW akquirierte landesweite (Markenartikel-) Werbung im Wege der Programmzulieferung zu übernehmen.[23] Damit werden diese Programmteile zum Bestandteil des lokalen Programms und unterliegen der alleinigen Programmverantwortung der Veranstaltergemeinschaft. Die Veranstaltergemeinschaft verpflichtet sich gegenüber Radio NRW, die über Satellit angelieferten Nachrichtungen und Werbespots zu einem bestimmten Zeitpunkt und unverändert auszustrahlen, so daß diese Programmteile in allen mit Radio NRW kooperierenden Verbreitungsgebieten zeitgleich zu empfangen sind.[24]

Diese Pflicht gilt gemäß der Anlage 1 zu § 3 Absatz 1 des Vertrages jedoch nicht unbegrenzt, sondern nur für einen zeitlichen Rahmen von jeweils bis zu vier Minuten Werbung und Nachrichten zu jeder vollen Stunde.[25] Von Radio NRW nicht in Anspruch genommene Werbung kann der Lokalsender mit eigenen Werbespots füllen. Darüber hinaus ist vereinbart, daß die Veranstaltergemeinschaft die Ausstrahlung der Nachrichten und Werbespots um maximal zehn Minuten verschieben kann, wenn dies aus „außergewöhnlich wichtigen aktuellen Gründen“ erforderlich ist.[26] Als Konsequenz der Übernahme dieser Programmteile im Wege der Programmzulieferung ohne Ablehnungs- und Änderungskompetenz der Veranstaltergemeinschaft enthält der Vertrag eine Haftungsfreistellung für jedwede Inanspruchnahme

23 § 3 Abs. 1 Satz 1 des VG-Radio NRW-Vertrages.

24 § 3 Abs. 1 des VG-Radio NRW-Vertrages.

25 Vgl. Anlage 1 des VG-Radio NRW-Vertrages.

26 § 3 Abs. 1 Satz 2 des VG-Radio NRW-Vertrages.

der Veranstaltergemeinschaft infolge der Ausstrahlung. Zugleich hat die Veranstaltergemeinschaft einen Mitarbeiter der Radio NRW als Verantwortlichen im Sinne des LRG NW zu benennen.[27]

(2.) Lokale Musikgestaltung entsprechend den Musiklaufplänen von Radio NRW

Die Veranstaltergemeinschaft verpflichtet sich im Vertrag weiter, in der Zeit zwischen 6 und 16 Uhr in dem von ihr gestalteten lokalen Programm die Musiktitel entsprechend den von Radio NRW schriftlich bereitgestellten sog. „Musiklaufplänen" zu senden.[28] Hierzu hat Radio NRW zwei alternative Musiklaufpläne anzubieten,[29] die die genaue Reihenfolge der zu spielenden Titel festlegen. Die Länge und Plazierung von lokalen journalistischen Beiträgen bleibt von den Laufplänen unbeeinflußt; sie können an beliebigen Stellen im Ablauf eingefügt werden. Von den Plänen kann allerdings dann abgewichen werden, wenn einzelne journalistische Beiträge eine eigene musikalische Gestaltung erforderlich machen oder die Redaktion die Übertragung einer örtlichen Musikveranstaltung beabsichtigt.[30] Zur Realisierung dieser Vereinbarung hat Radio NRW rechtzeitig eine Gesamtliste der von ihr angeforderten Titel zur Verfügung zu stellen, die dann von der Veranstaltergemeinschaft für das Tonarchiv des lokalen Senders anzuschaffen sind.[31]

(3.) Berechtigung zur Übernahme weiterer Bestandteile des Rahmenprogramms als Programmzulieferung

Die lokale Veranstaltergemeinschaft ist weiter berechtigt, aber nicht verpflichtet, einzelne Teile des von Radio NRW ganztägig ausgestrahlten Rahmenprogramms im Wege der Programmzulieferung in ihr lokales Programm zu übernehmen. Diese der Tätigkeit einer Nachrichtenagentur entsprechende Programmzulieferung erfolgt unentgeltlich auf der Grundlage eines gesonderten Agenturvertrages.[32]

---

27 § 3 Abs. 4 des VG-Radio NRW-Vertrages. Vgl. hierzu die inhaltlich parallelen Regelungen bei der Werbeübernahme der Veranstaltergemeinschaft von der Betriebsgesellschaft im Kooperationsvertrag unter § 5 II. 4. Es fehlt allerdings eine der dort vereinbarten Regelung entsprechende Klausel, nach der im Falle einer gerichtlichen Feststellung eines Strafrechtsverstoßes mit Rücksicht auf rundfunkrechtliche Maßnahmen der Landesanstalt für Rundfunk die Wiederholung dieses Verstoßes zu vermeiden ist.

28 § 3 Abs. 2 des VG-Radio NRW-Vertrages.

29 Nachdem die Chefredakteure einstimmig auf die Erstellung eines zweiten Musiklaufplanes verzichtet hatten, ist nach Aussage des Geschäftsführers der Radio NRW GmbH zumindest im Jahre 1990 mit nur einem Plan gearbeitet worden.

30 § 3 Abs. 2 Satz 2 des VG-Radio NRW-Vertrages.

31 § 3 Abs. 2 Satz 5 des VG-Radio NRW-Vertrages.

32 § 3 Abs. 3 des VG-Radio NRW-Vertrages. Nach Angaben des Geschäftsführers der Radio NRW GmbH wurde diese Agenturtätigkeit wegen urheberrechtlicher Probleme bisher noch nicht realisiert.

(4.) Ausstrahlung des Rahmenprogramms außerhalb des lokalen Programms

Außerhalb des lokalen Programms ist die Veranstaltergemeinschaft zur direkten und unveränderten Übernahme des Rahmenprogramms über die örtlichen Frequenzen verpflichtet.[33] Veranstalter des ausgestrahlten Programms ist Radio NRW, die die ungeteilte rundfunkrechtliche Verantwortung trägt.[34] In dieses Rahmenprogramm kann die Veranstaltergemeinschaft einzelne lokale Programmteile, etwa lokale Werbung, Kurznachrichten oder Senderkennungen, aber auch Beiträge von Bürgergruppen, nach Maßgabe des Programmschemas der Radio NRW einbringen. Nach dem Inhalt des Vertrages soll die Veranstaltergemeinschaft für diese Programmteile die volle rechtliche Verantwortung tragen.[35] Die Berechtigung der lokalen Veranstaltergemeinschaft zur Ausstrahlung lokaler Senderkennungen innerhalb des von Radio NRW verantworteten Programms ist von besonderem Interesse, als hiermit zum Ausdruck gebracht wird, daß das ausgestrahlte Rahmenprogramm nach außen hin nicht als Programm der Radio NRW gekennzeichnet wird, sondern durch lokale „Jingles" als Programm der Lokalstation ausgewiesen werden kann.[36]

(5.) Festlegung der Sendezeiten für das lokale Programm und das Rahmenprogramm

Die Festlegung der lokalen Sendezeiten obliegt der alleinigen Verantwortung der Veranstaltergemeinschaft, die hierüber der Radio NRW „rechtzeitig vor Aufnahme der Sendetätigkeit" lediglich eine Mitteilung zu machen hat.[37] Eine spätere Veränderung der so festgesetzten Zeiten ist dann allerdings nur noch zulässig, wenn die Veranstaltergemeinschaft der Betriebsgesellschaft diese Änderung drei Monate zuvor schriftlich anzeigt.[38]

bb. Mitwirkung an Entscheidungen der Radio NRW GmbH

Die Verträge der Radio NRW GmbH mit Veranstaltergemeinschaften und Betriebsgesellschaften sehen Mitwirkungsrechte beider lokaler Organisa-

33 § 4 Abs. 1 des VG-Radio NRW-Vertrages.

34 § 4 Abs. 3 des VG-Radio NRW-Vertrages.

35 § 4 Abs. 3 des VG-Radio NRW-Vertrages. Diese Regelung begegnet rundfunkrechtlichen Bedenken, da für die Sendezeiten dieser Beiträge eine Zulassung der lokalen Veranstaltergemeinschaft nicht bestehen wird. Die Übernahme wird zutreffender als Programmzulieferung der Veranstaltergemeinschaft an den Rahmenprogrammveranstalter zu qualifizieren sein, für die sodann die Radio NRW die rundfunkrechtliche Verantwortung zu tragen hat.

36 Technisch wird die Ausstrahlung der lokalen Senderkennungen bewirkt, indem durch ein Steuersignal von Radio NRW die Senderkennung vor Ort ausgelöst wird. Hierzu braucht die Redaktion nicht besetzt zu sein.

37 § 5 Abs. 1 des VG-Radio NRW-Vertrages.

38 § 5 Abs. 2 des VG-Radio NRW-Vertrages.

tionen sowie der Chefredaktionen in der internen Organisation der GmbH vor.

(1.) Mitwirkungsrechte der Veranstaltergemeinschaft und der Chefredakteure

Die Mitwirkungsrechte der Veranstaltergemeinschaft an Entscheidungen der Radio NRW sind vertraglich auf drei unterschiedlichen Ebenen vorgesehen.[39] Eine Konferenz der Vorstände aller Veranstaltergemeinschaften, die jährlich mindestens zweimal zusammentritt, dient der Beratung „allgemeiner Programmfragen sowie der Grundzüge des Rahmenprogramms". Der Konferenz wird vertraglich das Recht eingeräumt, über einen von der Radio NRW unterbreiteten Vorschlag über die gemeinsame Musikfarbe, zur Ausweitung der Minutenumfänge der Nachrichten- und Werbeblöcke sowie zur Veränderung der Plazierung dieser Werbung mit einfacher Mehrheit abschließend zu entscheiden.

Gegenstand einer weiteren Konferenz, der Konferenz der Chefredakteure, ist die aktuelle Programmplanung der Radio NRW. Als drittes Mitwirkungsrecht wird einem gemeinsamen Vertreter aller Veranstaltergemeinschaften die Möglichkeit eingeräumt, an den Sitzungen des Aufsichtsrates der Radio NRW mit beratender Stimme teilzunehmen.

(2.) Mitwirkungsrechte der Betriebsgesellschaft

Im Vertrag der Radio NRW mit der Betriebsgesellschaft ist eine mindestens einmal jährlich zusammentretende Konferenz der Betriebsgesellschaften vorgesehen, deren Funktion als „Beratung allgemeiner wirtschaftlicher Fragen" angegeben ist.[40] Als Kompetenz wird diesem Gremium entsprechend der Kompetenz der Konferenz der Vorstände die Entscheidung über die Vorschläge der Radio NRW zur Ausweitung der Minutenumfänge der Nachrichten- und Werbeblöcke sowie zur Plazierung der Werbung mit einfacher Mehrheit übertragen.

cc. Finanzielle Abwicklung

Die finanzielle Abwicklung der Zusammenarbeit zwischen Radio NRW und dem lokalen Sender wird von den Verträgen aufwendig und detailreich geregelt. Grundlage dieser Regelung ist die unentgeltliche Bereitstellung des Rahmenprogramms sowie sämtlicher Programmbeiträge, die im Wege der Programmzulieferung von den lokalen Veranstaltergemeinschaft übernommen werden.[41]

---

39 § 6 Abs. 3 des VG-Radio NRW-Vertrages.

40 § 3 Abs. 6 des BG-Radio NRW-Vertrages.

41 § 2 des des VG-Radio NRW-Vertrages.

Der Vertrag zwischen Betriebsgesellschaft und Radio NRW sieht vor, daß die Betriebsgesellschaften über ein kompliziertes Verfahren an den von Radio NRW erzielten Werbeeinkünften beteiligt werden. Die Vergütung erfolgt als Gegenleistung von Radio NRW für die technische Abwicklung der Ausstrahlung der Werbung sowie die „im Hinblick auf die Hörerakzeptanz" reduzierte Möglichkeit zur Verbreitung eigener Werbung durch die Betriebsgesellschaft.[42] Ausschüttungen an die Betriebsgesellschaften erfolgen hierbei erst, wenn die Nettoumsätze der Radio NRW aus der Verbreitung landesweiter Werbung deren Gesamtkosten übersteigen und etwaige Ergebnisse aus Vorjahren ausgeglichen wurden.[43] Von den so errechneten etwaigen Jahresüberschüssen werden 85% an die Gesamtheit der Betriebsgesellschaften ausgezahlt.[44]

Der Betrag, der von dieser Summe an die einzelnen Betriebsgesellschaften gegebenfalls ausgeschüttet werden soll, errechnet sich aus einem sog. *„Sockelparameter"* und einem an der Programmreichweite des lokalen Senders orientierten *„Reichweitenparameter"*.[45] Dabei berücksichtigt der Sockelbetrag den relativen Erfolg des lokalen Senders, da er sich aus einem Vergleich der prozentualen Durchschnittsreichweiten aller Stationen mit der prozentualen Sendereichweite der einzelnen Station, also ohne Einbeziehung der absoluten Hörerzahlen, errechnet.[46] Der zweite Parameter orientiert sich hingegen an dieser absoluten Zahl der im Verbreitungsgebiet erreichten Hörer, indem er sie mit der von allen nordrhein-westfälischen Lokalsendern erreichten Hörerzahl in Beziehung setzt. Das Verhältnis der Berücksichtigung der einzelnen Parameter bei der Berechnung der Ausschüttungen verschiebt sich hierbei im Ablauf der Geschäftsbeziehung immer weiter in Richtung *„Reichweite"*, so daß die absolute Hörerzahl eines Lokalsenders und somit seine Größe zunehmend an Bedeutung gewinnt.[47]

Die zur Verwirklichung dieses aufwendigen Berechnungsverfahrens erforderlichen Untersuchungen, insbesondere die Reichweitenuntersuchungen der jeweiligen lokalen Sender, werden von einem Beauftragten der Radio NRW durchgeführt, zu dessen Auswahl mindestens 75 Prozent der Betriebs-

42 § 3 Abs. 1 des BG-Radio NRW-Vertrages.

43 § 3 Abs. 2 des BG-Radio NRW-Vertrages. Der Vertrag kennzeichnet ausführlich alle Posten, die in die Berechnung der Unkosten einbezogen werden dürfen.

44 § 3 Abs. 2 des BG-Radio NRW-Vertrages.

45 Anlage 4 zu § 3 Abs. 2 des BG-Radio NRW-Vertrages.

46 Die Berechnung auf der Grundlage dieses Sockelbetrages verhindert eine Begünstigung der größeren Verbreitungsgebiete.

47 So werden bis 1993 immerhin 35 Prozent der Beträge nach dem Sockelprinzip errechnet, während ab 1994 nur noch 25 Prozent und dann ab 1996 schließlich nur noch 10 Prozent unter Berücksichtigung des relativen Erfolgs des lokalen Senders berechnet werden.

gesellschaften zustimmen müssen.[48] Die Kosten der Untersuchungen tragen die Radio NRW und die Betriebsgesellschaften im Verhältnis 75 zu 25.[49]

b. Vertragsentwurf der Kanal 4 GmbH mit der Veranstaltergemeinschaft

Die in dem Vertragsentwurf der Kanal 4 GmbH entwickelten Grundlagen einer Zusammenarbeit mit den Veranstaltergemeinschaften entsprechen in weiten Teilen den vertraglichen Regelungen der Radio NRW GmbH. Dennoch sind in einigen wichtigen Punkten Unterschiede zwischen den Vorstellungen der Rahmenprogrammanbieter festzustellen, auf die der Schwerpunkt der folgenden Darstellung gelegt wird.

aa. Ausstrahlung des Rahmenprogramms und Übernahme einzelner Programmteile

Die Kanal 4 GmbH unterscheidet wie auch Radio NRW zwischen der Übernahme eines von ihr in eigener rundfunkrechtlicher Lizenz verbreiteten Programms und der Übernahme einzelner von ihr produzierter Programmbeiträge in die Programmverantwortung der lokalen Veranstaltergemeinschaften im Wege der Programmzulieferung.[50] Als vertraglich bindende Programmübernahme wird die Austrahlung von drei Minuten Werbung der Kanal 4 GmbH durch die lokalen Veranstaltergemeinschaften vereinbart, die wie im Vertrag der Radio NRW zu einem landesweit festgesetzten Zeitpunkt zu erfolgen hat, aber eine Minute kürzer als dort kalkuliert ist. Eine Verpflichtung zur Übernahme von Nachrichten besteht nicht, die von der Kanal 4 GmbH aber zumindest angeboten werden müssen.[51] Ohne vertragliche Bindung bleibt die Veranstaltergemeinschaft ferner im Bereich der Musikgestaltung, auf die die Kanal 4 GmbH keinen Einfluß nehmen will.[52] Während sich die lokalen Veranstalter in der Zusammenarbeit mit Radio NRW zumindest für den Zeitraum von drei Monaten auf eine einmal entschiedene zeitliche Übernahme des Rahmenprogramms festhalten lassen müssen, können sie sich bei Kanal 4 nach dem „Paternoster-Prinzip“ ohne Einschränkungen nach eigener Entscheidung ein- und ausschalten.

---

48 § 3 Abs. 5 des BG-Radio NRW-Vertrages.

49 § 3 Abs. 5 des BG-Radio NRW-Vertrages.

50 § 2 Abs. 2 des Kanal 4-VG-Vertragsentwurfes. Allerdings nennt der Vertrag das von Kanal 4 verantwortete und somit rechtlich als Rahmenprogramm i.S. des § 30 LRG NW zu qualifizierende Programm „Mantelprogramm“.

51 § 3 Abs. 1 des Kanal 4-VG-Vertragsentwurfes.

52 § 1 Abs. 1 des Kanal 4-VG-Vertragsentwurfes.

bb. Mitwirkung an Entscheidungen der Kanal 4 GmbH

Die Veranstaltergemeinschaften haben einen im Vergleich zu den reduzierten Mitwirkungsrechten innerhalb der Radio NRW GmbH weitreichenden Einfluß insbesondere auf das Programmschema des Rahmenprogrammanbieters. So wird das Verhältnis von Wort und Musik und der Anteil an Regional- und Weltnachrichten in Übereinstimmung mit allen Vertragspartnern der Kanal 4 GmbH in Mehrheitsentscheidungen festgesetzt, in denen dem Rahmenprogrammanbieter wie allen anderen nur eine Stimme zusteht.[53] Allerdings ist der Kanal 4 GmbH zugleich ein Vetorecht für den Fall eingeräumt, in dem die in § 1 des Vertrages enthaltenen Grundsätze der Programmgestaltung verletzt werden. Als Grundsätze sind hier neben der Bindung an die gesetzlichen Programmanforderungen des LRG NW etwa die Zusammenarbeit mit Radiofördervereinen, die Produktion von Unterhaltungs-, Ratgeber- und Bildungssendungen sowie eine „tageszeitlich angepaßte Musikfarbe" vorgesehen.

cc. Finanzielle Abwicklung

Die Kanal 4 GmbH verspricht unter der Voraussetzung einer Übernahme ihres Programms von landesweit allen Veranstaltergemeinschaften eine jährliche garantierte Auszahlung von 20 Millionen DM an alle Veranstaltergemeinschaften sowie von zusätzlich 10 Millionen DM zur Unterstützung von kleineren Verbreitungsgebieten. Die Verteilung dieser Beträge soll durch die Veranstaltergemeinschaften in Selbstverwaltung erfolgen. Überschreiten die Erlöse die Garantiesumme von 30 Millionen, so sollen diese anteilig nach einem von Reichweiten abhängigen Schlüssel weitergegeben werden.[54]

3. Sendezeiten des Rahmenprogramms in den Programmschemata der 24 untersuchten Verbreitungsgebiete

Komplementär zu den bereits dargestellten Befunden über Umfang und Plazierung der lokalen Programmteile ergeben sich in den ausgewerteten Programmschemata die Sendezeiten für das Rahmenprogramm.[55]

Auf den folgenden Seiten ist anhand des Programmschemas von Radio NRW ausgewiesen, zu welchen Sendezeiten wieviele der 24 ausgewerteten lokalen Programmschemata jeweils die Übernahme des Rahmenprogramms vorgesehen haben. Dabei ist festzustellen, daß die Sendungen mit starkem Akzent auf Information die wenigsten Abnehmer haben: morgens die Sen-

---

53 § 3 Abs. 1 des Kanal 4-VG-Vertragsentwurfes.

54 Vgl. zum Ganzen Kanal 4 GmbH, Das Radio-Konzept von Kanal 4.

55 Eine entsprechende graphische Darstellung der Programmstrukturen findet sich oben in § 7 II. 2. b.

dung „Frühstart“, mittags die Sendung „Infothek“ und am späten Nachmittag die regionale Informationssendung „NRW Profil“.

Es war bereits bei der Darstellung der lokalen Programme darauf hingewiesen worden, daß die Veranstaltergemeinschaften sich bei der Plazierung der lokalen Sendezeiten daran orientieren, zu welchen Sendezeiten typischerweise Informationssendungen ausgestrahlt und vom Publikum erwartet werden. Aus der Perspektive des Rahmenprogramms führt dies dazu, daß die regionalen informierenden Magazinsendungen durch lokale informierende Magazinsendungen ersetzt, die Unterhaltungs- und Musiksendungen hingegen von den meisten Lokalsendern übernommen werden.

Programmschema Radio NRW – montags bis freitags

Zeit	Anzahl Lokal-sender[56]	Sendung
0.00 – 05.00 Uhr	24	Nacht-Café (Musikmagazin)
5.00 – 06.00 Uhr	23	Frühstart (Aktuelle Ereignisse der
6.00 – 07.00 Uhr	8	letzten Stunden, Presseschau, Horoskop,
7.00 – 08.00 Uhr	2	Heute vor 10 Jahren, Augenblick mal – Kirchen,
		5.30-8.30 stdl. Schlagzeilen,
8.00 – 09.00 Uhr	4	5.50 Sport-Telegramm)
9.00 – 10.00 Uhr	14	Querbeet
10.00 – 11.00 Uhr	21	(Service, Unterhaltung,
11.00 – 12.00 Uhr	14	Horoskop, Hörergewinnspiel)
12.00 – 13.00 Uhr	9	Infothek (Aktuelles Magazin)
13.00 – 14.00 Uhr	14	Pop-Hits
14.00 – 15.00 Uhr	19	(Musikmagazin)
15.00 – 16.00 Uhr	18	NRW Profil
		(15.30-17.30 stdl. Schlagzeilen,
16.00 – 17.00 Uhr	8	Magazin mit Berichten und Reportagen
		mit Schwerpunkt NRW
17.00 – 18.00 Uhr	2	17.03 NRW Aktuell 3')
18.00 – 19.00 Uhr	9	Passage (Aktuelles Magazin, Schwerpunkt
19.00 – 20.00 Uhr	17	Kultur, Theater, Konzerte, Fernsehen, Kino, Literatur)
20.00 – 21.00 Uhr	19	Sound-Check (Musikmagazin:
		Mo. Songs&Sounds, Di. Oldies
21.00 – 22.00 Uhr	24	Mi. Soft-Pops, Do. Pop-News
22.00 – 23.00 Uhr	23	Mi./Fr. Eintritt Frei: Musik und Sportergebnisse;
23.00 – 24.00 Uhr	24	23.00 bis 23.08 Uhr: Nachtreport: Tageszusammen-
		fassung, Live-Börse New York)

56 Auf der Grundlage von 24 ausgewerteten Programmschemata, Stand der Programmschemata: Februar 1991.

Programmschema Radio NRW – sonnabends

Zeit	Anzahl Lokal-sender[57]	Sendung
0.00 – 06.00 Uhr	24	Nacht-Café (Musikmagazin)
6.00 – 07.00 Uhr	21	Frühstart (wie Mo.-Fr.;
7.00 – 08.00 Uhr	12	6.30-8.30 stdl. Schlagzeilen
8.00 – 09.00 Uhr	3	6.50 Sport-Telegramm)
9.00 – 10.00 Uhr	6	Querbeet
10.00 – 11.00 Uhr	11	(Service, Unterhaltung,
11.00 – 12.00 Uhr	10	Horoskop, Hörergewinnspiel)
12.00 – 13.00 Uhr	15	Infothek (Tagesaktuelles Magazin)
13.00 – 14.00 Uhr	19	Pop-Hits
14.00 – 15.00 Uhr	18	(Musikmagazin)
15.00 – 16.00 Uhr	12	Eintritt frei
16.00 – 17.00 Uhr	9	(Musik und
17.00 – 18.00 Uhr	6	Sportergebnisse)
18.00 – 19.00 Uhr	7	Passage (Aktuelles Magazin, Schwerpunkt
19.00 – 20.00 Uhr	12	Kultur, Theater, Konzerte, Fernsehen, Kino, Literatur)
20.00 – 21.00 Uhr	17	Sound-Check
21.00 – 22.00 Uhr	19	(20.00-22.00 Uhr Pop-Quiz,
22.00 – 23.00 Uhr	22	22.00-24.00 Uhr
23.00 – 24.00 Uhr	24	Dance-Mix)

57 Auf der Grundlage von 24 ausgewerteten Programmschemata, Stand der Programmschemata: Februar 1991.

Programmschema Radio NRW – sonntags

Zeit	Anzahl Lokalsender[58]	Sendung
0.00 – 06.00 Uhr	24	Nacht-Café (Musikmagazin)
6.00 – 07.00 Uhr	23	Frühstart
7.00 – 08.00 Uhr	22	(Aktuelle Ereignisse)
8.00 – 09.00 Uhr	14	Himmel und Erde: Kirchenmagazin
9.00 – 10.00 Uhr	6	Flic-Flac
10.00 – 11.00 Uhr	4	(Unterhaltungsmagazin, bis 13 Uhr)
11.00 – 12.00 Uhr	4	
12.00 – 13.00 Uhr	12	
13.00 – 14.00 Uhr	19	Pop-Hits
14.00 – 15.00 Uhr	18	(Musikmagazin)
15.00 – 16.00 Uhr	7	Eintritt frei
16.00 – 17.00 Uhr	2	(Musik und
17.00 – 18.00 Uhr	1	Sportergebnisse)
18.00 – 19.00 Uhr	8	Passage (Aktuelles Magazin, Schwerpunkt
19.00 – 20.00 Uhr	10	Kultur, Theater, Konzerte, Fernsehen, Kino, Literatur)
20.00 – 21.00 Uhr	19	Sound-Check
21.00 – 22.00 Uhr	23	(Musikmagazin)
22.00 – 23.00 Uhr	24	NRW-Talktime (Hörer oder Gäste
23.00 – 24.00 Uhr	24	äußern sich zu Themen der Zeit)

III. Fallstudien

Wie alle bislang lizenzierten Lokalsender haben auch die drei in den Fallstudien untersuchten Veranstaltergemeinschaften letztlich die oben dargestellte Rahmenprogrammvereinbarung mit Radio NRW getroffen,[59] und es sind von der Landesanstalt für Rundfunk auch die Lizenzen zur Verbreitung des Rahmenprogramms in den jeweiligen Verbreitungsgebieten erteilt worden.

1. Wesel

Die Veranstaltergemeinschaft für den Kreis Wesel war von Anfang an daran interessiert, ein 24-stündiges lokales Programm zu veranstalten, obwohl von den Verlegern ein Rahmenprogramm gewünscht wurde. Im Dezember 1987

58 Auf der Grundlage von 24 ausgewerteten Programmschemata, Stand der Programmschemata: Februar 1991.

59 Die Veranstaltergemeinschaften für die Verbreitungsgebiete Kreis Aachen, Düren und Heinsberg haben eine Rahmenprogrammvereinbarung mit RTL Baden-Württemberg getroffen; vgl. epd Kirche und Rundfunk Nr. 62 vom 10.08.1991, S. 5. Für den Kreis Aachen hat die Landesanstalt für Rundfunk inzwischen auch die Lizenz an RTL vergeben, vgl. LfR-Info Nr. 32 vom 23.09.1991, S. 3.

beschrieb ein Mitglied der Veranstaltergemeinschaft den Stand der Diskussion wie folgt:

„... wird das Rahmenprogramm Bestandteil des Vertrages zwischen der Weseler Veranstaltergemeinschaft und der Betriebsgesellschaft, dann ist der Sender schon vorab zu einem Regionalsender verurteilt, der ab und zu ein paar Lokalinformationen in sein Programm einstreuen kann. Doch bei diesem zentralen Punkt bewies die Weseler Veranstaltergemeinschaft bisher Einigkeit: Ein Rahmenprogramm kommt nicht in Frage. Wie lange die Position aufrecht erhalten werden kann, bleibt abzuwarten."[60]

Bei dieser Haltung der Veranstaltergemeinschaft zum Rahmenprogramm spielten nicht nur programmliche, sondern auch wirtschaftliche Erwägungen eine Rolle. Im Vorfeld der Anhörung der Landesanstalt für Rundfunk zur Festlegung der Verbreitungsgebiete verständigte sich die Veranstaltergemeinschaft im Frühjahr 1988 auf eine leicht modifizierte Position: Sie lehnte ein vom WDR und den Verlegern veranstaltetes Rahmenprogramm als unwirtschaftlich ab, hielt ein anderes Rahmenprogramm jedoch für denkbar.

Auf dieser Linie wurde im Sommer 1988 zeitweilig diskutiert, seitens des Verbandes Lokaler Rundfunk eine Programmgesellschaft zu gründen, die ein Rahmenprogramm anbieten sollte.[61] Dieser Vorstoß fand jedoch keine ausreichend positive Resonanz, und zwar weder bei den Veranstaltergemeinschaften noch bei den Verlegern. Dazu der Geschäftsführer des VLR:

„Wir hatten mal im Verband eine kleine Initiative, wir haben gesagt, wir gründen jetzt mal selber eine Gesellschaft, so eine Art Selbsthilfemodell, da haben wir aber, das kann man ruhig auf das Band sagen, da haben wir von allen Seiten Prügel gekriegt. Die damals existierenden VGs haben gesagt, dieser Vorstand, der da als Gründer aufgetreten ist, will sich eine goldene Nase verdienen. Und andere sahen ihre politischen Pläne durchkreuzt – nicht durchkreuzt, aber gefährdet, also das haben wir dann notgedrungen sein gelassen.

Der Hintergrund dieser Initiative war, ich war vorher mal in England, habe mir das da mal so angeguckt, die haben da so eine ähnliche Struktur: ein Sender, capital radio, macht für die anderen die Nachrichten, da gibt es keine Extra-Gesellschaft, sondern ein großer Sender in London, der schickt die dann an die anderen Stationen raus. Das hat ja sowas von einem Selbsthilfemodell, und da haben wir gesagt, warum sollen sich nicht alle VG's zusammenschließen, auf der programmlichen Ebene koordinieren, genauso schließen sich die BG's zusammen und machen das auf dem Gebiet der Werbung.

Aber das stand wohl im Widerspruch zu Plänen, die andere hatten. Gerade aus der Erfahrung heraus ist uns sehr schnell deutlich geworden, daß es da schon Überlegungen gab, die noch nicht so formuliert waren, aber wo schon die Interessen klar

60 Müller, Sender mit Profil, MOCCA Dezember 1987.

61 Vgl. Kabel & Satellit Nr. 26 vom 27.08.1988, S. 2 ff.

waren. In dem Kreis der Mitglieder, die wir damals hatten, ist das auch nicht so angekommen; die haben gedacht, da soll Geld in irgendwelche Taschen fließen."[62]

Auch in der Veranstaltergemeinschaft im Kreis Wesel, deren Vorsitzender im Verband Lokaler Rundfunk stark engagiert war, wurden diese Überlegungen mit Skepsis aufgenommen. Einerseits wurde zwar auf Kostenvorteile aufmerksam gemacht, andererseits wurden jedoch auch Befürchtungen laut, der lokale Charakter des Programms werde durch ein Rahmenprogramm verwässert. Noch im März 1989, als mit Blick auf den Ablauf der Antragsfrist im Juli des gleichen Jahres das Programmschema verabschiedet wurde, war die Übernahme eines Rahmenprogramms in der Veranstaltergemeinschaft nicht allgemein akzeptiert. Im Programmschema hieß es lediglich, es sei „zu erwägen, ob das Nachtprogramm in Zusammenarbeit mit anderen Veranstaltergemeinschaften produziert werden kann."

Im Juni 1989 legte die erst im April des gleichen Jahres gegründete Radio NRW GmbH den Veranstaltergemeinschaften und Betriebsgesellschaften ihr erstes Angebot vor. Im Vergleich zu den bereits dargestellten Standard-Verträgen, die letztlich abgeschlossen wurden, sah dieses Angebot erheblich geringere Spielräume für die Veranstaltergemeinschaften vor, vor allem aber keine institutionalisierten Mitentscheidungsrechte. Geplant waren u.a.:

- landesweit duchgehende Sendeleisten für das Rahmenprogramm zwischen 9 und 11 Uhr sowie zwischen 13 und 16 Uhr, [63]
- obligatorische Sendezeiten der Lokalsender von 6 Uhr bis 9 Uhr sowie von 11 Uhr bis 13 Uhr, die den Sendern mit fünf-Stunden-Programm jegliche Variationsmöglichkeit genommen hätten,[64]
- Änderung der Sendezeitaufteilung zwischen Radio NRW und den Lokalsendern nur im Konsens zwischen Radio NRW und den Lokalsendern,[65]
- ein unmoderierter Musikmantel mit vorher definierten Zeiteinheiten für lokale Wortbeiträge (unter Verzicht der Lokalsender auf ein eigenes Mu-

62 Später hat sich der Verband Lokaler Rundfunk bemüht, zumindest mit einem Kapitalanteil von fünf Prozent institutionell an Radio NRW beteiligt zu werden, jedoch ohne Erfolg. Zugestanden wurde jedoch die beratende Teilnahme eines VG-Vertreters an den Sitzungen des Aufsichtsrates der Radio NRW GmbH.

63 An Wochenenden sollte das Rahmenprogramm abweichend davon folgende Sendezeiten erhalten: samstags 10 Uhr bis 14 Uhr und 15.30 Uhr bis 17.30 Uhr sowie sonntags von 9 Uhr bis 12 Uhr und 13 Uhr bis 14 Uhr, außerdem durchgängig die Abend- und Nachtstunden; vgl. Radio NRW GmbH, Angebot vom Juni 1989, S. 14 ff.

64 Samstags stattdessen von 14 Uhr bis 15.30 Uhr und 17.30 Uhr bis 21 Uhr, sonntags von 16 Uhr bis 21 Uhr.

65 Radio NRW GmbH, Angebot vom Juni 1989, S. 17 ff.

sikarchiv), alternativ dazu eine durchgängige Bindung der Musik an die von Radio NRW gelieferten Play-lists,[66]

- regelmäßige Chefredakteurkonferenzen sowie ein Programmbeirat zur Mitwirkung der Veranstaltergemeinschaften am Rahmenprogramm, beide ohne Entscheidungskompetenz.[67]

In der Veranstaltergemeinschaft für den Kreis Wesel wurde mit diesem Vertragsangebot zunächst nicht die Mitgliederversammlung befaßt, sondern der Vorsitzende beauftragt, in einer Verhandlungskommission der Veranstaltergemeinschaften im WAZ-Einzugsbereich beziehungsweise des Verbandes Lokaler Rundfunk (VLR) über das Rahmenprogramm zu verhandeln:

„Der erste Vertrag, den Radio NRW vorgelegt hat, der war ganz schlimm. Wenn das gekommen wäre, dann hätte das bedeutet ein landesweites Programm mit ein paar lokalen Fenstern. Und da haben wir gesagt, so nicht. Und dann haben wir die Verhandlungen an uns gezogen, dann hat der Landesverband eine Verhandlungskommission gebildet, und die hat mit den Leuten von Radio NRW verhandelt. Dann sind wir zu der jetzigen Lösung gekommen, die auch ein Mitspracherecht der VGs bedingt, Konferenz der Chefredakteure usw."

Der Verband Lokaler Rundfunk kritisierte das Rahmenprogrammangebot gegenüber dem Lokalfunkausschuß der Landesanstalt für Rundfunk als inakzeptabel. Er forderte u.a., den Lokalsendern mehr Freiräume bei der Musikgestaltung sowie Einflußmöglichkeiten auf das Rahmenprogramm einzuräumen, außerdem dürfe es weder eine einheitliche Senderkennung noch die von Radio NRW angestrebte Vorabnutzung der lokalen Frequenzen geben, damit „nicht der Eindruck einer landesweiten Kette mit lokalen Abspielstationen" entstehe.[68] Dieser Eindruck aber war unter dem Gesichtspunkt der Außendarstellung, insbesondere im Werbezeitenverkauf, vom Geschäftsführer von Radio NRW durchaus angestrebt, wie er im Interview deutlich macht:

„Ich hatte die Vorstellung, man nennt das Ganze NR 1: NR 1 – Radio Düsseldorf, NR 1 – Antenne Ruhr usw. und hat immer einen gemeinsamen Namensbestandteil und kann damit nach außen auftreten, um das zu verkaufen. Denken Sie an das Beispiel Radio 7, wo es ja auch heißt, Radio 7, Studio Soundso."

Auch der Lokalfunkausschuß der Landesanstalt für Rundfunk befaßte sich mit den Rahmenprogramm-Angeboten. Die Anstalt hatte am 21.4.89 die Frequenzen für die Veranstaltung und Verbreitung eines Rahmenprogramms mit gleichem Fristende ausgeschrieben wie die entsprechenden Frequenzen für den Lokalfunk, und Radio NRW und Kanal 4 hatten entsprechende An-

---

66 Ebd., S. 22 ff.

67 Ebd., S. 41 ff.

68 VLR-Info 2/1989, S. 2.

träge eingereicht, ohne allerdings bereits die erforderlichen Verträge mit den Veranstaltergemeinschaften vorweisen zu können.[69] Beiden Bewerbern wurde nahegelegt, ihre Angebote daraufhin zu überprüfen, daß die Programmhoheit und die rundfunkrechtliche Verantwortung der Veranstaltergemeinschaften nicht beeinträchtigt würden.[70]

Der Vorsitzende des Lokalfunkausschusses forderte zudem, die örtlichen Veranstaltergemeinschaften müßten „flexibel und je nach ihrem lokalen Bedarf über die Ausstrahlung von Sendungen des Rahmenprogramms autonom entscheiden können".[71] Es sei erforderlich, daß die Lokalradios die landesweite Werbung übernehmen, dafür müsse aber der Rahmenprogrammveranstalter den überwiegenden Teil seiner Werbeerträge an die Lokalradios transferieren, außerdem müßten die Veranstaltergemeinschaften die Möglichkeit der Mitwirkung an der Gestaltung des Rahmenprogramms haben.

In diesem Zusammenhang hat die Anstalt zugleich eine weitere wichtige Weichenstellung vorgenommen, indem sie alternativ zum Rahmenprogrammvertrag ausdrücklich die Möglichkeit der Programmzulieferung eröffnet hat:

> „Die örtlichen Veranstaltergemeinschaften können selbst entscheiden, ob sie Programmzulieferungsverträge abschließen und damit die Programmhoheit für das gesamte Programm behalten, oder ob sie einen Vertrag mit einem Rahmenprogrammveranstalter abschließen, der selbst die Programmverantwortung für das von ihm produzierte Programm trägt."[72]

Diese Interpretation zielte anscheinend darauf ab, den Veranstaltergemeinschaften im Verhältnis zu den Betriebsgesellschaften Freiräume zu verschaffen, die so im Gesetz nicht ausdrücklich vorgesehen waren: Hinsichtlich einer Rahmenprogrammvereinbarung verlangt § 30 Abs. 2 LRG NW das Einvernehmen mit der Betriebsgesellschaft, von Programmzulieferung ist im Gesetz nicht explizit die Rede.[73] Hätte man daraus die Unzulässigkeit redaktionell nicht mehr bearbeitbarer Programmübernahmen gefolgert, so wären den Veranstaltergemeinschaften zu Radio NRW und Kanal 4 selbst

---

69 Wie im Falle der lokalen Programme war die Antragsfrist eine Ausschlußfrist, so daß zur Fristwahrung Anträge ohne vollständige Unterlagen eingereicht werden mußten.

70 LfR-Pressemitteilung vom 19.09.1989, S. 1.

71 Ebd.

72 Ebd., S. 2.

73 Implizit wird dieser Problembereich behandelt bei der Definition des lokalen Programms in § 2 Abs. 2 LRG NW. Die dort festgeschriebenen Anforderungen an die redaktionelle Betreuung des lokalen Programms, die zumindest eine eigenständige redaktionelle Zusammenstellung erfordern, sind allerdings bei der regelmäßig zeitgleichen und unveränderten Übernahme von Programmteilen im Wege der Programmzulieferung schwerlich zu erfüllen. Dennoch hielt die Landesanstalt für Rundfunk diesen Weg offenbar für rechtlich gangbar.

theoretisch keine Alternativen mehr geblieben, denn nur diese beiden Veranstalter hatten fristgerecht die Zulassung als Rahmenprogrammveranstalter beantragt.[74]

Gleichzeitig setzt sich damit aber fort, was mit den Kooperationsempfehlungen bei der Festlegung der Verbreitungsgebiete begonnen hatte: die Schaffung eines zwar lokal verantworteten, aber nicht lokal hergestellten, redaktionell gestalteten oder selbständig redaktionell zusammengestellten Mantelprogramms, das deshalb im Sinne des § 2 Abs. 2 LRG NW kaum als lokales Programm zu qualifizieren ist. Die Regelung des § 30 Abs. 1 LRG NW, die eine gesonderte Lizenzierung des Rahmenprogramms verlangt, kann damit gänzlich ausgehebelt werden. Daß es dennoch in bisher allen lizenzierten Verbreitungsgebieten nicht nur Programmzulieferung, sondern auch Rahmenprogrammverträge gibt, dürfte u.a. mit dem Interesse der Betriebsgesellschaften zusammenhängen, denen das LRG NW bei der Rahmenprogrammvereinbarung ein Mitspracherecht einräumt.[75] Und eine von Radio NRW gestellte unverzichtbare Bedingung für die Rahmenprogrammvereinbarung ist, wie bereits dargestellt, die teilweise Preisgabe der lokalen Programmautonomie durch Vereinheitlichung der Musikfarbe und der Nachrichten.

Im November 1989 hat Radio NRW schließlich ein grundlegend überarbeitetes Angebot vorgelegt, mit dem den genannten Bedenken weitgehend Rechnung getragen wird. Radio NRW verzichtet darin auf eine eigene Senderkennung, überläßt den Veranstaltergemeinschaften die freie Entscheidung über Umfang und Plazierung des lokalen Programms, verlangt eigene Musikarchive der Veranstaltergemeinschaften und erlaubt zugleich außerhalb der Hauptsendezeit eine gewisse Flexibilität der Musikgestaltung. Unverändert geblieben sind jedoch die wirtschaftlichen Modalitäten. Dieses veränderte Angebot wurde die Grundlage aller bisher geschlossenen Rah-

---

74 Zwar hat es auch ein Angebot von RTL an die Veranstaltergemeinschaften gegeben (vgl. VLR-Info 3/1989), aber offenbar keinen förmlichen Lizenzantrag; vgl. LfR-Info Nr. 19 vom 05.03.1990, S. 3. Wenn nun in den Verbreitungsgebieten Düren und Heinsberg das Programm von RTL Baden-Württemberg verbreitet werden soll, wird es deshalb möglicherweise nicht als Rahmenprogramm lizenziert werden können. Anders ist die Lage im Kreis Aachen, wo die Lizenzen nach der revidierten Festlegung der Verbreitungsgebiete mit Fristen bis zum 23.10.1990 ausgeschrieben wurden: hier hat die Landesanstalt für Rundfunk am 20.09.1991 RTL Baden-Württemberg als Rahmenprogrammveranstalter zugelassen, vgl. LfR-Info Nr. 32 vom 23.09.1991, S. 3.

75 Vgl. die Fallstudie zum Verbreitungsgebiet Köln, wo der Kooperationsvertrag zwischen Veranstaltergemeinschaft und Betriebsgesellschaft verlangt, daß die Veranstaltergemeinschaft, im Einvernehmen mit der Betriebsgesellschaft, eine Rahmenprogrammvereinbarung abschließen muß.

menprogrammverträge.[76] Alle geschlossenen Verträge sind, soweit bekannt, identisch.

Die Entscheidung für das Rahmenprogramm von Radio NRW war denn auch in den Augen verschiedener Mitglieder der Veranstaltergemeinschaft im Kreis Wesel durch die Interessenlage der Betriebsgesellschaft vorgeprägt, wie es beispielhaft die folgenden Äußerungen zweier Mitglieder anschaulich machen:

„Wir waren eigentlich am Anfang mehr darauf ausgerichtet, ich zumindest, aber ich denke auch so der intensiver diskutierende Kreis aus der VG, wir wollten auf ein 24-Stunden-Programm, ein lokales, und wir sind bereit, mit Nachbarsendern Kooperationsverträge zu schließen, also die Nachtschiene wandern zu lassen und solche Geschichten. Das war unser Modell. Ich habe mich heute mit dem Radio-NRW-Modell eigentlich angefreundet, ich hatte nur von Anfang an und habe immer noch eigentlich Unmut darüber, daß der WDR da drinhängt, und daß Bertelsmann da drinhängt. Daß die Zeitungsverleger als die Mehrheitsgesellschafter der ganzen Radiosender diesen Dachsender gründen und betreiben, das ist richtig und konsequent, aber daß also da Leute, ja ich sag mal, qua Satzung Gewinne abrahmen, qua Gesellschaftervertrag, ohne überhaupt mit der Sache was zu tun zu haben, halte ich nach wie vor für falsch. Aber das Gesamtkonzept, da ist also eine 24-Stunden-Schiene, in die sich selbst ein Sender mit einem drei-Stunden-Programm einklinken kann, das halt ich schon, wenn man flächendeckendes Lokalradio in Nordrhein-Westfalen machen will, mittlerweile für die einzig plausible Möglichkeit. Daran hatten wir am Anfang nicht gedacht. Wir hatten hier so die Nachbarschaft im Blick. Und mit Mühlheim-Oberhausen und Duisburg und Krefeld hätte man sicher so eine gemeinsame Geschichte abwickeln können. ... (aber) in so einer Situation, wenn der Mehrheitsgesellschafter der BG praktisch gleichzeitig wieder Gesellschafter dieser Radio NRW ist, glaub ich, dann sind die Weichen gestellt."

„Die Entscheidung, ob überhaupt das Rahmenprogramm genommen werden sollte, das ging in einem atemberaubenden Tempo; wir haben uns für das Rahmenprogramm entschieden, ohne Sendeinhalte zu wissen. ... Die Betriebsgesellschaft hat uns mit dem Rahmenprogramm mehr oder minder erpreßt. Wir hatten selbst Angebote eingeholt, hatten auch selbst aufgrund dieses Gutachtens, das wir hatten erstellen lassen, errechnet, wir wären sendefähig gewesen ohne Rahmenprogramm. Das hieße aber, der ganze Aufbau, den jetzt die WAZ abnimmt, hätte natürlich selbst geleistet werden müssen durch Anzeigenaktivierung. Der Lokalmarkt wäre noch gegangen, nur wäre es schon schwieriger geworden, als Einzelsender an große Markenwerbung zu kommen."

Die Veranstaltergemeinschaft im Kreis Wesel hat von der Möglichkeit der Programmzulieferung ausgedehnten Gebrauch gemacht: Sie hatte die Verbreitung des Rahmenprogramms nur für die Nachtstunden zwischen Mitternacht und 6 Uhr morgens vorgesehen und im übrigen eine Lizenz für 18 Stunden lokal verantwortetes Programm (einschließlich zwei Stunden für

76 Vgl. im einzelnen die Darstellung oben in Abschnitt II.

die 15-Prozent-Gruppen) beantragt und erhalten. Im Rahmen des lokal verantworteten Programms waren jedoch zum Sendestart nur noch täglich acht Stunden von der Redaktion erstelltes Programm vorgesehen; die übrige Zeit wurde durch Programmzulieferungen von Radio NRW abgedeckt. Mittlerweile ist die Lizenz für das Verbreitungsgebiet Wesel allerdings geändert, nachdem die Veranstaltergemeinschaft der Landesanstalt für Rundfunk mitgeteilt hatte, daß sie bis auf weiteres nur zehn Stunden – einschließlich zwei Stunden für die 15-Prozent-Gruppen – für das lokale Programm nutzen will.

2. *Köln*

Im Verbreitungsgebiet Köln hat die Betriebsgesellschaft frühzeitig darauf gedrungen, daß die Übernahme des Rahmenprogramms von Radio NRW vereinbart wird. Das im Mai 1989 vorgelegte erste Angebot der Verlegerseite sah vor, daß die Veranstaltergemeinschaft sich verpflichten sollte, „das Rahmenprogramm der Radio NRW GmbH in einer noch vertraglich zu vereinbarenden Form zu übernehmen und dafür die Zustimmung der Betriebsgesellschaft einzuholen".[77] Ein konkretes Vertragsangebot allerdings hatte Radio NRW zu diesem Zeitpunkt noch gar nicht gemacht.

Innerhalb der Antragsfrist, die am 10. Juli 1989 endete, ist eine Entscheidung weder über das Programmschema noch über das Rahmenprogramm getroffen worden. Die Veranstaltergemeinschaft hat deshalb zunächst eine Lizenz über 24 Stunden beantragt. Es bestand allerdings bereits Einigkeit, daß ein eigenproduziertes Programm von täglich 24 Stunden nicht beabsichtigt war.

Im Herbst 1989 wurden parallel die Rahmenprogramm-Angebote von Radio NRW und von Kanal 4 in der Mitgliederversammlung präsentiert. Außerdem hatte RTL ein schriftliches Angebot über die Zulieferung eines Mantelprogramms gemacht, das nicht als Rahmenprogramm zu lizenzieren wäre, sondern in der Verantwortung der jeweiligen Lokalsender veranstaltet werden sollte.[78] Die Landesanstalt für Rundfunk hatte etwa zeitgleich zu erkennen gegeben, daß sie nicht nur Rahmenprogramme, sondern ebensogut auch Programmzulieferung akzeptieren würde.[79] In Köln war dieses Programm jedoch bald nicht mehr in der Diskussion, wie ein Mitglied der Veranstaltergemeinschaft berichtet:

---

77 Vgl. den Abdruck des Vertragsangebotes in Info-Dienst Neue Medien, Juni/Juli 1989, S. 52 ff.

78 Dabei hätte RTL auch darauf verzichtet, von sich aus Vorgaben zu machen für die Gestaltung des lokalen Programms, vgl. VLR-Info 2/1989, S. 3, wo das Angebot wie folgt zitiert wird: „Wir legen Wert auf die Eigenständigkeit Ihres Programms; wir machen die Zulieferung von keinerlei Auflagen für Ihre lokalen Programme abhängig."

79 Vgl. oben die Darstellung zum Verbreitungsgebiet Wesel.

„RTL hat sich allerdings nie beworben um die landesweite Frequenz, hat nur als Zulieferer ein Angebot gemacht. Ich persönlich habe nach Durchsicht dieser Unterlagen die Meinung vertreten, daß RTL das günstigste Angebot für Radio Köln gemacht hätte, besser noch als Kanal 4 oder Radio NRW. Der Vorstand hat wohl RTL angeschrieben im Laufe dieser langen Diskussion, und die haben dahingehend kein Interesse mehr gezeigt, so ist es uns erklärt worden."

Als Alternative zu einem zugelieferten Rahmen- oder Mantelprogramm wurde auch ein eigenproduziertes Rahmenprogramm für die Lokalsender im Regierungsbezirk Köln diskutiert, das jedoch bei den umliegenden Veranstaltergemeinschaften keine ausreichende Resonanz gefunden hat. Ein Mitglied beschreibt dies folgendermaßen:

„Die Veranstaltergemeinschaft hat mal versucht, eine sogenannte ‚Rheinschiene' aufzubauen, oder besser gesagt für den Großraum Köln, um ein Gegengewicht zu bringen zur WAZ-Gruppe. Damit man ein bißchen mehr Einfluß nehmen kann auf die Gestaltung. Das ist leider wieder nach zwei, drei Sitzungen eingeschlafen, weil die Interessen doch zu unterschiedlich sind, und davon bin ich überzeugt, das torpediert wurde durch die Verleger, weil die gemerkt hatten, da baut sich eventuell was auf, was gegen sie gerichtet sein könnte."

In beiden Fällen wäre zudem das Interesse der Verleger als Haupteigentümer der Betriebsgesellschaft tangiert worden, die auch an Radio NRW wirtschaftlich beteiligt sind und schon deshalb[80] ein dringendes Interesse daran hatten, daß eine Rahmenprogrammvereinbarung mit Radio NRW getroffen wird, damit Radio NRW den Werbemarkt Nordrhein-Westfalen vollständig abdeckt und ein systematischer Wettbewerbsnachteil zum WDR vermieden wird.

Und da die Verleger nur bei einem Rahmenprogramm, nicht jedoch bei der Programmzulieferung, ein gesetzlich verbrieftes Mitspracherecht haben, war das Rahmenprogramm einer der lange umstrittenen Punkte bei den Vertragsverhandlungen zwischen Veranstaltergemeinschaft und Betriebsgesellschaft. Die von der Betriebsgesellschaft ursprünglich verlangte Festlegung auf das Rahmenprogramm von Radio NRW ist in den Verhandlungen fallengelassen worden; die Landesanstalt für Rundfunk hatte signalisiert, daß eine solche Vereinbarung nicht lizenzierungsfähig sein würde.[81] An die

80 Es haben außerdem einige Gesprächspartner darauf aufmerksam gemacht, daß Radio NRW als landesweites Rahmenprogramm Teil einer medienpolitischen Absprache gewesen sei, aus der die Verleger nicht hätten ausscheren können. Einzelheiten dazu konnten im Rahmen dieser Studie nicht ermittelt werden, man vergleiche jedoch das Zitat in der Fallstudie Wesel, das auf die Vorzüge eines einheitlichen Rahmenprogramms für flächendeckenden Rundfunk hinweist (oben 1.): offenbar ist das Rahmenprogramm dort unter diesem Aspekt diskutiert worden.

81 Vgl. die LfR-Monita zu den Kooperationsverträgen vom 13.10.1989, S. 13: „Keine Veranstaltergemeinschaft kann vorab im Rahmen des Vertrages mit der Betriebsgesellschaft auf

Stelle dieser Festlegung trat eine verfahrensmäßige Regelung, die letztlich auf das gleiche hinausläuft: Die Veranstaltergemeinschaft hat sich verpflichtet, „ein Rahmenprogramm in einer noch vertraglich zu vereinbarenden Form zu übernehmen, das wirtschaftlich erfolgreichen Hörfunk gewährleistet, und dafür das Einvernehmen mit der Betriebsgesellschaft herzustellen".[82] Zudem wurde ein außerordentliches Kündigungsrecht vereinbart für den Fall, daß entgegen dieser Bestimmung „die Übernahme des Rahmenprogramms bzw. die Zustimmung der Betriebsgesellschaft nicht zustande kommt".[83]

Es hat auf der anderen Seite offenbar auch keine konkreten programmlichen Einwände gegen das Rahmenprogramm von Radio NRW gegeben. Vorrangige Gesichtspunkte waren anscheinend eher die Frage, ob nicht im Interesse der Wirtschaftskraft Kölns der dort ansässige Rahmenprogrammanbieter Kanal 4 bevorzugt werden sollte, ob eine Metropole wie Köln ein Rahmenprogramm aus „so einem Dorf" wie Oberhausen übernehmen könne und wann Radio NRW mit den Ausschüttungen beginnen würde. Dazu ein Mitglied der Veranstaltergemeinschaft:

„Programmliche Gründe spielen keine Rolle bisher. Es gibt vereinzelt programmliche Kritik an Radio NRW, aber es hat aus der Veranstaltergemeinschaft, wenn ich das richtig sehe, bis zur letzten Sitzung niemand, vielleicht mit Ausnahme der Verlagsvertreter, das Programm von Radio NRW gehört. Es ist gewissermaßen aus dem Lande nach Köln schon mal Kritik an diesem Programm geäußert worden, aber Programm spielt zur Zeit wenig eine Rolle beim Mantelprogramm, eher spielt die Ökonomie eine Rolle, und das spricht auch für Köln. Es tut mir wirklich leid, Programmdiskussionen zu führen bei einem Projekt, wo es um den Markt geht, das entscheidet im Zweifel der Markt und niemand anderes – es ist kein öffentlich-rechtlicher Rundfunk, und selbst dort entscheidet inzwischen der Markt. Und insofern ist es wirklich müßig, über Programm zu reden. Ich denke, ein Programm macht man und setzt sich damit durch, aber man diskutiert nicht, schon gar nicht unter Amateuren, darüber."

3. Coesfeld

Für die Veranstaltergemeinschaft im Kreis Coesfeld stand schon von Anfang an fest, daß die Übernahme eines Rahmenprogramms eine notwendige

---

ein bestimmtes Rahmenprogramm eines bestimmten Veranstalters festgelegt werden. ... Allerdings kann die Betriebsgesellschaft den Abschluß eines Vertrages mit der Veranstaltergemeinschaft davon abhängig machen, daß zusätzliche Einnahmequellen über ein Rahmenprogramm generell erschlossen werden."

82 § 2 Nr. 2 Kooperationsvertrag.

83 § 11 Abs. 3 Kooperationsvertrag.

Voraussetzung für einen wirtschaftlich leistungsfähigen Lokalfunk im Kreis Coesfeld sein würde. So ist es auch im Juni 1988 bei der Anhörung der Landesanstalt für Rundfunk zur Festlegung der Verbreitungsgebiete vorgetragen worden. Zu diesem Zeitpunkt schien es noch denkbar, daß es zur Ergänzung oder anstelle eines landesweiten Rahmenprogramms auch ein Rahmenprogramm für das Münsterland geben könne.

Detaillierter hat sich die Veranstaltergemeinschaft im September 1989 mit der Frage eines möglichen Rahmenprogramms befaßt, nachdem das erste Angebot von Radio NRW vorlag. Dazu wurde seitens des Vorstandes eine Arbeitsgruppe eingesetzt, die aus den Mitgliedern des Vorstandes und weiteren sechs Mitgliedern der Veranstaltergemeinschaft bestand. Diese Arbeitsgruppe hat das Angebot von Radio NRW abgelehnt und sich dabei die Stellungnahme des VLR zu eigen gemacht, die vor allem mehr Eigenständigkeit und mehr Einflußmöglichkeiten der Veranstaltergemeinschaften im Verhältnis zum Rahmenprogramm forderte.[84]

Die Frage des Rahmenprogramms wurde wieder aufgegriffen, nachdem im Frühjahr 1990 die Gründung der Betriebsgesellschaft angekündigt worden war und deshalb Vorbereitungen für die Vervollständigung des Lizenzantrages getroffen wurden. Das Angebot von Radio NRW war inzwischen überarbeitet und vom VLR und von der Landesanstalt für Rundfunk gutgeheißen worden, und die ersten Sender waren bereits mit dem Rahmenprogramm von Radio NRW auf Sendung. Auch die Veranstaltergemeinschaft in Münster hatte ihre Absicht bekundet, mit Radio NRW einen Vertrag schließen zu wollen. Demgegenüber hatten die konkurrierenden Anbieter Kanal 4 und RTL noch in keinem Verbreitungsgebiet einen Vertragsabschluß vorweisen können. Seitens der Verleger gab es eine klare Präferenz für Radio NRW, wie einer von ihnen deutlich sagt: „Wenn die erwarten, daß wir die Betriebsgesellschaft und damit auch die Veranstaltergemeinschaft finanzieren sollen, dann können sie schlecht ein anderes Rahmenprogramm nehmen als das, das wir selbst anbieten. Außerdem war keine ernsthafte Konkurrenz da."

Vor diesem Hintergrund kam es im August 1990 zu einem Tendenzbeschluß der Mitgliederversammlung, mit dem die Veranstaltergemeinschaft ihre Absicht bekundete, das Rahmenprogramm von Radio NRW zu übernehmen. Ein zentraler Gesichtspunkt dabei war die Beteiligung der Verleger an Radio NRW: der Beschluß sollte den Entscheidungsprozeß vorantreiben und ein Signal setzen, daß die Veranstaltergemeinschaft in diesem Punkt im Sinne der Verleger entschieden hatte und nun auf ihren nächsten Schritt wartete. Weitere Gründe für die Entscheidung für das Rahmenprogramm von Radio NRW waren das Interesse an einer einheitlichen Ent-

84 Vgl. oben die Darstellung zum Verbreitungsgebiet Wesel.

scheidung im Münsterland – auch Münster hatte sich bereits für Radio NRW ausgesprochen – sowie genereller der Vorteil von Radio NRW, daß es bereits für viele Verbreitungsgebiete Verträge abgeschlossen hatte und deshalb die besten Aussichten bot, selbst wirtschaftlich zu sein und damit für die Lokalsender entsprechende Mittel zur Verfügung zu stellen.

Bei der Entscheidung über das Rahmenprogramm haben inhaltliche Fragen der Gestaltung des Rahmenprogramms offenbar keine nennenswerte Rolle gespielt. Inhaltliche Erwartungen an das Rahmenprogramm sind von der Veranstaltergemeinschaft anscheinend nicht formuliert worden, auch hat es keine erkennbaren Vorbehalte gegen die Programmgestaltung von Radio NRW oder gegen die Verpflichtung zur Übernahme der überregionalen Werbung und der Nachrichten gegeben.

Vorbehalte gab es allerdings hinsichtlich des Ausschüttungsmodus von Radio NRW, der sich überwiegend an der Zahl der im Verbreitungsgebiet erreichten Hörer orientiert, und damit auch an der Größe der Verbreitungsgebiete.[85] Es wurde eingewandt, daß die Vereinbarung mit Radio NRW der ungünstigeren Kostenstruktur der kleineren Verbreitungsgebiete besser Rechnung tragen müsse. Die Chance, bei Radio NRW noch eine Besserstellung zu erzielen, wurde jedoch als sehr gering eingeschätzt. Darüber hinaus gab es von Radio NRW die Zusage der Gleichbehandlung; falls es doch noch zu abweichenden Vereinbarungen kommen sollte, werde auch die VG in Coesfeld die Möglichkeit erhalten, von diesen Änderungen Gebrauch zu machen.

Im April 1991, zugleich mit dem Beschluß über den Vertrag mit der Betriebsgesellschaft, hat die Veranstaltergemeinschaft auch den Vertrag mit Radio NRW unverändert beschlossen, ohne nochmals Alternativen in Erwägung zu ziehen. Eine Vorabnutzung der Frequenz durch das Rahmenprogramm hat die Veranstaltergemeinschaft für den Kreis Coesfeld bis zur Lizenzerteilung nicht diskutiert.

IV. Resümee

Die Regelung über Rahmenprogramme in § 30 LRG NW ist als ein spezifischer Versuch des nordrhein-westfälischen Gesetzgebers zu werten, das bekannte Problem der Rundfunkaufsicht im Bereich der Programmzulieferungen[86] dadurch in den Griff zu bekommen, daß diese als Rahmenprogramm eigenständig lizenziert werden.

---

85 S.o. II. 2. a. cc.

86 Vgl. Schurig, Programmzulieferung; Wöste, Networkbildung durch die Hintertür?, MP 1989, S. 9 ff.; Hellstern/Hoffmann-Riem/Reese/Ziethen, Rundfunkaufsicht, Bd. 1, S. 105 ff.

In der Praxis hat sich dieses Konzept jedoch nicht als stringent umsetzbar erwiesen. Bereits bei der Festlegung der Verbreitungsgebiete hatte die Landesanstalt für Rundfunk durch die Einführung der „erweiterten Kooperation" die strenge Verknüpfung von lokaler Programmverantwortung und lokalem Programm gemäß § 2 Abs. 2 LRG NW aufgegeben. Diese Aufweichung hat sie im Vorfeld der Zulassung von Rahmenprogrammveranstaltern dadurch fortgesetzt, daß anstelle der Übernahme eines Rahmenprogramms ausdrücklich auch die Möglichkeit ausgedehnter Programmzulieferung unter rundfunkrechtlicher Verantwortung der Veranstaltergemeinschaft eröffnet wurde. Die innovative Komponente der Rahmenprogrammregelung des § 30 LRG NW, nämlich die unmittelbare Lizenzierung und Kontrolle des Rahmenprogrammveranstalters durch die Landesanstalt wird damit zur Disposition gestellt; und tatsächlich haben in den Verbreitungsgebieten Düren und Heinsberg die Veranstaltergemeinschaften inzwischen die Zulassung für ein 24-stündiges Programm erhalten, das gänzlich von ihnen lokal verantwortet wird, aber zu mehr als der Hälfte aus Programmzulieferungen von RTL Baden-Württemberg besteht.

Dennoch hat die gesetzliche Konstruktion erhebliche regulative Wirkung entfaltet. Trotz der Ausweichmöglichkeit auf die Programmzulieferung haben Veranstaltergemeinschaften und Betriebsgesellschaften regelmäßig eine Rahmenprogramm-Vereinbarung getroffen, so daß die Anstalt jeweils für das lokale Programm und das Rahmenprogramm eigene Lizenzen erteilt hat. Dabei sind allerdings die Grenzen zwischen Rahmenprogramm, Programmzulieferung und lokalem Programm fließend geworden. Im Zuge der Lizenzerteilung für das Rahmenprogramm hat die Landesanstalt für Rundfunk jedoch weitreichenden Einfluß nehmen können auf die Gestaltung des Verhältnisses zwischen Rahmenprogramm und Lokalsender und dabei wirksam auf Freiräume für die Lokalsender hingewirkt. Diesen Ansatzpunkt für eine Intervention hätte es bei der Programmzulieferung vermutlich nicht gegeben.

Daß Veranstaltergemeinschaften und Betriebsgesellschaften diesen Weg über § 30 LRG gewählt haben, dürfte im wesentlichen auf die Interessenlage der Zeitungsverlage bzw. der Betriebsgesellschaften zurückzuführen sein. Da die Möglichkeit der Programmzulieferung im Gesetz nicht vorgesehen war, greift hier auch nicht das gesetzlich verbriefte Vetorecht der Betriebsgesellschaften bei der Vereinbarung über ein Rahmenprogramm. An diesem Vetorecht aber müssen die Betriebsgesellschaften aus wenigstens drei Gründen interessiert sein: Zum einen sind sie die Nutznießer der Zahlungen des Rahmenprogrammveranstalters für die Ausstrahlung überregionaler Werbung, zum anderen sind sie durchweg mit einem der Rahmenprogrammanbieter, nämlich Radio NRW, wirtschaftlich verbunden, zum dritten können sie ansatzweise über den Rahmenprogrammveranstalter auch auf das lokale Programm so einwirken, daß durch überregionale Nachrichten und vorgegebene Musiklaufpläne die Attraktivität des Programms für werblich interessante Zielgruppen gesichert wird.

§ 10 Zur Evaluation des nordrhein-westfälischen Lokalfunkmodells

Die Funktionstüchtigkeit des nordrhein-westfälischen Lokalfunkmodells wird letzten Endes daran zu messen sein, inwieweit es geeignet ist, einen flächendeckenden lokalen Rundfunk entstehen zu lassen und langfristig zu stabilisieren und durch vielfältige Programmangebote auf lokaler Ebene die Voraussetzungen für die individuelle und die öffentliche Meinungsbildung zu verbessern. An den Programminhalten selbst und an ihrer Nutzung wird es sich mithin erweisen müssen, ob das Modell mehr leistet als die ihrerseits nicht problemlosen Konzeptionen etwa in Bayern und Baden-Württemberg.[1] Eine solche Evaluation kann und soll hier noch nicht unternommen werden. Möglich ist jedoch eine empirisch gestützte Plausibilitätsprüfung.

Im Vorfeld und im Verlaufe des Gesetzgebungsverfahrens, aber auch noch während des Normenkontrollverfahrens vor dem Bundesverfassungsgericht,[2] sind die unterschiedlichsten Plausibilitätsüberlegungen zu den erwartbaren Wirkungsmechanismen und Konsequenzen der gesetzlichen Regelungen vorgetragen worden, die teilweise zur Diagnose einer offenkundigen Funktionsuntauglichkeit des Zwei-Säulen-Modells geführt hatten.[3]

In diesem Schlußkapitel wird deshalb zunächst noch einmal die Konzeption des nordrhein-westfälischen Lokalfunkmodells resümiert, sodann werden wir in einer Zusammenführung der Einzelergebnisse aus unseren empirischen Untersuchungen - den Dokumentenanalysen und den Fallstudien - der Frage nachgehen, ob Vorbehalte gegen die Funktionsfähigkeit des

1 Zu Baden-Württemberg vgl. Kabel & Satellit 26/1991, S. 3, sowie Landesanstalt für Kommunikation: Überlegungen der Landesanstalt für Kommunikation für eine künftige Struktur privater Hörfunkveranstalter in Baden-Württemberg, vervielf. Ms. 1990. In Bayern hat die BLM ihre frühere strikte lokale Orientierung aufgegeben und ein Mantelprogramm für die Lokalsender zugelassen und subventioniert; vgl. Medien-Bulletin 11/1991, S. 34 f.

2 BVerfGE 83, 238, 281 ff.

3 Vgl. oben § 2 III.

Zwei-Säulen-Modells sich bereits bestätigt haben oder ob Vorbehalte schon als entkräftet gelten können.

I. Das Konzept des Gesetzgebers

Mit dem nordrhein-westfälischen Lokalfunkmodell verfolgt der Gesetzgeber eine anspruchsvolle, mehrdimensionale Zielsetzung,[4] die in der dienenden Funktion für den Prozeß Meinungsbildung auf lokaler Ebene den eigentlichen Fokus hat. Die Rundfunkprogramme, so bestimmt es § 11 S. 2 LRG NW, „haben entsprechend der jeweiligen Programmkategorie zu einer umfassenden Information und freien individuellen und öffentlichen Meinungsbildung beizutragen, der Bildung, Beratung und Unterhaltung zu dienen und dem kulturellen Auftrag des Rundfunks zu entsprechen." Dies gilt auch für den lokalen Rundfunk.[5]

Der Gesetzgeber geht offenkundig davon aus, daß ein außenpluraler, presseähnlicher Rundfunkmarkt aus technischen oder wirtschaftlichen Gründen auf absehbare Zeit nicht möglich ist[6] oder zumindest nicht die Gewähr dafür bietet, daß die öffentliche Aufgabe des lokalen Rundfunks optimal wahrgenommen wird. Er setzt deshalb auf Binnenpluralität der Rundfunkprogramme, die durch differenzierte gesetzliche Vorgaben materiell und organisatorisch abgesichert wird.

Nimmt man an, daß der gesteckte Anspruch mit lokalem Rundfunk überhaupt erreichbar ist, so folgt beinahe zwangsläufig, daß es dem Gesetzgeber nicht nur darum geht, die Möglichkeit zur Veranstaltung lokalen Rundfunks als bloße Option zu eröffnen. Der nordrhein-westfälische Landesgesetzgeber zielt vielmehr darauf ab, daß der Lokalfunk auch Wirklichkeit wird, und zwar unter Vermeidung regionaler Disparitäten, wie sie etwa aus dem Stadt-Land-Gefälle erwachsen könnten. Der Landesanstalt für Rundfunk ist es ausdrücklich aufgegeben, durch die Festlegung der Verbreitungsgebiete zu „gewährleisten, daß im Geltungsbereich dieses Gesetzes ein flächendeckender lokaler Rundfunk entstehen kann."[7] Zur Sicherung der wirtschaftlichen Realisierbarkeit lokalen Rundfunks wird darüber hinaus durch die Praxis der Frequenzausschreibung vorläufig eine lokale Alleinstellung der Rundfunkstationen vorgegeben.

Daneben verfolgt der Gesetzgeber den Gesichtspunkt des Presseschutzes, der zumindest teilweise ebenfalls auf das Interesse an lokaler Meinungsvielfalt zurückgeführt werden kann. Durch werbefinanzierten Lokalfunk er-

---

4 Vgl. näher oben § 2 I.

5 § 23 Abs. 2 LRG NW.

6 So die Darstellung bei Stock, Neues Privatrundfunkrecht, S. 37.

7 § 31 Abs. 1 Satz 4 LRG NW.

wächst den Tageszeitungen zusätzlicher Wettbewerb auf den lokalen Werbemärkten - der aber könnte für Tageszeitungen, insbesondere solche mit nachrangiger Marktstellung im jeweiligen Verbreitungsgebiet, möglicherweise existenzgefährdend sein und damit zu weiterer Pressekonzentration führen, die den publizistischen Wettbewerb einschränkt und dem Prozeß der Meinungsbildung abträglich ist.

Der Gesetzgeber strebt in dieser Lage eine Entkopplung des ökonomischen und des publizistischen Wettbewerbs an. Um weitere wirtschaftliche und zugleich publizistische Konzentration in der lokalen Tagespresse zu vermeiden, wird die wirtschaftliche Verflechtung zwischen Tagespresse und Rundfunk in solcher Intensität zugelassen, daß sie zu einer Wettbewerbsbeschränkung auf den lokalen Werbemärkten führen kann. Die Entstehung publizistischer Doppelmonopole soll hingegen durch das Zwei-Säulen-Modell, durch die Trennung zwischen wirtschaftlicher und publizistischer Entscheidungsmacht, verhindert werden.

Das nordrhein-westfälische Lokalfunkmodell setzt dabei in erster Linie auf strukturbezogene Steuerung; imperative Elemente werden nur ergänzend eingesetzt. Darin kommt die Hoffnung zum Ausdruck, so die gerade im Rundfunkrecht diagnostizierte Wirkungslosigkeit vorwiegend imperativer Steuerungskonzepte umgehen und den verfassungsrechtlichen Gewährleistungsauftrag besser wahrnehmen zu können.

Den Akteuren wird in diesem Lokalfunkmodell ein engmaschiger gesetzlicher Rahmen vorgegeben, der zwar Raum für die Verfolgung der eigenen Interessen beläßt, diese aber in Richtung auf das vom Gesetzgeber angestrebte Gemeinwohl zu funktionalisieren sucht. Im Mittelpunkt steht dabei die Regulierung durch Selbstregulierung, also der Versuch, die Steuerungsadressaten über einen internen Prozeß des Interessenausgleichs zu erreichen und zur Normakzeptanz zu bewegen. Der Einsatz imperativer Elemente, auch die Aufsicht durch die Landesanstalt für Rundfunk, erhält damit eine veränderte Funktion, die im Vergleich zur imperativen Steuerung eher auf Konfliktregulierung und Sicherung eines angemessenen Interessenausgleichs angelegt ist.

In der konkreten gesetzlichen Ausgestaltung dieses steuerungstheoretischen Ansatzes durch das LRG NW lassen sich fünf charakteristische Konstruktionsgrundsätze herausarbeiten:[8]

1. Nach dem *Grundsatz der Funktionentrennung* werden die Funktionsbereiche der Veranstaltergemeinschaft und der Betriebsgesellschaft rechtlich und organisatorisch verselbständigt und darüber hinaus die Stellung der Redaktion gegenüber diesen beiden Säulen gestärkt. Auf diese Weise

8 Zum folgenden vgl. im einzelnen oben § 2 II. 2.

wird das Verhältnis der Funktionsträger und der von ihnen vertretenen Interessen zu einem Außenverhältnis transformiert, so daß regulative Vorgaben des Gesetzgebers nicht als Eingriffe in einen einheitlichen Binnenbereich, sondern funktional als Konfliktlösung wahrgenommen werden können.

2. Auf der Funktionentrennung basiert der *Grundsatz der Funktionenoptimierung*. Zur Optimierung der publizistischen Funktion, zunächst noch ohne Einbeziehung der wirtschaftlichen Belange, dienen insbesondere die binnenplurale Struktur der Veranstaltergemeinschaft, die Sicherung relativer Autonomie der Redaktion, die differenzierten Programmanforderungen und die Sicherung des lokalen Bezugs durch Festlegung der Verbreitungsgebiete und lokaler Mindestsendezeiten sowie die Teilhabe lokaler Gruppen im Rahmen des Bürgerfunks. Der Optimierung der wirtschaftlichen Funktion sollen die privilegierte Beteiligung von Verlegern und Kommunen an der Betriebsgesellschaft, die Zulassung eines Rahmenprogramms sowie das faktische Alleinanbietermodell dienen.
3. Nach dem *Grundsatz der Funktionenkooperation und -balance* werden im Gesetz die Verbindungselemente zwischen Veranstaltergemeinschaft und Betriebsgesellschaft definiert: der Kooperationsvertrag zwischen diesen beiden Säulen, der Einigungszwang hinsichtlich des Wirtschafts- und Stellenplans, des Rahmenprogramms und der personellen Besetzung der Chefredaktion sowie die wechselseitigen Teilnahmerechte bei Organsitzungen. Hier versucht der Gesetzgeber zu sichern, daß publizistische und wirtschaftliche Funktionen gleichzeitig zur Geltung kommen.
4. Wenn ein solches Konzept des Einigungszwanges nicht nur zur wechselseitigen Blockade führen soll, muß auf beiden Seiten eine Motivation vorhanden sein, die die Kooperations- und Kompromißbereitschaft fördert. Als *Grundsatz der gemeinsamen Interessen* bezeichnen wir hier die Prämisse des Gesetzgebers, daß es eine solche Motivation gibt. Im Mittelpunkt steht dabei die Annahme, daß die Kommunikationsinteressen der Veranstaltergemeinschaft und die wirtschaftlichen Interessen der Betriebsgesellschaft sich darin überschneiden, daß sie beide zu einem Interesse an hoher Publikumsakzeptanz führen. Dieses Ziel ist zudem im Gesetz selbst ausdrücklich verankert.[9]
5. Schließlich ist der *Grundsatz der privatautonomen Gestaltung* zu nennen: Das Gesetz greift an vielen Stellen auf Elemente der Privatautonomie zurück und überläßt den beteiligten Akteuren, die organisatorischen und die programmatischen Grundlagen für den lokalen Rundfunk im einzelnen auszugestalten.

---

9 § 24 Abs. 1 Satz 4 LRG NW.

II. Die ersten Erfahrungen

Den Konstruktionsgrundsätzen lassen sich auch die Kritik und die Vorbehalte zuordnen, die gegen das nordrhein-westfälische Lokalfunkmodell erhoben worden sind. Schwerpunkte und Stoßrichtung der Kritik sind aber, wie bereits dargestellt,[10] je nach Perspektive des Betrachters ganz unterschiedlich. Im folgenden werden entlang der wichtigsten Kritikpunkte die Ergebnisse unserer empirischen Untersuchung aufgegriffen und daraufhin betrachtet, welche Indizien zur Stichhaltigkeit der Einwände und damit zur Funktionstüchtigkeit des Lokalfunkmodells sich in den hier erfaßten Erfahrungen ergeben haben.

1. Aufhebung der Funktionentrennung?

a. Verdrängung der Veranstaltergemeinschaft aus der Programmfunktion?

Zur Funktionentrennung zwischen der publizistischen Funktion der Veranstaltergemeinschaft und der wirtschaftlich-technischen Funktion der Betriebsgesellschaft finden sich in der Literatur eine Vielzahl von kritischen Stimmen, die eine Verdrängung der Veranstaltergemeinschaft aus ihrer programmbezogenen Aufgabe und gleichzeitig eine Übernahme dieser Funktion durch die Betriebsgesellschaft befürchten.

Aufgrund der vorstehenden Untersuchung - die allerdings nur einzelne Segmente der Rundfunkrealität in Nordrhein-Westfalen erfaßt - ist eine solche Verdrängung bisher allenfalls in Ansätzen festzustellen. Einflußnahmen der Geldgeber auf die Themen und Inhalte des lokalen Programms im Sinne einer Prägung der Tendenz waren nicht zu erkennen, und zwar weder unmittelbar noch auf dem Wege über die Personalauswahl. In keinem der untersuchten Dokumente und in keinem der geführten Gespräche finden sich Anzeichen, daß beteiligte Verleger etwa die politische Tendenz ihrer Tageszeitung im lokalen Programm fortzusetzen versucht hätten. Ebensowenig haben wir Anzeichen dafür gefunden, daß die kommunalen Träger als Minderheitengesellschafter der Betriebsgesellschaften einen Einfluß auf das von der Veranstaltergemeinschaft verantwortete Programm zu nehmen versucht hätten.

Eine solche Abstinenz der lokalen Verleger hinsichtlich der Tendenz der lokalen Programme bedeutet auf der anderen Seite nicht, daß die Veranstaltergemeinschaften ihrer Programmfunktion gänzlich ungebunden ausüben können. Festzustellen ist hier, daß die Betriebsgesellschaften jedenfalls über das Scharnier der Aushandlung der Wirtschafts- und Stellenpläne das Pro-

---

10 Vgl. oben § 2 III.

gramm zumindest im Umfang determinieren, und zwar in Orientierung an dem gesetzlich verlangten Minimum.

Die wesentliche Grundlage der Zusammenarbeit zwischen den beiden Säulen des lokalen Rundfunks ist die in § 29 Abs. 4 LRG normierte vertragliche Vereinbarung. Hier zeigt sich die Tendenz, solche Aufgaben, die das Landesrundfunkgesetz nicht explizit einer Säule zugeordnet hat, der Betriebsgesellschaft zuzuschlagen und die Veranstaltergemeinschaft insoweit auf die bloße Wahrnehmung ihrer programmbezogenen Aufgaben zu verweisen. Und hinsichtlich dieser Aufgaben ist - nach Intervention der Landesanstalt für Rundfunk - eine Deformation durch die Kooperationsverträge nicht festzustellen.

Allerdings haben sich zum Teil begründete Bedenken ergeben, ob die enge Fassung der Aufgaben der Veranstaltergemeinschaft nicht einen ersten Schritt darstellen kann, die Veranstaltergemeinschaft auf eine Position zu verdrängen, von der aus sich die Programmfunktion nur noch auf eine symbolische Programmaufsicht und Krisenintervention reduziert wahrnehmen läßt. Im Zentrum stehen dabei die Themenbereiche Finanzen, Personal, Verwaltung, Werbung und gegenseitige Informationspflichten.[11]

Mit Bezug auf die *Finanzen* weisen die Verträge insgesamt eine Tendenz auf, die Veranstaltergemeinschaft von „Gelddingen“ fernzuhalten. Gläubiger der Veranstaltergemeinschaft werden von der Betriebsgesellschaft befriedigt; dies gilt selbst für das eigene journalistische Personal der Veranstalter. Eine Anbindung der Etatentwicklung an die wirtschaftliche Entwicklung des lokalen Senders haben die Veranstaltergemeinschaften in den Verträgen nicht erreichen können; geblieben sind allenfalls unverbindliche Formeln. Auf der anderen Seite bewirkt der gesetzliche Zwang, alljährlich einen Wirtschafts- und Stellenplan aufstellen zu müssen, daß sich die Betriebsgesellschaften einer Verhandlung über den Programmetat stellen müssen, in dem auch die wirtschaftliche Entwicklung des lokalen Senders insgesamt einbezogen werden wird.

Dies ist vermutlich eine der zentralen Errungenschaften des Zwei-Säulen-Modells: Die Programmausgaben werden für den binnenpluralen Organisationsträger transparent und von einer Aushandlung mit diesem abhängig gemacht. Anders als etwa in Beiratskonstruktionen werden grundlegende finanzielle Entscheidungen nicht allein aus wirtschaftlichen Erwägungen getroffen werden können, sondern sie müssen mit den ideellen und organisierten Programminteressen abgestimmt werden. Es bleibt abzuwarten, welche praktischen Konsequenzen in diesem Zusammenhang die häufig vereinbarten Schlichtungsregelungen haben.

11 Vgl. oben § 5 II.

Im Bereich des *Personals* weisen die Kooperationsverträge eine ähnliche Tendenz auf: die Veranstaltergemeinschaften werden auf den vom Gesetz als unerläßlich abgesteckten (und von der Landesanstalt für Rundfunk geschützten) Bereich beschränkt; sie ist Arbeitgeber nur für die Journalisten, deren Arbeitsbedingungen zudem teilweise durch Verpflichtungen gegenüber den Betriebsgesellschaften determiniert sind. Die Betreiber haben sich hier Regelungen ausbedungen, die verhindern, daß Journalisten „unwirtschaftlich" eingesetzt werden können.

Anfallende *Verwaltungsaufgaben* der Veranstaltergemeinschaft werden durchgängig der Betriebsgesellschaft zur Geschäftsbesorgung übertragen. Das hat neben möglicher Kostenersparnis zwei wichtige Konsequenzen: zum einen werden die Veranstaltergemeinschaft und ihre Redaktion für die Betriebsgesellschaft nahezu vollständig transparent, zum anderen wird vermieden, daß bei der Veranstaltergemeinschaft so viel Personalbedarf entsteht, daß für die hauptamtlichen Mitarbeitern der Betriebsgesellschaft hier ein ebenfalls professioneller, allein von der Veranstaltergemeinschaft ausgewählter Gegenpart entsteht, wie es unter der Bezeichnung „Geschäftsführer" häufig gefordert worden ist. Daß es in dieser Frage nicht nur um Kosten, sondern auch um Symbolik geht, zeigt das Kölner Beispiel, wo zwar eine Stelle zur Unterstützung des Vorstandes der Veranstaltergemeinschaft geschaffen, der Titel „Geschäftsführer" aber sorgsam vermieden wurde.

Die wohl sensibelste Schnittstelle zwischen Programmfunktion und wirtschaftlicher Funktion ist die *Werbung*. Hier treffen auf der Grundlage des Modells berechtigte ökonomische Interessen der Betriebsgesellschaften mit ebenso berechtigten publizistischen Interessen der Veranstaltergemeinschaften aufeinander. Das Interesse der Betriebsgesellschaften, auf das Programm als „Werberahmenprogramm" zuzugreifen, ist in den Verträgen nicht ohne Niederschlag geblieben. Jegliche inhaltliche Einwirkung der Veranstaltergemeinschaft auf die Werbung wird vertraglich regelmäßig ausgeschlossen. Die Grenze der akzeptablen Werbung wird nicht durch eine Programmentscheidung der Veranstalter gezogen, sondern durch die Verpflichtung, jegliche rechtlich zulässige Werbung auszustrahlen. Und selbst diese Beschränkung auf rechtlich zulässige Werbung ist erst nach Intervention der Landesanstalt für Rundfunk allgemein akzeptiert worden. Grenzbereiche der Programmautonomie werden außerdem in der Frage der Plazierung der Werbung berührt, wo vertraglich vereinbart ist, daß Programmschema-Änderungen, die die Plazierung von Werbung betreffen, im Einvernehmen mit der Betriebsgesellschaft vorzunehmen sind.

Auch hinsichtlich der gegenseitigen *Informationspflichten*, die im LRG NW noch weitgehend symmetrisch angelegt sind, ist in den ausgehandelten Verträgen eine deutliche Asymmetrie zu erkennen; die Veranstaltergemeinschaften sind im allgemeinen mehr Offenlegungspflichten unterworfen als die Betriebsgesellschaften.

Festzustellen ist, daß die Landesanstalt für Rundfunk bei der Gestaltung der Vertragsbeziehungen eine maßgebliche Rolle gespielt hat. Ihr ist es gelungen, durch rechtliche Hinweise zunächst die Grenzen des LRG NW zu definieren und auf dieser Grundlage Einfluß auf die Gestaltung zu nehmen. Inhaltlich hat sich die Anstalt zumeist schützend vor die Veranstaltergemeinschaften gestellt. Sie hat immer dann, wenn der Kernbereich der Programmaufgaben der Veranstaltergemeinschaft tangiert war, eingegriffen und andere Regelungen erzwungen. Sie ist dabei ganz überwiegend für die Interessen der Veranstaltergemeinschaft eingetreten, nur selten für die der Betriebsgesellschaft. Zum Teil haben die Betriebsgesellschaften reagiert und Regelungen durchgesetzt, die das von der LfR aufgezeigte Spektrum gerade ausschöpfen.

Diese Annäherung an die vom Gesetz bzw. von der Landesanstalt für Rundfunk gesetzten Mindestanforderungen ist zum einen ein klares Indiz für die Wirksamkeit der geschilderten Maßnahmen der externen Aufsichtsinstanz; ihr wächst aufgrund der gesetzlich vorgegebenen Interessenkonstellation eine Moderatoren- und Schiedsrichterrolle zu. Zugleich wird jedoch deutlich, daß es dieser Schiedsrichterfunktion auch dringend bedurft hat, um eklatante Schieflagen zu vermeiden. Denn in der Konstituierungsphase, unter der Bedingung allgemeiner Unsicherheit über die wirtschaftlichen Aussichten und die praktische Umsetzung des lokalen Rundfunks, haben das Know-how und die Verhandlungsmacht der Veranstaltergemeinschaften vor Ort offenbar nicht ausgereicht, die später als rundfunkrechtswidrig beanstandeten Regelungen bereits bei den Verhandlungen auszuscheiden.

b. Gefährdung der relativen Autonomie der Redaktion?

Als zweites Element der Funktionentrennung wurde die Trennung der Programmgestaltung der Redaktion von der Programmverantwortung und Kontrolle der Veranstaltergemeinschaft sowie der Programmfinanzierung der Betriebsgesellschaft beschrieben.

Die Absicherung der redaktionellen Autonomie durch das gesetzlich verlangte Redakteurstatut ist für die große Mehrzahl der Veranstaltergemeinschaften bislang ein nachrangiges Thema gewesen; es konnten für diese Untersuchung nur zwei Statute ausgewertet werden. Welche Auswirkungen ein solches Redakteurstatut letztlich auf die praktische Arbeit im Lokalfunk hat, ist bisher nicht absehbar.

Erhebliche Freiräume scheinen die Redaktionen dadurch zu gewinnen, daß die programmlichen Vorgaben der Veranstaltergemeinschaften zumeist nur sehr grobe Festlegungen treffen; dies gilt insbesondere für die Programmschemata als die maßgebenden formalen Regelungen. Inwieweit es unterhalb dieser Ebene informelle Versuche und Möglichkeiten der Einflußnahme gibt, ist im Rahmen dieser Untersuchung noch kaum einzuschätzen. Einzelne Äußerungen aus dem Kreis Wesel deuten darauf hin, daß jedenfalls hier die Veranstaltergemeinschaft der Redaktion Freiraum belassen will; im Ansatz gilt dies wohl auch für Köln.[12] Über die Praxis der Programmaufsicht durch die Veranstaltergemeinschaften ist noch nichts bekannt.

Im Verhältnis zwischen der Betriebsgesellschaft und der Redaktion ist die Frage der Integration von Werbeinhalten in das Programm ein zentraler Aspekt. Insbesondere die sogenannten „Sonderwerbeformen" können dabei für die redaktionelle Autonomie zum Problem werden. Im Kreis Wesel liegt die Entscheidung im Zweifelsfall bei der Chefredakteurin, die auf diese Weise Tauschmacht gegenüber der Betriebsgesellschaft gewinnen kann.

2. *Gefährdung der Optimierung der Programmfunktion?*

a. Gruppen- und Honoratiorenfunk?

Als eine der möglichen Gefährdungen der Programmfunktion wurde oben die Verfolgung partikularer Interessen durch Honoratioren- und Gruppenfunk angesprochen.[13] Dazu ist zunächst zu beobachten, daß sich im lokalen Rundfunk auf der formalen Ebene die etablierten gesellschaftlichen Gruppen offenkundig durchgesetzt haben; sie sind es, die überwiegend die Vorstandspositionen besetzen. Es kommt hinzu, daß wie in den Aufsichtsgremien des öffentlich-rechtlichen Rundfunks eine parteipolitische Zuordnung der Mitglieder der Veranstaltergemeinschaften naheliegt, weil diejenigen, die sich rundfunkpolitisch exponieren, zumeist auch einer Partei angehören.

Es gibt jedoch keine Anzeichen dafür, daß die Partikularinteressen dieser Gruppen auf das Programm durchschlagen; weder für einen „Bürgermeisterfunk" noch für einen „Rotfunk" oder „Schwarzfunk" haben wir Anzeichen gefunden. In den Fallstudien[14] ist zwar in allen drei Verbreitungsgebieten angesprochen worden, daß die Mitglieder der Veranstaltergemeinschaften anfänglich im Sinne eines Gruppenfunks auf die gesonderte Berücksichtigung ihrer Klientel bedacht waren. Wie sich dies auf das Programm ausgewirkt hat, hängt davon ab, welche Programmphilosophie die Veranstaltergemeinschaft im übrigen an den Tag gelegt hat. Im Kreis Coesfeld wurden im Programmschema täglich wechselnde Themenschwerpunkte vorgesehen; hier sind abwechselnd meist zwei in der Veranstaltergemeinschaft vertre-

12 Vgl. oben § 6 III. 1. d. und III. 2. d.
13 Vgl. oben § 2 III. 2. a.
14 Vgl. oben § 7 III.

tene Gruppen in der Weise bedacht, daß ihr Gegenstandsbereich genannt ist. Im Kreis Wesel und in Köln, wo die Programminhalte primär von der Aktualität bestimmt werden sollen und wechselnde Themenschwerpunkte nicht vorgesehen sind, hat es nach einiger Zeit eine Verständigung darüber gegeben, im Interesse des Programms die Sonderwünsche zurückzustellen. Diese Absprachen werden, wie es scheint, auch respektiert.

Eine gewisse Sonderstellung nehmen allerdings aufgrund ihres Drittsenderechts die Kirchen ein. Sie sind täglich mit einem Kurzbeitrag und am Sonntagmorgen mit einer längeren Verkündigungssendung im Programm. Diese Beiträge werden von Radio NRW ausgestrahlt bzw. an die Lokalsender überspielt; sie haben keinen lokalen Bezug.

b. Landesweiter Rahmen mit lokalen Fenstern?

Zu den Vorbehalten gegenüber dem nordrhein-westfälischen Lokalfunkmodell gehört auch die Kritik an der Konstruktion des Rahmenprogramms: Die lokalen Sender würden faktisch zu Abspielstationen eines weitgehend landesweiten Programms.[15] Das Zusammenspiel zwischen Rahmenprogramm und lokalen Programmen ist in der Tat einer der Problembereiche des nordrhein-westfälischen Lokalfunkmodells. Die Grenzen zwischen Rahmenprogramm und lokalem Programm sind durch Kooperationen, Programmzulieferungen, verbindliche Musiklaufpläne und die Einbettung von lokaler und landesweiter Werbung in das jeweils andere Programm fließend geworden, und die Veranstaltergemeinschaften haben mit Billigung der Landesanstalt für Rundfunk faktisch einen gewissen Teil ihrer Programmhoheit aufgegeben.[16]

Die Dauer des auf diese Weise bereits mit überlokalen Elementen durchsetzten lokal verantworteten Programms orientiert sich praktisch in allen Verbreitungsgebieten am gesetzlich verlangten Minimum.[17] Selbst in Köln sind vorerst nur täglich acht Stunden lokales Programm vorgesehen, obwohl zweifelsohne auch ein größerer lokaler Anteil finanzierbar wäre. Nachdem lokale Werbung auch innerhalb des Rahmenprogramms ausgestrahlt werden darf, entfällt aber weitgehend das Interesse der Betriebsgesellschaft an einer Ausweitung des lokalen Programmanteils - den zusätzlichen Kosten steht kein direkt zurechenbarer Ertragszuwachs gegenüber, solange nicht aufgrund höherer Reichweiten auch höhere Einschaltpreise erzielt werden können.[18]

---

15 Vgl. oben § 2 III. 2. b.

16 Vgl. oben § 9 IV.

17 Vgl. oben § 7 II. 2.

18 Vgl. oben § 7 II. 6.

Die jetzt beobachtbare Anbindung der lokalen Programme an das Rahmenprogramm ist (nach Intervention der Landesanstalt für Rundfunk) allerdings noch erheblich geringer, als sie der Rahmenprogrammveranstalter Radio NRW ursprünglich durchzusetzen versucht hatte:[19] die Verpflichtung auf abgestimmte Bezeichnungen der Stationsnamen, die für alle Stationen verbindliche Vorgabe der lokalen und der überlokalen Programmstunden sowie der unmoderierte Musikmantel sind weggefallen, außerdem wurde ein mehrschichtiges Verfahren zur Mitwirkung der lokalen Sender an der Gestaltung des Rahmenprogramms eingeführt.[20]

c. Bürgerradio: „Akzeptanzgefährdender Minderheitenfunk" oder „Kommunikationsdemokratie ohne ausreichenden Schutz und Infrastruktur"?

Das Bürgerradio, der offene Kanal im lokalen Rundfunk, wird aus zwei Richtungen problematisiert: Für die einen ist es eine Gefährdung der Programmakzeptanz, für die anderen ein unzureichend gesichertes Instrument der politischen Artikulation, dem die notwendigen Produktionshilfen vorenthalten werden.[21] Aus beiden Perspektiven wird die Präzisierung der gesetzlichen Vorschriften verlangt.

In der Praxis treten beide Probleme auf: Es gibt Beiträge von unzureichender Qualität, und es gibt Fälle, in denen die Bereitstellung von Produktionshilfen nicht gesichert ist. Einen gewissen Interessenausgleich schaffen hier aber offenbar die Fördervereine und Radiowerkstätten: sie dienen zugleich der Förderung wie der Domestizierung der sogenannten 15-Prozent-Gruppen, indem sie einerseits Technik und Betreuung zur Verfügung stellen, andererseits auf die Qualität der Beiträge achten.[22] Dieser Interessenausgleich ist jedoch nicht auf Dauer gesichert. Weder die Bereitstellung von Mitteln für die Produktionshilfen noch die Einflußnahme auf die Qualität sind formal durchsetzbar.

3. Keine Optimierung der wirtschaftlichen Funktion?

Vorbehalte hinsichtlich der wirtschaftlichen Funktionsfähigkeit des nordrhein-westfälischen Rundfunkmodells[23] sind vor allem im Zusammenhang mit dem Zuschnitt der Verbreitungsgebiete artikuliert worden. Kritisiert wurde aber auch, die Einwirkungsmöglichkeiten der Betriebsgesellschaft auf die Veranstaltergemeinschaft seien zu gering, um ein erfolgverspre-

---

19 Vgl. oben § 9 III. 1.
20 Vgl. oben § 9 II. a.
21 Vgl. oben § 3 III. 2. c.
22 Vgl. oben § 8 IV.
23 Vgl. oben § 2 III. 4.

chendes, flexibles Agieren am Markt zu gewährleisten. Die Kritik kulminierte in der These, ein flächendeckender Lokalfunk sei unter den gegebenen Bedingungen nicht realisierbar.

Die allgemeine Zögerlichkeit der Verlegerseite bei der Realisierung des lokalen Rundfunks deutet darauf hin, daß die Wirtschaftlichkeitsaussichten zunächst nicht als günstig beurteilt wurden. Inzwischen bestehen aber in allen Verbreitungsgebieten Betriebsgesellschaften mit Verlegerbeteiligung, auch wenn nicht alle Verleger lokaler Tageszeitungen von ihrem privilegierten Zugangsrecht in vollem Umfang Gebrauch gemacht haben.[24] Gerade die kleineren Zeitungsverlage, für die der vom Gesetz angestrebte Presseschutz von besonderer Bedeutung ist und die vor allem in den weniger lukrativen ländlichen Verbreitungsgebieten tätig sind, wurden angesichts der zunächst sehr unsicheren Wirtschaftlichkeitserwartungen vor eine schwierige Wahl gestellt, da trotz der vorangegangenen Wirtschaftlichkeitsberechnungen eine Fehlinvestition in den Lokalfunk nicht ausgeschlossen werden konnte.

Selbst im Kreis Coesfeld, für den die Landesanstalt für Rundfunk eine positive Wirtschaftlichkeitsprognose nur unter der Bedingung einer „erweiterten Kooperation" gestellt hatte, ist aber schließlich eine Betriebsgesellschaft zustandegekommen, obwohl die angenommene Kosteneinsparung durch Kooperation sich so nicht realisieren wird.[25] Zu dieser Entwicklung beigetragen haben anscheinend die positiven Erwartungen von Radio NRW über die landesweiten Werbeeinnahmen, so daß hier zu konstatieren ist, daß die Konstruktion des Rahmenprogramms insoweit ihre Funktion erfüllt. Ein zweites Moment sind die Möglichkeiten der Kosteneinsparung durch Servicegesellschaften, die für mehrere Verbreitungsgebiete arbeiten.

Im Ganzen läßt sich die gegenwärtige Situation so interpretieren, daß die wirtschaftliche Funktionsfähigkeit des Lokalfunkmodells von den Beteiligten offenbar erwartet wird, aber noch nicht für alle Verbreitungsgebiete als gesichert gelten kann.

4. Keine ausreichenden gemeinsamen Interessen?

Zur Frage der gemeinsamen Interessen von Veranstaltergemeinschaft und Betriebsgesellschaft war in der Kritik darauf verwiesen worden, daß ein gemeinsames Interesse zwar in der Erzielung hoher Akzeptanz gegeben sei,

---

24 Ausnahmen finden sich z.B. im Aachener Raum und im Münsterland, aber auch in Bielefeld, wo das Westfalen-Blatt als die kleinere Tageszeitung sein Beteiligungsrecht nur zum geringen Teil nutzt.

25 Vgl. oben § 7 III. 3. b.

ein solches Interesse jedoch keineswegs in Richtung auf eine Sicherung der Programmvielfalt wirke.[26]

Empirisch ist zunächst festzustellen, daß offensichtlich in allen Verbreitungsgebieten ein ausreichendes gemeinsames Interesse daran bestanden hat, lokalen Rundfunk überhaupt entstehen zu lassen.

Zieht man die Auswertungen der Programmschemata heran, so ist festzustellen, daß die Veranstaltergemeinschaften nach dem Muster aller bekannten werbefinanzierten Programme durchweg Fließprogramme konzipiert haben und so dem Reichweiteninteresse nachgekommen sind.[27] Es hat aber gegenwärtig nicht den Anschein, als gäbe es systematische inhaltliche Einflußnahmen der Betriebsgesellschaften auf die Programmkonzeptionen. Deshalb kommt es für die Verwirklichung von Programmvielfalt wahrscheinlich nicht darauf an, ob Veranstaltergemeinschaft und Betriebsgesellschaft in dieser Hinsicht gemeinsame Interessen haben, sondern lediglich, wie die Veranstaltergemeinschaft selbst ihre Aufgabe sieht und wahrnimmt - und wie im Konflikt mit den Wirtschaftlichkeitsinteressen der Betriebsgesellschaft ein Interessenausgleich erreicht werden kann.

5. Überforderung der Privatautonomie?

Zweifel an der Eignung privatautonomer Ausgestaltung des Lokalfunkmodells sind insbesondere mit Blick auf die Kooperationsverträge zwischen Veranstaltergemeinschaften und Betriebsgesellschaften geäußert worden.[28]

Betrachtet man die getroffenen Regelungen, so fällt auf, daß die Verträge, aber auch die Satzungen, nur wenig Variation aufweisen. Die vom Gesetz eröffneten Handlungsspielräume wurden oft in gleicher Weise genutzt, sie haben also nicht etwa die Funktion bekommen, daß mit ihrer Hilfe lokalen Besonderheiten Rechnung getragen würde. Bei den Satzungen[29] ist in aller Regel eine Vorprägung durch die Mustersatzungen der Verbände zu erkennen, und zwar zumeist mit deutlicher Berücksichtigung der Interessenlage der Betriebsgesellschaften. Bei den Kooperationsverträgen[30] finden sich Variationen je nach den beteiligten Verlagshäusern. Dies ist im Falle der WAZ-Gruppe auf die gemeinsame Verhandlungsführung der Veranstaltergemeinschaften zurückzuführen, kann im übrigen aber auch ein Indiz für die Durchsetzungsmacht der Betriebsgesellschaften in den Verhandlungen sein.

---

26 Vgl. oben § 3 III. 4.
27 Vgl. oben § 6 II. 3.
28 Vgl. oben § 2 III. 5.
29 Vgl. oben § 3 II. 2.
30 Vgl. oben § 5 II.

Einen Hinweis auf eine besondere Durchsetzungsmacht der Interessenvertreter der Betriebsgesellschaften geben auch die vielfältigen Monita der Landesanstalt für Rundfunk zu den Satzungen und Kooperationsverträgen. Fast durchweg haben diese Monita die Funktion, bereits beschlossene Regelungen zugunsten der Autonomie der Veranstaltergemeinschaft nachzubessern.

Damit ist die Frage aufgeworfen, inwieweit eine Veranstaltergemeinschaft als Sachwalterin der Programmvielfalt faktisch auf einen Teil ihrer Programmhoheit verzichten darf, indem sie sich beispielsweise im Rahmenprogrammvertrag mit Radio NRW auf zehn Jahre verpflichtet, stündlich als Programmzulieferung die Weltnachrichten und die Werbespots des Rahmenprogramms auszustrahlen sowie die Musik entsprechend den vorgegebenen Musiklaufplänen zu spielen.[31] Ähnliche Fragen sind auch bei den Vereinbarungen über die Verwaltung der Veranstaltergemeinschaft durch die Betriebsgesellschaft zu sehen, die ebenso auf die gesamte Zulassungsdauer abgeschlossen sind.[32]

III. Schlußbemerkung

Die Drohpotentiale und die Durchsetzungsmacht der Akteure hängen nicht allein davon ab, welche organisatorischen und verfahrensmäßigen Vorkehrungen der Gesetzgeber getroffen hat. Wichtig sind auch die Randbedingungen, die die Vorteile der Kooperation oder der Blockade in ihrem Wert erheblich beeinflussen können.

Bei dem hier in Ausschnitten untersuchten Prozeß der Konstituierung lokaler Sender nach dem Zwei-Säulen-Modell waren die Rahmenbedingungen ganz wesentlich durch die risikobehaftete Innovationssituation geprägt: Vor dem Bundesverfassungsgericht war eine Normenkontrollklage anhängig, die Wirtschaftlichkeitschancen waren noch nicht sicher abzuschätzen, und es ist lange von entgegengesetzten Interessenstandpunkten aus versucht worden, beim Zuschnitt der Verbreitungsgebiete und bei den Bedingungen für das Rahmenprogramm die eigenen Positionen im Konflikt zwischen der Sicherung wirklich lokal orientierter Programme und der Sicherung von Rentabilität durchzusetzen. Auch für die Betriebsgesellschaften galt das, was verschiedentlich den Veranstaltergemeinschaften angeraten worden ist: Nie wieder ist die Verhandlungsmacht so groß wie vor dem Vertragsabschluß und vor den großen Investitionen - und zudem in einer Phase, in der es sich die in Veranstaltergemeinschaften, Landesanstalt für Rundfunk und Lan-

---

31 Vgl. oben § 9 II. 2. a.

32 Vgl. oben § 5 II. 2. c. bb.

desparlament vertretenen Politiker kaum hätten leisten können, das im Gesetz gerade erst verankerte Verlegerprivileg durch Zulassung anderer Betriebsgesellschaften sogleich wieder auszuhebeln. Diese Bedingungen, die die Verhandlungspositionen der Beteiligten nachhaltig beeinflußt haben, sind vermutlich einmalig.

In fünf Jahren werden in den ersten Verbreitungsgebieten die Lizenzen zur Verlängerung und die Verträge zur Revision anstehen, und dann sind die Ertragsaussichten klarer erkennbar und die Verbreitungsgebiete kaum mehr modifizierbar.[33] Zudem ist der lokale Sender mit einem eingeführten Produkt am Markt, dessen Format und Personal nicht an die Betriebsgesellschaft, sondern an die Veranstaltergemeinschaft gebunden sind. Dort, wo sich der Lokalfunk als wirtschaftlich erweist, mag es deshalb eine zugunsten der Veranstaltergemeinschaften veränderte Machtbalance geben. Vorstellbar wäre sogar, daß in künftigen Kooperationsverträgen, jedenfalls in lukrativen Verbreitungsgebieten, das Geschäftsbesorgungsverhältnis umgekehrt wird und die Veranstaltergemeinschaft die Geschäfte der Betriebsgesellschaft führt - für die Verlage bliebe immer noch der Kernbereich ihrer wirtschaftlichen Belange gewahrt, nämlich die Möglichkeit, für ihre Zeitungen einen Preiswettbewerb auf dem lokalen Werbemarkt ausschließen zu können.

Für zuverlässige Prognosen über die Lebensfähigkeit des Zwei-Säulen-Modells als einer besonderen, weltweit einmaligen Konstruktion zur Versöhnung von kommerziellen und publizistischen Interessen im Hörfunkbereich ist es gegenwärtig noch zu früh. Die bisherigen Erfahrungen sind jedoch, ungeachtet vieler Schwierigkeiten und offener Fragen, nicht so negativ, wie es die Kritiker erwartet haben.

---

33 Dabei mag es aber für einzelne kleinere Verbreitungsgebiete durchaus noch Überraschungen geben - selbst wenn sie für sich genommen gerade noch rentabel sein mögen, könnte es für die beteiligten Verlage wirtschaftlich sein, durch einen raschen Mißerfolg doch noch eine faktische Revision der Verbreitungsgebiete zu erreichen; vgl. oben § 4 IV.

Literaturverzeichnis

Adolf-Grimme-Institut (Hrsg.): Ein hundertprozentiges Programm, Zur Integration des Bürgerfunks ins Lokalprogramm, Dokumentation des Fachgesprächs am 28. August 1990 in Marl, Marl 1990

Arbeitsgemeinschaft Bürgerradio Köln: Schreiben an die Mitglieder der Veranstaltergemeinschaft für das Lokalradio Köln, in: FLoK-Ruf Nr. 8, September 1990, S. 12 ff.

Arbeitsgemeinschaft der kommunalen Spitzenverbände: Stellungnahme zum Ersten Rundfunkänderungsgesetz, LT NW, Zuschrift 10/1575

ARD-Jahrbuch 90, Hamburg 1990

Averdunk, Franz Ludwig: Privatfunk-Beteiligte wollen gemeinsames Dach, in: Westfälische Nachrichten vom 21.06.1988

Baacke, Dieter: Stellungnahme zum Ersten Rundfunkänderungsgesetz, LT NW, Zuschrift 10/1599

Bage, Reimar: Lokalfunk stößt weiter auf Skepsis, Betriebsgesellschaft für das Münsterland noch nicht in Sicht, in: Westfälische Nachrichten vom 27.06.1989

Bauer, Helmut G.: Wirtschaftlichkeit im lokalen Rundfunk, in: ZUM 3/1988, S. 130 ff.

Bauer, Helmut G.: „Hörer verzeihen nie", Interview in: Weiterbildung und Medien 4/1989, S. 30 ff.

Bethge, Herbert: Verfassungsprobleme, UFITA 1973, S. 143 ff.

Bethge, Herbert: Nochmals: Redaktionelle Mitbestimmung als Zulassungskriterium für Privatfunk, in: AfP 1989, S. 525 ff.

Birkholz, Wolfgang: Kooperation im lokalen Rundfunk, in: Eildienst – Informationen für Rat und Verwaltung 5/1989, S. 94 ff.

Birkholz, Wolfgang: Verleger als Finanziers von Gegenöffentlichkeit? Einige notwendige Anmerkungen, in: Adolf-Grimme-Institut (Hrsg.): Ein hundertprozentiges Programm, Marl 1990, S. 35 ff.

Bischoff, Jürgen; Luppatsch, Michael: Wohin mit der Radio-Aktivität? Ein Jahr Erfahrungen mit der Bürgerbeteiligung im privaten NRW-Lokalradio, in: Medium 2/1991, S. 46 ff.

Böhnke, Frank: Radioszenen aus Nordrhein-Westfalen, in: Info-Dienst Neue Medien 9/1989, S. 36 ff.

Böhnke, Frank: Kuckucksei im Lokalfunknetz?, in: VLR-Info 3/1990, S. 1

Böhnke, Frank: Redakteure: von einem Mikrofon zum anderen, in: VLR-Info 4/1991, S. 1

Bopp, Dieter: Ordnungsziele des Landesmedienrechts und Wettbewerb der Medienträger, in: AfP 1989, S. 641 ff.

Bosmann, Wieland: Rundfunkfreiheit und Programmgrundsätze, Frankfurt/Main 1985

Bothe, Gregor: Anhörung zum Lokalfunk: Im Münsterland nur als Gemeinschaftsaufgabe wirtschaftlich tragfähig, in: Münstersche Zeitung vom 21.06.1988

Brepohl, Klaus; Bauer, Thomas: Kosten und Finanzierung von Programmangeboten des lokalen Rundfunks (Begleitforschung des Landes Nordrhein-Westfalen zum Kabelpilotprojekt Dortmund, Bd. 14), Düsseldorf 1989

Büssow, Jürgen: Stärkung der demokratischen Öffentlichkeit, in: Die Mitbestimmung 3/1987, S. 113

Büssow, Jürgen: Was wir mit dem Zwei-Säulen-Modell wollten, in: Otten/Goltz (Hrsg.): Lokalfunk in Niedersachsen?, Osnabrück 1991, S. 65 ff.

Christlich Demokratische Union, Landtagsfraktion Nordrhein-Westfalen: Grundlinien der künftigen Rundfunkordnung, Arbeitspapier der CDU-Landtagsfraktion, in: epd Kirche und Rundfunk Nr. 59 vom 28.07.1984, S. 17 ff.

Cromme, Franz: Die Programmüberwachung des Rundfunks, in: NJW 1985, S. 351 ff.

Degenhart, Christoph: Verfassungsfragen der Novelle zum Bayerischen Medienerprobungs- und -entwicklungsgesetz, in: ZUM 1987, S. 595 ff.

Degenhart, Christoph: Rundfunkfreiheit in gesetzgeberischer Beliebigkeit, in: Deutsches Verwaltungsblatt 1991, S. 516 ff.

Denninger, Erhard: Stellungnahme zum Regierungsentwurf, LT NW, Zuschrift 10/693

Deutscher Gewerkschaftsbund (Projekt lokaler Rundfunk): Hinweise auf die wichigsten Regelungen im Vertrag zwischen Veranstaltergemeinschaft und Betriebsgesellschaft, unv. Ms., Düsseldorf, o.J.

Deutscher Journalistenverband, Landesverband Nordrhein-Westfalen; Deutsche Journalisten Union, Landesbezirk Nordrhein-Westfalen: Gemeinsamer Entwurf eines Redakteurstatuts, in: Funk-Korrespondenz Nr. 22 vom 29.05.1987, Dokumentation Medienpolitik, S. D 1 ff.

Die Keule aus Mettmann, in: Medienspiegel 11/1991, S. 5

Eberz, Klaus (Veranstaltergemeinschaft Radio Kreis Wesel): Stellungnahme zum Ersten Rundfunkänderungsgesetz, LT NW, Zuschrift 10/1579

Eberz, Klaus: Schiedsrichter oder Ombudsmann? Das Verhältnis der Veranstaltergemeinschaft zu den 15-Prozent-Gruppen, in: Adolf-Grimme-Institut (Hrsg.): Ein hundertprozentiges Programm, Marl 1990, S. 18 ff.

Eckstein, Eckhard: Anonymer Mantel für Lokalsender, in: Medien Bulletin 5/1990, S. 30 ff.

Engwall, Lars: Newspapers as Organisations, 4th pr., Hampshire 1986

Erzbischöfliches Generalvikariat Köln (Hrsg.): Handbuch lokaler Rundfunk, 3 Bde., Langwaden 1991

Fleck, Florian H.: Varianten der Kosten- und Leistungsplanung von Lokalradios in Nordrhein-Westfalen, in: LfR (Hrsg.): Lokalfunk in Nordrhein-Westfalen, Entscheidungsverfahren und Ergebnisse im Überblick, Materialien III (LfR-Schriftenreihe, Bd. 5), Düsseldorf 1990, S. 7 ff.

Förderverein Radio Rhein-Sieg (Hrsg.): Praxishandbuch Lokalfunk, Löningen 1989

Frank, Götz: Kollektive und individuelle Steuerung der Umwelt?, in: Kritische Justiz 1989, S. 36 ff.

Füser, Andreas; Zahlten, Thammo: Local Heroes, Interessenorganisation des Bürgerfunks, in: Adolf-Grimme-Institut (Hrsg.): Ein hundertprozentiges Programm, Marl 1990, S. 53 ff.

Fuhr, Ernst W.: ZDF-Staatsvertrag, 2. Auflage, Mainz 1985

GEBERA/GEWITAX: Wirtschaftlichkeitsanalysen zum lokalen Hörfunk in Nordrhein-Westfalen, in: LfR (Hrsg.): Lokalfunk in Nordrhein-Westfalen, Entscheidungsverfahren und Ergebnisse im Überblick, Materialien III (LfR-Schriftenreihe, Bd. 5), Düsseldorf 1990, S. 81 ff.

Giani, Paul Leo: Segmentierung: Die transparente Kooperation, in: Funk-Korrespondenz Nr. 13/14 vom 27.03.1991, S. 3 ff.

Gläsmann, Hartmut: Wirtschaftlichkeitsberechnungen für Lokalradios, in: Info-Dienst Neue Medien, Nr. 8/1988, S. 18 ff.

Gläsmann, Hartmut: Wirtschaftlichkeit von lokalem Hörfunk – Voraussetzungen und Entwicklungsperspektiven, in: Hesels/Hirsch (Hrsg.): Lokalfunk heute, Düsseldorf 1989, S. 48 ff.

Gläsmann, Hartmut: Personalkosten lokaler Hörfunkprogramme, in: Schröder (Hrsg.): Finanzierung lokaler Hörfunkprogramme, Baden-Baden/Hamburg 1990, S. 58 ff.

Goch, Gerd: Annäherung im Medienstreit, in: Westdeutsche Allgemeine Zeitung vom 16.12.1986

Grawert, Rolf: Stellungnahme zum Regierungsentwurf, LT NW, Zuschrift 10/698

Grawert, Rolf: Stellungnahme zum Ersten Rundfunkänderungsgesetz, LT NW, Zuschrift 10/1594

Hartstein, Reinhard; Ring, Wolf-Dieter; Kreile, Johannes: Kommentar zum Rundfunkstaatsvertrag, München 1989

Hauschild, Reinhard: Lokalfunk, in: Kommunalpolitische Vereinigung der CDU in Nordrhein-Westfalen (Hrsg.): Kommunalpolitisches Handbuch, Recklinghausen 1989, S. 309 ff.

Heinrich, Jürgen: Das Potential der Werbeeinnahmen für lokale Hörfunkstationen in Nordrhein-Westfalen, in: LfR (Hrsg.): Lokalfunk in Nordrhein-Westfalen, Entscheidungsverfahren und Ergebnisse im Überblick, Materialien I (LfR-Schriftenreihe, Bd. 3), Düsseldorf 1989, S. 133 ff.

Hellstern, Gerd-Michael; Hoffmann-Riem, Wolfgang; Reese, Jürgen; Ziethen, Michael P.: Rundfunkaufsicht, 3 Bde. (Begleitforschung des Landes Nordrhein-Westfalen zum Kabelpilotprojekt Dortmund, Bde. 16/I-III), Düsseldorf 1989

Hellstern, Gerd-Michael; Reese, Jürgen: Handlungsspielräume und Organisationsstruktur der Rundfunkaufsicht, in: Hellstern/Hoffmann-Riem/Reese/Ziethen: Rundfunkaufsicht, Bd. 3 (Begleitforschung des Landes Nordrhein-Westfalen zum Kabelpilotprojekt Dortmund, Bd.16/III), Düsseldorf 1989, S. 165 ff.

Hellwig, Helmut: Chancen für den Bürgerfunk, in: epd Kirche und Rundfunk Nr. 25/1990, S. 16 ff.

Hellwig, Tanja; Simon, Claus Peter: Der Griff zum Mikrofon, Bochum 1990

Hesels, Rainer: Die VG-Satzung – noch immer ein Thema ...?, in: Hesels/Hirsch: Lokalfunk heute, 2. Aufl., Düsseldorf 1989, S. 31 ff.

Hesels, Rainer: Rahmenprogramm – Probleme, Chancen und Perspektiven, in: Hesels/Hirsch: Lokalfunk heute, 2. Auflage, Düsseldorf 1989, S. 130 ff.
Hesels, Rainer; Hirsch, Nicola (Hrsg.): Lokalfunk heute, 2. Aufl., Düsseldorf 1989
Hesels, Rainer; Hirsch, Nicola; Schmid, Wilfried: Das Programmschema, Tips und Hinweise zur Gestaltung, in: Hesels/Hirsch (Hrsg.): Lokalfunk heute, 2. Aufl., Düsseldorf 1989, S. 86 ff.
Hesse, Albrecht: Rundfunkrecht, München 1990
Hirsch, Nicola: Zulassungskriterien für lokale Hörfunkanbieter, in: Hesels/Hirsch (Hrsg.): Lokalfunk heute, 2. Aufl., Düsseldorf 1989, S. 78 ff.
Hirsch, Nicola: Zwei-Säulen-Modell für den lokalen Hörfunk, in: RuF 1991, S. 174 ff.
Hirsch, Nicola: Bürgerfunk im Zwei-Säulen-Modell in NRW, in: Otten/Goltz (Hrsg.): Lokalfunk in Niedersachsen?, Osnabrück 1991, S. 95 ff.
Hirsch, Nicola: Lokaler Hörfunk in Nordrhein-Westfalen, Eine Analyse des Zwei-Säulen-Modells für privat-kommerziellen Rundfunk sowie seiner Realisierung aus politikwissenschaftlicher Sicht, Bochum 1991
Hix, Barbara: Frauen und Lokalfunk, in: Volkshochschule 4/1990, S. 30 ff.
Hochstein, Reiner: Das neue Rundfunkgesetz für das Land Nordrhein-Westfalen, in: Funk-Korrespondenz 4/1987, S. 1 ff.
Hoffmann-Riem, Wolfgang: Stellungnahme zum Regierungsentwurf, LT NW, Zuschrift 10/710
Hoffmann-Riem, Wolfgang: Stellungnahme zum Ersten Rundfunkänderungsgesetz, LT NW, Zuschrift 10/1577
Hoffmann-Riem, Wolfgang: Redaktionsstatute im Rundfunk, Baden-Baden 1972
Hoffmann-Riem, Wolfgang: Rundfunkfreiheit durch Rundfunkorganisation, Frankfurt/Main 1979
Hoffmann-Riem, Wolfgang: Innere Pressefreiheit als politische Aufgabe, Über die Bedingungen und Möglichkeiten arbeitsteiliger Aufgabenwahrnehmung in der Presse, Neuwied 1979
Hoffmann-Riem, Wolfgang: Kommerzielles Fernsehen, Baden-Baden 1981
Hoffmann-Riem, Wolfgang: Kulturelle Identität und Vielfalt im Fernsehen ohne Grenzen, in: Media Perspektiven 1985, S. 181 ff.
Hoffmann-Riem, Wolfgang: Die verschenkte Programmvielfalt, Unzulänglichkeiten der Sicherung von Programmvielfalt im privatwirtschaftlichen Rundfunk, in: Grewe-Partsch/Groebel (Hrsg.): Menschen und Medien, Festschrift für Hertha Sturm, München 1987
Hoffmann-Riem, Wolfgang: Medienrecht, in: Hoffmann-Riem/Koch: Hamburgisches Staats- und Verwaltungsrecht, Frankfurt/Main 1988, S. 470 ff.
Hoffmann-Riem, Wolfgang: Konfliktmittler in Verwaltungsverhandlungen, Heidelberg 1989
Hoffmann-Riem, Wolfgang: Möglichkeiten und Effektivität der Rundfunkaufsicht, in: Hellstern/Hoffmann-Riem/Reese/Ziethen: Rundfunkaufsicht, Bd. 3 (Begleitforschung des Landes Nordrhein-Westfalen zum Kabelpilotprojekt Dortmund, Bd.16/III), Düsseldorf 1989, S. 209 ff.
Hoffmann-Riem, Wolfgang: Erosionen des Rundfunkrechts, München 1990

Hoffmann-Riem, Wolfgang: Zur notwendigen Konvergenz von Effektivitäts- und Implementationsforschung, in: Hoffmann-Riem/Mollnau/Rottleuthner (Hrsg.): Rechtssoziologie in der Deutschen Demokratischen Republik und in der Bundesrepublik Deutschland, München 1990, S. 126 ff.

Hoffmann-Riem, Wolfgang: Personalrecht der Rundfunkaufsicht, Baden-Baden 1991

Hoffmann-Riem, Wolfgang: Reform des Allgemeinen Verwaltungsrechts, in: AöR 115 (91), S. 400 ff.

Hoffmann-Riem, Wolfgang; Ziethen, Michael P.: Hamburgische Anstalt für neue Medien, in: Hellstern/Hoffmann-Riem/Reese/Ziethen: Rundfunkaufsicht, Bd. 1 (Begleitforschung des Landes Nordrhein-Westfalen zum Kabelpilotprojekt Dortmund, Bd.16/I), Düsseldorf 1989, S. 215 ff.

Holtz-Bacha, Christina: Mitspracherechte für Journalisten, Köln 1986

Ipsen, Hans Peter: Mitbestimmung im Rundfunk, Frankfurt/Main 1972

Itzfeld, J.: Kompromißvorschlag im Meinungsstreit, in: Vorwärts Nr. 22 vom 31.05.1986, S. 48

Jakob, Stefan: Freunde in der Not, Wie Lokalradios in NRW entstehen (sollen), in: epd Kirche und Rundfunk Nr. 53 vom 11.07.1987, S. 3

Kämper, Norbert: Gesetzliche Grundlagen einer Kooperation im lokalen Rundfunk, in: Eildienst – Informationen für Rat und Verwaltung 4/1989, S. 30 ff.

Kämper, Norbert; Widlok, Peter: Lizenzvergabe durch die LfR, in: Hesels/Hirsch (Hrsg.): Lokalfunk heute, 2. Auflage 1989, S. 71 ff.

Kammann, Uwe: Die Welt, in der wir leben, Interview mit Friedrich Nowottny, in: epd Kirche und Rundfunk Nr. 16/17 vom 07.03.1987, S. 3 ff.

Kanal 4 Rundfunkgesellschaft mbH: Dialog – Das Radio-Konzept von Kanal 4, unv. Handreichung (1989)

Kiefer, Marie-Luise: Massenkommunikation III, in: Berg/Kiefer (Hrsg.): Massenkommunikation III, Eine Langzeitstudie zur Mediennutzung und Medienbewertung 1964-1985, Frankfurt/Main 1987, S. 9 ff.

Kleinen, Günter: Der Zielgruppenbezug als Bewertungskriterium für Musik in Hörfunk und Fernsehen, in: Hoffmann-Riem/Teichert (Hrsg.): Musik in den Medien, Programmgestaltung im Spannungsfeld von Dramaturgie, Industrie und Publikum, Baden-Baden 1985, S. 126 ff.

Kleinsteuber, Hans J., u.a.: Nicht-kommerzielles Lokalradio, unveröffentl. Forschungsbericht, 2 Bde., Hamburg 1988

Klenke, Klaus: Das Konzept von Radio NRW, in: Otten/Goltz (Hrsg.): Lokalfunk in Niedersachsen?, S. 128 ff.

Kommunalpolitische Vereinigung der CDU in Nordrhein-Westfalen (Hrsg.): Lokalfunk im Vorlauf, Recklinghausen 1989

Kopper, Gerd G.: Stellungnahme zum Ersten Rundfunkänderungsgesetz, LT NW, Zuschrift 10/1547

Kopper, Gerd G.: Voraussetzungen zum Entwurf einer Satzung gemäß § 31 LRG NW: Verbreitungsgebiete für lokalen Rundfunk in Nordrhein-Westfalen, in: LfR (Hrsg.): Lokalfunk in Nordrhein-Westfalen, Entscheidungsverfahren und Ergebnisse im Überblick, Materialien II (LfR-Schriftenreihe, Bd. 4), Düsseldorf 1990, S. 7 ff.

Kroemer, Michael: Allgemeine Ratlosigkeit, in: Journalist 1/1988, S. 36 ff.
Kübler, Friedrich: Landesbericht Bundesrepublik Deutschland, in: Bullinger/Kübler (Hrsg.): Rundfunkorganisation und Kommunikationsfreiheit, Baden-Baden 1979
Kübler, Friedrich: Medienverflechtung, Frankfurt/Main 1982
Kull, Edgar: Ein weiteres Mal: „Innere Rundfunkfreiheit" als Kriterium für die Zulassung, in: AfP 1988, S. 652 ff.
Kull, Edgar: Rundfunkfreiheit und Presse, in: Die Zeitung 1/1991, S. 6
Landesanstalt für Kommunikation: Überlegungen der Landesanstalt für Kommunikation für eine künftige Struktur privater Hörfunkveranstalter in Baden-Württemberg, vervielf. Ms., Stuttgart 1990
Landesanstalt für Rundfunk Nordrhein-Westfalen: Radio-Fördervereine in Nordrhein-Westfalen, Stand: 16. September 1988, Düsseldorf 1988
Landesanstalt für Rundfunk Nordrhein-Westfalen (Hrsg.): Lokalfunk in Nordrhein-Westfalen, Daten zu den Verbreitungsgebieten für lokalen Hörfunk in Nordrhein-Westfalen (LfR-Schriftenreihe, Bd. 1), Düsseldorf 1989
Landesanstalt für Rundfunk Nordrhein-Westfalen (Hrsg.): Lokalfunk in Nordrhein-Westfalen, Entscheidungsverfahren und Ergebnisse im Überblick (LfR-Schriftenreihe, Bd. 2), Düsseldorf 1989
Landesanstalt für Rundfunk Nordrhein-Westfalen: LfR-Information Nr. 247/89 an die Mitglieder des Ausschusses für lokalen Rundfunk für das Zulassungsverfahren lokaler Hörfunkveranstalter, unveröffentlichte Handreichung, 1989
Landesanstalt für Rundfunk Nordrhein-Westfalen: LfR-Vorlage Nr. 190/89 an die ordentlichen und stellvertretenden Mitglieder des Ausschusses für lokalen Rundfunk, unveröffentlichte Handreichung, 1989
Landesanstalt für Rundfunk Nordrhein-Westfalen: Schriftliche Stellungnahmen auf der Grundlage der Sitzungen des Ausschusses für lokalen Rundfunk vom 03.10.1989 und 31.10.1989, unveröffentlichte Handreichungen, 1989
Landesanstalt für Rundfunk Nordrhein-Westfalen (Hrsg.): LfR-Handbuch, Loseblattsammlung, Düsseldorf, Stand: Juni 1990
Landesanstalt für Rundfunk Nordrhein-Westfalen: Satzungsmonita, unveröffentlichte Handreichung, o.J.
Landesregierung Nordrhein-Westfalen (Hrsg.): Der Offene Kanal (Begleitforschung des Landes Nordrhein-Westfalen zum Kabelpilotprojekt Dortmund, Bd. 3), Düsseldorf 1987
Lange, Bernd-Peter: Kommerzielle Ziele und binnenpluralistische Organisation bei Rundfunkveranstaltern, Frankfurt/Main 1980
Lange, Bernd-Peter; Pätzold, Ulrich: Medienatlas Nordrhein-Westfalen – Grundlagen der Kommunikation, 3 Bde., hgg. von der Landesregierung Nordrhein-Westfalen, Bochum 1983
Lange, Klaus: Staatliche Steuerung durch offene Zielvorgabe im Lichte der Verfassung, Verwaltungs-Archiv 1/1991, S. 1 ff.
Langenbucher, Wolfgang R.: Musikteppiche für die Dialektkommunikation am 'Neuen Dorfbrunnen': Lokalradios in der Schweiz, in: Media Perspektiven 1989, S. 618 ff.
Lauff, Werner: Effizienter als erwartet, in: Die Zeitung 1/1991, S. 7

LeDuc, Don R.: Der Angriff auf die amerikanische Fairneß-Doktrin, in: RuF 1988, S. 56 ff.
Lerche, Peter: Werbung und Verfassung, München 1967
Lerche, Peter: Presse und privater Rundfunk, Berlin 1984
Lilienthal, Volker: Große und kleine Krauter, in: epd Kirche und Rundfunk Nr. 22/23 vom 22.03.1989, S. 3 ff.
Lilienthal, Volker: „Von kriegsentscheidender Bedeutung", Interviews mit Erich Schumann (WAZ) und Roland Fäßler (RUFA), in: epd Kirche und Rundfunk Nr. 65 vom 19.08.1989, S. 3 ff.
Lilienthal, Volker: Ausgang offen, Ein Jahr NRW-Lokalfunk (2): Die Lage vor Ort, in: epd Kirche und Rundfunk Nr. 25/26 vom 06.04.1991, S. 6 ff.
Luhmann, Niklas: Reform des öffentlichen Dienstes, Zum Problem ihrer Probleme, in: ders.: Politische Planung, Opladen 1971, S. 203 ff.
Luhmann, Niklas: Organisation und Entscheidung, Opladen 1978
Mangoldt, Hermann von; Klein, Friedrich; Starck, Christian (Hrsg.): Kommentar zum Bonner Grundgesetz, Bd. 1, Loseblattsammlung, Stand: November 1988
Mayntz, Renate: Regulative Politik in der Krise?, in: Joachim Matthes (Hrsg.): Sozialer Wandel in Westeuropa, Berlin 1979, S. 55 ff.
Mayntz, Renate: Politische Steuerung und gesellschaftliche Steuerungsprobleme – Anmerkungen zu einem theoretischen Paradigma, in: Ellwein/Hesse/Mayntz/Scharpf (Hrsg.): Jahrbuch zur Staats- und Verwaltungswissenschaft, Bd. 2, Baden-Baden 1988, S. 89 ff.
Monopolkommission: Wettbewerbsprobleme bei der Einführung von privatem Hörfunk und Fernsehen, Sondergutachten 11, Baden-Baden 1981
Monopolkommission: Hauptgutachten 1982/83, Ökonomische Kriterien für die Rechtsanwendung, Baden-Baden 1984
Müller, Florian: Sender mit Profil, in: Moerser Cultur Calender (MOCCA), Dezember 1987, o. Pag.
Müller-Gerbes, Sigrun: Terror in der Nische, Startprobleme des „Bürgerfunks" in Nordrhein-Westfalen, in: epd Kirche und Rundfunk Nr. 84 vom 24.10.1990, S. 6 ff.
Neven DuMont, Alfred: Zwei Säulen, in: Herausgeberpapier und Redaktionsstatut Kölner Stadtanzeiger vom 11.04.1977, abgedruckt in: Holtz-Bacha: Mitspracherechte für Journalisten, Köln 1986, S. 126 ff.
Niemann, Rüdiger (Geschäftsführung M. DuMont Schauberg): Stellungnahme zum Ersten Rundfunkänderungsgesetz, LT NW, Zuschrift 10/1605
Niemann, Rüdiger: Das nordrhein-westfälische Rundfunkmodell, Paradigma oder Überwindung medienpolitischer Zielkonflikte?, in: Terheyden (Hrsg.): Beruf und Berufung, Zweite Festschrift für Johannes Binkowski, Mainz 1988
Niewiarra, Manfred; Fraenkel, Reinhard: Privater Rundfunk im Spannungsfeld von Rechtsprechung und Gesetzgebung, in: Nordrhein-Westfälische Verwaltungsblätter 2/1988, S. 38 ff.
Offe, Claus: Die Staatstheorie auf der Suche nach ihrem Gegenstand, Beobachtungen zur aktuellen Diskussion, in: Ellwein/Hesse/Mayntz/Scharpf (Hrsg.): Jahrbuch zur Staats- und Verwaltungswissenschaft, Bd. 1, Baden-Baden 1987, S. 309 ff.

Ory, Stephan: Redaktionelle Mitbestimmung als Zulassungskriterium für Privatfunk, in: AfP 1988, S. 336 ff.
Otto, Frank: Als Außenseiter auf einem besetzten Hörfunkmarkt, in: Schröder (Hrsg.): Finanzierung lokaler Hörfunkprogramme, Baden-Baden/Hamburg 1990, S. 73 ff.
Overdick, Horst-Dieter: Aufbau eines Lokalradiostudios, in: Hesels/Hirsch (Hrsg.): Lokalfunk heute, 2. Aufl., Düsseldorf 1989, S. 176 ff.
Pätzold, Ulrich: Stellungnahme zum Ersten Rundfunkänderungsgesetz, LT NW, Zuschrift 10/1591
Pätzold, Ulrich: Perspektiven für Offene Kanäle, in: Kamp (Hrsg.): Der Offene Kanal, Erfolge und Strukturen, Bonn 1989, S. 25 ff.
Pätzold, Ulrich: Kultur-Aufgabe, in: Journalist 5/1990, S. 14 ff.
Pahde-Syrbe, Klaus: Leserbrief zu „Aufbauphase geht in die letzte Runde", in: VLR-Info 6/1991, S. 7
Palandt, Otto (Hrsg.): Kommentar zum Bürgerlichen Gesetzbuch, 50. Aufl., München 1991
Pape, Martin; Samland, Detlev (Hrsg.): Medienhandbuch, Neuwied 1988
Paukens, Hans: „Nur ein gutes Werbegeschäft", Interview mit Ernst Schillinger, in: Weiterbildung und Medien 4/1989, S. 18 ff.
Piette, Klaus-Walter: Meinungsvielfalt im privaten Rundfunk, München 1988
Piper, Karsten-Uwe: Alles zu seiner Zeit: Programmprofil und Programmplazierung, in: Adolf-Grimme-Institut (Hrsg.): Ein hundertprozentiges Programm, Marl 1990, S. 46 ff.
Pohl, Ottmar: Lokaler Privatfunk steht vor der Tür, in: Pohl/Rödding/Hauschild: Lokaler Privatfunk in Kreisen und Städten, Recklinghausen 1987, S. 3 ff.
Pohl, Ottmar; Rödding, Gerhard; Hauschild, Reinhard: Lokaler Privatfunk in Kreisen und Städten, Eine Handreichung der KPV/NW für die kommunalpolitische Praxis, Recklinghausen 1987
Prodoehl, Hans Gerd: Organisationsprobleme des lokalen Rundfunks – Das Zwei-Säulen-Modell im nordrhein-westfälischen Landesrundfunkgesetz, in: Media Perspektiven 1987, S. 229 ff.
Prodoehl, Hans Gerd: Mit dem 'Zwei-Säulen-Modell' gegen multimediale Meinungsmacht, in: Der Landkreis 1/1989, S. 13
Radio NRW GmbH: Angebot der Radio NRW GmbH an die Veranstaltergemeinschaften und Betriebsgesellschaften vom 27.06.1989, unveröffentlichte Handreichung
Radio NRW GmbH: Überarbeitetes Angebot der Radio NRW GmbH an die Veranstaltergemeinschaften und Betriebsgesellschaften vom November 1989, unveröffentlichte Handreichung
Radio NRW GmbH: Radio NRW – Das Rahmenprogramm für NRW, Präsentationsmappe, o.O., Juni 1991, o. Pag. (21 Bl.)
Rager, Günther; Weber, Bernd: Ermittlung von Programm-Minima lokaler Hörfunkangebote in Nordrhein-Westfalen, in: LfR (Hrsg.): Lokalfunk in Nordrhein-Westfalen, Entscheidungsverfahren und Ergebnisse im Überblick, Materialien I (LfR-Schriftenreihe, Bd. 3), Düsseldorf 1989, S. 7 ff.

Rager, Günther; Weber, Bernd: Kostenbestimmung für Acht-Stunden-Programme (Zusatzuntersuchung), in: LfR (Hrsg.): Lokalfunk in Nordrhein-Westfalen, Entscheidungsverfahren und Ergebnisse im Überblick, Materialien I (LfR-Schriftenreihe, Bd. 3), Düsseldorf 1989, S. 123 ff.

Rath-Glawatz, Michael: Lokaler Hörfunk, Bde. 1 und 2 (Nachtrag), Stuttgart 1987

Rau, Johannes: Eckwerte eines neuen WDR-Gesetzes und Thesen für ein Landesmediengesetz, in: Media Perspektiven 1984, S. 660 ff.

Reese, Jürgen: Nordrhein-Westfalen: Landesanstalt für Rundfunk (LfR), in: Hellstern/Hoffmann-Riem/Reese/Ziethen: Rundfunkaufsicht, Bd. 1 (Begleitforschung des Landes Nordrhein-Westfalen zum Kabelpilotprojekt Dortmund, Bd.16/I), Düsseldorf 1989, S. 347 ff.

Reidt, Olaf: Rundfunkwerbung im lokalen Rundfunk: Untersuchung auf der Grundlage des Landesrundfunkgesetzes für Nordrhein-Westfalen, Baden-Baden 1990, zugl. Jur. Diss., Bochum 1989

Reidt, Olaf: Rundfunkwerbung im Zwei-Säulen-Modell, in: RuF 1990, S. 519

Ricker, Reinhart: Stellungnahme zum Regierungsentwurf, LT NW, Zuschrift 10/687

Ricker, Reinhart: Antrag und Antragsbegründung gemäß Art. 93 Abs. 1 Nr. 2 GG, Schriftsatz vom 19.02.1988 zu BVerfGE 83, 283 ff.

Ricker, Reinhart: Ergänzender Schriftsatz zu BVerfGE 83, 283 ff.

Rieger, Angela: Forschungsprojekt Integrationsfähigkeit von 15-Prozent-Gruppen in kommerziellen Lokalradios in Nordrhein-Westfalen, Zwischenbericht, vervielf. Ms., August 1991

Ring, Wolf-Dieter: Medienrecht, Loseblattsammlung, München o.J.

Rinke Treuhand: Effekte von Kooperationsformen im lokalen Rundfunk in Nordrhein-Westfalen, in: LfR (Hrsg.): Lokalfunk in Nordrhein-Westfalen, Entscheidungsverfahren und Ergebnisse im Überblick, Materialien I (LfR-Schriftenreihe, Bd. 3), Düsseldorf 1989, S. 219 ff.

Ritter, Ernst-Hasso: Staatliche Steuerung bei vermindertem Rationalitätsanspruch? Zur Praxis der politischen Planung in der Bundesrepublik Deutschland, in: Ellwein/Hesse/Mayntz/Scharpf (Hrsg.): Jahrbuch zur Staats- und Verwaltungswissenschaft, Bd. 1, Baden-Baden 1987, S. 321 ff.

Rödding, Gerhard: Die Verbreitungsgebiete sind festgelegt – Was ist nun zu tun?, in: KPV (Hrsg.): Lokalfunk im Vorlauf, Recklinghausen 1989, S. 11 ff.

Röper, Horst: Stand der Verflechtung von privatem Rundfunk und Presse, in: Media Perspektiven 1989, S. 533 ff.

Roland Berger Forschungs-Institut: Grundlagenstudie zu Image und Akzeptanz des Hörfunks in Bayern, Zusammenfassung (BLM-Schriftenreihe, Bd. 1), 2. überarb. Aufl., München 1989

Ronge, Volker; Arndt, Ursula: Repräsentationsprobleme im Zwei-Säulen-Modell des Lokalfunks und ihre Lösung, in: RuF 1991, S. 193

Rudolph, Rainer: Noch Plätze am Mikrophon, Chefredakteur bot Einblick in Radio Köln, in: Kölner Stadtanzeiger vom 10.10.1991

Rummel, Alois: Qualität ist gefragt – Grundsätze für ein attraktives Lokalprogramm, in: KPV (Hrsg.): Lokalfunk im Vorlauf, Recklinghausen 1989, S. 23 ff.

Salm, Jürgen: Zensur beim Bürgerfunk, in: StadtRevue Köln 7/1991, S. 25

Samland, Detlev: Ordnungs- und medienpolitische Ziele des Zwei-Säulen-Modells, in: Otten/Goltz (Hrsg.): Lokalfunk in Niedersachsen?, Osnabrück 1991, S. 73 ff.
Schaffrath, Joseph: Stellungnahme zum Ersten Rundfunkänderungsgesetz, LT NW, Zuschrift 10/1577
Schillinger, Ernst: Leserbrief zu „Zeitansage statt O-Ton", in: Journalist 1/1991, S. 58
Schmid, Wilfried: Innovation Bürgerfunk in Nordrhein-Westfalen, in: Neue Formen der Bürgerkommunikation – Chancen für den nicht-kommerziellen Rundfunk, unv. Ms., Tagungsunterlagen zum Medienforum Nordrhein-Westfalen, Köln 1991, S. 7 ff.
Schmitt-Glaeser, Walter: Stellungnahme zum Regierungsentwurf, LT NW, Zuschrift 10/694
Schneider, Hans-Peter: Stellungnahme zum Regierungsentwurf, LT NW, Zuschrift 10/692
Schrape, Klaus: Modifiziertes Kostenmodell nach Rager, in: LfR (Hrsg.): Lokalfunk in Nordrhein-Westfalen, Entscheidungsverfahren und Ergebnisse im Überblick (LfR-Schriftenreihe, Bd. 2), Düsseldorf 1989, S. 53 ff.
Schrape, Klaus: Entscheidungsgrundlagen zur Festlegung der Verbreitungsgebiete, in: LfR (Hrsg.): Lokalfunk in Nordrhein-Westfalen, Entscheidungsverfahren und Ergebnisse im Überblick (LfR-Schriftenreihe, Bd. 2), Düsseldorf 1989, S. 73 ff.
Schrape, Klaus: Entscheidungsgrundlagen zur Festlegung der Verbreitungsgebiete in kritischen Fällen, in: LfR (Hrsg.): Lokalfunk in Nordrhein-Westfalen, Entscheidungsverfahren und Ergebnisse im Überblick (LfR-Schriftenreihe, Bd. 2), Düsseldorf 1989, S. 309 ff.
Schrape, Klaus: Kostenmodelle für lokalen Rundfunk, in: Schröder (Hrsg.): Finanzierung lokaler Hörfunkprogramme, Baden-Baden/Hamburg 1990, S. 49 ff.
Schreiner, Beate: Zeitansage statt O-Ton, in: Journalist 11/1990, S. 46 ff.
Schreiner, Willi: Pleiten programmiert oder Profite? Zur Wirtschaftlichkeit des Lokalfunks, in: KPV (Hrsg.): Lokalfunk im Vorlauf, Recklinghausen 1989, S. 43 ff.
Schröder, Hermann-Dieter (Hrsg.): Finanzierung lokaler Hörfunkprogramme, Baden-Baden/Hamburg 1990
Schütz, Klaus (LfR): Stellungnahme zum Ersten Rundfunkänderungsgesetz, LT NW, Zuschrift 10/1590
Schütze, Fritz: Zur Hervorlockung und Analyse von Erzählungen thematisch relevanter Geschichten im Rahmen soziologischer Feldforschung, in: Arbeitsgruppe Bielefelder Soziologen: Kommunikative Sozialforschung, München 1976, S. 159 ff.
Schütze, Fritz: Die Technik des narrativen Interviews in Interaktionsfeldstudien – dargestellt an einem Projekt zur Erforschung von kommunalen Machtstrukturen, vervielf. Ms. (Univ. Bielefeld, Fak. f. Soziologie, Arbeitsberichte und Forschungsmaterialien, Nr. 1), 1977
Schulte-Döinghaus, Uli: Unschöne Praxis, Lokalfunk: Warten auf das Stadtradio, in: Wirtschaftswoche Nr. 8 vom 16.02.1990
Schuppert, Gunnar Folke: Markt, Staat, Dritter Sektor – oder noch mehr? Sektorspezifische Steuerungsprobleme ausdifferenzierter Staatlichkeit, in: Ellwein/

Hesse/Mayntz/Scharpf (Hrsg.): Jahrbuch zur Staats- und Verwaltungswissenschaft, Bd. 3, Baden-Baden 1989, S. 47 ff.

Schurig, Christian: Programmzulieferung zwischen Wirtschaftlichkeit und Vielfalt unter Berücksichtigung baden-württembergischer Verhältnisse, in: DLM-Jahrbuch 88, Ulm 1988, S. 50 ff.

Schuster, Detlev: Meinungsvielfalt in der dualen Rundfunkordnung, Berlin 1990

Sieben, Günter: Gebietsvorschlag zum Entwurf einer Satzung gemäß § 31 LRG NW, in: LfR (Hrsg.): Lokalfunk in Nordrhein-Westfalen, Entscheidungsverfahren und Ergebnisse im Überblick, Materialien II (LfR-Schriftenreihe, Bd. 4), Düsseldorf 1990, S. 303 ff.

Sozialdemokratische Gemeinschaft für Kommunalpolitik in Nordrhein-Westfalen (Hrsg.): Lokaler Rundfunk in Nordrhein-Westfalen, Teile I-III (SGK-Schriftenreihe, Bde. 12-14), Düsseldorf 1987 ff.

Städtetag Nordrhein-Westfalen: Geschäftsbericht für die Jahre 1988 und 1989, Köln 1990

Stamm 1991, Presse- und Medienhandbuch, Essen 1991

Steinschulte, Gabriel M.: Zur Musikkategorisierung im Rundfunk und ihren möglichen Konsequenzen, in: Media Perspektiven 1989, S. 572 ff.

Stock, Martin: Zur Theorie des Koordinationsrundfunks, Baden-Baden 1981

Stock, Martin: Neues Privatrundfunkrecht, Die nordrhein-westfälische Variante, München 1987

Stock, Martin: Stellungnahme zum Regierungsentwurf, LT NW, Zuschrift 10/640

Stock, Martin: Das Nordrhein-Westfalen-Urteil, in: Media Perspektiven 1991, S. 138 ff.

Storck, Heinz-Hermann: David oder Don Quichotte, „Kanal 4" in der Medienlandschaft, in: Weiterbildung und Medien 4/1989, S. 34 ff.

Teichert, Will: Der Hörfunk des Nebenbei – ernstgenommen, Zur Konkurrenzsituation der Radios in Norddeutschland, in: Media Perspektiven 1987, S. 275 ff.

Telebild GmbH: Konzept für lokalen Hörfunk im RPR-Raum, vervielf. Manuskript, Juni 1987

Tettinger, Peter J.: Aktuelle Fragen der Rundfunkordnung, in: JZ 1986, S. 806 ff.

Tettinger, Peter J.: Stellungnahme zum Regierungsentwurf, LT NW, Zuschrift 10/669

Teubner, Gunther: Verrechtlichung – Begriffe, Merkmale, Grenzen, Auswege, in: Zacher/Simitis/Kübler/Hopt/Teubner (Hrsg.): Verrechtlichung von Wirtschaft, Arbeit und sozialer Solidarität, Baden-Baden 1984, S. 290 ff.

Thomée, Thomas: Wer schützt das Zwei-Säulen-Modell vor seinen Erfindern?, in: Publizistik und Kunst 4/1990, S. 40 ff.

Verband Rheinisch-Westfälischer Zeitungsverleger: Stellungnahme zum Ersten Rundfunkänderungsgesetz, LT NW, Zuschrift 10/1576

Vialon, Friedrich Karl: Haushaltsrecht, Frankfurt/Main 1959

Vogel, Andreas (Interessenverein Gemeinnütziger Rundfunk in NRW): Stellungnahme zum Ersten Rundfunkänderungsgesetz, LT NW, Zuschrift 10/1597

Vogel, Andreas: Zugangssendungen im Lokalradio, in: Hesels/Hirsch (Hrsg.): Lokalfunk heute, 2. Aufl., Düsseldorf 1989, S. 141 ff.

Voigt, Rüdiger: Grenzen rechtlicher Steuerung, in: ders. (Hrsg.): Recht als Instrument der Politik, Opladen 1986, S. 14 ff.
Wagner, Christoph: Die Landesmedienanstalten, Baden-Baden 1990
Wankell, Susanne: Hinter den Kulissen wird gekungelt, in: Funk-Korrespondenz 23/1988, S. 7 ff.
Wankell, Susanne: Reichlich Konfliktstoff für NRW-Lokalfunker, in: Medien Bulletin 13/1990, S. 46 ff.
Wassermann, Rudolf (Hrsg.): Alternativkommentar zum Grundgesetz für die Bundesrepublik Deutschland, Bd. 1, 2. Aufl., Neuwied 1989
Wedel, Maria von: Wo bitte gehts zum Radio? Kooperation zwischen Redaktion und Bürgerfunk, in: Adolf-Grimme-Institut (Hrsg.): Ein hundertprozentiges Programm, Marl 1990, S. 7 ff.
Weiß, Ralph: Programmstrukturen im dualen Hörfunksystem, in: Media Perspektiven 1989, S. 339 ff.
Wer ist Wer? Private Lokalradios in Nordrhein-Westfalen, 3 Teile, Beilagen zum Medienspiegel Nr. 45 vom 04.11.1991, Nr. 47 vom 18.11.1991 und Nr. 48 vom 25.11.1991
Westdeutscher Rundfunk: Redakteurstatut vom 17.09.1987, abgedruckt in: RuF 1987, S. 559 ff.
Westdeutscher Rundfunk: Stellungnahme zum Regierungsentwurf, LT NW, Zuschrift 10/637
Westdeutscher Rundfunk: Stellungnahme zum Ersten Rundfunkänderungsgesetz, LT NW, Zuschrift 10/1546
Wienholtz, Ekkehard: Rundfunkurteile und Rundfunkgesetzgebung, in: Festschrift für Konrad Hesse, München 1989, S. 13 ff.
Willke, Helmut: Entzauberung des Staates, Überlegungen zu einer sozietalen Steuerungstheorie, in: Ellwein/Hesse/Mayntz/Scharpf (Hrsg.): Jahrbuch zur Staats- und Verwaltungswissenschaft, Bd. 1, Baden-Baden 1987, S. 49 ff.
Wöste, Marlene: Networkbildung durch die Hintertür? Programmzulieferer für privaten Rundfunk in der Bundesrepublik – eine Bestandsaufnahme, in: Media Perspektiven 1989, S. 9 ff.
Wöste, Marlene: Programmquellen privater Radios in Deutschland, in: Media Perspektiven 1991, S. 565 ff.
Wolf, Rainer: Zur Antiquiertheit des Rechts in der Risikogesellschaft, in: Leviathan 1987, S. 357 ff.
Zahn, Karl-Christian: Veranstaltergemeinschaft und Verbreitungsgebiet, in: Nordrhein-Westfälische Verwaltungsblätter 1989, S. 239 ff.
Ziethen, Michael P.: Rechtliche Spielräume der Lizensierung und Kontrolle: ausgewählte Regelungsfelder, in: Hellstern/Hoffmann-Riem/Reese/Ziethen: Rundfunkaufsicht, Bd. 3 (Begleitforschung des Landes Nordrhein-Westfalen zum Kabelpilotprojekt Dortmund, Bd.16/III), Düsseldorf 1989, S. 59 ff.
Zimpel, Dieter: Die deutschen Vollredaktionen, Loseblattsammlung, Stand: November 1991

Anhang A: Entwicklung der Regelungen über den lokalen Rundfunk in Nordrhein-Westfalen

I. Diskussionsentwurf zum Landesmediengesetz NRW[1]

§ 2 Begriffsbestimmungen

(...)

(2) Lokale Programme sind Rundfunkprogramme, die für ein örtlich begrenztes Verbreitungsgebiet bestimmt sind. Das Verbreitungsgebiet und sein Schwerpunkt werden durch Satzung der Landesanstalt für Kommunikation Nordrhein-Westfalen (LfK) nach folgenden Grundsätzen festgelegt:

1. Es soll in der Regel 300.000 bis 600.000 Einwohner umfassen.
2. Es soll sich mindestens auf das Gebiet eines Kreises oder einer kreisfreien Stadt erstrecken.
3. Es soll zusammenhängende Kommunikations-, Kultur- und Wirtschaftsräume berücksichtigen.
4. Es soll einen wirtschaftlich leistungsfähigen lokalen Rundfunk ermöglichen. Die kreisfreie Stadt oder der Kreis mit den meisten Einwohnern im Verbreitungsgebiet bildet den Schwerpunkt des Verbreitungsgebiets.

6. Abschnitt: Lokaler Rundfunk

§ 21 Lokaler Rundfunk

(1) Für lokale Programme gelten die Vorschriften dieses Abschnittes und die §§ 2 bis 12, § 13 Abs. 1 Satz 1 und 3, Abs. 2, §§ 14 bis 26, 17 Abs. 3 bis 5, §§ 18 bis 20, soweit in diesem Abschnitt nichts anderes bestimmt ist.

(2) Lokaler Rundfunk ist zugleich dem Gemeinwohl verpflichtet. Er soll das öffentliche Geschehen im Verbreitungsgebiet darstellen, aus unterschiedlichen Inhalten mit angemessenen Anteilen an Information, Bildung, Beratung und Unterhaltung bestehen und darf sich nicht nur an bestimmte Zielgruppen wenden. Die tägliche Sendezeit eines lokalen Hörfunkprogramms muß mindestens zwei Stunden, die eines lokalen Fernsehprogramms mindestens drei-

---

1 Abgedruckt in: epd/Kirche und Rundfunk Nr. 34 vom 3. Mai 1986.

ßig Minuten betragen. Jeder Anbieter soll in sein Programm mit einem Anteil von 15 vom Hundert der täglichen Sendezeit unentgeltlich Beiträge nicht erwerbswirtschaftlich orientierter Organisationen, insbesondere mit kultureller Zielsetzung, einbeziehen. Der Anbieter hat den Organisationen dafür Produktionshilfen im Wert von 10 vom Hundert der jährlichen Programmittel zur Verfügung zu stellen. Lehnt der Anbieter die Verbreitung eines Beitrags ab, so befaßt sich auf Antrag der betroffenen Organisation der lokale Medienrat mit dieser Angelegenheit; er spricht eine Empfehlung aus. Soweit und solange Sendezeit nach Satz 4 nicht in Anspruch genommen wird, kann der Anbieter die Sendezeit anderweitig verwenden.

(3) Antragsberechtigt ist, wer die Voraussetzungen des § 4 erfüllt und im Verbreitungsgebiet seine Hauptwohnung, seinen ständigen Aufenthalt oder Sitz hat. Antragsberechtigt sind auch Gemeinden sowie Unternehmen und Vereinigungen, an denen Gemeinden beteiligt sind (kommunale Träger).

(4) Die Zulassung wird nur einem Anbieter erteilt, der erwarten läßt, daß er auch die Anforderungen des Absatzes 2 erfüllt. Werden mehrere Anträge für dieselbe Programmart und Verbreitungstechnik und für dasselbe Verbreitungsgebiet gestellt, so haben diejenigen den Vorrang, die nach Feststellung der LfK nur gemeinnützige Zwecke verfolgen; §§ 52, 53 Abgabenordnung finden entsprechende Anwendung.

(5) Die Zulassung wird einem Anbieter nur für ein Verbreitungsgebiet (§ 2 Abs. 2) erteilt. Ein Antragsteller, der bei Tageszeitungen im Verbreitungsgebiet eine marktbeherrschende Stellung hat, darf als Einzelanbieter nicht zugelassen werden. Er darf an einer Anbietergemeinschaft nicht die Mehrheit der Kapital- und Stimmrechte besitzen. Antragstellern nach Satz 2 sind Anteile an mit ihnen verbundenen Unternehmen (§ 15 Aktiengesetz) zuzurechnen.

(6) Die Anbieter können untereinander und mit Dritten Vereinbarungen über die Veranstaltung und Verbreitung eines Rahmenprogramms oder über die Veranstaltung und Verbreitung von eigener Werbung im Programm des Dritten treffen. Die Zulassung des Rahmenprogramms wird nach den Vorschriften des 2. und 5. Abschnitts erteilt.

(7) Programmbeiträge kommunaler Träger sind nur zulässig, wenn sie die öffentliche Meinungsbildung nicht beeinflussen oder von kulturellen Einrichtungen stammen. Kommunale Träger dürfen nicht als Einzelanbieter zugelassen werden; an einer Anbietergemeinschaft dürfen sie sich mit höchstens einem Drittel der Kapital- und Stimmrechte beteiligen. Kommunale Anbieter, die keinen Antrag nach Absatz 3 Satz 2 gestellt haben und an einer örtlichen Anbietergemeinschaft nicht beteiligt sind, können im Rahmen ihrer Aufgaben im übrigen nur Produktionsstätten, Produktionshilfen und Übertragungsmittel für lokalen Rundfunk bereitstellen. Inhaltliche Auflagen und Bedingungen dürfen damit nicht verbunden werden. Die Förderung nach Satz 3 darf ein Drittel der Investitions- und laufenden Kosten für die Veranstaltung und Verbreitung lokalen Rundfunks nicht überschreiten.

(8) Für jeden Anbieter ist für die Dauer seiner Zulassung ein lokaler Medienrat mit neun Mitgliedern zu bilden. Der Anbieter darf den Sendebetrieb erst nach

der ersten Sitzung des lokalen Medienrats aufnehmen. Der Zustimmung des lokalen Medienrates bedürfen folgende Maßnahmen des Anbieters:

1. Einstellung und Entlassung des Verantwortlichen (§ 13 Abs. 1 Satz 1) und der leitenden Angestellten;
2. Verwendung der Programmittel;
3. Billigung des Jahresabschlusses;
4. Änderungen des Sendeschemas; § 7 Abs. 3 bleibt unberührt.

Der lokale Medienrat berät die LfK in programmlichen, finanziellen und technischen Fragen des lokalen Rundfunks, überprüft das Programm des Anbieters auf die Einhaltung der Anforderungen dieses Gesetzes und der Zulassung und berichtet darüber der LfK. Der lokale Medienrat kann den Anbieter in allgemeinen Programmangelegenheiten und in Fragen von grundsätzlicher Bedeutung beraten.

(9) Der lokale Medienrat setzt sich aus je einem Vertreter folgender Gruppen zusammen:

1. Stadtrat oder Kreistag des Schwerpunktes des Verbreitungsgebiets,
2. Evangelische Kirche, Katholische Kirche, Jüdische Kultusgemeinde
3. Gewerkschaften,
4. Arbeitgeberverbände, Industrie- und Handelskammern, Handwerkskammern,
5. Stadt- oder Kreisjugendring, Stadt- oder Kreissportbund,
6. Wohlfahrtsverbände, Natur- und Umweltschutzverbände,
7. Hochschulen und Weiterbildungseinrichtungen im Sinne von § 2 Abs. 2 Satz 1 Weiterbildungsgesetz,
8. Journalistenverbände, kulturelle Organisationen,
9. Mitarbeiter des Anbieters.

Der Stadtrat oder Kreistag des Schwerpunktes des Verbreitungsgebiets schlägt unverzüglich, spätestens drei Monate nach Zulassung des Anbieters, für jede Gruppe nach Satz 1 drei Personen vor. Dabei soll er Vorschläge von Organisationen, die einer der in Satz 1 genannten Gruppen angehören und im Verbreitungsgebiet vertreten sind, berücksichtigen. Die LfK entscheidet unverzüglich, spätestens innerhalb eines Monats nach Eingang der Vorschläge nach Satz 2, welche von den vorgeschlagenen Personen sie in den lokalen Medienrat beruft.

(10) Bedienstete kommunaler Träger dürfen nicht Mitglied des lokalen Medienrats sein. Im übrigen gelten für die Mitglieder des lokalen Medienrats §§ 40, 41 dieses Gesetzes und § 15 Abs. 9, 11, 12 und 14 WDR-Gesetz entsprechend; eine Abberufung ist unzulässig. Die Mitglieder des lokalen Medienrates werden nach den Vorschriften des Gesetzes über die Entschädigung der ehrenamtlichen Mitglieder von Ausschüssen vom 13. Mai 1958 (GV.NW. S. 193) zuletzt geändert durch Gesetz vom 26. Juni 1984 (GV.NW S. 350), entschädigt. Die Kosten trägt der Anbieter.

(11) An den Sitzungen des lokalen Medienrates nehmen die Anbieter oder sein gesetzlicher oder satzungsmäßiger Vertreter und der Verantwortliche (§ 13 Abs. 1 Satz 1) teil. Der Direktor der LfK oder ein von ihm beauftragter Angestell-

ter der LfK können an den Sitzungen des lokalen Medienrates teilnehmen. Die in Satz 1 und 2 genannten Personen sind jederzeit zu hören.

II. Regierungsentwurf zum Landesrundfunkgesetz NRW[2]

1. Abschnitt: Allgemeine Vorschriften

(...)

§ 2 *Begriffsbestimmungen*

(...)

(2) Lokale Programme sind Rundfunkprogramme, die für ein örtlich begrenztes Verbreitungsgebiet (§ 27) oder einen Teil dieses Verbreitungsgebietes bestimmt sind.

(...)

6. Abschnitt: Zulassung von lokalem Rundfunk

§ *21 Anzuwendende Vorschriften*

(1) Lokale Programme dürfen nur nach den Vorschriften dieses Abschnitts veranstaltet und verbreitet werden; dies gilt auch für den Westdeutschen Rundfunk Köln.

(2) Der Westdeutsche Rundfunk Köln ist berechtigt, auch nach Beendigung des Modellversuchs mit Breitbandkabel in Dortmund im bisherigen Umfang Rundfunkprogramme ohne Werbung im Stadtgebiet Dortmund nach den Vorschriften des WDR-Gesetzes zu veranstalten und zu verbreiten. Die Berechtigung nach Satz 1 erlischt für die Übertragungskapazitäten, die der WDR sechs Monate nicht nutzt.

(3) Für lokale Programme gelten § 2 Abs. 1, 2, 5 bis 10, §§ 3, 4 Abs. 2 und 3, § 5 Abs. 1, § 6 Abs. 1 und 2 Satz 2 und 3, §§ 7 bis 10 Satz 1 und 2, § 11 Abs. 1, 2 und 4, §§ 12 bis 16, §§ 18 bis 20, soweit in diesem Abschnitt nichts anderes bestimmt ist.

§ *22 Zulassungsgrundsätze*

(1) Die Zulassung wird nur einer Veranstaltergemeinschaft erteilt. Ihr Zweck darf nicht auf einen wirtschaftlichen Geschäftsbetrieb gerichtet sein. Sie muß unterschiedlich ausgerichtete politische, weltanschauliche und gesellschaftliche Kräfte und Gruppen im Verbreitungsgebiet (§ 27) umfassen.

(2) Die Veranstaltergemeinschaft hat mit ihren redaktionellen Mitarbeitern eine Vereinbarung zu treffen, die diesen im Rahmen der publizistischen Grundsätze der Veranstaltergemeinschaft Einfluß auf die Programmgestaltung einräumt.

(3) Jedes Mitglied der Veranstaltergemeinschaft

---

2 Abgedruckt in: epd/Kirche und Rundfunk Nr. 83/84 vom 25. Oktober 1986 (Dokumentation).

1. muß die Voraussetzungen des § 4 Abs. 1 Sätze 1 und 4 erfüllen,
2. muß im Verbreitungsgebiet seine Wohnung, seinen ständigen Aufenthalt oder Sitz haben; als Sitz gilt der Ort, wo die Verwaltung geführt wird,
3. darf nicht nach § 4 Abs. 2 von der Antragstellung ausgeschlossen sein; Gemeinden und Gemeindeverbände sowie Unternehmen und Vereinigungen, an denen eine oder mehrere Gemeinden oder Gemeindeverbände beteiligt sind (kommunale Träger), dürfen sich an Veranstaltergemeinschaften beteiligen,
4. darf nicht mehr als 15 vom Hundert der Kapital- und Stimmrechtsanteile an der Veranstaltergemeinschaft besitzen; dabei sind dem Mitglied Anteile an mit ihm verbundenen Unternehmen (§ 15 Aktiengesetz) zuzurechnen. Die Kapital- und Stimmrechtsanteile können unterschiedlich hoch sein. Kommunale Träger und Zeitungsunternehmen dürfen in ihrer Gesamtheit jeweils nicht mehr als 15 vom Hundert der Kapital- und Stimmrechtsanteile besitzen.

Die Zulassung für ein lokales Rundfunkprogramm umfaßt auch die Befugnis zur Verbreitung von Fensterprogrammen.

§ 23 Grundsätze für lokalen Rundfunk

(1) Lokaler Rundfunk ist dem Gemeinwohl verpflichtet. Lokale Programme müssen das öffentliche Geschehen im Verbreitungsgebiet darstellen, wesentliche Anteile an Information, Bildung, Beratung und Unterhaltung enthalten und publizistischen Grundsätzen genügen. Sie dürfen sich nicht ausschließlich an bestimmte Zielgruppen wenden. In jedem lokalen Programm muß die Vielfalt der Meinungen in möglichster Breite und Vollständigkeit zum Ausdruck gebracht werden. Die bedeutsamen politischen, weltanschaulichen und gesellschaftlichen Kräfte und Gruppen im Verbreitungsgebiet müssen in jedem lokalen Programm zu Wort kommen. Jedes lokale Programm soll in der Berichterstattung angemessene Zeit für die Behandlung kontroverser Themen von allgemeiner Bedeutung vorsehen.

(2) Ein lokales Hörfunkprogramm muß eine tägliche Programmdauer von mindestens fünf Stunden, ein lokales Fernsehprogramm von mindestens 30 Minuten haben.

(3) Jede Veranstaltergemeinschaft hat den obersten Landesbehörden und den Gemeinden im Verbreitungsgebiet für amtliche Verlautbarungen angemessene Sendezeit unverzüglich einzuräumen. Jede Veranstaltergemeinschaft hat den im Verbreitungsgebiet vertretenen Gemeinden der Evangelischen Kirche im Rheinland, der Evangelischen Kirche von Westfalen, der Lippischen Landeskirche, der Katholischen Kirche und den im Verbreitungsgebiet vertretenen Jüdischen Kultusgemeinden auf deren Wunsch angemessene Sendezeiten für Übertragung gottesdienstlicher Handlungen und Feierlichkeiten sowie sonstiger religiöser Sendungen einzuräumen, § 17 Abs. 3, 5 und 6 gilt entsprechend.

(4) Jede Veranstaltergemeinschaft muß in ihr tägliches Programm nach Maßgabe des Programmschemas mit bis zu 15 vom Hundert der lokalen Sendezeit Pro-

grammbeiträge von Organisationen, insbesondere mit kultureller Zielsetzung, einbeziehen,

1. die an der Veranstaltergemeinschaft nicht beteiligt sind,
2. deren Zweck nicht auf einen wirtschaftlichen Geschäftsbetrieb gerichtet ist,
3. die die Voraussetzungen des § 4 Abs. 1 Satz 4 Nr. 1 und 2 erfüllen,
4. die nicht nach § 4 Abs. 2 von der Antragstellung ausgeschlossen sind; dies gilt nicht für Theater, Volkshochschulen und sonstige kulturelle Einrichtungen,
5. die ihren Sitz im Verbreitungsgebiet (§ 27) haben; als Sitz gilt der Ort, wo die Verwaltung geführt wird.

Nicht in Anspruch genommene Sendezeiten kann die Veranstaltergemeinschaft selbst nutzen. Sie muß den Organisationen auf deren Verlangen Produktionshilfen zur Verfügung stellen. § 30 Abs. 7 gilt entsprechend. Die Programmbeiträge müssen anerkannten journalistischen Grundsätzen entsprechen; sie dürfen keine Werbung enthalten. Weitere Einzelheiten werden durch Satzung der LfR in entsprechender Anwendung der Grundsätze nach § 30 Abs. 8 Nr. 2, 3 und 4 Satz 1 geregelt.

(5) Die Veranstaltergemeinschaft ist für den Inhalt der Programmbeiträge nach Absatz 4 Satz 1 verantwortlich. Sie lehnt Programmbeiträge ab, die den in Absatz 4 genannten Anforderungen und den übrigen Bestimmungen dieses Gesetzes nicht entsprechen.

(6) Die Veranstaltergemeinschaft kann für die Verbreitung von Programmbeiträgen und für die Gewährung von Produktionshilfen nach Absatz 4 die Erstattung ihrer Selbstkosten verlangen. Dabei müssen alle Organisationen gleichbehandelt werden.

(7) In Zweifelsfällen der Absätze 4 und 5 entscheidet die LfR.

§ 24 Betriebsgesellschaft

(1) Die Zulassung darf nur erteilt werden, wenn die Veranstaltergemeinschaft eine für die beantragte Dauer verbindliche vertragliche Vereinbarung mit einer Betriebsgesellschaft nachweist, deren sie sich zur Durchführung ihrer gesetzlichen Aufgaben bedient. Die Vereinbarung muß die Verpflichtung der Betriebsgesellschaft enthalten, für die Dauer der Zulassung

1. die zur Produktion und zur Verbreitung des lokalen Programms erforderlichen technischen Einrichtungen zu errichten, zu betreiben und deren Kosten zu tragen,
2. das lokale Programm im vereinbarten Umfang für die Veranstaltergemeinschaft unentgeltlich zu verbreiten,
3. der Veranstaltergemeinschaft die zur Wahrnehmung ihrer gesetzlichen und durch die Vereinbarung bestimmten Aufgaben erforderlichen Mittel in vertraglich bestimmtem Umfang zur Verfügung zu stellen,
4. für die Veranstaltergemeinschaft den in § 23 Abs. 4 Satz 1 genannten Organisationen Produktionshilfen zur Verfügung zu stellen; § 23 Abs. 6 gilt entsprechend,

5. einen Vertreter der Veranstaltergemeinschaft antrags- und stimmberechtigt bei der Beratung und Beschlußfassung in der Betriebsgesellschaft teilnehmen zu lassen.

Die Vereinbarung muß die Verpflichtung der Veranstaltergemeinschaft enthalten,

1. den/die mit der redaktionellen Leitung beauftragten Mitarbeiter/in (Chefredakteur/in) nur mit Zustimmung der Betriebsgesellschaft einzustellen und zu entlassen,
2. die Einstellung oder Entlassung anderer redaktioneller Mitarbeiter/innen nur auf Vorschlag des/der Chefredakteurs/Chefredakteurin vorzunehmen,
3. einen Vertreter der Betriebsgesellschaft antrags- und stimmberechtigt bei der Beratung und Beschlußfassung in der Veranstaltergemeinschaft teilnehmen zu lassen.

(2) Mit dem Zulassungsantrag sind die vertraglichen Vereinbarungen vorzulegen und die notwendigen Angaben zu machen, aus denen hervorgeht, daß die Betriebsgesellschaft wirtschaftlich und organisatorisch die Erfüllung der mit der Veranstaltergemeinschaft vertraglich getroffenen Vereinbarungen gewährleistet.

(3) Der Westdeutsche Rundfunk Köln darf sich jeweils nur mit weniger als 25 vom Hundert der Kapital- und Stimmrechtsanteile an Betriebsgesellschaften beteiligen.

(4) Kommunale Träger (§ 22 Abs. 3 Nr. 3) dürfen sich an keiner Betriebsgesellschaft beteiligen.

(5) Kein Gesellschafter der Betriebsgesellschaft darf zugleich Mitglied der Veranstaltergemeinschaft sein; dabei sind dem Gesellschafter Anteile an verbundenen Unternehmen (§ 15 Aktiengesetz) zuzurechnen.

(6) Die Veranstaltergemeinschaft muß nachweisen, daß sie die vertragliche Vereinbarung mit einer Betriebsgesellschaft abgeschlossen hat, die erwarten läßt, daß sie zur Gewährleistung einer freien und vielfältigen Presse den Belangen der im Verbreitungsgebiet (§ 27) erscheinenden Zeitungen mit Lokalausgaben angemessen Rechnung trägt. Besteht keine Betriebsgesellschaft, die den Anforderungen nach Satz 1 entspricht, so entscheidet die LfR unter Berücksichtigung einer möglichst großen örtlichen Medienvielfalt und der Belange einer vielfältigen örtlichen Presse darüber, ob von dem Erfordernis nach Satz 1 abgewichen werden kann. Satz 1 findet keine Anwendung, wenn die vertragliche Vereinbarung nicht zustandekommt, weil Betriebsgesellschaften, die den Anforderungen nach Satz 1 entsprechen, Forderungen stellen, die über die dort genannten Belange hinausgehen. Kann in einem Verbreitungsgebiet (§ 27) mehr als ein Hörfunkprogramm oder mehr als ein Fernsehprogramm zur drahtlosen Verbreitung durch erdgebundene Sender zugelassen werden, so gilt Satz 1 nur für das Programm mit der größten technischen Reichweite; bei mehreren Programmen mit gleicher technischer Reichweite legt die LfR das Programm fest, für das Satz 1 gilt.

(7) Für die Kündigung einer vertraglichen Vereinbarung nach Absatz 6 Satz 1 gelten folgende Bestimmungen:

1. Will die Veranstaltergemeinschaft oder die Betriebsgesellschaft die Vereinbarung kündigen, so hat sie dies der LfR vorher anzuzeigen. Die LfR hat auf eine Fortdauer der Vereinbarung im Rahmen der gesetzlichen und vertraglichen Bestimmungen hinzuwirken. Erfolgt eine Kündigung, bevor die LfR die Einigungsversuche (Satz 2) für gescheitert erklärt hat, so erlischt bei Kündigung durch die Veranstaltergemeinschaft deren Zulassung; kündigt die Betriebsgesellschaft, so findet in diesem Falle Absatz 6 Satz 1 auf die von der Veranstaltergemeinschaft vorzulegende Vereinbarung keine Anwendung.
2. Kündigt die Veranstaltergemeinschaft unter Beachtung von Nummer 1 die Vereinbarung mit der Betriebsgesellschaft wegen einer schwerwiegenden Vertragsverletzung, so entscheidet die LfR binnen zwei Monaten darüber, ob Absatz 6 Satz 1 auf die von der Veranstaltergemeinschaft vorzulegende neue Vereinbarung Anwendung findet. Sie hat dabei Bedeutung und Gewicht der Vertragsverletzung sowie die in Absatz 6 Satz 1 genannten Belange abzuwägen. Die neue Vereinbarung ist spätestens zwei Monate nach der Entscheidung der LfR (Satz 1) vorzulegen, anderenfalls widerruft sie die Zulassung.
3. Kündigt die Betriebsgesellschaft unter Beachtung von Nummer 1 die Vereinbarung mit der Begründung, daß durch eine schwerwiegende Vertragsverletzung der Veranstaltergemeinschaft den in Absatz 6 Satz 1 genannten Belangen nicht mehr angemessen Rechnung getragen werde, so entscheidet die LfR binnen zwei Monaten über den Widerruf der Zulassung. Sie hat dabei Bedeutung und Gewicht der Vertragsverletzung und die in Absatz 6 Satz 1 genannten Belange abzuwägen.

§ 25 Beschlüsse

Beschlüsse der Veranstaltergemeinschaft über Einstellung und Entlassung des/der Chefredakteurs/Chefredakteurin und über das Programmschema und die publizistischen Grundsätze werden mit einer Mehrheit von zwei Dritteln der Stimmrechtsanteile gefaßt. Für andere Beschlüsse genügt die einfache Mehrheit der Stimmrechtsanteile.

§ 26 Zusammenarbeit mit Dritten

(1) Veranstaltergemeinschaften können mit Dritten Vereinbarungen über die Veranstaltung und Verbreitung von eigener Werbung im Programm des Dritten treffen.

(2) Die Vereinbarung jeder Veranstaltergemeinschaft nach Absatz 1 bedarf des Einvernehmens mit der Betriebsgesellschaft.

§ 27 Örtliches Verbreitungsgebiet

(1) Das Verbreitungsgebiet für lokale Programme ist das Gebiet jedes Kreises und jeder kreisfreien Stadt. Die LfR kann durch Satzung hiervon abweichende Verbreitungsgebiete nach folgenden Grundsätzen festlegen:

1. Das Verbreitungsgebiet soll nicht mehr als 600.000 Einwohner umfassen,

2. es soll zusammenhängende Kommunikations-, Kultur- und Wirtschaftsräume berücksichtigen,
3. es soll einen wirtschaftlich leistungsfähigen lokalen Rundfunk ermöglichen.

(2) Wird das Programm ausschließlich leitungsgebunden durch eine Kabelanlage verbreitet, so gilt als Verbreitungsgebiet das von der Kabelanlage versorgte Gebiet.

III. Beschlußempfehlung und Bericht des Hauptausschusses zum LRG NW[3]

(...)

6. Abschnitt: Zulassung von lokalem Rundfunk

§ 23 (bisher § 21) Anzuwendende Vorschriften

(1) Lokale Programme dürfen nur nach den Vorschriften dieses Abschnitts veranstaltet und verbreitet werden. Die Vorschriften des Gesetzes über den Westdeutschen Rundfunk Köln bleiben unberührt.

(2) wird gestrichen

(3) Für lokale Programme gelten § 2 Abs. 1, 2, 5 bis 8, 9 Satz 1, Abs. 10, §§ 3, 4, 5 Abs. 3, § 6 Abs. 1, §§ 8 bis 11, Satz 1 und 2, § 12 Abs. 1, 2 und 4, §§ 14 bis 18 und §§ 20 bis 22, soweit in diesem Abschnitt nichts anderes bestimmt ist.

§ 24 (bisher § 23) Grundsätze für lokalen Rundfunk

(1) Lokaler Rundfunk ist dem Gemeinwohl verpflichtet. Lokale Programme müssen das öffentliche Geschehen im Verbreitungsgebiet darstellen und wesentliche Anteile an Information, Bildung, Beratung und Unterhaltung enthalten. Sie sollen den publizistischen Wettbewerb fördern. Sie dürfen sich nicht ausschließlich an bestimmte Zielgruppen wenden und sollen darauf ausgerichtet sein, bei den Rundfunkteilnehmern angenommen zu werden. In jedem lokalen Programm muß die Vielfalt der Meinungen in möglichster Breite und Vollständigkeit zum Ausdruck gebracht werden. Die bedeutsamen politischen, weltanschaulichen und gesellschaftlichen Kräfte und Gruppen im Verbreitungsgebiet müssen in jedem lokalen Programm zu Wort kommen. Jedes lokale Programm soll in der Berichterstattung angemessene Zeit für die Behandlung kontroverser Themen von allgemeiner Bedeutung vorsehen.

(2) Ein lokales Hörfunkprogramm muß eine tägliche Programmdauer von mindestens acht Stunden, ein lokales Fernsehprogramm von mindestens 30 Minuten haben.

(3) Jede Veranstaltergemeinschaft (§§ 25, 26) hat den obersten Landesbehörden, den Kreisen und den Gemeinden im Verbreitungsgebiet für amtliche Verlautbarungen angemessene Sendezeit unverzüglich einzuräumen. Jede Veranstaltergemeinschaft hat den Evangelischen Kirchen, der Katholischen Kirche und

---

3 LT/DS 10/1577 des Landtags Nordrhein-Westfalens, 10. Wahlperiode, vom 15.12.1986.

den Jüdischen Kultusgemeinden auf deren Wunsch angemessene Sendezeiten zur Übertragung gottesdienstlicher Handlungen und Feierlichkeiten sowie sonstiger religiöser Sendungen einzuräumen. § 19 Abs. 3, 5 bis 7 gilt entsprechend.

(4) Jede Veranstaltergemeinschaft muß in ihr tägliches Programm nach Maßgabe des Programmschemas mit bis zu 15 vom Hundert der Sendezeit, höchstens jedoch zwei Stunden täglich, Programmbeiträge von Gruppen, insbesondere mit kultureller Zielsetzung, einbeziehen,

1. die von der Befugnis nach § 26 Abs. 1 keinen Gebrauch gemacht haben,
2. deren Zweck nicht auf einen wirtschaftlichen Geschäftsbetrieb gerichtet ist,
3. die die Voraussetzungen des § 5 Abs. 1 Satz 4 Nr. 1 und 2 erfüllen,
4. die nicht nach § 5 Abs. 2 von der Antragstellung ausgeschlossen sind; dies gilt nicht für Theater, Volkshochschulen und sonstige kulturelle Einrichtungen,
5. deren Mitglieder ihren Wohnsitz im Verbreitungsgebiet haben.

Nicht in Anspruch genommene Sendezeiten kann die Veranstaltergemeinschaft selbst nutzen. Sie hat den Gruppen auf deren Verlangen Produktionshilfen zur Verfügung zu stellen. § 34 Abs. 7 Nr. 2 gilt entsprechend. Die Programmbeiträge dürfen keine Werbung enthalten. Weitere Einzelheiten werden durch Satzung der LfR in entsprechender Anwendung der Grundsätze nach § 34 Abs. 8 Nr. 2, 3 und 4 Satz 1 geregelt.

(5) Die Veranstaltergemeinschaft ist für den Inhalt der Programmbeiträge nach Absatz 4 Satz 1 verantwortlich. Sie lehnt Programmbeiträge ab, die den in Absatz 4 genannten Anforderungen und den übrigen Bestimmungen dieses Gesetzes nicht entsprechen.

(6) Die Veranstaltergemeinschaft kann für die Gewährung von Produktionshilfen nach Absatz 4 die Erstattung ihrer Selbstkosten verlangen. Dabei müssen alle Gruppen gleichbehandelt werden. Die Veranstaltergemeinschaft hat eine Entgeltordnung aufzustellen.

(7) Bei Meinungsverschiedenheiten entscheidet in den Fällen der Absätze 4 bis 6 die LfR.

Hinweis: §§ 25 bis 30 wurden neu gefaßt

§ 25 Veranstaltergemeinschaft

(1) Die Zulassung wird nur einer Veranstaltergemeinschaft erteilt, deren Zusammensetzung und Satzung den Bestimmungen der §§ 26 bis 28 entspricht. Sie muß als Verein im Sinne des § 21 des Bürgerlichen Gesetzbuchs in das Vereinsregister eingetragen sein. Die Satzung muß vorsehen, daß alleiniger Zweck des Vereins die Veranstaltung und Verbreitung von lokalem Rundfunk und der Abschluß einer Vereinbarung über ein Rahmenprogramm (§ 30) ist. Zu den Aufgaben der Veranstaltergemeinschaft gehören im Rahmen der fernmelderechtlichen Bestimmungen die Errichtung und der Betrieb der zur Produktion und zur Verbreitung des lokalen Programms erforderlichen technischen Einrichtungen und die Verbreitung des lokalen Programms. Die Ver-

anstaltergemeinschaft ist Arbeitgeber des gesamten redaktionellen, technischen und Verwaltungspersonals.

(2) Die Zulassung für ein lokales Rundfunkprogramm umfaßt auch die Befugnis zur Verbreitung von Fensterprogrammen.

(3) Die Veranstaltergemeinschaft stellt im Einvernehmen mit ihren redaktionellen Beschäftigten ein Redakteurstatut auf.

(4) Die Veranstaltergemeinschaft stellt für jedes Kalenderjahr einen Stellenplan und einen Wirtschaftsplan auf, in den alle zu erwartenden Erträge und Aufwendungen einzustellen sind. Die Grundsätze der Sparsamkeit und Wirtschaftlichkeit sind dabei zu beachten. Die Veranstaltergemeinschaft ist an die Ansätze des Wirtschafts- und Stellenplans gebunden. Beide Pläne bedürfen der Zustimmung der Betriebsgesellschaft.

§ 26 Zusammensetzung der Veranstaltergemeinschaft

(1) Für jedes lokale Programm darf nur ein Verein im Sinne von § 25 Abs. 1 gegründet werden. Er muß von mindestens acht natürlichen Personen gegründet worden sein, die von folgenden Stellen bestimmt worden sind:

a) Evangelische Kirchen,
b) Katholische Kirche,
c) Jüdische Kultusgemeinde,
d) Kreistag oder Rat (in kreisfreien Städten),
e) Deutscher Gewerkschaftsbund,
f) Arbeitgeberverbände
g) Stadt- und/oder Kreisjugendring,
h) Stadt- und/oder Kreissportbund,
i) Wohlfahrtsverbände (Arbeiterwohlfahrt, Caritasverband, Deutscher Paritätischer Wohlfahrtsverband, Deutsches Rotes Kreuz, Diakonisches Werk),
k) nach § 29 Abs. 2 des Bundesnaturschutzgesetzes anerkannte Verbände,
l) Verbraucher-Zentrale Nordrhein-Westfalen, Landesarbeitsgemeinschaft der Verbraucherverbände e.V.,
m) Verleger von Tageszeitungen mit Lokalausgaben im Verbreitungsgebiet,
n) Deutsche Journalisten-Union in der Industriegewerkschaft Druck und Papier, Landesverband Nordrhein-Westfalen, sowie Deutscher Journalisten-Verband, Gewerkschaft der Journalisten, Landesverband Nordrhein-Westfalen e.V.

(2) Die Bestimmung der in Absatz 1 genannten Mitglieder erfolgt in den Fällen des Absatzes 1 Buchstaben a) bis c) nach den Vorschriften der dort genannten Kirchen und Kultusgemeinden. Im Falle des Absatzes 1 Buchstabe d) erfolgt die Bestimmung durch den Kreistag oder Rat der Gebietskörperschaft, zu der das Verbreitungsgebiet gehört, bei Zugehörigkeit des Verbreitungsgebietes zu mehreren Kreisen und/oder kreisfreien Städten gemeinsam durch deren Vertretungskörperschaften. In den Fällen des Absatzes 1 Buchstaben e) bis n) erfolgt die Bestimmung durch diejenige örtliche Gliederung der genannten Stellen, die mindestens für das gesamte Verbreitungsgebiet zuständig ist. Die in Absatz 1 Buchstaben a) bis c) und e) bis n) genannten Stellen dürfen jeweils einmal ein Mitglied bestimmen; der Kreistag oder der Rat (Absatz 1 Buch-

stabe d) kann abweichend hiervon zwei Mitglieder bestimmen. Soweit nach Absatz 1 Buchstaben a) bis n) jeweils mehrere Stellen genannt sind, können sie nur gemeinsam ein Mitglied bestimmen. Die Satzung muß vorsehen, daß diejenigen Stellen nach Absatz 1, die kein Gründungsmitglied bestimmt haben, auf Verlangen eine natürliche Person als Mitglied des Vereins bestimmen können. Der Verein muß diese Stellen unverzüglich nach der Gründung auffordern, ein Mitglied zu bestimmen. Erfolgt die Bestimmung nicht binnen zwei Monaten seit Zugang der Aufforderung, so bedarf die Aufnahme einer Mehrheit von zwei Dritteln der Mitglieder mit Ausnahme derjenigen nach Absatz 3 und 5.

(3) Dem Verein muß als Mitglied je eine weitere natürliche Person aus dem Bereich Kultur und Kunst, aus dem Bereich Bildung und Wissenschaft, aus dem Kreis der ausländischen Mitbürger sowie ein Mitglied eines in das Vereinsregister eingetragenen Vereins angehören, dessen satzungsmäßiger Zweck in der Förderung des lokalen Rundfunks im Verbreitungsgebiet besteht. Die Satzung muß vorsehen, daß über die Aufnahme die von den in Absatz 1 genannten Stellen bestimmten Mitglieder mit einer Mehrheit von zwei Dritteln beschließen und daß der Beschluß erst nach Abschluß des Verfahrens nach Absatz 2 Satz 6 und 7 erfolgen kann.

(4) Die Satzung muß ferner vorsehen, daß die Betriebsgesellschaft auf Verlangen als Mitglied in den Verein aufzunehmen ist.

(5) Die Satzung muß auch vorsehen, daß die Mitglieder des Vereins nach Absatz 1, 3 und 4 bis zu vier weitere natürliche Personen als Mitglieder aufnehmen können. Der Aufnahmebeschluß bedarf einer Mehrheit von zwei Dritteln der in Absatz 1, 3 und 4 genannten Mitglieder.

(6) Die Satzung muß vorsehen, daß dem Verein höchstens 23 Mitglieder angehören dürfen.

(7) Jedes Mitglied des Vereins und des Vorstands

1. muß die Voraussetzungen des § 5 Abs. 1 Satz 4 Nr. 1 bis 3 erfüllen,
2. muß im Verbreitungsgebiet seine Wohnung oder seinen ständigen Aufenthalt haben,
3. darf nicht zu den Personen gehören, derentwegen Veranstaltergemeinschaften nach § 5 Abs. 2 Nr. 2, 3 und 5 von der Zulassung ausgeschlossen sind.

(8) Die Satzung muß vorsehen, daß die Mitgliedschaft eines nach Absatz 1 bestimmten Mitgliedes endet, wenn dieses aus der Stelle oder der Organisation, von der es bestimmt worden ist und zu diesem Zeitpunkt angehörte, ausgeschieden ist.

(9) Scheidet ein Mitglied aus dem Verein aus, so richtet sich die Nachfolge nach den Bestimmungen der Absätze 1 bis 5.

(10) § 55 Abs. 2 Satz 2 und 3 der Gemeindeordnung für das Land Nordrhein-Westfalen und § 20 Abs. 4 Satz 2 und 3 der Kreisordnung für das Land Nordrhein-Westfalen finden auf die Mitglieder nach Absatz 1 Buchstabe d) keine Anwendung.

§ 27 *Mitgliederversammlung und Vorstand*

(1) Die Satzung muß vorsehen, daß die Mitgliederversammlung über alle Fragen von grundsätzlicher Bedeutung für die Veranstaltergemeinschaft berät und beschließt.

(2) Der Mitgliederversammlung müssen satzungsgemäß insbesondere folgende Aufgaben obliegen:
1. Beschlußfassung über die Satzung,
2. Wahl und Abberufung des Vorstands,
3. Beschlußfassung über die Einstellung und Entlassung der leitenden Beschäftigten und aller redaktionellen Beschäftigten,
4. Beschlußfassung über den jährlichen Wirtschafts- und Stellenplan,
5. Zustimmung zum Abschluß von Tarifverträgen,
6. Beschlußfassung über Grundsatzfragen der Programmplanung und der Rundfunktechnik,
7. Überwachung der Erfüllung des Programmauftrags, der Einhaltung der Programmgrundsätze und der Grundsätze für lokalen Rundfunk,
8. Aufstellung und Änderung des Programmschemas,
9. Änderung der Programmdauer,
10. Abschluß, Änderung und Kündigung der Vereinbarung mit der Betriebsgesellschaft,
11. Aufstellung des Redakteurstatuts,
12. Beschlußfassung über ein Rahmenprogramm,
13. Auflösung des Vereins.

(3) Die Satzung muß vorsehen, daß die Mitgliederversammlung beschlußfähig ist, wenn zwei Drittel der Mitglieder anwesend sind und alle Mitglieder nach näherer Vorschrift der Satzung geladen wurden, daß anderenfalls alle Mitglieder innerhalb angemessener Frist erneut zu laden sind und daß in der darauf stattfindenden Sitzung die Mitgliederversammlung ohne Rücksicht auf die Zahl der anwesenden Mitglieder beschlußfähig ist.

(4) Für Beschlüsse der Mitgliederversammlung muß die Satzung folgende Regelung vorsehen:
1. Jedes Mitglied hat eine Stimme.
2. Soweit in Nummer 3 nichts anderes bestimmt ist, werden Beschlüsse mit der Mehrheit der Stimmen der anwesenden Mitglieder gefaßt.
3. Beschlüsse der Mitgliederversammlung über Einstellung und Entlassung des/der Chefredakteurs/Chefredakteurin, über die Aufstellung des Programmschemas, über den Abschluß, die Änderung und die Kündigung der Vereinbarung mit der Betriebsgesellschaft bedürfen einer Mehrheit von zwei Dritteln aller Mitglieder; in einer Sitzung, in der die Mitgliederversammlung nach Absatz 3 ohne Rücksicht auf die Zahl der anwesenden Mitglieder beschlußfähig ist, muß die Mehrheit der Mitglieder zustimmen.

(5) Die Satzung muß vorsehen, daß der Vorstand aus drei Personen besteht.

(6) Die Satzung muß ferner vorsehen, daß dem Vorstand vor allem die Aufgabe übertragen wird,
1. den Verein gerichtlich und außergerichtlich zu vertreten,

2. den Entwurf des jährlichen Wirtschafts- und Stellenplans aufzustellen,
3. die Mitgliederversammlung vorzubereiten und
4. die laufenden Geschäfte der Verwaltung zu führen.

§ 28 Chefredakteur/in

(1) Die Veranstaltergemeinschaft muß eine/n Beschäftigte/n mit der redaktionellen Leitung betrauen (Chefredakteur/in).

(2) Die Einstellung und Entlassung des/der Chefredakteurs/Chefredakteurin bedarf der Zustimmung der Betriebsgesellschaft. Diese darf die Zustimmung nur aus Gründen verweigern, die nicht mit der publizistischen Einstellung des/der Chefredakteurs/Chefredakteurin zusammenhängen.

(3) Die Satzung der Veranstaltergemeinschaft muß vorsehen, daß der/die Chefredakteur/in im Rahmen des Stellenplans Vorschläge für die Einstellung und Entlassung von redaktionellen Beschäftigten unterbreiten kann und daß gegen den Widerspruch des/der Chefredakteurs/Chefredakteurin redaktionelle Beschäftigte nicht eingestellt und entlassen werden dürfen.

§ 29 Betriebsgesellschaft; Vereinbarung mit der Veranstaltergemeinschaft

(1) Die Zulassung darf nur erteilt werden, wenn die Veranstaltergemeinschaft eine für die beantragte Dauer verbindliche vertragliche Vereinbarung mit einer Betriebsgesellschaft nachweist. Aufgabe der Betriebsgesellschaft ist die Finanzierung der Veranstaltergemeinschaft, vor allem durch die Erzielung von Einnahmen aus Rundfunkwerbung.

(2) Die Vereinbarung muß die Verpflichtung der Veranstaltergemeinschaft und der Betriebsgesellschaft enthalten, daß eine Kündigung nach Absatz 8 nur mit einer Frist von einem halben Jahr bis zum Ende des Kalenderjahres erfolgen darf. Die Vereinbarung muß die Verpflichtung der Veranstaltergemeinschaft enthalten, Rundfunkwerbung nur von der Betriebsgesellschaft zu übernehmen. Sie muß die Verpflichtung der Betriebsgesellschaft enthalten, für die Dauer der Zulassung

1. der Veranstaltergemeinschaft die zur Wahrnehmung ihrer gesetzlichen Aufgaben erforderlichen Mittel in vertraglich bestimmtem Umfang zur Verfügung zu stellen,
2. einen Vertreter der Veranstaltergemeinschaft antrags- und stimmberechtigt bei der Beratung und Beschlußfassung in der Betriebsgesellschaft teilnehmen zu lassen.

(3) Mit dem Zulassungsantrag der Veranstaltergemeinschaft sind die vertraglichen Vereinbarungen vorzulegen und die notwendigen Angaben zu machen, aus denen hervorgeht, daß die Betriebsgesellschaft wirtschaftlich und organisatorisch die Erfüllung der mit der Veranstaltungsgemeinschaft vertraglich getroffenen Vereinbarungen gewährleistet.

(4) Die Veranstaltergemeinschaft muß nachweisen, daß sie die vertragliche Vereinbarung mit einer Betriebsgesellschaft abgeschlossen hat, die erwarten läßt, daß sie zur Gewährleistung einer freien und vielfältigen Presse den Belangen aller im Verbreitungsgebiet (§ 31) erscheinenden Tageszeitungen mit Lokalausgaben angemessen Rechnung trägt. Unternehmen mit einer oder mehreren

Tageszeitungen dürfen insgesamt nicht mehr als 75 vom Hundert der Kapital- und Stimmrechtsanteile an der Betriebsgesellschaft besitzen; erscheinen im Verbreitungsgebiet (§ 31) mehrere Tageszeitungen mit Lokalausgaben, so müssen sie im Zweifel entsprechend ihren Marktanteilen beteiligt sein. Handelt es sich um ein abhängiges oder herrschendes Unternehmen oder um ein Konzernunternehmen, so sind ihm die Anteile zuzurechnen, die von den mit ihm verbundenen Unternehmen gehalten werden.

(5) Besteht keine Betriebsgesellschaft, die den Anforderungen nach Absatz 4 entspricht, so entscheidet die LfR unter Berücksichtigung einer möglichst großen örtlichen Medienvielfalt darüber, ob von dem Erfordernis nach Absatz 4 Satz 1 abgesehen werden kann. Absatz 4 Satz 1 findet keine Anwendung, wenn die vertragliche Vereinbarung nicht zustandekommt, weil Betriebsgesellschaften, die den Anforderungen nach Absatz 4 entsprechen, Forderungen stellen, die über die dort genannten Belange hinausgehen. Kann in einem Verbreitungsgebiet (§ 31) mehr als ein Hörfunkprogramm oder mehr als ein Fernsehprogramm zugelassen werden, so gilt Absatz 4 Satz 1 nur für das Programm mit der größten technischen Reichweite; bei mehreren Programmen mit gleicher technischer Reichweite legt die LfR das Programm fest, für das Absatz 4 Satz 1 gilt.

(6) Gemeinden und Gemeindeverbände sowie Unternehmen und Vereinigungen, an denen eine oder mehrere Gemeinden oder Gemeindeverbände beteiligt sind (kommunale Träger), haben das Recht, eine Beteiligung an der Betriebsgesellschaft mit insgesamt bis zu 25 vom Hundert der Kapital- und Stimmrechtsanteile zu verlangen. § 89 der Gemeindeordnung für das Land Nordrhein-Westfalen findet keine Anwendung.

(7) Kein Gesellschafter der Betriebsgesellschaft darf zugleich Mitglied der Veranstaltergemeinschaft sein oder ein solches Mitglied nach § 26 Abs. 1 bestimmt haben; dabei sind dem Gesellschafter Anteile an verbundenen Unternehmen (§ 15 Aktiengesetz) zuzurechnen.

(8) Für die Kündigung der vertraglichen Vereinbarung zwischen Veranstaltergemeinschaft und Betriebsgesellschaft gelten folgende Bestimmungen:

1. Will die Veranstaltergemeinschaft oder die Betriebsgesellschaft die Vereinbarung kündigen, so hat sie dies der LfR vorher anzuzeigen. Die LfR hat auf eine Fortdauer der Vereinbarung im Rahmen der gesetzlichen und vertraglichen Bestimmungen hinzuwirken. Erfolgt eine Kündigung, bevor die LfR die Einigungsversuche (Satz 2) für gescheitert erklärt hat, so erlischt bei Kündigung durch die Veranstaltergemeinschaft deren Zulassung; kündigt die Betriebsgesellschaft, so findet Absatz 4 Satz 1 auf die von der Veranstaltergemeinschaft vorzulegende neue Vereinbarung keine Anwendung.
2. Kündigt die Veranstaltergemeinschaft unter Beachtung von Nummer 1 die Vereinbarung mit der Betriebsgesellschaft wegen einer schwerwiegenden Vertragsverletzung, so entscheidet die LfR binnen zwei Monaten darüber, ob Absatz 4 Satz 1 auf die von der Veranstaltergemeinschaft vorzulegende neue Vereinbarung Anwendung findet. Sie hat dabei Bedeutung und Gewicht der Vertragsverletzung sowie die in Absatz 4 Satz 1

genannten Belange abzuwägen. Die neue Vereinbarung ist spätestens drei Monate nach der Entscheidung der LfR (Satz 1) vorzulegen, anderenfalls widerruft diese die Zulassung.

3. Kündigt die Betriebsgesellschaft unter Beachtung von Nummer 1 die Vereinbarung mit der Begründung, daß durch eine schwerwiegende Vertragsverletzung der Veranstaltergemeinschaft den in Absatz 4 Satz 1 genannten Belangen nicht mehr angemessen Rechnung getragen werde, so entscheidet die LfR binnen zwei Monaten über den Widerruf der Zulassung. Sie hat dabei Bedeutung und Gewicht der Vertragsverletzung und die in Absatz 4 Satz 1 genannten Belange abzuwägen.

§ 30 Rahmenprogramm

(1) Veranstaltergemeinschaften können untereinander und mit Dritten Vereinbarungen über die Veranstaltung und Verbreitung eines Rahmenprogramms oder über die Veranstaltung und Verbreitung von eigener Werbung im Programm des Dritten treffen. Für das Rahmenprogramm gelten die Vorschriften des 2. bis 5. Abschnitts; veranstaltet und verbreitet der Westdeutsche Rundfunk Köln auf Grund einer Vereinbarung nach Satz 1 das Rahmenprogramm, so gilt dafür das WDR Gesetz.

(2) Die Vereinbarung jeder Veranstaltergemeinschaft nach Absatz 1 Satz 1 bedarf des Einvernehmens mit der Betriebsgesellschaft.

§ 31 (bisher § 27) Örtliches Verbreitungsgebiet

(1) Das Verbreitungsgebiet für lokale Programme ist das Gebiet jedes Kreises und jeder kreisfreien Stadt. Die LfR kann durch Satzung hiervon abweichende Verbreitungsgebiete nach folgenden Grundsätzen festlegen:
   1. Das Verbreitungsgebiet soll nicht mehr als 600.000 Einwohner umfassen,
   2. es soll zusammenhängende Kommunikations-, Kultur- und Wirtschaftsräume berücksichtigen,
   3. es soll die kommunalen Gebietsgrenzen berücksichtigen,
   4. es soll einen wirtschaftlich leistungsfähigen lokalen Rundfunk ermöglichen.

(2) Wird das Programm ausschließlich leitungsgebunden durch eine Kabelanlage verbreitet, so gilt als Verbreitungsgebiet das von der Kabelanlage versorgte Gebiet.

IV. Rundfunkgesetz für das Land Nordrhein-Westfalen (LRG NW)[4]

§ 2 Begriffsbestimmungen

(2) Lokale Programme sind Rundfunkprogramme, die für ein örtlich begrenztes Verbreitungsgebiet (§ 31) oder einen Teil dieses Verbreitungsgebietes bestimmt sind.

---

4 Gesetz- und Verordnungsblatt für das Land Nordrhein-Westfalen - Nr. 4 vom 22. Januar 1987, S. 22 ff.

6. Abschnitt: Zulassung von lokalem Rundfunk

§ 23 Anzuwendende Vorschriften

(1) Lokale Programme dürfen nur nach den Vorschriften dieses Abschnitts veranstaltet und verbreitet werden. Die Vorschriften des Gesetzes über den „Westdeutschen Rundfunk Köln" bleiben unberührt.

(2) Für lokale Programme gelten § 2 Abs. 1, 2, 5 bis 8, 9 Satz 1, Abs. 10, §§ 3, 4, 5 Abs. 3, § 6 Abs. 1, §§ 8 bis 11 Satz 1 und 2, § 12 Abs. 1, 2 und 4, §§ 14 bis 18, §§ 20 bis 22, soweit in diesem Abschnitt nichts anderes bestimmt ist.

§ 24 Grundsätze für lokalen Rundfunk

(1) Lokaler Rundfunk ist dem Gemeinwohl verpflichtet. Lokale Programme müssen das öffentliche Geschehen im Verbreitungsgebiet darstellen und wesentliche Anteile an Information, Bildung, Beratung und Unterhaltung enthalten. Sie sollen den publizistischen Wettbewerb fördern. Sie dürfen sich nicht ausschließlich an bestimmte Zielgruppen wenden und sollen darauf ausgerichtet sein, bei den Rundfunkteilnehmern angenommen zu werden. In jedem lokalen Programm muß die Vielfalt der Meinungen in möglichster Breite und Vollständigkeit zum Ausdruck gebracht werden. Die bedeutsamen politischen, weltanschaulichen und gesellschaftlichen Kräfte und Gruppen im Verbreitungsgebiet müssen in jedem lokalen Programm zu Wort kommen. Jedes lokale Programm soll in der Berichterstattung angemessene Zeit für die Behandlung kontroverser Themen von allgemeiner Bedeutung vorsehen.

(2) Ein lokales Hörfunkprogramm (§ 2 Abs. 2) muß eine tägliche Programmdauer von mindestens acht Stunden, ein lokales Fernsehprogramm (§ 2 Abs. 2) von mindestens 30 Minuten haben.

(3) Jede Veranstaltergemeinschaft (§§ 25, 26) hat den obersten Landesbehörden, den Kreisen und Gemeinden im Verbreitungsgebiet für amtliche Verlautbarungen angemessene Sendezeit unverzüglich einzuräumen. Jede Veranstaltergemeinschaft hat den Evangelischen Kirchen, der Katholischen Kirche und den jüdischen Kultusgemeinden auf deren Wunsch angemessene Sendezeiten zur Übertragung gottesdienstlicher Handlungen und Feierlichkeiten sowie sonstiger religiöser Sendungen einzuräumen. § 19 Abs. 3, 5 bis 7 gilt entsprechend.

(4) Jede Veranstaltergemeinschaft muß in ihr tägliches Programm nach Maßgabe des Programmschemas mit bis zu 15 vom Hundert der Sendezeit, höchstens jedoch zwei Stunden täglich, Programmbeiträge von Gruppen, insbesondere mit kultureller Zielsetzung einbeziehen,

1. die nicht über die Befugnis nach § 26 Abs. 1 verfügen,
2. deren Zweck nicht auf einen wirtschaftlichen Geschäftsbetrieb gerichtet ist,
3. die die Voraussetzungen des § 5 Abs. 1 Satz 4 Nr. 1 und 2 erfüllen,
4. die nicht nach § 5 Abs. 2 von der Antragstellung ausgeschlossen sind; dies gilt nicht für Theater, Volkshochschulen und sonstige kulturelle Einrichtungen,

5. deren Mitglieder ihren Wohnsitz im Verbreitungsgebiet (§ 31) haben.

Nicht in Anspruch genommene Sendezeiten kann die Veranstaltergemeinschaft selbst nutzen. Sie muß den Gruppen auf deren Verlangen Produktionshilfen zur Verfügung stellen. § 34 Abs. 7 Nr. 2 gilt entsprechend. Die Programmbeiträge dürfen keine Werbung enthalten. Weitere Einzelheiten werden durch Satzung der LfR in entsprechender Anwendung der Grundsätze nach § 34 Abs. 8 Nr. 2, 3 und 4 Satz 1 geregelt.

(5) Die Veranstaltergemeinschaft ist für den Inhalt der Programmbeiträge nach Absatz 4 Satz 1 verantwortlich. Sie lehnt Programmbeiträge ab, die den in Absatz 4 genannten Anforderungen und den übrigen Bestimmungen dieses Gesetzes nicht entsprechen.

(6) Die Veranstaltergemeinschaft kann für die Gewährung von Produktionshilfen nach Absatz 4 die Erstattung ihrer Selbstkosten verlangen. Dabei müssen alle Gruppen gleichbehandelt werden; die Veranstaltergemeinschaft hat eine Entgeltordnung aufzustellen.

(7) Bei Meinungsverschiedenheiten entscheidet in den Fällen der Absätze 4 bis 6 die LfR.

§ 25 Veranstaltergemeinschaft

(1) Die Zulassung wird nur einer Veranstaltergemeinschaft erteilt, deren Zusammensetzung und Satzung den Bestimmungen der §§ 26 bis 28 entspricht. Sie muß als Verein im Sinne des § 21 des Bürgerlichen Gesetzbuchs in das Vereinsregister eingetragen sein. Die Satzung muß vorsehen, daß alleiniger Zweck des Vereins die Veranstaltung und Verbreitung von lokalem Rundfunk und der Abschluß einer Vereinbarung über ein Rahmenprogramm (§ 30) ist. Der Verein ist Veranstalter des Programms und trägt hierfür die alleinige Verantwortung. Er bedient sich zur Durchführung seiner gesetzlichen Aufgaben einer Betriebsgesellschaft (§ 29), die auf Inhalt und Gestaltung des Programms keinen Einfluß nehmen darf.

(2) Die Zulassung für ein lokales Rundfunkprogramm umfaßt auch die Befugnis zur Verbreitung von Fensterprogrammen.

(3) Die Veranstaltergemeinschaft stellt im Einvernehmen mit ihren redaktionellen Beschäftigten ein Redakteurstatut auf.

(4) Die Veranstaltergemeinschaft stellt für jedes Kalenderjahr einen Stellenplan und einen Wirtschaftsplan auf, in den alle zu erwartenden Erträge und Aufwendungen einzustellen sind. Die Grundsätze der Sparsamkeit und Wirtschaftlichkeit sind dabei zu beachten. Die Veranstaltergemeinschaft ist an die Ansätze des Wirtschafts- und Stellenplans gebunden. Der Vorstand der Veranstaltergemeinschaft stellt den Entwurf beider Pläne in Abstimmung mit der Betriebsgesellschaft auf und legt der Mitgliederversammlung zusammen mit dem Entwurf unerledigte Einwände der Betriebsgesellschaft zur Beschlußfassung vor. Beide Pläne bedürfen der Zustimmung der Betriebsgesellschaft.

§ 26 Zusammensetzung der Veranstaltergemeinschaft

(1) Die Veranstaltergemeinschaft muß von mindestens acht natürlichen Personen gegründet worden sein, die von folgenden Stellen bestimmt worden sind:

1. Evangelische Kirchen,
2. Katholische Kirche,
3. Jüdische Kultusgemeinden,
4. Kreistag oder Rat der kreisfreien Stadt,
5. Deutscher Gewerkschaftsbund,
6. Arbeitgeberverbände,
7. Stadt- und/oder Kreisjugendring,
8. Stadt- und/oder Kreissportbund,
9. Wohlfahrtsverbände (Arbeiterwohlfahrt, Caritasverband, Deutscher Paritätischer Wohlfahrtsverband, Deutsches Rotes Kreuz, Diakonisches Werk),
10. nach § 29 Abs. 2 des Bundesnaturschutzgesetzes anerkannte Verbände,
11. Verbraucher-Zentrale Nordrhein-Westfalen, Landesarbeitsgemeinschaft der Verbraucherverbände e.V.,
12. Verleger von Tageszeitungen mit Lokalausgaben im Verbreitungsgebiet,
13. Deutsche Journalisten-Union in der Industriegewerkschaft Druck und Papier, Landesbezirk Nordrhein-Westfalen, sowie Deutscher Journalisten-Verband, Gewerkschaft der Journalisten, Landesverband Nordrhein-Westfalen e.V.

(2) Für die Bestimmung der in Absatz 1 genannten Mitglieder gilt folgendes:
1. In den Fällen des Absatzes 1 Nr. 1 bis 3 erfolgt die Bestimmung nach den Vorschriften der dort genannten Kirchen und Kultusgemeinden.
2. Im Falle des Absatzes 1 Nr. 4 erfolgt die Bestimmung durch den Kreistag oder Rat der Gebietskörperschaft, zu der das Verbreitungsgebiet gehört, bei Zugehörigkeit des Verbreitungsgebietes zu mehreren Kreisen und/oder kreisfreien Städten gemeinsam durch deren Vertretungskörperschaften.
3. In den Fällen des Absatzes 1 Nr. 5 bis 13 erfolgt die Bestimmung durch diejenige örtliche Gliederung der genannten Stellen, die mindestens für das gesamte Verbreitungsgebiet zuständig ist.
4. Die in Absatz 1 Nr. 1 bis 3 und 5 bis 13 genannten Stellen dürfen jeweils einmal ein Mitglied bestimmen. Der Kreistag oder der Rat (Absatz 1 Nr. 4) kann abweichend hiervon zwei Mitglieder bestimmen; sie werden nach den Grundsätzen der Verhältniswahl (d'Hondtsches Höchstzahlverfahren) gewählt.
5. Soweit nach Absatz 1 Nr. 1 bis 13 jeweils mehrere Stellen genannt sind, können sie nur gemeinsam ein Mitglied bestimmen.
6. Die Satzung muß vorsehen, daß diejenigen Stellen nach Absatz 1, die kein Gründungsmitglied bestimmt haben, auf Verlangen eine natürliche Person als Mitglied des Vereins bestimmen können. Der Verein muß diese Stellen unverzüglich nach der Gründung auffordern, ein Mitglied zu bestimmen. Erfolgt die Bestimmung nicht binnen zwei Monaten seit Zugang der Aufforderung, so bedarf die Aufnahme einer Mehrheit von zwei Dritteln der Mitglieder mit Ausnahme derjenigen nach Absatz 3 und 5.

(3) Dem Verein muß als Mitglied je eine weitere natürliche Person aus dem Bereich Kultur und Kunst, aus dem Bereich Bildung und Wissenschaft, aus dem

Kreis der ausländischen Mitbürger sowie ein Mitglied eines in das Vereinsregister eingetragenen gemeinnützigen Vereins angehören, dessen satzungsgemäßer Zweck in der Förderung des lokalen Rundfunks im Verbreitungsgebiet besteht. Die Satzung muß vorsehen, daß über die Aufnahme die von den in Absatz 1 genannten Stellen bestimmten Mitglieder mit einer Mehrheit von zwei Dritteln beschließen und daß der Beschluß erst nach Abschluß des Verfahrens nach Absatz 2 Nr. 6 erfolgen kann.

(4) Die Satzung muß ferner vorsehen, daß ein Vertreter der Betriebsgesellschaft an den Sitzungen der Mitgliederversammlung und des Vorstandes teilnehmen kann.

(5) Die Satzung muß auch vorsehen, daß die Mitglieder des Vereins nach Absatz 1 und 3 bis zu vier weitere natürliche Personen als Mitglieder aufnehmen können. Der Aufnahmebeschluß bedarf einer Mehrheit von zwei Dritteln der in Absatz 1 und 3 genannten Mitglieder.

(6) Die Satzung muß vorsehen, daß dem Verein höchstens 22 Mitglieder angehören dürfen.

(7) Jedes Mitglied des Vereins und Vorstands

1. muß die Voraussetzungen des § 5 Abs. 1 Satz 4 Nr. 1 bis 3 erfüllen,
2. muß im Verbreitungsgebiet seine Wohnung oder seinen ständigen Aufenthalt haben,
3. darf nicht zu den Personen gehören, derentwegen Veranstaltergemeinschaften nach § 5 Abs. 2 Nr. 2, 3 und 5 von der Zulassung ausgeschlossen sind.

(8) Die Satzung muß vorsehen, daß die Mitgliedschaft eines nach Absatz 1 bestimmten Mitgliedes endet, wenn dieses aus der Stelle oder der Organisation, von der es bestimmt worden ist und zu diesem Zeitpunkt angehörte, ausgeschieden ist.

(9) Scheidet ein Mitglied aus dem Verein aus, so richtet sich die Nachfolge nach den Bestimmungen der Absätze 1 bis 3 und 5.

(10) § 55 Abs. 2 Satz 2 und 3 der Gemeindeordnung für das Land Nordrhein-Westfalen und § 20 Abs. 4 Satz 2 und 3 der Kreisordnung für das Land Nordrhein-Westfalen finden auf die Mitglieder nach Absatz 1 Nr. 4 keine Anwendung.

§ 27 Mitgliederversammlung und Vorstand

(1) Die Satzung muß vorsehen, daß die Mitgliederversammlung über alle Fragen von grundsätzlicher Bedeutung für die Veranstaltergemeinschaft berät und beschließt.

(2) Der Mitgliederversammlung müssen satzungsgemäß insbesondere folgende Aufgaben obliegen:

1. Beschlußfassung über die Satzung,
2. Wahl und Abberufung des Vorstands,
3. Beschlußfassung über die Einstellung und Entlassung der leitenden Beschäftigten und aller redaktionellen Beschäftigten,
4. Beschlußfassung über den jährlichen Wirtschafts- und Stellenplan,
5. Zustimmung zum Abschluß von Tarifverträgen,

6. Beschlußfassung über Grundsatzfragen der Programmplanung und der Rundfunktechnik,
7. Überwachung der Erfüllung des Programmauftrags, der Einhaltung der Programmgrundsätze und der Grundsätze für lokalen Rundfunk,
8. Aufstellung und Änderung des Programmschemas,
9. Änderung der Programmdauer,
10. Abschluß, Änderung und Kündigung der Vereinbarung mit der Betriebsgesellschaft,
11. Aufstellung des Redakteurstatuts,
12. Beschlußfassung über ein Rahmenprogramm,
13. Auflösung des Vereins.

Die Satzung kann vorsehen, daß die Mitgliederversammlung die Aufgaben nach Satz 1 Nr. 3, 8 und 9 durch Beschluß mit einer Mehrheit von zwei Dritteln aller Mitglieder dem Vorstand übertragen, aber jederzeit mit den Stimmen der Mehrheit der Mitglieder wieder an sich ziehen kann.

(3) Die Satzung muß vorsehen, daß die Mitgliederversammlung beschlußfähig ist, wenn zwei Drittel der Mitglieder anwesend sind und alle Mitglieder nach näherer Vorschrift der Satzung geladen wurden, daß anderenfalls alle Mitglieder innerhalb angemessener Frist erneut zu laden sind und daß in der darauf stattfindenden Sitzung die Mitgliederversammlung ohne Rücksicht auf die Zahl der anwesenden Mitglieder beschlußfähig ist.

(4) Für Beschlüsse der Mitgliederversammlung muß die Satzung folgende Regelung vorsehen:
1. Jedes Mitglied hat eine Stimme.
2. Soweit in Nummer 3 nichts anderes bestimmt ist, werden Beschlüsse mit der Mehrheit der Stimmen der anwesenden Mitglieder gefaßt.
3. Beschlüsse der Mitgliederversammlung über Einstellung/Entlassung des/der Chefredakteurs/Chefredakteurin, über die Aufstellung des Programmschemas, über den Abschluß, die Änderung, über die Kündigung der Vereinbarung mit der Betriebsgesellschaft, über die Wahl des Vorstandes und über die Übertragung der in Absatz 2 Satz 2 genannten Aufgaben bedürfen einer Mehrheit von zwei Dritteln aller Mitglieder; in einer Sitzung, in der die Mitgliederversammlung nach Absatz 3 ohne Rücksicht auf die Zahl der anwesenden Mitglieder beschlußfähig ist, muß die Mehrheit der Mitglieder zustimmen.

(5) Die Satzung muß vorsehen, daß der Vorstand aus drei Personen besteht.

(6) Die Satzung muß ferner vorsehen, daß dem Vorstand vor allem die Aufgabe übertragen wird,
1. den Verein gerichtlich und außergerichtlich zu vertreten,
2. den Entwurf des jährlichen Wirtschafts- und Stellenplans aufzustellen und
3. die Mitgliederversammlung vorzubereiten.

§ 28 Chefredakteur/in

(1) Die Veranstaltergemeinschaft muß eine/n Beschäftigte/n mit der redaktionellen Leitung betrauen (Chefredakteur/in).

(2) Die Einstellung und Entlassung des/der Chefredakteurs/Chefredakteurin bedarf der Zustimmung der Betriebsgesellschaft. Diese darf die Zustimmung nur aus Gründen verweigern, die nicht mit der publizistischen Einstellung des/der Chefredakteurs/Chefredakteurin zusammenhängen.

(3) Die Satzung der Veranstaltergemeinschaft muß vorsehen, daß der/die Chefredakteur/in im Rahmen des Stellenplans Vorschläge für die Einstellung und Entlassung von redaktionellen Beschäftigten unterbreiten kann und daß gegen den Widerspruch des/der Chefredakteurs/Chefredakteurin redaktionelle Beschäftigte nicht eingestellt und entlassen werden dürfen.

§ 29 Betriebsgesellschaft; Vereinbarung mit der Veranstaltergemeinschaft

(1) Die Zulassung darf nur erteilt werden, wenn die Veranstaltergemeinschaft eine für die beantragte Dauer verbindliche vertragliche Vereinbarung mit einer Betriebsgesellschaft nachweist, deren sie sich zur Durchführung ihrer gesetzlichen Aufgaben bedient.

(2) Die Vereinbarung muß die Verpflichtung der Veranstaltergemeinschaft und der Betriebsgesellschaft enthalten, daß eine Kündigung nach Absatz 7 nur mit einer Frist von einem halben Jahr bis zum Ende des Kalenderjahres erfolgen darf. Die Vereinbarung muß die Verpflichtung der Veranstaltergemeinschaft enthalten, Rundfunkwerbung nur von der Betriebsgesellschaft zu übernehmen. Sie muß die Verpflichtung der Betriebsgesellschaft enthalten, für die Dauer der Zulassung

1. die zur Produktion und zur Verbreitung des lokalen Programms erforderlichen technischen Einrichtungen zu beschaffen und der Veranstaltergemeinschaft zur Verfügung zu stellen,
2. der Veranstaltergemeinschaft die zur Wahrnehmung ihrer gesetzlichen und durch die Vereinbarung bestimmten Aufgaben erforderlichen Mittel in vertraglich bestimmtem Umfang zur Verfügung zu stellen,
3. für die Veranstaltergemeinschaft den in § 24 Abs. 4 Satz genannten Gruppen Produktionshilfen zur Verfügung zu stellen; § 24 Abs. 6 gilt entsprechend,
4. einen Vertreter der Veranstaltergemeinschaft an den Sitzungen der Organe der Betriebsgesellschaft teilnehmen zu lassen.

(3) Mit dem Zulassungsantrag der Veranstaltergemeinschaft sind die vertraglichen Vereinbarungen vorzulegen und die notwendigen Angaben zu machen, aus denen hervorgeht, daß die Betriebsgesellschaft wirtschaftlich und organisatorisch die Erfüllung der mit der Veranstaltergemeinschaft vertraglich getroffenen Vereinbarungen gewährleistet.

(4) Die Veranstaltergemeinschaft muß nachweisen, daß sie die vertragliche Vereinbarung mit einer Betriebsgesellschaft abgeschlossen hat, die erwarten läßt, daß sie zur Gewährleistung einer freien und vielfältigen Presse den Belangen aller im Verbreitungsgebiet (§ 31) erscheinenden Tageszeitungen mit Lokalausgaben angemessen Rechnung trägt. Unternehmen mit einer oder mehreren Tageszeitungen dürfen insgesamt nicht mehr als 75 vom Hundert der Kapital- und Stimmrechtsanteile an der Betriebsgesellschaft besitzen; erscheinen im Verbreitungsgebiet (§ 31) mehrere Tageszeitungen mit Lokalausgaben, so

müssen sie im Zweifel entsprechend ihren Marktanteilen beteiligt sein. Handelt es sich um ein abhängiges oder herrschendes Unternehmen oder um ein Konzernunternehmen im Sinne des Aktiengesetzes, so sind ihm die Anteile zuzurechnen, die von den mit ihm verbundenen Unternehmen gehalten werden.

(5) Besteht keine Betriebsgesellschaft, die den Anforderungen nach Absatz 4 entspricht, so entscheidet die LfR unter Berücksichtigung einer möglichst großen örtlichen Medienvielfalt darüber, ob von dem Erfordernis nach Absatz 4 Satz 1 abgesehen werden kann. Absatz 4 Satz 1 findet keine Anwendung, wenn die vertragliche Vereinbarung nicht zustandekommt, weil Betriebsgesellschaften, die den Anforderungen nach Absatz 4 entsprechen, Forderungen stellen, die über die dort genannten Belange hinausgehen. Kann in einem Verbreitungsgebiet (§ 31) mehr als ein Hörfunkprogramm oder mehr als ein Fernsehprogramm zugelassen werden, so gilt Absatz 4 Satz 1 nur für das Programm mit der größten technischen Reichweite; bei mehreren Programmen mit gleicher technischer Reichweite legt die LfR das Programm fest, für das Absatz 4 Satz 1 gilt.

(6) Gemeinden und Gemeindeverbänden sowie Unternehmen und Vereinigungen, an denen eine oder mehrere Gemeinden oder Gemeindeverbände beteiligt sind (kommunale Träger), haben bis zur Zulassung der Veranstaltergemeinschaft das Recht, eine Beteiligung an der Betriebsgesellschaft mit insgesamt bis zu 25 vom Hundert der Kapital- und Stimmrechtsanteile zu verlangen. § 89 der Gemeindeordnung für das Land Nordrhein-Westfalen findet keine Anwendung.

(7) Für die Kündigung der vertraglichen Vereinbarung zwischen Veranstaltergemeinschaft und Betriebsgesellschaft gelten folgende Bestimmungen:

1. Will die Veranstaltergemeinschaft oder die Betriebsgesellschaft die Vereinbarung kündigen, so hat sie dies der LfR vorher anzuzeigen. Die LfR hat auf eine Fortdauer der Vereinbarung im Rahmen der gesetzlichen und vertraglichen Bestimmungen hinzuwirken. Erfolgt eine Kündigung, bevor die LfR die Einigungsversuche (Satz 2) für gescheitert erklärt hat, so erlischt bei Kündigung durch die Veranstaltergemeinschaft deren Zulassung; kündigt die Betriebsgesellschaft, so findet Absatz 4 Satz 1 auf die von der Veranstaltergemeinschaft vorzulegende neue Vereinbarung keine Anwendung.
2. Kündigt die Veranstaltergemeinschaft unter Beachtung von Nummer 1 die Vereinbarung mit der Betriebsgesellschaft wegen einer schwerwiegenden Vertragsverletzung, so entscheidet die LfR binnen zwei Monaten darüber, ob Absatz 4 Satz 1 auf die von der Veranstaltergemeinschaft vorzulegende neue Vereinbarung Anwendung findet. Sie hat dabei Bedeutung und Gewicht der Vertragsverletzung sowie die in Absatz 4 Satz 1 genannten Belange abzuwägen. Die neue Vereinbarung ist spätestens drei Monate nach der Entscheidung der LfR (Satz 1) vorzulegen, anderenfalls widerruft diese die Zulassung.
3. Kündigt die Betriebsgesellschaft unter Beachtung von Nummer 1 die Vereinbarung mit der Begründung, daß durch eine schwerwiegende Ver-

tragsverletzung der Veranstaltergemeinschaft den in Absatz 4 Satz 1 genannten Belangen nicht mehr angemessen Rechnung getragen werde, so entscheidet die LfR binnen zwei Monaten über den Widerruf der Zulassung. Sie hat dabei Bedeutung und Gewicht der Vertragsverletzung und die in Absatz 4 Satz 1 genannten Belange abzuwägen.

§ 30 Rahmenprogramm

(1) Veranstaltergemeinschaften können untereinander und mit Dritten Vereinbarungen über die Veranstaltung und Verbreitung eines Rahmenprogramms oder über die Veranstaltung und Verbreitung von eigener Werbung im Programm des Dritten treffen. Für das Rahmenprogramm gelten die Vorschriften des 2. bis 5. Abschnitts; veranstaltet und verbreitet der Westdeutsche Rundfunk Köln auf Grund einer Vereinbarung nach Satz 1 das Rahmenprogramm, so gilt dafür das Gesetz über den „Westdeutschen Rundfunk Köln".

(2) Die Vereinbarung jeder Veranstaltergemeinschaft nach Absatz 1 Satz 1 bedarf des Einvernehmens mit der Betriebsgesellschaft.

§ 31 Örtliches Verbreitungsgebiet

(1) Das Verbreitungsgebiet für lokale Programme ist das Gebiet jedes Kreises und jeder kreisfreien Stadt. Die LfR kann durch Satzung hiervon abweichende Verbreitungsgebiete nach folgenden Grundsätzen festlegen:
   1. Das Verbreitungsgebiet soll nicht mehr als 600000 Einwohner umfassen,
   2. es soll zusammenhängende Kommunikations-, Kultur- und Wirtschaftsräume berücksichtigen,
   3. es soll die kommunalen Gebietsgrenzen berücksichtigen,
   4. es soll einen wirtschaftlich leistungsfähigen lokalen Rundfunk ermöglichen.

(2) Wird das Programm ausschließlich leitungsgebunden durch eine Kabelanlage verbreitet, so gilt als Verbreitungsgebiet das von der Kabelanlage versorgte Gebiet.

V. Erstes Gesetz zur Änderung des Rundfunkgesetzes für das Land Nordrhein-Westfalen[5]

Das Rundfunkgesetz für das Land Nordrhein-Westfalen (LRG NW) vom 19. Januar 1987 (GV. NW. S. 22) wird wie folgt geändert:

1. § 2 Abs. 2 erhält folgende Fassung:
   „Lokale Programme sind Rundfunkproramme, die in einem örtlich begrenzten Verbreitungsgebiet (§ 31) hergestellt, redaktionell gestaltet oder selbständig redaktionell zusammengestellt werden und für dieses Verbreitungsgebiet oder einen Teil davon bestimmt sind."

---

5 Gesetz- und Verordnungsblatt für das Land Nordrhein-Westfalen, Nr. 49 vom 11. Dezember 1987, S. 421 ff.

(...)

21. § 23 Abs. 2 erhält folgende Fassung:
„(2) Für lokale Programme gelten § 2 Abs. 1, 2, 5 bis 8, 9 Satz 1, Abs. 10, §§ 3, 4 Abs. 1 bis 3, § 5 Abs. 3, § 8 Abs. 1 und 2 Satz 1, Abs. 3 und 4, §§ 9 bis 11 Satz 1 und 2, § 12 Abs. 1, 2, 4 und 5, §§ 13 bis 18, §§ 20 bis 22, soweit in diesem Abschnitt nichts anderes bestimmt ist."

22. In § 24 Abs. 2 wird folgender Satz angefügt:
„Wenn ein wirtschaftlich leistungsfähiger lokaler Hörfunk mit einer täglichen Programmdauer von mindestens acht Stunden nicht gewährleistet ist, kann die LfR statt der Festlegung eines abweichenden Verbreitungsgebietes nach § 31 Abs. 1 Satz 3 eine tägliche Programmdauer von mindestens fünf Stunden im lokalen Hörfunk zulassen, wenn damit ein wirtschaftlich leistungsfähiger lokaler Hörfunk gewährleistet werden kann."

23. § 24 Abs. 3 Satz 3 erhält folgende Fassung:
„§ 19 Abs. 3, 5 und 6 gilt entsprechend."

24. § 26 Abs. 1 Nr. 4 erhält folgende Fassung:
„4. Kreistag, Rat der kreisfreien Stadt oder Vertreterversammlung nach Absatz 2 Nr. 2 Satz 2,".

25. In § 26 Abs. 1 erhalten die Nummern 5, 7 und 8 folgende Fassung:
„5. Gewerkschaftliche Spitzenorganisation mit der höchsten Mitgliederzahl im Verbreitungsgebiet,
7. der Jugendring des Kreises oder der kreisfreien Stadt,
8. der Sportbund des Kreises oder der kreisfreien Stadt,".

26. In § 26 Abs. 1 werden folgende Sätze angefügt:
„Wer zu einer Gründungsversammlung einladen will, hat allen in Satz 1 genannten Stellen Ort und Zeit der Gründungsversammlung zwei Monate vor dem vorgesehenen Zeitpunkt schriftlich mitzuteilen. Personen, die ihm von diesen Stellen als von ihnen bestimmte Gründungsmitglieder benannt werden, sind zur Gründungsversammlung schriftlich einzuladen. Die Gründungssatzung muß von den nach Satz 1 bestimmten, in der Gründungsversammlung anwesenden Personen einstimmig beschlossen werden. Kommt ein solcher Beschluß nicht zustande, soll die LfR auf eine Einigung hinwirken. Frühestens zwei Monate nach der Gründungsversammlung können mindestens drei Viertel der nach Satz 1 bestimmten, in der Versammlung anwesenden Personen die Satzung beschließen. Zu einer solchen Versammlung müssen alle nach Satz 1 bestimmten Personen mit einer Frist von zwei Wochen schriftlich geladen werden. Die Satzung muß vorsehen, daß diejenigen Personen, die der Satzung nicht zugestimmt haben, auf Antrag in den Verein aufzunehmen sind."

27. § 26 Abs. 2 und erhält folgende Fassung:

„(2) Für die Bestimmung der in Absatz 1 Satz 1 genannten Mitglieder gilt folgendes:

1. In den Fällen des Absatzes 1 Satz 1 Nr. 1 bis 3 erfolgt die Bestimmung nach den Vorschriften der dort genannten Kirchen und Kultusgemeinden.
2. Umfaßt das Verbreitungsgebiet nur einen Kreis oder nur eine kreisfreie Stadt, so erfolgt die Bestimmung nach Absatz 1 Satz 1 Nr. 4 durch den Kreistag oder den Rat der kreisfreien Stadt. Umfaßt das Verbreitungsgebiet über einen Kreis oder eine kreisfreie Stadt hinaus weitere Kreise, kreisfreie Städte oder kreisangehörige Gemeinden, so erfolgt die Bestimmung durch eine Vertreterversammlung. Die Vertreterversammlung ist beschlußfähig, wenn zwei Drittel ihrer Mitglieder anwesend sind. Sitzungen der Vertreterversammlung werden von der LfR einberufen und geleitet. Die Zahl der Vertreter richtet sich nach der für die letzte Kommunalwahl maßgeblichen Bevölkerungszahl. Die Kreise und/oder kreisfreien Städte entsenden je 10 000 Einwohner einen Vertreter. Gehören aus einem Kreis nicht alle kreisangehörigen Gemeinden zum Verbreitungsgebiet, so erfolgt die Entsendung der Vertreter anstelle des Kreises durch die kreisangehörigen Gemeinden. Kreisangehörige Gemeinden entsenden mindestens zwei Vertreter, im übrigen gilt Satz 6 entsprechend. Die Vertreter werden von den Vertretungskörperschaften nach den Grundsätzen des d'Hondtschen Höchstzahlverfahrens gewählt. Das Nähere regelt die LfR durch Satzung.
3. In den Fällen des Absatzes 1 Satz 1 Nr. 5 bis 13 erfolgt die Bestimmung durch diejenige Gliederung der in Absatz 1 Satz 1 genannten Stelle, die für das gesamte Verbreitungsgebiet zuständig ist. Erfüllen mehrere Gliederungen die Voraussetzung des Satzes 1, so ist die unterste Gliederung zuständig.
4. Die in Absatz 1 Satz 1 Nr. 1 bis 3 und 5 bis 13 genannten Stellen dürfen jeweils einmal ein Mitglied bestimmen. Die in Absatz 1 Satz 1 Nr. 4 genannten Stellen bestimmen abweichend hiervon zwei Mitglieder; sie werden nach den Grundsätzen der Verhältniswahl (d'Hondtsches Höchstzahlverfahren) gewählt.
5. Soweit nach Absatz 1 Satz 1 Nr. 1 bis 3 und 5 bis 13 jeweils mehrere Stellen genannt sind, können sie nur gemeinsam ein Mitglied bestimmen.
6. Die Satzung muß vorsehen, daß diejenigen Stellen nach Absatz 1 Satz 1, die kein Gründungsmitglied bestimmt haben, auf Verlangen eine natürliche Person als Mitglied, im Falle von Nummer 4 Satz 2 zwei natürliche Personen als Mitglieder des Vereins bestimmen können. Der Verein muß diese Stellen unverzüglich nach der Gründung auffordern, die Bestimmung vorzunehmen. Erfolgt die Bestimmung nicht binnen zwei Monaten seit Zugang der Aufforderung, so bedarf die Aufnahme einer Mehrheit von zwei Dritteln der nach Absatz 1 Satz 1 bestimmten Mitglieder.
7. Die Bestimmung kann auf fünf Jahre befristet werden.

(3) Dem Verein muß als Mitglied je eine weitere natürliche Person aus dem Bereich Kultur und Kunst, aus dem Bereich Bildung und Wissenschaft, aus dem

Kreis der ausländischen Mitbürger sowie ein Mitglied eines in das Vereinsregister eingetragenen gemeinnützigen Vereins angehören, dessen satzungsgemäßer Zweck in der Förderung des lokalen Rundfunks im Verbreitungsgebiet besteht. Die Satzung muß vorsehen, daß über die Aufnahme die von den in Absatz 1 Satz 1 genannten Stellen bestimmten Mitglieder mit einer Mehrheit von zwei Dritteln beschließen und daß der Beschluß erst nach Abschluß des Verfahrens nach Absatz 2 Nr. 6 erfolgen kann."

28. In § 26 Abs. 6 wird folgender Satz angefügt:
„Frauen sind angemessen zu berücksichtigen."

29. In § 26 Abs. 7 wird folgender Satz angefügt:
„Die Mitglieder des Vereins müssen den Stellen, die sie bestimmt haben (Absatz 1 Satz 1), nicht angehören."

30. § 26 Abs. 8 erhält folgende Fassung:

„(8) Die Satzung muß vorsehen, daß die Mitgliedschaft eines nach Absatz 1 Satz 1 bestimmten Mitglieds endet, wenn

a) dieses Mitglied aus der Stelle oder der Organisation, von der es bestimmt worden ist und der es zu diesem Zeitpunkt angehörte, ausgeschieden ist,
b) die Frist nach Absatz 2 Nr. 7 abgelaufen ist oder
c) die Dauer der Zulassung abgelaufen ist oder wenn die Zulassung zurückgenommen oder widerrufen ist.

Satz 1 Buchstabe c) gilt auch für die Mitglieder nach Absatz 3 und 5. Die Satzung muß auch vorsehen, daß die Mitgliedschaft in den Fällen der Sätze 1 und 2 fortdauert, wenn vor dem Zeitpunkt der Beendigung der Mitgliedschaft im Falle des Absatzes 1 Satz 1 eine Bestätigung durch die dort genannten Stellen und in den Fällen der Absätze 3 und 5 eine Bestätigung nach den dort genannten Bestimmungen erfolgt."

31. § 27 Abs. 4 erhält folgende Fassung:

„(4) Für die Beschlüsse der Mitgliederversammlung muß die Satzung folgende Regelung vorsehen:

1. Jedes Mitglied hat eine Stimme.
2. Soweit in Nummer 3 nichts anderes bestimmt ist, werden Beschlüsse mindestens mit der Mehrheit der Stimmen der anwesenden Mitglieder gefaßt.
3. Beschlüsse der Mitgliederversammlung über Einstellung und Entlassung des/der Chefredakteurs/Chefredakteurin, über die Aufstellung des Programmschemas, über den Abschluß, die Änderung und die Kündigung der Vereinbarung mit der Betriebsgesellschaft, über die Wahl und die Abberufung des Vorstandes und über die Übertragung der in Absatz 2 Satz 2 genannten Aufgaben bedürfen einer Mehrheit von mindestens zwei Dritteln aller Mitglieder; in einer Sitzung, in der die Mitgliederversammlung nach Absatz 3 ohne Rücksicht auf die Zahl der anwesenden Mitglieder

beschlußfähig ist, muß mindestens die Mehrheit der Mitglieder zustimmen.

Beschlüsse nach Satz 1 Nr. 3 dürfen mit Ausnahme der Wahl und der Abberufung des Vorstandes erst nach Abschluß des Verfahrens nach § 26 Abs. 2 Nr. 6 und Abs. 3 erfolgen."

32. In § 29 Abs. 2 Satz 3 Nr. 3 werden die Worte „§ 24 Abs. 6 gilt entsprechend" durch die Worte „dabei müssen alle Gruppen gleichbehandelt werden" ersetzt.

33. In § 29 Abs. 2 Satz 3 Nr. 4 wird der Schlußpunkt durch ein Komma ersetzt und danach folgende Nummer 5 angefügt:
„5. die Vereinbarung nur mit einer Veranstaltergemeinschaft zu treffen."

34. § 31 erhält folgende Fassung:

„§ 31 Örtliches Verbreitungsgebiet

(1) Die Verbreitungsgebiete für lokale Programme legt die LfR durch Satzung fest. Das Verbreitungsgebiet für lokale Programme ist das Gebiet eines Kreises oder einer kreisfreien Stadt, sofern die Übertragungskapazitäten und die örtlichen Verhältnisse einen wirtschaftlich leistungsfähigen lokalen Rundfunk ermöglichen. Anderenfalls sind hiervon abweichende Verbreitungsgebiete nach folgenden Grundsätzen festzulegen:
   1. Das Verbreitungsgebiet soll nicht mehr als 600 000 Einwohner umfassen,
   2. es soll zusammenhängende Kommunikations-, Kultur- und Wirtschaftsräume berücksichtigen,
   3. es soll die kommunalen Gebietsgrenzen berücksichtigen,
   4. es soll einen wirtschaftlich leistungsfähigen lokalen Rundfunk ermöglichen.

   Die Festlegung der Verbreitungsgebiete hat zu gewährleisten, daß im Geltungsbereich dieses Gesetzes ein flächendeckender lokaler Rundfunk entstehen kann.

(2) Umfaßt das Verbreitungsgebiet über einen Kreis oder eine kreisfreie Stadt hinaus weitere Kreise, kreisfreie Städte oder kreisangehörige Gemeinden, kann die LfR die Zulassung unter der Auflage erteilen, daß im Rahmen des lokalen Programms Fensterprogramme für Teile des Verbreitungsgebietes verbreitet werden.

(3) Wird das Programm ausschließlich leitungsgebunden durch eine Kabelanlage verbreitet, so gilt als Verbreitungsgebiet das von der Kabelanlage versorgte Gebiet.".

VI. Zweites Gesetz zur Änderung des Rundfunkgesetzes für das Land Nordrhein-Westfalen[6]

(...)

4. a) An § 30 Abs. 1 werden folgende Sätze angefügt:
„Die LfR kann auf Antrag einer Veranstaltergemeinschaft (§ 25), auch wenn diese noch nicht zugelassen ist, dem Veranstalter des Rahmenprogramms bis zu sechs Monaten die Verbreitung des Rahmenprogramms unter dem Vorbehalt des Widerrufs erlauben, wenn der Veranstalter des Rahmenprogramms schriftlich der LfR seine Zustimmung erklärt hat. Die LfR ist verpflichtet, die Erlaubnis auf Verlangen der Veranstaltergemeinschaft unverzüglich zu widerrufen. Eine erneute Erlaubnis ist nicht zulässig."

---

6 Gesetz- und Verordnungsblatt für das Land Nordrhein-Westfalen, Nr. 16 vom 21. März 1990, S.138 ff.

Anhang B: Chronologie der Entwicklung des lokalen Rundfunks in den Verbreitungsgebieten Wesel, Köln und Coesfeld

I. Chronik des lokalen Rundfunks im Kreis Wesel

Dezember 1986	Gründung des Fördervereins Radio Kreis Wesel.
19. Dezember 1986	Verabschiedung des Landesrundfunkgesetzes.
19. März 1987	Grundsatzbeschluß des Kreistages für die Beteiligung an einer Betriebsgesellschaft.
26. März 1987	Gründung der Veranstaltergemeinschaft für den Kreis Wesel.
Sommer 1987	Erste Gespräche zwischen der WAZ-Gruppe und Vertretern der Veranstaltergemeinschaften im Einzugsbereich dieser Verlagsgruppe.
25. September 1987	Der Beirat der Volkshochschule Moers/Neukirchen-Vluyn/Kamp-Lintfort befürwortet die Förderung der 15-Prozent-Gruppen durch die Volkshochschule.
7. Oktober 1987	Zuwahl der vier B-Mitglieder in die Veranstaltergemeinschaft.
21. Oktober 1987	Bildung von Arbeitsgruppen zu den Themenbereichen Programmplanung und Stellen- und Wirtschaftsplan.
2. Dezember 1987	Novellierung des Landesrundfunkgesetzes.
Frühjahr 1988	Gespräche zwischen Vertretern der WAZ-Gruppe und der Veranstaltergemeinschaften.
Sommer 1988	Der Verband lokaler Rundfunk erwägt die Gründung einer von den Verlegern unabhängigen Rahmenprogrammgesellschaft der Veranstaltergemeinschaften.
30. November 1988	Der Kreis Wesel wird als Verbreitungsgebiet für den lokalen Rundfunk festgelegt.
27. Januar 1989	Ausschreibung der Frequenzen für den lokalen Rundfunk.
7. März 1989	Die Veranstaltergemeinschaft beschließt das Programmschema.

26. April 1989	Gründung der Radio NRW GmbH.
15. Juni 1989	Der Kreistag des Kreises Wesel beschließt eine Kapitalbeteiligung an der Betriebsgesellschaft in Höhe von 8 Prozent; weitere 17 Prozent übernehmen später Kommunen aus dem Kreisgebiet, insb. die Stadt Moers.
19. Juni 1989	Moers wird Studiostandort. Wesel protestiert.
27. Juni 1989	Die Radio NRW GmbH unterbreitet ein erstes Angebot für ein Rahmenprogramm.
10. Juli 1989	Ablauf der Antragsfrist für die Zulassung; die Veranstaltergemeinschaft für den Kreis Wesel hat zuvor einen fristwahrenden Antrag eingereicht.
Juli 1989	Einigung der „Arbeitsgemeinschaft der Veranstaltergemeinschaften mit möglicher WAZ-Beteiligung" und der Westfilm Medien GmbH (WAZ-Gruppe) über einen Mustervertrag zwischen Veranstaltergemeinschaften und Betriebsgesellschaften.
August 1989	Die Veranstaltergemeinschaft verhandelt mit der Westfilm über den Kooperationsvertrag.
August 1989	Der VLR verhandelt mit der Radio NRW GmbH über die Bedingungen für ein Rahmenprogramm.
21. September 1989	Gründung der Betriebsgesellschaft Radio Kreis Wesel mbH & Co. KG.
24. Oktober 1989	Die Veranstaltergemeinschaft verabschiedet den Vertrag mit der Betriebsgesellschaft und beschließt die Einstellung der Chefredakteurin.
November 1989	Radio NRW unterbreitet ein überarbeitetes Angebot.
November 1989	Die LfR verlangt einige Nachbesserungen der Satzung und des Vertrages mit der Betriebsgesellschaft.
30. Januar 1990	Die Rundfunkkommission beschließt die Zulassung des Lokalsenders für den Kreis Wesel.
1. Februar 1990	Die Chefredakteurin bei Radio K.W. nimmt ihre Arbeit auf.
2. März 1990	Die LfR erteilt der Radio NRW GmbH die Zulassung als Rahmenprogramm für den Kreis Wesel.
25. April 1990	Beschluß über das veränderte Programmschema.
1. April 1990	Der lokale Rundfunk in NRW startet mit dem Sendebeginn des benachbarten Duisburger Lokalsenders.
6. Mai 1990	Sendestart von Radio K.W.
13. Mai 1990	Landtagswahlen in Nordrhein-Westfalen.
27. November 1990	Die Veranstaltergemeinschaft verabschiedet ein Redakteurstatut.
27. November 1990	Die Mitgliederversammlung überträgt die Kompetenz zur Einstellung und Entlassung redaktioneller Beschäftigter auf den Vorstand der Veranstaltergemeinschaft.
6. Mai 1991	Zum einjährigen Bestehen des Senders tritt ein leicht geändertes Programmschema in Kraft.

II. Chronik des lokalen Rundfunks in der Stadt Köln

10. Juni 1985	Gründung des Vereins Freier Lokalfunk Köln e.V. (FLoK).
19. Dezember 1986	Verabschiedung des Landesrundfunkgesetzes.
29. April 1987	Gesprächsrunde zur Vorbereitung des lokalen Rundfunks in Köln auf Einladung des Oberbürgermeisters; Einsetzung einer Satzungskommission.
4. November 1987	Gründungsversammlung der Veranstaltergemeinschaft; die Satzung wird verabschiedet, die Wahl des Vorstandes vertagt.
2. Dezember 1987	Novellierung des Landesrundfunkgesetzes.
16. Dezember 1987	Die Rundfunkkommission legt das Gebiet der Stadt Köln als Verbreitungsgebiet fest; gleichzeitig wird dem Lokalsender in Köln eine Kooperation mit dem Lokalsender in Leverkusen empfohlen.
26. Februar 1988	Die Satzungskommission unterbreitet verschiedene Vorschläge (Paketlösungen) zur Wahl des Vorstandes.
10. Mai 1988	Die zur Wahl eines Vorstandes vom Oberbürgermeister einberufene erste Mitgliederversammlung bleibt ohne Ergebnis.
14. Juni 1988	Wahl des Vorstandes.
September 1988	Die Verleger sagen zu, für die Kosten der Veranstaltergemeinschaft ein Jahr lang monatlich 1000 DM zur Verfügung zu stellen.
November 1988	Da die Verleger noch keinen Kostenvorschuß gezahlt haben, übernehmen die Stadtwerke als voraussichtlicher kommunaler Anteilseigner der Betriebsgesellschaft zunächst diese Pauschale.
14.-17. Dezember 1988	Mehrere Radiowerkstätten finden sich anläßlich der „Ehrenfelder Radiotage" zur „Arbeitsgemeinschaft Bürgerradio" zusammen.
27. Januar 1989	Ausschreibung der Frequenzen für den lokalen Rundfunk.
9. März 1989	Zuwahl der B-Mitglieder in die Veranstaltergemeinschaft.
26. April 1989	Gründung der Radio NRW GmbH.
19. Mai 1989	Gründung der Betriebsgesellschaft „Radio Köln GmbH & Co. KG".
25. Mai 1989	Eine Kommission der Veranstaltergemeinschaft („Fronleichnamsrunde"), dem auch der Verlegervertreter in der Veranstaltergemeinschaft angehört, bereitet die Verhandlungen mit der Betriebsgesellschaft vor.

27. Juni 1989	Die Radio NRW GmbH unterbreitet ein erstes Angebot für ein Rahmenprogramm.
10. Juli 1989	Ablauf der Antragsfrist für die Zulassung; die Veranstaltergemeinschaft für die Stadt Köln hat zuvor einen fristwahrenden Antrag eingereicht.
September 1989	Zwei Mitglieder der Veranstaltergemeinschaft, darunter der Verlegervertreter, werden beauftragt, einen Entwurf für das Programmschema auszuarbeiten.
November 1989	Radio NRW unterbreitet ein überarbeitetes Angebot.
23. Mai 1990	Bei den Verhandlungen zwischen Veranstaltergemeinschaft und Betriebsgesellschaft wird weitgehende Einigkeit erzielt.
6. Juni 1990	Die Mitgliederversammlung stimmt dem Verhandlungsergebnis im wesentlichen zu. Der Vertragsentwurf wird der Landesanstalt für Rundfunk zur Stellungnahme zugeleitet.
7. September 1990	Beschluß der Mitgliederversammlung über die Vereinbarung mit der Betriebsgesellschaft.
15. Oktober 1990	Wahl des Chefredakteurs.
2. Dezember 1990	Der Vorsitzende der Veranstaltergemeinschaft wird in den Bundestag gewählt und muß deshalb seine Mitgliedschaft in der Veranstaltergemeinschaft aufgeben.
6. Dezember 1990	Wahl eines neuen Vertreters durch den Rat der Stadt Köln.
2. Januar 1991	Amtsantritt des Chefredakteurs.
8. Januar 1991	Wahl des neuen Vertreters des Stadtrates zum Vorsitzenden der Veranstaltergemeinschaft.
4. Februar 1991	Beschluß der Mitgliederversammlung über das Programmschema.
4. Mai 1991	Sendestart von Radio Köln.

III. Chronik des lokalen Rundfunks im Kreis Coesfeld

19. Dezember 1986	Verabschiedung des Landesrundfunkgesetzes.
18. März 1987	Der Kreistag beauftragt den Oberkreisdirektor, zur Gründung von Betriebsgesellschaft und Veranstaltergemeinschaft initiativ zu werden.
30. März 1987	Gründung des Fördervereins „Lokalfunk Kreis Coesfeld e.V.“ auf Initiative der IHK.
20. Mai 1987	Benennung der Vertreter des Kreises in der Veranstaltergemeinschaft durch den Kreistag.
4. Juni 1987	Gründungsversammlung der Veranstaltergemeinschaft für den Kreis Coesfeld.
2. Dezember 1987	Novellierung des Landesrundfunkgesetzes.

5. Februar 1988	Zuwahl der vier B-Mitglieder in die Veranstaltergemeinschaft.
2. März 1988	Zuwahl von vier C-Mitgliedern in die Veranstaltergemeinschaft.
16. Juni 1988	Wahl eines C-Mitglieds zum neuen Vorsitzenden.
20. Juni 1988	LfR-Regionalkonferenz zur Festlegung der Verbreitungsgebiete im Münsterland.
3. Oktober 1988	Bildung einer Programmkommission der Veranstaltergemeinschaft.
25. November 1988	Gespräch der Landesanstalt für Rundfunk mit den Vorsitzenden der Veranstaltergemeinschaften und den Leitern der Kommunalverwaltungen über die Kooperation im Münsterland.
16. Dezember 1988	Festlegung des Kreises Coesfeld als Verbreitungsgebiet für den lokalen Rundfunk; dem Lokalsender im Kreis Coesfeld wird zugleich eine Kooperation mit den anderen Lokalsendern im Münsterland empfohlen.
27. Januar 1989	Ausschreibung der Frequenzen für den lokalen Rundfunk.
20. Februar 1989	Neben der Programmkommission setzt die Veranstaltergemeinschaft eine Personalkommission und eine Finanz- und Wirtschaftskommission ein.
26. April 1989	Gründung der Radio NRW GmbH.
6. Juni 1989	Drei der vier im Kreis Coesfeld beteiligungsberechtigten Verleger teilen mit, daß sie keine wirtschaftliche Basis für Lokalfunk im Kreis Coesfeld sehen.
12. Juni 1989	Gespräch der Verleger im Münsterland mit Vertretern der Landesanstalt für Rundfunk über die Situation im Münsterland.
23. Juni 1989	Die Mitgliederversammlung beschließt den Lizenzantrag, der zur Fristwahrung zunächst ohne die erforderlichen Unterlagen eingereicht werden soll. Beschluß über das Programmschema.
27. Juni 1989	Die Radio NRW GmbH unterbreitet ein erstes Angebot für ein Rahmenprogramm.
29. Juni 1989	Die Verleger erklären ihre grundsätzliche Bereitschaft zur Gründung einer Betriebsgesellschaft für den Kreis Coesfeld.
September 1989	Gründung der Verlegerholding für die Betriebsgesellschaft.
November 1989	Radio NRW unterbreitet ein überarbeitetes Angebot.
Dezember 1989	Das Amtsgericht verweigert die Eintragung der Verlegerholding in das Handelsregister.
29. März 1990	Die Mitgliederversammlung erwägt die Auflösung der Veranstaltergemeinschaft, entscheidet sich jedoch dagegen. Die Verleger werden aufgefordert, bis 15. Mai 1990

	die Gründung einer BG nachzuweisen, anderenfalls soll die Landesanstalt für Rundfunk aufgefordert werden, das Verlegerprivileg aufzuheben.
30. Mai 1990	Ein Beratungsgespräch der lokalen Verleger bei der LfR führt zum Ergebnis, daß die Betriebsgesellschaft nunmehr gegründet werden soll.
26. Juli 1990	Ein Beratungsgespräch der Landesanstalt für Rundfunk in Coesfeld macht deutlich, daß eine leitungsgebundene Kooperation zwischen den Sendern im Münsterland nicht sinnvoll ist, weil sie nach dem Rundfunkstaatsvertrag ab 1991 nicht mehr subventioniert werden darf.
19. Oktober 1990	Die Landesanstalt für Rundfunk setzt den Veranstaltergemeinschaften für die Vorlage sämtlicher Lizenzierungsunterlagen eine Ausschlußfrist bis zum 28. Juni 1991.
Herbst 1990	Veranstaltergemeinschaft und Betriebsgesellschaft verhandeln über den Kooperationsvertrag und den Wirtschafts- und Stellenplan, die Veranstaltergemeinschaften und Betriebsgesellschaften über eine vertragliche Ausgestaltung der programmlichen Kooperation. Die Verleger des Münsterlandes geben ein weiteres Gutachten über die Werbepotentiale in Auftrag.
19. Februar 1991	Die Verleger der Tageszeitungen mit Lokalausgaben im Kreis Coesfeld erklären übereinstimmend, daß sie sich nicht an einer Betriebsgesellschaft für den Kreis Coesfeld beteiligen wollen.
März/April 1991	Auf Empfehlung der Landesanstalt für Rundfunk verhandelt die Veranstaltergemeinschaft mit der WAZ-Gruppe und der Ippen-Gruppe über den Abschluß eines Kooperationsvertrages. Beide unterbreiten konkrete Vertragsangebote mit Vorschlägen zum Wirtschafts- und Stellenplan.
11. April 1991	Der Verleger der Dülmener Zeitung teilt der Veranstaltergemeinschaft schriftlich mit, daß er gemeinsam mit der Ippen-Gruppe als Betriebsgesellschaft für den Kreis Coesfeld zur Verfügung steht und das Verlegerprivileg des § 29 LRG NW beansprucht.
25. April 1991	Die Mitgliederversammlung der Veranstaltergemeinschaft beschließt über den Vertrag mit der Betriebsgesellschaft, an der sich die Ippen-Gruppe beteiligt hat, über den Wirtschafts- und Stellenplan sowie über alle anderen für die Vervollständigung des Lizenzantrages erforderlichen Unterlagen.
14. Mai 1991	Unterzeichnung des Vertrages zwischen Veranstaltergemeinschaft und Betriebsgesellschaft.

21. Juni 1991	Beschluß der Rundfunkkommission der Landesanstalt für Rundfunk über die Zulassung.
28. Oktober 1991	Entscheidung über die Einstellung des Chefredakteurs.
2. Dezember 1991	Amtsantritt des Chefredakteurs.
1. Februar 1992	Geplanter Sendestart.

GPSR Compliance

The European Union's (EU) General Product Safety Regulation (GPSR) is a set of rules that requires consumer products to be safe and our obligations to ensure this.

If you have any concerns about our products, you can contact us on ProductSafety@springernature.com

In case Publisher is established outside the EU, the EU authorized representative is:

Springer Nature Customer Service Center GmbH
Europaplatz 3
69115 Heidelberg, Germany

Kolibri 360 GmbH
Ferdinand-Jühlke-Straße 7
99095 Erfurt, Deutschland
produktsicherheit@kolibri360.de